普通高等教育"十一五"国家级规划教材
普通高等院校"十二五"同济大学规划教材
上海市精品课程教材，上海市重点课程教材

高等院校房地产核心课程教材

房地产开发与管理

（第三版）

施建刚　编著

同济大学 出版社
TONGJI UNIVERSITY PRESS
·上海·

内 容 提 要

房地产开发是指在依法取得土地使用权后,对地上、地下基础设施和房屋进行的综合开发与配套建设,是一种商品生产和管理的行为。房地产开发的全过程可分为投资决策分析、前期工作、项目建设、竣工验收与交付使用四个大的阶段。本书围绕这四大阶段展开,具体分为管理与城市房地产、房地产开发项目选择和土地使用权获取、房地产开发项目策划决策和可行性研究、房地产规划设计与建筑工程基础知识、房地产开发的建设过程管理、住宅建设项目竣工备案和交付使用许可管理,以及贯穿于房地产开发全过程的开发资金筹集与成本监控管理和与房地产开发有关的其他管理等各个方面。最后,附以房地产(住宅)开发主要工作阶段流程图、项目总体开发计划(盖章单位统计)表、房地产开发项目选址研究(学生大作业)及教师解读、房地产开发项目可行性研究实习指导书等实践性较强的附件,并就房地产开发项目策划和可行性研究附以实际案例。本书在编排上按照房地产开发运作各个阶段的先后次序分章叙述。

本书突出系统性、实用性、前瞻性,将房地产开发与管理有机地结合在一起,力图做到理论与实践的高度统一,使读者通过学习,既能了解具有一定深度的理论知识,又能提高实际操作能力。本书为普通高等教育"十一五"国家级规划教材,可作为房地产(方向)、土地资源管理、物业管理、工程管理、城市经济、建筑、规划等专业本科生和相关专业研究生、MBA、MPA、MEM 学生的教材使用,也可作为房地产开发与管理方面专业人士的学习用书。

图书在版编目(CIP)数据

房地产开发与管理/施建刚编著. --3版. --上海:同济大学出版社,2014.8 (2023.1重印)
高等院校房地产核心课程教材
ISBN 978-7-5608-5559-2

Ⅰ.①房… Ⅱ.①施… Ⅲ.①房地产开发—高等学校—教材 ②房地产管理—高等学校—教材
Ⅳ.①F293.3

中国版本图书馆CIP数据核字(2014)第143701号

高等院校房地产核心课程教材

房地产开发与管理(第三版)

施建刚 编著
责任编辑 沈志宏　　助理编辑 丁会欣　　责任校对 徐春莲　　封面设计 陈益平

出版发行	同济大学出版社　www.tongjipress.com.cn	
	(地址:上海市四平路1239号　邮编:200092　电话:021-65985622)	
经　销	全国各地新华书店	
印　刷	大丰科星印刷有限责任公司	
开　本	787mm × 1092mm　1/16	
印　张	27.75	
字　数	14401-17500	
印　数	692000	
版　次	2014年8月第3版	
印　次	2023年1月第5次印刷	
书　号	ISBN 978-7-5608-5559-2	
定　价	52.00元	

本书若有印装质量问题,请向本社发行部调换　　版权所有　　侵权必究

高等院校房地产核心课程教材

编委会

主　编　施建刚
副主编　何　芳　赵财福
编　委　（按姓氏笔划为序）
　　　　　齐　坚　何　芳　赵小虹
　　　　　赵财福　施建刚　钱瑛瑛
　　　　　楼　江

第三版前言

中国改革开放的经济大潮带来了房地产业的迅猛发展,房地产热波及全国,吸引全世界,已成为全社会热切关注的话题,牵动着每一个人的心。

房地产业作为国民经济的基础性、先导性产业,正逐步走向市场化和规范化的道路,并对相关产业和整个国民经济的发展产生巨大的推动作用。我国幅员辽阔、人口众多,随着经济快速发展和城镇化水平的提高,城市建设大规模展开,人民物质生活水平迅速提高,对房地产开发的需求日益增加,从而拓展了房地产开发长远发展的良好空间。

与我国房地产开发迅猛发展不相适应的是真正精通房地产开发与管理的人才相对匮乏。为了满足培养高素质房地产专业人才的要求,本书经过多次的修改、补充和完善,在不同章节中完善了相关理论和更新了部分管理及政策的内容,同时增加了实践性较强的多个附件。在编著过程中突出系统性、实用性、前瞻性,将房地产开发与管理有机地结合在一起,力图做到理论与实践的高度统一,使读者通过学习,既能了解具有一定深度的理论知识,又能提高实际操作能力。

在我国,由于各地区经济发达程度和人文、地理条件差别较大,在房地产开发与管理方面,除了国家有统一的法律和标准外,各地都有相应的地方法规、规范、规章、标准和实施细则,本书提到的有关这方面的叙述,应以当地在国家统一的法律框架范围内制定的法规、规范、规章、标准和实施细则为准。而且,房地产法律、法规、规范、规章、标准以及相关政策等,将随着时间的变化而不断趋于完善,所以在学习时,应随时关注这方面的政策动向,并以最新的政策为准。

需要说明的是,本书在撰写过程中,引用了参考文献中一些颇有价值的资料,特此向这些参考文献的作者表示由衷的感谢。同时,同济大学经济与管理学院唐代中博士、上海易居房地产研究院、上海鹏欣(集团)有限公司以及编著者授课班级小组同学对该书部分附件的撰写提供了相应的资料,特此致谢。

本书为普通高等教育"十一五"国家级规划教材,普通高等院校"十二五"同济大学规划教材,上海市精品课程教材和上海市重点课程教材。可作为房地产(方向)、土地资源管理、物业管理、工程管理、城市经济、建筑、规划等专业本科生和相关专业研究生、MBA、MPA、MEM学生的教材使用,也可作为房地产开发与管理方面专业人士的学习用书。

由于水平有限,错误和不当之处在所难免,敬请读者不吝批评指正。

编著者

2014年6月于同济园

目 录

第三版前言

第一章 管理与城市房地产 ………………………………………………… 1

第一节 管理的内涵 ………………………………………………… 1
一、管理的概念 ………………………………………………… 1
二、管理学的研究对象 ………………………………………… 3
三、管理学的特点 ……………………………………………… 4
四、管理学的研究方法 ………………………………………… 5

第二节 城市的产生和发展 ………………………………………… 6
一、居民点的形成 ……………………………………………… 6
二、城市的形成 ………………………………………………… 6
三、城市的定义 ………………………………………………… 7
四、城市的基本特征 …………………………………………… 7
五、城市的本质 ………………………………………………… 8
六、城市在经济、社会发展中的重要作用 …………………… 9

第三节 城镇化建设和发展 ………………………………………… 9
一、城镇化的意义 ……………………………………………… 9
二、城镇化的发展现状和态势 ………………………………… 11
三、城镇化的发展目标 ………………………………………… 12
四、优化城镇化布局和形态 …………………………………… 12
五、提高城市可持续发展能力 ………………………………… 14
六、推动新型城市建设 ………………………………………… 16
七、改革完善城镇化发展体制机制 …………………………… 17

第四节 房地产与房地产业 ………………………………………… 18
一、房地产 ……………………………………………………… 18
二、房地产业 …………………………………………………… 25

第五节 房地产开发的含义、特征、分类 ………………………… 26
一、房地产开发的含义 ………………………………………… 26
二、房地产开发的特征 ………………………………………… 27
三、房地产开发的分类 ………………………………………… 28

第六节 房地产开发的主要工作阶段和主要参与者 ……………… 29
一、房地产开发的主要工作阶段 ……………………………… 29
二、房地产开发过程的主要参与者 …………………………… 31

第七节 房地产开发企业的人员与组织 …………………………… 32

一、房地产开发企业的地位与作用 ··· 32
　　二、房地产开发企业的人员和组织机构类型 ································· 33
　　三、房地产开发企业经营者的基本素质 ·· 36
　　四、房地产开发企业的资质管理 ··· 38
　　五、房地产开发企业法律制度 ·· 38
　复习思考题 ·· 40

第二章　房地产开发项目选择和土地使用权获取 ····························· 41
　第一节　房地产开发项目选择的概念和程序 ····································· 41
　　一、项目选择的概念 ·· 41
　　二、项目选择的理论和程序 ··· 41
　第二节　房地产建设项目选址 ·· 43
　　一、项目选址管理 ··· 43
　　二、住宅项目选址原则 ··· 44
　　三、住宅区位及住宅生态环境 ·· 45
　　四、申领建设项目选址意见书 ·· 46
　第三节　住宅项目建设用地规划管理 ··· 49
　　一、建设用地规划管理的概念和主要内容 ···································· 49
　　二、申领建设用地规划许可证操作程序 ······································· 50
　第四节　住宅项目建设工程规划管理 ··· 51
　　一、建设工程规划管理的概念 ·· 51
　　二、住宅项目建设工程规划管理的内容 ······································· 51
　　三、申领建设工程规划许可证程序 ·· 53
　第五节　现行的土地制度 ··· 54
　　一、土地的基本概念 ·· 54
　　二、现行土地制度 ··· 56
　　三、土地所有权及其原理 ·· 56
　　四、土地使用权及其原理 ·· 58
　第六节　土地使用权的获取 ··· 59
　　一、土地使用权的获取方式 ··· 59
　　二、合作建设和补地价 ··· 66
　　三、闲置土地的处理 ·· 68
　　四、无偿收回土地 ··· 68
　第七节　集体土地征收与流转 ·· 69
　　一、征收集体土地的特点 ·· 69
　　二、征收集体土地的政策 ·· 69
　　三、征收集体土地的补偿标准 ·· 70
　　四、征收集体土地的工作程序 ·· 71
　　五、集体土地流转的概念 ·· 72

    六、农村集体建设用地流转的典型模式 ……………………………… 73
  第八节 国有土地上房屋征收管理制度与政策 ……………………………… 75
    一、房屋征收的概念和限制条件 ……………………………………… 75
    二、房屋征收的管理体制和程序 ……………………………………… 76
    三、房屋征收补偿和征收执行 ………………………………………… 77
    四、房屋征收评估 ……………………………………………………… 79
    五、上海市国有土地上房屋征收与补偿实施细则主要内容 ………… 81
  复习思考题 …………………………………………………………………… 86

第三章 房地产开发项目策划决策和可行性研究 ……………………………… 87
  第一节 房地产开发项目策划和决策概述 ………………………………… 87
    一、房地产开发项目策划概述 ………………………………………… 87
    二、房地产开发项目投资决策概述 …………………………………… 91
  第二节 房地产投资决策方法 ……………………………………………… 93
    一、定性分析方法 ……………………………………………………… 93
    二、定量分析方法 ……………………………………………………… 94
  第三节 房地产投资不确定性分析 ………………………………………… 103
    一、盈亏平衡分析 ……………………………………………………… 103
    二、敏感性分析 ………………………………………………………… 106
    三、风险分析（概率分析） …………………………………………… 108
  第四节 房地产开发项目的可行性研究 …………………………………… 115
    一、可行性研究概述 …………………………………………………… 115
    二、可行性研究的专业机构和人员构成 ……………………………… 117
    三、住宅开发项目可行性研究阶段 …………………………………… 118
    四、可行性研究的基本内容 …………………………………………… 119
    五、可行性研究报告的撰写 …………………………………………… 120
  第五节 房地产市场研究 …………………………………………………… 124
    一、房地产市场研究的步骤 …………………………………………… 124
    二、房地产市场研究的内容 …………………………………………… 124
    三、房地产市场研究中的信息类型 …………………………………… 126
    四、房地产市场研究的基本方法 ……………………………………… 127
  第六节 房地产开发项目经济效益评价 …………………………………… 130
    一、房地产开发项目财务数据估算 …………………………………… 130
    二、房地产开发项目财务评价 ………………………………………… 137
    三、房地产开发投资项目财务评价指标计算示例 …………………… 141
    四、房地产开发项目财务评价的基本报表 …………………………… 148
    五、房地产开发项目国民经济评价 …………………………………… 152
  复习思考题 …………………………………………………………………… 155

第四章　房地产规划设计与建筑工程基础知识 ………………………………… 157

第一节　城市规划管理 ……………………………………………………… 157
一、城市规划概述 …………………………………………………… 157
二、城市规划的实施和监督检查 …………………………………… 160

第二节　居住区规划设计与技术经济指标 ………………………………… 162
一、居住区的组成和规模 …………………………………………… 162
二、居住区规划设计的内容 ………………………………………… 163
三、居住区的各类技术经济指标 …………………………………… 167

第三节　基础设施建设 ……………………………………………………… 169
一、城市基础设施的内容和特点 …………………………………… 170
二、居住区基础设施建设 …………………………………………… 171

第四节　建筑工程基础知识 ………………………………………………… 173
一、建筑构造与结构 ………………………………………………… 173
二、建筑设备 ………………………………………………………… 183
三、工程造价 ………………………………………………………… 189

复习思考题 ……………………………………………………………………… 195

第五章　房地产开发的建设过程管理 …………………………………………… 197

第一节　住宅建设项目的建管管理 ………………………………………… 197
一、住宅建设项目建管管理工作的基本流程 ……………………… 197
二、住宅建设项目建管管理中的主要工作 ………………………… 198

第二节　住宅建设项目招标投标管理 ……………………………………… 204
一、住宅建设项目招投标 …………………………………………… 204
二、施工招投标程序 ………………………………………………… 207

第三节　房地产开发工程的监理 …………………………………………… 213
一、工程监理概述 …………………………………………………… 213
二、工程监理工作的程序 …………………………………………… 215
三、监理工作的内容与方法 ………………………………………… 216
四、建设监理单位的资质及管理 …………………………………… 224

第四节　住宅配套建设管理 ………………………………………………… 225
一、住宅区市政、公用配套设施的内容和设置 …………………… 225
二、住宅区公共建筑配套建设 ……………………………………… 230
三、居住区绿化环境建设 …………………………………………… 232
四、住宅建设配套费的缴付与使用 ………………………………… 233
五、住宅建设工程现场管理工作 …………………………………… 234

复习思考题 ……………………………………………………………………… 236

第六章　住宅建设项目竣工备案和交付使用许可管理 ………………………… 237

第一节　住宅工程竣工备案制度 …………………………………………… 237
一、建设工程质量管理方法的改革 ……………………………………… 237
二、住宅工程竣工备案管理的特点 ……………………………………… 239
三、住宅工程竣工备案制度的实施 ……………………………………… 240

第二节　住宅项目竣工交付使用许可制度 ………………………………… 242
一、住宅项目竣工交付使用许可制度的基本涵义与作用 ……………… 242
二、新建住宅交付使用许可制度的主要内容 …………………………… 245
三、住宅竣工交付使用许可证的申办 …………………………………… 247

第三节　住宅交付时的"两书"提供 ……………………………………… 254
一、"两书"制度的含义与特征 ………………………………………… 254
二、实行"两书"制度的意义 …………………………………………… 255
三、"新建住宅质量保证书"和"住宅使用说明书"的主要内容 …… 256
四、执行"两书"制度应注意的问题 …………………………………… 262

第四节　物业的交接与前期物业管理 ……………………………………… 263
一、物业管理早期介入 …………………………………………………… 263
二、竣工验收后物业交接 ………………………………………………… 265
三、前期物业管理服务 …………………………………………………… 268
四、房地产产权、产籍管理 ……………………………………………… 270

复习思考题 …………………………………………………………………… 272

第七章　房地产开发资金筹集与成本监控管理 ………………………………… 274

第一节　开发资金流动的特征与资金筹集的基本原则 …………………… 274
一、开发资金运动的过程及资金流动的特征 …………………………… 274
二、开发资金筹集的基本原则 …………………………………………… 275

第二节　开发资金筹集的渠道和方案编制 ………………………………… 275
一、开发资金的筹集渠道 ………………………………………………… 275
二、资金筹集方案的编制 ………………………………………………… 280

第三节　资金筹集的成本分析和风险分析 ………………………………… 284
一、资金筹集的成本分析 ………………………………………………… 284
二、资金筹集的风险分析 ………………………………………………… 289

第四节　资金筹集方案的比较与开发成本控制 …………………………… 292
一、资金筹集方案的比较 ………………………………………………… 292
二、开发成本核算 ………………………………………………………… 294
三、开发成本的控制 ……………………………………………………… 297

复习思考题 …………………………………………………………………… 299

第八章　与房地产开发有关的其他管理 ······ 301

第一节　房地产开发项目管理 ······ 301
一、确定房地产开发项目的原则 ······ 301
二、房地产项目实行资本金制度 ······ 301
三、对不按期开发的房地产项目的处理原则 ······ 302
四、对开发项目实行质量责任制度 ······ 302
五、项目手册制度 ······ 303

第二节　房地产开发企业的内部审计管理 ······ 303
一、内部审计的职能和作用 ······ 304
二、内部审计的主要任务和基本内容 ······ 304
三、内部审计的程序 ······ 305

第三节　房地产税收管理 ······ 306
一、房地产税及其功能 ······ 306
二、房地产税收标准及企业税收负担 ······ 307

第四节　我国现行房地产税 ······ 308
一、房产税 ······ 308
二、城镇土地使用税 ······ 310
三、耕地占用税 ······ 311
四、土地增值税 ······ 313
五、契税 ······ 316
六、相关税收 ······ 318
七、有关房地产税收的优惠政策 ······ 324

第五节　节税、避税、偷税与税务代理 ······ 326
一、基本概念 ······ 326
二、避税与反避税 ······ 327
三、税务代理 ······ 328

复习思考题 ······ 328

附件 ······ 329

附件1　房地产(住宅)开发主要工作阶段流程图 ······ 329
附件2　××项目总体开发计划(盖章单位统计)表 ······ 342
附件3　房地产开发项目选址研究(学生大作业)及教师解读 ······ 355
附件4　房地产开发项目可行性研究实习指导书 ······ 374
附件5　上海×××房地产开发项目可行性研究报告 ······ 386

参考文献 ······ 430

第一章　管理与城市房地产

"管理"作为人类社会的基本活动有着悠久的历史,但把它作为一门独立的科学来研究则被公认为是在 19 世纪末 20 世纪初,至今也只有一个多世纪。管理学的产生与发展与社会的不断进步,社会科学和自然科学的飞速发展,以及管理活动的日益丰富有着密切的关系。特别是近二三十年,管理学已经逐渐发展成为一大门类,学者如云,方兴未艾。而城市房地产开发是房地产企业按照城市规划的要求,对土地开发和房屋建设及其相关配套进行"全面规划、合理布局、综合开发、配套建设"的过程,在这一过程中,必须深刻领悟管理的内涵及其作用意义。所以,管理与城市房地产必须统筹考虑并加以研究。

第一节　管理的内涵

一、管理的概念

1. 对管理的种种理解

"管理",就汉语词义来说,"管"有管辖、负责、照管、约束之意,"理"有整治、协调、治理的含义。"管"和"理"合起来就是约束、治理的过程。

英语中"management"意指经营、管理、操纵、驾驭等。最初,"management"这个词具有营利的目的,是商业和企业的用语。随着这个词的作用越来越广,一些非盈利组织也开始接受并频繁使用该词。

需要指出的是,英语中还有一词"administration",也译作管理、经营,尤指公共事务,国家政策等管理。从这个词的前缀"ad"和词根"ministration"两部分来分析,或许更有助于揭示管理这个词的实质和本义。前缀"ad"是增强后面的词根,词根"ministration"在韦氏词典中解释为照顾某人或某事的过程;在牛津词典中则含有帮助、服侍之意。因此,从"administration"这个词中,我们可以领悟到管理的实质和本义就是帮助、服务于组织的成员,照管好组织中的物质,以促进组织实现预定目标的一系列的活动。这与现实生活中,有些管理者热衷于命令、控制、纪律"管理"的形象可谓有天壤之别。

以上对"管理"概念的字面解释,是不可能严格地表达出管理本身所具有的完整含义的。长期以来,许多中外学者从不同的研究角度出发,对管理作出了不同的解释。下面我们择取几种有代表性的观点,以帮助更好地理解管理的本质。

"管理就是由一个或更多的人来协调他人的活动,以便收到个人单独活动所不能收到的效果而进行的活动。"

"管理就是通过对人和资源的配置实现组织目标的过程。"

"管理是协调个人和集体的努力来达到群体目标的过程。"

"管理就是决策。"

"管理就是去设计和维持一个环境,在那里许多个人集合在集体内一起工作,使之能完成选定的任务和目的。"

"管理是社会组织中,为了实现预期的目标,以人为中心进行的协调活动。"

"管理是对组织的资源进行有效的整合,以达成组织既定目标与责任的动态创造性活动。"

上述这些定义从不同的侧面、不同的角度揭示了管理的含义,或者是揭示了管理某一方面的属性。美国学者哈比森和迈尔斯则强调对管理的认识必须从更广阔的范围着眼,他们提出一个管理的三重概念,认为应把管理看成是:

(1) 一种经济资源 管理同土地、劳力和资本一样,都是一种生产因素。随着一个国家工业化程度的提高,对管理的需要也相应地增长。

(2) 一种职权系统 从历史上看,管理最初形成了一种独裁主义的哲学,即由少数上层人物来决定普遍成员的一切行动。后来,人道主义的观念促使一些管理部门产生了家长式的方法。再以后,便出现了规章管理,它的特点是关心以明确一贯的政策和程序来对待劳动群众。此后,由于越来越多的雇员提高了教育程度,管理开始趋向于采取民主和参与的方法。现代的管理可以看成是对待职权的上述4种态度的综合。

(3) 一个阶层或一批优秀人物 现代社会里,各种关系日趋复杂,这就要求人员必须成为智力和教育方面的优秀人物,进入这个管理阶层越来越需要以教育和知识为基础,而不是依仗家庭或政治的关系。

2. 管理的一种综合定义

20世纪40年代中期,为了找到一个管理人员能够采纳和用于实践、研究人员能够用于教学的管理定义,美国各商学院的学术研究人员经过共同的切磋,运用集体的智慧,最终得出了下面这个定义:

"管理是引导人力和物质资源进入动态的组织,以达到这些组织的目标,亦即使服务对象获得满意,并且使服务的提供者亦获得一种高度的士气感和成就感。"

这个定义,借助于系统科学的方法对管理的概念作了全息的透视,深刻地揭示了管理的本质,比较全面地概括了管理这个概念的内涵和外延。下面我们对这个定义作进一步分析。

首先,定义强调了管理是包含了对人力资源和物质资源的引导,在这里,人力资源在管理过程中的重要性得到了充分的体现,管理就是通过人力和其他资源的综合利用来达到既定的目标。定义中还有一个重要术语是"动态的组织",这个术语强调了管理的动态和不断发展的本质。组织的运营是处在一个永远变化的环境之中,经营的失败往往与忽略环境的变化,或是对环境变化的适应性过于缓慢所导致的,只有那些随时准备适应环境变化的组织才被称为动态的组织。因此,正如定义中所阐述的那样,管理涉及将人力资源和物质资源引导进入到一个动态组织中去。

达到目标是这个定义的下一部分。没有目标就没有组织自身的特征和职能,也就失去了管理的意义和组织存在的价值。作为一个管理者,必须对组织的近期和长远目标有一个清晰的认识,并要让你的员工们了解和认同这一目标。组织没有目标,也就不可能有成功的管理。

衡量达到组织这些目标的绩效度是其所服务对象的满意程度。一些组织者持一种消极的态度,从长远观点看,这种态度会使组织步入困境。在今天社会,不论一个组织是处在高度竞争的环境,还是处在非高度竞争的环境,其所关注的焦点都应当是服务对象的满意程度。因此,管理就是为了达到使服务对象满意的目的,而将人力资源和物质资源引入到动态组织中。

定义的最后一个部分是关于使服务的提供者获得一种高度的士气和成就感的阐述。组织成员是服务的提供者,创造条件使组织的每一参与者都获得成就感和满意感,这不仅对达到组织目标以及为消费者提供满意的服务具有很大的影响,而且本身亦是组织工作成效的基本组成部分。在大多数的组织,人们只有获得足够的满足感才能继续在组织中工作并能充分发挥他们的才能。如果员工的满意程度没有得到考虑,怎么能够期望他们把工作做得更好?

综上所述,管理是引导人力资源和物质资源进入动态组织以达到这些组织的目标,亦即使服务对象获得满意,并且使服务的提供者获得一种高度的士气和成就感。

二、管理学的研究对象

管理科学来源于管理活动的实践,是人类智慧的结晶。现代社会的不同领域、不同性质的组织,由于它们管理的具体对象、内容、方法不尽相同,因此,在此基础上也就形成了不同门类的、各具特色的各种管理学科。例如,工业企业管理学、行政管理学、教育管理学、旅游管理学、银行管理学等等。可见,管理学科的领域十分广阔。面对如此庞大的管理学科群,我国学者顾宝炎教授将其分为两个大类、四个层次,从而对管理学科的研究对象作了清晰的界定。

所谓两大类:一类是经济管理学科,亦称为盈利性管理学科,这类管理学科适用于以盈利为目标的经济组织。这类组织以盈利高低作为判别管理水平的主要标志,如工商企业管理、银行管理等;另一类是非经济管理学科,亦称为非盈利管理学科,这类管理学科主要适用于不以盈利为主要目标的非经济性组织,如政府管理、社区管理、文化教育管理、医院管理、党团管理、军队管理等。而房地产开发与管理是介于这两大类管理之间的管理学科。

四个层次则是微观管理学、中观管理学、宏观管理学、管理学。

微观管理学是以组织个体作为研究对象,研究单一组织中的管理问题。如工业企业管理学,它以单一的工业企业作为其研究对象,研究的重点是如何加强企业内部管理以及适应外部的经营环境,从而提高企业的经营效益。本教材所涉及的管理领域偏向于微观管理学。

中观管理学是以多个组织组成的组织群体作为研究对象。如普通教育管理学,它是以中等和初等教育学校的群体作为研究对象,研究的重点主要是普通教育的管理体制、教育政策、发展规划、资源配置、组织结构以及学校设置等。

宏观管理学是以多个组织群体的组织整体作为其研究对象。研究在相当范围内将不同类型的组织群体集合成为一个整体的情况下出现的管理问题。如国民经济管理,它是以整个国家的经济作为其研究对象,其研究的重点是国民经济整体管理中的一些带有全局性的问题,并对此进行科学的分析,提出有理论依据的对策等。宏观管理学研究的对象所涉及的范围大、内容广、因素多,因此这门学科的发展需要对客观实际有较全面深刻的了解,并且拥有多种学科的知识,以及具备融会贯通的能力。

管理学则是以管理学科的基本原理、基本理论作为其研究对象。它是一门系统地研究管理活动的基本规律和一般方法的科学。无论是经济类管理学科,还是非经济类管理学科;无论是"微观管理学"、"中观管理学"还是"宏观管理学",都需要把管理学的原理作为基础来加以学习和研究。管理学既为各门具体的或专门的管理学科提供了理论的依据，又为各级各类组织的管理实际工作者提供了理论指导。因此，管理学是整个管理学科体系的基石。

三、管理学的特点

学习和掌握管理学的原理，首先要对管理学的特点有所了解。一般说来，管理学具有以下几个特点。

1. 历史性

任何一种理论都是实践和历史的产物。管理学尤其如此。管理学是对前人管理的实践经验、管理思想以及管理理论的总结、扬弃和发展。因此，不了解管理的历史发展，不认真对前人的管理经验、理论进行理性的学习和借鉴，就难以理解和把握管理学的真谛。我们在学习和研究国外各种管理理论的同时，必须进一步挖掘和继承我国优秀的管理思想遗产。中国是一个具有几千年文明史的古国，在其各个历史发展时期，都蕴涵着极其丰富的管理思想，有些管理思想至今对我们仍具有重要的启示和指导意义，继承这些宝贵的遗产，对于建立具有中国特色的管理学理论体系具有重要的意义。

2. 综合性

管理学的综合性主要表现在两个方面：首先，管理学不是某一个具体部门的管理学，也不是一些部门管理学简单的产物。管理学是对各门具体管理学科中具有普遍意义的思想、原理和方法的综合、提炼和总结。至今，这门探索中的科学，还需不断的丰富和完善。其次，由于管理活动渗透到人类生活的各个领域，以及影响管理活动的因素具有广泛性和综合性的特点，管理学在它的发展过程中，不断地把自然科学和社会科学探索的成果加以改造融入自己的理论内核，并用来指导管理的实际工作。这些学科主要有哲学、经济学、社会学、心理学、人类学、政治学、法学、数学、计算机技术以及系统理论等等。

从管理学与许多学科相互关系来看，可以说，管理学是一门交叉学科或边缘学科，但从它又要综合利用上述多种学科的成果才能发挥自己的作用来看，它又是一门综合性的学科。

3. 实践性

管理学的实践性主要表现在两个方面：首先，管理学的发展来源于社会管理的实践和总结，离开了管理实践，管理学就成了无源之水，无本之木。同时，管理学阐述的管理理论、原则和方法，能够帮助和指导管理实践，满足社会各类组织的需求，避免一些可以避免的失误，提高管理活动的效能。实践是检验管理也是检验各种理论的唯一标准，因此，只有把管理学的理论同管理活动的实践结合起来，才能真正发挥这门学科的作用，以及进一步充实和完善原有的管理理论。

4. 艺术性

我们在强调管理是一门科学的同时，又认为管理工作是一门艺术。管理科学和管理理论，并不宣称有所谓在各种具体情况下都适用的"最好的管理方法"，重要的问题在于结合特定的情境应用，或根据意外情况而灵活应用。管理的艺术性就是要求人们在管理的工作中能灵活运用管理的各种理论和知识，并能熟练地应用各种技能来获得成效。

无所不知、万事灵验的科学是不存在的，但最有效的艺术也总是对它所依据的科学有所理解，并以此为基础。医生如果不具备医学知识，就成了巫医；而有了科学，他就可能成为技术精湛的医生。因此，科学和艺术并不相互排斥，而是相互补充的。在人类的团体组织中，管理是通过组织的成员完成工作,达到组织的目的的。组织中每一成员都是有意识、有感情、有个性的活生生的人,只有重视组织集体内有效地进行协作的重要性,才能达到组织的目的。毋庸置疑,管理工作就是一切艺术中最重要的一种艺术,"因为它是智慧的组织者"。

5. 创新性

管理活动是人类社会最富有创造性的活动之一。瞬息万变的社会环境对各类社会组织带来了许多新情况、新问题。创新是组织活动之源泉,创新关系到组织的兴衰成败。建立和发展社会主义市场经济是一项前无古人的伟大事业,各级管理者必须用创造性的方法勇于探索和实践。

四、管理学的研究方法

根据管理学的研究对象以及基本特点,管理学的主要研究方法包括以下几个方面。

1. 唯物辩证法

马克思主义的辩证唯物主义和历史唯物主义是学习和研究管理学的基本思想和方法论的基础。按照辩证唯物主义和历史唯物主义观点,学习和研究管理学必须坚持实事求是的态度,要深入管理实践,根据本地区、本组织的具体条件和特点来总结管理经验,研究和解决管理中存在的问题。同时,我们还必须充分认识到世界上一切事物都是相互联系和不断变化的,因此,必须用联系的观点、发展的观点,去观察、分析和解决问题。

2. 系统科学的方法

系统科学是当代科学研究发展的重要成果,系统科学的方法和观点为人们在研究处理复杂社会系统时,提供了一种崭新的思维方式。坚持系统科学的观点,就是要运用系统的观点来研究分析组织管理的过程。任何管理的组织都是一个系统,每一个组织系统都是有若干个相互关联、相互作用、相互制约的因素的有机结合的整体,而每一个组织系统又是一个更大系统的组成部分。因此,管理者必须对影响管理过程的各种因素及其相互之间的关系,进行总体的、系统的分析和研究,才能形成合理的决策和开展有效的管理活动。

3. 理论联系实际的方法

管理学是一门生命力很强的学科。管理理论来源于管理实践,同时,管理理论又对管理实践具有指导意义。坚持理论联系实际的方法,主要表现在两个方面:其一,任何先进的管理理论和方法,必须与管理实践结合起来,任何脱离实际、束之高阁的理论,再好也是没有意义的。其二,已有的管理理论和方法又必须通过实践来不断地检验其正确性和可行性。需要指出的是,在建设社会主义市场经济的历史进程中,学习和借鉴西方发达国家先进管理理论和方法的同时,必须根据我国的国情加以取舍和改造,既要克服"全盘否定"的思想,又要避免"盲目照搬"的做法,做到"以我为主,博采众长,融合提炼,自成一家"。

4. 比较研究方法

通过比较来揭示事物之间的共同点和差异点,是人类见识客观事物最原始、最基本的方法。有比较才有鉴别,有鉴别才会有发展。比较研究的方法,就是运用比较分析的科学方法,对不同国家和地区的管理理论和管理实践、管理方法进行系统分析,从中寻求各种理论和适用性以及具有普遍意义的管理原理和规律的方法。不同国家、不同文化、不同地区、不同行业的管理,在许多方面存在差异,通过比较和研究,既能消除因循守旧、夜郎自大的不良思想,又能清除自卑消沉、悲观失望的落后心理。做到客观地认识"自我",合理借鉴他人的经验，以争取更高层次的发展。

5. 其他研究方法

除了以上几种研究管理学的基本方法以外，还有其他一些方法，如归纳法、试验法、演绎法以及案例分析法、数学方法等等。随着现代科学技术的发展，特别是计算机信息技术在管理领域中的广泛运用，将有力地推动管理学研究方法的科学化和现代化。同时，信息技术的发展，对传统的管理思想、组织结构、业务运作以及管理的方法，都会带来变革的要求，对此，必须引起高度的关注和重视。

以上讨论了管理的内涵，对后续研究房地产开发与管理具有重要意义。

第二节　城市的产生和发展

一、居民点的形成

在原始社会漫长的岁月中，人类过着依附于自然的采集经济生活。当时的原始人采取穴居、树居等群居形式，还没有形成固定的居民点。在长期与自然的斗争中，人类创造了工具，提高了自身的生存能力，开始有了捕鱼、狩猎，形成比较稳定的劳动集体——母系社会的原始群落。随着生产能力的提高，原始群落中产生了劳动分工，出现农业与畜牧业，这是人类的第一次劳动大分工。到新石器时代的后期，农业成为主要的生产方式，逐渐产生了固定的居民点。

人们的生活与农业均离不开水，所以原始的居民点大都是靠近河流、湖泊，而且大多位于向阳的河岸台地上。为了防御野兽的侵袭和其他部落的袭击，往往在原始居民点外围挖筑壕沟，或用石、土、木等材料筑成墙及栅栏。这些沟、墙是一种防御性构筑物，也是城市的雏形。

我国的黄河中下游、埃及的尼河罗河下游、西亚的两河流域都是农业发达较早的地区，在这些地区的农业居民点以及在居民点的基础上发展起来的城市也出现得最早。

二、城市的形成

随着人类对生产方式的改进，生产力不断提高，生产品有了剩余，就产生了交换的条件。这种交换形式是以物易物开始的，也就是我国古代传说中的"日中为市，各易而退，各得其所"。随着交换量的增加及交换数的频繁，就逐渐出现了专门从事交易的商人，交换的场所也由临时的改为固定的。由于原始部落中生产力水平的提高，生活需求的多样化，劳动分工的加强，逐渐出现一些专门的手工业者。商业与手工业从农业中分离出来，这就是人类的第二次劳动大分工。原来的居民点也发生了分化，其中以农业为主的就是农村，一些具有商业及手工业职能的就是城市。所以，也可以说城市是生产发展和人类的第二次劳动大分工的产物。

有了剩余产品就产生私有制，原始社会的生产关系也就逐渐解体，出现了阶级分化，人类开始进入奴隶社会。所以可以说，城市是伴随着私有制和阶级分化，在原始社会向奴隶制社会过渡时期出现的。世界上几个古代文明的地区，城市产生的时期有先有后，但都是在这个社会发展阶段中产生的。

从我国文字字义来看,城是一种防御性建筑物,市是交易的场所。但是有防御作用的墙垣并不是城市,仅是集市也不能称为城市,城市是有着商业交换职能的居民点。

城市与农村的区别主要是产业结构,也就是居民所从事的工作,还有居民的人口规模和集居的密度。

现代城市的含义,主要包括三方面的因素,即人口数量、产业结构及行政的意义。

三、城市的定义

1. 对城市的种种看法

人们对城市定义的探讨是从各个不同的角度加以认识和解说的,可谓见仁见智,百家争鸣。例如,有的从城市的历史和文化方面着眼;有的从生态系统着眼;有的把城市作为社会来研究;有的着眼于经济领域,把城市作为商品生产与分配的场所;有的则把城市看作"力场",研究它的放射与聚合,等等,并由此作出种种定义。

对城市定义的不同认识,根本原因在于城市问题的复杂性与综合性。同时,由于城市是一个历史范畴,它在一定的历史阶段产生,随着历史的发展而发展,因此,人们对城市的认识也会发生变化。

2. 城市的定义

城市的定义:城市是指以非农业产业和非农业人口集聚形成的较大居民点及其配套设施所形成的区域,包括按国家行政建制设立的直辖市、市、镇。由于各城市包含了建制市和建制镇,因此,也可以称城镇。按城市规模划分,市区和近郊非农业人口在50万以上的称为大城市,20万～50万的为中等城市,20万以下的为小城市。

四、城市的基本特征

(一) 城市的集聚性

城市是由于大规模的人口集聚而形成的。没有人口集聚,便没有城市。而人口的集聚又是与经济的集聚伴生的。

科学意义上的城市与农村范围,通常是以人口集中程度来划分的。正如马克思和恩格斯在《德意志意识形态》中指出的:"城市本身表明了人口、生产工具、资本、享乐和需求的集中;而在乡村里所看到的却是完全相反的情况:孤立和分散。"

从我国的情况分析,全国城市建制的建成区总面积只占国土面积的1%左右,却集中了全国18%以上的人口、37%以上的工业企业和29%以上的商业企业。而据联合国(2010年)预测,到本世纪中叶,全世界百万以上人口的城市可达到280个左右,其中,400万以上人口的城市将达到100个,1 500万以上人口的城市将达到10个。到那时,城市的人口将占世界总人口70亿人的一半以上,人口集聚的态势将更明显。

(二) 城市的系统性

城市作为一种社会集聚形态,并不是各类设施和过程的杂乱无章的混合物,而是一个有机整体。就像由许多零部件组成的一部机器那样,是由诸要素以一定的结构组成的具有相应功能的系统,城市这个巨大系统有着以下三个明显的特点。

1. 城市是一个人工的系统

不仅城市里的各种设施是人工创造的,城市里的自然物也都或多或少地带有人工的烙印。

2. 城市是一个开放的系统

城市系统需要经常地、大量地输入粮食、淡水、燃料、原料等等。同时,又经常地输出产品和废物。它的物质循环和能量流动不是在本系统中封闭地进行,而需要同其他城市系统和非系统进行交换和交流。

3. 城市是一个复杂的系统

城市这个巨大系统是由众多的不同层次的子系统构成的。例如,城市中的每一个区:工业区、商业区、文教区、居住区等;城市中的生产系统、流通系统、消费系统、房地产系统、基础设施系统、管理系统、旅游系统等等。

综上所述,城市是一个人工的、开放的、复杂的、巨大的系统。它的各个子系统相互联系、相互依赖、相互制约、相互作用,使城市这个巨大系统能够和谐地运转,维持其动态平衡。

五、城市的本质

在这里,我们着重从社会生产力的角度来考察城市这个复杂的机体,把城市的本质看成是一种特殊形态的生产力,并将其称为"集聚和系统形态的生产力"。

(一) 城市的本质是一种特殊形态的生产力

恩格斯在1844年撰写的《英国工人阶级状况》一文中指出:"像伦敦这样的城市,就是逛上几个钟头也看不到它的尽头,而且也遇不到表明快接近开阔的田野的些许征象,——这样的城市是一个非常特别的东西。这种大规模的集中,250万人这样集聚在一个地方:使这250万人的力量增加了100倍。"那么,这250万人的力量是什么呢? 是人类征服自然、改造自然,以获得物质生产的能力,是指人们改造自然,使其适应社会需要的力量,即生产力。

这250万人的力量增加了100倍,指明了城市对它所聚集的生产力有着明显的放大作用。我们把这种放大作用看作是一种特殊形态的生产力。

(二) 城市的本质是一种集聚和系统形态的生产力

1. 城市集聚能够大大提高生产力

恩格斯在《英国工人阶级状况》中作了很透彻的分析:城市越大,工厂搬到里面来就越多、越有利,因为这里有铁路、运河、公路;可挑选的熟练工人越来越多;各种行业竞争,比其他地方花费少;顾客云集,交易市场繁多。从而促进并提高了生产力的发展。

2. 城市巨大系统的整体功能大于各要素的功能之和

系统论告诉我们:由物质内部机构而决定的外部功能就是整体。有一条著名的定律:整体大于部分之和。就是说,系统的整体功能,并不是简单地由各要素功能的算术相加,而是由各个要素功能有机结合以后产生的。

例如:车厢、发动机、轮子等各要素(子系统)是独立的部件,但经过装配总成汽车则是一个整体,其功能远比各子系统功能之和要大。

综上所述,城市这种特殊形态的生产力,是由于城市的两个基本特征——集聚性和系统性所带来的。所以,我们可以把这种特殊的生产力称作集聚和系统形态的生产力。

(三) 城市特殊形态生产力的决定因素

对城市特殊形态生产力起决定性作用的因素主要有城市规模、城市基础设施、城市结构、城市的人口规模和用地规模。

第一,当城市达到一定规模时,才能形成较高的集聚和系统形态的生产力。在生产过程中,高度的分工和高度的协作带来了高度的效益,成为生产力的源泉。而只有城市集聚达到一定规模时,才能对这种高度分工和高度协作进行有效的组织协调,从而获得较高的集聚和系统形态的生产力。

第二,并非城市规模越大,这种生产力就越高。城市规模太大,会带来一系列的过密问题,诸如环境污染、水源不足、交通拥挤、用地紧张、住房缺乏等"大城市病",从而阻碍城市这种集聚和系统形态生产力的提高。上海市 1964 年市内货运平均时速为 30 公里,现在下降到 20 公里,每年营运损失达数十亿元。

若"大城市病"不能治愈的话,则会制约城市生产力的提高。目前,我国多采用建卫星城、辟开发区的方式改善城市规模。

六、城市在经济、社会发展中的重要作用

(1) 城市是经济中心　城市的经济中心对组织、管理、发展经济起着核心的作用,包括了生产、流通、消费、金融、信息等各个环节在内的全部过程。

(2) 城市是政治中心　城市作为政治中心的作用,是从它产生之日起就有的。首都是全国的政治中心,省会是一个省的政治中心,即使小到一个镇,也是该镇区域内的政治中心。国际共产主义运动史也证明了城市的政治中心的作用,是政治形势的寒暑表。

(3) 城市是文化中心　文化包括了人类全部的物质和精神活动及其结果。城市本身就是人类文化的结晶。同时,城市是生产、传播、应用、储存各种精神产品的主要基地,是文化设施聚集的主要场所,是人类知识的宝库。

第三节　城镇化建设和发展

中共中央、国务院 2014 年 3 月 16 日印发《国家新型城镇化规划(2014—2020 年)》(以下简称《规划》)指出,《规划》是今后一个时期指导全国城镇化健康发展的宏观性、战略性、基础性规划。城镇化是现代化的必由之路,是解决农业、农村、农民问题的重要途径,是推动区域协调发展的有力支撑,是扩大内需和促进产业升级的重要抓手。制定实施《规划》,努力走出一条以人为本、四化同步、优化布局、生态文明、文化传承的中国特色新型城镇化道路,对全面建成小康社会、加快推进社会主义现代化具有重大现实意义和深远历史意义。

一、城镇化的意义

城镇化是伴随工业化发展,非农产业在城镇集聚、农村人口向城镇集中的自然历史过程,是人类社会发展的客观趋势,是国家现代化的重要标志。

(一) 城镇化是现代化的必由之路

工业革命以来的经济社会发展史表明,一国要成功实现现代化,在工业化发展的同时,必须注重城镇化发展。当今中国,城镇化与工业化、信息化和农业现代化同步发展,是现代化建设的核心内容,彼此相辅相成。工业化处于主导地位,是发展的动力;农业现代化是重要基础,是发展的根基;信息化具有后发优势,为发展注入新的活力;城镇化是载体和平台,承载工业化和信息化发展空间,对带动农业现代化加快发展,发挥着不可替代的融合作用。

(二) 城镇化是保持经济持续健康发展的强大引擎

内需是我国经济发展的根本动力,扩大内需的最大潜力在于城镇化。目前我国常住人口城镇化率为53.7%,户籍人口城镇化率只有36%左右,不仅远低于发达国家80%的平均水平,也低于人均收入与我国相近的发展中国家60%的平均水平,所以,我国城镇化率的提高还有较大的发展空间。城镇化水平持续提高,会使更多农民通过转移就业提高收入,通过转为市民享受更好的公共服务,从而使城镇消费群体不断扩大、消费结构不断升级、消费潜力不断释放,也会带来城市基础设施、公共服务设施和住宅建设等巨大投资需求,这将为经济发展提供持续的动力。

(三) 城镇化是加快产业结构转型升级的重要抓手

产业结构转型升级是转变经济发展方式的战略任务,加快发展服务业是产业结构优化升级的主攻方向。目前我国服务业增加值占国内生产总值比重仅为46.1%,与发达国家74%的平均水平相距甚远,与中等收入国家53%的平均水平也有较大差距。城镇化与服务业发展密切相关,服务业是就业的最大容纳器。城镇化过程中的人口集聚、生活方式的变革、生活水平的提高,都会扩大生活性服务需求;生产要素的优化配置、三次产业的联动、社会分工的细化,也会扩大生产性服务需求。城镇化带来的创新要素集聚和知识传播扩散,有利于增强创新活力,驱动传统产业升级和新兴产业发展。

(四) 城镇化是解决农业农村农民问题的重要途径

我国农村人口过多、农业水土资源紧缺,在城乡二元体制下,土地规模经营难以推行,传统生产方式难以改变,这是"三农"问题的根源。我国人均耕地仅0.1公顷,农户户均土地经营规模约0.6公顷,远远达不到农业规模化经营的门槛。城镇化总体上有利于集约节约利用土地,为发展现代农业腾出宝贵空间。随着农村人口逐步向城镇转移,农民人均资源占有量相应增加,可以促进农业生产规模化和机械化,提高农业现代化水平和农民生活水平。城镇经济实力提升,会进一步增强以工促农、以城带乡能力,加快农村经济社会发展。

(五) 城镇化是推动区域协调发展的有力支撑

改革开放以来,我国东部沿海地区率先开放发展,形成了京津冀、长江三角洲、珠江三角洲等一批城市群,有力推动了东部地区快速发展,成为国民经济重要的增长极。但与此同时,中西部地区发展相对滞后,一个重要原因就是城镇化发展很不平衡,中西部城市发育明显不足。目前东部地区常住人口城镇化率达到62.2%,而中部、西部地区分别只有48.5%、44.8%。随着西部大开发和中部崛起战略的深入推进,东部沿海地区产业转移加快,在中西部资源环境承载能力较强地区,加快城镇化进程,培育形成新的增长极,有利于促进经济增长和市场空间由东向西、由南向北梯次拓展,推动人口经济布局更加合理、区域发展更加协调。

(六) 城镇化是促进社会全面进步的必然要求

城镇化作为人类文明进步的产物,既能提高生产活动效率,又能富裕农民、造福人民,全面提升生活质量。随着城镇经济的繁荣,城镇功能的完善,公共服务水平和生态环境质量的提升,人们的物质生活会更加殷实充裕,精神生活会更加丰富多彩;随着城乡二元体制逐步破除,城市内部二元结构矛盾逐步化解,全体人民将共享现代文明成果。这既有利于维护社会公平正义、消除社会风险隐患,也有利于促进人的全面发展和社会和谐进步。

二、城镇化的发展现状和态势

(一) 发展现状

改革开放以来,伴随着工业化进程加速,我国城镇化经历了一个起点低、速度快的发展过程。1978—2013 年,城镇常住人口从 1.7 亿人增加到 7.3 亿人,城镇化率从 17.9% 提升到 53.7%,年均提高 1.02 个百分点;城市数量从 193 个增加到 658 个,建制镇数量从 2 173 个增加到 20 113 个。京津冀、长江三角洲、珠江三角洲三大城市群,以 2.8% 的国土面积集聚了 18% 的人口,创造了 36% 的国内生产总值,成为带动我国经济快速增长和参与国际经济合作与竞争的主要平台。城市水、电、路、气、信息网络等基础设施显著改善,教育、医疗、文化体育、社会保障等公共服务水平明显提高,人均住宅、公园绿地面积大幅增加。城镇化的快速推进,吸纳了大量农村劳动力转移就业,提高了城乡生产要素配置效率,推动了国民经济持续快速发展,带来了社会结构深刻变革,促进了城乡居民生活水平全面提升,取得的成就举世瞩目。

(二) 发展态势

根据世界城镇化发展普遍规律,我国仍处于城镇化率 30%～70% 的快速发展区间,但延续过去传统粗放的城镇化模式,会带来产业升级缓慢、资源环境恶化、社会矛盾增多等诸多风险,可能落入"中等收入陷阱",进而影响现代化进程。随着内外部环境和条件的深刻变化,城镇化必须进入以提升质量为主的转型发展新阶段。

1. 城镇化发展面临的外部挑战日益严峻

在全球经济再平衡和产业格局再调整的背景下,全球供给结构和需求结构正在发生深刻变化,庞大生产能力与有限市场空间的矛盾更加突出,国际市场竞争更加激烈,我国面临产业转型升级和消化严重过剩产能的挑战巨大;发达国家能源资源消费总量居高不下,人口庞大的新兴市场国家和发展中国家对能源资源的需求迅速膨胀,全球资源供需矛盾和碳排放权争夺更加尖锐,我国能源资源和生态环境面临的国际压力前所未有,传统高投入、高消耗、高排放的工业化城镇化发展模式难以为继。

2. 城镇化转型发展的内在要求更加紧迫

随着我国农业富余劳动力减少和人口老龄化程度提高,主要依靠劳动力廉价供给推动城镇化快速发展的模式不可持续;随着资源环境瓶颈制约日益加剧,主要依靠土地等资源粗放消耗推动城镇化快速发展的模式不可持续;随着户籍人口与外来人口公共服务差距造成的城市内部二元结构矛盾日益凸显,主要依靠非均等化基本公共服务压低成本推动城镇化快速发展的模式不可持续。工业化、信息化、城镇化和农业现代化发展不同步,导致农业根基不稳、城乡区域差距过大、产业结构不合理等突出问题。我国城镇化发展由速度型向质量型转型势在必行。

3. 城镇化转型发展的基础条件日趋成熟

改革开放 30 多年来我国经济快速增长,为城镇化转型发展奠定了良好物质基础。国家着力推动基本公共服务均等化,为农业转移人口市民化创造了条件。交通运输网络的不断完善、节能环保等新技术的突破应用,以及信息化的快速推进,为优化城镇化空间布局和形态,推动城镇可持续发展提供了有力支撑。各地在城镇化方面的改革探索,为创新体制机制积累了经验。

三、城镇化的发展目标

(一) 城镇化水平和质量稳步提升

城镇化健康有序发展,常住人口城镇化率达到60%左右,户籍人口城镇化率达到45%左右,户籍人口城镇化率与常住人口城镇化率差距缩小2个百分点左右,努力实现1亿左右农业转移人口和其他常住人口在城镇落户。

(二) 城镇化格局更加优化

"两横三纵"("两横"是陇海亚欧大陆桥和长江沿线,"三纵"是沿海、京广和包昆通道沿线)为主体的城镇化战略格局基本形成,城市群集聚经济、人口能力明显增强,东部地区城市群一体化水平和国际竞争力明显提高,中西部地区城市群成为推动区域协调发展的新的重要增长极。城市规模结构更加完善,中心城市辐射带动作用更加突出,中小城市数量增加,小城镇服务功能增强。

(三) 城市发展模式科学合理

密度较高、功能混用和公交导向的集约紧凑型开发模式成为主导,人均城市建设用地严格控制在100平方米以内,建成区人口密度逐步提高。绿色生产、绿色消费成为城市经济生活的主流,节能节水产品、再生利用产品和绿色建筑比例大幅提高。城市地下管网覆盖率明显提高。

(四) 城市生活和谐宜人

稳步推进义务教育、就业服务、基本养老、基本医疗卫生、保障性住房等城镇基本公共服务覆盖全部常住人口,基础设施和公共服务设施更加完善,消费环境更加便利,生态环境明显改善,空气质量逐步好转,饮用水安全得到保障。自然景观和文化特色得到有效保护,城市发展个性化,城市管理人性化、智能化。

(五) 城镇化体制机制不断完善

户籍管理、土地管理、社会保障、财税金融、行政管理、生态环境等制度改革取得重大进展,阻碍城镇化健康发展的体制机制障碍基本消除。

四、优化城镇化布局和形态

根据土地、水资源、大气环流特征和生态环境承载能力,优化城镇化空间布局和城镇规模结构,在《全国主体功能区规划》确定的城镇化地区,按照统筹规划、合理布局、分工协作、以大带小的原则,发展集聚效率高、辐射作用大、城镇体系优、功能互补强的城市群,使之成为支撑全国经济增长、促进区域协调发展、参与国际竞争合作的重要平台。构建以轴线上城市群和节点城市为依托、其他城镇化地区为重要组成部分,大中小城市和小城镇协调发展的"两横三纵"城镇化战略格局。

(一) 优化提升东部地区城市群

东部地区城市群主要分布在优化开发区域,面临水土资源和生态环境压力加大、要素成本快速上升、国际市场竞争加剧等制约,必须加快经济转型升级、空间结构优化、资源永续利用和环境质量提升。

京津冀、长江三角洲和珠江三角洲城市群,是我国经济最具活力、开放程度最高、创新能力最强、吸纳外来人口最多的地区,要以建设世界级城市群为目标,继续在制度创新、科技进步、产业升级、绿色发展等方面走在全国前列,加快形成国际竞争新优势,在更高层次参与国际合作和竞争,发挥其对全国经济社会发展的重要支撑和引领作用。科学定位各城市功能,增强城市群内中小城市和小城镇的人口经济集聚能力,引导人口和产业由特大城市主城区向周边和其他城镇疏散转移。依托河流、湖泊、山峦等自然地理格局建设区域生态网络。

东部地区其他城市群,要根据区域主体功能定位,在优化结构、提高效益、降低消耗、保护环境的基础上,壮大先进装备制造业、战略性新兴产业和现代服务业,推进海洋经济发展。充分发挥区位优势,全面提高开放水平,集聚创新要素,增强创新能力,提升国际竞争力。统筹区域、城乡基础设施网络和信息网络建设,深化城市间分工协作和功能互补,加快一体化发展。

(二) 培育发展中西部地区城市群

中西部城镇体系比较健全、城镇经济比较发达、中心城市辐射带动作用明显的重点开发区域,要在严格保护生态环境的基础上,引导有市场、有效益的劳动密集型产业优先向中西部转移,吸纳东部返乡和就近转移的农民工,加快产业集群发展和人口集聚,培育发展若干新的城市群,在优化全国城镇化战略格局中发挥更加重要作用。

加快培育成渝、中原、长江中游、哈长等城市群,使之成为推动国土空间均衡开发、引领区域经济发展的重要增长极。加大对内对外开放力度,有序承接国际及沿海地区产业转移,依托优势资源发展特色产业,加快新型工业化进程,壮大现代产业体系,完善基础设施网络,健全功能完备、布局合理的城镇体系,强化城市分工合作,提升中心城市辐射带动能力,形成经济充满活力、生活品质优良、生态环境优美的新型城市群。依托陆桥通道上的城市群和节点城市,构建丝绸之路经济带,推动形成与中亚乃至整个欧亚大陆的区域大合作。

中部地区是我国重要粮食主产区,西部地区是我国水源保护区和生态涵养区。培育发展中西部地区城市群,必须严格保护耕地特别是基本农田,严格保护水资源,严格控制城市边界无序扩张,严格控制污染物排放,切实加强生态保护和环境治理,彻底改变粗放低效的发展模式,确保流域生态安全和粮食生产安全。

(三) 建立城市群发展协调机制

统筹制定实施城市群规划,明确城市群发展目标、空间结构和开发方向,明确各城市的功能定位和分工,统筹交通基础设施和信息网络布局,加快推进城市群一体化进程。加强城市群规划与城镇体系规划、土地利用规划、生态环境规划等的衔接,依法开展规划环境影响评价。中央政府负责跨省级行政区的城市群规划编制和组织实施,省级政府负责本行政区内的城市群规划编制和组织实施。

建立完善跨区域城市发展协调机制。以城市群为主要平台,推动跨区域城市间产业分工、基础设施、环境治理等协调联动。重点探索建立城市群管理协调模式,创新城市群要素市场管理机制,破除行政壁垒和垄断,促进生产要素自由流动和优化配置。建立城市群成本共担和利益共享机制,加快城市公共交通"一卡通"服务平台建设,推进跨区域互联互通,促进基础设施和公共服务设施共建共享,促进创新资源高效配置和开放共享,推动区域环境联防联控联治,实现城市群一体化发展。

(四) 促进各类城市协调发展

优化城镇规模结构,增强中心城市辐射带动功能,加快发展中小城市,有重点地发展小城镇,促进大中小城市和小城镇协调发展。

1. 增强中心城市辐射带动功能

直辖市、省会城市、计划单列市和重要节点城市等中心城市,是我国城镇化发展的重要支撑。沿海中心城市要加快产业转型升级,提高参与全球产业分工的层次,延伸面向腹地的产业和服务链,加快提升国际化程度和国际竞争力。内陆中心城市要加大开发开放力度,健全以先进制造业、战略性新兴产业、现代服务业为主的产业体系,提升要素集聚、科技创新、高端服务能力,发挥规模效应和带动效应。区域重要节点城市要完善城市功能,壮大经济实力,加强协作对接,实现集约发展、联动发展、互补发展。特大城市要适当疏散经济功能和其他功能,推进劳动密集型加工业向外转移,加强与周边城镇基础设施连接和公共服务共享,推进中心城区功能向1小时交通圈地区扩散,培育形成通勤高效、一体发展的都市圈。

2. 加快发展中小城市

把加快发展中小城市作为优化城镇规模结构的主攻方向,加强产业和公共服务资源布局引导,提升质量,增加数量。鼓励引导产业项目在资源环境承载力强、发展潜力大的中小城市和县城布局,依托优势资源发展特色产业,夯实产业基础。加强市政基础设施和公共服务设施建设,教育医疗等公共资源配置要向中小城市和县城倾斜,引导高等学校和职业院校在中小城市布局、优质教育和医疗机构在中小城市设立分支机构,增强集聚要素的吸引力。完善设市标准,严格审批程序,对具备行政区划调整条件的县可有序改市,把有条件的县城和重点镇发展成为中小城市。培育壮大陆路边境口岸城镇,完善边境贸易、金融服务、交通枢纽等功能,建设国际贸易物流节点和加工基地。

3. 有重点地发展小城镇

按照控制数量、提高质量,节约用地、体现特色的要求,推动小城镇发展与疏解大城市中心城区功能相结合、与特色产业发展相结合、与服务"三农"相结合。大城市周边的重点镇,要加强与城市发展的统筹规划与功能配套,逐步发展成为卫星城。具有特色资源、区位优势的小城镇,要通过规划引导、市场运作,培育成为文化旅游、商贸物流、资源加工、交通枢纽等专业特色镇。远离中心城市的小城镇和林场、农场等,要完善基础设施和公共服务,发展成为服务农村、带动周边的综合性小城镇。对吸纳人口多、经济实力强的镇,可赋予同人口和经济规模相适应的管理权。

五、提高城市可持续发展能力

加快转变城市发展方式,优化城市空间结构,增强城市经济、基础设施、公共服务和资源环境对人口的承载能力,有效预防和治理"城市病",建设和谐宜居、富有特色、充满活力的现代城市。

(一)优化城市产业结构

强化城市产业就业支撑。调整优化城市产业布局和结构,促进城市经济转型升级,改善营商环境,增强经济活力,扩大就业容量,把城市打造成为创业乐园和创新摇篮。

根据城市资源环境承载能力、要素禀赋和比较优势,培育发展各具特色的城市产业体系。改造提升传统产业,淘汰落后产能,壮大先进制造业和节能环保、新一代信息技术、生物、新能源、新材料、新能源汽车等战略性新兴产业。顺应科技进步和产业变革新趋势,发挥城市创新载体作用,依托科技、教育和人才资源优势,推动城市走创新驱动发展道路。营造良好就业创业环境,发挥城市创业平台作用,充分利用城市规模经济产生的专业化分工效应,放宽政府管制,降低交易成本,激发创业活力。

(二)优化城市空间结构和管理格局

按照统一规划、协调推进、集约紧凑、疏密有致、环境优先的原则,统筹中心城区改造和新城新区建设,提高城市空间利用效率,改善城市人居环境。

改造提升中心城区功能,推动特大城市中心城区部分功能向卫星城疏散,强化大中城市中心城区高端服务、现代商贸、信息中介、创意创新等功能。完善中心城区功能组合,统筹规划地上地下空间开发,推动商业、办公、居住、生态空间与交通站点的合理布局与综合利用开发。制定城市市辖区设置标准,优化市辖区规模和结构。按照改造更新与保护修复并重的要求,健全旧城改造机制,优化提升旧城功能。加快城区老工业区搬迁改造,大力推进棚户区改造,稳步实施城中村改造,有序推进旧住宅小区综合整治、危旧住房和非成套住房改造,全面改善人居环境。

严格新城新区设立条件,防止城市边界无序蔓延。因中心城区功能过度叠加、人口密度过高或规避自然灾害等原因,确需规划建设新城新区,必须以人口密度、产出强度和资源环境承载力为基准,与行政区划相协调,科学合理编制规划,严格控制建设用地规模,控制建设标准过度超前。统筹生产区、办公区、生活区、商业区等功能区规划建设,推进功能混合和产城融合,在集聚产业的同时集聚人口,防止新城新区空心化。加强现有开发区城市功能改造,推动单一生产功能向城市综合功能转型,为促进人口集聚、发展服务经济拓展空间。

提升城乡接合部规划建设和管理服务水平,促进社区化发展,增强服务城市、带动农村、承接转移人口功能。加快城区基础设施和公共服务设施向城乡接合部地区延伸覆盖,规范建设行为,加强环境整治和社会综合治理,改善生活居住条件。保护生态用地和农用地,形成有利于改善城市生态环境质量的生态缓冲地带。

(三)提高城市规划建设水平

适应新型城镇化发展要求,提高城市规划科学性,加强空间开发管制,健全规划管理体制机制,严格建筑规范和质量管理,强化实施监督,提高城市规划管理水平和建筑质量。把以人为本、尊重自然、传承历史、绿色低碳理念融入城市规划全过程。城市规划要由扩张性规划逐步转向限定城市边界、优化空间结构的规划,科学确立城市功能定位和形态,加强城市空间开发利用管制,合理划定城市"三区四线"[三区:禁建区、限建区、宜建区;四线:绿线(绿地)、蓝线(河海湖泊)、黄线(高压走廊等市政设施)和紫线(文物保护区)],合理确定城市规模、开发边界、开发强度和保护性空间,加强道路红线和建筑红线对建设项目的定位控制。统筹规划城市空间功能布局,促进城市用地功能适度混合。合理设定不同功能区土地开发利用的容积率、绿化率、地面渗透率等规范性要求。建立健全城市地下空间开发利用协调机制。统筹规划市区、城郊和周边乡村发展。

完善城市规划前期研究、规划编制、衔接协调、专家论证、公众参与、审查审批、实施管理、评估修编等工作程序,探索设立城市总规划师制度,提高规划编制科学化、民主化水平。推行城市规划政务公开,加大公开公示力度。加强城市规划与经济社会发展、主体功能区建设、国土资源利用、生态环境保护、基础设施建设等规划的相互衔接。推动有条件地区的经济社会发展总体规划、城市规划、土地利用规划等"多规合一"。

保持城市规划权威性、严肃性和连续性,坚持一本规划一张蓝图持之以恒加以落实,防止换一届领导改一次规划。加强规划实施全过程监管,确保依规划进行开发建设。健全国家城乡规划督察员制度,以规划强制性内容为重点,加强规划实施督察,对违反规划行为进行事前事中监管。严格实行规划实施责任追究制度,加大对政府部门、开发主体、居民个人违法违规行为的责任追究和处罚力度。制定城市规划建设考核指标体系,加强地方人大对城市规划实施的监督检查,将城市规划实施情况纳入地方党政领导干部考核和离任审计。运用信息化等手段,强化对城市规划管控的技术支撑。

强化建筑设计、施工、监理和建筑材料、装修装饰等全流程质量管控。严格执行先勘察、后设计、再施工的基本建设程序,加强建筑市场各类主体的资质资格管理,推行质量体系认证制度,加大建筑工人职业技能培训力度。坚决打击建筑工程招投标、分包转包、材料采购、竣工验收等环节的违法违规行为,惩治擅自改变房屋建筑主体和承重结构等违规行为。健全建筑档案登记、查询和管理制度,强化建筑质量责任追究和处罚,实行建筑质量责任终身追究制度。

六、推动新型城市建设

顺应现代城市发展新理念新趋势,推动城市绿色发展,提高智能化水平,增强历史文化魅力,全面提升城市内在品质。

(一)加快绿色城市建设

将生态文明理念全面融入城市发展,构建绿色生产方式、生活方式和消费模式。严格控制高耗能、高排放行业发展。节约集约利用土地、水和能源等资源,促进资源循环利用,控制总量,提高效率。加快建设可再生能源体系,推动分布式太阳能、风能、生物质能、地热能多元化、规模化应用,提高新能源和可再生能源利用比例。实施绿色建筑行动计划,完善绿色建筑标准及认证体系、扩大强制执行范围,加快既有建筑节能改造,大力发展绿色建材,强力推进建筑工业化。合理控制机动车保有量,加快新能源汽车推广应用,改善步行、自行车出行条件,倡导绿色出行。实施大气污染防治行动计划,开展区域联防联控联治,改善城市空气质量。完善废旧商品回收体系和垃圾分类处理系统,加强城市固体废弃物循环利用和无害化处置。合理划定生态保护红线,扩大城市生态空间,增加森林、湖泊、湿地面积,将农村废弃地、其他污染土地、工矿用地转化为生态用地,在城镇化地区合理建设绿色生态廊道。

(二)推进智慧城市建设

统筹城市发展的物质资源、信息资源和智力资源利用,推动物联网、云计算、大数据等新一代信息技术创新应用,实现与城市经济社会发展深度融合。强化信息网络、数据中心等信息基础设施建设。促进跨部门、跨行业、跨地区的政务信息共享和业务协同,强化信息资源社会化开发利用,推广智慧化信息应用和新型信息服务,促进城市规划管理信息化、基础设施智能化、公共服务便捷化、产业发展现代化、社会治理精细化。增强城市要害信息系统和关键信息资源的安全保障能力。

(三)注重人文城市建设

发掘城市文化资源,强化文化传承创新,把城市建设成为历史底蕴厚重、时代特色鲜明的人文魅力空间。注重在旧城改造中保护历史文化遗产、民族文化风格和传统风貌,促进功能提升与文化文物保护相结合。注重在新城新区建设中融入传统文化元素,与原有城市自然人文特征相协调。加强历史文化名城名镇、历史文化街区、民族风情小镇文化资源挖掘和文化生态的整体保护,传承和弘扬优秀传统文化,推动地方特色文化发展,保存城市文化记忆。培育和践行社会主义核心价值观，加快完善文化管理体制和文化生产经营机制，建立健全现代公共文化服务体系、现代文化市场体系。鼓励城市文化多样化发展，促进传统文化与现代文化、本土文化与外来文化交融，形成多元开放的现代城市文化。

七、改革完善城镇化发展体制机制

（一）深化土地管理制度改革

实行最严格的耕地保护制度和集约节约用地制度，按照管住总量、严控增量、盘活存量的原则，创新土地管理制度，优化土地利用结构，提高土地利用效率，合理满足城镇化用地需求。

1. 建立城镇用地规模结构调控机制

严格控制新增城镇建设用地规模，严格执行城市用地分类与规划建设用地标准，实行增量供给与存量挖潜相结合的供地、用地政策，提高城镇建设使用存量用地比例。探索实行城镇建设用地增加规模与吸纳农业转移人口落户数量挂钩政策。有效控制特大城市新增建设用地规模，适度增加集约用地程度高、发展潜力大、吸纳人口多的卫星城、中小城市和县城建设用地供给。适当控制工业用地，优先安排和增加住宅用地，合理安排生态用地，保护城郊菜地和水田，统筹安排基础设施和公共服务设施用地。建立有效调节工业用地和居住用地合理比价机制，提高工业用地价格。

2. 健全节约集约用地制度

完善各类建设用地标准体系，严格执行土地使用标准，适当提高工业项目容积率、土地产出率门槛，探索实行长期租赁、先租后让、租让结合的工业用地供应制度，加强工程建设项目用地标准控制。建立健全规划统筹、政府引导、市场运作、公众参与、利益共享的城镇低效用地再开发激励约束机制，盘活利用现有城镇存量建设用地，建立存量建设用地退出激励机制，推进老城区、旧厂房、城中村的改造和保护性开发，发挥政府土地储备对盘活城镇低效用地的作用。加强农村土地综合整治，健全运行机制，规范推进城乡建设用地增减挂钩，总结推广工矿废弃地复垦利用等做法。禁止未经评估和无害化治理的污染场地进行土地流转和开发利用。完善土地租赁、转让、抵押二级市场。

3. 深化国有建设用地有偿使用制度改革

扩大国有土地有偿使用范围，逐步对经营性基础设施和社会事业用地实行有偿使用。减少非公益性用地划拨，对以划拨方式取得用于经营性项目的土地，通过征收土地年租金等多种方式纳入有偿使用范围。

4. 推进农村土地管理制度改革

全面完成农村土地确权登记颁证工作，依法维护农民土地承包经营权。在坚持和完善最严格的耕地保护制度前提下，赋予农民对承包地占有、使用、收益、流转及承包经营权抵押、担保权能。保障农户宅基地用益物权，改革完善农村宅基地制度，在试点基础上慎重稳妥推进农民住房财产权抵押、担保、转让，严格执行宅基地使用标准，严格禁止一户多宅。在符合规划和用途管制前提下，允许农村集体经营性建设用地出让、租赁、入股，实行与国有土地同等入市、同权同价。建立农村产权流转交易市场，推动农村产权流转交易公开、公正、规范运行。

5. 深化征地制度改革

缩小征地范围，规范征地程序，完善对被征地农民合理、规范、多元保障机制。建立兼顾国家、集体、个人的土地增值收益分配机制，合理提高个人收益，保障被征地农民长远发展生计。健全争议协调裁决制度。

6. 强化耕地保护制度

严格土地用途管制，统筹耕地数量管控和质量、生态管护，完善耕地占补平衡制度，建立健全耕地保护激励约束机制。落实地方各级政府耕地保护责任目标考核制度，建立健全耕地保护共同责任机制；加强基本农田管理，完善基本农田永久保护长效机制，强化耕地占补平衡和土地整理复垦监管。

（二）健全城镇住房制度

建立市场配置和政府保障相结合的住房制度，推动形成总量基本平衡、结构基本合理、房价与消费能力基本适应的住房供需格局，有效保障城镇常住人口的合理住房需求。

1. 健全住房供应体系

加快构建以政府为主提供基本保障、以市场为主满足多层次需求的住房供应体系。对城镇低收入和中等偏下收入住房困难家庭，实行租售并举、以租为主，提供保障性安居工程住房，满足基本住房需求。稳定增加商品住房供应，大力发展二手房市场和住房租赁市场，推进住房供应主体多元化，满足市场多样化住房需求。

2. 健全保障性住房制度

建立各级财政保障性住房稳定投入机制，扩大保障性住房有效供给。完善租赁补贴制度，推进廉租住房、公共租赁住房并轨运行。制定公平合理、公开透明的保障性住房配租政策和监管程序，严格准入和退出制度，提高保障性住房物业管理、服务水平和运营效率。

3. 健全房地产市场调控长效机制

调整完善住房、土地、财税、金融等方面政策，共同构建房地产市场调控长效机制。各城市要编制城市住房发展规划，确定住房建设总量、结构和布局。确保住房用地稳定供应，完善住房用地供应机制，保障性住房用地应保尽保，优先安排政策性商品住房用地，合理增加普通商品住房用地，严格控制大户型高档商品住房用地。实行差别化的住房税收、信贷政策，支持合理自住需求，抑制投机投资需求。依法规范市场秩序，健全法律法规体系，加大市场监管力度。建立以土地为基础的不动产统一登记制度，实现全国住房信息联网，推进部门信息共享。

第四节 房地产与房地产业

一、房地产

一般来说，房地产是房产与地产的合称，是房屋与土地在经济方面的商品体现。房屋与土地反映物质的属性和形态，而房产与地产则体现商品形式的价格。因此，在生活资料方面，房产与地产属于财产范畴；在生产经营资料方面，房产与地产属于资产范畴。

由于物质形态的房屋与土地紧密相连，房依地连，地为房载，因此在经济形态上，房地产的经济内容和运动过程也具有内在的整体性。在实际生活中，讲到房地产，一般均指房屋建筑和其建筑地块所组成的有机整体，习惯上，也不把房地产与房屋、土地严格区分，房地产即房屋和用地。

房屋和土地属于不可移动或一经移动就要丧失极大价值的物体,因此俗称不动产。实际上,称房地产为不动产,只是不动产概念的狭义解释或通俗解释,不动产的广义概念还包括其他不能移动,或一旦移动就要丧失很大价值的物体,如水坝、地下工程、港口、其他建筑等等。

所以,我们可以认为,房产是房屋及其权利的总称,地产是土地及其权利的总称。房地产是由土地、随着在土地上的各类建筑物、构筑物和其他不可分离的物质及其权利构成的财产总体。

(一) 房屋财产

房屋财产即房产,按用途可分为五类。

1. 住宅用房

住宅是最重要的生活资料,是人们从事一切社会、经济、文化活动的最基本的物质前提之一。人们首先要有安居的处所,然后才能正常地从事各项活动。在现在城市中,住宅一般要占城市房屋总量的一半以上。

2. 生产用房

生产用房是指物质生产部门作为基本要素使用的房屋。包括工业、交通、运输业和建筑业等生产活动中所使用的厂房、仓库、实验室、办公室和生产服务用房等。

3. 营业用房

营业用房是指商店、银行、邮电、旅馆、饭店以及其他经营性服务等第三产业所使用的房屋。既包括直接用于经营活动的房屋,也包括办公室、仓库、堆场等辅助用房。

4. 行政用房

行政用房是指党派、行政机关、团体、机构等的办公用房及其辅助用房。

5. 其他专业用房

其他专业用房是指文化、教育、科技、卫生、体育等用房及外国机构驻地用房、宗教用房,等等。

上述中的第 1 类称为住宅用房,第 2 至第 5 类统称为非住宅用房。这些都是城市中属于不同产权人的房屋财产。

(二) 土地财产

土地财产即地产,是指作为财产的土地,其中既包括纯自然土地,也包括经过人类开发、改造过的土地,两者都能够被人们当作财产予以占有。从法律上看,地产不仅包括土地自然体,而且包括土地权利(如所有权、使用权、经营权等)。按照国家《城市用地分类与规划建设用地标准》(GB50137—2011),用地分类包括城乡用地分类(表 1-1)、城市建设用地分类(表 1-2)两部分,应按土地使用的主要性质进行划分。用地分类采用大类、中类和小类 3 级分类体系。大类采用英文字母表示,中类和小类采用英文字母和阿拉伯数字组合表示。

表 1-1　　　　　　　　城乡用地分类中英文对照表

代码 codes	用地类别中文名称 Chinese	英文同(近)义词 English
H	建设用地	development land
E	非建设用地	non-development land

表1-2　　　　　　　　　城市建设用地分类中英文对照表

代码 codes	用地类别中文名称 Chinese	英文同(近)义词 English
R	居住用地	residential
A	公共管理与公共服务用地	administration and public services
B	商业服务业设施用地	commercial and business facilities
M	工业用地	industrial
W	物流仓储用地	logistics and warehouse
S	交通设施用地	street and transportation
U	公用设施用地	municipal utilities
G	绿地	green space

城乡用地(town and country land)指市(县)域范围内所有土地，包括建设用地与非建设用地。建设用地包括城乡居民点建设用地、区域交通设施用地、区域公用设施用地、特殊用地、采矿用地等，非建设用地包括水域、农林用地以及其他非建设用地等。市域内城乡用地共分为2个大类、8个中类、17个小类。城乡用地分类和代码应符合表1-3的规定。

表1-3　　　　　　　　　　城乡用地分类和代码

类别代码			类别名称	范　围
大类	中类	小类		
H			建设用地	包括城乡居民点建设用地、区域交通设施用地、区域公用设施用地、特殊用地、采矿用地等
	H1		城乡居民点建设用地	城市、镇、乡、村庄以及独立的建设用地
		H11	城市建设用地	城市和县人民政府所在地镇内的居住用地、公共管理与公共服务用地、商业服务业设施用地、工业用地、物流仓储用地、交通设施用地、公用设施用地、绿地
		H12	镇建设用地	非县人民政府所在地镇的建设用地
		H13	乡建设用地	乡人民政府驻地的建设用地
		H14	村庄建设用地	农村居民点的建设用地
		H15	独立建设用地	独立于中心城区、乡镇区、村庄以外的建设用地，包括居住、工业、物流仓储、商业服务业设施以及风景名胜区、森林公园等的管理及服务设施用地
	H2		区域交通设施用地	铁路、公路、港口、机场和管道运输等区域交通运输及其附属设施用地，不包括中心城区的铁路客货运站、公路长途客运站以及港口客运码头
		H21	铁路用地	铁路编组站、线路等用地
		H22	公路用地	高速公路、国道、省道、县道和乡道用地及附属设施用地
		H23	港口用地	海港和河港的陆域部分，包括码头作业区、辅助生产区等用地
		H24	机场用地	民用及军民合用的机场用地，包括飞行区、航站区等用地
		H25	管道运输用地	运输煤炭、石油和天然气等地面管道运输用地

续 表

类别代码			类别名称	范 围
大类	中类	小类		
H	H3		区域公用设施用地	为区域服务的公用设施用地，包括区域性能源设施、水工设施、通讯设施、殡葬设施、环卫设施、排水设施等用地
	H4		特殊用地	特殊性质的用地
		H41	军事用地	专门用于军事目的的设施用地，不包括部队家属生活区和军民共用设施等用地
		H42	安保用地	监狱、拘留所、劳改场所和安全保卫设施等用地，不包括公安局用地
	H5		采矿用地	采矿、采石、采砂、盐田、砖瓦窑等地面生产用地及尾矿堆放地
E			非建设用地	水域、农林等非建设用地
	E1		水域	河流、湖泊、水库、坑塘、沟渠、滩涂、冰川及永久积雪，不包括公园绿地及单位内的水域
		E11	自然水域	河流、湖泊、滩涂、冰川及永久积雪
		E12	水库	人工拦截汇集而成的总库容不小于 10 万 m^3 的水库正常蓄水位岸线所围成的水面
		E13	坑塘沟渠	蓄水量小于 10 万 m^3 的坑塘水面和人工修建用于引、排、灌的渠道
	E2		农林用地	耕地、园地、林地、牧草地、设施农用地、田坎、农村道路等用地
	E3		其他非建设用地	空闲地、盐碱地、沼泽地、沙地、裸地，不用于畜牧业的草地等用地
		E31	空闲地	城镇、村庄、独立用地内部尚未利用的土地
		E32	其他未利用地	盐碱地、沼泽地、沙地、裸地，不用于畜牧业的草地等用地

城市建设用地（urban development land）指城市和县人民政府所在地镇内的居住用地、公共管理与公共服务用地、商业服务业设施用地、工业用地、物流仓储用地、交通设施用地、公用设施用地、绿地。城市建设用地共分为 8 个大类、35 个中类、44 个小类。城市建设用地分类和代码应符合表 1-4 的规定。

表 1-4 城市建设用地分类和代码

类别代码			类别名称	范 围
大类	中类	小类		
R			居住用地	住宅和相应服务设施的用地
	R1		一类居住用地	公用设施、交通设施和公共服务设施齐全、布局完整、环境良好的低层住区用地
		R11	住宅用地	住宅建筑用地、住区内城市支路以下的道路、停车场及其社区附属绿地
		R12	服务设施用地	住区主要公共设施和服务设施用地，包括幼托、文化体育设施、商业金融、社区卫生服务站、公用设施等用地，不包括中小学用地
	R2		二类居住用地	公用设施、交通设施和公共服务设施较齐全、布局较完整、环境良好的多、中、高层住区用地
		R20	保障性住宅用地	住宅建筑用地、住区内城市支路以下的道路、停车场及其社区附属绿地
		R21	住宅用地	
		R22	服务设施用地	住区主要公共设施和服务设施用地，包括幼托、文化体育设施、商业金融、社区卫生服务站、公用设施等用地，不包括中小学用地

续 表

类别代码			类别名称	范　围
大类	中类	小类		
R	R3		三类居住用地	公用设施、交通设施不齐全，公共服务设施较欠缺，环境较差，需要加以改造的简陋住区用地，包括危房、棚户区、临时住宅等用地
		R31	住宅用地	住宅建筑用地、住区内城市支路以下的道路、停车场及其社区附属绿地
		R32	服务设施用地	住区主要公共设施和服务设施用地，包括幼托、文化体育设施、商业金融、社区卫生服务站、公用设施等用地，不包括中小学用地
A			公共管理与公共服务用地	行政、文化、教育、体育、卫生等机构和设施的用地，不包括居住用地中的服务设施用地
	A1		行政办公用地	党政机关、社会团体、事业单位等机构及其相关设施用地
	A2		文化设施用地	图书、展览等公共文化活动设施用地
		A21	图书展览设施用地	公共图书馆、博物馆、科技馆、纪念馆、美术馆和展览馆、会展中心等设施用地
		A22	文化活动设施用地	综合文化活动中心、文化馆、青少年宫、儿童活动中心、老年活动中心等设施用地
	A3		教育科研用地	高等院校、中等专业学校、中学、小学、科研事业单位等用地，包括为学校配建的独立地段的学生生活用地
		A31	高等院校用地	大学、学院、专科学校、研究生院、电视大学、党校、干部学校及其附属用地，包括军事院校用地
		A32	中等专业学校用地	中等专业学校、技工学校、职业学校等用地，不包括附属于普通中学内的职业高中用地
		A33	中小学用地	中学、小学用地
		A34	特殊教育用地	聋、哑、盲人学校及工读学校用地
		A35	科研用地	科研事业单位用地
	A4		体育用地	体育场馆和体育训练基地等用地，不包括学校等机构专用的体育设施用地
		A41	体育场馆用地	室内外体育运动用地，包括体育场馆、游泳场馆、各类球场及其附属的业余体校等用地
		A42	体育训练用地	为各类体育运动专设的训练基地用地
	A5		医疗卫生用地	医疗、保健、卫生、防疫、康复和急救设施等用地
		A51	医院用地	综合医院、专科医院、社区卫生服务中心等用地
		A52	卫生防疫用地	卫生防疫站、专科防治所、检验中心和动物检疫站等用地
		A53	特殊医疗用地	对环境有特殊要求的传染病、精神病等专科医院用地
		A59	其他医疗卫生用地	急救中心、血库等用地
	A6		社会福利设施用地	为社会提供福利和慈善服务的设施及其附属设施用地，包括福利院、养老院、孤儿院等用地
	A7		文物古迹用地	具有历史、艺术、科学价值且没有其他使用功能的建筑物、构筑物、遗址、墓葬等用地
	A8		外事用地	外国驻华使馆、领事馆、国际机构及其生活设施等用地
	A9		宗教设施用地	宗教活动场所用地

续　表

类别代码			类别名称	范　围
大类	中类	小类		
B			商业服务业设施用地	各类商业、商务、娱乐康体等设施用地,不包括居住用地中的服务设施用地以及公共管理与公共服务用地内的事业单位用地
	B1		商业设施用地	各类商业经营活动及餐饮、旅馆等服务业用地
		B11	零售商业用地	商铺、商场、超市、服装及小商品市场等用地
		B12	农贸市场用地	以农产品批发、零售为主的市场用地
		B13	餐饮业用地	饭店、餐厅、酒吧等用地
		B14	旅馆用地	宾馆、旅馆、招待所、服务型公寓、度假村用地
	B2		商务设施用地	金融、保险、证券、新闻出版、文艺团体等综合性办公用地
		B21	金融保险业用地	银行及分理处、信用社、信托投资公司、证券期货交易所、保险公司以及各类公司总部及综合性商务办公楼宇等用地
		B22	艺术传媒产业用地	音乐、美术、影视、广告、网络媒体等的制作及管理设施用地
		B29	其他商务设施用地	邮政、电信、工程咨询、技术服务、会计和法律服务以及其他中介服务等的办公用地
	B3		娱乐康体用地	各类娱乐、康体等设施用地
		B31	娱乐用地	单独设置的剧院、音乐厅、电影院、歌舞厅、网吧以及绿地率小于65%的大型游乐等设施用地
		B32	康体用地	单独设置的高尔夫练习场、赛马场、溜冰场、跳伞场、摩托车场、射击场以及水上运动的陆域部分等用地
	B4		公用设施营业网点用地	零售加油、加气、电信、邮政等公用设施营业网点用地
		B41	加油加气站用地	零售加油、加气以及液化石油气换瓶站用地
		B49	其他公用设施营业网点用地	电信、邮政、供水、燃气、供电、供热等其他公用设施营业网点用地
	B9		其他服务设施用地	业余学校、民营培训机构、私人诊所、宠物医院等其他服务设施用地
M			工业用地	工矿企业的生产车间、库房及其附属设施等用地,包括专用的铁路、码头和道路等用地,不包括露天矿用地
	M1		一类工业用地	对居住和公共环境基本无干扰、污染和安全隐患的工业用地
	M2		二类工业用地	对居住和公共环境有一定干扰、污染和安全隐患的工业用地
	M3		三类工业用地	对居住和公共环境有严重干扰、污染和安全隐患的工业用地
W			物流仓储用地	物资储备、中转、配送、批发、交易等的用地,包括大型批发市场以及货运公司车队的站场(不包括加工)等用地
	W1		一类物流仓储用地	对居住和公共环境基本无干扰、污染和安全隐患的物流仓储用地
	W2		二类物流仓储用地	对居住和公共环境有一定干扰、污染和安全隐患的物流仓储用地
	W3		三类物流仓储用地	存放易燃、易爆和剧毒等危险品的专用仓库用地

续　表

类别代码 大类	类别代码 中类	类别代码 小类	类别名称	范围
S			交通设施用地	城市道路、交通设施等用地
S	S1		城市道路用地	快速路、主干路、次干路和支路用地，包括其交叉路口用地，不包括居住用地、工业用地等内部配建的道路用地
S	S2		轨道交通线路用地	轨道交通地面以上部分的线路用地
S	S3		综合交通枢纽用地	铁路客货运站、公路长途客货运站、港口客运码头、公交枢纽及其附属用地
S	S4		交通场站用地	静态交通设施用地，不包括交通指挥中心、交通队用地
S	S4	S41	公共交通设施用地	公共汽车、出租汽车、轨道交通（地面部分）的车辆段、地面站、首末站、停车场（库）、保养场等用地，以及轮渡、缆车、索道等的地面部分及附属设施用地
S	S4	S42	社会停车场用地	公共使用的停车场和停车库用地，不包括其他各类用地配建的停车场（库）用地
S	S9		其他交通设施用地	除以上之外的交通设施用地，包括教练场等用地
U			公用设施用地	供应、环境、安全等设施用地
U	U1		供应设施用地	供水、供电、供燃气和供热等设施用地
U	U1	U11	供水用地	城市取水设施、水厂、加压站及其附属的构筑物用地，包括泵房和高位水池等用地
U	U1	U12	供电用地	变电站、配电所、高压塔基等用地，包括各类发电设施用地
U	U1	U13	供燃气用地	分输站、门站、储气站、加气母站、液化石油气储配站、灌瓶站和地面输气管走廊等用地
U	U1	U14	供热用地	集中供热锅炉房、热力站、换热站和地面输热管廊等用地
U	U1	U15	邮政设施用地	邮政中心局、邮政支局、邮件处理中心等用地
U	U1	U16	广播电视与通信设施用地	广播电视与通信系统的发射和接收设施等用地，包括发射塔、转播台、差转台、基站等用地
U	U2		环境设施用地	雨水、污水、固体废物处理和环境保护等的公用设施及其附属设施用地
U	U2	U21	排水设施用地	雨水、污水泵站、污水处理、污泥处理厂等及其附属的构筑物用地，不包括排水河渠用地
U	U2	U22	环卫设施用地	垃圾转运站、公厕、车辆清洗站、环卫车辆停放修理厂等用地
U	U2	U23	环保设施用地	垃圾处理、危险品处理、医疗垃圾处理等设施用地
U	U3		安全设施用地	消防、防洪等保卫城市安全的公用设施及其附属设施用地
U	U3	U31	消防设施用地	消防站、消防通信及指挥训练中心等设施用地
U	U3	U32	防洪设施用地	防洪堤、排涝泵站、防洪枢纽、排洪沟渠等防洪设施用地
U	U9		其他公用设施用地	除以上之外的公用设施用地，包括施工、养护、维修设施等用地
G			绿地	公园绿地、防护绿地等开放空间用地，不包括住区、单位内部配建的绿地
G	G1		公园绿地	向公众开放，以游憩为主要功能，兼具生态、美化、防灾等作用的绿地
G	G2		防护绿地	城市中具有卫生、隔离和安全防护功能的绿地，包括卫生隔离带、道路防护绿地、城市高压走廊绿带等
G	G3		广场用地	以硬质铺装为主的城市公共活动场地

(三) 房地产的特性

1. 房地产位置的固定性

土地是自然生成物,它的位置是不可移动的。房屋是建筑在土地上的,由此决定了房屋等建筑物也是不可移动的。房地产位置上的固定性使房地产的使用受到了地理位置的制约和影响。

2. 房地产地域的差别性

房地产地域的差别性使每一宗房地产的价值都不相同。甚至在同一住宅区的相同住宅,或者同一栋楼的同一层中的房屋价值也会有所不同。

3. 房地产的高值耐久性

建筑在土地上的建筑物和构筑物,一般使用期限都很长,房地产产品作为消费品价值也比较昂贵。

4. 房地产的保值增值性

房地产商品在国家政治、经济形势稳定的情况下,其价格呈不断上升的趋势,即房地产具有保值和增值的性质。房地产的这种性质主要是由于城市土地的性质决定的,土地的有限性、不可再生性使城市土地处于稀缺状态。由于人们对土地的需求日益增加,使房地产产品价格呈上升趋势。

二、房地产业

(一) 房地产业

房地产业是从事房地产开发、经营、管理、服务等行业与企业的总称。房地产业是一个巨大的产业体系。具体说来,房地产业包括土地使用权的有偿出让与转让、土地开发、房屋建设、房屋的维修与管理、房屋所有权的买卖、租赁、房地产抵押、房地产中介咨询等行为,以及对经济活动进行控制和管理的行为。可以看出这个行业里涉及房地产开发建设、流通和消费服务、调控管理等领域的各类经济组织的活动。这些组织和部门之间相互联系、相互依存、相互制约,从而形成一个有机的产业整体。房地产业的主要内容具体地说就是:

(1) 土地开发和再开发;

(2) 房屋开发和建设;

(3) 地产经营,包括土地使用权的出让、转让、租赁和抵押;

(4) 房地产经营,包括房产(含土地使用权)买卖、租赁、抵押等;

(5) 房地产中介服务,包括咨询、估价、测量、服务、公证等;

(6) 房地产物业管理服务,包括家居服务、房屋及配套设施和公共场所的维修养护、保安、绿化、卫生、转租、代收代付等;

(7) 房地产金融,包括信贷、保险和房地产金融资产投资等。

概括而言,房地产行业包括开发、经营、管理、服务等各个环节或过程的经济活动。各类经济组织和经纪人以及各类技术人员,构成了上述诸要素的有机体系。

(二) 房地产业与建筑业的关系

房地产业与建筑业之间既有区别又有密切联系。建筑业属于第二产业,是物质生产部门。房地产业则兼有开发、经营、管理和服务等多种性质,属于第三产业。一般将从事房地产开发和经营的企业和组织称为开发商,将从事房屋建设和设备安装的企业称为建筑商和承包商。在项目开发和建设活动中,房地产企业和建筑企业往往形成甲方和乙方的密切合作关系。

(三) 房地产业的地位和作用

房地产是国民经济发展的一个基本的生产要素,任何行业的发展都离不开房地产业。反过来说,任何行业都拥有一定的房地产,都是房地产业经济活动的参与者。因此说,房地产业是发展国民经济和改善人民生活的基础产业之一。它的重要作用可以归纳如下:

(1) 为国民经济的发展提供重要的物质条件;
(2) 改善人们的居住和生活条件;
(3) 改善投资环境,加快改革开放的步伐;
(4) 通过综合开发,避免分散建设的弊端,有利于城市规划的实施;
(5) 可以为城市建设开辟重要的积累资金渠道;
(6) 带动相关产业,如建筑、建材、化工、轻工、电器等工业的发展;
(7) 有利于产业结构的合理调整;
(8) 有利于深化住房制度的改革,调整消费结构;
(9) 有利于吸引外资,加速经济建设;
(10) 扩大就业面。

以上这些重要作用,目前已充分显示出来,随着国民经济和房地产业的进一步发展,房地产业在国民经济中必将发挥更广泛、更重要的作用。

第五节 房地产开发的含义、特征、分类

一、房地产开发的含义

近些年来,"开发"一词广泛通行于各个领域,如产品开发、人才开发、城市开发、房地产开发等,但它并非新词语,也不是外来词。早在我国《汉书》中就有"开发"之说,意为垦殖、利用荒地。经过不断地延伸扩大,"开发"一词已赋有利用、开拓、创造和发展等多重含义。房地产开发是房地产业中最基本、最主要的经济活动内容。

房地产开发是一个动态过程,简单地说,就是一种使土地和房屋不断地处于开发、改造、再开发状态的活动。具体地说,是指房地产企业按照城市规划的要求,对土地开发和房屋建设进行"全面规划、合理布局、综合开发、配套建设"及相应的房地产营销与物业管理,以取得良好的经济效益、社会效益和环境效益为目的的综合性生产经营活动。《中华人民共和国城市房地产管理法》中所述的房地产开发是指:在依据本法取得国有土地使用权的土地上进行基础设施、房屋建设的行为。

回顾房地产开发的历史,最初的房地产生产都是以小生产方式进行的,多数房屋建在自己拥有的土地上,建好的房屋也是以自用为主,仅有少量出租。最早的房地产开发活动出现在 19 世纪 60 年代的英国,当时为了适应工业发展的需要,在英国第二大城市伯明翰,由政府出面,围绕市中心进行统一规划,开发了大片的工人住宅区和部分中上阶层的住宅。这种建设方式改变了以往各自为政、分散建设的状况。第二次世界大战后,面对城市重建和住房

短缺的问题,许多国家由政府设立了各种形式的开发机构,并颁布了城市规划和建设方面的法律,大力推行城市综合开发建设,在短时间内取得了较好的效果。20世纪60年代以后,房地产开发在各国城市建设中起着越来越重要的作用,房地产开发的综合性从形式到内涵上都更进了一步,不仅重视开发中全面规划的问题,而且强调了"以人为本"的思想,更加重视配套建设。从这个意义上说,真正有效的房地产开发应能体现出较强的综合性,能取得较好的综合效益。

我国具有现代意义的房地产开发发展时间并不长,其萌芽形式为20世纪70年代城市建设的"统建"。十一届三中全会以后,改革开放给房地产开发带来了发展机遇,而土地使用制度的改革和房屋商品化,促使房地产开发事业迅速发展起来,并成为城市建设的主导方式,无论是在新区建设中还是在旧区改造中都起到了重要的作用。

二、房地产开发的特征

房地产开发是房地产业中最基本、最主要的物质生产活动,同时又在城市建设中担当着重要角色,因而房地产开发具有自身的特征。

1. 房地产开发最本质的特征是综合性

首先,综合性是房地产开发的内在要求。现代城市建设中的房地产开发要求在开发过程中必须坚持"全面规划、合理布局、综合开发、配套建设"的方针,也就是在开发过程中,不仅仅是对建筑地块或房屋建筑进行有目的的建设,而且要对被开发区的一些必要的公用设施、公共建筑进行全面规划、协调建设。尤其是住宅开发,更要以人为本,以综合的思想来对居住用房、服务用房、文教卫生用房、福利娱乐用房等实行配套建设,并且注意生活环境的营造。缺乏"综合性"与"配套性"的开发活动是不符合现代城市建设要求的。

其次,综合性还表现为开发过程中工作关系的广泛性及项目操作的复杂性。房地产开发过程中环节很多,涉及的部门与关系也很多,不仅要涉及规划、设计、施工、供电、供水、电讯、交通、教育、卫生、消防、环境和园林等部门,而且还通过征地、拆迁、安置等工作与城市居民的生活密切联系。同时每一个开发项目所涉及的土地条件、融资方式、建筑设计与施工技术的要求、市场竞争情况等可能都不一样,需要开发商认真地进行综合分析,统筹安排,制定最佳开发方案。

此外,房地产开发的综合性还体现在它作为一个基本的物质生产部门,必须与本国、本地区各产业部门的发展相协调,并起到一定的先导作用,脱离国情、区情,发展速度过快或过缓,规模过大或过小都会给经济及社会发展带来不良影响。

2. 房地产开发过程具有长期性

房地产开发从投入资本到资本回收,从破土动工到形成产品,需要经过几个阶段的工作,如准备阶段、施工阶段、销售阶段等,尤其是在建筑施工阶段,需要集中大量的劳动力,通过一砖一石、一管一线的建造才能最终形成产品,并且这一过程与资金是否及时到位关系重大,因此整个过程往往需要较长的时间。一般来说,普通的开发项目需要2~3年时间,规模稍大的综合性项目需要4~5年,而一些成片开发的大型项目需要的时间则更长。

3. 房地产开发具有很强的时序性

尽管房地产开发是一项涉及面广、比较复杂的经济活动，但从实务上来讲具有很强的操作时序性。从项目的可行性分析到土地的获取，从资金的融通到项目的实施，乃至后期的房屋租售管理等，虽然头绪繁多，但先后有序。这不仅是由于政府的土地、规划、建设等部门的行政管理，使许多工作受到审批程序的制约，而且也与房地产开发这种生产活动的内在要求有关。因此，开发项目的实施必须要有周密的计划，使各个环节紧密衔接，协调进行，以缩短周期，降低风险。

4. 房地产开发具有很强的地域性

房地产是不可移动的，由此而使房地产的使用、价值、市场等带有强烈的地域性特征，并且使房地产开发投资更为地域所限制。从微观来看，开发项目受区位或者说是地段的影响非常大，因为这里牵涉到诸如交通、购物、环境、升值潜力等很多与项目有关的因素，因此开发商对项目的选址尤须谨慎。从宏观上看，房地产开发的地域性主要表现在投资地区的社会经济特征对项目的影响。每一个地区的投资开发政策、市场需求状况、消费者的支付能力都有可能不一样，这就需要开发商认真研究当地市场，制定相应的开发方案。

5. 房地产开发具有较高的风险性

房地产开发需要巨额资金，在市场经济条件下，筹集巨额资金是有风险的；由于开发周期长，很多因素有可能变化，会给开发项目带来一定的市场风险；房地产开发的产品是供人们居住或从事商业经营、工业生产的建筑物，这种产品具有很强的刚性，也就是说开发者的每一个项目在相当长的时间里几乎没有重新建造的可能性，因此，项目一旦启动，可以说在开发的每一个环节上都充满着竞争，如土地使用权的竞争，规划设计上的竞争，营销过程中的竞争等。归根到底，这些竞争直接关系到开发出来的房地产商品是否具有较高的市场占有率，是否具有较好的经济效益、社会效益和环境效益。这种激烈的竞争增加了房地产开发的风险。此外，房地产开发受宏观经济形势和有关经济政策的影响也较大。因此房地产开发是一项高风险的投资行为。然而，风险与报酬同在，房地产开发又是一种高收益的经济活动。

三、房地产开发的分类

房地产开发的形式多种多样，从不同的角度可以划分出不同的类型。

1. 按开发的区域性划分

根据被开发区域的性质可将房地产开发分为新区开发和旧区再开发两种形式。新区开发主要是通过对城市郊区的农地和荒地的改造，使之变成建设用地，并进行一系列的房屋、道路、公用设施等方面的建造和铺设，使之变成新的城区。建设卫星城就是一种大规模建设新区的形式。新区开发的主要特点是从"生地"开始，严格按照城市规划和各项开发区的功能进行建设。新区开发尽管用地位置比较偏远，但由于是第一次开发，因此配套能够比较完善地进行，用地条件也比较宽松，适合于规模较大的住宅开发或工业用房开发。旧区再开发也被称为旧区改造，主要是对建成区某些区段的建筑和各项配套设施进行性质和功能的再开发。旧区改造在城市建设中具有重要的意义，一方面通过改造，可以改变以往旧城区人口过密、交通紧张、房屋陈旧、设施落后、环境质量恶劣的弊病；另一方面，也可以调整城市的用地,节约土地资源,提高土地效益,增强城市活力。目前,旧区改造已成为许多大中城市房地产开发的主要形式。

2. 按开发的规模划分

根据房地产开发规模的划分可以有两种形式,即单项开发和成片开发。单项开发是指开发规模小、占地少、功能比较单一的项目,这种项目开发投资较少,建设周期较短,往往表现为分散建造的一些单项工程或单位工程。成片开发范围较大,占地多,功能多,无论是在新区开发还是旧区改造中往往都表现为成街成片地建造多个工程项目,实施多种配套,是一种投资较高、建设周期长的综合性开发。面积小的可以表现为某个小区的开发,面积大的相当于一个新区的开发。成片开发在具体的实施过程中往往采取分期分批、"滚动开发"的方式。

3. 按开发的对象划分

按照房地产开发的对象可以划分为土地开发、房屋开发和综合开发三种形式。

土地开发是指土地开发企业通过土地征收、拆迁、安置等,将土地开发成具有"七通一平"条件(给水、排水、供电、供热、供气、电讯、道路畅通和场地平整)的建房基地,然后通过协议、招标、拍卖或挂牌等方式,再将其使用权转让给其他房地产开发企业进行房屋建设的一种开发经营方式。

房屋开发是指房地产开发企业以一定的方式获得地块的使用权后,按照规划要求,建造各类房地产商品,如住宅、办公楼、商业用房、娱乐用房等,并以出售或出租手段将这些房地产商品推入市场的一种开发经营方式。

综合开发是指将土地以及房屋和有关的市政、公建配套设施结合起来进行建设的开发方式。这种开发方式往往是由一个开发企业负责,从投资决策到土地使用权的获取,从基地的建设、房屋以及小区内市政、公建配套设施的建造,直到房屋的租售和管理,实施全过程开发。这种开发方式也是目前我国绝大多数房地产开发企业采取的一种开发方式。

第六节 房地产开发的主要工作阶段和主要参与者

房地产开发是一项纷繁的工作,内容繁多,但是这项工作又是阶段性较强的工作,因此,在开发过程中,应当根据不同的阶段,抓一些主要的问题。

一、房地产开发的主要工作阶段

总的来看,房地产开发可以分为4个大的阶段,即投资决策分析阶段、前期工作阶段、项目建设阶段和竣工验收与交付使用阶段,每一个阶段的工作都有不同的内容。

[参见本书附件1、附件2。附件1:房地产(住宅)开发主要工作阶段流程图,较为详细地展示了住宅开发的全过程;附件2:××项目总体开发计划(盖章单位统计)表,较为全面地统计了一个房地产(住宅)开发项目所需办理的签章对口部门]

1. 投资决策分析阶段

投资决策分析是整个开发过程中最为基本、最为关键的一项工作,其目的就是通过一系列的调查研究和分析,为开发企业选择一个最佳的、可行的项目开发方案或舍弃项目提供依据。这一阶段主要的内容是项目选择和项目可行性研究。

项目选择是指开发商根据各个渠道获得的多种信息,形成一个开发项目的初步设想,包括项目的选址、筹资、配套建设,然后根据这一设想,进一步进行市场综合分析,并通过与城市规划部门、土地管理部门及其他的建造商、投资商的接触,使项目设想具体化。

项目的可行性研究即在项目选择之后,对该项目做更进一步的分析,主要包括市场研究、项目的财务评价及经济社会评价、风险分析等。这里的市场研究已不是泛泛的市场估测,而是一系列与项目类型有关的专项调查研究,这也是影响到项目成败的关键之处。通过项目的可行性研究,可以让开发商对项目的预期收益水平有个估算,也可以对开发中的关键因素有所掌握,从而在若干个开发方案中选择最合适的方案。通过可行性研究,若开发商认为该项目预期水平不可接受,或虽有收益但风险过大,或根本没有收益,即可以放弃这一项目,避免损失。当然,如果某些项目涉及国计民生或有巨大的社会效益及生态效益时,即使经济效益不大,也应多渠道筹资并开工建设。

2. 前期工作阶段

前期工作阶段是指在投资决策分析后到正式施工之前的一段时间,这一时间内要完成的主要工作是获取土地使用权、落实资金和项目的规划设计。

获取土地使用权有多种途径,如出让、转让等,出让获得土地使用权的方式也有协议、招标、拍卖或挂牌等几种,开发商应从项目的需要和自身的条件出发,决定获取土地使用权的方式,并在获得土地使用权后尽快完成土地开发工作,为下一步的正式施工做好准备。

资金融通是保证开发活动顺利进行的重要条件,当项目决策以后,开发商应尽快实施筹资计划,通过一些合理有效的筹资方式落实资金,为下一步的各环节提供"血液"。

规划设计是开发建设所遵守的依据和准则,一个开发项目的规划设计应当做到既能合理安排用地,又能满足功能需要;既要保证一定的经济、社会及生态效益,又要符合规划要求,尤其是一些特殊性的规划指标,如容积率、建筑密度、人口密度等。规划设计这项工作若做得好,往往能使项目在市场上占优势,获得较多的效益,并进一步带动下一轮的开发。

具体地说,前期工作主要包括:

(1) 获得土地使用权;
(2) 实施筹资计划;
(3) 规划方案的扩初设计;
(4) 获得规划及配套部门的许可;
(5) 征地、拆迁、安置、补偿;
(6) 施工现场的"三通一平"或"七通一平";
(7) 估算工程量和开发成本;
(8) 与建筑商初步洽谈承发包事宜。

由于前期工作内容较多,时间较长,某些因素可能较之投资决策分析阶段已发生了变化,这就要求开发商对这些变动情况及时掌握,予以修正,以确保项目的顺利进行。

3. 项目建设阶段

项目的建设阶段是将开发过程中涉及的人力、材料、机械设备、资金等资源聚集在一个特定的空间与时点上，将项目建设计划付诸正式实施的活动。这一阶段的主要工作内容包括落实承发包、施工组织、建设监理、市政和公建配套等。

由于一个开发项目涉及多个工程，包括主体建筑、配套工程、基础设施等，如何确保各个工程互相协调建设，就需要对总体建设工程进行统一的组织管理。为了使工程按计划、保质量地完成，开发商往往要通过招标的办法择优选取若干个不同性质的承包商，以签订正式承包合同的形式来确保工程施工。

项目的监理是一项非常关键的工作内容，因为在施工过程中，进度的快慢、质量的稳定性、投资成本的增减等仍然存在着较大的可变性。开发商需要聘用专业的监理人员，对施工过程中的进度、质量、成本进行严格的控制，并随时了解工程进度情况，及时解决出现的一些问题。

项目施工完成后，要抓紧做好与项目有关的市政、公建设施的配套，通常称之为"后配套"。有些省、市主管部门规定，未完成市政、公建设施配套的项目不能申请竣工验收。

4. 竣工验收与交付使用阶段

竣工验收工作是全面考核建设成果的最终环节，是由开发商组织设计部门、建设单位、使用者、质量监督部门及其他相关的管理部门，按照被批准的设计文件所规定的内容和国家规定的验收标准来进行综合检查。经验收合格的工程方可办理交付使用手续，进入使用管理。

开发一个项目的最终目的是通过房屋租售使房屋的使用价值和价值得到实现。开发商在项目建设阶段达到预售条件时可以进行房屋的预售，也有部分房屋是在竣工后进入市场的，因此，开发商在这一阶段的主要工作就是采取有效的营销手段，促进房屋的租售，以尽快回收资金，保证收益。建成房屋是租是售，应当根据开发商自身的财力及市场变化情况来考虑。

房屋租售出去以后还有一项重要工作即物业管理，其主要任务是保证入住者方便、安全地使用物业及配套设施，能为其提供一系列生活服务，并通过维护、修缮等工作来保证物业的使用寿命及价值。物业管理与入住者关系密切，因而对开发商的市场信誉有很大影响，这项工作已被越来越多的开发商所重视。

二、房地产开发过程的主要参与者

房地产开发是一项庞大的系统工作，尽管每一个项目从策划到建成使用都是由开发商来组织操作的，但是这个过程并非能由开发商独自完成，还必须有其他的参与者。总的来说，开发过程的主要参与者有开发商、建筑承包商、政府部门和金融机构。

1. 开发商

开发商是项目的出资者、组织者、管理者与协调者，参与整个开发过程。在投资决策分析阶段，开发商必须亲自组织或聘用专业人员或委托专业公司对项目进行可行性分析，进行总体策划的构思；在前期工作阶段，开发商需要与政府部门接触，获得用地许可和市政、公建配套计划，需要由专业技术人员进行规划设计，需要组织拆迁安置工作；在项目建设阶段,开发商以合同形式将工程发包给建筑承包商施工,聘用专业监理人员对全过程建设进行监督,开发商还要时常视察工地,与监理人员定期会晤,以便及时解决施工过程中出现的问题;工程完工后,要抓紧落实"后配套",并由开发商出面,组织有关部门对工程进行综合验收。然后由开发商自行或委托中介机构进行租售房屋,投入使用。

开发商作为整个开发过程的执行者、组织者,其主要目的是通过这个项目的实施为社会提供实实在在的房地产商品,并获得预期的经济效益、社会效益和环境效益。

2. 建筑承包商

房地产开发最终是为社会生产出一批合格的建筑产品,建筑承包商是开发过程的重要参与者,没有承包商的参与,诸多的工程计划将无法付诸实施。承包商按照合同的要求,组织人员、设备、技术进行施工,是建筑产品质量的直接负责人。建筑商只有同开发商紧密配合,才能使项目开发达到预期目的。

3. 政府有关部门

政府部门主要是以房地产开发活动的行政管理者身份而参与其中的。开发活动中的不少环节需要经过政府有关部门的审批许可和协调,如审批发放建设用地许可证,审批规划设计方案,发放施工执照,协调市政、公建配套计划等等,因此,政府部门是以法规、政策、经济等手段对开发活动进行管理与控制的。政府部门有时也以准开发商的身份,进行保障房的建设、基础设施及其他一些公益项目的建设。其主要目的是改善人民的居住条件,提高环境质量,满足公众的整体需求。某些重大项目也可由政府部门作为开发及投资主体组织进行。

4. 金融机构

房地产开发需要巨额的投资,向金融机构申请贷款是开发商筹资的最主要的方法,因此,金融机构在房地产开发中是以资金的最主要提供者身份而参与其中的。这既是房地产发展的内在要求,也是金融业自身发展的客观需要。在市场经济条件下,银行对开发贷款的申请是持慎重态度的,即使是在抵押贷款的条件下也是如此,这一点不仅关系到银行本身的经营风险,而且对整个房地产市场健康、有序地运行影响重大。

第七节 房地产开发企业的人员与组织

一、房地产开发企业的地位与作用

房地产开发企业在我国是改革开放的产物。20多年来的实践证明,专门从事房地产开发经营的企业在房地产业及城市建设中的地位是其他部门或企业无法代替的,发挥的作用也是巨大的。

(1) 房地产开发经营活动的组织者和承担者 房地产开发企业并不是房地产开发过程的一般参与者,而是一个重要的主体,担负着开发过程的组织、指挥、协调与控制的职能,而且在很大程度上由企业行为代替原先的政府行为,不仅使开发中的各个环节密切配合,顺利进行,而且大大提高了开发效益与效率。

(2) 适应城乡建设发展的需要 以前的城乡往往是分散建设,各自为政,造成重复投资,布局混乱的现象。以企业的形式参与房地产开发活动,则可以根据城乡建设的总体规划统筹安排,进行综合性的开发,使城乡建设的各方面协调发展,提高城乡建设的综合效益,使之处于良性循环之中。

(3) 有助于完善房地产市场　房地产开发公司实行自主经营、独立核算、自负盈亏的经营方式,是房地产市场的重要组成部分,开发企业转换经营机制,按照市场经济的客观规律进行开发经营,展开公平竞争,可以推动房地产市场的健康发展与完善。

二、房地产开发企业的人员和组织机构类型

(一) 开发企业的人员构成

在房地产开发过程中,有很多环节,涉及面广,这其中既有复杂的技术性工作,又有头绪纷繁的管理工作,完成这样一项综合性的工作,需要有一支结构合理、配合默契的专业人员队伍。一般来说,一个房地产综合开发企业的人员包括三类:第一类是管理人员,主要从事企业的经营管理工作,如行政管理、经济管理、财务管理、人事管理等;第二类为专业人员,是企业中负责策划、土地征收、拆迁、销售等经营业务的工作人员;第三类是工程技术人员,是从事技术工作或技术管理的人员。当然,在实际工作中,不少工程技术人员同时兼任管理人员。具体来说,房地产开发企业中至少应具有六个方面的专业人员。

1. 建筑师及项目管理人员

在房地产开发中,建筑师一般承担开发用地的规划方案设计、房屋建筑设计、建筑施工合同管理工作。建筑师不一定亲自完成设计工作,但应作为主持人员组织或协调这些工作。在工程开发建设中,项目管理人员负责施工合同的管理,工程进度的控制以及工程质量的管控。一般情况下,建筑师和项目管理人员应定期组织技术工作会议,签发与合同有关的各项任务、提供施工所需图纸资料、协助解决施工中的技术问题。

2. 工程师

房地产开发中需要不同专业的工程师来进行结构、供暖、给排水、供电以及空调或其他电气设施等设计,并且还要负责合同签订、建筑材料购买、建筑设备订货、施工监督、协助解决工程施工中的技术问题等项工作。

3. 会计师

会计师从事开发公司的经济核算工作,从全局的角度为项目开发提出财务安排或税收方面的建议,包括财务预算、工程预算、付税与清账、合同监督等,并及时向开发公司负责人通报财务状况。

4. 经济师及成本控制人员

经济师及成本控制人员负责开发成本的费用估算、编制工程成本计划、对计划与实际成本进行比较、进行成本控制等项工作。

5. 估价师及市场营销人员

估价师的任务就是在租售之前对开发的产品进行估价,确定房地产的租金或售价水平,这要在充分掌握市场行情和成本资料的基础上方可进行。市场营销人员的任务就是预测客户的数量、租售策略的制定与实施、办理出租出售手续,同时还包括租售方法的协商、租售价格水平的预测等工作。

6. 律师与代理人

律师参与房地产开发的全过程,如在获得土地使用权时,签订土地出让或转让合同,工程施工前签订承发包合同,出租或出售物业时签订出租或出售合同等。代理人一般情况下是受开发商的委托出面处理一些法律及实际问题、隐蔽事件和不符合实际的情况,但是代理人只有在开发商指导和同意的条件下才能作出最后决定。

(二) 开发企业的组织机构类型

房地产开发企业承担的是复杂的开发任务,如何建立一个既能发挥工作人员作用,又能保证工作效率的组织机构,是开发企业需认真研究的问题。开发企业的组织机构应充分考虑到分工的合理性及责任的明确性,既要考虑到各部门业务上的独立性,又要考虑到部门与部门之间的相互协作。一般来说,房地产开发企业的组织机构如图 1-1、图 1-2、图 1-3 和图 1-4 所示。

当然,在实际运作过程中,应根据企业的类型、规模和业务范围等来确定组织机构方式。总的原则应该是提高工作效率,保证生产经营的及时性、准确性,灵活有效地适应市场的发展。

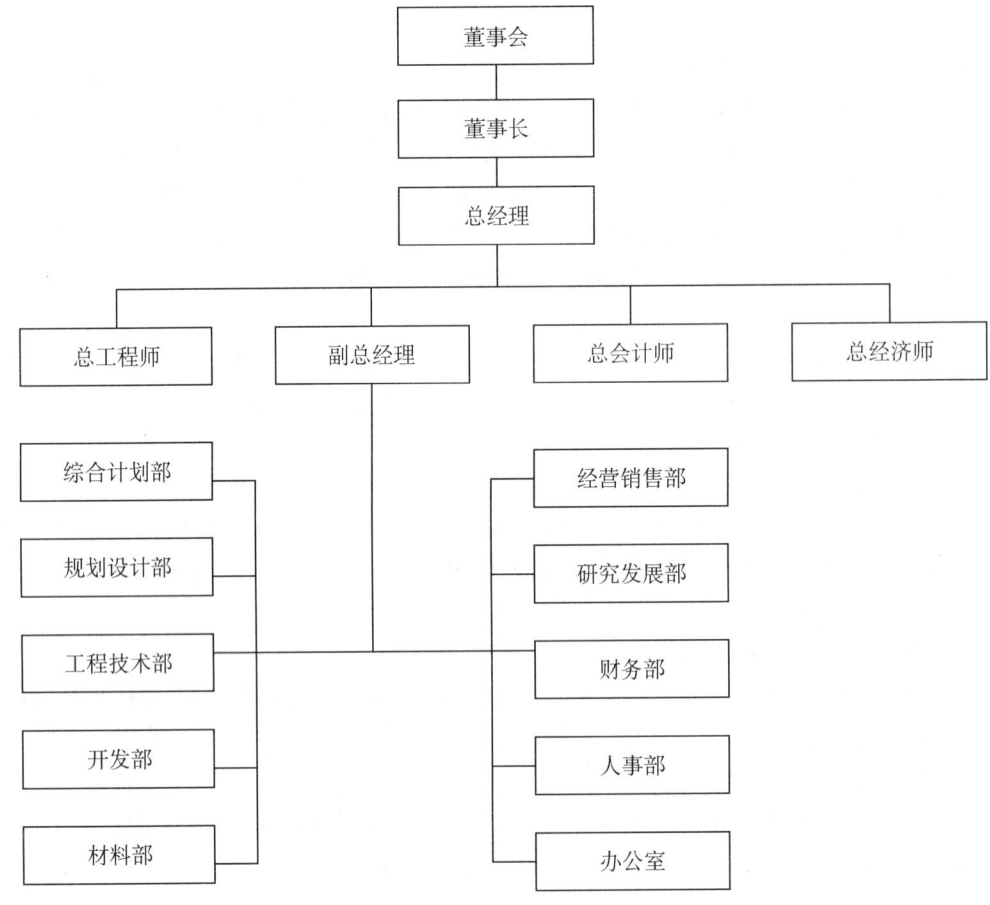

图 1-1 某房地产开发企业的组织机构

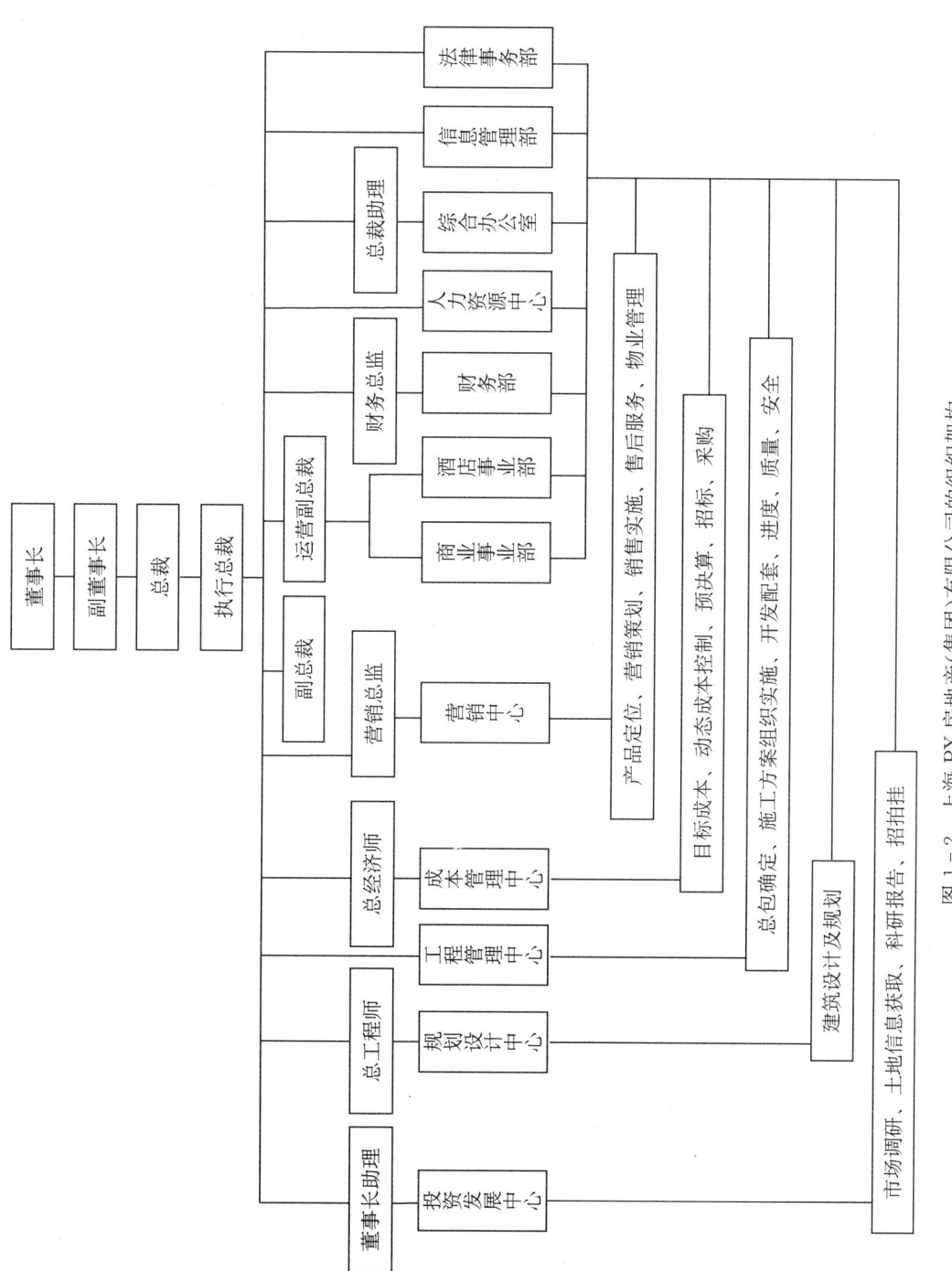

图1-2 上海PX房地产（集团）有限公司的组织架构

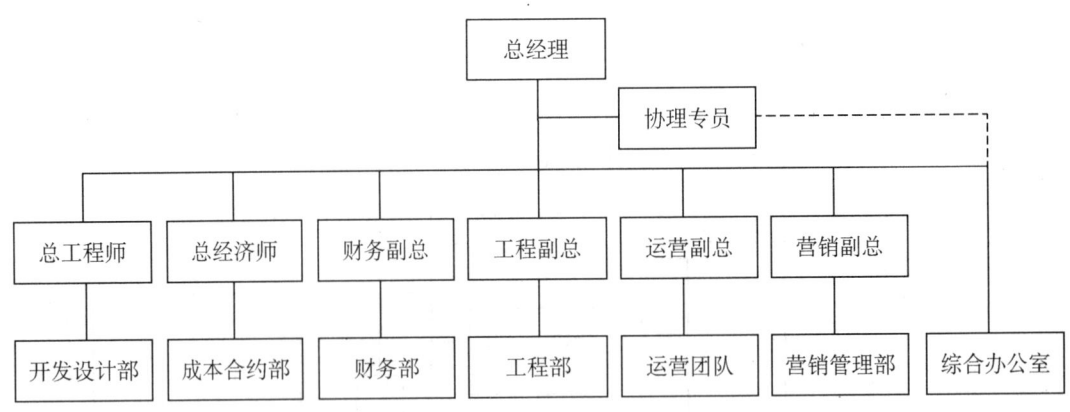

图 1-3 上海 PX 房地产(集团)有限公司某项目公司的组织架构

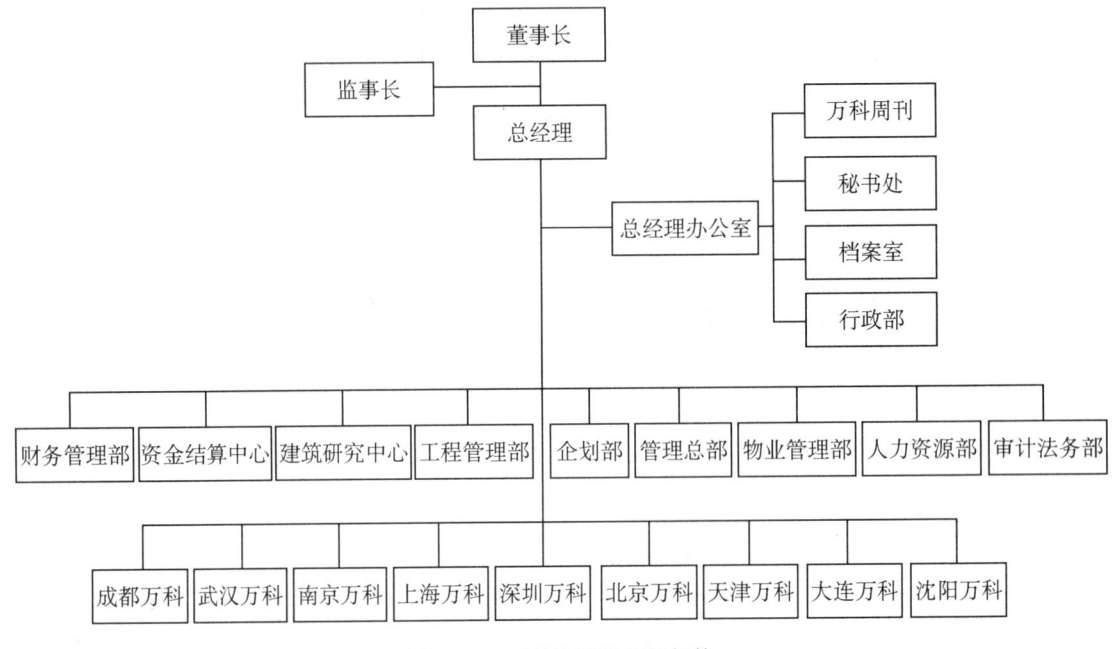

图 1-4 万科集团的组织架构

三、房地产开发企业经营者的基本素质

企业经营者的素质如何已越来越影响到企业是否兴旺发达。房地产开发企业经营者面对的是一项环节多、风险高的生产经营活动,需要运用投资、建筑、财务、法律、管理等多方面的知识,需要与各方面的人员打交道。因此,企业的经营者至少应在两个方面具备相关的基本素质。

(一) 全面的业务素质

1. 熟知有关房地产开发的政策与法规

房地产开发经营活动是一项政策性很强的工作。国家和各地政府对房地产开发公司的设立、土地使用权有偿出让和转让、建设用地的规划管理、建设工程招标管理、房地产经营管理、商品房预售销售管理、商品房售后管理、房屋征收(拆迁)管理等都有具体规定,同时每个城市又有不同的城市规划、开发原则等,熟知这些政策、规定对项目的开发、经营、管理和服务是必要的,而且是极为有用的。

2. 掌握一定的融资技巧

房地产开发经营离不开金融的支持,对于资金占用量大,占用时间长的开发活动来说,经营者既要有适度负债经营的风险意识,更要掌握一定的融资技巧,真正达到"借鸡生蛋"的目的。

3. 具备较强的市场营销意识

房地产商品在市场上预售、销售情况如何,是对一个开发项目成功与否的重要检验,采取什么样的营销策略以尽快回笼资金并获利是开发商最关心的。因此,开发企业经营者必须树立较强的市场营销意识,要努力做到准确地把握房地产市场的供求变化,制定相应的营销策略。

4. 具备基本的建筑知识

房地产商品的建筑质量对房地产的预售、销售有着重要影响。一般来说,随着经济的发展和人们生活水平的提高,优质的房屋才会为人们所接受。这样,房屋的建筑设计是否科学、合理,建筑材料是否优质,建筑质量是否合格,就成了至关重要的因素。开发商应做到既了解建筑,又懂得如何用料,并善于同建筑师打交道。

5. 具备较强的公关能力

一个成功的房地产商必须是一个善于协调各种社会关系的强人。只有同各方面的人士保持良好的关系,才有可能获得最可靠的信息,才能使经办的各种手续顺利过关,有时还会使经营成本降低。

6. 掌握其他的相关知识

房地产开发经营除了要掌握上述知识和能力外,还应掌握相关的其他方面知识,如社会学、心理学、生态学等,并在项目的投资决策中加以综合运用,以开拓思路,使项目开发具有全面性、前瞻性。

(二) 良好的心理素质

1. 敏锐的洞察力

作为一个房地产企业的经营者,尤其是主要经营者,不仅要有经济上的分析判断能力,还要有敏锐的洞察力,如对政策调整的敏感、对宏观经济发展的判断、对城乡规划实施的关注等,这样往往会发现一些潜在的不为人们所重视的投资开发机遇,主动地抓住这些机遇,又会给项目的成功打下很好的基础。

2. 较强的风险承受力

企业家的胆略是战胜风险的关键因素。房地产开发企业的领导者,尤其是经理应该具备较强的心理承受能力。在房地产开发活动中,高风险是与高回报同时存在的,决策者往往要根据自己的知识、能力、经验以及对公司内外情况的分析来作出决定,所以,房地产开发企业的经营者必须克服优柔寡断的心理,在科学论证的基础上,大胆地进行决策。

3. 敢于创新的精神

能够成功的项目往往在于它有足够引起市场关注之处。面对竞争激烈的房地产市场,开发商必须要有敢于创新的精神和超前的市场竞争意识,要善于抓住市场需求和发展趋势,在房地产商品的规划设计上进行突破,这往往会在市场上引起"柳暗花明又一村"的效应,从而带来丰厚的回报。

四、房地产开发企业的资质管理

改革开放以来,大量涌现的开发企业为我国的城乡建设和房地产业的发展做出了很大的贡献,但同时也出现了一些不良现象,如盲目竞争、管理混乱、不具备开发能力的也混迹其中等。早在1987年,国家建设部和国家工商行政管理总局就发出了《关于加强城市建设综合开发公司资质管理工作的通知》,要求各级城市建设主管部门加强对城市建设综合开发公司的管理。此后,建设部于1989年发布了《城市综合开发公司资质等级标准》,为整顿企业,净化房地产生产和流通环节起了重要的作用。为了进一步加强房地产开发企业的资质管理,促进房地产开发经营的健康发展,保障房地产开发企业的合法权益,建设部于1993年11月16日、2000年3月23日和2011年8月9日,分别发布了《房地产开发企业资质管理规定》,对房地产开发企业的条件、资质等级标准、审批、处罚等作了新的规定,适应和促进了房地产开发事业的发展。

五、房地产开发企业法律制度

(一)房地产开发企业设立的基本条件

2011年8月9日住房和城乡建设部的房地产开发企业资质管理规定(征求意见稿)中提出,房地产开发企业资质等级分为一级、二级、三级、四级4个资质等级。新设立的房地产开发企业(含新增设房地产开发经营业务)应当申请暂定资质(注:在该规定正式实施前,仍按2000年3月23日建设部的《房地产开发企业资质管理规定》[建设部令第77号]规定的资质条件执行)。一级资质由省级人民政府住房和城乡建设主管部门初审,报国务院住房和城乡建设行政主管部门审批。其余资质等级企业的审批办法由省级人民政府住房和城乡建设主管部门制定。一级资质房地产开发企业承担房地产开发项目的建设规模不受限制。二级资质及二级资质以下的房地产开发企业可以承担建筑面积30万平方米以下的开发建设项目,承担业务的具体范围由省级人民政府住房和城乡建设主管部门确定。以本企业名义从事跨地区开发经营的,应当在项目开发地县级以上房地产开发主管部门办理资质备案手续,并将异地开发项目和异地工作的主要负责人员情况报企业注册地县级以上房地产开发主管部门备案。

申请房地产开发企业资质的企业,应当满足以下基本条件:

1. 具有经房地产开发主管部门备案的房地产开发项目手册。

2. 具有完善的质量保证体系,商品住宅销售中实行了《住宅质量保证书》和《住宅使用说明书》制度。

3. 未发生过重大工程质量事故。

4. 近3年内无以下违法违规行为:

(1) 超越资质等级从事房地产开发经营,情节严重的;

(2) 发生囤积土地、擅自变更容积率、捂盘惜售、哄抬房价及其他违法开发行为,情节严重,经有关行政主管部门查实的;

(3) 在开发经营过程中引发影响社会稳定的群体投诉并经核实负有主要责任的;

(4) 其他应被追究法律责任的严重违法开发行为。

（二）房地产开发企业的资质等级

1. 一级资质等级的条件

（1）以货币形式实缴注册资本不低于 2 亿元；

（2）开发过 3 个以上房地产开发项目，获得二级资质 3 年以上；

（3）近 3 年房屋建筑面积累计竣工 60 万平方米以上；

（4）连续 5 年建筑工程质量合格率达 100%；

（5）在建房屋建筑施工面积 30 万平方米以上；

（6）有职称的建筑、结构、财务、房地产及有关经济类的专业管理人员不少于 40 人，其中具有中级以上职称的管理人员不少于 20 人，持有资格证书的专职会计人员不少于 4 人；

（7）工程技术、财务、统计等业务负责人具有相应专业中级以上职称。

2. 二级资质等级的条件

（1）以货币形式实缴注册资本不低于 1 亿元；

（2）开发过两个以上房地产开发项目，获得三级资质 2 年以上；

（3）近 3 年房屋建筑面积累计竣工 20 万平方米以上；

（4）连续 3 年建筑工程质量合格率达 100%；

（5）在建房屋建筑施工面积 10 万平方米以上；

（6）有职称的建筑、结构、财务、房地产及有关经济类的专业管理人员不少于 20 人，其中具有中级以上职称的管理人员不少于 10 人，持有资格证书的专职会计人员不少于 3 人；

（7）工程技术、财务、统计等业务负责人具有相应专业中级以上职称。

3. 三级资质等级的条件

（1）以货币形式实缴注册资本不低于 5 000 万元；

（2）从事房地产开发经营 2 年以上；

（3）近 3 年房屋建筑面积累计竣工 10 万平方米以上；

（4）近 3 年已竣工的建筑工程质量合格率达 100%；

（5）有职称的建筑、结构、财务、房地产及有关经济类的专业管理人员不少于 10 人，其中具有中级以上职称的管理人员不少于 5 人，持有资格证书的专职会计人员不少于 2 人；

（6）工程技术、财务等业务负责人具有相应专业中级以上职称，统计等其他业务负责人具有相应专业初级以上职称。

4. 四级资质等级的条件

（1）以货币形式实缴注册资本不低于 100 万元；

（2）从事房地产开发经营 1 年以上；

（3）近 3 年房屋建筑面积累计竣工 2 万平方米以上；

（4）已竣工的建筑工程质量合格率达 100%；

（5）有职称的建筑、结构、财务、房地产及有关经济类的专业管理人员不少于 5 人，持有资格证书的专职会计人员不少于 2 人；

（6）工程技术负责人具有相应专业中级以上职称，财务负责人具有相应专业初级以上职称，配有专业统计人员。

另外，申请暂定资质的企业应当以项目存在为原则，以货币形式实缴的注册资本、管理和技术人员等条件，应当与所承担的开发项目规模相适应，且不得低于四级资质企业的相应条件。新增房地产开发业务的企业,其净资产应符合本规定相应资质等级的注册资本要求。

（三）房地产开发企业资质的有效期

一级资质证书有效期为5年。二级及二级以下资质等级证书有效期限由省级住房和城乡建设主管部门规定。

暂定资质有效期1年。房地产开发主管部门可以视企业经营情况延长暂定资质有效期,但延长期限不得超过2年。

（四）房地产开发行为法律制度

1. 房地产开发施工的前置申请法律制度

房地产开发实施前,必须向有关部门提出申请,办理相关手续,包括申请建设用地许可证及建设用地规划许可证。

2. 其他相关法律制度

包括工程招标投标法律制度、房地产征收法律制度、房地产开发建设合同法律制度、房地产开发建设勘察设计管理制度、房地产开发项目施工管理制度、项目质量监督及竣工验收制度等等。

复习思考题

1. 什么是管理？联系实际谈谈管理在社会活动中的重要性。
2. 管理学的研究对象是什么？
3. 管理学有哪些基本特点？
4. 城市的定义、基本特征和本质是什么？
5. 谈谈城镇化发展与房地产市场发展的互动关系。
6. 了解城市用地分类与规划建设用地标准。
7. 简述大城市的城市"空心化"战略以及对城市发展的作用。
8. 什么是房地产？
9. 简述房地产业的概念以及与建筑业的关系。
10. 何谓房地产开发？它有哪些基本特性？
11. 房地产开发包括哪几个工作阶段？仔细阅读："附件1:房地产（住宅）开发主要工作阶段流程图"和"附件2:××项目总体开发计划（盖章单位统计）表"。
12. 房地产开发过程中主要参与者有哪些？
13. 房地产企业应有哪些方面的专业人员组成？
14. 了解房地产开发企业的组织机构类型。
15. 了解房地产开发公司设立的条件与业务范围。

第二章　房地产开发项目选择和土地使用权获取

当房地产企业在完成前期研究决策和项目实施方案制定工作之后,就要进入实施过程,而实施过程的第一步就是获取开发利用的土地。没有土地,任何开发计划或开发项目的实现都只能是空谈。根据我国的土地制度,按照土地所有权与使用权分离的原则,取得城镇国有土地的使用权才能进行合法的房地产开发和经营,若是农村集体土地则需先完成征地工作。值得一提的是,2014年1月19日中央一号文件首次提出,赋予农民对承包地承包经营权抵押、担保权能。同时提出允许农村集体经营性建设用地出让、租赁、入股,与国有土地同等入市、同权同价。

另外,在城镇旧城区改造方面,虽然土地是国有的,但在房地产开发之前也必须先完成征收(拆迁)安置工作。一般说来,征地、征收(拆迁)安置的工作应由政府机构统一完成,房地产开发企业主要是通过出让方式来获取土地使用权,进行开发活动。然而,在实际工作中,征地、征收(拆迁)安置的手续由政府机构批准,但征地、征收(拆迁)安置的具体工作往往是由开发商或动迁领导小组直接进行的。

第一节　房地产开发项目选择的概念和程序

一、项目选择的概念

项目选择是对房地产开发项目就其开发价值进行筛选、谈判、论证和选定,是房地产开发投资成败的关键。项目选择一般可分六个步骤,即广泛寻找投资项目,精心筛选投资项目,对重点项目进行初步可行性研究,项目投资谈判,详细可行性研究及房地产开发公司的总体决策。

在房地产开发全过程中,能最大限度地创造经济效益的是项目选择和方案设计两个阶段,这两个阶段是直接关系一个项目开发成败的根本所在;进而言之,项目选择是从全局上、宏观上决定项目的定位,而方案设计则从微观上进一步创造和提高项目的开发价值。相比之下,项目选择的失误将造成整个项目整体失败,导致难以弥补的不良后果。同样,即使正确的项目选择,由于方案设计上的不充分,不适应市场需要,未体现最大化原则等,也将导致项目经济效益的降低,可见其重要性非同一般。

二、项目选择的理论和程序

1. 投资项目寻找

投资项目寻找即投资机会寻找,是房地产开发商根据其在房地产开发领域中积累的经验和对房地产市场的现状和未来发展前景的分析和预测,广泛寻找可能的投资项目。业内人士称为"看地"或"选址"。

投资项目的寻找,是项目选择的最初阶段。选择的范围越广越好,供选择的项目数量越多越好。在这一阶段,开发商凭经验和对未来的预测作粗略的初步判断,对一些明显无市场需要、无开发价值的项目予以筛除,对其余项目则保持与土地供应商进一步接触的机会。

寻找投资项目常用的方法有以下四种:

(1) 在房地产管理部门寻找其准备推出的出让地块;

(2) 在有关新闻媒体上刊登广告,寻找合作地块和转让地块;

(3) 在有关咨询、中介机构寻找项目;

(4) 直接寻找拥有土地使用权的单位。

从一些调查数据来看,供初选的投资项目的数量与最终选定的项目数量之比通常大于10∶1,但也有小于这一比例的。

2. 投资项目精选

对于通过凭经验和能力初选的项目必须进行项目的精选。在这一阶段,开发商组织其内部的房产地专家就该地块拟建物业的市场现状和前景,受欢迎的平面布置和设计及功能配置、成功的租售方法等进行研讨,也可以通过专家系统用电脑初步评定出若干个被认为具有初步可行性研究价值的项目。

3. 初步可行性研究

经房地产开发企业内部专家研讨通过后的项目,可交由企业专业职能部门逐个进行初步可行性研究。所谓初步可行性研究是指在规划参数尚未获得政府批准的前提条件下,由专业职能部门按照项目所在地区和市场一般条件以及常规性规划指标和项目的特点,就其投资效果和可能出现的技术经济问题进行研究,编制初步可行性研究报告。

4. 项目谈判

项目谈判是指开发商在其完成了初步可行性研究后,对于若干认为有潜在开发价值的项目与土地提供方或合作方就相应的条件和价值等因素进行谈判,以便取得更利于自身的条件。对于以不同方式取得土地使用权的项目,谈判的策略与重点也有所不同。

对于通过出让使用权的土地,其规划参数由政府的城市规划主管部门确定,开发商只能提出局部调整要求,如在不影响城市总体规划的情况下,能否调整用地性质,地块的容积率能否适当增加,建筑高度可否提高,外型设计等是否要受总体规划限制等。因此,项目谈判只能在一定范围内进行。

采取两家或几家联合开发房地产项目是在我国城市中较流行的一种开发方式。它是由一方提供土地,另一方或几方提供开发资金,合作开发房地产后各方按比例分配赢亏或房地产,提供土地方大多是原来通过无偿划拨方式取得土地使用权的工厂、企业,在产业结构调整中,充分发挥土地级差效益,改变用地性质,在向政府有关部门补交了土地使用权出让金以后,取得合法开发权。采用这种方式取得的土地,开发商在与土地提供者就拟开发物业的性质、基地及房屋平面方案设计、外型、补偿费及盈亏分配等方面进行全面的谈判,这种谈判的余地较大。

对于采用征地方式取得土地使用权的项目,其谈判的重点集中在征地的各类补偿费和吸劳、养老及拆迁安置等费用上。虽然各地政府都有相关的法规和标准,但在实务上开发商实际支付的补偿费一般是"随行就市",其金额要大于有关规定,因此,谈判的技巧就显得至关重要了。

5. 详细可行性研究

经过了以上4个步骤,可以说开发商对拟投资项目的基本情况有了较为清楚的了解。

在通过谈判取得了一些较为有利的条件后,可对该项目进行详细的、正式的可行性研究。详细可行性研究一般可委托具有专业资质的单位进行编制,其要求比较严格,如:对研究人员的构成有一定的要求、报告的制作有一定的格式等。专业资质单位对其所编制的报告承担相应的法律责任。正式的详细可行性研究报告也可由房地产开发公司下属的具有专业资质的咨询公司来完成。

6. 公司总体决策

在完成了该项目的详细可行性研究报告后,即使项目可行,也并不意味着项目选择就到此结束。因为,专业机构或部门完成的可行性研究报告只立足于该项目,公司还必须从其总体的投资组合、资本结构及发展战略等方面来考虑是否投资该项目。例如:某办公楼项目经过专业机构的可行性论证后认为是可行的,但由于开发过程所需借贷资金量很大,如果公司实施该项目,虽然最终获利较丰,但在建设期内,必须大量借贷,由此引起公司资金结构中负债比例偏高,公司从战略角度考虑,不愿意破坏其良好的资金结构,所以最后很可能会放弃该项目。由此可见,一个房地产项目最终选定的决策权在公司,服从于公司的总体发展战略和投资方针。

第二节　房地产建设项目选址

一、项目选址管理

国家对于建设项目,特别是大、中型建设项目的宏观管理,在可行性研究阶段,主要是通过计划管理和规划管理来实现的。将计划管理和规划管理有机结合起来,就能保证各项建设工程有计划并按照城市规划进行建设。《中华人民共和国城乡规划法》规定:"按照国家规定需要有关部门批准或者核准的建设项目,以划拨方式提供国有土地使用权的,建设单位在报送有关部门批准或者核准前,应当向城乡规划主管部门申请核发选址意见书。前款规定以外的建设项目不需要申请选址意见书。"

建设项目选址意见书的主要内容,应包括建设项目的基本情况和建设项目规划选址的主要依据。建设项目选址意见书,按建设项目计划审批权限实行分级规划管理。

县人民政府计划行政管理部门审批的建设项目,由县人民政府城市规划行政主管部门核发选址意见书;

地级、县级市人民政府计划行政管理部门审批的建设项目,由该市人民政府城市规划行政主管部门核发选址意见书;

直辖市、计划单列市人民政府计划行政管理部门审批的建设项目,由直辖市、计划单列市人民政府城市规划行政主管部门核发选址意见书;

省、自治区人民政府计划行政管理部门审批的建设项目,由项目所在地县、市人民政府城市规划行政主管部门提出审查意见,报省、自治区人民政府城市规划行政主管部门核发选址意见书;

中央各部门、公司审批的小型和限额以下的建设项目,由项目所在地县、市人民政府城市规划行政主管部门核发选址意见书;

国家审批的大中型和限额以上的建设项目,由项目所在地县、市人民政府城市规划行政主管部门提出审查意见,报省、自治区、直辖市、计划单列市人民政府城市规划行政主管部门核发选址意见书,并报国务院城市规划行政主管部门备案。

根据不同的房地产开发项目,其选址方式也有一定的区别。目前,由于住宅开发量较大,故重点介绍住宅项目选址。住宅项目的选址应选择在适宜居住生活的区位和环境中。

二、住宅项目选址原则

1. 住宅项目选址要以城市总体规划为依据

城市总体规划确定规划期内城市人口及各类用地规模,划定城市规划区范围对新建住宅区作出安排,住宅建设项目选址必须与之相协调。

住宅项目选址要与旧区改造结合。许多旧地块拆除后,新建了办公、商业和住宅楼,以及新辟道路、绿地和公共休息场所等。旧区改造给城市建设和发展带来挑战,也给住宅项目建设提供机遇。旧区改造面临任务繁重、征收(动拆迁)成本高、资金短缺等问题,但应看到,相对而言市区具有商业发达、交通方便、教育资源集中等优点,这些无疑给发展商品住宅带来商机。

由于各城市发展的不平衡,因此各城市的总体规划其侧重点有所不同。就上海来说,新建居住区要向内外环之间和郊区发展。根据规划,在上海市内外环之间和郊区发展新建居住区,这是必然趋势。首先,上述区域不是工、商、住混合区,而是从繁华的工商混杂的市区中独立出来的区域,有一个较大的居住区发展空间。其次,由于立体轨道交通的发展,缩短了与市中心的时空距离,交通便捷。第三,相对市中心区而言,上述区域环境较为优越,绿地率高。

新建居住区选址还要和"三城若干镇"建设相结合。"三城若干镇"是指松江新城、临江新城、安亭新城、朱家角镇、周浦镇等"十五"至"十二五"期间被市政府列入重点开发的新城和中心镇。"三城若干镇"的开发需要人口集聚,需要有经验有实力的开发公司和大量建设资金。同时,"三城若干镇"的土地级差地租低,土地资源充足,这些都给住宅项目的选址创造了条件。

2. 住宅项目选址必须考虑市政公用基础设施的配套条件

住宅建设项目必须考虑市政公用基础设施配套的可行性问题。市政公用基础设施配套通常是指供电、供水、供燃气、雨水和污水的排放、通讯网络及城市道路网络相连接的道路交通条件。上海是一个发展中的城市,又是一个老城市,部分地区市政基础设施还比较薄弱,并不是任何一个地方都具备了可以开发住宅项目的条件的。在项目选址时,必须调查研究,要周密了解拟建地块周边大市政的网络情况,地块与之接近情况等,应选择小区的市政公用管线能与城市市政公用管网衔接方便的基地。

住宅项目选址时应选择具有良好地质条件,适应建设的地区,用地力求规整,应当先调查勘察地质条件和水文条件。上海是松软土质,对住宅地基有一定影响。同时,上海又临江面海,还应当了解防风、防汛工程,包括河道、海塘、江堤防洪墙、水闸等情况。

3. 住宅项目选址要与立体轨道交通发展情况相适应

上海正在加快建设"十字"加"环"及若干放射线组成的轨道交通网络骨干框架。作为住宅项目选址必须充分考虑城市立体轨道交通发展情况,在城市轨道交通两侧选择,使居民出行便捷。国外城市居住区选址也大都这样,如莫斯科是先发展地铁延伸到郊区,然后在其周边建造住宅群。住宅选址特别要了解全市地下工程规划,切勿把住宅选址放在受地下规划影响的控制地区内。

4. 住宅项目选址必须符合环境保护要求

住宅项目选址应从可持续发展角度出发,考虑其周边的生态环境,要防止"三废"污染问题。内环线一些工厂,结合产业调整,大部分要进行疏散。在城市总体规划的调控下,城市将逐步实现合理的功能分区,工业正在向园区集中。在住宅项目选址时,必须了解和防止周边有关工业建设项目产生高温、尘毒、震动、放射线、电磁辐射、高频等工业污染的情况。

5. 住宅项目选址必须考虑周边设施的控制要求

一般来说,城市均有一些专业和非专业机构使用的无线电发讯台和收讯台、广播发射台、电视发射台及微波通道,根据国家有关规定,对其周围环境都有一定的控制和制约要求,特别是对其建筑高度有严格控制。对高压、高频设备的安装、高压线路的穿越也有明确的要求。这方面的制约因素在选址时不可忽视。同时应考虑机场周围地区净空控制,气象台周围地区净空控制和铁路规划控制。在住宅选址时,尽可能避开文物、寺庙等保护区。对优秀近代建筑保护范围和建筑控制地带内的新建、改建、扩建工程要严格控制,保护优秀近代建筑。对军事设施按军事禁区、外围安全控制范围、军事管理区、一般军事设施等 4 种范围分别按规定实施控制。其他还有园林绿地保护和古树名木保护等。

6. 住宅项目选址应考虑相关风水原则

风水学古称堪舆学,"堪"为天道,"舆"为地道,堪舆即"法天地,象四时",强调宇宙、自然与人类的和谐统一。风水学属朴素唯物主义范畴,它以世间万物作为世界观之基础,虽道理颇为玄幻,然去除其迷信成分,风水学中许多道理也的确可为现代科学所证实,故风水学在房地产开发中亦有极大的参考价值。

与选址有关的风水称为建地风水。风水学有一种说法:"先找善地,再盖吉宅",即建地是住宅第一重要的因素,是住宅风水最基本的条件,在进行房地产项目选址时需要考虑风水的相关问题(如:地宜矩形、前低后高、地势高拔、土壤坚实、依山傍水、忌形煞物、忌反弓路冲),已成为房地产业内人士的共识。

三、住宅区位及住宅生态环境

1. 住宅区位

所谓住宅区位,是指住宅的地理位置及社会经济位置的综合。这里要摒弃两种观点:一种是认为住宅只应追求它的地理位置,即距离市中心越近越好。这种观点没有正视城市一个中心的理论正在接受挑战,一个大城市特别是特大型的国际化大都市都出现一个中心、多个副中心的现象。城市建设正在走"反门槛理论"的道路,即在城市边缘地区发展多极化的工业、商业、住宅、航运、物流等副中心。那些地方住宅的社会经济正在急剧上升。另外一种认为住宅区位是永恒不变的,这是一种静止的观点。由于城市规划的调整,整个城市的交通系统、运转系统正在发生日新月异的变化,由于一条地铁或轻轨的到达,由于绿地的营造,由于水域环境得到改善,由于傍临高等院校等,使得一些楼盘声名鹊起,成为都市乃至郊区新城楼盘的亮点,这说明了住宅区位是可以改变的。

2. 住宅与生态系统

生态系统是生物群落与其环境之间在能量流动和物质循环过程中形成的一个统一的有

机整体。人类所生活的生物圈内,有无数大大小小的生态系统。我们常见到的池塘、河流、海洋、平原、森林、沙漠等等,都是典型的自然生态系统;农田,果园、城市、矿山、工厂、公园等等,也是人类创造的生态系统——人工生态系统。生态系统是由生命物质和非生命物质构成的,如图2-1所示。

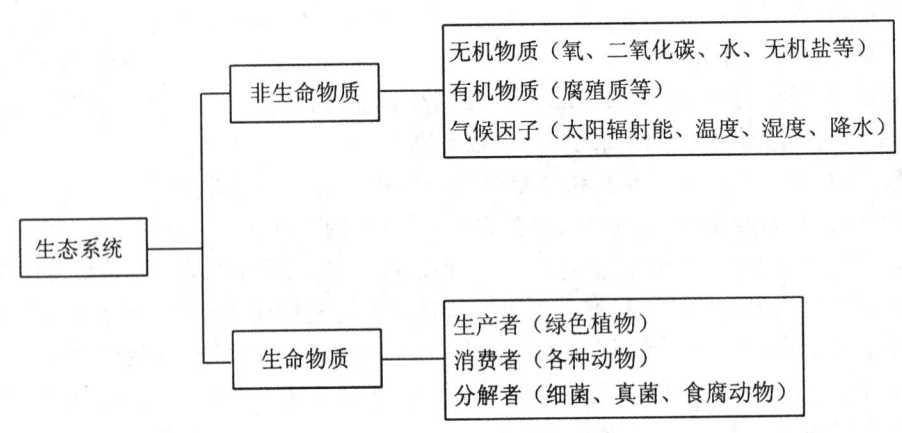

图2-1 生态系统的构成

可以看出,植物、动物和微生物是生态系统的主体部分,是生产、消费、分解三大功能类群。生态系统是开放性的组织系统,是生物成分与非生物成分相联系、相互作用的动态系统。

森林是生态系统的擎天柱。在生物圈中植物的地位十分显赫,大量的绿色植物,从岩石圈的土壤中吸收水分、有机养料和无机养料,从大气层里摄取二氧化碳、氧和氮,并源源不断地生产着碳水化合物、蛋白质、脂肪等有机养料,才在各个自然圈层间,生物与生物之间,生物与环境之间,形成以植物为纽带的物质循环和能量流动,进行着地球生物化学循环。而这种生物的生产量中,森林的生产量是最高的,在整个生态系统的能量储存中,森林转化和储存的能量最多。空气中近60%的氧气来自森林植物,每公顷森林在生长季节能吸收1t二氧化碳,放出700 kg氧气。森林以其茂密而挺拔的树木,养育和庇护着数不尽的鸟、兽、虫、菌,为人类提供动物资源,又以特有的生态环境,孕育着数不尽的树、草、蕨、藓,为人类提供植物资源。保护和营造森林生态系统,能有效防止水源枯竭、资源短缺、土地侵蚀和荒漠化、物种灭绝、温室效应等等。森林生态系统是整个生态平衡的擎天柱。

新世纪住宅发展必须以提高居住环境质量为核心,结合市场需求,按照交通便捷、环境幽雅、配套齐全的要求规划建设住宅区。按照城市与自然和谐的原则,以中心城"环、楔、廊、园"和郊区大面积人造森林的建设为重点,调整绿地布局,完善绿地类型。住宅可持续发展是社会发展的必然要求。

四、申领建设项目选址意见书

凡属下列建设项目应申请"建设项目选址意见书",并作为上报可行性研究报告的依据:新建、迁建单位需要使用土地的,原址扩建需要使用本单位以外的土地的,需改变本单位土地使用性质的,以及以划拨方式提供国有土地使用权的(全国)。

(一) 填写"建设项目选址意见申请表"

就上海而言,住宅开发单位必须填写"上海市建设项目选址意见书申请表",如表2-1、

表2-2和表2-3所示。

表2-1　　　　　　　　上海市建设项目选址意见书申请表

收件	编号		选址意见书	编　号		通知文号	
	日期			核发日期			

表2-2　　　　　　　　上海市建设项目选址意见书申请表

申请单位	名称		邮政编码		申请单位盖章
	地址	区(县)　　镇　　路(村)　　号(组)			
	联系人				
	联系电话		手机号码		
	E-mail 地址				年　月　日
建设项目概况	项目名称			选址论证	[ ]有[ ]无
	计划批准机关		计划批准文号	建设规模	m^2
	用地性质	[ ]居住　[ ]工业　[ ]仓储　[ ]公共设施　[ ]市政设施　[ ]其他(　　)			
	工程性质	[ ]住宅　[ ]宾馆　[ ]商业　[ ]办公　[ ]文教体卫 [ ]工业仓储　[ ]市政站场设施　[ ]其他(　　)			
	市政交通	[ ]道路　[ ]桥梁　[ ]其他(　　)	长度	M	[ ]宽度 [ ]其他
	市政管线	[ ]电力　[ ]电讯　[ ]煤气　[ ]特种 [ ]自来水　[ ]雨污水　[ ]其他(　　)	长度	M	[ ]管径 [ ]其他
建设项目选址意向	建设地址	区(县)　　镇　　路(村)　　号(组)			
	用地面积	约　　　　　　　　　　M^2			
	用地范围	东至			
		南至			
		西至			
		北至			
	现状土地使用权权属情况	[ ]国有土地 [ ]集体土地	[ ]自有　[ ]部分自有　[ ]非自有		
	现状用地性质	[ ]居住　[ ]工业　[ ]仓储　[ ]公共设施　[ ]市政设施　[ ]其他(　　)			

表2-3　　　　　　　　上海市建设项目选址意见书申请表

送审文件、图纸一览表				
序号	文件、图纸名称	应送份数	实送份数	备　注
1	地形图[ ]1/500[ ]1/1000[ ]1/2000	四份		市局审批项目三份
2	[ ]项目建议书[ ]其他计划文件	一份		
3	土地房屋权属证明及附图	一份		
4	选址论证文件	一份		大、中型项目等

续 表

送审文件、图纸一览表				
序号	文件、图纸名称	应送份数	实送份数	备 注
5	其他			
6				
7				
8				
9				
10				

注意事项（填表前，请仔细阅读下列内容并遵照执行）：
一、本表适用除国有土地使用权出让、转让地块以外的下列建设项目申请《建设项目选址意见书》：
1. 新建、迁建单位需要使用土地的；
2. 原址扩建需要使用本单位以外的土地的；
3. 需要改变本单位土地使用性质的。
二、随申请表应按下列要求送审相关文件、图纸：
1. 1/500 或 1/1000（郊区 1/2000）地形图（四份，市局审批项目三份），其中一份地形图上应用红色虚线（铅笔）标明选址意向用地范围，注明用地户名和用地面积，市政管线和市政交通工程，应注明起讫点及经由点的位置和道路、管线等的走向及范围；
2. 批准的建设项目建议书或其他有关计划文件（原件及复印件各一份）；
3. 属原址改建需改变土地使用性质的，须加送土地、房产权属证件（原件及复印件各一份）；
4. 需要使用其他单位土地的，须加送土地使用相关证明（原件一份）（市政工程视情况定）；
5. 如属大、中型建设项目的，须加送由相应资质的规划设计单位作出的规划选址论证（原件一份）；
6. 位于历史风貌保护区和保护建筑的保护范围及建筑控制范围内的建设项目，须加送反映风貌特色的照片或图片资料（一套）；
7. 因建设项目的特殊性需要提交的其他相关材料。
三、有关事项可到"上海规划"网站查询并下载格式文本，"上海规划"网址 www.shghj.gov.cn

申请人承诺：
一、本单位（人）对本申请表以及《上海市建设项目规划管理事项办理指南》所告知的事项均已知悉并理解。
二、本申请表及随本表附送的材料均真实、有效，符合建设项目实际情况。如隐瞒有关情况或者提供虚假材料的，由本单位（人）承担相应的法律责任。

申请人签名（章）：

上海市规划和国土资源管理局监制

（二）规划管理部门核发"建设项目选址意见书"

规划管理部门在受理住宅项目选址申请后，必须根据原项目批准书，用地预申请批准书，从以下4个协调性方面进行审核：

（1）审核住宅项目选址与城市规划布局的协调性；

（2）审核住宅项目选址与城市交通、通讯、能源、市政、防灾等规划的衔接与协调性；

（3）审核住宅项目配套的生活设施与所在地区生活居住区及公共设施规划的衔接与协调性；

（4）审核住宅项目与城市环境保护、风景名胜、文物保护等方面的协调性。

经审核同意，规划管理部门将核发"建设项目选址意见书"，如表2-4所示。

表2-4 上海市建设项目选址意见书

编号：沪 书（   ）第   号

建设单位名称	
建设项目名称	
建设用地位置	
建设工程性质	
用地规划性质	
建设用地面积	
附件及附图名称： 1.《关于核发×××建设项目选址意见书的通知》 　［编号：（ ）第 号］一份 2. 设计范围核定图一份	

核发机关：
日　　期：

"建设项目选址意见书"（含附件及附图）是城市规划区内，经城市规划管理部门审定核发的法律性文件，是建设单位编报建设项目可行性研究报告的法律依据。未经核发机关同意，"建设项目选址意见书"（含附件及附图）核定的有关要求不得变更。建设单位在取得建设项目选址意见书后6个月，建设项目可行性研究报告未经批准又未申请延期，"建设项目选址意见书"即行失效。

第三节　住宅项目建设用地规划管理

一、建设用地规划管理的概念和主要内容

（一）概念

建设用地规划管理是城市规划管理部门根据城市总体规划（包括分区规划、专业系统规划、详细规划）对建设单位或个人申请的建设项目用地进行审查，确定其建设地址，用地范围，核定其用地性质和土地开发强度等规划要求，核发建设用地规划许可证。

（二）主要内容

1. 核定土地使用性质

在第一章中介绍了土地按使用性质进行分类的情况，这里从土地的城市经济地位并考虑房地产开发中土地通常使用的用途来分，可分为：商业、金融、旅游、综合、办公、娱乐、居住、工业、运输、仓储；科学、教育、文化、体育、卫生、种植、养殖等。

必须指出，用地性质一经规划管理部门核定，就具有法定性质，要改变必须按法定程序办理。因此，对建设项目来说，要把选址及可行性研究的首要目标放在用地的性质上。

2. 核定土地开发强度

1）容积率

容积率也称建筑面积密度，指一定地块内，总建筑面积与建筑用地面积的比率。容积

率是反映建筑用地使用程度的主要指标。一般情况下,容积率高,则土地利用程度高,土地的经济性好,但过分追求容积率,会带来人口密度过大等问题,影响居住质量及土地的经济性。

容积率是开发单位倾心关注的,其确定依据为:建设活动的经济性要求、城市现状和规划建设的市政公用设施可供容量、其他配套设施的能力、周边居民的居住环境及心理承受能力等。

在具体核定时,如该地区已有详细规划,则根据详细规划核定;如未编制详细规划,则按分区规划,分不同性质和层次的建筑和基地大小来核定容积率。

常年为社会公众开放,和基地其他空间相对独立、具有方便可达的开放空间,可按规定增加建筑面积。如广场空间、游憩场所、休闲绿地、公共停车场等。

2) 建筑密度

建筑密度指建筑基底总面积与建筑用地总面积的比率。建筑密度与采光、通风、绿化的关系密切,关系到房屋建筑物环境质量。开发单位和设计单位在确定建筑密度时,应当考虑到预留绿地的空间、机动车辆的停泊、消防车作业场地、变电站、煤气调压站面积与位置、人流集散场所和流向等。

3) 拟定土地使用的其他规划管理的要求

(1) 关于沿街两侧建筑高度。一般建筑高度(H)不得超过道路规划红线宽度(W)与建筑后退道路红线距离(S)之和的 1.5 倍,即 $H \leqslant 1.5(W+S)$,如图 2-2 所示。

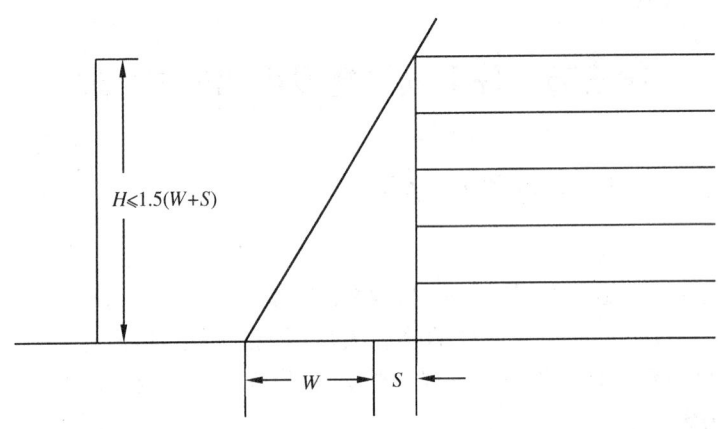

图 2-2 沿街两侧建筑高度要求

(2) 沿街高层组合建筑高度,以投影面积控制。其公式为 $A \leqslant L(W+S)$(投影角为 56.3°)或 $A \leqslant 1.5L(W+S)$(投影角为 45°)。其中 L 为建筑基地沿道路红线长度。

(3) 建筑退让。它是指拟建建筑物后退道路红线、河道蓝线、铁路线、高压电线及界外建筑的距离。

(4) 建筑间距、建筑高度、绿地率和基地标高等。

二、申领建设用地规划许可证操作程序

申领建设用地规划许可证操作程序如图 2-3 所示。

建设用地规划许可证式样可在当地的城市规划行政主管部门相关网站查询。

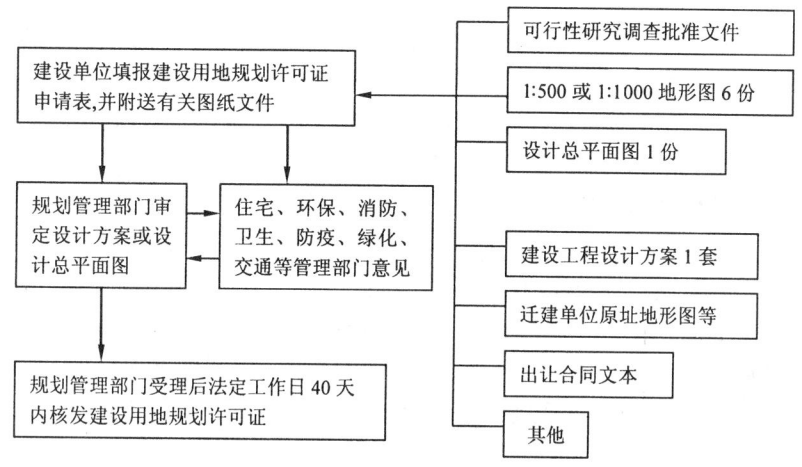

图 2-3 申领建设用地规划许可证操作程序

建设用地规划许可证是城市规划区内,经城市规划行政主管部门审核,许可用地的法律凭证;凡未取得建设用地规划许可证,而取得建设用地批准文件占用土地的,批准文件无效;未经发证机关审核同意,建设用地规划许可证的有关规定不得变更;建设用地规划许可证所需附图与附件由发证机关依法确定,与建设用地规划许可证具有同等法律效力。

第四节 住宅项目建设工程规划管理

一、建设工程规划管理的概念

在城市规划区内新建、扩建和改建建筑物、构筑物、道路、管线和其他工程设施,必须持有关批准文件向城市规划行政主管部门提出申请,由城市规划行政主管部门根据城市规划提出的规划设计要求,核发建设工程规划许可证。建设单位或个人在取得建设工程规划许可证和其他有关标准文件后,方可申请办理开工手续。

建设工程规划管理,是根据城市规划管理的法规、规章,对建筑、管线、路桥和房屋等工程,由规划行政主管部门审核,并会同相关专业管理部门(住宅、环保、环卫、卫生防疫、消防、安保、国防、绿化、气象、防风、抗震、排水、河港、铁路、机场、交通、工程管线、地下工程、测量标志和农田水利等)协同审核意见,对拟建工程项目的性质、规模、位置、密度、高度、体型、体量、建筑平面、空间以及朝向、基地出入口、基地标高、建筑色彩和风格等进行核定,并核发建设工程法律凭证——"建设工程规划许可证"。

二、住宅项目建设工程规划管理的内容

(一)按土地来源不同对工程规划进行管理

1. 在行政划拨基地上建设

一类是单项建筑工程,如在原使用基地上不改变土地使用性质的单项建筑工程,在原址改建需改变原有土地使用性质的单项建筑工程,需要征地或使用城市公共土地或使用其他土地的单项建筑工程等。一般先核定设计范围、提出规划设计要求,后审核建筑设计方案,

再核发建设工程规划许可证。

另一类是地区性开发的建筑工程,如居住区开发建设、经济技术区建设、成片旧城改造地区的建设,如果基地面积达 3 hm² 以上的应编制地区性详细规划。工程规划管理应先审核修建性详细规划或建筑设计,再根据开发单位或个人的项目安排,深入审核单项工程、单项建筑的设计方案,最后核发建设工程规划许可证。

2. 在土地使用权有偿出让基地上建设

在土地使用权有偿出让基地上的建设,应与受让方签订土地使用权出让合同,在申领建设用地规划许可证,并进行土地使用权初试登记取得土地使用权证(或房地产权证)后,方可向规划部门送审建筑设计方案,申领建筑工程规划许可证。出让基地的建筑设计方案是扩初设计一并审核的,因此设计方案由市规划管理部门及相关部门联合组织市消防、公共、环保、劳动、卫生、防疫、所在地政府等部门进行会审。

(二) 按设计审核对工程规划进行管理

1. 申领"建筑工程规划设计要求通知单"

建设单位必须填写"建筑工程规划设计要求通知单",表格可在当地的城市规划行政主管部门相关网站查询。

随同设计要求申请表,应附送下列图纸、文件:建设工程计划批准文件;建设基地的土地使用权属证件(复印件);需要拆除基地内房屋的,加送房屋权属证件(复印件);危房翻建的,加送危房鉴定报告;建设基地的地形图 2 份(向市测绘院晒印,比例 1/500 或 1/1 000),建设单位应在地形图上划示本单位基地范围及拟建工程位置;同时报送项目可行性研究报告、建设基地地形图和权属证件等。

规划部门审核同意后核发"建设工程规划设计要求通知单";盖有"规划管理业务专用章"的地形图一张。

2. 申领"建筑工程设计方案审核意见单"

建设单位必须填报"建筑工程设计方案送审单",表格可在当地的城市规划行政主管部门相关网站查询。

建设单位应随本送审单附送下列图纸、文本:规划管理部门核发的建设项目选址意见书(复印件)或建筑工程规划设计要求通告单(复印件);建设基地的地形图一份(向测绘院晒印,比例 1∶500 或 1∶1 000),并应在地形图上划示拟建工程的基地范围及工程位置;建筑设计方案图(总面积图、平、立、剖面图)二套,需加盖设计单位的设计方案或初步设计图章。

规划管理部门审核中,一般要几次提出要求和修改意见,建筑单位多次送审修改,最后同意后,核发"建筑工程设计方案审核意见单",盖有"规划管理业务专用章"的设计图纸一套。

(三) 按配套对工程规划进行管理

1. 大市政配套

大市政配套必须按规定缴纳大市政配套费,大市政配套费是按规划核定的住宅建筑面积缴纳的。

2. 街坊配套

街坊配套必须由开发单位办理各类配套申请,委托配套设计,交纳相关费用,经电力、燃气、通讯、自来水等审核,住宅管理部门综合平衡,决定配套计划。

供电配套:每户建筑面积 100 m² 以上的住宅,供电基本容量配置 6 kW;100 m² 以下的住宅配置 4kW;公建设施原则上按 40 W/m² 配置。

燃气配套:燃气管线施工以道路红线至建筑物进口为界,不包括道路规划红线在内的道路排管及建筑物室内排管。收费以新建住宅建筑面积为计价单位。

通讯网络:施工以道路红线至建筑物进口为界。收费以新建住宅建筑面积为计价单位。

上水配套:上水排管从道路至建筑物进口的自来水管网敷设。住宅小区接水工程指来水干管与住宅的用水总管联接、室内水表安装和联接。收费也是以新建住宅建筑面积为计价单位。

三、申领建设工程规划许可证程序

1. 申领程序

申领建设工程规划许可证程序如图 2-4 所示。

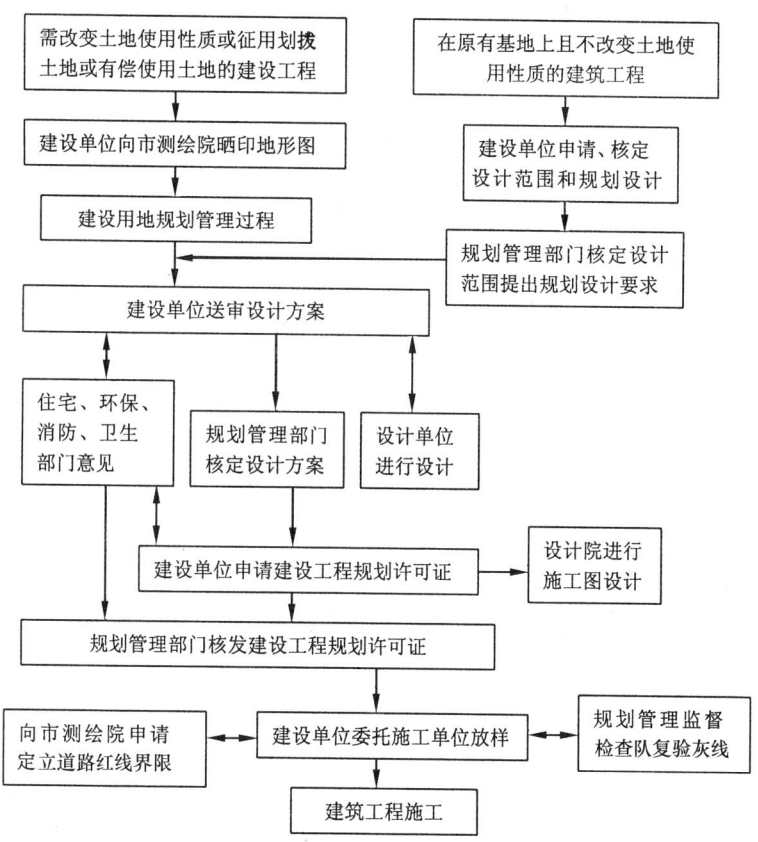

图 2-4 申领建设工程规划许可证程序

"建设工程规划许可证"式样表格可在当地的城市规划行政主管部门相关网站查询。

"建设工程规划许可证"的附件"建筑工程项目表",表格可在当地的城市规划行政主管部门相关网站查询。

建设工程规划许可证是城市规划区内,经城市规划行政主管部门审定,许可建设各类工程的法律凭证。凡未取得建设工程规划许可证或不按建设工程规划许可证规定进行建设的,均属违法建设。未经发证机关许可,建设工程规划许可证的各项规定均不得随意变更。建设工程施工期间,根据城市规划行政主管部门的要求,建设单位有义务随时将建设工程规划许可证提交查验。建设工程规划许可证所需附图与附件由发证机关依法确定,与建设工程规划许可证具有同等法律效力。

建设单位必须按照建设工程规划许可证核准的图纸施工,如变更使用性质、建筑面积、高度、结构和总平面布置的,需经原发证部门审核同意。施工开挖地基,如遇有文物、测量标志、管线等,应立即报告各主管单位处理。领得建设工程规划许可证后,应在6个月内按规定进行建设,逾期进行建设的,应向原发证部门申请延期。申请延期未经批准或逾期未进行建设,建设工程规划许可证自行失效。

2. 申领规划文件时应注意的事项

(1) 不得采用不正当手段欺骗、假冒取得规划管理的文件,如选址意见书、建设用地规划许可证、建设工程规划许可证;

(2) 不得私自转借、转让规划管理的"一书两证"文件;

(3) 在领取建设工程规划许可证后,要向市城市规划管理局申请定立道路规划红线的界桩,并填写有关资料;

(4) 建设工程施工放线后,建设单位或个人应向城市规划管理部门复验灰线,经复验无误后方可开工;

(5) 在施工过程中,城市规划管理部门有权对建设过程中规划管理文件的执行情况进行检查,被检查者应如实提供情况,对技术秘密和业务秘密,检查人员应负保密责任;

(6) 对违法建筑物及构建物,规划管理部门有权依照有关法律、法规,作出责令改正、没收、责令改正并依法罚款、罚款并补证等行政处罚,建设单位或个人应承担接受规划管理行政检查的义务,对规划管理行政处罚不服的可依法提起行政复议或行政诉讼。

第五节 现行的土地制度

一、土地的基本概念

1. 土地的概念

土地是地球陆地表面由地貌、土壤、岩石、水文、气候和植被等要素组成的自然历史综合体,它包括人类过去和现在的种种活动结果。这一定义包括以下几层含义。

(1) 土地是综合体。土地的性质和用途取决于全部构成要素的综合作用,而不取决于任何一个单独的要素。

(2) 土地是自然的产物。人类活动可以引起土地有关组成要素的性质变化,从而影响土地的性质和用途的变化。

(3) 土地是地球表面具有固定位置的空间客体。

(4) 土地是地球表面的陆地部分。陆地是突出于海洋面上的部分,包括内陆水域、海洋滩涂。

(5) 土地包括人类过去和现在的活动结果。

对土地概念认识的同时,需要澄清以下5组概念:

(1) 土地与土壤　土壤,是指能够产生植物收获的陆地疏松表层。它是在气候、母质、生物、地形和成土年龄等诸因子综合作用下形成的独立的自然体。从相互关系上看,土壤仅仅是土地的一个组成要素,即土地包含土壤;从本质特征上看,土壤的本质是肥力,而土地的本质特征是生产力;从形态结构上看,土壤是处在地球风化壳的疏松表层,而土地是由地上层、地表层和地下层组成的立体垂直剖面。

(2) 土地与国土　国土不单指土地,而是国家管辖的地理空间,包括领土、领空和领海。从内涵上看,国土包括资源与环境两方面的内容。

(3) 土地与景观　土壤、风化壳、大陆沉积物、潜水和地表水、植被、近地表大气及物理化学作用彼此紧密联系的综合体称为景观。大气候和地理地质条件的统一是景观的基本特征。它与土地的最大区别主要在于它只考虑自然地理因素的作用,而极少考虑社会经济因素的"综合体"的影响。

(4) 土地与土地资源　所谓资源,是指生产资料与生活资料的来源。土地资源是指在一定技术条件和一定时间内可为人类利用的土地。一般说来,土地资源是指经过人们投入,从土地上得到收益的土地,即产生了价值的土地。

(5) 土地与地产　地产是指作为财产的土地,其中既包括纯自然土地,也包括经过人类开发、改造过的土地,两者都能够被人们当作财产予以占有。从法律上看,地产不仅包括土地自然体,而且包括土地权利(如所有权、使用权、经营权等)。地产和土地,既紧密联系又有区别,在商品经济中地产是特定的土地。土地不一定完全是地产,而地产必然属于土地。地产最重要特性是其商品属性,具有使用价值和价值,可以像其他商品一样进行交换。但在我国,这种交换是在土地所有权与使用权相分离的前提下,对使用权的经营,即土地使用权的出让、转让、租赁、抵押等。

2. 土地的职能和特点

马克思曾说:"土地是一切生产和一切存在的源泉。"英国哲学家威廉·佩蒂认为:"劳动是财富之父,土地是财富之母。"土地在社会各个部门(农业、工业、交通等)作为人们的立足场所与操作基地,所以,土地的职能是人类生产的基本条件,是不可替代的主要生产资料。

土地最显著的特点在于它的有限性和不可再生性。土地数量有限,属稀缺资源,除特殊情况(如填海造地)外,总体上是不可再生的资源。土地还有一个特性,即集聚资本的特性,对土地的各个连续的投资能带来收益。这种连续投资和它带来的辐射作用为产生土地的级差收益带来了可能性。随着对土地投入的增加,不仅能提高该地段的经济价值,而且能够给相邻地域带来好处,对城市土地投入所带来的辐射作用十分突出。

现代城市土地脱胎于自然状态的土地,一般都经过了人类的开发、加工、改造,凝结了人类的劳动,使自然状态的土地变为经济形态的土地,并使经济形态的土地经过追加劳动而产生更多的经济效果。土地和劳动相结合就具有价值,是一笔巨大的财富。这一笔巨大的财富,正是由于我国逐步实行土地有偿使用,在房地产开发经营后,才得以发掘和体现出来的。

3. 土地利用规划

土地利用规划是加强土地管理和保护,做到因地制宜、地尽其用的必要措施,在我国《土地管理法》第15条中明确规定各级政府都要编制土地利用总体规划并报上级政府批准执行。

编制土地利用规划的内容与步骤是:综合评价土地资源,按照土地所在区位、土地自然特征及经济环境、土地生产力现状及前景(产出水平和用地潜力)、居住人口密度和人均收入、土地上城乡基础设施及投入强度等将土地划成不同等级;进行土地利用预测;确定用地标准及用地结构;指出本地区功能分区;制定土地整治和保护规划;确定本地区土地利用总体及详细规划。

土地利用规划是国土规划、城市规划的重要组成部分,并与国民经济及社会发展计划相协调。从宏观上讲,土地利用规划是房地产开发的必要前提与基础。

二、现行土地制度

我国《宪法》和《土地管理法》规定了中国现行土地所有制的性质、形式和不同形式的土地所有制的适用范围,以及土地的使用、管理制度。

全面理解和正确认识中国现行土地所有制,需要把握下列内容:全部土地都为社会主义公有制,土地的社会主义公有制分为全民所有制和劳动群众集体所有制两种。土地的全民所有制具体采取的是国家所有制的形式,该种所有制的土地被称为国家所有土地,简称国有土地,其所有权由国家代表全体人民行使,具体又由国务院代表国家行使。土地的劳动群众集体所有制具体采取的是农民集体所有制的形式,该种所有制的土地被称为农民集体所有土地,简称集体土地。

全国土地详查,查清了我国 31 个省、自治区、直辖市的土地调查总面积 950.66 万 km^2(未含港、澳、台等),其中,国有土地为 505.48 万 km^2,占全国土地调查总面积的 53.17%;集体所有土地为 439.03 万 km^2,占全国土地调查总面积的 46.18%;未定权属土地为 6.15 万 km^2,占全国土地调查总面积的 0.65%。在国有土地面积中,国有农林牧渔场土地面积占 61.58%,国有储备土地面积占 37.14%,城镇土地面积占 0.41%,其他土地面积占 0.87%。

国家实行土地登记制度。县级以上人民政府对所管辖的土地进行登记造册。属于国有土地的,核发"国有土地使用证";属于集体土地的,核发"集体土地所有证";使用集体土地的,核发"集体土地使用证"。依法登记的土地所有权和使用权受法律保护,任何单位和个人不得侵犯。

国家实行土地有偿有限期使用制度。除了国家核准的划拨土地以外,凡新增土地和原使用的土地改变用途或使用条件、进行市场交易等,均实行有偿有限期使用。

国家实行土地用途管制制度。土地用途的变更须经有批准权的人民政府核准。严格限制农用地转为建设用地,控制建设用地总量,对耕地实行特殊保护。

国家实行保护耕地的制度。国家保护耕地,严格控制耕地转为非耕地。

三、土地所有权及其原理

土地所有权是土地所有人对土地的占有、使用、收益和处分的权利。作为土地所有权的权能的占有、使用、收益和处分权,部分甚至全部与土地所有人暂时分离,土地所有人并不因此丧失土地所有权。这些权能与土地所有权人的分离和恢复,正是土地所有人行使土地所有权的结果。这就是土地所有权可以与其具体权能相分享的基本原理。

所有权制度与所有制有密切的关系。所有制是生产关系的基础和核心,属于经济基础的范畴;所有权制度是所有制形式在法律上的表现,属于上层建筑范畴。一定阶段社会的所有制形式,决定了该社会占统治地位的经济关系,同时也确认了该社会所有权制度的性质。建立于一定所有制形式之上的所有权制度,积极地为所有制服务。在社会主义土地公有制基础上建立了社会主义的土地所有权制度。

(一)土地所有权的种类

土地所有权的种类取决于法律规定。土地所有制只是决定了某种土地所有权在各种土地所有权形态中的比重。在实行土地公有制的国家,也有私人土地所有权,如匈牙利;在实行土地私有制的国家,也有公有土地。在我国,实行土地公有制,其权利形态为国家土地所有权和集体土地所有权。国家土地所有权的主体并不直接使用土地,而是将土地的使用权确定给法人和公民。集体土地所有权的主体通常直接对土地使用与收益,但有时也提供给其他法人和公民使用。

1. 国家土地所有权

国家土地所有权,是国家占有、使用、收益和处分属于全民所有的土地权利。在主体、客体和内容3个方面具有明显的特征。

(1)中华人民共和国是国家土地所有权唯一的和统一的权利主体。任何国家机关、企业事业单位、社会团体或者公民个人都不能作为国家土地所有权的主体或者与国家共同作为国家土地所有权的主体;国家土地所有权只能由国家统一行使,没有国家的授权,任何单位或个人都无权行使这一权利或其中某项权能。

(2)国家土地所有权的客体具有广泛性。作为国家土地所有权客体的土地,包括了各种用地,如耕地、林地、草地、荒地、滩涂等。并且,必要时某些原不属于国家所有的土地还可以依法成为国家所有。例如,国家通过征收将集体所有土地变为国家所有。

(3)国家土地所有权在内容上贯彻"统一领导、分级管理"的原则。国家土地所有权的内容,是指国家对国家土地行使占有、使用、收益、处分的权能。国家土地范围大,数量多的客观情况,决定了国家不可能而且也没有必要直接对国有土地行使占有、使用、收益和处分的权能。根据宪法和法律的要求,对国有土地,主要是在计划指导下,通过批准方式交由用地者使用。

2. 集体土地所有权

集体土地所有权是农村集体经济组织依法占有、使用、收益和处分自己土地的权利。它具有如下法律特征。

(1)集体土地所有权的主体是农村集体经济组织。目前,农村经济组织的形式与规模多种多样,在很多情况下往往实际上由村民委员会代行主体权利。

(2)集体土地所有权的客体包括法律规定为集体所有的耕地、林地、山岭、草原、荒地、滩涂等。

(3)集体经济组织一般都直接对自己的土地行使占有、使用、收益和处分的权利。

农村集体经济组织对于自己的土地经营管理方面,有充分的自主权。法律禁止强行改变集体土地所有权的性质,也禁止来自外部的任何部门或者个人侵占集体土地的行为。另一方面,集体经济组织行使土地所有权,必须执行国家法律和政策,不能违背法律变相买卖或者以其他形式非法转让土地。

(二) 土地所有权的发生

1. 国家土地所有权的发生

国家土地所有权的发生,在我国主要为以下两个方面。

(1) 没收地主、官僚资本和敌伪土地为国家所有。

(2) 因国家建设需要通过征收集体所有的土地,使集体土地变为国家所有。

2. 集体土地所有权的发生

我国集体土地所有权是通过合作化,将农民私有土地变为集体所有的土地的。

(三) 土地共有

在我国,对土地的共有是指对土地使用权的共有。对同一土地(地块)拥有使用权的多数主体的存在,是土地共有法律关系的一个显著特征。

依共有关系内容的不同,共有可以分为按份共有和共同共有两种形式,按份共有,是指各个共有人分别按照在共有财产中各自拥有的财产份额,分享权利和分担义务的共有形式;共同共有,是指各个共有人对于全部共有财产,享有平等权利,承担同样义务的一种共有形式。

四、土地使用权及其原理

土地所有权的各种权能的不同组合,构成了土地所有权以外的其他土地权利形态。在我国,这些权利形态统称为土地使用权,"土地使用权"在不同场合下的权利内容各不相同。所以,土地使用权是指依照法律享有利用、经营和取得收益的权利。

我国《土地法》规定:"国有土地可以依法确定给全民所有制单位或者集体所有制单位使用,国有土地和集体所有的土地可以依法确定给个人使用。使用土地的单位和个人,有保护、管理和合理利用土地的义务。"

随着社会经济的发展,关于土地权利的法律制度,愈来愈以利用为中心;土地所有权表现为永久的地租收取权和最终处分权。土地所有权通常并不直接对土地加以利用。在公有制国家更是如此。当然,土地所有权与土地使用权之间是辩证的、统一的关系。并不存在谁强化与谁弱化的问题,只是权利行使的方式有所不同。

在我国,土地使用权具有较广泛的含义。在不同场合,其权利的内容、性质是有所不同的,大体上可以分为下述三种。

(1) 土地使用权是土地所有权的一项权能。作为土地所有权的一项权能的土地使用权,它可以由所有人直接行使,也可以由非所有人行使。

(2) 因行政划拨取得的土地使用权。这一权利已成为具有独立意义的物权。土地使用人对土地有直接使用并排除任何非法干扰的权利。该土地使用权可因下列原因由土地管理部门报县级以上人民政府批准收回:用地单位已经撤销或迁移的;未经原批准机关同意,连续两年未使用的;不按批准的用途使用的;公路、铁路、机场、矿场等经核准报废的。

(3) 因出让取得的土地使用权。国家将一定年期的国有土地使用权批准给受让人,受让人以支付土地出让金为代价而取得土地使用权。该种土地使用权是具有独立意义的物权,是从土地所有权中分离出来的一项权利。它所包含的一定程度占有、使用、收益和处分权能,具体表现为土地使用权人对土地的使用权、出租权、转让权、抵押权,以及基于物权的请求权。

第六节 土地使用权的获取

一、土地使用权的获取方式

目前,我国的土地使用制度处在从无偿、无限期到有偿、有限期使用的阶段,存在着土地配置的双轨制,即行政划拨和市场机制并存。但行政划拨只适用于国家进行经济、文化、国防建设以及兴办社会公共事业时需要使用土地的情况,这时可由政府通过行政手段依法无偿按计划拨给土地。而开发商进行房地产开发和经营是为了获取利润,属经济行为,其获取土地使用权的途径只能是有偿取得。

(一)土地使用权出让

土地使用权出让,是指国家以土地所有者的身份将土地使用权在一定年限内让与土地使用者,并由土地使用者向国家支付土地使用权出让金的行为。出让金是指为获取土地使用权而支付的费用。

1. 土地使用权出让主体

土地使用权出让,应当由市、县人民政府依法统一组织,有计划有步骤地进行。出让计划由市、县人民政府土地管理部门拟订,经同级人民政府审核,报省、自治区、直辖市人民政府批准执行。

2. 土地使用权出让的报批程序

第一,市、县土地管理部门根据出让计划对土地使用权出让的地块、用途、年限和其他条件,会同城市规划和建设管理部门、房产管理部门共同拟订方案,报同级人民政府审核。

第二,按出让土地使用权批准权限,经上级土地管理部门审查后,报人民政府批准。

第三,经政府批准后,由市、县土地管理部门与土地使用者正式签订土地使用权出让合同,在土地使用者支付全部土地使用权出让金后,依法办理土地使用权登记手续,核发土地使用权证。

报批出让土地使用权须送下列附件:①"出让土地使用权呈报表";②出让地块的地理位置图和规划设计;③土地征收、拆迁补偿安置方案或有关协议;④土地使用条件;⑤土地使用权出让合同(草案);⑥人民政府或者有关部门的文件或意见;⑦土地管理部门的审查意见。

土地使用权依法批准出让后,市、县土地管理部门须向上级土地管理部门填报"出让国有土地使用权备案表",同时向批准出让的人民政府土地管理部门填报正式签订的"土地使用权出让合同"副本和出让地块登记卡复印件。

3. 土地使用权出让年限

在土地使用权出让合同中,均载明土地使用权出让的最高年限。这里所说的最高年限,是一次出让签约的最高年限。土地使用权年限届满时,土地使用者可以申请续期,但是,涉及具体的某一块地的出让年限,则要在签订合同时确定。

《中华人民共和国城镇国有土地使用权出让和转让暂行条例》按土地用途,对土地使用权出让的最高年限作了明确规定:①居住用地 70 年;②工业用地 50 年;③教育、科学、文化、卫生、体育用地 50 年;④商业、旅游、娱乐用地 40 年;⑤综合或者其他用地 50 年。进行土地使用权出让时,每幅土地的实际使用年限,在最高年限内由出让方确定,或由出让、受让双方共同商定。

4. 土地使用权出让方式

土地使用权出让方式有 4 种,即协议、招标、拍卖、挂牌。

(1) 协议出让土地使用权　协议出让,是指出让方和受让方通过协商的方式有偿出让土地使用权。具体地说,它一般是由用地者向土地管理部门提出申请,然后由土地管理部门与用地者进行具体磋商,达成一致后,签订土地使用权出让合同,实行土地使用权出让。它主要适用于市政公益事业项目、非营利项目及政府为调整经济结构、实施产业政策而需要给予扶持、优惠的项目。

协议出让土地使用权的基本程序为:①申请受让者向市、县土地管理部门书面申请受让土地使用权,并提交资信资质等有关文件。②市、县土地管理部门向申请受让人提供出让地块必要的资料和有关规定。③申请受让人在规定时间内向土地管理部门提交土地开发建设方案和愿付土地出让金的数额、付款方式等文件。④市、县土地管理部门在接到前项规定的文件之日起,应在 30 日内作出答复,并与申请受让人进行具体协商,对不符合条件的申请人,说明情况并退回申请。⑤经协商达成协议后,市、县土地管理部门与申请受让人签订土地使用权出让合同。

(2) 招标出让土地使用权　招标出让,是指在规定的期限内,由符合规定条件的单位或者个人(受让方)以书面投标形式,竞投某块土地的使用权,土地招标小组(出让方代表)择优而取(不一定是出价最高者得到)。它主要适用于一些大型或关键性的发展计划与投标项目。

招标出让土地使用权的程序为:①市、县土地管理部门编制招标文件,发出招标公告或向投标者发出招标通知书。②投标者到指定地点领取(购买)招标文件及有关资料。③投标者按招标文件的规定,向市、县土地管理部门交付保证金(不计息,可抵充出让金),并将标书密封,在规定的时间内投入指定的标箱或送达指定的地点。④市、县土地管理部门会同有关部门组成评标小组,通过开标、评标、决标,确定中标者,发出中标通知书。对未中标者应书面通知,其投标保证金在开票后 7 日内退还。⑤中标者持中标通知书在规定期限内与市、县土地管理部门签订土地使用权出让合同。

(3) 拍卖出让土地使用权　拍卖出让,是指在指定的时间、地点,利用公开场合由土地管理部门(或委托拍卖行)代表政府就某块土地的使用权公开叫价出让,由高价者获得土地使用权。它主要适用于竞争性强的房地产业、金融业、商业、旅游业和娱乐用地。

拍卖出让土地使用权的程序为:①市、县土地管理部门事先公告拍卖土地使用权的宗地面积、坐落、用途、使用年限、竞投报名地点、竞投日期等有关内容。②竞投者持资信资质证明文件,按公告的时间、地点报名,交付竞投保证金,领取牌号参加竞投。③土地管理部门在公告的时间、地点,由主持人现场公布拍卖底价,当场应价竞争,确定购买者。④购买者应在规定的日期内与市、县土地管理部门签订合同。

在上海,有关六类项目(商业、旅游、娱乐、金融、服务业、商品房)的土地使用权出让,包括市政府对工商企业已注入土地资产的土地改变为六类项目用途的,以及以划拨方式取得土地使用权的土地转让房地产后改变为新建六类项目用途的,应当通过招标、拍卖和挂牌方式进行。但经市政府批准以协议方式出让土地使用权的项目和市政府有关部门认定的旧区改造项目除外。

(4) **挂牌出让土地使用权** 挂牌出让土地使用权,是指出让人发布挂牌公告,按公告规定的期限将拟出让宗地的交易条件在指定的土地交易场所挂牌公布,接受竞买人的报价申请并更新挂牌价格,根据挂牌期限截止时的出价结果确定土地使用者的行为。这种出让方式是政府主管部门在土地出让中尝试的运作模式,比较市场化和透明化。

通过协议、招标、拍卖、挂牌方式取得土地使用权者,在签订出让合同时,应向市、县土地管理部门支付出让金总额一定比例的定金(不计息,可抵充出让金)。在签订土地使用权出让合同后60日内,土地使用者应当支付全部土地使用权出让金。在支付土地使用权出让金后15日内,土地使用者向市、县土地管理部门申请办理土地使用权登记,领取土地使用权证,取得土地使用权。

5. 土地使用权出让的权利和义务

(1) **出让主体的权利和义务** 出让主体享有的权利主要有:①出让方对受让方在签订土地使用权出让合同后,未按期支付全部土地使用权出让金的,有权解除合同,并可请求违约赔偿。②出让方对受让方未按合同规定的期限和条件开发、利用土地的,有权予以纠正,并根据情节轻重给予警告、罚款直至无偿收回土地使用权的处罚。

出让主体应履行的义务为:①出让方应依照合同规定,提供出让的土地使用权;②出让方应向受让方提供有关资料和规定。

(2) **出让客体的权利和义务** 出让客体享有的主要权利是:对出让方应当依照合同规定提供出让的土地使用权,如出让方不依照合同规定提供土地使用权的,受让方有权解除合同,并可请求违约赔偿。

出让客体应当履行的主要义务有:①受让方应当在签订土地使用权出让合同后规定的期限内,支付全部土地使用权出让金。②受让方在支付土地使用权出让金后,应当向政府有关主管部门办理登记,领取土地使用权证,取得土地使用权。③受让方应当依照土地使用权出让合同的规定和城市规划的要求,开发、利用经营土地。④受让方需要改变土地使用权出让合同规定的土地用途的,应该征得出让方同意并经政府有关部门批准,依照有关规定重新签订土地使用权出让合同,调整土地使用权出让金,并办理登记。

(二) 土地使用权转让

土地使用权转让是指土地使用者将土地使用权再转移的行为,包括出售、交换和赠与。换言之,土地使用权转让就是原受让方对已经获得土地使用权的土地按规定投入一定资金进行开发,通过有偿的出售、交换和无偿的赠与等方式,把土地使用权连同地上附着物转让给新的受让者。新的受让者则承袭原受让者与当地政府建立的土地使用权让受双方的经济关系及相应的权利义务。

1. 土地使用权转让的条件

国家允许土地使用权转让,但是作为土地的所有者或土地资源的管理者,要求土地使用权有条件地转让。土地使用权转让的条件,概括起来主要有以下几点。

(1) **必须是出让的土地使用权才能进行转让** 通过出让方式取得的土地使用权是一种具有独立意义的"物权性使用权",它包括了所有权中一定程度的占有、使用、收益和处分权能。这些权能又表现为在出让期限届满之前,对土地拥有使用、转让、出租、抵押的权利。相反,划拨土地使用权是无偿无限期取得的,是一种"债权性使用权",原则上不允许转让、出租、抵押,但通过划拨取得土地使用权的公司、企业、其他经济组织和个人,在与土地管理部门签订出让合同并补交出让金后,可以进行转让、出租、抵押。具备这样的条件,实际上原来划拨的土地使用权已经变为出让的土地使用权,具有了物权性质。

(2) 必须依照土地使用权出让合同规定的期限和条件对土地进行投资开发、利用　这里的期限不是指土地使用权出让年限,而是指使土地达到出让合同规定的开发、利用状态所需的时间。这里的条件是多种要求的总和,如地块的用途、建筑面积、建筑物的高度和层数,以及转让土地使用权所需达到的投资额度等。

(3) 土地使用权转让应当签订合同　土地使用权转让合同是指土地使用权转让方与受让方确立土地使用权转让中权利与义务关系的协议。依法订立的土地使用权转让合同,对当事人具有法律效力,双方必须全面履行合同条款中规定的各自应承担的义务,任何一方不得擅自变更和解除。

(4) 土地使用权转让必须办理过户登记　过户登记是指依法取得土地使用权或地上建筑物、附着物所有权的受让人,凭有效的土地使用权转让合同及其他合法文件到法定机关办理土地使用权或地上建筑物、其他附着物所有权变更登记手续,以依法确定土地使用权或地上建筑和其他附着物所有权的行为。过户登记分为两类:一类是土地使用权过户登记,另一类是房产过户登记。一般地讲,前一类过户登记应由市、县土地管理部门负责办理,后一类过户登记应由市、县房产管理部门负责办理。

2. 土地使用权转让的原则

土地使用权转让的原则,是指法律规定的土地使用权转让所必须遵循的规则或准则。土地使用权转让的原则主要有三个。

(1) 随之转移原则　土地使用权转让时,土地使用权出让合同和登记文件中所载明的权利、义务也随之转移。

(2) 房、地产一致原则　房、地产一致原则即土地使用权与地上建筑物产权相一致的原则。它要求在土地使用权转让时,其地上建筑物、其他附着物所有权随之转让;土地使用者转让地上建筑物、其他附着物所有权时,其使用范围内的土地使用权随之转让,但地上建筑物、其他附着物作为动产转让的除外。

(3) 效益不可损原则　效益不可损原则即无论是土地使用权的转让,还是地上建筑物、其他附着物的转让,都不得损害土地及其他建筑物的经济效益。这是土地使用权或地上建筑物、其他附着物转让时,尤其是在分割转让时所必须遵守的一个原则。一般来说,凡是无损于土地及地上建筑物、其他附着物经济效益的转让,依法予以批准,凡是有损于土地及地上建筑物、其他附着物经济效益的转让,则不予批准。

3. 土地使用权转让的方式

(1) 出售转让土地使用权　出售转让土地使用权,是指土地使用者按照一定的方式(如合同)将土地使用权转移给买方,而买方为此支付价款的法律行为。转让中的受让方与出让中的受让一样,可以是我国境内的公司、企业、其他组织和个人,也可以是境外的投资者。

(2) 交换转让土地使用权　交换转让土地使用权也叫"互易",是指当事人双方约定互相转移土地使用权或一方转移土地使用权,另一方转移货币以外标的物而订立的合同。它由双方当事人达成协议而以物易物。土地使用权的交换转让可以是土地使用权与其他物的互易,也可以是土地使用权之间的互易,但有时也表现为混合互易。

(3) 赠与转让土地使用权　赠与转让土地使用权是指赠与人自愿把自己的土地使用权

无偿转移给受赠人,受赠人表示接受而达成的合同。它一方面需要赠与人表示要把自己拥有的土地使用权无偿转移给受赠人,另一方面需要受赠人表示愿意接受赠与,其基本特征是无偿。赠与合同主要适用于公民之间或者公民与法人之间。

以上三种方式,无论其合同何时生效,一旦土地使用权转移,即为办理土地登记完毕。

(三) 土地使用权出租

土地使用权出租,是指土地使用者作为出租人将土地使用权随同地上建筑物、其他附着物租赁给承租人使用,由承租人向出租人支付租金的行为。土地使用权出租的标的物具有复合性,即不仅包括土地使用权,还包括土地上的建筑物及其他附着物。土地使用权出租是将土地使用权有限期地租给别人使用,租期届满后可以收回该使用权。出租行为并没有使出租人完全丧失土地使用权。出租人作为受让人同国家订立的出让合同中的权利义务并没有转移给承租人,出租人同国家的权利义务关系不变,仍享有出让合同规定的权利,仍需履行出让合同规定的义务。

1. 土地使用权出租的条件

(1) 出租的土地使用权是国家有偿出让的具有物权性质的土地使用权　只有通过有偿出让取得的土地使用权,才是一项独立的财产权利,才可以作为商品进行出租,而通过行政划拨取得的土地使用权,不是一项独立的财产权利,不得任意出租。可见,土地使用权出让是出租的前提条件,要出租土地使用权首先要进行土地使用权的出让。

(2) 按照土地使用权出让合同对土地进行了投资开发和利用　土地使用权出让的目的是开发、利用土地,未依照土地使用权出让合同规定的期限和条件开发、利用土地的,不得出租土地使用权。

(3) 出租人与承租人应当签订租赁合同　土地使用权租赁合同,即当事人约定一方将土地连同地上建筑物、其他附着物交与他方使用,他方支付租金的合同。土地使用权出租是通过签订土地使用权租赁合同来确定出租方与承租方的权利义务关系的。土地使用权租赁合同的签订和履行的过程,就是土地使用权出租的客观过程。租赁合同不得违反国家法律、法规和土地使用权出让合同的规定,否则,租赁合同无效。

(4) 出租人和承租人应当依照规定办理登记　出租登记是指依法取得土地使用权和地上建筑物、其他附着物所有权的受让人、承租人,凭土地使用权租赁合同及其他合法文件,到法定机关办理土地使用权和地上建筑物及其他附着物出租手续,以依法确定土地使用权和地上建筑物及其他附着物租赁关系的行为。一般地讲,土地使用权出租登记,由市、县人民政府土地管理部门负责办理,地上建筑物、其他附着物出租登记,由市、县房产管理部门负责办理。

2. 土地使用权出租内容

出租人收取租金的权利和将土地使用权及地上建筑物等交付承租人使用须履行的义务,承租人取得土地使用权及地上建筑物的权利缴纳租金须履行的义务,构成了土地使用权出租的内容。

(四) 土地使用权抵押

1. 土地使用权抵押的含义

土地使用权抵押,是指土地使用者将其依法取得的土地使用权作为清偿债务的担保的法律行为。具体地讲,就是债权人对享有土地使用权的债务人或第三人的土地不转移占有,继续由债务人或第三人使用、收益,而在债务不履行时,处分债务人或第三人提供的土地使用权(担保物),并从处分抵押物所得价款中优先受偿。在这里,债权人的权利即是抵押权。

土地使用权抵押的标的物不仅包括土地使用权,还包括地上建筑物和其他附着物。因而,在土地使用权抵押中实际存在着两种抵押关系:一个是土地使用权的抵押,在这种抵押关系中,抵押人是作为土地使用者将土地使用权抵押给抵押权人。债务不能履行时,抵押权人可以处分土地使用权,并从所获价款中优先受偿。另一个是地上建筑物及其他附着物的所有者,将建筑物及其他附着物本身抵押给抵押权人。债务不能履行时,抵押权人可以处分地上建筑物和其他附着物本身,并从所获价款中优先受偿。

2. 设定抵押权的基本要求

(1) 抵押权由抵押人和抵押权人以抵押合同设定 抵押合同是以直接发生抵押权为内容的合同。土地使用权和地上建筑物、其他附着物抵押,应当办理抵押登记手续。抵押登记一般包括三个方面的内容:一是被担保的金额,二是设定抵押权人的姓名或名称;三是债权。

(2) 设定抵押合同的当事人为抵押权人及抵押人 根据《城市国有土地使用权出让和转让暂行条例》的规定,抵押人只能是债务人。抵押人将财产抵押后,并不丧失对抵押物(土地使用权)的处分权,但在处分抵押物时,应预先告知抵押权人。

(3) 被担保的债权 抵押权以抵押物所担保的债权依标的物的变卖价值优先受清偿为目的,所以被担保的债权通常为金钱债权。如果不以一定的金钱为标的债权设定抵押权,在进行登记时,应当记载其债权的估价数额。

(4) 不能违反有关规定 抵押合同不能违反法律、法规和土地使用权出让合同的规定。

3. 抵押权的处分

设定抵押权,其内容仅限于就抵押物的变卖价值优选清偿而不是取得抵押的土地使用权。抵押人到期未能履行债务或者在抵押合同期间宣告解散、破产的,抵押权人有权依照国家法律、法规和抵押合同的规定处分抵押的土地使用权。处分抵押的土地使用权的最普通方法是拍卖。有时当事人也可以约定其他处分方法,但不能损害其他抵押权人的利益。

处分抵押的土地使用权所得,抵押权人有优先受偿权,即抵押权人可以就抵押的土地使用权的拍卖价金额,优先受清偿。抵押权与一般债权并存时,享有抵押权的债权人(即抵押权人)相对于其他没有设定抵押权的债权人,享有优先受偿权。抵押物的价值,首先用来清偿被担保的债务,即抵押权人的债务。只有在抵押权人受偿后抵押财产价值仍剩余时,无抵押权的债权人才能受到清偿。

4. 抵押权的消灭

抵押权因债务清偿或者其他原因而消灭的,应当依照规定办理注销抵押登记。这里所说的抵押权消灭的"其他原因",一般是指以下四种情况。

(1) 抵押权人抛弃权利 抵押权是一种财产权,抵押权人可以抛弃抵押权而成为普通债权人。抵押权人抛弃抵押权后,该抵押权即消灭。

(2) 当事人之间约定消灭抵押权 例如,抵押人征得抵押权人同意,以另外相当的财产顶替,而消灭原有的抵押权。

(3) 设定抵押的土地灭失 如果设定抵押的土地及地上建筑物、其他附着物灭失,抵押权归于消灭,但如果灭失是由于第三人的原因并由此取得赔偿金,应该按抵押权人的先后次序进行分配。如果抵押物部分灭失,则抵押权继续存在于剩余的抵押物上,抵押权不消灭。

(4) 抵押物归抵押权人所有　作为抵押标的的土地使用权连同地上建筑物、其他附着物所有权归于抵押权人时,抵押权归于消灭。

(五) 土地使用权终止

1. 土地使用权终止的条件

土地使用权终止,是指土地使用者停止行使土地使用权。导致土地使用权终止的因素很多,从法律规定和我国司法实践上看,可归纳为以下几类。

(1) 土地使用权年限届满　土地使用权的存续期间为土地使用权设定行为(出让合同)规定的年限。其年限届满而未申请续期或申请未被批准的,土地使用权终止。

(2) 提前收回　在特殊情况下,国家根据社会公共利益需要,依照法定程序提前收回土地使用权,土地使用权因而终止。

(3) 土地灭失　土地使用权要以土地的存在为前提。如果因自然原因造成土地灭失,土地使用权自然终止。

此外,土地使用权终止的条件还有没收、抛弃等。

2. 土地使用权终止后的注销登记

所谓注销登记,是指土地管理部门依法对土地使用权终止的土地使用证进行注销的法律行为。土地使用权的有效性、合法性是通过土地使用权注明登记确定的,所以,土地使用权终止后,应当通过一定的程序注销土地使用证。注销土地使用证应注意以下问题。

(1) 关于注销登记的主管部门　注销登记由土地管理部门负责,即谁发证谁注销。

(2) 关于出让土地使用权期满的注销登记　出让合同期满,合同的标的物——土地使用权即由土地管理部门收回,同时注销土地使用证。对该块土地上的建筑物和其他附着物,根据法律、法规的规定协商处理。值得注意的是,根据《物权法》第一百四十九条的规定,住宅建设用地使用权期间届满的,自动续期。对于出让合同规定必须拆除的技术设备等,受让人应当按时拆除。如果出让合同没有特别规定,非通用建筑物及其附属物和技术设备的拆除与搬迁,由土地管理部门与受让人协商处理,但最迟不应超过土地使用权期满或收回土地使用权后 6 个月。

(3) 关于出让土地使用权未期满的注销登记　一般来讲,出让合同期未满时,不应收回土地使用权,但在特殊情况下,根据交通、能源、国防、教育等公共利益需要,可以依法提前收回土地使用权,但应给予相应的补偿。在合同期未满时,土地管理部门应在收回土地使用权日期前 6 个月,将收回土地使用权的理由、地块坐落、四至范围、收回日期等通知受让人,并在收回土地使用权涉及的范围内公告。至公告规定的收地日期止,土地使用权及其地上建筑物、其他附着物即由土地管理部门收回。对提前收回土地使用权的一般采用金额补偿与土地使用权补偿,这两种方式可以单独使用,也可以同时使用。

(六) 划拨土地使用权交易

1. 划拨土地使用权的含义

土地使用权划拨,是指县级以上人民政府依法批准,在土地使用者缴纳补偿、安置等费用后将该幅土地交付其使用,或者将土地使用权无偿交付给土地使用者使用的行为。以划拨方式取得土地使用权的,除法律、行政法规另有规定外,没有使用期限的限制。

下列建设用地的土地使用权,确属必需的,可以由县级以上人民政府依法批准划拨:

(1) 国家机关用地和军事用地;

(2) 城市基础设施用地和公益事业用地;

(3) 国家重点扶持的能源、交通、水利等项目用地;

(4) 法律、行政法规规定的其他用地。

一般来说,通过行政划拨取得土地使用权所缴纳的费用往往低于通过有偿出让方式取得土地使用权所缴纳的费用,甚至常常是无偿性质的。从法律上讲,划拨土地使用权,实质上是一种租赁关系。用地单位通过行政划拨取得的土地使用权,仅是有权使用,不是一项独立的财产权利,未经国家(土地所有者)的同意并补办一定的手续,不得转让、出租、抵押,国家根据实际情况随时可以收回土地使用权。

2. 转让、出租、抵押划拨土地使用权的条件和程序

(1) 条件 转让、出租、抵押划拨土地使用权,国家应予以允许,但必须有一定的条件作为限制。凡符合下列条件的,经市、县人民政府土地管理部门和房产管理部门批准,其划拨土地使用权和地上建筑物、其他附着物所有权可以转让、出租、抵押:①土地使用者为公司、企业、其他经济组织和个人;②领有国有土地使用权证;③具有地上建筑物、其他附着物合法的产权证明;④依法签订土地使用权出让合同并补交土地使用权出让金。

(2) 程序 划拨土地使用权和地上建筑物、其他附着物转让、出租、抵押须按下列程序办理手续:①转让、出租、抵押人持土地使用权证和房屋产权证分别向市、县土地管理部门和房产管理部门提出申请划拨土地使用权和地上建筑物、其他附着物的转让、出租、抵押许可证,不符合条件的应退回申请并说明理由;②转让、出租、抵押方领取许可证后拟定转让、出租、抵押合同方案,报市、县土地管理部门和房产管理部门审查;③转让、出租、抵押经市、县土地管理部门和房管理部门批准后,由土地管理部门与转让、出租、抵押人签订土地使用权出让合同,并以转让、出租、抵押所获取的收益抵交土地使用权出让金,办理土地登记手续。

3. 在一定的条件下可以无偿收回划拨土地使用权

(1) 应当无偿收回划拨土地使用权的土地使用者,因下列情况而停止使用土地的,市、县人民政府应当无偿收回其划拨土地使用权:①用地者因自身发展的需要等因素而迁移;②用地者因经营管理不善而解散;③用地者因不符合法定成立条件或者违法经营等而被撤销;④用地者因经营严重亏损不能清偿债务而宣告破产。

(2) 可以无偿收回划拨土地使用权的条件 对无偿取得的划拨土地使用权,市、县人民政府根据城市建设发展的需要和城市规划的要求,可以无偿收回。这里所说的城市建设,是指在城市规划区内进行的建设,它涉及城市政治、经济、文化建设和城市发展的广泛领域。

无偿收回划拨土地使用权时,对其地上建筑物、其他附着物,市、县人民政府应当根据实际情况给予适当补偿。划拨土地使用权被无偿收回后,市、县人民政府可以依照法律规定予以出让。

二、合作建设和补地价

(一) 合作建设

前面已经讲过,在我国过去土地所有权和使用权两权合一的情况下,国有土地使用权是通过行政手段无偿划拨的;而在土地使用权有偿转让制度建立后,有关法律明确规定了划拨土地使用权在未补交出让金之前不得转让、出租或抵押。由于现实经济生活中土地使用权的复杂情况，以及有关划拨土地使用权转让的具体实施细则尚待完善，因此近年来合作建设（又称联建，联合开发）成了土地开发的重要方式之一，但这种方式应严格控制和监管。

这里所谓的合作建设具有其特定的含义，它是指房地产开发公司与拥有划拨土地使用权的企业合作，采用企业提供土地的使用权、开发公司提供建设资金的方式联合开发土地和房屋。

合作建设，按其合作的方式常见的有两种。第一种，一方提供土地使用权，另一方提供建设资金，房屋建成后双方按一定比例分配房屋。这种合作形式对拥有土地使用权的企业来说，实质上是以地换房。第二种，以地折股，即原土地使用者以土地使用权作为股本，然后与需要土地的另一方建立合资公司，以合资公司的名义进行土地开发，最终产出的利润，由双方按股本比例分成。这种合作形式对原土地使用者来说，实质上是以地换钱。

合作建设的两种方式，实质上都存在划拨土地使用权转让的问题，从第一种方式来看，原土地使用者由于提供划拨土地使用权，获得了一定比例的房屋；开发公司的投资也就获得了相应的土地使用权，这部分土地的使用权系由原土地使用者以取得一定比例的房屋为补偿而转让给开发公司的。从第二种方式来看，双方合资建立的公司的利润是通过出售和出租开发建设的房屋获得的。这里存在着二次转让问题：其一，合资公司建成后，土地使用权转让给合资公司；其二，房屋建成后，如果出售，则相应的土地使用权随之转让，如果出租，则相应的土地使用权随之出租。

由于各种因素的制约，而且现实的情况又较为复杂，因此对于合作建房中有关土地使用权转让的问题，不能一刀切或武断论之。《中华人民共和国城市房地产管理法》规定：以划拨方式取得土地使用权的，转让房地产报批时，有批准权的人民政府按照国务院规定决定可以不办理土地使用权出让手续的，转让方式应当按照国务院规定将转让房地产所获收益中的土地收益上缴国家或者作其他处理。"

（二）补地价

1. 补地价的含义

补地价有两方面的含义：第一，在土地使用权有偿出让体系中的土地使用者，如需改变合同规定的土地用途，在征得出让方同意并经土地管理部门和城市规划部门批准后，应重新签订土地使用权出让合同，调整土地使用权出让金。如调整的出让金高于原出让金的，超过的部分即称补地价。第二，原属行政划拨无偿取得的土地使用权，如果土地使用权和地上建筑物进行转让、出租或抵押，应向当地县级以上人民政府补交出让金，或者以转让、出租、抵押所获收益抵交，补交的出让金也称为补地价。通常所谓的"补地价"多指第二种含义。

2. 补地价的程序

（1）向土地管理部门提出申请，详细说明改变土地使用性质或划拨土地使用权转让的原因。

（2）经审核批准后与土地管理部门签订土地使用权出让合同。

（3）补交土地使用权出让金。从理论上说，因改变土地使用性质调整的出让金，如低于原出让金的，则应退还差额部分。不过，土地使用性质改变，一般都是为了更好地发挥土地的经济效益，故退还出让金在实务中不大可能发生。

（4）在规定的时间内向房地产登记部门办理土地使用权变更手续。

3. 补交地价的确定

对于划拨土地使用权补交的地价,从理论上说应是该土地出让时受让人应付的出让金。出让的协议价、招标价、拍卖价及挂牌价相差甚大。选择的方式取决于政府。划拨土地使用权,通过补交地价方能转让。除特殊情况外,补交地价的原土地使用权人当然成为可转让的土地使用权拥有者。一般由政府根据类似地块的出让价制定一定的标准,再按实际情况与原土地使用权人协商确定补地价的金额。

三、闲置土地的处理

经法定手续,以征收、划拨、出让方式取得土地使用权的单位或个人,未按规定的土地用途利用土地,也未经原批准用地的人民政府同意,超过规定的期限未动工开发的建设用地,视为闲置用地,土地管理部门应及时处置。

1. 闲置土地的范围

下列土地属于闲置土地:

(1) 未按建设用地批准书和土地使用权出让合同规定的期限开发利用土地的;

(2) 核准使用的土地,自土地使用权出让合同生效或建设用地批准书颁发之日起满1年未动工开发建设的。

(3) 已动工开发,但开发建设面积不足应开发建设面积的1/3,或投资额不足总投资额的25%,且未经批准中止开发建设连续满1年的。

(4) 法律、行政法规有其他规定的。

2. 闲置土地的处置方式

对于闲置土地的处置有下列方式:

(1) 延长开发建设期限,但最长不得超过1年。

(2) 变更土地用途,办理有关手续后继续开发。

(3) 安排临时使用,待原项目具备条件后,重新批准开发,土地增值的,由政府收取增值地价。

(4) 政府为土地使用者置换其他闲置土地。

(5) 政府采取招标、拍卖等方式确定新的土地使用者进行开发建设,对原用地单位给予经济补偿。

(6) 政府收回土地,并与土地使用者签订收回土地协议书。

(7) 因政府及有关部门行为造成土地闲置的,由政府和用地单位协商处理。

3. 征收土地闲置费

在城市规划区范围内,以出让方式取得土地使用权,闲置1年以上按出让金的20%征收土地闲置费。

已经办理审批手续的非农业建设占用耕地,1年以上未动工建设的,按省、自治区、直辖市的规划征收土地闲置费。

四、无偿收回土地

未按建设用地批准书和土地使用权出让合同规定的期限动工开发建设的用地单位,连续两年以上未使用的,经原批准机关批准,由县级以上人民政府无偿收回土地使用权并予以公告,下达"收回国有土地使用权决定书",终止土地有偿使用合同,撤销"国有土地划拨决定书"、"建设用地批准书",注销土地登记和土地使用权证。

第七节　集体土地征收与流转

一、征收集体土地的特点

征收集体土地具有三个明显的特点:一是具有一定的强制性,征地是国家的特有行为,被征地单位需服从国家的需要;保证被征地农民的生活水平不因征收土地而降低;二是要妥善安置被征地单位人员的生产和生活,用地单位向被征地单位给予经济补偿;三是被征收后的土地所有权发生转移,即集体所有的土地变为国家所有的土地。

二、征收集体土地的政策

(一)征收土地的范围

《物权法》规定:为了公共利益的需要,依照法律规定的权限和程序可以征收集体所有的土地。对于征收的集体土地,其土地所有权属于国家,用地单位只有土地使用权。

(二)征收土地批准权限的规定

在征地依法报批前,当地土地行政主管部门应告知征地情况、确认征地调查结果、组织征地听证。对拟征土地的补偿标准、安置途径有申请听证的权利。当事人申请听证的,应按照《国土资源听证规定》规定的程序和有关要求组织听证。

征收土地批准权限的规定:

(1)征收土地实行两级审批制度,即国务院和省级人民政府。

(2)建设占用土地,涉及农用地转为建设用地的,应办理农用地转用审批手续。

(3)征收基本农田,基本农田以外的耕地超过35公顷的,其他土地超过70公顷的,由国务院审批。

(4)其他用地和已经批准农用地转用范围内的具体项目,由省级人民政府审批并报国务院备案。

(三)申请征地不得化整为零

一个建设项目需要征收的土地,应当根据总体设计一次申请批准,不得化整为零。分期建设的项目,应当分期征地,不得先征待用。铁路、公路和输油、输水等管线建设需要征收的土地,可以分段申请批准,办理征地手续。

(四)对被征地单位和农民进行安置、补偿和补助

征收土地,由用地单位支付土地补偿费、安置补助费、地上附着物和青苗补偿费。

(五)联营使用集体土地政策

全民所有制企业、城镇集体所有制企业同农村集体经济组织共同投资兴办的联营企业所使用的集体土地,必须持县级以上人民政府按照国家基本建设程序批准的设计任务书或者其他批准文件,由联营企业向县级以上人民政府土地管理部门提出用地申请,按照国家建设用地的批准权限,经有批准权的人民政府批准;经批准使用的土地,可以按照国家建设用地的规定实行征收,也可以由农村集体经济组织按照协议将土地使用权作为联营条件。

(六) 征收土地公告

被征收土地所在的市、县人民政府,在收到征收土地方案后,10日内应以书面或其他形式进行公告。

(1) 征收土地公告,应包括下列内容:①征收批准机关、文号、时间和用途;②被征收土地的所有权人、位置、地类和面积;③征地补偿标准和农业人口安置途径;④办理征地补偿的期限、地点。

(2) 征地补偿安置方案公告,应包括下列内容:①被征收土地的位置、地类、面积、地上附着物和青苗的种类、数量,需要安置农业人口的数量;②土地补偿费的标准、数量、支付对象和方式;③安置补助费的标准、数量、支付对象和方式;④地上附着物和青苗的补偿标准和支付方式;⑤农业人口具体安置途径;⑥其他有关征地补偿安置的措施。

(3) 未进行征地、补偿、安置公告的,被征地单位和个人,有权拒绝办理征地相关手续。

(七) 合理使用征地补偿费

建设用地单位支付的各种劳动力的就业补助和应发的各种补偿及其他费用,应按有关规定管理和使用。耕地占用税用于土地开发和农业发展;菜田基金、土地复垦费、土地荒芜费、防洪费用于菜田开发建设和土地的调整和治理;征地管理费用于土地管理部门的各种业务开支。各级人民政府和土地管理部门,严格监督征地费用的管理和使用,任何单位和个人均不得占用或挪作他用。

(八) 特殊征地按特殊政策办理

(1) 大中型水利、水电工程建设征收土地的补偿费标准和安置费用,由国务院另行规定。

(2) 征收林地、园林等按林业管理部门的规定办理。

(3) 征收土地发现文物、古迹、古树等应报主管部门处理后方可征地。

(4) 迁移烈士墓、华侨墓按主管部门规定办理。

(5) 用地范围内的国防设施,经协商后方可征收。

三、征收集体土地的补偿标准

征收土地补偿、补助标准的确定,是征地工作的主要内容,也是一项难度较大的工作,涉及国家、集体、个人的利益,不能高不能低,高了将加大建设项目的投资,直接影响到国家建设的发展,低了会影响被征地单位和农民的生产和生活水平。用地单位必须按征地协议书如数支付补偿费,被征地单位也不得额外索取。根据《土地管理法》的规定,征收耕地的补偿费用包括土地补偿费、安置补助费以及地上附着物和青苗的补偿费。《物权法》还规定,除要依法足额支付上述费用外,还应当安排被征地农民的社会保障费用,保障被征地农民的生活,维护被征地农民的合法权益。值得一提的是,为了使补偿标准接近合理和便于实施,正在修订的《土地管理法》对征收集体土地的补偿标准将有较大幅度的增加。

1. 土地补偿费和标准

土地补偿费是征地费的主要部分。国家建设征收土地,由用地单位支付土地补偿费。土地补偿费的标准为:

(1) 征收耕地的补偿费,为该耕地被征收前3年平均年产值的6~10倍(不同地区可根据实际情况超越此范围)。

(2) 征收其他土地的补偿费标准由省、自治区、直辖市参照征收耕地的补偿费标准规定。

2. 安置补助费

国家建设征收土地,用地单位除支付补偿费外,还应当支付安置补助费。安置补助费是为安置因征地造成的农村剩余劳动力的补助费。

安置补助费,按照需要安置的农业人口数计算。需要安置的农业人口数,按照被征收的耕地数量除以征地前被征地单位平均每人占有耕地的数量计算。每一个需要安置的农业人口的安置补助费标准,为该耕地被征收前3年平均年产值的4~6倍。但每公顷被征收耕地的安置补助费,最高不得超过被征收前3年平均年产值的15倍。

征收其他土地的安置补助费标准,由省、自治区、直辖市参照征收耕地的安置补助费标准规定。

在人均耕地特别少的地区,按前述标准支付的土地补偿费和安置补助费,尚不能使需要安置的农民保持原有生活水平的,经省级人民政府批准,可以增加安置补助费。但土地补偿和安置补助费之和不得超过土地被征收前3年平均年产值的30倍。

3. 地上附着物和青苗补偿费等

被征收土地上的附着物和青苗的补偿标准,由省、自治区、直辖市规定。地上附着物是指依附于土地上的各类地上、地下建筑物和构筑物,如房屋、水井、地上(下)管线等。青苗是指被征收土地上正处于生长阶段的农作物。

征收城市郊区的菜地,用地单位应当按照国家有关规定缴纳新菜地开发基金。城市郊区菜地,是指连续3年以上常年种菜或养殖鱼、虾的商品菜地和精养鱼塘。

4. 临时用地补偿

经批准的临时用地,应同农业集体经济组织签订临时用地协议,并按该土地前3年平均年产值逐年给予补偿。但临时用地逐年累计的补偿费最高不得超过按征收该土地标准计算的土地补偿费和安置补助费的总和。

5. 合理使用土地补偿费、安置补助费

土地补偿费归农村集体组织所有,地上附着物和青苗补偿费归地上附着物和青苗的所有者所有。由农村集体组织安置的人员,安置补助费由农村集体经济组织管理和使用;由其他单位安置的人员,安置补助费支付给安置单位;不需要统一安置的人员,补助费发放给个人。

四、征收集体土地的工作程序

1. 申请用地

建设单位持经批准的设计任务书或初步设计、年度基本建设计划以及地方政府规划需提交的相应材料、证明和图件,向土地所在地的县级以上地方人民政府土地管理部门申请建设用地,同时填写"建设用地申请表",并附下列材料:

(1) 建设单位有关资质证明。
(2) 项目可行性研究报告批复或其他有关批准文件。
(3) 土地行政主管部门出具的建设项目用地预审报告。
(4) 初步设计或者其他有关材料。

(5) 建设项目总平面布置图。
(6) 占用耕地的,提出补充耕地方案。
(7) 建设项目位于地质灾害地区的,应提供地质灾害危险性评估报告。
(8) 提供地价评估报告。

2. 受理申请并审查有关文件

县级以上人民政府土地管理部门负责建设用地的申请、审查、报表工作,对应受理的建设项目,在 30 日内拟定农用地转用方案、补充耕地方案、征地方案和供地方案,编制建设项目用地呈报说明书,经同级人民政府审核同意后报上一级土地管理部门审查。

3. 审批用地

有批准权的人民政府土地管理部门,收到上报土地审批文件,按规定征求有关部门意见后,实行土地管理部门内部会审制度审批土地。经批准的建设用地,由被征收土地所在地的市县人民政府组织实施。

4. 签发用地证书

(1) 有偿使用土地的,应签订土地使用合同。
(2) 以划拨方式使用土地的,向用地单位签发"国有土地划拨决定书"和"建设用地批准书"。
(3) 用地单位持使用土地证书办理土地登记。

5. 征地批准后的实施管理

建设用地批准后直至颁发土地使用权证书之前,应进行跟踪和管理,其主要任务是:
(1) 会同有关部门落实安置措施。
(2) 督促被征地单位按期移交土地。
(3) 处理征地过程的各种争议。
(4) 填写征地结案报告。

6. 颁发土地使用权证

用地单位向当地土地管理部门提出土地登记申请,经测绘部门测绘,核定用地面积、确认土地权属界限,地籍管理部门注册登记后,由人民政府颁发土地使用权证,作为使用土地的法律凭证。

7. 建立征收土地档案

(1) 整理和收集征收土地过程中形成的各种文件。
(2) 收集存档的文件一律要原件。
(3) 市、县范围内的土地档案应统一格式。

五、集体土地流转的概念

(一) 农村集体建设用地流转

目前,"农村集体建设用地流转"尚无法定的明确定义。但就"流转"来看,可以分为所有权流转和使用权流转,而所有权流转则专指土地的征收,农村集体建设用地流转主要指使用权的流转。据此将"农村集体建设用地流转"定义为农村集体经济组织或其他集体建设用地使用者通过出让、转让、出租、转租、抵押、作价入股等多种方式,将集体建设用地的使用权有偿交付给其他经济主体使用的行为。注意两点:一是流转的是集体土地使用权,而不是集体土地所有权；二是流转可能符合现行法律规定，也可能不符合现行法律规定。

（二）农村集体建设用地流转模式

模式可以指解决某一类问题的方法论，把解决某类问题的方法总结归纳到理论高度就形成模式，寻求模式就是寻找解决问题的最佳方法。模式也可以指事物之间规律性的关系，这些关系并不必然是图式，而往往在思维中予以把握，它是人类经验的积累与对社会规律认识的抽象。因而社会意义上的模式更多的是人类经验的总结，是对社会规律的认识与抽象。就社会发展这个意义上而言，模式往往指前人积累的经验的抽象和升华。简单地说，就是从不断重复出现的事件中发现和抽象出的规律，可以视之为解决问题的经验总结。从一般意义上说，只要是一再重复出现的事物，就可能存在某种模式。

农村集体建设用地流转模式是人们对农村集体建设用地流转的路径、方式、规律、经验等进行归纳总结形成的理论抽象，是一套集体建设用地流转的思路、经验、理论与方法。它包含着双重层次的内容：一是农村集体建设用地流转在一定的经济社会文化政治环境中发展的实际内容，是集体建设用地流转的实践形式，比如近年来一些地方对集体建设用地流转进行各种探索形成的昆山模式、嘉兴"两分两换"模式、重庆"地票"模式等；二是通过理论抽象形成的关于农村集体建设用地流转的理论总结与方法论，是实践经验在理论上的升华。

六、农村集体建设用地流转的典型模式

（一）浙江嘉兴"两分两换"模式

浙江嘉兴在集体土地流转实践中探索出"两分两换"的模式。所谓"两分"，是指"宅基地与承包地分开、征地与拆迁分开"，是针对集体土地使用权的处分方式，农户的宅基地和承包耕地可以分开处置，征地补偿和拆迁安置分开，自主选择保留或流转；而"两换"指的是"以土地承包经营权置换社会保障"和"以宅基地置换城镇住房"，对于自愿退出土地承包经营权的农户，政府参照被征地标准和办法提供社会保障和就业扶持，对于自愿退出宅基地的农户，以优惠价格鼓励其到城镇购置商品住宅。

"两分两换"模式主要解决的问题是：农村集体建设用地的闲置浪费现象严重，尤其是"一户多宅"的情况比较普遍，许多农民已经在城市购买商品房，仍然占有农村宅基地住房，造成了大量的宅基地住房空置。"两分两换"模式的流转用地类型主要是宅基地，关于宅基地置换的方式有三种：第一种方式是放弃宅基地购置城镇商品房，政府按照原住宅建筑面积直接给予相应的货币补偿，不再另外安排拆迁安置房和宅基地。第二种方式是宅基地置换安置房，这种方式是农户退出宅基地，迁入政府统一规划建设的中心村居住，政府根据原有宅基地住房的建筑面积置换相应的安置房给农户，置换拆迁安置房的农户不再享有申请宅基地的权利。第三种方式是宅基地置换、异地建房，对于距离城镇较远的农户，可选择在规划的农村新社区或中心村范围内，由政府统一规划、统一提供标准图纸，由农民自建或联建。

（二）四川都江堰"联合建房"模式

四川都江堰的"联合建房"模式产生于汶川地震的灾后重建过程中，农民宅基地住房是重建工作的重要组成，都江堰地方政府为了加快重建步伐，鼓励社会资金参与农村住房的重建工作，引资北京吴海立德公司参与青城山镇味江村12组的灾后房地产恢复重建。

具体实施方案是：在保证现有集体建设用地总量不变和全组16户同意的前提下，该公司整体开发共计2 319亩宅基地，除为每位村民提供40平方米住房和相应的公共服务配套

设施,节余出的20亩宅基地用于开发旅游项目,另外租赁300亩的耕地和林地作为项目实施地,按每年每亩400公斤大米和200元租金的标准,直接支付给流转农户,项目合作期限为70年。在都江堰市的带动下,崇州市、彭州市等四川其余受灾城市亦相继引入社会资金参与宅基地住房重建,形成宅基地的"联合建房"模式。

具体方式主要有三种:第一种是原址重建,因地震损坏住房的农户,如果原宅基地所处位置符合灾后重建规划和地质灾害防治规划的,可按震前已经合法取得的宅基地面积重建;第二种是按照规划集中自建,是指灾区政府、受灾农村集体经济组织按因地制宜、适度集中的原则,考虑到恢复生产半径和基础设施配套情况将分散居住的农村灾民,在尊重其意愿的基础之上,依照已审定的灾区农村重建规划和相关乡村规划和地质灾害防治规划,将这些受灾村民集中到规划好的城镇、中心村和聚居点;第三种是统一规划统一建设,对规划确定的农村新型社区和集中居住点实行统一规划、集中建设。

(三) 重庆"地票"模式

2008年8月,国土资源部与重庆市政府签订了《推进统筹城乡综合配套改革工作备忘录》,将重庆纳入城乡建设用地增减挂钩试点、节约集约用地试点。2008年12月,由国务院批准设立的全国首个农村土地交易所在重庆挂牌成立,标志着试验区在探索建立城乡统一的土地交易市场方面迈出了极其重要的一步,农村土地交易所就是"地票交易"的平台。关于"地票"的概念,指的是"包括农村宅基地及其附属设施用地、乡镇企业用地、农村公共设施和农村公益事业用地等农村集体建设用地,经过复垦并经土地管理部门严格验收后产生的指标"。因此,"地票交易"的实质是农村集体建设用地指标的交易。"地票交易"的尝试是对城乡建设用地增减挂钩的深化,是对农村集体建设用地管理制度改革发展的积极探索。

"地票交易"主要包括土地复垦和交易环节两个重要环节。土地复垦流程包括以下三步骤:一、土地权利人(主要是农户个人)向所在区县土地管理部门提出建设用地复垦立项申请,经批准后复垦为耕地;二、复垦完毕后,复垦人向土地主管部门提出复垦耕地验收申请;三、土地管理部门对复垦耕地的数量与质量严格验收,验收合格后向申请方核发建设用地指标凭证,即所谓的"地票"。当农户获得"地票"后,就可以进入市场交易,指标交易必须在农村土地交易所进行。

(四) 上海"双流融合"模式

基于国内流转模式的实施成果以及借鉴价值,选取上述三种模式作为上海制定集体建设用地流转的参考范例,是因为这三种模式在流转动因、资金运作、流转范围与交易方式等环节都有所差异,能从不同视角为上海流转模式的制定提供经验启示。浙江嘉兴和上海同处于东部沿海,经济实力与产业发展水平较高,其推行的"两分两换"模式成功地解决了户均宅基地面积过大造成的土地闲置状况,并且通过宅基地置换改善了农户的居住条件,这与上海郊区农村的情况很相似。四川都江堰的"联合建房"模式源于汶川地震后住房重建工作面临的资金缺乏难题,当地政府通过集体建设用地的确权到户,并建立农村产权交易平台,吸引社会资金参与联合建房。该模式拓展了农户宅基地住房的融资渠道,农村土地产权抵押贷款的融资方案值得进一步深化。而重庆实施的"地票"模式的交易制度针对指标流转,从土地复垦、指标形成、指标交易、地票落地整个流程制定了流转实施细则,运行成熟。"地票"模式对于改革传统用地模式、优化土地资源配置、改善土地收益分配方式有着重要的作用,值得级差地租区位差异明显的上海借鉴。

上海市立足于破除城乡二元结构、统筹城乡发展、促进经济增长的目标，于2010年1月发布了《关于开展农村集体建设用地流转试点工作的若干意见》，并在浦东新区、金山、松江、嘉定、闵行5个区立即着手试点工作。浦东新区合庆镇作为上海市农村集体建设用地流转首个试点地区，不仅在集体组织发展水平、集体建设用地利用现状等多方面具有代表性，并且集体建设用地流转方案较为全面，包括了实物流转和指标流转的"双流融合"模式，流转程序完整、规范。

随着经济的发展和产业结构的升级转型，合庆镇也面临着发展的瓶颈：一是现存部分企业存在小、散、效率低下，尤其少数企业还存在污染环境的现象；二是存量建设用地资源日趋匮乏，制约着合庆镇经济的发展和社会的进步。因此，盘活存量建设用地，提高土地集约使用率、效益产出率，成为合庆镇发展的当务之急。在合庆镇的农村集体建设用地流转试点方案中，同时选择了益民村和春雷村两个村进行指标流转和实物流转，这既是基于全面试点、便于统筹的考虑，也是为了满足两个村发展的实际需要。管理部门巧妙地在合庆镇的两个村中同时设计了指标流转与实物流转两种农村集体建设用地流转的基本模式，即将益民村的集体建设用地指标流入春雷村，春雷村购得集体建设用地指标后将土地流转给用地企业，同时设计了一套严密的操作流程与规范用以指导流转实施。综合来看，合庆镇的集体建设用地流转试点方案，基本体现了上海对集体建设用地流转工作的构想，完整覆盖了集体建设用地流转的基本模式与操作规范，并且充分结合了合庆镇的现实情况，具有较强的代表性和典型性，具有推广价值。

第八节　国有土地上房屋征收管理制度与政策

一、房屋征收的概念和限制条件

（一）房屋征收的概念

房屋征收是指国家为了公共利益的需要，依照法定权限和程序强制取得单位、个人及其他不动产并给予公平补偿的行为。房屋征收是物权变动的一种特殊情况，是国家取得所有权的一种方式。房屋征收的主体是国家，通常是由市、县级人民政府以行政命令的方式执行。《物权法》第四十二条规定："为了公共利益的需要，依照法律规定的权限和程序可以征收集体所有的土地和单位、个人的房屋及其他不动产。"

国有土地上房屋征收过去称为"城市房屋拆迁"，简称房屋拆迁或拆迁。2011年1月21日国务院公布了《国有土地上房屋征收与补偿条例》（国务院令第590号，以下简称《房屋征收条例》），房屋拆迁一词从此改称国有土地上房屋征收，简称房屋征收。

（二）房屋征收的限制条件

征收作为一种取得他人合法的财产使用权为目的的强制性行为，一定要有严格法定的限制条件：①征收只能以发展公共利益，提升公共福利为目的；②征收必须依照法定的权限和程序进行；③政府以征收的执行人身份出现，以被征收房地产的客观市场价值对被征收人的损失予以公平补偿。

（三）公共利益的界定

"公共利益"的界定，旨在保护集体土地和单位个人的房屋不被公共权力肆意侵犯，也是评判征收事件中一项具体征收行为是否合法的根本标准。为此,《宪法》《物权法》《土地管理法》《城市房地产管理法》均明确规定房地产征收必须基于"公共利益的需要"。但公共利益是一个抽象的概念,具体操作中很难界定,属于世界性难题(譬如美国《宪法》也未能对何谓公共利益做出清晰定义),我国上述四部法律均未界定公共利益的范围。

国务院新发布的《房屋征收条例》明确界定了公共利益的范围,即:①国防和外交的需要;②由政府组织实施的能源、交通、水利等基础设施建设的需要;③由政府组织实施的科技、教育、文化、卫生、体育、环境和资源保护、防灾减灾、文物保护、社会福利、市政公用等公共事业的需要;④由政府组织实施的保障性安居工程建设的需要;⑤由政府依照城乡规划法有关规定组织实施的对危房集中、基础设施落后等地段进行旧城区改建的需要;⑥法律、行政法规规定的其他公共利益的需要。

二、房屋征收的管理体制和程序

(一) 房屋征收的管理体制

国有土地上房屋征收管理体制是指由房屋征收主体、房屋征收部门及其管理职责、管理程序、相互配合等组成的有机整体。《房屋征收条例》规定的房屋征收管理的分工如下:

(1) 房屋征收主体。房屋征收主体是市、县级人民政府。市、县级人民政府负责本行政区域的房屋征收与补偿工作。

(2) 房屋征收部门。房屋征收部门是市、县级人民政府确定的房屋征收部门(以下称房屋征收部门),房屋征收部门组织实施本行政区域的房屋征收与补偿工作。市、县级人民政府有关部门应当依照本条例的规定和本级人民政府规定的职责分工,互相配合,保障房屋征收与补偿工作的顺利进行。

(3) 房屋征收实施单位。房屋征收部门可以委托房屋征收实施单位,承担房屋征收与补偿的具体工作。房屋征收实施单位不得以营利为目的。房屋征收部门对房屋征收实施单位在委托范围内实施的房屋征收与补偿行为负责监督,并对其行为后果承担法律责任。

(4) 房屋征收的监督与指导部门。上级人民政府应当加强对下级人民政府房屋征收与补偿工作的监督。国务院住房城乡建设主管部门和省、自治区、直辖市人民政府住房城乡建设主管部门应当会同同级财政、国土资源、发展改革等有关部门,加强对房屋征收与补偿实施工作的指导。任何组织和个人对违反本条例规定的行为,都有权向有关人民政府、房屋征收部门和其他有关部门举报。接到举报的有关人民政府、房屋征收部门和其他有关部门对举报应当及时核实、处理。监察机关应当加强对参与房屋征收与补偿工作的政府和有关部门或者单位及其工作人员的监察。

(二) 房屋征收的程序

1) 拟定征收补偿方案

房屋征收部门拟定征收补偿方案,报市、县级人民政府。房屋征收方案的主要内容包括房屋征收目的、房屋征收范围、实施时间、补偿方式、补偿金额、补助和奖励、安置用房面积和安置地点、搬迁期限、搬迁过渡方式和过渡期限等事项。

2) 组织有关部门论证

收到房屋征收部门上报的征收方案后,后市、县级人民政府应当组织发展改革、城乡规划、国土资源、环境资源保护、文物保护、财政、建设等有关部门对征收补偿方案进行论证,主要论证内容包括建设项目是否符合国民经济和社会发展规划、土地利用总体规划、城乡规划和专项规划,房屋征收目的是否符合房屋征收的前提条件(基于公共利益),房屋征收范围是否科学合理,补偿方案是否公平等。

3) 征求公众意见

对征收补偿方案进行论证、修订后,市、县级人民政府应当予以公布,征求公众意见,征求意见期限不得少于 30 日。征求公众意见结束后,市、县级人民政府应当将征求意见情况进行汇总,根据公众反馈情况对征收补偿方案进行修改,并将征求意见情况和根据公众意见修改的情况及时公布。因旧城区改建需要征收房屋,如多数被征收人认为征收补偿方案不符合本条例规定的,市、县级人民政府应当组织由被征收人和公众代表参加听证会,并根据听证会情况修改方案。

4) 房屋征收决定

市、县级人民政府作出房屋征收决定前,应当按照有关规定进行社会稳定风险评估;房屋征收决定涉及被征收人数量较多的,应当经政府常务会议讨论决定。市、县级人民政府作出房屋征收决定后应当及时公告。公告应当载明征收补偿方案和行政复议、行政诉讼权利等事项。市、县级人民政府及房屋征收部门应当做好房屋征收与补偿的宣传、解释工作。房屋被依法征收的,国有土地使用权同时收回。

5) 与房屋征收相关的工作

(1) 组织调查登记。房屋征收部门应当对房屋征收范围内房屋的权属、区位、用途、建筑面积等情况组织调查登记,被征收人应当予以配合。调查结果应当在房屋征收范围内向被征收人公布。

(2) 对未经登记的建筑进行调查、认定和处理。为了避免在房屋征收时矛盾过于集中,市、县级人民政府及其有关部门应当依法加强对建设活动的监督管理,对违反城乡规划进行建设的,依法予以处理。另外,市、县级人民政府作出房屋征收决定前,应当组织有关部门依法对征收范围内未经登记的建筑进行调查、认定和处理。对认定为合法建筑和未超过批准期限的临时建筑的,应当给予补偿;对认定为违法建筑和超过批准期限的临时建筑的,不予补偿。

(3) 暂停办理相关手续。房屋征收范围确定后,不得在房屋征收范围内实施新建、扩建、改建房屋和改变房屋用途等不当增加补偿费用的行为;违反规定实施的,不予补偿。房屋征收部门应当将前款所列事项书面通知有关部门暂停办理相关手续。暂停办理相关手续的书面通知应当载明暂停期限。暂停期限最长不得超过 1 年。

(4) 作出房屋征收决定前,征收补偿费用应当足额到位、专户存储、专款专用。

三、房屋征收补偿和征收执行

基于公共利益的需要,征收国有土地上单位、个人的房屋,应当对被征收房屋所有权人给予公平补偿。

(一) 补偿内容

作出房屋征收决定的市、县级人民政府对被征收人给予的补偿包括:①被征收房屋价值的补偿;②因征收房屋造成的搬迁、临时安置的补偿;③因征收房屋造成的停产停业损失的补偿。

此外，市、县级人民政府应当制定补助和奖励办法，对被征收人给予补助和奖励。被征收人可以选择货币补偿，也可以选择房屋产权调换。被征收人选择房屋产权调换的，市、县级人民政府应当提供用于产权调换的房屋，并与被征收人计算、结清被征收房屋价值与用于产权调换房屋价值的差价。因旧城区改建征收个人住宅，被征收人选择在改建地段进行房屋产权调换的，作出房屋征收决定的市、县级人民政府应当提供改建地段或者就近地段的房屋。

对被征收房屋价值的补偿，不得低于房屋征收决定公告之日被征收房屋类似房地产的市场价格。被征收房屋的价值，由具有相应资质的房地产价格评估机构按照房屋征收评估办法评估确定。对评估确定的被征收房屋价值有异议的，可以向房地产价格评估机构申请复核评估。对复核结果有异议的，可以向房地产价格评估专家委员会申请鉴定。

（二）订立补偿协议或作出补偿决定

房屋征收部门与被征收人依照本条例的规定，就补偿方式、补偿金额和支付期限、用于产权调换房屋的地点和面积、搬迁费、临时安置费或者周转用房、停产停业损失、搬迁期限、过渡方式和过渡期限等事项，订立补偿协议。

补偿协议订立后，一方当事人不履行补偿协议约定的义务的，另一方当事人可以依法提起诉讼。

房屋征收部门与被征收人在征收补偿方案确定的签约期限内达不成补偿协议，或者被征收房屋所有权人不明确的，由房屋征收部门报请作出房屋征收决定的市、县级人民政府依照本条例的规定，按照征收补偿方案作出补偿决定，并在房屋征收范围内予以公告。

补偿决定应当公平，包括《国有土地上房屋征收与补偿条例》第二十五条规定的有关补偿协议的事项。被征收人对补偿决定不服的，可以依法申请行政复议，也可以依法提起行政诉讼。

（三）征收执行

作出房屋征收决定的市、县级人民政府对被征收人给予补偿后，被征收人应当在补偿协议约定或者补偿决定确定的搬迁期限内完成搬迁。任何单位和个人不得采取暴力、威胁或者违反规定中断供水、供热、供气、供电和道路通行等非法方式迫使被征收人搬迁。禁止建设单位参与搬迁活动。

被征收人在法定期限内不申请行政复议或者不提起行政诉讼，在补偿决定规定的期限内又不搬迁的，由作出房屋征收决定的市、县级人民政府依法申请人民法院强制执行。申请人民法院强制执行征收补偿决定案件，由房屋所在地基层人民法院管辖，高级人民法院可以根据本地实际情况决定管辖法院。

申请机关向人民法院申请强制执行，除提供《国有土地上房屋征收与补偿条例》第二十八条规定的强制执行申请书及附具材料外，还应当提供下列材料：

（1）征收补偿决定及相关证据和所依据的规范性文件。

（2）征收补偿决定送达凭证、催告情况及房屋被征收人、直接利害关系人的意见。

（3）社会稳定风险评估材料。

（4）申请强制执行的房屋状况。

（5）被执行人的姓名或者名称、住址及与强制执行相关的财产状况等具体情况。

(6) 法律、行政法规规定应当提交的其他材料。

强制执行申请书应当附具补偿金额和专户存储账号、产权调换房屋和周转用房的地点和面积等材料。强制执行申请书应当由申请机关负责人签名,加盖申请机关印章,并注明日期。

强制执行的申请应当自被执行人的法定起诉期限届满之日起 3 个月内提出;逾期申请的,除有正当理由外,人民法院不予受理。人民法院认为强制执行的申请符合形式要件且材料齐全的,应当在接到申请后 5 日内立案受理,并通知申请机关;不符合形式要件或者材料不全的应当限期补正,并在最终补正的材料提供后 5 日内立案受理;不符合形式要件或者逾期无正当理由不补正材料的,裁定不予受理。

申请机关对不予受理的裁定有异议的,可以自收到裁定之日起 15 日内向上一级人民法院申请复议,上一级人民法院应当自收到复议申请之日起 15 日内作出裁定。人民法院应当自立案之日起 30 日内作出是否准予执行的裁定;有特殊情况需要延长审查期限的,由高级人民法院批准。人民法院裁定不准予执行的,应当说明理由,并在 5 日内将裁定送达申请机关。

申请机关对不准予执行的裁定有异议的,可以自收到裁定之日起 15 日内向上一级人民法院申请复议,上一级人民法院应当自收到复议申请之日起 30 日内作出裁定。

人民法院裁定准予执行的,应当在 5 日内将裁定送达申请机关和被执行人,并可以根据实际情况建议申请机关依法采取必要措施,保障征收与补偿活动顺利实施。

人民法院在审查期间,可以根据需要调取相关证据、询问当事人、组织听证或者进行现场调查。

征收补偿决定存在下列情形之一的,人民法院应当裁定不准予强制执行:
(1) 明显缺乏事实根据。
(2) 明显缺乏法律、法规依据。
(3) 明显不符合公平补偿原则,严重损害被执行人合法权益,或者使被执行人基本生活、生产经营条件没有保障。
(4) 明显违反行政目的,严重损害公共利益。
(5) 严重违反法定程序或者正当程序。
(6) 超越职权。
(7) 法律、法规、规章等规定的其他不宜强制执行的情形。

基于社会稳定风险的评估由市、县人民政府作出,如由法院强制执行则在实施风险上较难控制。因此,房屋征收的强制执行实行"裁执分离"为主导的方式:人民法院裁定准予执行的,一般由作出征收补偿决定的市、县级人民政府组织实施,也可以由人民法院执行。

四、房屋征收评估

(一) 房屋征收评估机构

房地产价格评估机构由被征收人在规定时间内协商选定;在规定时间内协商不成的,由房屋征收部门通过组织被征收人按照少数服从多数的原则投票决定,或者采取摇号、抽签等随机方式确定。具体办法由省、自治区、直辖市制定。

房地产价格评估机构应当安排注册房地产估价师对被征收房屋进行实地查勘,调查被征收房屋状况,拍摄反映被征收房屋内外部状况的照片等影像资料,做好实地查勘记录,并妥善保管。

被征收人应当协助注册房地产估价师对被征收房屋进行实地查勘,提供或者协助搜集被征收房屋价值评估所必需的情况和资料。

房屋征收部门、被征收人和注册房地产估价师应当在实地查勘记录上签字或者盖章确认。被征收人拒绝在实地查勘记录上签字或者盖章的,应当由房屋征收部门、注册房地产估价师和无利害关系的第三人见证,有关情况应当在评估报告中说明。

房屋征收评估前,房屋征收部门应当组织有关单位对被征收房屋情况进行调查,明确评估对象。评估对象应当全面、客观,不得遗漏、虚构。

房屋征收部门应当向受托的房地产价格评估机构提供征收范围内房屋情况,包括已经登记的房屋情况和未经登记建筑的认定、处理结果情况。调查结果应当在房屋征收范围内向被征收人公布。

对于已经登记的房屋,其性质、用途和建筑面积,一般以房屋权属证书和房屋登记簿的记载为准;房屋权属证书与房屋登记簿的记载不一致的,除有证据证明房屋登记簿确有错误外,以房屋登记簿为准。对于未经登记的建筑,应当按照市、县级人民政府的认定、处理结果进行评估。

对被征收房屋价值的补偿,不得低于房屋征收决定公告之日被征收房屋类似房地产的市场价格。被征收房屋的价值,由具有相应资质的房地产价格评估机构按照房屋征收评估办法评估确定。

被征收房屋的类似房地产是指与被征收房屋的区位、用途、权利性质、档次、新旧程度、规模、建筑结构等相同或者相似的房地产。

被征收房屋类似房地产的市场价格是指被征收房屋的类似房地产在评估时点的平均交易价格。确定被征收房屋类似房地产的市场价格,应当剔除偶然的和不正常的因素。

被征收房屋价值是指被征收房屋及其占用范围内的土地使用权在正常交易情况下,由熟悉情况的交易双方以公平交易方式在评估时点自愿进行交易的金额,但不考虑被征收房屋租赁、抵押、查封等因素的影响。此处不考虑租赁因素的影响,是指评估被征收房屋无租约限制的价值;不考虑抵押、查封因素的影响,是指评估价值中不扣除被征收房屋已抵押担保的债权数额、拖欠的建设工程价款和其他法定优先受偿款。

被征收房屋价值评估应当考虑被征收房屋的区位、用途、建筑结构、新旧程度、建筑面积以及占地面积、土地使用权等影响被征收房屋价值的因素。

被征收房屋室内装饰装修价值,机器设备、物资等搬迁费用,以及停产停业损失等补偿,由征收当事人协商确定;协商不成的,可以委托房地产价格评估机构通过评估确定。

注册房地产估价师应当根据评估对象和当地房地产市场状况,对市场法、收益法、成本法、假设开发法等评估方法进行适用性分析后,选用其中一种或者多种方法对被征收房屋价值进行评估。被征收房屋的类似房地产有交易的,应当选用市场法评估;被征收房屋或者其类似房地产有经济收益的,应当选用收益法评估;被征收房屋是在建工程的,应当选用假设开发法评估。

可以同时选用两种以上评估方法评估的,应当选用两种以上评估方法评估,并对各种评估方法的测算结果进行校核和比较分析后,合理确定评估结果。

被征收房屋价值评估时点为房屋征收决定公告之日。用于产权调换房屋价值评估时点应当与被征收房屋价值评估时点一致。

房地产价格评估机构应当按照房屋征收评估委托书或者委托合同的约定,向房屋征收部门提供分户的初步评估结果。分户的初步评估结果应当包括评估对象的构成及其基本情况和评估价值。房屋征收部门应当将分户的初步评估结果在征收范围内向被征收人公示。公示期间,房地产价格评估机构应当安排注册房地产估价师对分户的初步评估结果进行现场说明解释。存在错误的,房地产价格评估机构应当修正。

(二)房屋评估争议的处理

被征收人或者房屋征收部门对评估报告有疑问的,出具评估报告的房地产价格评估机构应当向其作出解释和说明。被征收人或者房屋征收部门对评估结果有异议的,应当自收到评估报告之日起10日内,向房地产价格评估机构申请复核评估。

申请复核评估的,应当向原房地产价格评估机构提出书面复核评估申请,并指出评估报告存在的问题。原房地产价格评估机构应当自收到书面复核评估申请之日起10日内对评估结果进行复核。复核后,改变原评估结果的,应当重新出具评估报告;评估结果没有改变的,应当书面告知复核评估申请人。

被征收人或者房屋征收部门对原房地产价格评估机构的复核结果有异议的,应当自收到复核结果之日起10日内,向被征收房屋所在地评估专家委员会申请鉴定。被征收人对补偿仍有异议的,按照《国有土地上房屋征收与补偿条例》第二十六条规定处理。

各省、自治区住房城乡建设主管部门和设区城市的房地产管理部门应当组织成立评估专家委员会,对房地产价格评估机构做出的复核结果进行鉴定。评估专家委员会由房地产估价师以及价格、房地产、土地、城市规划、法律等方面的专家组成。

五、上海市国有土地上房屋征收与补偿实施细则主要内容

为了规范国有土地上房屋征收与补偿活动,维护公共利益,保障被征收人的合法权益,根据《国有土地上房屋征收与补偿条例》,结合上海市实际,2011年10月19日上海市人民政府令第71号公布了相应的实施细则。现就该实施细则的主要内容进行表述。

(一)有关用语的含义

(1)被征收人,是指被征收房屋的所有权人。

(2)公有房屋承租人,是指执行政府规定租金标准、与公有房屋产权人或者管理人建立租赁关系的个人和单位。

(3)共同居住人,是指作出房屋征收决定时,在被征收房屋处具有常住户口,并实际居住生活一年以上(特殊情况除外),且本市无其他住房或者虽有其他住房但居住困难的人。

(4)房屋使用人,是指实际占用房屋的单位和个人。

(二)征收主体与征收部门

区(县)人民政府负责本行政区域的房屋征收与补偿工作;区(县)房屋行政管理部门为本行政区域的房屋征收部门,负责组织实施房屋征收与补偿工作;房屋征收部门可以委托房屋征收事务所,承担房屋征收与补偿的具体工作。房屋征收事务所不得以营利为目的。房屋征收部门对房屋征收事务所在委托范围内实施的房屋征收与补偿行为负责监督,并对其行为后果承担法律责任。

(三) 征收范围确定后不得实施的行为

房屋征收范围确定后,不得在房屋征收范围内实施新建、扩建、改建房屋及其附属物和改变房屋、土地用途等不当增加补偿费用的行为;违反规定实施的,不予补偿。房屋征收范围确定后,有下列行为之一的,不增加违反规定的补偿费用:

(1) 建立新的公有房屋租赁关系、分列公有房屋租赁户名。
(2) 房屋转让、析产、分割、赠与。
(3) 新增、变更工商营业登记。
(4) 迁入户口或者分户。
(5) 其他不当增加补偿费用的行为。

有关行政管理部门和机构受理前款所列事项时,应当要求被征收人、公有房屋承租人提交不因此增加违反规定的补偿费用的书面承诺。

(四) 旧城区改建的调查和征收决定

(1) **意见征询及调查** 因旧城区改建房屋征收范围确定后,房屋征收部门应当组织征询被征收人、公有房屋承租人的改建意愿;有90%以上的被征收人、公有房屋承租人同意的,方可进行旧城区改建。

房屋征收部门应当对房屋征收范围内房屋的权属、区位、用途、建筑面积等情况组织调查登记,被征收人、公有房屋承租人应当予以配合。调查结果应当在房屋征收范围内向被征收人、公有房屋承租人公布。区(县)人民政府应当组织有关行政管理部门依法对征收范围内未经登记的建筑进行调查、认定和处理。对认定为合法建筑和未超过批准期限的临时建筑的,房屋征收部门应当给予补偿;对认定为违法建筑和超过批准期限的临时建筑的,不予补偿。

房屋征收部门拟订征收补偿方案,报区(县)人民政府。征收补偿方案应当包括以下内容:房屋征收与补偿的法律依据;房屋征收的目的;房屋征收的范围;被征收房屋类型和建筑面积的认定办法;房屋征收补偿方式、标准和计算方法;补贴和奖励标准;用于产权调换房屋的基本情况和选购方法;房屋征收评估机构选定办法;房屋征收补偿的签约期限;搬迁期限和搬迁过渡方式、过渡期限;受委托的房屋征收事务所名称;其他事项。

区(县)人民政府应当组织有关部门对征收补偿方案进行论证并在房屋征收范围内予以公布,征求被征收人、公有房屋承租人意见。征求意见期限不得少于30日。其中,因旧城区改建需要征收房屋的,区(县)人民政府还应当组织由被征收人、公有房屋承租人和律师等公众代表参加的听证会。区(县)人民政府应当将征求意见情况和根据公众意见修改的情况及时公布。

(2) **征收补偿费用及社会稳定风险评估** 征收补偿费用包括用于货币补偿的资金和用于产权调换的房屋。用于货币补偿的资金在房屋征收决定作出前应当足额到位、专户存储、专款专用。用于产权调换的房屋在交付时应当符合国家质量安全标准和本市住宅交付使用许可要求,并产权清晰、无权利负担。

房屋征收决定作出前,房屋征收部门应当会同区(县)相关行政管理部门、街道办事处、镇(乡)人民政府,参照本市重大事项社会稳定风险评估的有关规定,进行社会稳定风险评估,并报区(县)人民政府审核。

(3) **房屋征收决定及公告** 房屋征收决定由区(县)人民政府作出。涉及被征收人、公有房屋承租人50户以上的,应当经区(县)人民政府常务会议讨论决定。区(县)人民政府作出房屋征收决定后应当及时公告。公告应当载明征收补偿方案和行政复议、行政诉讼权利等事项。区(县)人民政府及房屋征收部门应当做好房屋征收与补偿的宣传、解释工作。房屋被依法征收的,国有土地使用权同时收回。

(4) 旧城区改建征收决定　因旧城区改建需要征收房屋的,房屋征收部门应当在征收决定作出后,组织被征收人、公有房屋承租人根据征收补偿方案签订附生效条件的补偿协议。在签约期限内达到规定签约比例的,补偿协议生效;在签约期限内未达到规定签约比例的,征收决定终止执行。签约比例由区(县)人民政府规定,但不得低于80%。被征收人、公有房屋承租人对区(县)人民政府作出的房屋征收决定不服的,可以依法申请行政复议,也可以依法提起行政诉讼。

(五) 征收补偿的一般规定

(1) 征收补偿协议主体的确定　房屋征收补偿协议应当由房屋征收部门与被征收人、公有房屋承租人签订。被征收人、公有房屋承租人以征收决定作出之日合法有效的房地产权证、租用公房凭证、公有非居住房屋租赁合同计户,按户进行补偿。被征收人以房地产权证所载明的所有人为准,公有房屋承租人以租用公房凭证、公有非居住房屋租赁合同所载明的承租人为准。

(2) 房屋征收价值评估　被征收房屋价值评估应当考虑被征收房屋的区位、用途、建筑结构、新旧程度、建筑面积以及占地面积、土地使用权等因素。除本市对用于产权调换房屋价格有特别规定外,用于产权调换房屋的市场价值应当由已选定的房地产价格评估机构评估确定。被征收房屋和用于产权调换房屋的价值评估时点为房屋征收决定公告之日。

被征收人、公有房屋承租人或者房屋征收部门对评估结果有异议的,应当自收到评估报告之日起10日内,向房地产价格评估机构申请复核评估。被征收人、公有房屋承租人或者房屋征收部门对房地产价格评估机构的复核结果有异议的,应当自收到复核结果之日起10日内,向市房地产估价师协会组织的房地产估价专家委员会申请鉴定。

(3) 征收居住房屋的补偿方式　征收居住房屋的,被征收人、公有房屋承租人可以选择货币补偿,也可以选择房屋产权调换。被征收人、公有房屋承租人选择房屋产权调换的,房屋征收部门应当提供用于产权调换的房屋,并与被征收人、公有房屋承租人计算、结清被征收房屋补偿金额与用于产权调换房屋价值的差价。

因旧城区改建征收居住房屋的,作出房屋征收决定的区(县)人民政府应当提供改建地段或者就近地段的房源,供被征收人、公有房屋承租人选择,并按照房地产市场价结清差价。就近地段的范围,具体由房屋征收部门与被征收人、公有房屋承租人在征收补偿方案征求意见过程中确定。

征收居住房屋应当根据不同情况,按照本细则规定给予被征收人、公有房屋承租人以下补偿、补助:被征收房屋的房地产市场评估价格;价格补贴;特定房屋类型的套型面积补贴;居住困难户的保障补贴;搬迁费和临时安置费。

对按期签约、搬迁的被征收人、公有房屋承租人,房屋征收部门应当给予奖励,具体奖励标准由各区(县)人民政府制定。

(六) 征收居住房屋的补偿、补贴

(1) 征收居住房屋的补偿、补贴计算标准　被征收居住房屋的补偿金额＝评估价格＋

价格补贴,但本细则有特别规定的,从其规定。

评估价格=被征收房屋的房地产市场评估单价×被征收房屋的建筑面积。被征收房屋的房地产市场评估单价低于评估均价的,按评估均价计算。

评估均价=被征收范围内居住房屋评估总价÷居住房屋总建筑面积。评估均价标准,由房地产价格评估机构在评估后计算得出,由房屋征收部门在征收范围内公布。

价格补贴=评估均价×补贴系数×被征收房屋的建筑面积。补贴系数不超过0.3,具体标准由区(县)人民政府制定。

被征收房屋属于旧式里弄房屋、简屋以及其他非成套独用居住房屋的,被征收房屋的补偿金额增加套型面积补贴。

套型面积补贴=评估均价×补贴面积。套型面积补贴按照房屋征收决定作出之日合法有效的房地产权证、租用公房凭证计户补贴,每证补贴面积标准不超过15平方米建筑面积,具体标准由区(县)人民政府制定。

(2) 征收执行政府规定租金标准的公有出租居住房屋的补偿、补贴标准 征收执行政府规定租金标准的公有出租居住房屋,被征收人选择货币补偿的,租赁关系终止,对被征收人的补偿金额计算公式为:评估价格×20%;对公有房屋承租人的补偿金额计算公式为:评估价格×80%+价格补贴,被征收房屋属于旧式里弄房屋、简屋以及其他非成套独用居住房屋的,按照本细则规定增加套型面积补贴。

征收执行政府规定租金标准的公有出租居住房屋,被征收人选择房屋产权调换的,由被征收人负责安置公有房屋承租人,租赁关系继续保持。对被征收人的补偿金额计算公式为:评估价格+价格补贴,被征收房屋属于旧式里弄房屋、简屋以及其他非成套独用居住房屋的,按照本细则规定增加套型面积补贴。

(3) 征收执行政府规定租金标准的私有出租居住房屋的补偿、补贴标准 征收执行政府规定租金标准的私有出租居住房屋,对被征收人的补偿金额计算公式为:评估价格×100%;对房屋承租人的补偿按照第二十九条第一款有关公有房屋承租人的补偿规定执行。

(七) 征收非居住房屋的补偿计算标准

征收非居住房屋的,被征收人、公有房屋承租人可以选择货币补偿,也可以选择房屋产权调换。征收非居住房屋的,应当对被征收人、公有房屋承租人给予以下补偿:被征收房屋的市场评估价格;设备搬迁和安装费用;无法恢复使用的设备按重置价结合成新结算的费用;停产停业损失补偿。被征收人、公有房屋承租人按期搬迁的,应当给予搬迁奖励。具体奖励标准由区(县)人民政府制定。

(1) 停产停业损失补偿 因征收非居住房屋造成被征收人、公有房屋承租人停产停业损失的补偿标准,按照被征收房屋市场评估价的10%确定。

被征收人、公有房屋承租人认为其停产停业损失超过被征收房屋的市场评估价10%的,应当向房屋征收部门提供房屋被征收前三年的平均效益、停产停业期限等相关证明材料。房屋征收部门应当委托房地产价格评估机构对停产停业损失进行评估,并按照评估结果予以补偿。被征收人、公有房屋承租人对评估结果有异议的,可以申请复核、鉴定。

(2) 征收执行政府规定租金标准的公有出租非居住房屋的补偿标准 征收执行政府规定租金标准的公有出租非居住房屋,被征收人选择货币补偿的,租赁关系终止,对被征收人的补偿金额计算公式为:评估价格×20%,对公有房屋承租人的补偿金额计算公式为:评价格×80%;被征收人选择房屋产权调换的,由被征收人安置公有房屋承租人,租赁关系继续保持。

(3) 征收宗教团体所有的房屋的补偿标准　征收宗教团体所有的房屋,房屋征收部门应当事先征求宗教事务管理部门的意见,并与宗教团体签订征收补偿协议。征收由房屋行政管理部门代理经租的宗教团体的房屋,租赁关系终止。征收居住房屋的,补偿方式与标准按照本细则第三十条规定执行。征收非居住房屋的,对被征收人的补偿金额为:评估价格×100%,对房屋承租人的补偿按照第三十六条有关公有房屋承租人的补偿规定执行。

(八) 征收其他房屋的补偿标准

(1) 征收依法代管房屋的补偿标准　征收房屋管理部门依法代管的房屋,房屋征收部门应当与代管人订立征收补偿协议。征收补偿协议应当经公证机构公证,征收房屋有关资料应当向公证机构办理证据保全。补偿方式与标准,按照本细则第三十七条第二款的规定执行。

(2) 征收设有抵押权房屋的补偿标准　征收设有抵押权的房屋,抵押人与抵押权人应当按照国家和本市房地产抵押规定,就抵押权及其所担保债权的处理问题进行协商。

抵押人与抵押权人达成书面协议的,房屋征收部门应当按照协议对被征收人给予补偿。达不成协议,房屋征收部门对被征收人实行货币补偿的,应当将补偿款向公证机构办理提存;对被征收人实行房屋产权调换的,抵押权人可以变更抵押物。

(九) 订立补偿协议

房屋征收部门与被征收人、公有房屋承租人依照本细则的规定,就补偿方式、补偿金额和支付期限、用于产权调换房屋的地点和面积、搬迁费、临时安置费或者周转用房、停产停业损失、搬迁期限、过渡方式和过渡期限等事项,订立补偿协议。

补偿协议订立后,一方当事人不履行补偿协议约定的义务的,另一方当事人可以依法提起诉讼或者仲裁。

(十) 其他相关事项

(1) 居住困难户的优先保障　按照本市经济适用住房有关住房面积核定规定以及本条第二款规定的折算公式计算后,人均建筑面积不足 22 m^2 的居住困难户,增加保障补贴,但已享受过经济适用住房政策的除外。增加的保障补贴可以用于购买产权调换房屋。

折算公式为:被征收居住房屋补偿金额÷折算单价÷居住困难户人数

保障补贴 = 折算单价 × 居住困难户人数 × 22 m^2 — 被征收居住房屋补偿金额

折算单价由区(县)人民政府公布。

符合经济适用住房政策规定条件的居住困难户,可以优先购买经济适用住房。

(2) 优先住房保障的申请和审核　居住困难的被征收人、公有房屋承租人应当向所在区(县)住房保障机构提出居住困难审核申请,并提供相关证明材料。区(县)住房保障机构应当按照本细则以及本市经济适用住房的相关规定对居住困难户进行认定,并将经认定符合条件的居住困难户及其人数在征收范围内公示,公示期为 15 日。公示期内有异议的,由区(县)住房保障机构在 15 日内进行核查和公布。

(3) 征收居住房屋的其他补贴标准　征收居住房屋,被征收人、公有房屋承租人选择房屋产权调换的,产权调换房屋交付前,房屋征收部门应当支付临时安置费或者提供周转用房。

征收居住房屋造成搬迁的,房屋征收部门应当向被征收人、公有房屋承租人支付搬迁费。临时安置费和搬迁费的具体标准由区(县)人民政府制定。

复习思考题

1. 住宅项目选址有哪些原则?如何进行项目的选择?
2. 阅读"附件3:房地产开发项目选址研究(学生大作业)"。
3. 哪些建设项目必须申领选址意见书?为什么选址意见书是编报项目可行性报告的法律依据?
4. 为什么说建筑密度和容积率决定了土地开发强度?住宅项目能否追求两率的"双高"?为什么?
5. 土地的概念是什么?
6. 了解我国现行土地制度。
7. 什么是土地所有权和使用权?
8. 什么是土地使用权的出让、转让和划拨?
9. 了解土地使用权出让的年限、方式以及相应的程序。
10. 何谓补地价?
11. 简述征收集体土地的工作程序。
12. 什么是闲置土地?
13. 解读农村集体建设用地流转模式及典型案例。
14. 了解国有土地上房屋征收、补偿、执行、评估的内容,并阅读上海市国有土地上房屋征收与补偿实施细则主要内容。

第三章 房地产开发项目策划决策和可行性研究

　　一个房地产开发项目设想的提出,都有其特定的政治、经济或社会生活背景。从简单而抽象的建设意图产生,到具体复杂的工程建成,期间每一环节每一过程的活动内容、方式及其所要求达到的预期目标,都离不开计划的指导,而计划的前提就是行动方案的策划与决策。房地产开发项目的可行性研究是在投资决策之前对拟开发的项目进行全面、系统的调查研究和分析,运用科学的技术评价方法,得出一系列评价指标值,以最终确定该项目是否可行的综合研究。为更好地掌握可行性研究的内容,下面先介绍策划决策,然后介绍可行性研究。房地产开发项目策划决策和可行性研究是为决策者提供最终决策的依据,为项目达到目标奠定基础。

第一节 房地产开发项目策划和决策概述

一、房地产开发项目策划概述

(一) 房地产开发项目策划的主要作用

　　房地产开发项目策划是把建设意图转换成定义明确、系统清晰、目标具体且富有策略性运作思路的高智力的系统活动。它包括建设前期系统构思策划、建设期间项目管理策划和项目建成后的运营策划等。

1. 构思项目系统框架

　　项目策划的首要任务是根据建设意图进行项目的定义和定位,全面构想一个待建的项目系统。项目定义是指对项目的用途性质作出明确的界定,如某类工业项目、公共项目、房地产开发项目等,具体描述项目的主要用途或综合用途和目的。项目定位,则根据市场和需求,综合考虑投资能力和最有利的投资方案,决定项目的规格和档次,例如设想建设一幢高层写字楼,根据需求和建设条件,可以建成普通办公大楼,也可以建成具有多功能的现代化办公楼宇,必须通过定位策划作出选择。

　　在项目定义和定位明确后,提出项目系统构建的框架及项目功能的分析,确定项目系统的组成结构,使其形成完整配套的能力。例如新建一所学校,其系统的构成显然应该包括教学楼、试验室、办公楼、食堂、健身体育设施,以及视教师和学生的住勤情况建设必要的教师宿舍、学生集体宿舍和浴室等其他生活设施,同样也应该在项目定位的基础上,对项目的系统构成规模作出策划,从而使项目的基本设想变成具体的明确的建设内容和要求。

2. 奠定项目决策基础理论

　　目前,把房地产开发项目投资决策建立在项目可行性研究的分析评价基础上,其重要的决策依据是项目财务评价和国民经济评价的结论,然而这两者评价的前提是建设方案本身其所赖以生存和发展的社会经济环境和市场。而建设方案的产生,并不是由投资主体的主观愿望和某种意图的简单构想就能完成的,它必须通过专家的总体策划和若干重要细节的策划如项目定位、系统构成、目标策定及管理运作等的具体策划,并进行实施可能性和可操作性的分析,才能使建设方案建立在可运作的基础上。也只有在这个基础上进行项目详细可行性研究所提供的经济评价结论才具有可实现性。例如项目融资方案、项目建设总进度目标等都对项目经济评价结论产生重要影响。如果仅从想象条件出发作出决定,在此条件下的可行性研究所得出的经济评价结论虽很乐观,然而在项目实施过程中却不能按预想的融资方案运作,不能按预想总进度目标开展建设,项目实施的实际结果可能会与原来的可行性研究评价结论相悖。

3. 指导项目管理工作

由于项目策划贯穿着以项目管理的理论方法为指导,密切结合具体系统的整体特征,为项目的发展和实施管理做出描述,不仅把握和揭示项目系统总体发展的条件和规模,而且深入到项目系统构成的各个层面,乃至针对各个阶段的发展变化对项目管理的运作方案提出系统的具有可操作性的构想。例如,项目策划根据投资的可能性,对项目系统的规模和构成、建设规格和档次进行质量目标策划;对建设总进度和阶段的划分,各阶段分期分批建设的项目安排等进行项目进度目标策划,以及项目竣工验收和经营策划等,这些都将直接成为指导项目实施和项目管理的基本依据。

(二) 项目策划的内容和依据

项目策划分为项目总体策划和项目局部策划。项目总体策划一般指在项目前期立项过程中所进行的全面策划,局部策划可以是对全面策划任务进行分解后的一个单项性或专业性问题的策划。根据策划工作的对象和性质的不同,策划的内容、依据和深度要求也不一样。

1. 项目构思策划

房地产开发项目的提出,一般根据国家经济社会发展的近远期规划以及对生产经营或社会物质文化生活的实际需要。因此,项目构思策划必须以国家法律和有关政策方针为依据,结合实际的建设条件和经济社会发展变化的环境进行,如果已确定在特定的地点建设,还必须与城区或城市规划的要求相适应。项目构想策划的主要内容是:

(1) 项目的定义　描述项目性质、用途和基本内容。

(2) 项目的定位　描述项目的建设规模、建设水准,项目在社会经济发展中的地位作用和影响力,并进行项目定位依据及必要性和可能性分析。

(3) 项目的系统构成　描述系统的总体功能,系统内部各单项单位工程的构成及其各自作用和相互联系,内部系统与外部系统的协调、协作和配套的策划思路及方案的可能性分析和依据。

(4) 其他　与项目实施及运行有关的重要环节策划,均可列入项目构思策划的范畴。

2. 项目实施策划

项目实施策划,即项目管理和项目目标控制策划,旨在为把体现建设意图的项目构思展开实施,变成有实现可能性和可操作性的行动方案,提出带有谋略性和指导性的设想。主要内容有:

(1) 项目组织策划　对于大中型房地产开发项目,国家要求实行项目法人责任制。项目法人是负责立项、融资、报建、实施、运营、还贷的责任主体。按照股份公司和有限责任公司的现代企业组织模式组建其管理机构和人事安排。显然这既是项目总体策划的重要内容,也是对项目实施过程产生重要影响的实施策划内容。

(2) 项目融资策划　资金是实现项目的物质基础,建设工程项目投资大、周期长,资金的筹措和运用对项目的成败关系重大。建设资金的来源渠道广泛,各种融资手段有其不同的特点和风险因素,融资方案的策划是控制资金使用成本,进而控制项目投资,降低项目风险所不可忽视的环节。项目融资策划具有很强的政策性、技巧性和谋略性,它取决于项目的性质和项目实施的运作方式,只有通过策划才能确定和选择最佳的融资方案。

(3) 项目目标策划　工程项目管理学理论研究指出,建设工程必须具备明确的使用目的和要求,明确的建设任务量和时间界限,明确的项目系统构成和组织关系,才能作为项目管理对象,才需要进行项目的目标控制。也就是说,确定项目的投资目标、质量目标和进度目标是项目管理的前提,而这三大目标的内在联系和制约,使目标的设定变得复杂和困难。人们的主观追求是"投资省、质量高、周期短",然而要理想地把握这三者的定量关系却往往不容易,因此只能在项目系统构成和定位策划的过程中做到项目投资和质量的协调平衡,即在一定投资限额下,通过策划寻求达到满足使用功能要求的最佳质量规格和档次,然后再通过项目实施策划寻求节省项目投资和缩短项目建设周期的途径和措施,以确定项目三大目标的总体综合优化。

项目目标策划包括项目总目标(总投资、建设质量、总进度)体系设定和总目标按项目、参加主体、实施阶段等进行分解的子目标体系设定。

(4) 项目管理策划　项目管理策划是对项目实施的任务分解和任务组织工作的策划,包括设计、施工、采购任务的招投标,合同结构,项目管理机构设置、工作程序、制度及运行机制,项目管理组织协调,管理信息收集、加工处理和应用等等的策划。项目管理策划视项目系统的规模和复杂程度,分层次分阶段地展开,从总的轮廓性、概略性策划,到局部的实施性详细策划逐步深化(图3-1)。

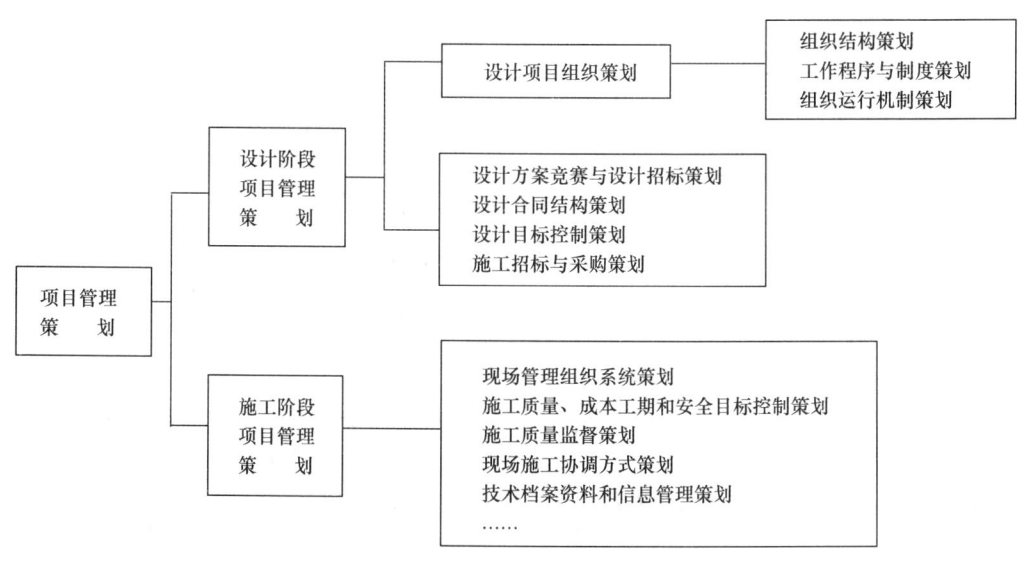

图3-1　项目管理策划

项目管理策划着力于提出行动方案和管理界面的设计。行动方案解决做什么(What)、为何要做(Why)、何时做(When)、何地做(Where)、谁去做(Who)、如何做(How),即"5W1H"。而管理界面设计,则是对不同功能子系统之间的衔接面或对各子系统内部不同性质活动过程相互联系所提出的规范性要求。

前者一般被称为动态界面,即前一子系统为后一个子系统提供先期工作成果和信息,创造工作条件,作为后子系统的输入。这种输入的变化将导致后一子系统活动条件和结果的相应变化。为了稳定子系统之间的衔接,确保最终结果和目标的实现,必须强化动态界面的管理和控制措施。例如工程项目的设计单位和施工单位,可以认为是项目实施系统中的两个子系统,前者为后者提供施工依据,确保质量规格标准的目标值,两者的界面管理,通过设计交流,图纸会审制度及变更处理程序等的规定来保证相互之间的衔接,以防前者的差错和失误波及后者的系统活动,直到影响最终的结果。同时设计单位与采购供应组织子系统之间,采购供应组织子系统与施工子系统之间等等都存在着动态界面。

静态界面则反映各子系统内部的活动职能分工和界定,以及它们之间相互联系方式和活动标准的明确规定,例如设计子系统中建筑设计、结构设计、设备系统设计、工艺设计以及概预算编制等等,相互之间有其明确的活动职能分工、相互联系方式和工作标准,形成静态的界面。但必须指出,当静态界面中存在的相互联系带有互为条件和前因后果的特点时,也就转化成动态界面,因此动态界面往往也就寓于静态界面之中,随着系统分解的细化,动态界面的特征也就显得更加清楚。

(5) 项目控制策划 项目控制是对项目实施系统及项目全过程的控制。根据项目管理理论,项目控制的方向是项目目标,其方法是通过实际值与目标值的不断比较发现其中偏差,对偏差进行相应的调整,以最合理的项目过程达到项目目标,项目控制的基本原则是目标控制,基本方法是动态控制。

从系统论的角度,对于大、中型项目这样的复杂系统,目标控制必须是具有健全的反馈机制的闭环控制,必须具有完整的反馈控制系统。因而,合理的项目控制应建立项目控制子系统和相应的信息库,在实施系统控制时应及时调整控制状态。所以,项目系统控制的核心是协调,是对系统中各个静态界面或动态界面状态的调整,合理的项目界面将有助于形成一个合理的项目过程。

(三) 项目策划的层次和程序

1. 项目策划的层次

项目策划的核心思想是通过对项目的多次系统性的分析和策划,逐步实现对项目的有目标、有计划、有步骤的全面全过程控制。

项目策划虽然是对项目各个方面全过程控制的策划,但并不是从项目的决策领导层到项目实施基层的每一个角落都要成为项目策划关注的焦点。

项目实施系统可划分为决策领导层和项目实施基层两个层次。从项目管理工作的角度还可以将项目实施基层的管理工作划分为两个层次:中间管理层和技术管理层。后者负责项目实施各方面的具体技术内容,而前者则在此基础上负责协调技术核心与其他方面及其他层次的冲突。

按照项目界面管理的观点,中间管理层是项目管理工作的重心,同样也是项目策划的重点,项目策划的大部分工作在这一层次内展开。

2. 项目策划的程序

（1）基本目标策划　　在项目初步设想的基础上进行项目的基本目标策划，工作主要由中间管理层承担，决策领导层可参与部分策划工作，但其主要工作是决策、指导。来自决策领导层的决策意见或指导性意见对目标策划工作有着极大的影响，往往决定了项目的根本方向。

（2）目标构成等策划　　在项目基本目标策划的基础上，对项目构成、项目过程、项目环境进行分析和策划，策划的成果将作为项目实施工作的纲领性文件。项目的决策领导层并不参与这一部分的工作，但需要对有关的关键环节进行决策、对重要文件进行认可。

（3）项目控制策划　　在上述工作的基础上，对项目的总体控制方案进行策划，其中的部分工作需要项目决策领导层的参与，并对有关的问题进行决策和指导。

（4）项目分解策划　　随着项目实施工作的逐步展开和深入，在有关工作的基础上进行详细的目标分解和控制工作计划等的策划。策划工作虽然仍由中间管理层承担，但需要技术管理层参与其中的部分工作，因为此时的策划工作涉及到很多技术性的细节问题。

以上叙述的只是高度概括和原则性的项目策划工作程序，在实际工作中，往往是在上述基本程序的基础上，很多方面的工作需要同时、交替、循环进行，不同的策划内容之间也需要互相考虑、参照、协调。由于项目实际情况的不同，会在项目策划的工作步骤和方式上有很大的不同，很难得出一概而论的严格程序。另外，迄今为止，大部分的项目并没有进行严格全面的项目策划，仅仅对项目的某个方面或某个阶段的策划有所考虑和安排，其项目策划的工作安排显得更加缺乏系统性。

由于这些原因，在一些实际项目工作中的项目策划往往未采用以上讨论中所使用的系统性很强的名称，如项目目标策划中有投资规划、进度规划，项目控制策划中有项目管理工作规划，项目环境策划中有融资计划、项目宣传企划等。而合同结构设计则又包含了项目构成策划、项目过程策划、项目控制策划和项目环境策划等多方面的内容和成果。

根据项目策划的规律及实际情况，项目策划工作随着项目实施的逐渐展开和深入而一步步地趋于详细、深入和精确。项目策划的工作内容或者成果在项目建设过程中表现为动态性，而不是固定不变的。项目早期的策划工作是在许多经验性阶段假设的基础上进行的，所做出的许多分析也是粗略的估计，项目的发展使原来的假设被证实或者被推翻，粗略的估计会逐渐趋于详细和精确。早期项目策划中的一些偏差得以修正，内容的精确性也得以逐步提高。项目策划内容的动态性既是策划工作的一条基本原则，也是项目管理工作人员必须充分理解的一个特性。在以项目策划的内容为依据进行项目管理工作时，必须灵活掌握这种动态性，既有项目策划的工作指导，又不拘泥于项目策划内容的局限性。

二、房地产开发项目投资决策概述

（一）项目投资决策的含义

1. 决策与房地产投资决策

简单地说，决策就是对需要处理的事情作出策略上的决定。人们在日常生活和工作实践中，可能采取各种行动，到底选择哪一种行动，一般是根据目前自己所处的环境、条件，并充分考虑自身所具备的条件和存在的不足，预测周围环境及条件发生变化对自己的影响等，最终选择一种对自己最有利的行动并按此执行，这就是决策。投资决策就是围绕事先确定的经营目标,在占有大量信息的基础上,借助于现代化的分析手段和方法,通过定性的推理判断和定量的分析计算,对各种投资方案进行选择的过程。

在房地产投资活动中,一般都会有不同的投资方案可供选择,如何利用有效、准确的分析方法进行正确的选择,在众多投资方案中选出最佳方案,就是房地产投资决策。正确的决策不仅取决于决策者个人的素质、知识、能力、经验以及审时度势和多谋善断的能力,而且需要决策者熟悉和掌握决策的基本理论、基本内容和各种类型,以及应用科学决策的基本方法。

构成一个房地产投资决策问题,必须有:

(1)明确的决策目标　要求解决什么问题,确定目标是决策的基础,决策目标应明确具体,并且是可以定量描述的。

(2)有两个以上可供选择和比较的决策方案　一个决策问题往往存在多种实施方案,决策的过程也就是方案的评价和比较过程。

(3)有评价方案优劣的标准　决策方案的优劣必须有客观的评价标准,并且这些标准应当尽可能地采用量化标准。

(4)真实反映客观实际的数据资料　客观准确的原始数据资料与科学正确的决策方法一同构成了科学决策的双璧,二者缺一不可。

2. 房地产投资策略

房地产投资策略是指为房地产投资决策而事先安排的计划。主要内容包括:预备进行何种房地产投资,如土地开发投资、房屋开发投资、房地产经营投资、房地产中介服务投资还是房地产管理投资;准备采用何种筹资方式,如自筹、借款还是通过发行有价证券;如何合理使用资金,如有计划地分阶段投入资金,减少风险,提高投资效益;如何确定投资方式,如在时间上有长、中、短三种方式,在规模上有大、中、小三种形式,可以选择获利较高、风险较小的一种;如何确定经营方式,如出租或出售,一次付款还是分期付款,或低息贷款,以及选择最佳促销手段来赢得市场竞争力等。投资策略是实现正确投资决策的基本条件。

3. 房地产投资决策的基本要素

房地产投资决策系统一般由如下基本要素组成:决策者,即投资的主体,是具有资金和投资决策权的法人;决策目标,就是要求房地产投资在房地产开发经营过程中,在投资风险尽可能小的条件下,以最少的投入得到最大的产出;决策变量,是指决策者可能采取的各种行动方案,各种方案可以由决策者自己决定;状态变量,是指决策者所面临的各种自然状态,许多状态包括各种不确定性因素。投资者必须对房地产开发经营过程中可能出现的不确定性因素加深认识,并利用科学的分析方法,分析不确定因素变化对房地产投资可能带来的风险,这样才能确保房地产投资的顺利进行。

在房地产投资过程中,要求决策者认真分析存在的各种变量,把决策思路建立在可靠的数据资料及准确分析的基础上,避免盲目决策和主观臆断,保证决策目标的实现。

(二)房地产投资决策的程序

1. 确定决策目标

房地产投资决策的目的就是要达到投资所预定的目标,所以确定投资决策的目标是投资决策的前提和依据。确定投资决策目标的关键在于,进行全面的市场调研和预测,通过周密的分析研究,发现问题并认清问题的性质,从而确定解决问题后所期望达到的结果,使投资的目标具体明确,避免抽象或含糊不清。

2. 拟订决策方案

在进行房地产投资决策过程中,根据已确定的目标,拟订多个可行的备选方案。可行方案或备选方案就是具备实施条件,能够实现决策目标的各种途径或方式。判断某一方案是否可行,需要考虑社会、经济和环境三效益,并重点按技术经济学原理给予评价,即该项目在技术上是否先进,生产上是否可行,经济上是否合算,财务上是否盈利等。拟订可行方案时要敢于创新,突破传统的思维模式,使拟订出的备选方案更具有创造性。方案制定者必须尽可能地收集与方案有关的数据资料,并进行严格论证、反复计算和细致的推敲,使各可行方案具体化。制定可行方案时还需要注意各方案整体上的详尽性以及相互间的差异性,这样才可能进行方案的全面比较和选择,避免遗漏最优方案。

3. 优选决策方案

各种可行方案拟订出来后,进一步的工作就是对这些方案进行比较、分析和评价,从中选出符合要求的方案进行实施,即可行方案的优选。要对每一个备选方案的有关技术经济和社会环境等各方面条件、因素以及潜在问题进行可行性分析,并与预先确定的目标进行比较并作出评价,对决策和可行方案的约束条件和限制因素进行分析,在现有条件下选优;对每一个备选方案可能发生的潜在问题作科学的预测,以便事先防范,减少潜在问题发生的可能性。然后根据决策目标,详尽分析每一个备选方案的经济效益、环境效益和社会效益,即进行最后的综合性评价。

优选决策方案的关键之一是要掌握方案的选择标准,即以什么样的标准来衡量各可行方案的优劣。传统的决策理论一直采用"最优"标准,如"最大利润"、"最高效用"、"最低成本"等,但是,由于现实中受各种因素的影响和限制,这种"最优"判断标准在实践中很难操作。因此,现代决策理论以"满意"标准取代"最优"标准来判断可行方案的优劣,即所选择的方案基本上能够实现决策目标,能够取得令人满意的结果,就是一个理想的实施方案。优选决策方案的关键之二是优选方法的实际运用。在整个决策过程中,最终选定的方案是否科学合理,在很大程度上取决于优选方法。选择决策方案的方法很多,将在下一节专门介绍。

4. 执行决策方案

决策的目的在于付诸实施,优选方案是否科学合理也只有通过实践才能得到最终检验。决策执行过程中,人的因素非常重要,即执行者对决策方案的理解程度和遇到风险时的应变能力是决策能否顺利执行的关键。决策方案执行过程中还应建立健全必要的检查制度和程序,注意信息的反馈,以便了解决策执行的进度和实施结果,确保实施结果与决策期望的一致性。如果在执行阶段发现原先的决策方案存在不足,或因客观环境的变化导致原先决策的某些不适应性,应及时对其作出必要的纠正和修订,以确保决策方案的顺利实施。

第二节 房地产投资决策方法

房地产投资决策方法种类繁多,概括起来可分为定性分析方法和定量分析方法两大类。

一、定性分析方法

在房地产投资决策的过程中,由于有些因素难以定量描述,而且遇到的问题、环境等都比较复杂,所以采用定性分析的方法更为适用。定性分析的方法通常有以下两种类型。

1. 经验判断法

这种方法被普遍应用于一般决策中,但缺乏严谨的投资分析。在一些文科类房地产学术刊物及投资刊物中通常采用这类方法。还有广告商向投资者推荐的各种房地产投资技巧,如"出租办公楼赚头好"、"店面投资盈利高"、"浦江两岸住宅升值潜力大"、"公寓式商住楼投资增值快"等等,可引导和诱惑大众的投资决策行为,这些都是利用一般房地产投资的经验积累进行投资判断。这种方法直观易懂,但分析不深入,只能作一些直观的表面性的描述。

2. 创造工程法

这一方法是建立在人的直观、灵感和经验以及形象思维和创新能力基础上的创造技术的总称。其主要技术方法包括畅谈会法、综摄法(类比思考法)、形态方案法和主观概率法等。创造工程法的关键是运用人们创造性的思维能力和创造性的技术方法,去认识、分析和解决问题。例如,畅谈会法就是美国著名创造工程学专家奥斯本首先提出的一种在短时间内能调动极大创造力的行之有效的方法。通过召开专家会议,使与会者自由思考,畅所欲言,互相启发,引起思维共振,形成宏观智能结构,并产生组合效应,从而诱发出更多的创造性思维。综摄法是美国戈顿教授创造的方法,它是利用非推理因素,通过召开一种特别会议来激发群体的创造力,其实质是对表面无关事物的联想结合。

二、定量分析方法

定量分析方法是指采用数量指标和数学模型进行房地产投资决策的方法,主要工作是对决策问题进行定量分析、计算,以求得决策问题的最优解。从而作出科学的决策。在决策分析中常用的定量分析方法有确定型决策法、风险型决策法和不确定型决策法三大类。

(一) 确定型决策

确定型决策是指影响决策的因素或自然状态是明确肯定的,且一种方案只有一种确定可以预期达到的结果。房地产投资经济分析中常用的确定型决策法主要有单纯选优法和模型选优法两种。根据已掌握的每一方案的每一确切结果进行比较,直接选出最优方案的决策法称为单纯选优法;在未来的自然状态完全明确的情况下,通过建立合适的数学模型、求出最优方案的决策法称为模型选优法。

1. 单纯选优法

单纯选优法又可分为绝对法和相对法两种。

1) 绝对法

所谓绝对法,就是指以房地产投资的效益或费用的绝对值大小来评价投资决策方案的优劣或是否可取。其主要包括净收益法、净现值法、净年值法、现值成本法和年成本法5种。

(1) 净收益法 净收益就是指房地产投资全过程中总收入扣除总成本的余额。若余额或净收益大于零,则方案可行;若等于或小于零,则不可取。在净收益大于零的方案中,净收益最大的为首选方案。由于净收益未涉及到资金的时间价值,故一般适用于短期的(即资金时间价值可以忽略的)房地产投资决策。

(2) 净现值法 净现值(NPV)是指根据房地产业或不同房地产投资类型的基准收益率或假定的贴现率,将计算期内各年的投资收益折算成基准时点的价值之和,它是反映房地产

投资项目在计算期内获利能力的动态评价指标,其表达式为:

$$NPV = \sum_{t=0}^{n}(CI-CO)_t(1+i)^{-t}$$

式中　NPV——净现值;

　　　CI——t 年的现金流入量;

　　　CO——t 年的现金流出量;

　　　i——基准收益率或设定的贴现率;

　　　n——计算期。

若 $NPV>0$,则说明决策方案可以接受,且净现值越大,方案越优;若 $NPV<0$,则该方案不能实现预期收益,故不可行。

(3) 净年值法　房地产投资决策的净年值法,也就是将所有现金流换算为与其等值的年金(定期或不定期的时间内一系列现金的流入或流出),这些年金的代数和便是净年值。其数学公式为:

$$NA = CI - CO - CR$$

在此式中,NA 为净年值;CI、CO 同前所述;CR 为年回收成本,由年折旧和投资资金的利息组成。净年值大于零,说明该项房地产投资决策在经济上可行,若有两个以上方案可供选择,则最大者为优。

(4) 现值成本法　当房地产投资收益无法估计或两个以上决策方案效益相似时,可以将项目所耗费的一切费用都换算为与其等值的现值,并以现值成本作为取舍方案的一种经济分析方法,称之为房地产投资决策的现值成本法。现值成本最小者为最优。

(5) 年成本法　在若干个房地产投资决策方案收益相同或近似的情况下,难以判断孰优孰劣,便以等值的平均年成本(AC)来评价,年成本最小者为最优。

若以房地产投资项目的净现值偿还全部投资现值所需的时间(一般以年计)来分析评价项目是否可取或方案的优劣,称之为动态投资偿还法;若不考虑货币的时间价值便是静态投资偿还期法,该方法通过比较偿还期长短来选择投资项目。若项目偿还期小于标准偿还期,则项目可行,且偿还期越短,方案越优。这里以动态投资偿还期为例,求解其计算公式:

$$A = P \cdot \frac{i(1+i)^t}{(1+i)^t-1}$$

$$t = \frac{\ln A - \ln(A - P \cdot i)}{\ln(1+i)}$$

式中　A——现值年金;

　　　P——投资现值;

　　　i——基准收益率;

　　　t——动态投资偿还期。

2) 相对法

所谓相对法,就是指以效益和费用的比率来评价和比较房地产投资项目并决策方案的优劣及是否可取的经济分析方法,具体有内部收益率法、效益费用比法、净现值收益率法。

(1) 内部收益率法　内部收益率法有多种名称,如产出率、边际资本效益、真实收益率、贴现现金流等,有些易引起混乱,但通常使用内部收益率($FIRR$)这一算法,它是指项目在开发或经营期内,各年净现金流量的现值累计之和等于零时的贴现率。即:

$$\sum_{t=0}^{n}(CI-CO)_t(1+FIRR)^{-t}=0$$

该法的具体应用在第三节介绍。

(2) 效益费用比法　效益费用比法是指投资过程中所有效益流的现值与所有成本流的现值之比,即:

$$\frac{B}{C}=\sum_{t=0}^{n}\frac{B_t}{(1+i)^t}\bigg/\sum_{t=0}^{n}\frac{C_t}{(1+i)^t}$$

式中　B——效益流现值;

　　　C——成本流现值;

　　　B/C——效益费用比;

　　　t——投资经营年数;

　　　n——项目经济寿命期;

　　　i——基准收益率或年贴现率。

若 $B/C<1$,则说明入不敷出,不宜投资;$B/C\geqslant 1$,则可以投资,且越大越优。

(3) 净现值收益率法　净现值收益率法是指项目净现值与全部投资现值之比,即单位投资现值所获得的净现值。这一动态评价指标优于投资收益率法。投资收益率是指正常年份的净收益与总投资之比,这一指标较为简便、直观,但未考虑资金的时间年限,因而应用范围较窄。

2. 模型选优法

模型选优法主要是指运用数学模型来解决在一定的约束条件下,如何实现效益最大或花费最小的技术经济问题。常见的有线性规划、多元回归、模糊数学综合判定法等一些方法。

[例 3-1]　某房地产开发公司现有资金 1 500 万元左右,欲分别投资于别墅、住宅、饭店三类房地产,为谋求整体效益最大化,希望确定哪类投资多些,哪类投资少些。假设该公司为实现科学决策,分别邀请房地产专家、市场调研员及有关领导共 9 人组成决策群体,对三类房地产投资方案进行决策,投资 700 万元左右表示"投资多",投资 500 万元左右表示"投资中等",投资 300 万元左右表示"投资少"。问这三类房地产哪类投资多些,哪类次之,哪类最少?

[解]　9 位人士对这三类投资方向的决策量化数矩阵 D 为:

$$D=\begin{bmatrix}2 & 6 & 1\\7 & 2 & 0\\1 & 2 & 6\end{bmatrix}\begin{bmatrix}700\\500\\300\end{bmatrix}=\begin{bmatrix}4\ 700\\5\ 900\\3\ 500\end{bmatrix}\begin{matrix}投资别墅\\投资住宅\\投资饭店\end{matrix}$$

我们可以清楚地看出,投资住宅应最多,其次为别墅,最少为饭店。

(二) 风险型决策法

相对于风险型决策,确定型决策是在若干已知的自然状况下选择最优的方案,决策者不承担任何风险。所谓风险型决策,自然状况是可变的,不论选择哪一种方案都要承担相应的风险,只是取决于概率和效益值,故风险型决策亦称随机型决策或统计型决策。

风险型决策应具备:决策人可在两个以上的行动方案中加以选择;存在着两个或两个以上的不以决策人主观意志为转移的自然状态,如房屋的市场销路、自然气候等;决策人希望达到一个明确的目标,如效益最大或损失最小;可以计算出在不同自然状态下,不同行动方案的损失期望值;决策人虽然不能对可能出现的几种自然状态作出肯定的判断,但是决策人可以根据统计数据的概率来加以预测或估算。

风险型决策有以下 4 种基本方法。

1. 最大概率法

最大概率的基本思想是将风险型决策化为确定型决策。即在风险决策中将概率最大的状态作为决策的根据。例如,某开发企业拟定项目开发规模,根据积累的资料和市场行情预测商品房的市场销路,可得出好、一般、差三种情况和概率。如果市场销路"好"的概率为最大,则就将这个概率定为"已知的自然状态"来决策,以确定其开发规模。这一方法运用在一组自然状态中某一状态出现的概率比其他概率特别大,而它们相应的损益值差别不很大的决策问题。如果在一组自然状态中,它们所发生的概率都很小,而且互相接近,就不宜采用此方法。

2. 期望值法

期望值法就是计算出每一个行动方案的损益期望值后再进行比较。最大的损益期望值即最优方案;如果决策目标极小,则最小的损益期望值为最优方案。其一般结构形式为:

设 $A = \{A_1, A_2, \cdots, A_m\}$ 为决定的行动方案;$P = \{P_1, P_2, \cdots, P_m\}$ 为相应自然状态的概率,且 $\sum_{j=1}^{m} P_j = 1$。

若设 a_{ij} 为采取的行动方案 A_i 在实际自然状态下的损益值,则行动方案 A_i 的损益期望值为:

$$E(A_i) = \sum_{j=1}^{m} P_j a_{ij} \quad (-C)$$

上式中的$(-C)$可根据实际项目的成本加以选择。

而最优方案则为

$$A = \max A[E(A)]$$

或

$$A = \min A[E(A)]$$

值得注意的是,在实际计算时,必须考虑净损益期望值并最后确定最优方案。

[例 3-2] 某房地产开发公司提出开发建设住宅小区的两个方案,一个方案为大面积开发建设住宅,另一个方案是小面积开发。两者建设经营期限为 4 年。大面积开发需要投资 5 000 万元,小面积开发需要投资 3 000 万元,根据市场预测,房屋需求量的概率及两个方案损益值如表 3-1 所示。试问选用何种方案收益最大?

表 3-1　　　　　　　　　不同房屋需求量概率年损益值

行动方案	需求量高($P_1 = 70\%$)	需求量低($P_2 = 30\%$)	$E(A_i)$
大面积开发(A_1)	2 000	−400	
小面积开发(A_2)	900	600	

[解]　在建设经营期内的净损益期望值(未考虑时间价值)为：

$$E(A_1) = \sum_{j=1}^{2} P_j a_{ij}(-C)$$
$$= [2\,000 \times 0.7 + (-400) \times 0.3] \times 4 - 5\,000$$
$$= 120(万元)$$

$$E(A_2) = \sum_{j=1}^{2} P_j a_{ij}(-C)$$
$$= [900 \times 0.7 + 600 \times 0.3] \times 4 - 3\,000$$
$$= 240(万元)$$

因此，最优方案则为 $A = \max A[E(A_1), E(A_2)] = A_2$

以上计算表明选择小面积开发建设方案收益最大。

期望值法的决策步骤可归纳如下：
(1) 收集与经营决策问题有关的数据资料。
(2) 找出可能出现的自然状态。
(3) 列出主要且可行的行动方案。
(4) 根据统计资料和专业技术人员的主观判断，确定各种自然状态的概率。
(5) 利用有关资料和相应的知识，计算每个行动方案在不同自然状态下的损益值。
(6) 计算各行动方案的损益期望值。
(7) 选择期望最大或最小的方案为最优方案。

3. 决策树法

决策树法实际上也是利用期望值进行选择决策方案的一种方法，只不过是把某个含风险的投资方法未来发展状况的可能性和可能的结果所做的估计和预测，用树状图形表示出来。树形决策方法不仅能够解决决策问题，且更便于计算和分析。

根据统计资料和技术要求，画出决策树。画决策树的过程，实质上是拟定各种选择方案的过程，是对未来可能发生的各种事件进行周密思考、预测式估计的过程，也是对决策问题一步步深入探索的过程。决策树由四个元素构成，见图 3-2。

(1) 决策点　用符号□表示。从它引出的分枝叫方案分枝，方案分枝数表示行动方案数。
(2) 状态点　用符号○表示。其上(下)方的数字表示方案的期望值，从它引出的分枝叫状态分枝，每条分枝上面写明自然状态下所发生的概率，状态分枝数反映可能出现的自然状态。
(3) 结果点　用符号△表示。它边上的数字是每个行动方案在相应自然状态下的损益值。
(4) 分枝　用符号→表示。它根据其处的位置，代表方案分枝或状态分枝。

[例 3-3] 上海某房地产开发经营公司设想开发建设一住宅小区,经初步决定提出两个拟建方案。方案 1 是进行大规模开发;方案 2 是进行小规模开发。建设经营期限均为 6 年。大规模开发需要投资 15 000 万元,小规模开发需要投资 10 000 万元。根据市场调研和预测,房屋需求量的概率及两个方案的年损益值见表 3-2。

表 3-2　　　　　　　　　　不同房屋需求量概率年损益表

行动方案	需求量高（$P_1 = 0.70$）	需求量低（$P_2 = 0.30$）	期望值 $E(A)$
大规模开发	5 300	−1 000	5 464
小规模开发	3 000	1 000	4 400

题中建设经营期分为前 2 年和后 4 年两期考虑。根据对该地区房地产市场调查、预测,前 2 年房屋需求量较高的概率为 0.7,如果前 2 年市场需求量较高,则后 4 年房屋需求量较高的概率为 0.9;如果前 2 年市场需求量较低,则后 4 年需求量肯定低。试问在此情况下,哪种投资方案为最优方案?

[解]　这就是一个典型的多层次问题,看上去比较复杂,但借助于决策树法分析,就变得简单,清晰又形象(图 3-2)。

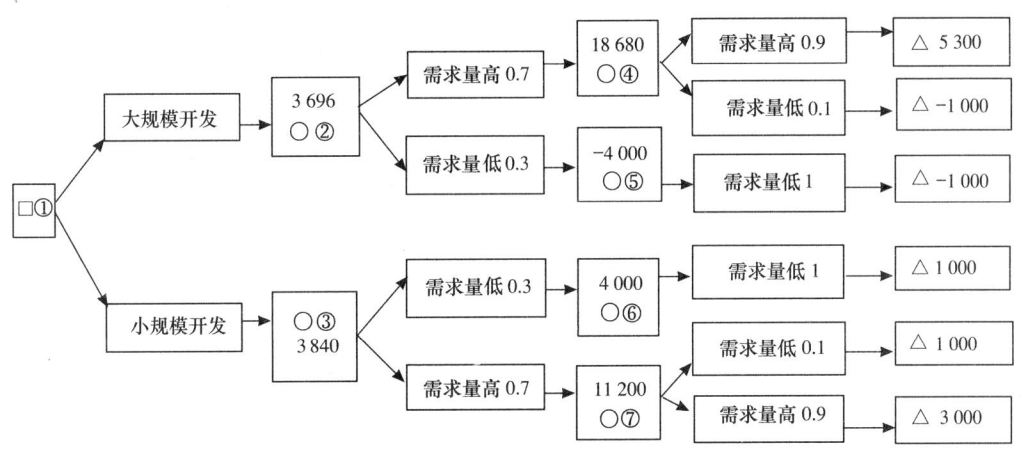

图 3-2　决策树

按决策树分析、计算要求,其过程是从右至左,逐步推进。首先根据右端的收益值和概率,计算各期望值(未考虑时间价值)如下:

点④:$E(A_4) = [5\,300 \times 0.9 + (-1\,000) \times 0.1] \times 4 = 18\,680$(万元)

点⑤:$E(A_5) = -1\,000 \times 1.0 \times 4 = -4\,000$(万元)

点②:$E(A_2) = [5\,300 \times 0.7 + (-1\,000) \times 0.3] \times 2 + [18\,680 \times 0.7 + (-4\,000) \times 0.3] - 15\,000 = 3\,696$(万元)

点⑥:$E(A_6) = 1\,000 \times 1.0 \times 4 = 4\,000$(万元)

点⑦:$E(A_7) = [3\,000 \times 0.9 + 1\,000 \times 0.1] \times 4 = 11\,200$(万元)

点③:$E(A_3) = [3\,000 \times 0.7 + 1\,000 \times 0.3] \times 2 + [11\,200 \times 0.7 + 4\,000 \times 0.3] - 10\,000$
　　　　　　$= 3\,840$(万元)

由此可见,在这种市场状态情况下,选择小规模投资开发要比大规模投资开发收益大,因为 $E(A_2) < E(A_3)$,市场风险小。根据题意分析表明:如前2年市场需求量低,则后4年需求量肯定低,即意味着前2年由于市场不景气,房屋售不出以至影响到后4年的销售前景。在这种条件下,小规模投资开发理所当然要比大规模投资开发风险小得多,负担的市场风险小,而损失少,相应的获得就多。这充分说明市场因素对房地产投资的规模、方案以及经济效益和抗风险程度的影响和作用。

特别需要注意的是,若按期望值法进行计算,大规模开发的净损益期望值为 5 460,算式为:$[(5\,300 \times 0.7 + (-1\,000) \times 0.3) \times 6 - 15\,000]$,而小规模开发的净损益期望值为 4 400,算式为:$[(3\,000 \times 0.7 + 1\,000 \times 0.3) \times 6 - 10\,000]$,似乎可判断应采取大规模开发。所以,对期限较长的投资项目,应充分考虑市场不同时期的需求问题,这是避免风险时必须考虑的因素。

4. 正态分布图像法

由概率论基本原理知,如一连续型随机变量的密度函数 $f(x)$ 为:

$$f(x) = \frac{1}{2(\pi)^{\frac{1}{2}}\sigma} e^{-\frac{(x-\mu)^2}{2\sigma^2}}$$

则随机变量的概率分布称为正态分布,该密度函数的曲线就称之为分布曲线(图 3-3 左图)。其中:μ 是随机变量所取各数据值的分布中心,它决定了正态分布曲线的位置;σ 是随机变量取值总体的标准偏差,它反映了随机变量所取各数据值的离散程度。若当 $\mu = 0$,$\sigma = 1$ 时,密度函数变成:

$$f(x) = \frac{1}{(2\pi)^{\frac{1}{2}}} e^{-\frac{x^2}{2}}$$

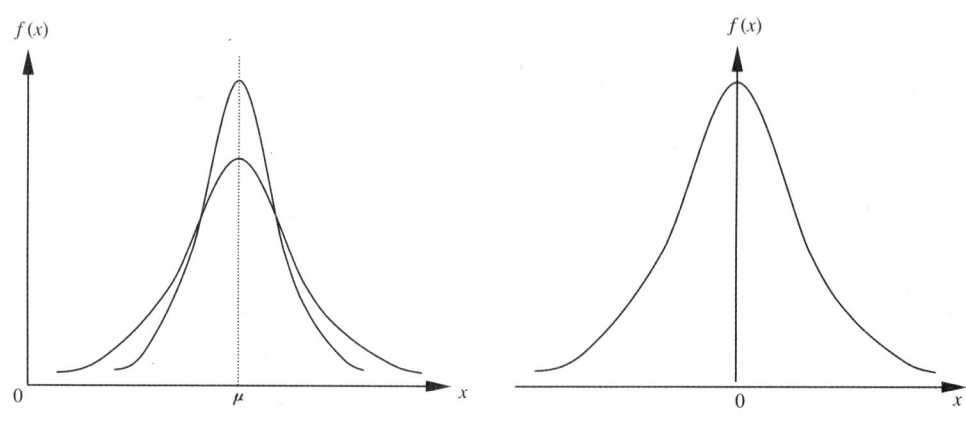

图 3-3 正态分布曲线图

则称之为标准正态分布(图 3-3 右图)。根据标准正态分布的分布函数可制成正态分布表,利用正态分布表可查出正态分布的随机变量取某一范围值的概率大小。借助于这一理论原理对于我们分析房地产投资中的风险问题十分有用。

正态分布图像法(图 3-4),就是通过查找正态分布表中的数据,来计算投资项目某一指标值在正态分布曲线中小于零或大于零时的图像面积,从而求出这一指标值取某一范围值时的概率大小,以测定该项目所能抗风险大小的一种方法。

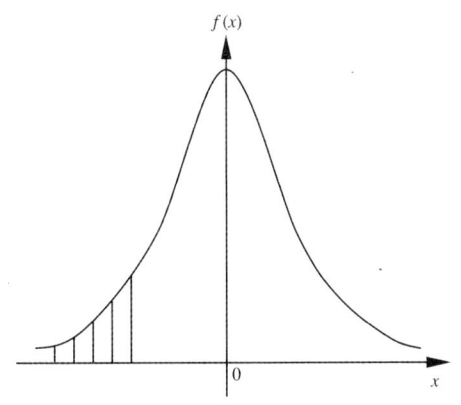 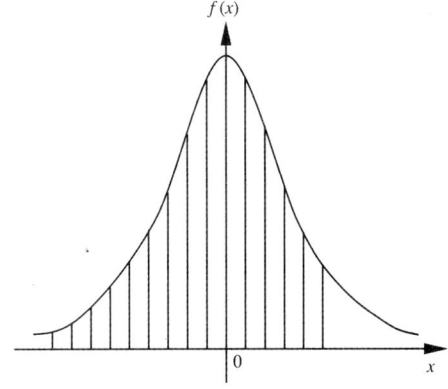

图 3-4 正态分布图像法确定某一数值大于或小于零的概率分布

但在应用正态分布图像法时,必须要满足这样一个条件,即所要计算的指标值一定要呈正态分布或近似正态分布。

净现值是项目各期净现金流量的现值总和,然而,各期的净现金流量是一个随机变量。因为在项目的财务现金支出中,由于投资额、成本、销售费用等都可能随时发生变动。同时在现金收入中,销售收入或其他收入也因生产能力,产销量以及价格等变动而变动,所以净现金流量必然随之变动。而且由于这些变量隐藏着许多不确定性因素,这些不确定因素将对投资项目带来各种风险。所以分析计算投资项目的净现值风险是十分必要的。在一般情况下,人们通常假定净现金流量是服从正态分布的(这是由房地产投资项目现金流入和流出的性质所决定的),所以净现值也应呈正态分布。

(三) 不确定型决策

不确定型决策是指未来事件是否发生不肯定,而且也无法估计未来各种可能情况的概率,这种决策,目前很难借助于定量分析,主要取决于决策者的主观判断,也叫做主观概率法。借助于定量分析决策时,可用乐观法(大中取大法)、悲观法(小中取大法)和后悔值法(大中取小法)。

1. 乐观法(大中取大法)

这种方法的基本思想就是对客观情况总是抱着乐观态度的,又称冒险型决策法。

[例 3-4] 某一房地产开发企业为了实现某一决策目标,提出四种开发方案,并有四种自然状态,用甲、乙、丙、丁表示,已知四种自然状态相应的损益值如表 3-3 所示。

表 3-3　　　　　　　　　乐观法/悲观法决策表

方案	自然状态(万元)				最大损益值(万元)	最小损益值(万元)
	甲	乙	丙	丁		
第一方案	300	400	500	600	600	300
第二方案	100	300	500	800	800	100
第三方案	400	600	200	400	600	200
第四方案	200	400	500	700	700	200
最大损益值中的最大值					800	—
最小损益值中的最大值					—	300

乐观法的分析步骤是：求出每个方案在各种自然状态下的最大损益值，再从中选出最大的数字800万元，所对应的第二方案就是抱乐观态度的决策者所选择的方案。

这种方法是找出各行动方案在各种自然状态下的最大损益值，并选取最大损益中的最大值所对应的行动方案作为决策方案。这就是大中取大法，又称为"冒险型决策法"，一般情况下应慎重采用。

2. 悲观法（小中取大法）

这种方法的基本思想是对客观情况持悲观态度，不利的因素考虑得多，因而也叫保守方法。但又想在各种最坏的情况下，从中找到一个好一点的方案。因此也叫最大最小决策法。

仍以表3-3的资料来说明，悲观法的分析步骤是：求出每个方案在各种自然状态下的最小损益值，然后求各最小损益值中的最大值，就是300万元。它所对应的第一方案，就是抱悲观态度的决策者所优选的方案。

3. 后悔值法（大中取小法）

这种方法是根据决策者往往在决策之后，若情况未能达到理想目标时，必将感觉到后悔这一现实，为投资决策者提供的一种较为稳妥的决策方法。这个方法的出发点是将每个自然状态下的最大损益值定为该状态的理想目标，并用其与该状态中的其他值相减，所剩差额即叫做未达到理想的后悔值。

仍以表3-3中的基本数据来说明，将其变为下列后悔矩阵表，见表3-4。

表3-4　　　　　　　　　　后悔值法决策表

方案	自然状态				最大后悔值（万元）
	甲	乙	丙	丁	
第一方案	100	200	0	200	200
第二方案	300	300	0	0	300
第三方案	0	0	300	400	400
第四方案	200	200	0	100	200
理想目标	400	600	500	800	—
最大后悔值中的最小值					200

后悔值法的分析步骤是：首先将每一状态下的后悔值求出列入每一方案所对应的栏中，就形成后悔值矩阵，然后列出后悔值中各方案最大的后悔值，最后从这些最大后悔值中求出最小值，就是第一和第四方案对应的200万元。故可以选择第一和第四方案。

以上介绍的几种不确定型决策的方法，都带有一定程度的随意性。采用不同的决策方法可得到不同的结果。其原因在于决策者对自然状态的看法不同，一般情况是对投资充满信心、经济实力较强、勇于承担风险的决策者多采用乐观法，而对投资持慎重态度的决策者多采用悲观法，介于前两者之间的决策者多采用后悔值法。每种方法各具特点，都有可取之处。另一个原因就是各种决策方法之间，没有一个统一的评定标准。因此，难以判别各种方法的优劣，只能靠决策者的实践经验和判断能力来选择较好的方法，或用另外的决策方法加以进一步分析，以求实现更理想的经营目标。

为了使不确定型决策方法更趋合理，下面专列一节，对房地产投资的不确定性进行进一步分析。

第三节 房地产投资不确定性分析

房地产投资项目的经济评价所采用的数据有很大一部分是来自对未来情况的预测和估算,由于人们无法准确预测各种数据的未来状态,也不能精确地控制它们的未来预期变动,这就使得根据这些数据计算出的经济评价指标不可避免地存在一定程度的不确定性,这些不确定性可能给房地产投资项目带来风险。

房地产投资不确定性分析就是以合理、有效地识别和规避风险为主要目标的一种分析方法,它通过分析不确定性因素对房地产投资项目可能造成的影响,从而分析可能出现的风险,进一步确认房地产投资在财务、经济上的可行性。通过房地产投资不确定性分析,可以使投资者根据房地产投资项目风险的大小和特点,确定合理的投资收益水平,提出控制风险的方案,有重点地加强对风险的防范和控制。

房地产投资不确定性分析的进一步分析方法主要有盈亏平衡分析、敏感性分析和风险分析。

一、盈亏平衡分析

盈亏平衡分析也称量本利分析、盈亏临界分析和收支平衡分析,它是研究房地产投资项目在一定时期内的开发数量(销售数量)、成本、税金、利润等因素之间的变化和平衡关系的一种分析方法。找出盈亏平衡点,判断项目对不确定因素的承受能力并以此为基础进行分析,是盈亏平衡分析的主要方法。盈亏平衡点是指项目盈利与亏损的分界点,在这一点上,项目的收入和支出持平,净收益等于零。盈亏平衡点的表达方式有多种,包括房地产开发数量、单价及单位建筑面积的可变成本等绝对指标和投资收益率等相对指标。

(一) 线性盈亏平衡分析

1. 线性盈亏平衡分析的假设条件

(1) 房地产产品的总销售收入和生产总成本是房地产开发面积(产品产量)的线性函数。

(2) 房地产产品的生产量和销售量相等,即开发的房地产能全部租售出去。

(3) 房地产产品的固定成本和单位租售价格在产品租售期间保持不变。

(4) 同时开发几种不同类型的房地产产品时,应将其组合折算成一种产品。

(5) 计算所使用的各种数据是正常生产年度的数据。

2. 固定成本和可变成本的划分

固定成本和可变成本的划分是盈亏平衡分析要解决的首要问题。房地产投资项目的成本可以分为固定成本和可变成本,固定成本是指不随开发数量(销售数量)的变化而变化的成本,如土地取得费、固定资产折旧费等;可变成本是指随开发数量(销售数量)的变化而变化的成本,如建安工程费、公共配套设施建设费、专家咨询费等。

3. 线性盈亏平衡分析的计算分析过程

设某项目的总成本为 C,其中固定成本为 C_F,可变成本为 C_V,单位产品的可变成本为 V,开发数量(销售数量)为 Q,则有:

$$C = C_F + C_V = C_F + VQ$$

设销售收入(扣除销售税金及附加)为 S,单位产品销售税金及附加为 t,销售单价(含销售税金及附加)为 P,则有:

$$S = PQ - tQ$$

设利润为 E,则有:

$$E = S - C = (PQ - tQ) - (C_F + VQ) = (P - V - t)Q - C_F$$

当盈亏平衡时,$E = 0$,设这时的开发数量(销量数量)为 Q^* 则有:

$$E = (P - V - t)Q^* - C_F = 0$$

设盈亏平衡时的开发数量(销售数量)为 Q^*,则有:

$$Q^* = \frac{C_F}{P - V - t}$$

如图 3-5 所示,以纵轴表示成本 C,横轴表示开发数量 Q,图中的四条直线分别表示固定成本线(C_F 线)、可变成本线(C_V 线),总成本线(C 线)和销售收入线(S 线)。C 线与 S 线的交点 A 即为盈亏平衡点,A 点所对应的开发数量 Q^*,即为盈亏平衡时的开发数量(销售数量)。当 $Q > Q^*$ 时,项目盈利;当 $0 \leqslant Q \leqslant Q^*$ 时,项目亏损,当 $Q = Q^*$ 时,项目不盈不亏。

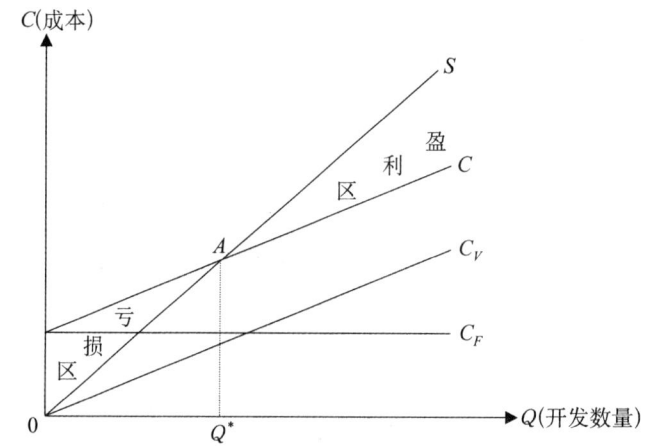

图 3-5 线性盈亏平衡分析示意图

[例 3-5] 某房地产开发公司拟建一房地产开发项目,该项目的固定成本为 5 000 万元,单位可变成本为 1 500 元/m²,项目建成后平均售价为 3 000 元/m²,销售税金及附加为 500 元/m²,试求项目盈亏平衡时的开发数量。

[解] 由题意可知:

$$C_F = 5\,000 \text{ 万元} \quad P = 3\,000 \text{ 元}/\text{m}^2$$
$$V = 1\,500 \text{ 元}/\text{m}^2 \quad t = 500 \text{ 元}/\text{m}^2$$

则项目盈亏平衡时的开发数量

$$Q^* = \frac{5\,000 \times 10^4}{3\,000 - 1\,500 - 500} = 50\,000 \text{ m}^2$$

(二) 非线性盈亏平衡分析

线性盈亏平衡分析是在假设销售收入和生产总成本与产销量呈线性关系的条件下进行的。而在实际中,固定成本、单位产品可变成本和售价等均会发生变动,销售收入和生产成本与产销量的关系并不是线性关系。当销售量超过一定范围,市场需求趋于饱和时,销售收入随产量的增加其上升的幅度会越来越小;当产量超过一定范围时,由于生产条件及其他因素的变化,单位可变成本会随产量的增加而快速增加。这时,产品成本和销售收入就不是产量或销量的线性函数了。在这种情况下就要采取非线性盈亏平衡分析法进行分析,下面通过图3-6对其进行简要说明。

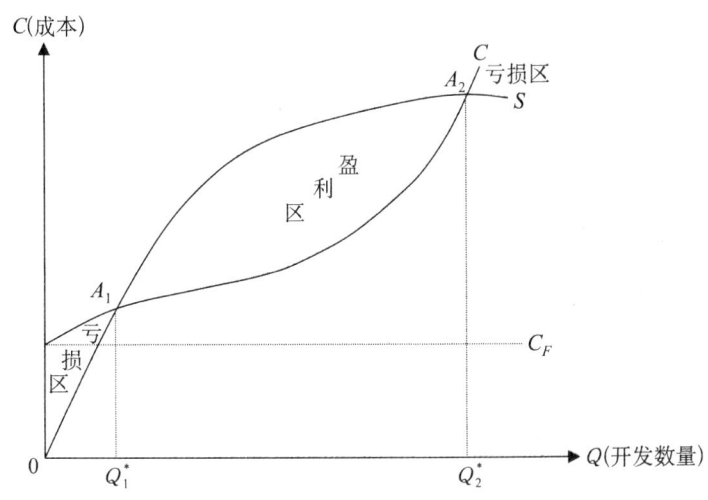

图3-6 非线性盈亏平衡分析示意图

如图3-6所示,以纵轴表示成本C,横轴表示开发数量Q,图中的直线表示固定成本线(C_F线),两条曲线分别表示总成本线(C线)和销售收入线(S线)。C线与S线的两个交点A_1和A_2均为盈亏平衡点,A_1点和A_2点分别对应开发数量Q_1^*和Q_2^*,即为盈亏平衡时的开发数量(销售数量)。当$Q_1^* < Q < Q_2^*$时,项目盈利;当$0 \leqslant Q \leqslant Q_1^*$或$Q > Q_2^*$时,项目亏损;当$Q = Q_1^*$或$Q = Q_2^*$时,项目不盈不亏。非线性盈亏平衡分析需要对项目进行周密的市场调查和有效的数据分析,才能对其得出合理的开发量的预测。

[例3-6] 某房地产公司生产房地产建筑配件产品,年固定成本为28万元,单位变动成本为80元/件,产品销售价格为260元/件,目前该公司年产量为3 500件。根据市场调查和预测可知,由于近几年市场需求量较大,同时市场竞争又十分激烈,故公司董事会决定拟采取降价扩销措施,按销售量的1%递减售价,并按销售量的1%递增单位可变成本,试求:

(1) 该公司生产规模(产量)在什么范围内可盈利?
(2) 最大盈利时的最佳产量是多少?

[解] (1) 设最佳年产量为Q,根据题意和有关公式建立方程,得

销售收入：$S = (P - Q \times 1\%)Q = 260Q - 0.01Q^2$

生产成本：$C = C_F + (C_V + Q \times 1\%) \quad Q = 280\,000 + 80Q + 0.01Q^2$

如能达到盈亏平衡，则有：$S = C$

即 $\quad 260Q - 0.01Q^2 = 280\,000 + 80Q + 0.01Q^2$

整理得 $\quad -0.02Q^2 + 180Q - 280\,000 = 0$

解得 $\quad Q_1 = 2\,000,\ Q_2 = 7\,000$

即在 2 000～7 000 件之间，可盈利。

（2）项目盈利函数为 y（考虑了 S 和 C 两个变量），则

$$y(Q) = -0.02Q^2 + 180Q - 280\,000$$

一阶导数为零： $\quad -0.04Q + 180 = 0$

$$Q = 4\,500$$

$$y(Q) = -0.02Q^2 + 180Q - 280\,000 = 125\,000 \text{ 元}$$

即最佳产量为 4 500 件时的最大盈利为 125 000 元。

二、敏感性分析

敏感性分析是房地产开发项目不确定性分析中的一种主要方法，房地产开发项目评价所采用的基本数据与参数，大多来自估算或预测，不可能完全准确，因而就使得开发商做出的决策具有潜在的误差和风险。开发商对于评价数据估值的误差所引起的最终结果的变化是非常重视的，因此需要在项目财务评价（本章后面介绍）的基础上进一步进行敏感性分析，以弄清这些不确定性因素对评价结果的影响的大小，提高决策的准确性。

1. 敏感性分析的概念

房地产开发项目评价中的敏感性分析，是分析和预测反映项目投资效益的经济评价指标对主要变动因素变化的敏感程度。如果某变动因素变化幅度很小但对项目经济评价指标的影响极大，则认为项目对该变量的不确定性是很敏感的。敏感性分析的目的，就是要在众多的不确定性因素中，找出对项目经济评价指标影响较大的因素，并判明其对开发项目投资效益影响的程度。

2. 敏感性分析的方法和步骤

首先，找出那些最能反映项目投资的经济评价指标如财务内部收益率、财务净现值、投资回收期、贷款偿还期和开发商利润等作为其分析的对象；其次，从众多影响项目投资效益的不确定性因素中选取对经济评价指标有重大影响并在开发周期内有可能发生变动的因素作为敏感分析中的不确定性因素；第三，设定不确定性因素的变化范围；最后，对项目经济评价指标进行分析计算，找出敏感性因素。

3. 单变量敏感性分析和多变量敏感性分析

单变量敏感性分析是敏感性分析的最基本方法。进行单变量敏感性分析时，首先假设各变量之间相互独立，然后每次只考察一项可变参数的变化而其他参数保持不变时，看项目评价结果的变化情况。多变量敏感性分析是分析两个或两个以上的变动因素同时发生变化时，对项目评价结果的影响。由于项目评价过程中的参数或变量同时发生变化的情况非常普遍，所以，多变量敏感性分析也有很强的实用价值。

如在对某一项目进行单因素敏感性分析时,对变动因素的变动幅度一般取±10%,则开发商利润的变动(敏感性)分析如表3-5所示。

表3-5　　　　　　　　　　开发商利润的变动(敏感性)分析(%)

变动因素(原始值)	原始值-10%	原始值+10%
地价(20万美元)	+27.31	-25.57
利率(15%)	+10.16	-9.94
建造成本(200美元/m²)	+55.04	-48.37
租金(32.50美元/m²)	-77.41	+79.57
建筑面积(2 000 m²)	-28.91	+25.30
专业人员费用(12.5%)	+5.77	-5.70
投资收益率(7%)	+88.33	-72.27
租售代理费(15%)	+0.97	-1.04
广告宣传费(5 250美元)	+0.56	-0.55
土地购置附加费(3.5%)	+0.90	-0.90

从表3-5中我们可以看出,地价、建造成本、租金、建筑面积、投资收益率等各单因素变动±10%时,对开发商利润的变化很大,所以,在该项目开发经营期内,应特别重视控制这些因素。

再看一下多因素敏感性分析(这里取两个因素:租金和建造成本的变化数据),如表3-6所示。

表3-6　　　　　　租金、建造成本共同变化对开发商利润变动的敏感性分析(%)

建造成本(美元/m²)	租金(美元/m²)					
	30.00	31.50	32.50	35.00	37.50	40.00
185.00	11.09	16.58	20.23	29.34	38.44	47.52
200.00	5.69	10.91	14.39	23.07	31.76	30.37
215.00	-0.79	5.77	9.09	17.37	25.64	33.89
230.00	-3.68	1.09	4.26	12.18	20.08	27.98
250.00	-9.05	-4.55	-1.55	5.93	13.40	20.86

上述分析方法是敏感性分析中最基本的方法,它给开发商提供了关于项目盈利性的有用信息和它对评价变量的敏感性,同时提出了哪些变量是最关键的变量。但该分析方法忽视了各变量之间的相互作用关系。在实际项目开发过程中,很可能有几个变量同时发生变化,因此有必要做更进一步的敏感性分析,以弥补上述方法的不足。

4. 敏感性分析的"三项预测值法"

前面介绍的敏感性分析方法是单变量的,它忽略了各变量之间的相互作用。在一般情况下,多变量同时发生变化所造成的评价结果失真比单变量大,因此,对一些重要的、投资额大的开发项目,除了要进行单变量敏感性分析外,还应进行多变量敏感性分析。"三项预测值法"的基本思路是,对房地产开发项目中所涉及的评价变量,分别给出3个预测值(估计值),即最乐观预测值、最可能预测值、最悲观预测值,根据各评价变量3个预测值的相互作用来分析、判断开发商利润受影响的情况。

在上述项目中,经过对市场的全面调查研究后,分别给出各评价变量的三项预测值,如表3-7所示。

表3-7　　　　　　　　　　　　评价变量的三项预测值

变量	最乐观情况	最可能情况	最悲观情况
租金增长情况(每年)	7%	5%	3%
投资收益率(年)	6.5%	7%	7.5%
建造成本增长情况(每年)	6%	7.5%	9%
贷款利率	10%	13%	16%
建造期	12个月	12个月	12个月
租售期	建成即租出	3个月	6个月
准备期	3个月	3个月	6个月
土地成本(万美元)	20	20	20

当然,对各变量三项预测值的估计并不是一件很简单的事情,它依赖于评价人员的专业水平和其所拥有的市场资料的完整性。从表3-7中可以看出,共有8个不确定变量,每个变量有3个估计值,故共有6561种组合情况($3^8=6561$)。如果用人工,分别计算每一种组合情况的结果是相当复杂的,在实际评价过程中,评价人员可采用计算机运算,工作量并不太大。

如果将表3-7中8个变量全部按最乐观情况考虑,或者全部按可能情况和最悲观情况考虑,则可以得出开发项目最有用的3组结果,如表3-8所示。

表3-8　　　　　　　　　　　　不同状态下的评价结果

变量状态	最乐观情况	最可能情况	最悲观情况	原始评价值
开发商利润值(美元)	266 841	199 444	38 539	118 235
占总开发价值的百分比	24.5%	20.0%	4.2%	13.4%
占总开发成本的百分比	33.4%	25.6%	4.5%	15.5%
在原有评价结果基础上的变化	+126%	+69%	-67%	—

表3-8中的结果表明,当变量发生变化时,开发商利润值大约在38 539~266 841美元之间变化,最可能的利润值大约为199 444美元。

一般来说,评价中所涉及的变量全部为最乐观或最悲观情况,在实际开发过程中是很少出现的,除非政府给予某种特别优惠的政策或者宏观经济出现全面萧条。但不管怎样,对评价变量进行全面分析,有助于开发商或投资商进行正确的决策。

三、风险分析(概率分析)

上面所述的敏感性分析,主要是分析开发项目评价中所选变量的估计值与实际情况发生差异时该项目的盈利性所发生的变化以及变化的敏感程度。仅敏感性分析并不能提供项目盈利变化可能性的大小,也不能说明在乐观或悲观的估计中,究竟哪种情况出现的可能性最大。

因此，敏感性分析虽然可以作为定量分析的方法，但较难对开发商所承担的风险做精确的估计。

风险分析不同于敏感性分析，它可以根据各种变量的概率分布来推求一个项目在风险条件下获利的可能性大小。因此，风险分析也被称为概率分析。

(一) 关于风险的定义

风险的定义最初出现于 1901 年美国的 A·M·威利特(A. M. Willet)所著的博士论文《风险与保险的经济理论》中："风险是关于不愿意发生的事件发生的不确定性的客观体现。"这一定义强调了风险的客观性和不确定性。其后许多专家学者在此基础上给风险下了各种大同小异的定义。如英国的史蒂芬·鲁比认为："在投资决策活动中，风险可以被认为是决策的实际结局可能偏离它的期望结局的程度。"美国的培尔(Pyhrr)等人也在其著作中提到："风险是投资者不能收到期望的或要求的投资收益率的偶然性或可能性"，"风险是相对于期望收益或可能收益的方差"，等等。

虽然风险的定义很多，但大致可分两类：第一类定义强调风险的不确定性，第二类定义强调风险损失的不确定性。

事实上，风险是反映一种特殊的事件，这种事件会带来多个不确定的结果，而且每一个不确定结果的出现都有一个可测定的概率值。因此，风险是一个事件的不确定性和它可能带来的不确定的结果的综合效应。

(二) 风险的度量

根据上面的定义，风险可以用函数表示为：

$$R = f(P, K)$$

式中　P——各种不确定性的概率；
　　　K——所有不确定结果的数量值。

这种效应的数量值就是风险的度量。

度量风险的大小，实际上是度量那些不确定结果之间的差异程度或离散程度。这种差异程度越大，表明不确定结果的综合效应越难以测定，从而事件的风险就越大。为了从数量上进行度量，将事件的所有不确定结果之间的标准差定义为风险的度量指标，其计算公式可写为：

$$R = \sqrt{\sum_{i=1}^{n}(K_i - \overline{K})^2 \cdot P_i}$$

$$\overline{K} = \sum_{i=1}^{n} K_i \cdot P_i$$

式中　R——风险的度量指标；
　　　n——不确定结果总的数目；
　　　P_i——第 i 个不确定结果发生的概率；
　　　K_i——第 i 个不确定结果的数量值。

例如，一房地产投资者拟投资高档写字楼，由于市场条件的变化，他所能获取的回报率是不确定的。假设这个事件的不确定资料如表 3-9 所示，其风险计算过程如表 3-10 所示。计算结果表明，这项投资的风险值为 0.305 1。

表 3-9　　　　　　　　　　高档写字楼的投资回报率预测

经济状况	发生概率	投资回报率
萧条	0.2	−15%
平稳	0.5	20%
繁荣	0.3	70%

表 3-10　　　　　　　　　高档写字楼投资的风险度量值测算

状况	P_i	K_i	$(K_i - \overline{K})$	$(K_i - \overline{K})^2$	$(K_i - \overline{K})^2 \cdot P_i$
1	0.2	−0.15	−0.43	0.184 9	0.036 98
2	0.5	0.20	−0.08	0.006 4	0.003 20
3	0.3	0.70	0.42	0.176 4	0.052 92

结果：$\sum P_i = 1$，$\overline{K} = 0.28$，方差 $R^2 = 0.093\ 1$，风险度量值 $R = 0.305\ 1$。

如果该投资改高档写字楼投资为普通住宅投资，他预测得到的回报率仍然是不确定的，假设这项投资的不确定性如表 3-11 所示，其风险计算过程如表 3-12 所示，这项投资的风险度量值为 $R = 0.049$。计算结果表明，投资普通住宅回报率的风险比投资高档写字楼回报率的风险要小得多。

表 3-11　　　　　　　　　普通住宅的投资回报率预测

经济状况	发生概率	投资回报率
萧条	0.2	6%
平稳	0.5	15%
繁荣	0.3	20%

表 3-12　　　　　　　　　普通住宅投资的风险度量值测算

状况	P_i	K_i	$(K_i - \overline{K})$	$(K_i - \overline{K})^2$	$(K_i - \overline{K})^2 \cdot P_i$
1	0.2	0.06	−0.087	0.007 569	0.001 513 8
2	0.5	0.15	0.003	0.000 009	0.000 004 5
3	0.3	0.20	0.053	0.002 809	0.000 842 7

结果：$\sum P_i = 1$，$\overline{K} = 0.147$，方差 $R^2 = 0.002\ 361$，风险度量值 $R = 0.049$

可以看出，在经济萧条时，高档写字楼的租售可能惨淡，因此会出现亏损，回报率为 3%～15%；而对普通住宅市场的冲击可能较小，回报率仍有 6%。经济平稳发展时，回报率比较接近，分别为 20% 和 15%。经济繁荣时，写字楼火爆，回报率会很高，为 70%，而对普通住宅影响较小。

（三）房地产投资风险的特点和类型

1. 特点

房地产投资具有周期长、投入资金量大、资金变现能力较差等特点，因而房地产投资风险也具有其自身的特点。具体来说，由于房地产投资的整个过程涉及社会、经济、技术等各个方面，因而其风险也表现出多样性，相互间的变化也呈现出极其复杂的关系；由于房地产投资投入资金量大、周期长,并且房地产市场是个不完全市场,房地产不像其他资产如存款、国库券等可以随时变现,因而其变现风险也较大;房地产投资具有风险,因而投资者一般对承担的这一风险在经济上要求补偿,这一补偿也叫风险溢价或风险回报。

房地产投资风险与股票、债券、外汇、黄金和古董等投资风险各有特点。一般情况下,房地产投资风险度量值为 0.071 7 左右,比债券(0.017 5)、黄金(0.019 4)、古董(0.043 7)、外汇(0.070 8)要大,而比股票(0.073 6)、期货(0.075 0)要小。

2. 类型

房地产市场是千变万化的,变化的根本原因是由于一系列的不确定因素的存在。这些不确定因素的影响产生的动态变化会给在房地产市场中交易的商品经营者带来各种不同形式的风险。划分风险的方法很多,如系统风险和非系统风险,纯粹风险和投机风险等等。这里根据风险因素的性质不同,将房地产投资风险分为政策风险、社会风险、经济风险、技术风险、自然风险和国际风险,每种风险又可细分为多种风险,见图 3-7。

(四) 风险分析的主要方法

风险分析主要有两种方法,解析法和蒙特卡洛法。前者主要用于解决一些简单的风险问题,比如只有一个或少数变量是随机变量,一般不多于 2~3 个变量的情况。当项目评价中有若干个变量,每个变量又有多种甚至无限多种取值时,就不能用解析法进行风险分析,而宜采用蒙特卡洛法进行风险分析。下面对这种方法做一简要介绍。

1. 概率的确定方法

在房地产开发项目评价中,确定各变量发生变化的概率是风险分析的第一步,也是十分关键的一步。概率分为客观概率和主观概率。客观概率是在某变量过去长期历史数据基础上,进行统计、归纳得出的。比如,假设某地区房地产开发项目的发包价和建造成本从 1987~2002 年的变动情况见表 3-13,通过归纳后,预测 2003~2007 年间发包价的增长率大约为每年 8%,建造成本的增长率大约为每年 6%~7%。

表 3-13 发包价与建造成本的变动

统计年份	发包价每年比上一年增长率	建造成本每年比上一年增长率	统计年份	发包价每年比上一年增长率	建造成本每年比上一年增长率
1987	12.5%	9.0%	1996	23.5%	19.5%
1988	27.0%	9.0%	1997	2.5%	12.0%
1989	37.0%	18.0%	1998	−1.0%	10.5%
1990	10.0%	18.5%	1999	3.5%	6.5%
1991	2.5%	23.5%	2000	5.5%	5.5%
1992	−0.5%	18.5%	2001	4.0%	5.5%
1993	7.5%	13.0%	2002	5.5%	5.5%
1994	15.0%	9.0%	2003~2007 年预测值	8%(每年)	6%~7%(每年)
1995	24.5%	15.0%			

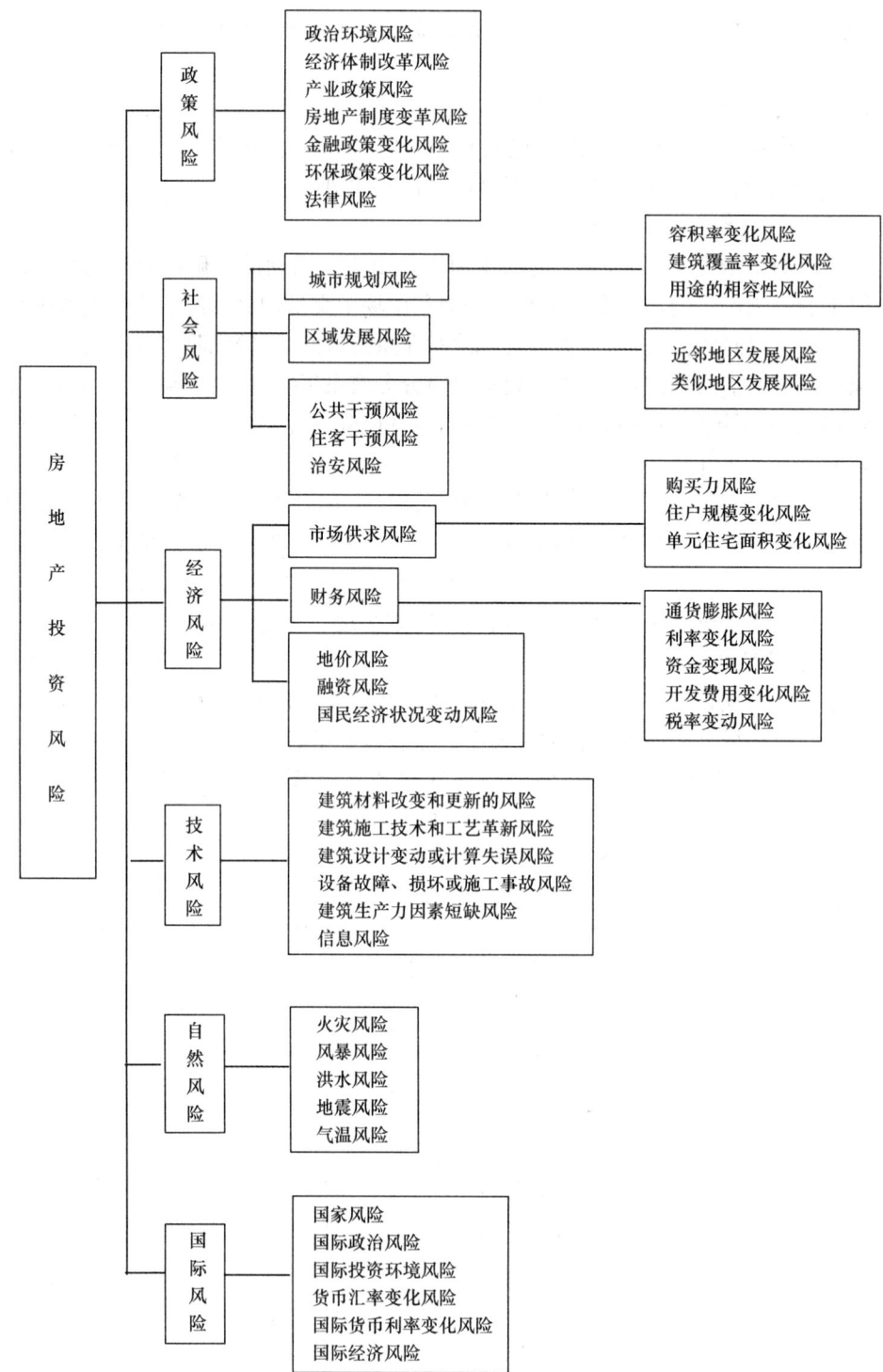

图 3-7 房地产投资风险分类图

在此基础上进一步分析了 2003～2007 年间该地区房地产开发项目发包价和建造成本增长情况的各种可能性(概率)(当然概率的确定也可用模糊数学方式来确定)。以建造成本为例,分析结果如表 3-14 所示。

表 3-14　　　　　　　　　　建造成本变动的概率与概率累计值

预测年份	建造成本每年可能增长	发生的概率	概率累积值
2003	+5%	0.10	0.10
2004	+6%	0.25	0.35
2005	+7.5%	0.40	0.75
2006	+8.5%	0.20	0.95
2007	+10%	0.05	1.00

这一分析结果还可以用频度/概率分析图表示,见图 3-8 和图 3-9。图 3-8 显示了可能遇到的每一建筑成本增长值所对应的概率;图 3-9 则显示了建造成本增长情况的累积概率分布,同时也表明了增长的概率可能会小于或大于某一特定的数值。由于房地产开发项目评价中的各种变量,常常缺乏足够的历史统计资料,因而许多情况下不能完全用建立在大量统计数据基础上的客观概率来表达。在实践中,人们经常使用建立在主观估计基础上的主观概率分布。

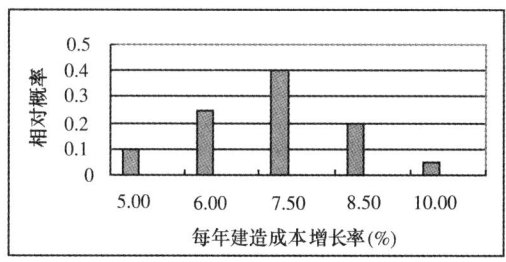

图 3-8　建筑成本增长值的概率分布

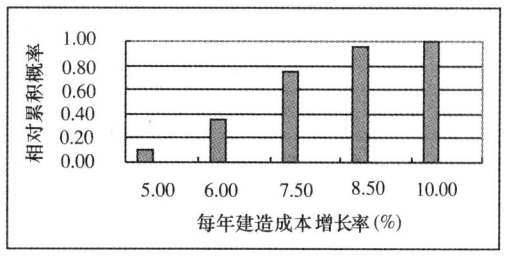

图 3-9　建造成本增长值的累积概率分布

2. 蒙特卡洛法

蒙特卡洛法亦称模拟法或统计试验法。该方法运用蒙特卡洛模拟的统计功能,自动对项目评价中涉及的每个变量的数值进行选择和组合。这种方法的优点是无需进行复杂的运算,就能得到一个足够准确的近似结果。其实施步骤一般分为 3 步。

(1) 分析每一可变因素可能变化的范围并确定这些变化的概率分布。这可以用一个简单的概率表来完成,如果建造成本变动的概率分布仍如前面假设的那样,则得到表 3-15。某一数值如果有 10% 的机会出现,就说明在总共 100 次机会中它有出现 10 次的可能。从表 3-15 中也可以看出,建造成本每年增长 5% 的可能性为 10%,就定义其随机数为 1～10 之间的各数,如果每年增长率为 6%,其发生的概率为 25%,则其对应的随机数为 11～35,其余可依此类推。

表 3-15　　　　　　　　　　　　建造成本变动的概率分布

可变因素	变化范围	相应概率	随机数
租金 （开发期内年增长率）	0%	15%	1~25
	+3%	20%	16~36
	+5%	40%	36~76
	+7%	20%	76~95
	+10%	5%	96~100
资本化率	6.5%	5%	1~5
	6.75%	15%	6~20
	7%	50%	21~70
	7.25%	20%	71~90
	7.5%	10%	91~100
建造成本 （年增长率）	+5%	10%	1~10
	+6%	25%	11~35
	+7.5%	40%	36~75
	+8.5%	20%	76~96
	+10%	5%	96~100
贷款利率（年利率）	12%	5%	1~5
	13%	20%	6~25
	14%	40%	26~65
	15%	25%	66~90
	16%	10%	91~100
建造期	15个月	20%	1~20
	18个月	50%	21~70
	21个月	20%	71~90
	24个月	10%	91~100
准备期	3个月	20%	1~20
	6个月	60%	21~80
	9个月	20%	81~100
租售期	0	20%	1~20
	3个月	20%	21~40
	6个月	40%	41~80
	9个月	15%	81~95
	12个月	5%	96~100

（2）通过模拟试验随机选取各随机变量的值，并使选择的随机值符合各自的概率分布。为此可使用随机数或直接用计算机求出随机数。

例如，使用计算机求出租金增长率的随机数为22，则根据表3-15可知，该随机数介于 16~35 之间,对应的年租金增长率为+3%。依次对其他变量产生的随机数分别为 53,14,80,42,77,68,则相应各变量的值如表 3-16 所示。表 3-16 只是模拟一次所产生的结果。

表 3-16　　　　　　　　　各变量数值的模拟结果

租金增长率	资本化率	建造成本增长率	贷款利率	建造期	准备期	租售期
+3%(每年)	7%	+6%(每年)	15%	18个月	6个月	6个月

(3) 反复重复以上步骤,进行多次模拟试验,即可求出开发项目各项效益指标的概率分布或其他特征值。

根据表 3-16 所示的概率假设,对某开发项目的开发商利润等数值进行模拟 1 000 次的结果,如表 3-17 所示。

表 3-17　　　　　　　　　模拟分析的结果

指标项	均值	标准方差
① 总开发价值(万美元)	98	6.1
② 总开发成本(万美元)	81	2.4
③ 开发商利润(万美元)	17	6.5
④ 开发商利润占总开发价值的百分率:17%		
⑤ 开发商利润占总开发成本的百分率:21%		
⑥ 比原评价利润值增加:44%		

这种风险分析的结果是否被开发商所接受,取决于开发商对待风险的态度和其接受风险的准则。与前面所述的敏感性分析比较,用蒙特卡洛法进行风险分析能为开发商决策提供更加充分、翔实的信息。

蒙特卡洛风险分析法的要点是需要准确估计各变量的变化范围以及各变量变化的概率,这是保证分析结果准确的前提,而这一点在实际评价中,当市场资料不完整时又是较困难的。因此,在房地产评价中,有些学者认为它虽然在理论上较完善,但是实用性不强,因而对其持否定态度。但从国外近十几年房地产评价发展情况来看,由于计算机的大量使用和在房地产开发项目的信息收集、分析、处理、预测等方面所作的大量研究,使在实际评价中运用蒙特卡洛模拟技术,分析开发项目的风险已相当普遍。

第四节　房地产开发项目的可行性研究

一、可行性研究概述

(一)可行性研究的概念

房地产开发项目的可行性研究是对拟开发的项目进行全面、系统的调查研究和分析,运用科学的技术评价方法,得出一系列评价指标值,以最终确定该项目是否可行的综合研究。

一般来讲,可行性研究是以市场供需为立足点,以资源投入为限度,以科学方法为手段,以系列评价指标为结果。它通常要处理两方面的问题:第一是要确定项目在技术上能否实施;第二是如何才能取得最佳的效益(主要是经济效益)。从房地产开发项目的实际情况来看,单从建筑施工技术上讲,一般不存在一时无法突破的重大难点,无论是大跨度桥梁,还是超高层建筑,如上海的杨浦大桥、南浦大桥,以及"上海地标三兄妹"的金茂大厦、上海环球金融中心、上海中心大厦和高达 468 m 的东方明珠塔就是很好的佐证。可见,关键在于投资的回报,即能否取得最佳的经济效益,并兼顾社会效益和环境效益。

(二) 可行性研究的作用

1. 作为项目投资决策的依据

一个项目开发建设,特别是大中型项目,花费的人力、物力、财力很多,不是只凭经验或感觉就能确定的,而是要通过对投资决策是否可行、房地产开发项目的产品有无销路、有无竞争能力、投资效果如何等进行研究分析,从而得出这项工程该不该建,或建设时按哪种方案会取得最佳的效果,以此作为开发建设项目投资决策的依据。国家规定,凡是没有经过可行性研究的房地产开发项目,不能列入计划,不能批准设计任务书,不能进行设计。

2. 作为筹集建设资金的依据

银行等金融机构都把可行性研究报告作为房地产开发项目申请贷款的先决条件,他们对可行性研究报告进行全面、细致的分析评价后,才能确定是否给予贷款。

3. 作为开发商与有关部门签定协议、合同的依据

项目所需的建筑材料、协作条件以及供电、供水、供热、通讯、交通等很多方面,都需要与有关部门协作。这些供应的协议、合同都需要根据可行性研究报告进行协商。有关技术引进和建筑设备进口也必须在可行性研究报告审查批准后,才能据此同国外厂商正式签约。

4. 作为编制下阶段规划设计的依据

在可行性研究报告中,对项目的规模、地址、建筑设计方案构想、主要设备、单项工程结构形式、配套设施和公用辅助设施的种类、建设速度等等都进行了分析和论证,确定了原则,推荐了建设方案。可行性研究报告批准后,规划设计工作就可据此进行,不必另作方案比较选择和重新论证。

可行性研究的根本目的是实现项目决策的科学化、民主化,减少或避免投资决策的失误,提高社会、经济、环境效益。很长一段时期,很多房地产开发项目未经过可行性研究就草率上马,结果往往因选址不合理、规模过大、外部条件不具备而影响使用;因资源不足而拖延工期;因产品结构不合理而滞销;因市场预测不充分而违约调价。虽然开发项目大多为住宅小区的开发建设,而住房紧缺又是普遍现象,供需矛盾掩盖了未经可行性研究所造成的开发项目的不合理性。但是,即使在这种市场条件下,未经可行性研究草率上马的开发项目所产生的不良后果也是非常惊人的,浪费十分严重。

(三) 可行性研究的主要指导文件

房地产开发是一项综合性的经济活动,投资额大、建设周期长、涉及面广。要想使开发项目达到预期的经济效果,首先必须做好可行性研究工作,才能使房地产开发项目的许多重大经济技术原则得到切实的解决和落实,最后提出结论,使开发商的决策建立在科学而不是经验或感觉的基础上。

目前指导我国进行可行性研究的主要文献有:联合国工业发展组织(UNIDO)在 1978、1980 年分别编写的《工业可行性研究编制手册》和《工业项目评价手册》;1983 年国家计委颁发的《关于颁发建设项目进行可行性研究的试行管理办法的通知》,对我国进行可行性研究的原则、编制程序、编制内容、审查办法等作了详细规定;1993年4月,国家计委和建设部联合颁发的《关于建设项目经济评价工作的若干规定》和《建设项目经济代理人方法与参数》,要求各个投资主体、各种投资来源、各样筹资方式兴办的大中型和限额以上的房地产开发项目,原则上应按房地产开发项目经济评价方法和相应的参数进行财务评价和国民经济评价。

进入21世纪后,国家计划委员会在2001年9月委托中国国际工程咨询公司编写《投资项目可行性研究指南》。该指南借鉴国际上可行性研究的相关理论,参照我国的实际情况和国际管理,总结了我国自改革开放以来可行性研究工作的经验教训,是一本指导可行性研究工作方法及内容的纲领性文件,为我国新世纪各类投资项目的可行性研究指明了方向。为了进一步贯彻落实《投资项目可行性研究指南》的各项内容,《投资项目可行性研究指南》的主编于守法先生和国内部分专家,又共同编著了《投资项目可行性研究方法与案例应用手册》一书。在该书中,作者系统地介绍了可行性研究与经济评价工作的基本理论、具体业务内容和方法,并编入了大量不同类型项目的可行性研究和项目评估案例,集理论、方法与操作案例于一体,是一部全面系统的投资项目决策工作业务指导书。

(四)可行性研究的特点

房地产开发项目可行性研究的主要特点有:

(1) 前期性　可行性研究是投资决策前的分析研究,它是项目建设前期工作的主要内容。

(2) 预测性　可行性研究是对未来拟建设项目的市场需求、投资、成本、盈利以及社会经济效益的预测,而不是对已建成项目实际情况的分析。

(3) 不确定性　在研究过程中,项目的技术经济性均为不确定因素,是在不确定的条件下进行的预测。

(五)可行性研究的依据

房地产开发项目可行性研究必须有一定的依据,主要有:

(1) 国家和地区经济建设的方针、政策和长远规划。

(2) 批准的项目建议书和同等效力的文件。

(3) 国家批准的城市总体规划、详细规划和交通等市政基础设施规划。

(4) 自然、地理、气象、水文、地质、经济、社会等资料。

(5) 有关工程技术方面的标准、规范、指标、要求等资料。

(6) 国家所规定的经济参数和指标。

(7) 开发项目备选方案的土地利用条件、规划设计条件以及备选规划设计方案等。

二、可行性研究的专业机构和人员构成

正式的可行性研究一般应由专业评价咨询机构来完成。在我国,房地产开发项目的可行性研究报告过去通常由各开发公司自行编制,然后报政府计划部门审查立项。自1995年开始,部分城市已逐步将房地产开发项目的可行性研究作为开发项目评价报告归专业的房地产评价(评估)机构完成,逐步与国际接轨,其优点在于这些专业咨询机构能进行较为全面、综合、专业性的调查分析。一个项目的可行性研究小组,一般包括以下人员:

注册房地产估价师和土地估价师　　　　　　　　　　　　　　1~2名

造价工程师	1 名
市场调查和分析人员	1~2 名
经济分析专家	1 名
制作人员	1~2 名
社会学、环境科学专家	若干名

社会学、环境科学专家主要从社会学和环境科学的角度对项目进行指导,例如,该项目的开发会否造成不良的社会问题,会否造成环境污染,要规避某些局部得益而整体受损或者近期得益而长期会造成不良后果的项目。

经济分析专家主要是从宏观上对拟开发项目在建设期和建成后的宏观经济趋势进行分析,避免发生重大的偏差。如今后 2~3 年内是否会发生大的通货膨胀,房地产市场的供求关系走势如何,政府会否出台有利于或限制本行业或本类物业发展的政策或法规等。

市场调研人员主要调查过去和当前本地区及该类物业的供需情况,重点是本开发物业,并兼顾其他物业的售价、租金、空置率、供求量及成交情况,要拿出足够的数据来分析当前市场的状况,并与经济分析专家一起预测未来趋势。

造价工程师在我国是一个正在形成的新兴的执业资格职称,它的主要任务是对房地产开发项目中的土建、设备及安装等价格进行正确的估算。

注册房地产估价师在我国已形成了一支专业执业队伍,它既要熟悉房地产专业知识,又必须熟悉财务管理和工程技术方面的知识,它是研究小组的核心,它的任务是参与经济分析专家等对未来市场的分析,并负责归纳其他人员所完成的工作,综合应用工程技术和财务管理的有关知识,对项目作出计算和总体评价,撰写可行性研究报告。

制作人员主要负责报告的打印、核对及装帧。

三、住宅开发项目可行性研究阶段

由于住宅开发项目占房地产开发项目的绝大多数,所以这里讨论住宅开发项目的可行性研究阶段的内容。住宅开发项目可行性研究从粗到细分析过程,按国际惯例可分为 3 个阶段。

1. 机会研究

机会研究是指在一地区或部门内,以市场调查和市场预测为基础,进行粗略和系统的估算,来选择最佳投资机会,提出项目。它是对项目投资方向提出的原则设想。在机会研究以后,如果发现某项目可能获利时,就需要提出项目建议。在我国项目建议一般采用项目建议书的形式。该项目建议书一经批准,就可列入项目计划,这一过程称为立项。项目建议书应包括以下主要内容。

(1) 建设项目提出的必要性的依据　主要说明项目提出的背景,提出与项目有关的长远规划、地区规划资料,说明项目建设的必要性。

(2) 住宅类型、拟建规模和建设地点的初步设想　主要包括市场调查、初步确定住宅类型、估计市场需求量和销售单价,并论证建设地点等内容。

(3) 建设条件的初步分析　分析拟建项目所在地公共设施配套情况和交通情况。

(4) 投资估算和资金筹措设想　住宅开发项目投资估算主要估算固定资产投资额。资金筹措计划中应说明资金来源,分析贷款条件及利率,说明偿还方式和能力。

(5) 项目的进度安排　包括建设前期进度安排及项目建设所需时间。

(6) 经济效益初步估计　主要进行财务评价,计算项目全部投资内部收益率和投资回收期等指标,进行盈利能力分析。

机会研究是对项目是否可行做出粗略估计,估算精度一般在±30%以内,研究费用一般占总投资的0.2%~0.8%。值得一提的是,由于咨询业市场竞争的因素,实际的研究费用远远低于该标准。所需时间约1~2个月,如果机会研究认为是可行的,就可以进行下一阶段的工作。

2. 初步可行性研究

初步可行性研究也称预可行性研究。大型投资项目的可行性研究为了避免不必要的时间、金钱和人力方面的浪费,一般在进行正式可行性研究之前,先进行一轮初步的分析,即初步可行性研究。

初步可行性研究主要解决的问题是分析投资机会研究的结论,初步判断项目投资是否可行,决定是否进行下一步的可行性研究。初步可行性研究与详细可行性研究的区别主要在于获得资料的详细程度不同,计算结果的精度不同,并且分析的深度也不同。对一些中小型投资项目,或某些投资机会研究已获得足够资料的项目,往往就越过初步可行性研究阶段,直接进入详细可行性研究阶段。

初步可行性研究阶段投资估算的精度稍高于投资机会研究,可达到±20%,所需费用约占总投资的0.25%~1.5%。同样,实际的研究费用远远低于该标准,所需时间为2个月左右。

3. 详细可行性研究阶段

详细可行性研究即通常所说的可行性研究,是项目投资可行性研究全过程中最重要的一个部分。这一阶段占有大量的原始资料,对拟投资项目进行全面的技术经济论证。该阶段对建设投资估算的精度在±10%,所需费用小型项目约占总投资的1%~3%,同样,实际的研究费用远远低于该标准。大型项目约占0.2%~1%,所需时间为2~3个月。

4. 项目的评价和决策

按照国家的有关规定,对于大中型和限额以上的项目及重要的小型项目,必须经有权审批单位委托有资格的咨询评价单位,就项目可行性研究报告进行评价论证。未经评价的建设项目,任何单位不准审批,更不准组织建设。

项目评价是由决策部门组织或授权于建设银行、投资银行、咨询公司或有关高校及研究机构的专家,代表国家对上报的建设项目可行性研究报告进行全面审核和再评价阶段。

四、可行性研究的基本内容

房地产开发项目的可行性研究主要有3个方面的内容:一是项目的必要性;二是开发项目在受各种外部条件所制约时实施的可能性;三是项目的技术、经济分析。

1. 项目开发的必要性

必要性是从两个方面考虑的。一是从社会需求考虑,要符合国家城市建设发展的需求,追求该项目的社会效益。如果有违于社会经济发展计划,势必引起效益低下。为此需要对城市的社会、经济发展进行调查分析,对市场需求进行分析和预测。二是从开发企业的角度考虑,对于企业的盈利,企业资金的积累等有很强的经济意义。如果经济效益不高,甚至亏本,对企业来说是不能够选择的。

2. 项目的制约条件与开发建设的可能性

项目的外部制约性有两个方面。一种是软约束,主要是固定资产投资规模和城市规划对开发项目的限制条件,企业的等级和投资实力决定了投资项目的规模,投资规模与项目规模应相匹配,过小或超大都会给开发的成功带来不利影响。城市规划对开发项目有许多的限制和要求。比如公共设施的配套、建筑密度、建筑高度、容积率、建筑风格、建筑用途等等对开发企业提出了很高的要求,这些要求限制了企业开发的随意性,不同程度地影响到开发企业的选择。另一种是硬约束,主要是土地、资金、建筑材料、施工力量、城市基础设施,以及开发建设过程和建成投入使用后的道路、电力、通讯、上下水、热力等的供应和限制条件。这些因素直接影响着开发过程和结果,比如可造成开发周期延长甚至形成"半截子"工程。在进行可能性分析时,必须充分考虑到项目开发对这些因素约束的承受力和突破力,否则对项目的启动、开发、建设和销售都会带来灾难性的影响。

3. 项目的技术、经济分析

技术、经济分析是项目可行性分析中重要的核心部分,相对而言,经济分析又比技术分析显得重要,因为对于企业来说,利益是最重要的。如果是其他两项分析都可行,而经济上分析不可行,则这个项目对该企业是不可行的。在经济分析中,市场分析特别重要,这与我们日益改进的经济体制有关,市场形势的变化对项目的成本、销售价格、利润等都有直接的影响。技术对项目的约束力并不十分大,因为在现代科技条件下,不同的技术要求都可通过各种方式来获得。进行技术分析主要是考虑其实施中的经济可行性。

五、可行性研究报告的撰写

(一) 可行性研究报告的基本构成

可行性研究报告作为房地产投资项目可行性研究结果的体现。每个可行性研究报告必须说明评价什么、为什么评价、得出什么结论和凭什么得出这些结论。可行性研究报告通常由开发商委托房地产评价机构、研究机构来撰写。在正式写作前,先要筹划一下可行性研究报告应包括的内容,一般来说,一份正式的可行性研究报告应包括封面、摘要、目录、正文、附表和附图等六个部分。

(1) 封面　要能反映评价项目的名称、为谁所作、谁作的评价以及可行性研究报告写作的时间。

(2) 摘要　用简洁的语言,介绍被评价项目所处地区的市场情况、项目本身的情况和特点、评价的结论。摘要的读者对象是没有时间看详细报告但又对项目的决策起决定性作用的人,所以摘要的文字要字斟句酌,言必达意,绝对不能有废词冗句,字数以不超过1 500字为宜。

(3) 目录　一般情况下,可行性研究报告较长,所以要有目录及对应内容的页码,以使读者能方便地了解可行性研究报告所包括的具体内容以及前后关系,使之能根据自己的兴趣快速地找到其所要阅读的部分。

(4) 正文　这是可行性研究报告的主体,一般要按照逻辑的顺序,从总体到细节循序进行。要注意的是,报告的正文也不要太烦琐。报告的厚度并非是取得信誉的最好方法,重要的是尽可能简明地回答未来读者所关心的问题。对于一般的可行性研究报告,通常包括的具体内容有:项目总说明、项目概况、投资环境研究、市场研究、项目地理环境和附近地区竞争性发展项目、规划方案及建设条件、建设方式与进度安排、投资估算及资金筹措、项目评价基础数据的预测和选定、项目经济效益评价、不确定性分析和结论与建议等 12 个方面。项目可行性研究报告如用于向国家计划管理部门办理立项报批手续,还应包括环境分析、能源消耗及节能措施、项目公司组织机构等方面的内容。因此,报告的正文中应包括些什么内容,要根据评价的目的和未来读者所关心的问题来具体确定,没有固定不变的模式。

(5) 附表　附表是正文中不便插入的较大型表格,为了使读者便于阅读,通常将其按顺序编号附于正文之后。附表按照评价报告中的顺序,一般包括:项目工程进度计划表、项目投资估算表、投资计划和资金筹措表、项目销售计划表、财务现金流量表(全部投资)、财务现金流量表(自有资金)、资金来源与运用表、贷款还本付息估算表和敏感性分析表等。当然,有时在投资环境分析、市场研究、投资估算等部分的表格也可以用附表的形式出现在报告中。

(6) 附图　为了辅助文字说明,使读者很快建立起空间的概念,通常要有一些附图。这些附图一般包括:项目位置示意图、项目规划用地红线图、建设设计方案平面图、项目所在城市总体规划示意图和与项目性质相关的土地利用规划示意图、项目用地附近的土地利用现状图和项目用地附近竞争性项目分布示意图等。有时附图中还会包括评价报告中的一些数据分析图,如直方图、饼图和曲线图等。

当然,如果是后可行性研究报告,还应包括一些附件,如土地使用权证、建设用地规划许可证、施工许可证、销售许可证、规划设计方案审定通知书、建筑设计方案平面图、公司营业执照、经营许可证等。这些附件通常由开发商或委托评价方准备,与评价报告一同送有关读者。

根据国家发展计划委员会第 9 号令(2001 年 6 月 18 日颁发),在工程项目可行性研究报告中还须增加有关招标的内容。包括:①招标范围;②组织形式;③拟采用的招标方式;④其他有关内容(附招标基本情况表)。

(二) 可行性研究报告正文的写作要点

正文是可行性研究报告的核心内容,按照前述报告正文中应包含的内容,现将写作要点介绍如下。

1. 项目总说明

在项目总说明中,应着重就项目背景、项目主办者或参与者、项目评价的目的、项目评价报告编制的依据及有关说明等向读者介绍。

2. 项目概况

在这一部分内容中,应重点介绍项目的合作方式和性质、项目所处的地址、项目拟建规模和标准、项目所需市政配套设施的情况及获得市政建设条件的可能性、项目建成后的服务对象。

3. 投资环境研究

主要包括当地总体社会经济情况、城市基础设施状况、土地使用制度、当地政府的金融和税收等方面的政策、政府鼓励投资的领域等。

4. 市场研究

按照所评价项目的特点,分别就当地与所评价项目相关的土地市场、居住物业市场、写字楼物业市场、零售商业物业市场、酒店市场、工业物业市场等进行分析研究。市场研究的关键是占有大量的第一手市场信息资料,通过列举市场交易实例,令读者信服你对市场价格、供求关系、发展趋势等方面的理解。

5. 项目地理环境和附近地区竞争性发展项目

这一部分主要应就项目所处的地理环境(邻里关系)、项目用地的现状(熟地还是生地、需要哪些前期土地开发工作)和项目附近地区近期开工建设或筹备过程中的竞争性发展项目。竞争性发展项目的介绍十分重要,它能帮助开发商做到知己知彼,正确地为自己所开发的项目进行市场定位。

6. 规划方案及建设条件

主要介绍开发项目的规划建设方案和建设过程中市政建设条件(水、电、路等)是否满足工程建设的需要。在介绍规划建设方案的过程中,可行性研究报告撰写者最好能根据所掌握的市场情况,就项目的规模、项目拟发展的档次、建筑物的规划设计技术指标、建筑物的装修标准和功能面积分配等提出建议。

7. 建设方式及进度安排

项目的建设方式是指建设工程的发包方式,发包方式的差异往往会带来工程质量、工期、成本等方面的差异,因此这里有必要就建设工程的承发包方式提出建议。这一部分中还应就建设进度安排、物料供应(主要建筑材料的需要量)做出估计或估算,以便为投资估算作好准备。

8. 投资估算及资金筹措

这一部分的主要任务是就项目的总投资进行估算,并按项目进度安排情况做出投资分年度使用计划和资金筹措计划,项目总投资的估算,应包括项目投资概况、估算依据、估算范围和估算结果,一般投资估算结果汇总中应包括土地费用、前期工程费用(含专业费用)、房屋开发费用、开发间接费、管理费、销售费用、财务费用和不可预见费用等。投资分年度使用计划实际是项目财务评价过程中有关现金流入的主要部分,应该分别就开发建设投资(又称固定资产投资)和建设投资利息分别列出。资金筹措计划主要是就项目投资的资金来源进行分析,一般包括自有资金(股本金)、贷款和预售收入三个部分(当然,还有其他资金筹措方式)。应该特别指出的是,当资金来源中包括预售收入时,还要和后面的销售收入计划配合考虑。

9. 项目评价基础数据的预测和选定

这一部分通常包括销售收入测算、成本和税金、利润分配3个部分。要测算销售收入,首先要根据项目设计情况确定按功能分类的可销售或出租面积的数量;再依据市场研究结果,确定项目各部分功能面积的租金或售价水平;然后再根据工程建设进度安排和开发商的市场销售策略,确定项目分期或分年度的销售或出租面积及收款计划;最后汇总出分年度的销售收入。成本和税金部分,一是要对项目的开发建设成本、流动资金、销售费用和投入运营后的经营成本进行估算;二是对项目需要交纳的税费种类及其征收方式和时间、税率等做出说明,以便为后面的现金流分析提供基础数据。利润分配主要反映项目的获利能力和可分配利润的数量,属于项目盈利性分析的一种。

10. 项目经济效益评价

这是项目评价报告中最关键的部分,在这里,要充分利用前述各部分的分析研究结果,对项目的经济可行性进行分析。这部分的内容一般包括现金流量分析、资金来源与运用表(财务平衡表)与贷款偿还分析。现金流量分析,要从全投资和自有资金(股本金)两个方面对反映项目经济效益的财务内部收益率、财务净现值和投资回收期进行分析测算。资金来源与运用表集中体现了项目自身资金收支平衡的能力,是财务评价的重要依据。贷款偿还分析主要是就项目的贷款还本付息情况做出估算,用以反映项目在何时开始,从哪项收入中偿还贷款本息,以及所需的时间长度,以帮助开发商安排融资计划。

11. 不确定性分析

一般包括盈亏平衡分析、敏感性分析和风险分析(概率分析)。不确定分析的目的,是就项目面临的主要风险因素如建造成本、售价、租金水平、开发周期、贷款利率、可建设建筑面积等因素的变化,对项目经济效果评价的主要技术、经济指标如财务内部收益率、财务净现值和投资回收期等的影响程度进行定量研究;对当地政治、经济、社会条件可能变化的影响进行定性分析,进一步可用模糊数学方法从定性转化为定量分析。

其中,盈亏平衡分析主要是求取项目的盈亏平衡点,以说明项目的安全程度;敏感性分析则要说明影响项目经济效益的主要风险因素为总开发成本(建造成本)、售价、开发建设周期和贷款利率在一定幅度内的变化时,对全投资和自有资金投资的经济评价指标的影响情况,敏感性分析一般分单因素敏感分析和多因素敏感分析。敏感性分析的关键是找出对项目影响最大的敏感性因素和最可能、最乐观、最悲观的几种情况,以便项目实施过程中的操作人员及时采取对策并进行有效的控制;风险(概率)分析目前在我国应用尚不十分普遍,因为风险(概率)分析所需要依据的大量市场基础数据目前还很难收集,但精确的风险(概率)分析在西方发达国家的应用日渐流行,因为风险(概率)分析能通过模拟市场可能发生的情况,就项目获利的数量及其概率分布、最可能获取的收益及其可能性大小给出定量的分析结果。

12. 结论与建议

可行性研究的结论主要是说明项目的经济效益评价结果,是否表明项目具有较理想的财务内部收益率(是否达到了同类项目的社会平均收益率标准),是否有较强的贷款偿还和自身平衡能力,较强的抗风险能力,项目是否可行。

根据项目综合评价,提出项目可行或不可行的理由,对于不可行的项目,要提出不可行的主要问题及处理意见,对于可行的项目,应指出存在的问题及改进建议。

以上12点是可行性研究报告正文的内容,其中市场研究、项目经济效益评价和不确定性分析是可行性研究报告中的重中之重的部分。

(三)可行性研究报告的校读与编辑

从自己所写的文字中找出问题并不是一件很容易的事。人们在与别人的对话中通常能确信自己已经正确地表达出了自己的观点,但因文字表达给读者留有推敲的时间,也就容易发现问题。因此,撰写者有必要先一字一句地读一下评价报告的草稿,若有疑问,就要考虑读者看后会怎么想。仔细校读以后,还可以自问一下:报告是否已经表达了自己所想要表达的全部内容?

编辑报告要消除无意义、不必要的词,难懂的短语或技术术语是否能令读者理解,并确认是否已经按醒目的要求划分好段落。还要检查句子长度和并列结构的使用是否正确,如果所有的句子都比较长,就需找出单调、冗长的复合句,并将其分成两个或更多的句子。题目之间、段落之间的过渡也要自然。

最后还要提出一些问题,例如,报告是否说得太多?提出的问题都回答了吗?回答得是否充分?是否始终观点明确?是否希望业内人士阅读此报告?这些问题都能很好地解决并做到心中有数,这样,所提交的报告就达到了较高的水准。

第五节　房地产市场研究

前面讲到过,市场研究是房地产开发项目可行性研究报告的重中之重的部分,为更深入地掌握市场研究的详细方法,本节在较大范围内介绍房地产市场研究(不局限于可行性研究报告中的市场研究)。读者可根据不同的可行性研究报告,有选择地选取其中的相关内容。

一、房地产市场研究的步骤

无论是房地产的开发投资还是置业投资,或者是政府管理部门对房地产业实施宏观管理,其决策的关键在于把握房地产市场供求关系的变化规律,而寻找市场变化规律的过程实际上就是市场研究的过程。房地产市场研究是通过信息将房地产市场的参与者与房地产市场联系起来的一种活动,即通过房地产市场信息的收集、分析和加工处理,寻找出其内在的规律和含义,预测市场未来的发展趋势,用以帮助房地产市场的参与者掌握市场动态、把握市场机会或调整其市场行为。

房地产市场研究依所服务的对象不同,所需收集的信息的范围和内容也有所差别。一般说来,要遵循以下步骤:确定研究目的,即该研究是为投资方案选择与决策服务、为解决某一具体问题或发现市场机会服务、为场地选择或产品定位服务的,还是为编制一般的市场研究报告服务的;确立研究目标,主要决定该项研究的范围及所需解决的主要问题;选择研究方法,主要确定该项研究所需数据的类型与收集方法、数据处理过程中定性和定量方法的选择;估算研究过程所需的时间和费用,以及研究结果的预期价值;数据收集、数据处理和数据分析;市场研究的结论与建议。

二、房地产市场研究的内容

1. 宏观因素研究

房地产市场研究首先要就影响整个房地产市场的宏观因素进行研究。投资者首先要考虑国家和地方的经济特性,以确定区域整体经济形势是处在上升阶段还是衰退阶段。在这个过程中,要收集和研究的数据包括:国家和地方的国民生产总值及其增长速度、人均国民生产总值、人口规模与结构、居民收入、社会政治稳定性、政府法规政策完善程度和连续性、产业结构、三资企业数量及结构、国内外投资的规模与比例、各行业投资收益率、通货膨胀率和国家金融政策(信贷规模与利率水平)等。

评价者还要分析研究其所选择的特定开发地区的城市发展与建设情况。例如铁路、公路、机场、港口等对内对外交通设施情况,水、电、燃气、热力、通讯等市政基础设施完善程度及供给能力,劳动力、原材料市场状况、人口政策、地方政府产业发展政策等。这方面的情况,城市之间有很大差别,甚至在同一个城市的不同地区之间也会有很大差别。

地区的经济特征确定后,必须对项目所在地域的情况进行研究,包括经济结构、人口及就业状况、家庭结构、子女就学条件、地域内的重点开发区域、地方政府和其他有关机构对拟开发项目的态度等。

2. 市场状况研究

房地产市场状况研究,是介于宏观和微观之间的研究。市场状况研究一般要从以下几个方面进行:

(1) 各类物业的供求关系、空置率、成交量、市场吸纳能力和速度。

(2) 土地批租数量和用途分布,已批租和待批租土地的面积、用途和可能建筑的面积,单宗土地出让转让信息(包括土地使用权的受让方、坐落位置、用途、四至范围、占地面积、建筑面积、土地价格、土地使用年限、开发建设总投资、土地利用要求、土地使用费标准、项目投资情况和成交日期等)。

(3) 房地产销售价格和租金水平,地价、拆迁安置补偿成本、建造成本和其他成本费用,房地产开发经营过程中的税费等。已建成投入使用的主要竞争性项目,包括:用途、项目名称、位置、投入使用日期、建筑面积、入住率和月租金、售价和大型商场的营业面积和营业额等。

(4) 竞争性物业发展状况,包括:政府规划中的房地产开发项目用地的用途、所处区县、位置、占地面积、容积率、建筑面积和预计开工建设日期等。

(5) 规划建设中的主要房地产开发项目的用途、项目名称、位置、预计完工日期、建筑面积、售价和开发商名称等。

(6) 各类房地产投资收益率和房地产开发利润率。

(7) 项目用地附近地区土地使用现状,总体规划和专业规划,包括:市政设施发展规划(道路交通、电力、供热、燃气、供水、雨水排放、电信等),公共配套设施(学校、幼儿园、医院、文体设施等)规划,大型公共建筑(商场、办公楼等)发展规划,重点商业区或工业开发区发展规划,土地利用规划等方面的情况。

(8) 市场购买者对房地产商品功能的要求,购买者的职业、年龄、受教育程度、现居住或工作地点的区位分布,投资购买和使用购买的比例,等等。

3. 相关因素研究

当总体背景情况确定后,投资者就可以针对某一具体开发投资类型和地点进行更为详尽的研究。从房地产开发的角度来看,市场研究最终要落实到对某一具体的物业类型和开发项目所处地区的房地产市场状况的研究。应该注意的是,由于不同类型和规模的房地产开发项目所面对的市场范围的差异,导致市场研究的方式和内容也有很大的差别。

如果是住宅开发项目,那么市场研究将包括与房地产代理机构、物业管理人员特别是与住户的沟通,以了解开发项目周围地区住宅的供求状况、价格水平、对现有住宅满意的程度和对未来住房的希望,以确定所开发项目的平面布置、装修标准和室内设备的配置。对于拟开发的工业或仓储项目,首先要考察开发所必须具备的条件,诸如劳动力、交通运输、原材料和专业人员的来源问题。同时还要考虑未来入住者的意见,如办公、生产和仓储用房的比例,大型运输车辆通道和生产工艺的特殊要求,以及对隔音、抗震、通风、防火、起重设备安装等的特殊要求。

商业购物中心开发项目是一种比较特殊的形式。在研究中,往往要充分考虑项目所处地区的流动人口和常住人口的数量,购买力水平以及该地区对零售业的特殊要求;还要考虑购物中心的服务半径及附近其他购物中心、中小型商铺的分布情况;最后才能确定项目的规模、档次以及日后的经营构想。

兴建写字楼项目,首先要研究项目所处地段的交通通达程度,拟建地点的周边环境及与周围商业设施的关系;还要考虑内外设计的平面布局、特色与格调、装修标准、大厦内提供公共服务的内容、满足未来潜在使用者的特殊需求和偏好。

但不论是什么类型的房地产开发项目,都需要就以下问题进行详细的研究:项目所处的位置、周围环境及与城市中心商业区的关系;项目用地工程地质资料;附近地区土地利用及城市规划控制指标,城市建设规划管理的有关定额指标(如控制高度、容积率、用途、绿地率、建筑覆盖率、内外交通组织、建筑防火、停车场车位数等);针对未来用户的需求信息;同类竞争性开发项目的信息,政府对此开发项目的态度;项目周围市政基础设施、配套设施的供应能力;针对项目的成本、价格、租金、空置率、市场吸纳能力研究;金融信息,如各类贷款获取的可能性、贷款利率、贷款期限和偿还方式等。

三、房地产市场研究中的信息类型

影响房地产投资的信息或房地产投资过程中与市场研究相关的信息主要分为3个大的类型:一是与整个宏观市场相关的经济、人文信息,这些信息对于房地产投资者的影响虽然是间接的,但对投资者选择投资方向、确定投资的宏观区位有着重大的影响;二是房地产市场运作过程中产生的直接信息,这些信息对于投资者确定房地产投资的类型、选择具体区位和进入市场的时机,对于政府把握房地产市场状态、实施房地产市场的宏观管理起着重要作用;三是与投资项目直接相关的信息,它影响着投资者的具体投资决策。

从市场研究的角度出发,通常将房地产市场信息分为需求信息、供给信息、交易信息和其他信息。还应该指出的是,依据所研究的物业类型不同,房地产市场研究对信息的要求也有所变化。例如居住物业市场更需要人口、家庭方面的信息,而写字楼市场则更注重就业率、就业人口职业分布等方面的信息。

1. 房地产需求方面的信息

包括宏观经济信息(GDP,GNP及其增长率、通货膨胀率等)、房地产使用者信息(人口、失业率、家庭规模、家庭收入、公司数量与规模、对房屋使用功能需求的潮流与趋势等)和使用中的房地产数量和空置量信息。

2. 房地产供给方面的信息

包括现有房地产数量(存量)、使用中建筑物的物理状况、房地产开发成本指数、新开发房地产面积(计划、新开工、在施工、竣工)、拆除或改变用途数量、可供开发的土地资源及规划要求等方面的信息、各种类型用地出让或转让的数量、楼面地价和单位地面价。

3. 房地产市场交易方面的信息

包括租金及租金指数(含平均租期、租金折扣等)、销售价格及价格指数(包括土地价格和物业价格)、房地产投资收益率和资本化率、分类物业的市场成交量、市场吸纳周期与吸纳率。

4. 其他信息

包括政策信息、金融信息(信贷政策、信贷规模、利率水平等)和房地产税收等方面的信息。

四、房地产市场研究的基本方法

(一) 市场数据的收集

市场数据的收集是房地产市场研究的开始。市场研究中经常涉及到的原始数据包括企业内部和外部两个来源。企业内部数据指企业从事房地产经营过程中所产生的信息,主要包括会计报表与财务报告、销售业绩报告、顾客反馈意见等方面所记载的数据,是市场研究的基本信息,市场研究人员应充分利用这些内部信息。外部数据主要包括加工信息和通过市场研究人员的市场调查所获得的原始信息。加工信息的来源包括政府统计和房地产主管部门发布的统计资料、学会或商会组织提供的报告、报刊、企业或非盈利机构的年度报告、计算机网络信息以及咨询机构的市场研究报告等;原始信息则需要由市场研究人员根据市场研究的目的,通过专家访谈、座谈会、问卷调查、电话访问、现场查勘等方式自行调查收集。

(二) 对原始数据的加工

1. 列表分析

在进行市场研究时,经常要借助于表格的形式进行,对分类房地产市场的供求状况和价格水平进行简明扼要的介绍。表 3-18 至表 3-20 分别给出了土地市场研究、写字楼(或其他物业)市场研究和竞争性开发项目研究用表。通过对某一时间点或某一时间段的房地产市场信息进行必要的编辑处理,并以表格的形式反映出来,也可以初步地判断市场状态和发展趋势。

表 3-18　　　　土地出让市场研究表

地块编号	土地坐落	占地面积	容积率	土地使用性质	地价			出让日期	受让单位名称
					总价(元)	单位地价(元/m²)	楼面地价(元/m²)		

表 3-19　　　　写字楼(或其他物业)市场研究表

项目名称	坐落地点	建筑面积(m²)	售价或租金(元/m²)	入伙日期	开发商名称

表 3-20　　　　竞争性开发项目一览表

项目名称	坐落地点	占地面积(m²)	建筑面积(m²)	用地性质	开发商名称

2. 运用数理统计方法进行分析

运用统计学的基本分析方法,通过计算所收集到的原始数据的频率分布、均值与百分比、相关分析指标、多变量分析指标、假设检验结果等,判断所收集的原始数据的质量及其所反映的内在规律。

通常可以分为时间序列分析法和因果关系分析法。时间序列分析法是根据预测对象的历史等间隔时间序列数据,找出预测对象随时间变化的规律,通过趋势外推来对预测对象作出判断。其常用方法有：移动平均法、指数平滑法。因果关系分析法是利用原因和结果之间存在数学函数式的内在联系，建立相应的数学模型，来进行预测。回归分析法是分析因果的一种常用方法，它是用来描述、分析随机因素间相互关系的一个重要方法，在可行性研究报告中经常被采用。回归分析法分为一元线性回归法和多元线性回归法两种。

(1) 一元线性回归法　假设拟投资地区的房地产市场某类型物业价格的时间数列逐年变化大致相同，发展比较平稳，那么它的发展趋势可以用直线来模拟，通过建立回归线性方程来求解其未来的市场价格。

常用的直线模型方程为：

$$Y_i = a + bX_i$$

式中　$i = 1, 2, \cdots, n$（n 为样本容量）；

X——自变量，代表时间；

Y——因变量，代表不同时间相应的价格；

a, b——未知常数，通常采用历史数据，用最小二乘法求出：

$$a = \frac{\sum Y_i - b \sum X_i}{N}, \quad b = \frac{N \sum X_i Y_i - \sum X_i \sum Y_i}{N \sum X_i^2 - (\sum X_i)^2}$$

式中　N——时间数列的项数；

X_i, Y_i——样本数据（对样本数据应先经过分析，去除偏差较大和明显不合理的数据）。

计算相关系数 r：

$$r = \frac{N \sum X_i Y_i - \sum X_i \sum Y_i}{\sqrt{[N \sum X_i^2 - (\sum X_i)^2][N \sum Y_i^2 - (\sum Y_i)^2]}}$$

$0 \leqslant |r| \leqslant 1$，$|r|$ 愈接近 1，说明自变量 X 与 Y 的相关性愈大，预测结果可信度愈高。

直线趋势法的评价：由于回归方程是建立在历史统计数据基础上的，其前提是确认预测目标与自变量的关系及影响预测的环境未发生重大变化，即前面所说的"比较平稳"，方可采用该方法；若环境及行业变化大起大落，则不可采用该法进行预测。

[例 3-7]　某城市住宅物业 1997 年到 2002 年间各年的价格变化情况的统计数据如表 3-21 所示，要求预测 2004 年该类物业的市场单价。

表 3-21　　　　　　　　各年的价格变化情况

时间	1997 年	1998 年	1999 年	2000 年	2001 年	2002 年
住宅单位（美元/m²）	800	830	890	920	970	1 000

[解]　为了便于计算，将时间系列自 1997 年至 2002 年分别设为 $-5, -3, -1, 1, 3, 5$ 六个数字，则 2004 年对应的数字即 $X = 9$，计算如表 3-22 所示。

表 3-22　　　　　　　　　　　　一元线性回归

年份	X	Y	XY	X²
1997	−5	800	−4 000	25
1998	−3	830	−2 490	9
1999	−1	890	−890	1
2000	1	920	920	1
2001	3	970	2 910	9
2002	5	1 000	5 000	25
总计	0	5 410	1 450	70

$N = 6$

则

$$b = \frac{N\sum X_i Y_i - \sum X_i \sum Y_i}{N\sum X_i^2 - (\sum X_i)^2} = \frac{N\sum X_i Y_i}{N\sum X_i^2} = \frac{1\,450}{70} = 20.714$$

$$a = \frac{\sum Y_i - b\sum X_i}{N} = \frac{(5\,410 - 0)}{6} = 901.667$$

则 $Y = 901.667 + 20.714X$

将 $X = 9$ 代入，求得 2004 年该类物业的市场单价的趋势值为：

$Y = 901.667 + 20.714 \times 9 = 1\,088.093$（美元/m²）。

(2) 多元线性回归法　如果影响预测目标的主要变动因素不止一个，则可采用多元线性回归法。多元线型回归的原理和一元线性回归相同，其回归方程一般式如下：

$$Y = a_0 + a_1 X_1 + a_2 X_2 + \cdots + a_n X_n$$

式中　Y——因变量；

$X_1, X_2, \cdots, X_n$——n 个不相关的自变量；

$a_0, a_1, a_2, \cdots, a_n$——Y 对 $X_1, X_2, \cdots, X_n$ 的偏回归系数。

多元线性回归的详细应用可参阅有关数理统计专著。

3. 利用图形进行分析

利用图形进行市场研究最大的优点是直观、通俗、易懂。利用有关市场数据，通过计算机绘图软件绘制出二维或三维直方图、饼图、折线或曲线图等，可以给我们把握市场状态和研究未来市场变化趋势以极大的帮助。在绘制这些图的过程中，还可以使用计算机软件中的统计分析和回归分析模型、移动平均或指数平滑等预测模型等，绘制出能更好地反映市场状况的各种直观图形。

(三) 加工信息在市场研究中的应用

从目前我国房地产市场研究的发展水平来看，回归分析模型等数理统计模型是目前普遍使用的模型，地理信息系统、航空遥感技术、计算机辅助设计技术、SPSS(统计软件包)、数量经济学模型、技术经济评价模型等在房地产市场数据分析中的应用还处在试用研究阶段。

房地产市场趋势预测模型、市场决策支持系统、房地产市场周期估计与分析模型、市场吸纳力分析模型等尚有待研究开发。但是中国房地产市场上已经出现了中房指数、国房指数(国家统计局和国家发展和改革委员会联合发布)、上房 50 指数等加工信息。市场研究人员在进行市场研究工作时,可充分利用这些加工信息。

第六节　房地产开发项目经济效益评价

与市场研究在房地产开发项目可行性研究报告中的地位一样,房地产开发项目经济效益评价也是其重中之重的内容,可以说,经济效益评价是可行性研究报告的灵魂和核心内容。

一、房地产开发项目财务数据估算

这里我们不妨以住宅开发项目财务数据估算来阐述其内容。在住宅开发项目财务评价过程中,需要有基本财务数据,这些基本财务数据的估算,是进行财务评价的依据和基础。从某种意义上说,项目财务数据的估算是可行性研究中难度最大的部分,也是可行性研究的基础,其财务数据准确与否直接影响到项目的成败。因此,项目财务数据估算,是项目可行性研究乃至整个项目投资决策阶段的重要任务。住宅开发项目财务数据估算是在项目设计方案、市场供求关系、资源供给能力、技术条件分析的基础上,从住宅开发项目的角度出发,根据我国现行的价格体系和财税制度,对一系列财务数据进行调查、收集、整理和测算,并将得到的财务数据编制成辅助财务报表。注意,下述费用在估算时,各地计算口径有所差异,应根据当时当地实际估算规定的标准选取。现就上海情况加以介绍。

住宅开发项目财务数据主要包括总成本(总投资或开发总成本＋销售期成本)、销售收入、销售税金及附加、利润等估算。住宅开发项目总成本费用是指项目在一定时期内为建造和销售住宅而花费的全部费用。

总成本一般由开发总成本和销售期成本所组成。住宅项目开发总成本相当于住宅开发项目总投资(估算)。从住宅开发项目成本结构来看,总成本可分离出固定成本和变动成本。凡是在一定范围内不随项目建筑面积变化而变化的成本均属固定成本,如土地出让金、征地拆迁补偿费等。凡一定范围内随项目建筑面积变化而变化的成本均属变动成本,如建筑安装工程费、配套费等。在销售收入已确定的情况下,利润的多少,取决于成本的高低。如果成本估算不准确,就会造成对项目财务、经济效益估计的错误,甚至导致投资决策的失败。因此,准确地估算成本十分重要。

(一) 住宅开发项目总投资(或开发总成本)估算

房地产开发项目总投资是由固定资产投资(即工程造价)和流动资金(即流动资产投资)两部分构成。但在住宅开发项目中,流动资金需要量较少,一般在住宅开发项目总投资估算中不予考虑。

1. 固定资产的概念

固定资产是指在机关、企事业单位可供长期使用,并在使用过程中保持其原有物质形态不变的劳动资料和消费资料。如房屋、机械设备、仪器、运输设备、文化设施等。要求:使用年限在 1 年以上;单项价值在规定的限额以上;在使用过程中保持原有物质形态。

住宅属于非生产性固定资产,住宅项目的开发和建设,可以为社会提供更多的住宅,能够改善人们居住生活水平,满足人们对住宅的不同需求。

2. 固定资产投资估算

根据住宅开发项目的特点,其固定资产投资按照下列内容进行估算。

1) 土地使用费

土地使用费是指取得项目用地使用权而发生的费用。可分为土地征用及拆迁安置补偿费和土地使用权出让金,具体内容已在上一章中介绍。

2) 前期开发费

前期开发费主要包括可行性研究费、勘察设计费、设计和施工招投标管理费、建设工程招投标业务代理费、人防建设费、建筑工程质量监督费、执照费、审照手续费等。

住宅开发项目前期开发具体估算标准,如可行性研究费,应视机会研究、初步可行性研究和详细可行性研究以及项目总投资额的大小不同而不同,最大幅度范围在 0.2%~3% 之间,大多情况下取 0.2%~0.5% 之间,一般不超过 1%,值得一提的是,由于咨询业市场竞争的因素,实际的研究费用远远低于该标准;勘察设计费按建筑安装工程费 2%~2.5% 的比例估算;工程设计招投标管理费按总投资额 0.02% 的比例估算;工程施工招投标管理费按中标价 0.04% 的比估算;建设工程招投标业务代理费按建筑安装工程费的 0.35% 的比例估算;人防工程建设费按地面建筑面积 60 元/m^2 估算;执照费按土建、水电设备工程造价 0.1% 的比例估算;审照手续费按执照费的 50% 估算。

3) 建筑安装工程费

建筑安装工程费是指直接用于工程建设的总成本费用,主要包括基础工程费、土建工程费(建筑、结构)、房屋设备及安装工程费(给排水、电气照明、各种管道、通讯设施、消防设施、电梯、空调等设备及安装)和室内装修工程费等。建筑安装工费的估算方法有单位指标估算法、工程量近似匡算法、概算指标法等。

(1) 单位指标估算法 是根据类似工程相应的基础工程平方米造价、土建工程平方米造价、各项设备安装工程平方米造价、各种设备单价、室内装修工程平方米造价分别进行估算。

(2) 工程量近似匡算法 是采用与工程概预算类似的方法,先近似运算工程量,然后套用当地的概算定额,近似地估算出费用。

(3) 概算指标法 是根据经验或有关部门发布的各种住宅开发项目概算指标进行估算,如目前上海地区多层住宅建筑安装工程费用为 800~1 000 元/m^2,小高层住宅建筑安装工程费用为 1 200~1 400 元/m^2,高层住宅建筑安装工程费用为 1 400~1 700 元/m^2。

4) 工程监理费

工程监理费是指建设单位委托工程监理单位对工程实施监理工程所需费用。根据上海市建设交通委发布的有关文件规定,工程监理费按建筑安装工程费的一定百分比计取,建筑安装工程费在 500 万~20 000 万元,按 1%~2.5% 计取。

5) 配套设施费

配套设施费是指为住宅小区配套的水、电、燃气、通讯、绿化、道路、公共设施等费用,主要分为小区内配套设施费和住宅建设配套费。

(1) 小区内配套设施费 主要包括供电配套工程费、供水管道工程费、栗房建设费、供水征询费及排管贴费、燃气管道工程费、电话通讯工程费、环卫设施费、排污处理费、绿化建设费、保安设施费、有线电视安装费、小区智能化设施费、小区总体及道路建设费等。小区内配套工程费的估算,可根据国家、地区、有关主管部门制定的收费标准或按类似住宅开发项目相应的费用分别进行估算。

(2) 住宅建设配套费　依照有关文件规定,目前按每平方米建筑面积 320 元估算。

6) 建设单位管理费

建设单位管理费是指房地产开发项目从立项、筹建、建设、竣工验收交付使用等全过程管理所需费用,主要包括建设单位开办费和建设单位经费。根据"商品住宅价格管理暂行办法"规定,建设单位管理费按土地使用费、建筑安装工程、配套设施费之和 1%～3% 的比例估算。

7) 工程保险费

工程保险费是指房地产开发项目在建设期间根据需要实施工程保险所需的费用,住宅开发项目工程保险费一般按建筑安装工程 0.2%～0.4% 的比例估算。

8) 工程承包管理费

工程承包费是指具有总承包条件的工程公司,对房地产开发项目从开始建设至竣工验收交付使用全过程的总承包所需的管理费用。具体内容包括组织可行性研究、勘察设计、设备材料采购、工程招标、发包、工程预决算、项目管理、施工质量监督、竣工验收、交付使用的各种管理费用。根据国家主管部门或省、自治区、直辖市协调规定的工程总承包费取费标准计算,住宅开发项目一般按总投资额 2%～6% 的比例估算。

以上 1)～8)项内容构成了住宅开发项目工程费和工程建设其他费。

9) 预备费

预备费是指投资估算时用以处理实际发生的费用与估算发生的费用不相符而追加的费用,包括基本预备费和涨价预备费两大部分。

(1) 基本预备费　又称为不可预见费,是指在初步设计及概算内难以预料的工程费用,费用内容包括:①在批准的初步设计范围内,技术设计、施工图设计及施工过程中所增加的工程费用,设计变更、局部地基处理等增加的费用。②一般自然灾害造成的损失和预防自然灾害所采取的措施费用。③竣工验收时为鉴定工程质量,对隐蔽工程进行必要的挖掘和修复费用。

基本预备费是以工程费和工程建设其他费为计算基础,乘以基本预备费率。用公式表示为:

$$基本预备费 = (工程费 + 工程建设其他费) \times 基本预备费率$$

住宅开发项目基本预备费率的取值一般为 3%～8%,若项目前期不确定因素较少以及缴纳工程保险费的住宅开发项目基本预备费的取值可适当小一些。

工程费、工程建设其他费和基本预备费之和构成了固定资产静态投资部分。固定资产静态投资的估算,一般是以开工前 1 年为基准年。

(2) 涨价预备费　又称为价差预备费,是指房地产开发项目在建设期间由于价格等变化引起工程价格变化的预测预留费用。费用内容包括:人工、设备、材料、施工机械的价差费,建筑安装工程费及工程建设其他费用调整,利率、汇率调整等增加的费用。

涨价预备费的估算方法,一般根据国家规定的投资综合价格指数,按估算年份价格水平的固定资产静态投资额为基数,采用复利方法计算。计算公式为:

$$PF = \sum_{t=1}^{n} I_t [(1+f)^t - 1]$$

式中 PF——涨价预备费；
　　　I_t——第 t 年固定资产静态投资额；
　　　f——年投资价格上涨率；
　　　n——建设期年份数。

[例 3-8] 某住宅小区固定资产静态投资为 10 000 万元，按本项目进度计划，项目建设期为 3 年，3 年的投资计划比例分别为 40%，35%，25%，预测建设期内年平均价格变动率为 3%，请估算该住宅小区建设期的涨价预备费。

[解] 第一年固定资产静态投资额：$I_1 = 10\,000 \times 40\% = 4\,000$（万元）
第一年涨价预备费 $PF_1 = I_1[(1+f)^1 - 1] = 4\,000 \times [(1+3\%)^1 - 1] = 120$（万元）
第二年固定资产静态投资额：$I_2 = 10\,000 \times 35\% = 3\,500$（万元）
第二年涨价预备费 $PF_2 = I_2[(1+f)^2 - 1] = 3\,500 \times [(1+3\%)^2 - 1] = 213.15$（万元）
第三年固定资产静态投资额：$I_3 = 10\,000 \times 25\% = 2\,500$（万元）
第三年涨价预备费 $PF_3 = I_3[(1+f)^3 - 1] = 2\,500 \times [(1+3\%)^3 - 1] = 231.82$（万元）
该住宅小区建设期涨价预备费：$PF = 120 + 213.15 + 231.82 = 564.97$（万元）

10) 固定资产投资方向调节税估算

固定资产投资方向调节税根据国家产业政策和项目经济规模实行差别利率，是以固定资产投资项目实际完成投资额为计税依据。实际完成投资额包括：工程费、工程建设其他费和预备费。投资方向调节税按固定资产项目的单位工程年度计划投资额预缴，年度终了后，按年度实际完成投资额结算，多退少补；项目竣工后，按应征收投资方向调节税的项目及其单位工程的实际完成投资额进行清算，多退少补。

固定资产投资方向调节税 =（工程费 + 工程建设其他费 + 预备费）× 投资方向调节税税率

目前住宅开发项目投资方向调节税税率为 0。

11) 建设期贷款利息估算

建设期贷款利息是指建设单位为项目融资而向银行贷款，在项目建设期内应偿还的贷款利息。为简化计算，建设期贷款一般按贷款计划分年均衡发放，建设期利息的计算可按当年贷款在年中支用考虑，即当年贷款按半年计息，上年贷款的本息按全年计息。建设期每年应计息的近似计算公式如下：

建设期每年应计利息 =（年初贷款本息累计 + 本年贷款额/2）× 年利率

[例 3-9] 某住宅小区，建设期为 3 年，在 3 年建设期中，第一年贷款额为 300 万元，第二年贷款额为 600 万元，第三年贷款额为 400 万元，贷款年利率为 6%。计算该住宅小区建设期贷款利息。

[解] 第一年建设期贷款利息 =（年初贷款本息累计 + 本年贷款额/2）× 年利率
　　　　　　　　　　　　= (0 + 300/2) × 6% = 9（万元）
第二年建设期贷款利息 =（年初贷款本息累计 + 本年贷款额/2）× 年利率
　　　　　　　　　　　　= (300 + 9 + 600/2) × 6% = 36.54（万元）

第三年建设期贷款利息　＝（年初贷款本息累计＋本年贷款额/2）×年利率
　　　　　　　　　　　＝（300＋9＋600＋36.54＋400/2）×6％＝68.73（万元）
　　该住宅小区建设期贷款利息＝9＋36.54＋68.73＝114.27（万元）

总投资估算的准确与否，不仅影响对项目财务、经济效益的正确分析，而且影响项目资金筹措、建设中资金供应。因此，应尽量估算得切合实际，并适当留有余地，以保证项目的顺利实施。当然，在实际项目计算利息时，可用现金流法或中期投入法更为精确和妥当。

[例3-10] 上海市某高档住宅小区占地面积12 500 m²，由5幢小高层组成，总建筑面积35 000 m²，其中，住宅建筑面积33 500 m²，公建建筑面积1 500 m²，容积率2.8，绿化率40％，居住总户数310户。该住宅小区基本预备费率为3％，开发期3年，预计年平均价格上涨为2％，固定资产投资方向调节税率0％。该项目的实施计划进行为：第一年完成项目全部投资的40％，第二年完成项目全部投资的30％，第三年完成项目全部投资的30％。该项目原有自有资金4 000万元，实行滚动开发后，预计第一年末预售额为1 000万元，第二年末住宅销售后预计获得2 500万元资金，第二年末预售额估计1 500万元，这些预售额和销售后获得的资金都可用于投资，项目资金不足部分可向银行贷款，贷款年利率为6％，工程中标价为4 375万元，对工程总投资额估算前的粗略预估为10 000万元。则整个住宅小区的总投资粗略估算如表3-23所示。

表3-23　　　　　　　　　　　　小区的总投资粗略估算表

项目内容	单方投资（元/m²）	投资额（万元）
A. 土地使用费	1 600.00	5 600.00
B. 前期开发费	99.34	347.71
B1. 可行性研究费	114	4.00
B2. 勘察设计费（C项×2.5％）	31.25	109.38
B3. 工程设计招标管理费	0.57	2.00
B4. 工程施工招标管理费	0.50	1.75
B5. 施工招投标代理费（C项×0.35％）	4.38	15.33
B6. 人防费	60.00	210.00
B7. 执照费[（C2项＋C3项）×0.1％]	1.00	3.50
B8. 审照费（B7×50％）	0.50	1.75
C. 建筑安装工程费	1 250.00	4 375.00
C1. 桩基础工程费	120.00	420.00
C2. 土建工程费	890.00	3 115.00
C3. 水电设备及安装费	110.00	385.00
C4. 电梯设备及安装费	130.00	455.00
D. 工程监理费（C项×1.4％）	17.50	61.25
E. 配套设施费	706.00	2 471.00

续 表

项目内容	单方投资(元/m²)	投资额(万元)
E1. 小区内配套设施费	386.00	1 351.00
E1.1 供电配套工程费	145.00	507.50
E1.2 供水管道工程费	17.50	61.25
E1.3 泵房建设费	10.00	35.00
E1.4 供水征询费及排管贴费	10.00	35.00
E1.5 燃气管道工程	24.50	85.75
E1.6 通讯工程费(含宽带网)	15.50	54.25
E1.7 环卫设施及补贴费	15.00	52.50
E1.8 排污处理费	10.00	35.00
E1.9 绿化建设费	40.00	140.00
E1.10 保安设施费	4.00	14.00
E1.11 有线电视费	4.50	15.75
E1.12 智能化设施费	50.00	175.00
E1.13 小区总体及道路设施费	40.00	140.00
E2. 住宅建设配套费	320.00	1 120.00
F. 建设单位管理费(A、C、E项×2.5%)	88.90	311.15
G. 工程保险费(C项×0.3%)	3.75	13.13
H. 工程承包管理费	57.14	200
(A~H项)工程费和工程建设其他费	3 822.63	13 379.21
I. 预备费	266.19	931.68
I1. 基本预备费(A~H项×3%)	114.68	401.38
(A~I1项)固定资产静态投资部分	3 937.31	13 780.59
I2. 涨价预备费	151.51	530.30
(A~I项)除贷款利息外的固定投资	4 088.82	14 310.89
J. 固定资产投资方向调节税	0	0
K. 开发期贷款利息	166.39	582.37
(A~K项)合计为总投资估算值	4 255.21	14 893.26

表 3-23 涨价预备费的计算:

第1年固定资产静态投资额:$I_1 = 13\,780.59 \times 40\% = 5\,512.24(万元)$

第1年涨价预备费:$PF_1 = I_1[(1+f)^1 - 1] = 5\,512.24 \times [(1+2\%)^1 - 1]$
$= 110.24(万元)$

第2年固定资产静态投资额:$I_2 = 13\,780.59 \times 30\% = 4\,134.18(万元)$

第2年涨价预备费:$PF_2 = I_2[(1+f)^2 - 1] = 4\,134.18 \times [(1+2\%)^2 - 1]$
$= 167.02(万元)$

第3年固定资产静态投资额:$I_3 = 13\,780.59 \times 30\% = 4\,134.18(万元)$

第3年涨价预备费：$PF_3 = I_3[(1+f)^3 - 1] = 4\,134.18 \times [(1+2\%)^3 - 1]$
$= 253.04(万元)$

该住宅小区建设期涨价预备费：$PF = 110.24 + 167.02 + 253.04 = 530.30(万元)$

表3-23开发期贷款利息的计算：

第1年固定资产投资额(除利息外) $= 14\,310.89 \times 40\% = 5\,724.36(万元)$

第1年贷款额 $= 5\,724.36 - 4\,000 = 1\,724.36(万元)$

第1年开发期贷款利息 = (年初贷款本息累计+本年贷款额÷2)×年利率
$= (0 + 1\,724.36 \div 2) \times 6\% = 51.73(万元)$

第2年固定资产投资额 $= 14\,310.89 \times 30\% = 4\,293.27(万元)$

第2年贷款额 $= 4\,293.27 - 1\,000 = 3\,293.27(万元)$

第2年开发期贷款利息 = (年初贷款本息累计+本年贷款额/2)×年利率
$= (1\,724.36 + 51.73 + 3\,293.27/2) \times 6\% = 205.36(万元)$

第3年固定资产投资额 $= 14\,310.89 \times 30\% = 4\,293.27(万元)$

第3年贷款额 $= 4\,293.27 - 4\,000 = 293.27(万元)$

第3年开发期贷款利息 = (年初贷款本息累计+本年贷款额÷2)×年利率
$= (1\,724.36 + 51.73 + 3\,293.27 + 205.36 + 293.27/2) \times 6\%$
$= 325.28(万元)$

开发期贷款利息 $= 51.73 + 205.36 + 325.28 = 582.37(万元)$

(二) 住宅开发项目销售期成本估算

住宅开发项目销售期成本包括销售成本和财务费用。销售成本又可称为经营成本，是指为销售商品住宅而发生的各项费用。主要包括销售代理费、广告宣传及市场推广费、维修基金、销售期间各种税费。销售代理费约为销售收入的1.5%~2%；广告宣传及市场推广费约为销售收入的1%~3%；维修基金按每平方米销售面积47.92元计取；销售期间各种税费包括房地产初始登记费(按销售额的0.02%的比例计取)、房地产勘丈费(按每平方米住宅面积0.6~0.7元计取)、交易手续费(按销售额的0.08%计取)、印花税(按销售额的0.03%计取)。

财务费用是指企业为筹集资金而发生的各项费用，包括利息支出(不能与前面开发期利息支出重复计算)和其他财务费用。

每年支付利息 = 年初贷款累计×年利率

其他财务费用一般占利息额的10%左右。

(三) 住宅开发项目销售收入估算

住宅开发项目销售收入是指销售商品住宅所获得的收入。销售收入是根据住宅销售面积乘以销售单价计算的。销售单价估算可依照该住宅周边地区类似住宅的销售单价，然后根据该住宅与类似住宅在住宅结构、房型、小区环境、交通等因素方面的差异，进行修正，并且根据市场供求关系的发展趋势确定该住宅的销售单价。在确定销售单价的基础上，根据目前市场供求关系和发展趋势，预测该住宅每年销售面积。

住宅销售收入确定的准确与否，直接影响到项目的经济效益，进而关系到项目的成败。住宅销售收入一定要在对市场进行充分的调查和预测的基础上确定，以适应居民的消费水平和消费需求。因此,销售收入的预测应稳妥可靠,防止销售速度估计过快、销售单价估算过高等影响盈利水平的潜在风险。

(四)住宅开发项目销售税金及附加估算

国家为了实现其职能需要,按照法律规定,对有纳税义务的机关、企业和个人征收的预算缴款就是税收。它是国家凭借政治权力参与国民收入、分配和再分配的一种方式。

现行税收体系按照其征收方式大致可分为三大类:第一类是从销售收入中征收,如土地增值税、营业税、消费税等;第二类是从利润中征收,如企业所得税等;第三类是从财产中征收,如固定资产投资方向调节税、房产税、土地使用税等。在住宅开发项目财务数据估算时,主要使用土地增值税和销售税金及附加的估算。土地增值税是以转让商品住宅取得的增值额为征税对象征收的税种(具体内容在第八章中介绍)。住宅开发项目销售税金及附加是指在商品住宅销售过程中发生的税费。包括营业税、城市建设维护税和教育费附加(各项计算见第八章)。

住宅开发项目在具体测算销售税金及附加时,一般按住宅开发项目销售收入的5.55%计算。

(五)住宅开发项目利润总额估算

对住宅开发项目利润总额的估算,是财务数据估算的中心目标。项目利润的高低,直接决定项目财务经济效益的高低和偿债能力的强弱。因此,在销售收入、总成本、土地增值税和销售税金及附加估算出来以后,就可以计算出项目的利润总额。其公式为:

$$利润总额 = 销售收入 - 总成本 - 土地增值税 - 销售税金及附加$$

根据利润总额,可计算所得税和项目税后利润。所得税是以应纳所得额乘以所得税税率,其中,应纳所得额是利润总额扣除上一年度亏损后的余额,所得税税率一般为33%。

$$税后利润 = 利润总额 - 所得税$$

二、房地产开发项目财务评价

(一)财务评价的基本概念

财务评价是根据国家现行财税制度和价格体系,分析、计算项目直接发生的财务效益和费用,编制财务报表,计算评价指标,考察项目的盈利能力、清偿能力以及外汇平衡等财务状况,据以判别项目的财务可行性。

房地产开发项目的财务效益主要表现为生产经营过程中的经营收入;财务支出(费用)主要表现为房地产开发项目总投资、经营成本和税金等各项支出。财务效益和费用的范围应遵循计算口径对应一致的原则。

(二)财务评价的主要技术经济指标

1. 财务内部收益率

财务内部收益率(FIRR)是指项目在整个计算期内,各年净现金流量现值累计之和等于零时的贴现率。FIRR是评价项目盈利性的基本指标。这里的计算期,对房地产开发项目而言是指从购买土地使用权开始到项目全部售出为止的时间。FIRR的计算公式为:

$$\sum_{t=0}^{n}(CI-CO)_t(1+FIRR)^{-t}=0$$

式中　CI——现金流入量；

CO——现金流出量；

$(CI-CO)_t$——项目在第 t 年的净现金流量；

$t=0$——项目开始进行的时间点；

n——计算期，即项目的开发或经营周期(年、半年、季度或月)。

财务内部收益率的经济含义是，项目在这样的贴现率下，到项目寿命终了时，所有投资可以被完全收回。

财务内部收益率可以通过内插法求得，即先按目标收益率或基准收益率求得项目的财务净现值，如为正，则采用更高的贴现率使净现值为接近零的正值和负值各一个，最后用内插公式求出，内插公式为：

$$FIRR = i_1 + \frac{|NPV_1|(i_2-i_1)}{|NPV_1|+|NPV_2|}$$

式中　i_1——当净现值为接近零的正值时的贴现率；

i_2——当净现值为接于零的负值时的贴现率；

NPV_1——采用低贴现率时的净现值的正值；

NPV_2——采用高贴现率时的净现值的负值。

式中 i_1 与 i_2 之差不应超过 2%，否则，贴现率 i_1，i_2 和净现值之间不一定呈线性关系，从而使所求得的内部收益率失真。

内部收益率表明了项目投资所能支付的最高贷款利率。如果贷款利率高于内部收益率，项目投资就会面临亏损。因此所求出的内部收益率是可以接受贷款的最高利率。将所求出的内部收益率与部门或行业的基准收益率或目标收益率 i_c 比较，当 $FIRR \geqslant i_c$ 时，则认为项目在财务上是可以接受的。

从净现值与贴现率 i 的关系(图 3-10)中也能看出，当 $FIRR > i_c$ 时，对所有的 i_c 值对应的财务净现值都为正值；当 $FIRR \geqslant i_c$ 时，项目必有大于等于零的财务净现值。

2. 财务净现值

财务净现值(NPV)是房地产开发项目财务评价中的另一个重要经济指标。它是指项目按行业的基准收益率或设定的目标收益率(i_c)，将各年的净现金流量折算到开发活动起始点的现值之和，其计算公式为：

$$NPV = \sum_{t=0}^{n}(CI-CO)_t(1+i_c)^{-t}$$

式中　NPV——项目在起始时间点的财务净现值；

i_c——基准收益率或设定的目标收益率。

如果 $NPV \geqslant 0$，说明项目的获利能力达到或超过了基准收益率的要求，因而在财务上是可以接受的。

当投资项目的现金流量具有一个内部收益率时，其净现值 NPV 与 i 值之间的函数关系如图 3-10 所示。从图 3-10 中可以看出，当 i 值小于 $FIRR$ 值时，对于所有的 i 值，NPV 值都是正的；当 i 值大于 $FIRR$ 值时，对于所有的 i 值，NPV 值都是负的。

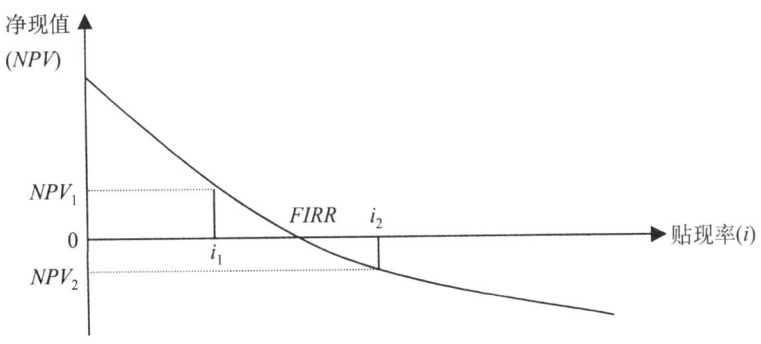

图 3-10 净现值与贴现率的关系

3. 动态投资回收期

动态投资回收期是指项目以净收益抵偿全部投资所需的时间,是反映开发项目投资回收能力的重要指标。对房地产开发项目来说,动态投资回收期自开发投资起始点算起,累计净现值等于零或出现正值的年份即为投资回收终止年份,其计算公式为:

$$\sum_{t=0}^{P_t}(CI-CO)_t(1+i_c)^{-t}=0$$

式中　P_t——动态投资回收期。

动态投资回收期以年表示,其具体计算公式为:

$$动态投资回收期 = (累计贴现值开始出现正值的年数-1)+\left(\frac{上年累计贴现值的绝对值}{当年净现金流量的贴现值}\right)$$

上述中的小数部分也可以折算成月数,以年和月表示,如 3 年零 9 个月或 3.75 年。

在项目财务评价中,动态投资回收期 P_t 与基准回收期 P_c 相比较,如果 $P_t \leqslant P_c$,则开发项目在财务上就是可以接受的。动态投资回收期指标一般用于评价开发完结后用来出租或经营的房地产开发项目。

4. 开发商成本利润率

开发商成本利润率是初步判断房地产开发项目财务可行性的指标,其计算公式为:

$$开发商成本利润率 = \frac{项目总开发价值-总开发成本}{总开发成本} \times 100\%$$

在计算项目总开发价值时,如果项目全部销售,则等于扣除销售税金后的净销售收入;当项目用于出租时,为项目在整个持有期内所有净经营收入的现值累计之和。项目的总开发成本,一般包括土地费用、前期开发费、房屋开发费、管理费、财务费用、销售费用和其他费用。

特别需要说明的是,这里所述的总开发成本与前述的总成本(不是前述的开发总成本)所包含的内容本质上是一致的,只是所列顺序及称法有所不同,这里已将某些项加以归并,以便于计算。

计算房地产开发项目的总开发价值和总开发成本时,可依评价时的价格水平进行估算,因为在大多数情况下,开发项目的收入与支出受市场价格水平变动的影响大致相同,使项目收益的增长基本能抵消成本的增长。

开发商利润实际是对开发商所承担的开发风险的回报。一般来说,对于一个开发期为 2～3 年的项目,项目建成后出售,其开发商成本利润率大体应为 30%～50%。

5. 成本收益率

开发商成本收益率等于开发投资项目竣工后项目正常盈利年份的年净经营收入与总开发成本之比。当开发商进行商业房地产开发项目的投资决策时,必须考虑如果不能按预期设想出售楼宇的情况,即如果不能出售,在市场条件只能选择出租经营时,项目是否可行,此时计算成本收益率就显得非常必要。另外,如果开发商开发项目的本来目的是建成后出租经营,将项目作为企业的长期投资,并以此改善企业的资产组合状况时,成本利润率就很难描述项目的投资效果,此时必须计算开发商成本收益率指标。

6. 投资利润率

投资利润率又可称为投资收益率或投资效果系数,是指开发项目的年平均利润总额与项目总投资的比率,主要用来评价项目的获利水平。其计算公式为:

$$投资利润率 = \frac{年平均利润总额}{总投资} \times 100\%$$

其中

$$年利润总额 = 年销售收入 - 年总成本 - 年销售税金及附加 - 年土地增值税$$
$$总投资 = 固定资产投资 + 流动资金$$

其中,流动资金相对固定资产投资较少,一般可忽略。

在财务评价中,投资利润率大于等于行业平均投资利润率时,一般认为项目有盈利。

7. 投资利税率

投资利税率是指开发项目年平均利税总额与项目总投资的比率。其计算公式为:

$$投资利税率 = \frac{年平均利税总额}{总投资} \times 100\%$$

其中

$$年利税总额 = 年销售收入 - 年总成本$$
$$= 年利润总额 + 年销售税金及附加 + 年土地增值税$$

在财务评价中,投资利税率大于等于行业平均投资利税率时,一般认为项目有盈利。

8. 自有资金利润率

自有资金利润率是指开发项目年平均利润总额与项目自有资金的比率。它是反映投入项目的自有资金盈利能力。一般来说,项目自有资金利润率越高越好,自有资金利润率的计算公式如下:

$$自有资金利润率 = \frac{年平均利润总额}{自有资金} \times 100\%$$

投资利润率、投资利税率和自有资金利润率都可通过损益表计算。

9. 清偿能力分析

清偿能力分析主要考察计算期内各年财务状况及偿还能力。反映项目清偿能力的主要评价指标有固定资产投资国内借款偿还期。

固定资产投资国内借款偿还期(简称为借款偿还期),是指在国家财政规定及项目具体财务条件下,以项目可用于还款的资金来偿还固定资产投资国内借款本金和建设期利息所需用时间。

$$借款偿还期 = 借款偿还后开始出现盈余年份数 - 开始借款年份$$
$$+ 当年偿还借款额 / 当年可用于还款资金额$$

当借款偿还期满足借款机构的要求期限时,即认为项目具有清偿能力。

三、房地产开发投资项目财务评价指标计算示例

在如下算例计算时,画出项目投资经营的现金流量图将有助于计算,所以,建议读者掌握这个画图技能。同时注意,由于全国房地产市场存在很大的区域性,各地房地产开发的规模、成本、售价等均有很大差异,算例中采用较为"低廉"的数据进行计算,读者应掌握其计算方法和过程。

[例 3-11] 某房产开发商以 5 000 万元的价格获得了一宗占地面积为 4 000 m² 的土地 50 年使用权,建筑容积率为 5.5,建筑覆盖率为 60%,楼高 14 层,1 至 4 层建筑面积均相等,5 至 14 层为塔楼(均为标准层),建造成本为 3 500 元/m²,专业人员费用为建造成本预算的 8%,行政性收费等其他费用为 460 万元,管理费为土地成本、建造成本、专业人员费用和其他费用之和的 3.5%,市场推广费、销售代理费和销售税费分别为销售收入的 0.5%,3.0% 和 6.5%,预计建成后售价 12 000 元/m²。项目开发期为 3 年,建造期为 2 年,地价于开始时一次投入,建造成本、专业人员费用、其他费用和管理费在建造期内均匀投入;年贷款利率为 12%,按季度计息,融资费用为贷款利息的 10%。

问项目总建筑面积、标准层每层建筑面积和开发商成本利润率分别是多少?

[解] 1. 项目总开发价值
(1) 项目总建筑面积:$4\,000 \times 5.5 = 22\,000 (m^2)$
(2) 标准层每层建筑面积:$(22\,000 - 4\,000 \times 60\% \times 4)/10 = 1\,240 (m^2)$
(3) 项目总销售收入:$22\,000 \times 12\,000 = 26\,400 (万元)$
(4) 销售税费:$26\,400 \times 6.5\% = 1\,716 (万元)$
(5) 项目总开发价值:$26\,400 - 1\,716 = 24\,684 (万元)$

2. 项目总开发成本
(1) 土地成本:5 000 万元
(2) 建造成本:$22\,000 \times 3\,500 = 7\,700 (万元)$
(3) 专业人员费用(建筑师、结构、造价、机电、监理工程师等费用):

$$7\,700 \times 8\% = 616 (万元)$$

(4) 其他费用:460 万元
(5) 管理费:$(5\,000 + 7\,700 + 616 + 460) \times 3.5\% = 482.16 (万元)$
(6) 财务费用
项目投资经营的现金流量图如下:
① 土地费用利息:$5\,000 \times [(1 + 12\%/4)^{3 \times 4} - 1] = 2\,128.80 (万元)$

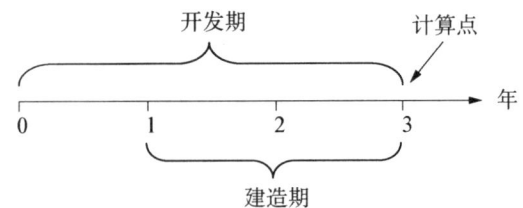

② 建造费用、专业人员费用、其他费用、管理费用利息：

$$(7\,700+616+460+482.16)\times[(1+12\%/4)^{\frac{2}{2}\times4}-1]=1\,161.98(万元)$$

③ 融资费用：$(2\,128.80+1\,161.98)\times10\%=329.08(万元)$

④ 财务费用总计：$2\,128.80+1\,161.98+329.08=3\,619.86(万元)$

(7) 市场推广及销售代理费用：$26\,400\times(0.5\%+3.0\%)=924(万元)$

(8) 项目开发成本总计：

$$5\,000+7\,700+616+460+482.16+3\,619.86+924=18\,802.02(万元)$$

3. 开发商利润：$24\,684-18\,802.02=5\,881.98(万元)$

4. 开发商成本利润率：$(5\,881.98/18\,802.02)\times100\%=31.28\%$

例3-11中项目建成后出售或在建设过程中就开始预售，这只是在房地产市场上投资和使用需求旺盛时的情况，在市场较为平稳的条件下，开发商常常将开发建设完毕后的项目出租经营，这时项目就变为开发商的长期投资。在这种情况下通过计算开发商成本利润率对项目进行初步财务评价时，总开发价值和总开发成本的计算就有一些变化。例3-12就反映了这些变化。

[例3-12] 某开发商在一个中等城市以425万元的价格购买了一块写字楼用地50年的使用权。该地块规划允许建筑面积为4 500 m²。开发商通过市场研究了解到当前该区中档写字楼的年净租金收入为450元/m²。银行同意提供的贷款利率为15%的基础利率上浮2个百分点，融资费用为贷款利息的10%。开发商的造价工程师估算的中档写字楼的建造成本为1 000元/m²，专业人员费用为建造成本的12.5%，行政性收费等其他费用为60万元，管理费为土地成本、建造成本、专业人员费用和其他费用之和的3.0%，市场推广及出租代理费为年净租金收入的20%，当前房地产投资的收益率为9.5%。项目开发期为18个月，建造期为12个月，可出租面积系数为0.85。

试通过计算开发商成本利润率对该项目进行初步评价。

[解] 1. 项目总开发价值

(1) 项目可出租建筑面积：$4\,500\times0.85=3\,825(m^2)$

(2) 项目每年净租金收入：$3\,825\times450=172.125(万元)$

(3) 项目总开发价值：$172.125\times\dfrac{(1+0.095)^{50-1.5}-1}{9.5\%\times(1+9.5\%)^{50-1.5}}=1\,789.63(万元)$

2. 项目总开发成本

(1) 土地成本：425万元

(2) 建造成本：$4\,500\times1\,000=450(万元)$

(3) 专业人员费用(建筑师,结构、造价、机电、监理工程师等费用):
$$450 \times 12.5\% = 56.25(万元)$$
(4) 其他费用:60万元
(5) 管理费:$(425+450+56.25+60) \times 3.0\% = 29.74(万元)$
(6) 财务费用

项目投资经营的现金流量图如下:

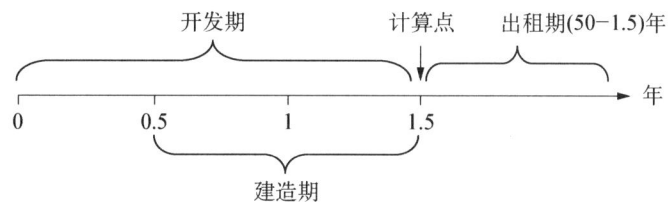

① 土地费用利息:$425 \times [(1+17\%/4)^{1.5\times 4}-1] = 120.56(万元)$
② 建造费用、专业人员费用、其他费用、管理费用利息:
$$(450+56.25+60+29.74) \times [(1+17\%/4)^{0.5\times 4}-1] = 51.74(万元)$$
③ 融资费用:$(120.56+51.74) \times 10\% = 17.23(万元)$
④ 财务费用总计:$120.56+51.74+17.23 = 189.53(万元)$
(7) 市场推广及出租代理费:$172.125 \times 20\% = 34.43(万元)$
(8) 项目开发成本总计:
$$425+450+56.65+60+29.74+189.53+34.43 = 1244.94(万元)$$

3. 开发商利润:$1789.63-1244.94 = 544.69(万元)$
4. 开发商成本利润率为:$544.69/1244.94 \times 100\% = 43.75\%$

应当指出的是,当项目建成后用于出租经营时,由于经营期限很长,计算开发商成本利润就显得意义不大,因为开发商成本利润率中没有考虑经营期限的因素。此时可通过计算项目成本收益率指标,来评价项目的经济可行性。在例3-12中,

成本收益率 = 年净租金收入 / 总开发成本 = $172.125/1244.94 \times 100\% = 13.83\%$

上述两个例题中所使用的评价方法在评价实践中经常使用,但细心的读者可能也发现了它的两个缺点,即:成本支出和经营收入的时间分布没有弹性;计算过程主要依靠"最好的估计"这种单一的情况,没有体现开发过程中隐含的许多不确定性因素。

通过采用现金流评价法就可以弥补上述第一点缺点,因为这种方法能使资金流出和流入的时间分布与开发建设过程中实际发生的租售收入和开发费用更加接近。下面我们将例3-11用现金流评价法再进行一次评价。

[例3-13] 假定例3-11中各项主要开发成本的投入比例分配如表3-24所示,试用现金流法对该项目进行评价。

表 3-24　　　　　　　　　开发项目评价的现金流量法

费用项目	2003 年(季度)				2004 年(季度)				2005 年(季度)				总计
	1	2	3	4	1	2	3	4	1	2	3	4	
土地成本	50%	16%	16%	18%									100%
建造成本					5%	8%	12%	15%	15%	18%	15%	12%	100%

[解]　用现金流法进行开发项目评价的过程如表 3-25 所示

表 3-25　　　　　　　　　开发项目评价的现金流量法　　　　　　　单位:万元

费用项目	2003 年(季度)				2004 年(季度)				2005 年(季度)				总计
	1	2	3	4	1	2	3	4	1	2	3	4	
(1) 土地成本	2 500	800	800	900									5 000
(2) 建造成本					385	616	924	1 155	1 155	1 386	1 155	924	7 700
(3) 专业人员费用					30.8	49.3	73.9	92.4	92.4	110.9	92.4	73.9	616
(4) 其他费用				100								360	460
(5) 管理费用	40.2	40.2	40.2	40.2	40.2	40.2	40.2	40.2	40.2	40.2	40.2	40.0	482.2
合计	2 540.2	840.2	840.2	1 040.2	456.0	705.5	1 038.1	1 287.6	1 287.6	1 537.1	1 287.6	1 397.9	14 258.2
季度末累计值 a	2 540.2	3 456.6	4 400.5	5 572.7	6 195.9	7 087.3	8 338.0	9 875.7	11 459.6	13 340.5	15 028.3	16 877.0	
(6.1) 利息(利率 12%)	76.2	103.7	132.0	167.2	185.9	212.6	250.1	296.3	343.8	400.2	450.8	506.3	3 125.1
季度末累计值 b	2 616.4	3 560.3	4 532.5	5 739.9	6 381.3	7 299.9	8 588.1	10 172.0	11 803.4	13 740.7	15 479.1	17 383.3	17 383.3
(6.2) 融资费用	120.2				192.3								312.5
(7) 销售费用		10	20	20	60	80	90	90	120	204	230		924
开发成本总计	2 736.6	943.9	982.2	1 227.4	854.2	978.1	1 368.2	1 673.9	1 721.4	2 057.3	1 942.4	2 134.2	18 619.8
各年成本总计	5 890.1				4 874.4				7 855.3				18 619.8
占总成本比例%	31.63				26.18				42.19				100
建造期中点的建设费投入比例(%)	—				38.29				61.71				100

从上表的计算中,可以得出如下结论:

(1) 总开发成本 18 619.8 万元;
(2) 项目总销售收入 26 400 万元;
(3) 销售税费 1 716 万元;
(4) 总开发价值 24 684 万元;
(5) 开发商利润:24 684 − 18 619.8 = 6 064.2(万元);
(6) 开发商成本利润率:6 064.2/18 619.8 × 100% = 32.57%。

从这个例子可以看出,当建设进行到 2004 年第四季度末时,时间正好是建造期的中点,但建设费用仅投入了约 40% 左右。

经过大量的调查研究,人们发现,对于建设费用,在工程开始时其费用的增长是缓慢的。达到合同工期的 60% 时,这种增长达到峰值,建设费用累计曲线类似于"S"形。对于一个典型的项目来说,40% 的建设费用发生在建造期的中部,而不是过去假设的 50%。和计算开发商成本利润率时的假设——工程进行到一半,建设费用的支出也达到一半相比,显然有较大差异。

随着一些规模较大的房地产开发公司和组织的不断出现,以及开发项目的复杂程度不断提高(例如成片开发或大型房地产开发项目中,项目的一部分已经出售而另一部分还未完工),人们往往要考虑使用更为精确完善的现金流法进行评价。

例 3-13 中所使用的现金流法对于下面几种类型的开发项目评价尤其有效:

(1) 居住小区综合开发项目　对于居住小区综合开发项目,开发商为保证资金的正常运转,往往先建成一部分出售,然后利用出售所获得的收益投资于后一部分项目的开发,即所谓滚动开发。这样,当一部分住宅楼建成出售时或出售前,另一部分才开始动工,所以,投入项目后一部分的现金流量收支情况相当复杂。由于现金流法是把每期的现金流量分别按其实际数量和发生的时间予以考虑的,因此在评价这类项目时不需作任何假设就可精确地得出评价结论。

(2) 商业区开发项目　随着城市现代化建设的发展,城市商业区的开发项目不仅仅局限于建筑各种大型商业零售中心了,它还要求这些商业零售中心具有完备的附属设施,如多层停车楼、写字楼、餐饮中心、文化娱乐和休闲场所等。这类项目规模大、形式多样、功能复杂、开发期长,因此,一个商业区开发项目可能会分阶段开发,某些部分可能在其他部分建成之前投入使用。这类项目现金收支情况也很复杂,适合用现金流法评价。

(3) 工业开发项目　一些工业开发项目,如经济开发区中的标准厂房、仓库等,也同样存在着部分厂房或仓库先期建成后出租时,另外一些厂房或仓库正处在施工阶段的情况。更复杂的是,一些厂房或仓库不是以出租形式,而是将其出售给使用者,这样就会有较大的现金收支情况出现。同时,开发项目中的另一部分场地,当其基础设施建成后,可能按租约出租,这样就会导致开发项目中的一部分现金流量较少,但比前一部分发生的时间更早一些。这类开发项目的详细评价,只能采用现金流法。

另外,新区开发和旧城改造项目,所需时间长,资金需求量大,而且来源于各种渠道,现金流量收支情况也很复杂,更需要用现金流法评价。

但有一点需要说明的是,现金流法的精确性依赖于评价中所涉及的有关数据的准确性。例如,当开发过程中现金流量发生的时间数量不能完全肯定时,用现金流法评价就要作某些假设,这可能会使评价结果的准确性降低。

[例 3-14] 某投资者以 10 000 元/m² 的价格购买了一栋建筑面积为 27 000 m² 的写字楼用于出租经营。该投资者在购买该写字楼的过程中,又支付了相当于购买价格 4% 的契税、0.5% 的手续费、0.5% 的律师费用和 0.3% 的其他费用。其中,相当于楼价 30% 的购买投资和各种税费均由投资者的自有资金(股本金)支付,相当于楼价 70% 的购买投资来自期限为 15 年、固定利率为 7.5%、按年等额还款的商业抵押贷款。假设在该写字楼的出租经营期内,其月租金水平始终保持 160 元/m²,前 3 年的出租率分别为 65%,75% 和 85%,从第 4 年开始出租率达到 95% 且在此后的出租经营期内始终保持该出租率。出租经营期间的运营成本为毛租金收入的 28%。如果购买投资发生在第 1 年的年初,每年的净经营收入和抵押贷款还本付息支出均发生在年末,整个出租经营期为 48 年,投资者的目标收益率为 14%。试从投资者的角度,计算该项投资自有资金的财务净现值和财务内部收益率,并判断该项目的可行性。

如果在 48 年经营期内年平均通货膨胀率为 1%,问投入该项目资本的实际收益率(这时的内部收益率为表面收益率)是多少?

[解] 1. 写字楼购买总价:$27\,000 \times 10\,000 = 27\,000$(万元)

2. 写字楼购买过程中的税费:$27\,000 \times (4\% + 0.5\% + 0.5\% + 0.3\%) = 1431$(万元)

3. 投资者投入的股本金:$27\,000 \times 30\% + 1\,431 = 9\,531$(万元)

4. 抵押贷款金额:$27\,000 \times 70\% = 18\,900$(万元)

5. 抵押贷款年还本付息额:

$$A = P \times i / [1-(1+i)^{-n}] = 18\,900 \times 7.5\% / [1-(1+7.5\%)^{-15}] = 2\,141.13(万元)$$

6. 写字楼第 1 年的净经营收入:

$$27\,000 \times 160 \times 12 \times 65\% \times (1-28\%) = 2\,426.11(万元)$$

7. 写字楼第 2 年的净经营收入:

$$27\,000 \times 160 \times 12 \times 75\% \times (1-28\%) = 2\,799.36(万元)$$

8. 写字楼第 3 年的净经营收入:

$$27\,000 \times 160 \times 12 \times 85\% \times (1-28\%) = 3\,172.61(万元)$$

9. 写字楼第 4 年及以后的年净经营收入:

$$27\,000 \times 160 \times 12 \times 95\% \times (1-28\%) = 3\,545.86(万元)$$

10. 本项目投资自有资金的现金流量表(表 3-26):

表 3-26　　　　　　　　　　自有资金现金流量表　　　　　　　　　　单位:万元

年末	0	1	2	3	4~15	16~48
股本金投入	9 531.00					
净经营收入		2 426.11	2 799.36	3 172.61	3 545.86	3 545.86
抵押贷款还本付息		2 141.13	2 141.13	2 141.13	2 141.13	0.00
自有资金净现金流量	-9 531.00	284.98	658.23	1 031.48	1 404.73	3 545.86

11. 该投资项目的财务净现值：
项目投资经营的现金流量图如下：

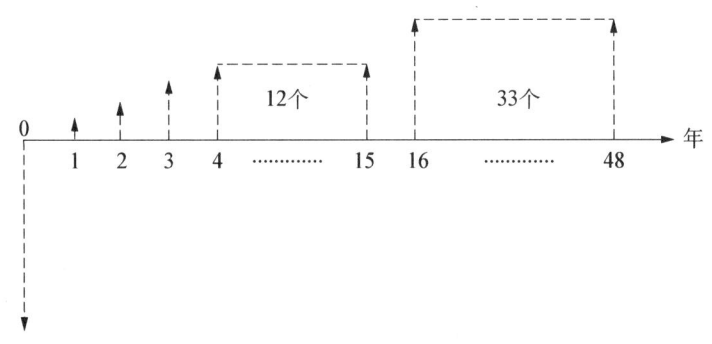

因为 $i_c = 14\%$，故：

$$NPV = -9\,531.00 + \frac{284.98}{1+14\%} + \frac{658.23}{(1+14\%)^2} + \frac{1\,031.48}{(1+14\%)^3}$$

$$+ \frac{1\,404.73}{14\%} \times [1-(1+14\%)^{-12}] \times (1+14\%)^{-3}$$

$$+ \frac{3\,545.86}{14\%} \times [1-(1+14\%)^{-33}] \times (1+14\%)^{-15} = 789.81(万元)$$

12. 求该投资项目自有资金的财务内部收益率
(1) 因为 $i_1 = 14\%$ 时，$NPV_1 = 789.81(万元)$
(2) 设 $i_2 = 15\%$，则：$NPV_2 = -224.34(万元)$
(3) $FIRR = 14\% + 1\% \times 789.81/(789.81 + 224.34) = 14.78\%$
因为 $NPV = 789.81$ 万元 > 0，$FIRR = 14.78\% > 14\%$，故该项目可行。

13. 计算项目实际收益率
实际收益率(R_r)、表面收益率(R_a)和通货膨胀率(R_d)之间的关系式为：

$$(1+R_a) = (1+R_r)(1+R_d)$$

通过计算已得到 $R_a = 14.78\%$，又已知 $R_d = 1\%$，所以 R_r 可以通过下式计算得：
$(1+0.147\,8) = (1+R_r)(1+0.01)$，求解得 $R_r = 0.136\,4$

因此，该项目投资的实际收益率为 13.64%。

[例3-15] 某房地产开发项目的相关财务数据如表3-27，问财务内部收益率和投资回收期分别为多少？

表3-27　　　　某房地产开发项目相关数据表　　　　单位：万元

建设经营期 n 年	0	1	2	3	4	5	6	7	8
现金流入 CI		4 136	32 186	84 749	82 276	23 689	4 852	4 852	40 589
现金流出 CO	19 133	33 378	43 098	48 309	13 914	5 400	2 421	2 421	14 119
净现金流量 CI—CO	−19 133	−29 242	−10 912	36 440	68 362	18 289	2 431	2 431	26 470
累计净现金流量	−19 133	−45 242	−53 941	−28 004	15 442	25 819	27 051	28 151	38 841

[解] 因为 $NPV = \sum_{t=0}^{n}(CI-CO)_t(1+i_c)^{-t}$

以 $i_c = 12\%$ 代入上式,得 $NPV = 38\,841 \geqslant 0$,故取大于 12% 的"率"代入上式,可取 13% 代入,得 $NPV = 35\,710.33$,以后进行跳跃式取"率",最终算得 $i_1 = 31\%$ 时,$NPV_1 = 249.27$;$i_2 = 32\%$ 时,$NPV_2 = -944.07$。所以

$$FIRR = i_1 + \frac{|NPV_1|(i_2-i_1)}{|NPV_1|+|NPV_2|} = 31.21\%,说明项目可行。$$

从上表中可以看出,投资回收期在 3~4 年间,具体为:

$$投资回收期 = (4-1) + \frac{|-28\,004|}{|-28\,004|+|15\,442|} = 3.645 年$$

四、房地产开发项目财务评价的基本报表

(一) 财务评价基本程序

房地产开发项目财务评价是在开发项目市场调查和分析的基础上进行的。它主要是通过测算财务基础数据,编制财务基本报表,计算财务评价指标和各项财务比率,进行财务分析,做出财务评价。其基本程序如下:

(1) 收集、整理和计算有关财务基础数据资料 根据开发项目市场调查和分析、现行价格体系及财税制度等进行财务数据分析,估算出住宅开发项目的投资额、销售收入、总成本、利润及税金等一系列基础数据,并将得到的基础数据编制成辅助财务报表。

(2) 编制基本财务报表 根据上述估算出的财务基础数据资料,分别编制反映盈利力、清偿能力等基本财务报表。

(3) 财务评价指标的计算与评价 根据基本财务报表,计算项目评价指标,并分别与对应的项目评价参数进行比较,对各项财务状况作出评价并得出结论。

(4) 进行不确定性分析 开发项目不确定性分析,主要包括盈亏平衡分析、敏感性分析和风险分析,计算盈亏平衡点时的销售面积,分析项目可能面临的风险,得出项目在不确定情况下财务评价结论和建议。

(二) 财务基本报表介绍

财务分析基本报表是进行开发项目动态和静态计算、分析和评价的必要的报表。按照房地产开发项目经济评价方法与参数,国内一般项目编制五种基本报表,即现金流量表(包括全部投资现金流量表和自有资金现金流量表)、损益表、资金来源与运用表、资产负债表及外汇平衡表。这里主要介绍住宅开发项目常用的基本报表,如现金流量表、损益表、资金来源与运用表。

1. 现金流量表

现金流量表是根据项目在计算期内各年的现金流入和现金流出,计算各年净现金流量的财务报表。通过财务现金流量表可以计算动态和静态的评价指标,全面反映项目本身的财务盈利能力。现金流量是直接进行住宅开发项目经济效益计算的依据,它不需要满足逐年的资金平衡,只需要显示出每年的"净现金流量"。现金流量表由"现金流入"、"现金流出"、"净现金流量"和"累计净现金流量"4 项组成。按投资计算基础的不同,现金流量表分为以下两种。

(1) 全部投资现金流量表,如表 3-28 所示。

表 3-28　　　　　　　　　　全部投资现金流量表　　　　　　　　　单位:万元

项目	建设期		销售期				合计
	第1年	第2年	第3年	第4年	第5年	…	
1. 现金流入							
1.1　销售收入							
1.2　回收固定资产余值							
1.3　回收流动资金							
2. 现金流出							
2.1　固定资产投资							
2.2　流动资金							
2.3　经营成本							
2.4　销售税金及附加							
2.5　土地增值税							
2.6　所得税							
3. 净现金流量							
4. 累计净现金流量							

该表不分投资资金来源,以全部投资作为计算基础,用以计算全部投资所得税前及所得税后财务内部收益率($FIRR$)、财务净现值($FNPV$)及投资回收期(P'_t)等指标,评价项目全部投资的盈利能力。全部投资现金流量表中的现金流量包括销售收入、回收固定资产余值和回收流动资金;现金流出包括固定资产投资(不含建设期贷款利息)、流动资金、经营成本、销售税金及附加、土地增值税、所得税等;净现金流量=现金流入-现金流出。住宅开发项目一般不考虑流动资金、回收流动资金和回收固定资产余值。

(2)自有资金现金流量表,如表3-29所示。

表 3-29　　　　　　　　　　自有资金现金流量表　　　　　　　　　单位:万元

项目	建设期		销售期				合计
	第1年	第2年	第3年	第4年	第5年	…	
1. 现金流入							
1.1　销售收入							
1.2　回收固定资产余值							
1.3　回收流动资金							
2. 现金流出							
2.1　自有资金							
2.2　借款本金偿还							
2.3　借款利息支付							
2.4　经营成本							
2.5　销售税金及附加							
2.6　土地增值税							
2.7　所得税							
3. 净现金流量							

该表从投资者角度出发,以投资者的出资额作为计算基础,把借款本金偿还和利息支付作为现金流出,用以计算自有资金财务内部收益率、财务净现值等评价指标,考察项目自有资金的盈利能力。自有资金现金流量表与全部投资现金流量表的现金流入项目相同;现金流出包括自有资金、借款本金偿还、借款利息支付、经营成本、销售税金及附加、土地增值税、所得税等;净现金流量=现金流入-现金流出。住宅开发项目一般不考虑回收流动资金和回收固定资产余值。

2. 损益表

如表3-30所示,表中反映项目计算期内各年的利润总额、所得税及税后利润的分配情况,用以计算投资利润率、投资利税率和资本金利润率等指标。损益表包括销售收入、总成本、销售税金及附加、土地增值税、利润总额、所得税、税后利润、盈余公积金、应付利润和未分配利润等项目,其表达式为:

利润总额 = 销售利润 - 总成本 - 销售税金及附加 - 土地增值税

税后利润 = 利润总额 - 所得税

税后利润 = 盈余公积金 + 应付利润 + 未分配利润

表3-30　　　　　　　　　　　损益表　　　　　　　　　　单位:万元

项目	建设期		销售期				合计
	第1年	第2年	第3年	第4年	第5年	…	
1. 销售收入							
2. 总成本							
3. 销售税金及附加							
4. 土地增值税							
5. 利润总额							
6. 所得税							
7. 税后利润							
7.1 盈余公积金							
7.2 应付利润							
7.3 未分配利润							
累计未分配利润							

在损益表中,盈余公积金为法定盈余公积金。根据有关规定,按照税后利润扣除被没收的财务损失、支付各项税收、滞纳金、罚款以及弥补以前年度亏损后的10%提取。当盈余公积金已达到注册资本的50%时可以不再提取;应付利润为按规定应付给投资者的利润,包括对国家投资分配利润、对其他单位投资分配利润、对个人投资分配利润等;未分配利润为税后利润中扣除盈余公积金和应付利润后的余额。

3. 资金来源与运用表

该表(表3-31)是根据项目的财务状况、资金来源与资金运用,以及国家有关财税规定,测算项目建设和销售期内各年的资金盈余和短缺情况,供选择资金筹措方案,制定借款及偿还计划之用,此外,还用于计算固定资产借款偿还期,进行清偿能力分析。资金来源与

运用表分为三大项,即资金来源、资金运用和盈余资金,它们之间的关系式为:

$$资金来源 - 资金运用 = 盈余资金$$

("+"表示资金盈余,"-"表示资金短缺)

表 3-31 资金来源与运用表 单位:万元

项目	建设期		销售期				合计
	第1年	第2年	第3年	第4年	第5年	…	
1. 资金来源							
1.1 销售收入							
1.2 自有资金							
1.3 长期借款							
1.4 其他短期借款							
2. 资金运用							
2.1 固定资产投资							
2.2 建设期贷款利息							
2.3 借款还本付息							
2.4 销售税金及附加							
2.5 土地增值税							
2.6 所得税							
3. 盈余资金							
4. 累计盈余资金							

(三) 财务分析及评价指标

开发项目财务评价指标是衡量项目投资财务经济效果的尺度。通常,根据不同的评价深度要求和可获得资料的多少,以及项目本身所处条件的不同,可选用不同的指标,这些指标有主有次,可以从不同侧面反映项目的经济效果。

开发项目财务评价指标体系根据是否考虑资金时间价值分类,可分为静态评价指标和动态评价指标。根据财务评价指标和财务基本报表,可以看出它们之间存在着一定的对应关系,如表 3-32 所示。

表 3-32 财务评价指标和财务基本报表之间的对应关系

财务分析	基本报表	财务评价指标	
		静态指标	动态指标
财务盈利能力分析	全部投资现金流量表	投资回收期	投资回收期 财务净现值 财务内部收益率
	自有资金现金流量表		投资回收期 财务净现值 财务内部收益率

续 表

财务分析	基本报表	财务评价指标	
		静态指标	动态指标
财务盈利能力分析	损益表	投资利润率 投资利税率 资本金利润率	
清偿能力分析	资金来源与运用表	借款偿还期	

五、房地产开发项目国民经济评价

(一) 房地产开发项目国民经济评价概述

1. 房地产开发项目国民经济评价的概念和目的

所谓房地产开发项目国民经济评价,是指根据国民经济长远发展目标和社会需要,衡量房地产开发项目对社会经济发展战略目标的实际贡献。它是从整个国民经济发展的角度来分析评价房地产开发项目需要国家付出的代价和对国家作出的贡献,是从国家宏观经济角度分析项目的微观经济效益。房地产开发项目国民经济评价不仅是其经济评价的内容,也是整个项目可行性研究的部分。当然,对于一般房地产开发项目,如果投资额≤10亿元,则不用做国民经济评价。

房地产开发项目国民经济评价的目的是为了有效合理地分配和利用资源,提高项目的整体经济效益,保证项目在宏观方面的科学性和准确性。

2. 房地产开发项目国民经济评价与财务评价的区别

房地产开发项目的财务评价是其国民经济评价的基础。房地产开发项目的国民经济评价与财务评价在评价方法和评价指标形式等方面有相似之处,但这两种评价也有许多不同的地方,归纳起来,主要有以下几个方面:

(1) 评价角度不同 财务评价是从财务经济角度评价开发项目的盈利以及偿还贷款和收回全部投资的能力,以确定投资项目在财务方面的可行性;国民经济评价则是从社会角度考察开发项目所耗费的社会资源和所取得的社会效益,以确定开发项目在社会经济方面的可行性。

(2) 评价中收益与费用的划分范围不同 财务评价是根据项目的实际收支情况确定项目的收益和费用,凡是项目的货币收入都视为效益,凡是其货币支出都视为费用;国民经济评价则着眼于项目对社会提供的有用产品和服务及项目所耗费的全社会的有用资源,并以此来考察项目的效益和费用。

(3) 评价对象不同 财务评价只考察直接效益和费用;而国民经济评价不仅要考察直接效益和费用,还要考察间接效益和费用,即项目的外部效果。

(4) 评价采用的价格不同 财务评价中所采用的价格是现行价格;国民经济评价则是采用比较能反映投入物和产出物真实价格的影子价格。

(5) 评价的标准和参数不同 财务评价采用各自的评价指标(如各自的行业基准收益率),汇率采用调节汇率;国民经济评价采用社会贴现率和影子汇率。

由于存在上述的区别,房地产开发项目的国民经济评价与财务评价的结果不可能完全一致,有时甚至是相互矛盾的。在处理其评价结果时可遵循以下原则:①国民经济评价和财务评价的结果都认为项目可行,则项目可行;②国民经济评价和财务评价的结果都认为项目不可行,则项目不可行;③国民经济评价认为可行而财务评价认为不可行,应对项目进行优化设计或向国家提出采取相应的经济优惠措施,力争使项目的财务评价也可行;④国民经济评价认为不可行而财务评价认为可行,在原则上项目是不可行的,应予以否定。

(二) 效益和费用

1. 效益的识别

房地产开发项目国民经济评价中的效益是指项目对国民经济所做的贡献,包括项目本身得到的直接效益(内部效益)和由项目引起的间接效益(外部效益)。

直接效益(内部效益)是指由项目产出物产生并在项目范围内计算的经济效益。一般表现为增加该产出物满足国内需求的效益;替代其他相同或类似企业的产出物,使被替代企业减产以减少国家有用资源耗费(或损失)的效益;增加出口(或减少进口)所增收(或节支)的外汇等。间接效益(外部效益)是指由于项目的运营,使配套项目和相关部门因增加产量和劳务量而获得的收益。间接效益除包括经济效益外,还包括社会效益、环保效益、政治效益、资源利用效益以及军事效益等。

2. 费用的识别

房地产开发项目国民经济评价中的费用是指国民经济为项目付出的代价,也就是国家为项目建设和生产所付出的真实经济代价,分为直接费用(内部费用)和间接费用(外部费用)。

直接费用(内部费用)是指用影子价格计算的项目投入的经济价值。一般表现为其他部门为供应本项目投入物而扩大生产规模所耗费的资源费用;减少对其他项目投入物的供应而放弃的效益;增加进口(或减少出口)所花费(或减少)的外汇等。间接费用(外部费用)是指社会为项目需付出的代价而项目本身并不需要支付的那部分费用。

效益和费用的识别还可表示为:任何导致社会最终产品增加的都是效益;任何导致社会最终产品减少的都是费用。

3. 外部效果

房地产开发项目的外部效果是指由于房地产开发项目的开展而导致项目以外所发生的成本和效益,亦即房地产开发项目国民经济评价中的间接费用和间接效益。要精确衡量项目的外部效果通常是比较困难的,有时甚至无法作定量分析而只能作定性分析。对于一个房地产开发项目,要注意考虑的外部效果及对其的处理方法如下:

(1) **技术扩散效果** 建设一个技术先进的项目,由于技术的推广和扩散、人才的流动等,会给社会的其他企业带来好处,从而产生外部效果,但由于计量上的困难,对其只能作定性的说明。对于一个房地产开发项目来说,项目的建设能为社会培养一些高水平的工程设计人才和管理人才。

(2) **环境效果** 环境效果也是一种比较难以测度的外部效果。对于一个房地产开发项目来说,环境效果可以是间接费用,也可以是直接效益,如住宅小区的开发占用了林地和绿地,其外部效果就表现为间接费用;而如果在开发的小区中建设了大片的绿地,其外部效果就表现为直接效益。

(3) **乘数效果** 乘数效果是指由于项目的开展而导致的一系列相关部门启用过剩生产能力以及带来的连锁的资源节约效果。相关部门因利用剩余生产能力所导致的固定成本的降低就成为该项目的外部效益。例如,在一定的条件下,房地产项目的开发,能促使其上游的建材生产厂、下游的物业管理公司启用过剩的生产资源,而建材生产厂、物业管理公司的上下游企业也因此能够获得同样的效果,这就是该项目开发所导致的乘数效果。

(4) 无形效果　无形效果是指难以用货币来计量,没有市场价格的一种效果。几乎所有的开发项目都存在无形效果。无形效果不存在相应的市场和价格,一般很难赋予其货币价值。当无形效果是不容忽视的重要效果时,应当努力尝试用货币形态来计量;难以货币化的,应当尽力采用非货币化单位进行计量;无法量化的,应当尽量通过文字、图形、图表等方式对其进行定性描述。

(5) 直接转移支付　直接转移支付是指资源占有权在社会中发生的转移,是一种不引起实际资源增减的纯属货币意义上的转移,这类转移支付在国民经济评价中既不是效益,也不是费用。房地产开发项目的直接转移支付包括税金、补贴、国内贷款以及国外贷款利息等。

(三) 房地产开发项目国民经济评价中的调整参数

1. 影子价格

所谓影子价格,是指在完善的市场经济条件下,资源的分配和利用达到最优状态,即供求均衡时的均衡价格。影子价格在我国也称之为修正价格或经济价格。

确定影子价格时,把项目投入物和产出物分为外贸货物和非外贸货物以及特殊投入物三种类型。不同的类型使用不同的方法。

1) 外贸货物　外贸货物是指其生产和使用将直接或间接影响国家进出口的货物。包括:①项目产出物中的外贸货物,是指项目产出物中直接出口的和项目产出物中间接出口的,以及项目产出物中替代进口的货物;②项目投入物中的外贸货物,是指项目投入物中直接进口的和项目投入物中间接进口的,以及项目投入物中减少出口的货物。

2) 非外贸货物　非外贸货物是指生产或使用将不影响国家进出口,只影响国内供求关系的货物。除一些"自然型"非贸易货物如建筑物、国内运输等基础设施和商业的产品和服务外,还有一些是由于运输费用过高或受国内外贸易政策和其他条件限制而不能进行外贸的货物。

3) 特殊投入物　特殊投入物是指劳动力和土地。特殊投入物的影子价格的确定方法如下:

(1) 劳动力的影子价格　在国民经济评价中,劳动力的影子价格是用影子工资来反映的。影子工资是指社会为项目建设使用了劳动力而支付的代价,或者说,是劳动力投入于该项目而使社会为此放弃劳动力原有的效益,以及国家和社会为此而增加的资源消耗。在国民经济评价中,影子工资作为费用计入经营费用。

影子工资可通过财务评价时所用的工资与福利费之和以影子工资换算系数求得,影子工资换算系数由国家统一测定发布。

(2) 土地的影子价格　土地的影子价格是指以由于房地产开发项目的占用而使土地减少的收益(农业年收益、工业年收益、商业年收益等)为基础,按国际市场价格作适当调整,制定出的土地价格。总体而言,就是指拟建项目占用土地而使国民经济为之放弃的效益——土地机会成本,以及国民经济为项目占用土地而新增加的资源消耗(如拆迁费用、剩余劳动力安置费用等)。土地的影子价格等于土地机会成本加上新增资源消耗费用。

在房地产开发的过程中,应根据土地征收情况,从实际征地费用中具体区分出以下部分费用后,再计算土地的影子价格:区分属于机会成本性质的费用,如土地补偿费、青苗补偿费等;区分新增资源消耗费用,如拆迁费、剩余劳动力安置费等;区分转移支付,如粮食开发基金、耕地占用税等。

2. 影子汇率

影子汇率是外汇的影子价格,实际上是外汇的机会成本,反映了项目的投入或产出所导致的外汇减少或增加而给国民经济带来的损失或收益。在房地产开发项目国民经济评价中,凡涉及到外贸货物、外币与人民币之间的价格换算时,应采用影子汇率,并将外汇换算成人民币。影子汇率是开发项目国民经济评价中的一个重要参数,它的取值高低直接影响着开发项目中进出口的选择,影响对产品进口替代型项目和产品出口型项目的决策。影子汇率是由政府统一制定和定期调整的。

影子汇率和国家外汇挂牌汇率在数值上的关系可以用影子汇率换算系数来表示,影子汇率换算系数等于影子汇率与国家外汇挂牌汇率的比值,亦即影子汇率(SER)等于国家外汇挂牌汇率(OER)乘以影子汇率换算系数(r),其计算公式为:

$$SER = OER \times r$$

3. 社会贴现率

社会贴现率是反映社会对资源时间价值的一种估量,在国外称为影子利息率。社会贴现率也是房地产开发项目国民经济评价中的一个重要参数,用于计算经济净现值等指标,并可作为衡量经济内部收益率的基准值。采用合理、适用的社会贴现率,对于引导社会投资方向,调节开发规模和结构,促进资金在短期项目与长期项目之间的合理配置以及提高社会开发效益等具有重要意义。

社会贴现率是一个重要的通用参数,它由国家根据在一定时期内的开发效益水平、资金机会成本、资金供求情况、合理开发规模等因素统一测定发布;社会贴现率的确定不仅要考虑短期的经济效益,而且还要考虑长期的经济效益,因为,如果社会贴现率高,对前期收益大、投资少的项目方案较有利;如果社会贴现率低,对投资大、能长期发挥效益的项目方案较有利。

对房地产开发项目进行国民经济评价时要注意:因建筑费用和安装费用占有一定的比重,所以应根据建筑工程消耗的人工、其他大宗材料、电力等用影子工资、货物与电力的影子价格调整建筑费用,或通过建筑工程影子价格换算系数直接调整建筑费用;若安装费中的材料费占有很大比重,或有进口安装材料,则应按材料的影子价格调整安装费用;在计算土地价格时,应用土地的影子价格代替土地的实际价格。

复习思考题

1. 简述策划的主要作用。
2. 了解策划的内容和程序。
3. 房地产投资决策的基本要素是什么?
4. 房地产投资决策方法分为哪两大类?
5. 房地产投资决策中的定量分析方法有哪几种?掌握各种定量分析方法的计算。

6. 何谓敏感性分析？它有什么局限性？
7. 风险分析与敏感性分析的主要区别是什么？
8. 何谓可行性研究？可行性研究的作用体现在哪些方面？
9. 可行性研究的依据主要有哪些？
10. 可行性研究的3个工作阶段是如何划分的？
11. 可行性研究主要包括哪几个方面的内容？
12. 可行性研究报告的基本构成有哪些？
13. 简述可行性研究报告正文的撰写要点。
14. 房地产市场研究的步骤和主要内容是什么？
15. 简述住宅开发项目固定资产投资组成的内容，并完成表3-23的数据验算(在书上完成)。
16. 如何估算住宅开发项目利润总额？
17. 财务评价的概念是什么？
18. 房地产开发项目财务评价的主要技术经济指标有哪些？其概念和计算方法是怎样的？
19. 某项目成本利润率为40%，开发周期为2年，是否可以说该项目的年成本利润率为20%？为什么？
20. 反映房地产投资收益水平的成本利润率、成本收益率和内部收益率的含义是什么？如何计算？
21. 如何利用财务现金流量表计算项目的财务内部收益率、财务净现值和动态投资回收期？
22. 如何理解资金的时间价值？掌握房地产投资经营活动时的现金流量图的绘制。
23. 全投资和自有资金经济评价指标的含义有什么不同？
24. 住宅开发项目常用的财务基本报表有哪些？各有哪些特点？
25. 已知某房地产开发项目发生的现金流量如下(单位：万元)：

年度	0	1	2	3	4	5	6
现金流出	3 000	1 500	300	300	0	0	0
现金流入	0	0	3 000	2 000	1 500	500	100

假设贴现率为12%，求该项目的动态回收期。

26. 阅读"附件4：房地产开发项目可行性研究实习指导书"，并掌握相关财务评价算例的编程方法与计算过程(这部分内容将在暑期实习时完成)，要求在实际完成的可行性研究报告中加以应用和体现。
27. 阅读"附件5：上海×××房地产开发项目可行性研究报告"。
28. 了解房地产开发项目国民经济评价与财务评价的区别。

第四章 房地产规划设计与建筑工程基础知识

房地产开发不是独立运作的过程,它是一个综合开发的过程。在做投资决策时,开发商要考虑国情、民情、城情、风土文化等各方面的因素,在作具体开发项目的规划设计时,开发商也必须全方位地考虑各方面因素,既要考虑近期效益,又要考虑长远发展;既要考虑经济效益,又要考虑社会效益和环境效益。有远见卓识的房地产开发商往往具有一流的规划意识和建筑师的鉴赏力,他能够从城市规划中敏锐地判断出有发展潜力的地段,并能从地形、地质、人口、交通、经济、环境和习俗等各方面因素来综合分析对房地产开发有影响的各种有用的信息。只要仔细观察,就可以发现在一个城市中总有一些人愿意去住、去工作、去买东西的"黄金地段"。这种繁华并不是凭空生出来的,它与整个城市的规划有着密切的关系,同时又与房地产开发所产生的扩延效应的带动是分不开的。

因此,房地产开发前期的规划和设计工作,对整个房地产开发工作来说,是至关重要的一步,直接关系到房地产开发的成败,是房地产开发工作的龙头。

第一节 城市规划管理

一、城市规划概述

(一) 城市规划的基本概念

《中华人民共和国城乡规划法》已由中华人民共和国第十届全国人民代表大会常务委员会第三十次会议于 2007 年 10 月 28 日通过,自 2008 年 1 月 1 日起施行。城乡规划,包括城镇体系规划、城市规划、镇规划、乡规划和村庄规划。城市规划、镇规划分为总体规划和详细规划,详细规划分为控制性详细规划和修建性详细规划。由于《中华人民共和国城市房地产管理法》中所表述的房地产开发主要是指城市房地产开发,所以本教材主要围绕城乡规划法中包含的城市规划加以表述。

城市规划是指为了实现一定时期内城市的经济和社会发展目标,确定城市性质、规模和发展方向,充分合理利用城市土地,协调城市空间布局、各项建设的综合部署和具体安排。城市规划是建设城市和管理城市的基本依据,是保证城市土地合理利用和房地产开发等经营活动协调进行的前提和基础,是实现城市经济和社会发展目标的重要手段。城市规划经过法律规定的程序审批确立后,就具有法律效力,城市规划区内的各项土地利用和建设活动,都必须按照城市规划进行。

城市规划区是指城市市区、近郊区以及城市行政区域内因城市建设和发展需要实行规划控制的区域。城市规划区的具体范围,由城市人民政府在编制的城市总体规划中划定。

城市规划管理是指城市人民政府按照法定程序编制和审批城市规划,并依据国家和各级政府颁布的城市规划管理的有关法规和具体规定,对批准的城市规划,采用法制的、行政的、经济的管理办法,对城市规划区内的各项建设进行统一的安排和控制,使城市的各项建设用地和建设工程活动有计划、有秩序地协调发展，保证城市规划的顺利实施。

城市人民政府组织编制城市总体规划。直辖市的城市总体规划由直辖市人民政府报国务院审批。省、自治区人民政府所在地的城市以及国务院确定的城市的总体规划，由省、自治区人民政府审查同意后，报国务院审批。其他城市的总体规划，由城市人民政府报省、自治区人民政府审批。县人民政府组织编制县人民政府所在地镇的总体规划，报上一级人民政府审批。其他镇的总体规划由镇人民政府组织编制，报上一级人民政府审批。省、自治区人民政府组织编制的省域城镇体系规划，城市、县人民政府组织编制的总体规划，在报上一级人民政府审批前，应当先经本级人民代表大会常务委员会审议，常务委员会组成人员的审议意见交由本级人民政府研究处理。镇人民政府组织编制的镇总体规划，在报上一级人民政府审批前，应当先经镇人民代表大会审议，代表的审议意见交由本级人民政府研究处理。规划的组织编制机关报送审批省域城镇体系规划、城市总体规划或者镇总体规划，应当将本级人民代表大会常务委员会组成人员或者镇人民代表大会代表的审议意见和根据审议意见修改规划的情况一并报送。

城市总体规划、镇总体规划的内容应当包括：城市、镇的发展布局，功能分区，用地布局，综合交通体系，禁止、限制和适宜建设的地域范围，各类专项规划等。规划区范围、规划区内建设用地规模、基础设施和公共服务设施用地、水源地和水系、基本农田和绿化用地、环境保护、自然与历史文化遗产保护以及防灾减灾等内容，应当作为城市总体规划、镇总体规划的强制性内容。

城市总体规划、镇总体规划的规划期限一般为 20 年。城市总体规划还应当对城市更长远的发展作出预测性安排。

城市人民政府城乡规划主管部门根据城市总体规划的要求，组织编制城市的控制性详细规划，经本级人民政府批准后，报本级人民代表大会常务委员会和上一级人民政府备案。镇人民政府根据镇总体规划的要求，组织编制镇的控制性详细规划，报上一级人民政府审批。县人民政府所在地镇的控制性详细规划，由县人民政府城乡规划主管部门根据镇总体规划的要求组织编制，经县人民政府批准后，报本级人民代表大会常务委员会和上一级人民政府备案。城市、县人民政府城乡规划主管部门和镇人民政府可以组织编制重要地块的修建性详细规划。修建性详细规划应当符合控制性详细规划。城乡规划组织编制机关应当委托具有相应资质等级的单位承担城乡规划的具体编制工作。

城市新区的开发和建设，应当合理确定建设规模和时序，充分利用现有市政基础设施和公共服务设施，严格保护自然资源和生态环境，体现地方特色。在城市总体规划、镇总体规划确定的建设用地范围以外，不得设立各类开发区和城市新区。

旧城区的改建，应当保护历史文化遗产和传统风貌，合理确定拆迁和建设规模，有计划地对危房集中、基础设施落后等地段进行改建。历史文化名城、名镇、名村的保护以及受保护建筑物的维护和使用，应当遵守有关法律、行政法规和国务院的规定。

城市地下空间的开发和利用，应当与经济和技术发展水平相适应，遵循统筹安排、综合开发、合理利用的原则，充分考虑防灾减灾、人民防空和通信等需要，并符合城市规划，履行规划审批手续。城市、县、镇人民政府应当根据城市总体规划、镇总体规划、土地利用总体规划和年度计划以及国民经济和社会发展规划，制定近期建设规划，报总体规划审批机关备案。近期建设规划应当以重要基础设施、公共服务设施和中低收入居民住房建设以及生态环境保护为重点内容,明确近期建设的时序、发展方向和空间布局。近期建设规划的规划期限为5年。

市(县)级人民政府城乡规划主管部门或者省、自治区、直辖市人民政府确定的镇人民政府应当依法将经审定的修建性详细规划、建设工程设计方案的总平面图予以公布。

城市规划管理是一项政府行政职能,它包括城市规划编制审批管理和实施监察管理两部分。1989年12月全国人大常委会通过了《中华人民共和国城市规划法》,标志着我国城市规划走上了法制轨道。而2007年10月28日全国人大常委会通过的《中华人民共和国城乡规划法》则将《中华人民共和国城市规划法》从法制轨道进一步引向城乡一体化的综合法制管理的方向。

(二) 与房地产有关的城市规划的内容和图纸及文件

城市规划包括总体规划和详细规划。

1. 总体规划

总体规划是一个远景规划,一般为20年,它包括以下一些主要内容:①确定城市的性质、发展目标和发展规模;②选定主要建设标准和定额指标;③统筹安排城市建设用地布局和各项建设的总体布置;④确定城市综合交通设施等其他辅助工程;⑤编制各项工程规划,包括卫星城的建设、旧城改建、新城开发、住宅及生活服务设施建设、城市交通、给排水、防洪排涝、邮电通讯、园林绿化、备战与抗震等专业规划;⑥进行可行性研究及综合技术经济论证;⑦拟定实施规划步骤和措施,并与国民经济和社会发展规划协调统一起来;⑧编制近期城市建设规划,确定城市建设目标、内容和具体布置。

城市总体规划由同级人民政府负责编制。城市总体规划的主要文件和图纸包括:①城市现状图,表明各项公用设施,交通设施,主要工程管线和建筑物的位置和用地范围,此图都有标示;②城市用地评价图,是根据城市用地的地形、地质、水文等自然条件和用地发展情况来评价用地的技术和经济适应性,此图对房地产开发公司非常重要,是规划和设计的重要根据;③城市环境评价图;④城市规划总图;⑤城市工程设施规划图,标明道路、给排水、动力、电讯、热力、燃气等工程规划;⑥近期建设规划图;⑦总体规划说明书。

上述图纸也可能合并绘制,读图时应将上述各图参照对比,力求从中获取全面的信息资料。总体规划图是房地产开发公司在一个城市进行投资开发决策的重要依据之一。

2. 详细规划

城市详细规划是城市规划的后期阶段,其任务是在近期拟建的地段上进行具体的规划布局以确定各项建筑物、道路、绿地和工程设施的安排,为各项单项设计提供依据。这是一种地段规划,可以由城市规划设计部门完成,也可以由房地产开发公司根据城市规划的要求完成。详细规划与投资开发部门有着直接的关系,因此,开发部门应作为重点来掌握。

城市详细规划的主要内容如下:

(1) 了解建筑地段的现状情况,确定地段边界条件(建设及道路红线、坐标、工程管网情况)。

(2) 估算地段规划人口,计算各项建设项目数量、规模、用地,计算拆迁面积,估算拆迁工作。

(3) 选定住宅、公共建筑或其他辅助建筑设计类型或标准图。

(4) 规定规划区内各级道路,广场的建筑红线、道路断面、控制点的坐标和标高。

(5) 确定建筑地段内部布局结构和道路系统。

(6) 按功能及空间艺术、经济合理性等方面的要求确定地段内各项建筑的具体位置和用地界限。

(7) 确定拟建的市政工程管线和工程构筑物位置、走向及控制标高。

(8) 确定绿地系统,必要时进行种植设计或其他绿化的详细规划设计。

(9) 估算建筑投资,编制综合概算,提出实施的措施和建设思路。

详细规划一般都附有说明书,内容包括规划地段的经济状况、自然条件、现状分析、规划的技术依据、规划布置原则、修建程序以及工程造价估算等。详细规划又可分为控制性详细规划和修建性详细规划。

控制性详细规划作为城市总体规划的补充,主要是根据总体规划及其对各分区的功能要求,将城市分区的土地作详细的土地经济技术指标限定,如用地面积、道路坐标、标高、断面尺寸等,并确定各功能用地的位置及市政基础设施的配套规划,这样就使城市总体规划与详细规划有机地衔接起来。

修建详细规划是在城市分区的局部地区所进行的城市空间构成的规划。主要是将城市总体和控制详细规划的构思具体化为空间形象和景观的建设,并进行技术经济指标的限定,如建筑层次、容积率、建筑红线位置。日照、建筑形体示意及建筑出入口的位置、竖向设计、道路坐标、标高及其转弯半径坡度等。

城市详细规划的主要图纸、文件有:①规划地段现状图,它在地形图上标明建筑物、道路、绿地、管线和人防工程的现状;②详细规划总平面图,标明哪些是保留内容,哪些是规划内容;③道路和竖向规划图;④管线综合图;⑤规划说明和技术经济分析。

对上述方面的详细了解,可使我们明确城市的发展建设走势,并得到有用的信息。这些信息综合起来,就为我们房地产的具体规划提供了大框架。

二、城市规划的实施和监督检查

(一)城市规划的实施

城市总体规划经审批颁布后,即具有法律效力。城市规划区内的土地利用和各项建设必须符合城市规划,服从规划管理。这是实施城市规划应当遵循的基本原则。进行城市各项建设,实质上就是城市规划逐步实施的过程,为了确保城市各项建设能够按照城市规划有秩序地协调发展,必须对城市规划实施严格监察管理。

城市规划的实施管理主要是报建审批管理和批后管理两部分内容。报建审批管理主要包括对建设项目选址审批核发项目选址意见书,对城市用地审批核发建设用地规划许可证,对建筑工程审批核发建设工程规划许可证。批后管理主要是按照规划实施监督检查体系对违章占地和违章建设的查禁工作。

(二)城市规划的监督检查

县级以上人民政府及其城乡规划主管部门应当加强对城乡规划编制、审批、实施、修改的监督检查。县级以上人民政府城乡规划主管部门对城乡规划的实施情况进行监督检查,有权采取以下措施:要求有关单位和人员提供与监督事项有关的文件、资料,并进行复制;要求有关单位和人员就监督事项涉及的问题作出解释和说明,并根据需要进入现场进行勘测;责令有关单位和人员停止违反有关城乡规划的法律、法规的行为。城乡规划主管部门的工作人员履行前款规定的监督检查职责,应当出示执法证件。被监督检查的单位和人员应当予以配合,不得妨碍和阻挠依法进行的监督检查活动。监督检查情况和处理结果应当依法公开,供公众查阅和监督。城乡规划主管部门在查处违反本法规定的行为时,发现国家机关工作人员依法应当给予行政处分的,应当向其任免机关或者监察机关提出处分建议。

1. 对建设活动的监督检查

(1)城市规划行政主管部门对于在城市规划区内使用土地和进行各项建设的申请,都要严格验证其申报条件(包括各类文件和图纸)是否符合法定要求,有无弄虚作假的情况等。对于不符合要求的申请,要及时退回,不予受理。

(2)建设单位或个人在领取建设用地规划许可证并办理土地的征收或划拨手续后,城市规划行政主管部门要进行复验,如有关用地的坐标、面积等与建设用地规划许可证规定不符,城市规划行政主管部门应责令其改正或重新补办手续,否则对其建设工程不予审批。

(3)建设单位或个人在领取建设工程规划许可证件并放线后,要自觉接受城市规划行政主管部门的检查,即履行验线手续,若其坐标、标高、平面布局形式等与建设工程规划许可证件的规定不符,城市规划行政主管部门就应责令其改正,否则有关建设工程不得继续施工,并可给予必要的处罚。

(4)建设单位或个人在施工过程中,城市规划行政主管部门有权对其建设活动进行现场检查。被检查者要如实介绍情况和提供必要的资料。如果发现违法占地和违法建设活动,城市规划行政主管部门要及时给予必要的行政处罚。在检查过程中,城市规划行政主管部门有责任为被检查者保守技术秘密和业务秘密。

(5)城市规划行政主管部门应当参加城市规划区内对城市规划有重要影响的建设工程的验收,检查建设工程的平面布置、空间布局、立面造型、使用功能等是否符合城市规划设计要求。如果发现不符,就视情况提出补救和修改措施,或给予必要的行政处罚。

2. 立法机构的监督检查

(1)市(县)级人民政府在向上级人民政府报请审批已经编制完成或修改后的城市总体规划前,必须报经同级人民代表大会或其常务委员会审查同意。对于审查中提出的问题和意见,城市人民政府有责任给予明确的解释或作出相应的修改与完善。

(2)城市人民代表大会或其常务委员会有权对城市规划的实施情况进行定期或不定期的检查。就实施城市规划的进展情况,城市规划实施管理的执法情况提出批评和意见,并督促城市人民政府加以改进或完善。城市人民政府有义务在任期内全面检查城市规划的实施情况,并向同级人民代表大会或其常务委员会提出工作报告。

3. 社会监督

(1)城市规划行政主管部门有责任将城市规划实施管理过程中的各个环节予以公开,接受社会对其执法的监督。

(2)城市中一切单位和个人对于违反城市规划的行为和随意侵犯其基本权利的行为,有监督、检举和控告的权力。城市规划行政主管部门应当制定具体办法,保障公民的监督权,并及时对检举和控告涉及的有关违法行为进行查处。

第二节 居住区规划设计与技术经济指标

一、居住区的组成和规模

目前我国由于居住区的建设规模占到整个房地产开发规模的 80% 以上,所以本节只讨论居住区的规划设计与技术经济指标。居住区是具有一定的人口、用地规模,并为城市干道或自然界线所包围的相对独立的居住用地区域。

(一) 居住区的组成
居住区的组成由用地和工程构成。

1. 居住区用地按用地性质分类

(1) 居住建筑用地 是指住宅基地以及住宅前后左右的用地,这包括住宅前后左右的分户小路、院落、绿地等用地。

(2) 公共建筑用地 是指居住区为小区居民服务的各类公共建筑和公共设施建筑物基地占有的用地及其周围的专用地,包括专用地中的道路、场地和绿地等。

(3) 道路广场用地 是指道路红线范围内的用地以及回车场、停车场、居民活动广场和人行道。

(4) 公共绿地和体育场地 是指居住区的各类公共绿地,如居住区公园、小游园、林荫道、公共专用绿地、运动场、老年人和儿童活动场地等。

(5) 其他用地 是指居住区内不属于居住区用地范围的专项用地、地区、市级的公共建筑、工业(包括居住区工业在内)或专业单位用地以及不适合建筑的用地等。

2. 居住区的工程构成

(1) 建筑工程 主要包括住宅建筑、公共建筑、生产性建筑、市政公用设施建筑等。

(2) 市政基础设施 包括地上、地下设施两部分,例如:道路工程、给水、污水、排水、燃气、供电、供热、通讯等市政管线工程等。

(3) 环境工程 这里指宅外环境工程项目,如绿化、园林小品建筑、小游园、儿童游戏场等。

(二) 居住区的规模

居住区的规模主要是指人口规模和用地规模,其中以人口规模为主要指标,这是因为人口的规模决定着用地的规模。居住区本身的社会生活功能和工程技术经济及管理方面要求居住区应有的适当的规模,合理规模的确定取决于以下因素:

(1) 基本设施配置及服务半径 根据有关部门调查,从经营管理、合理的服务半径等因素分析,配置成套居住区级商业、文化、体育和医疗等公共服务设施的合理规模,一般以 3 万~5 万人为宜。所谓合理的服务半径,是指居住区居民到达公共服务设施的最大步行距离。一般以 800~1 000 m 为宜,合理的服务半径是影响居住区用地规模的重要因素。

(2) 城市道路交通的合理组织 为了适应现代化城市交通发展的需要,城市干道的合理间距一般应在 800~1 000 m 之间。所以,城市干道所包围的用地往往成为决定居住区用地规模的重要因素,城市干道间用地规模一般为 50~100 hm^2。

(3) 居民的行政管理体制 居住区规模与居民的行政管理体制相适应,则有利于组织居民生活。目前,一个街道办事处管理的人口为 3 万~5 万人。

此外，自然地形条件等因素也对居住区规模有一定的影响。

（三）居住区的规划结构

影响规划结构的两个重要因素是居住区内公共服务设施的布置方式、规模和城市道路的规划。我国居住区的规划结构通常分为居住区、居住小区、住宅组团3个等级。

(1) 居住区　这是城市的基本居住用地单元，居住人口为3万～5万人，占地50～100 hm²，服务半径为800～1 000 m，它由若干个居住小区组成。

(2) 居住小区　居住人口1.0万～1.5万人，用地12～35 hm²，服务半径40～800 m，它由若干个住宅组团加上基本商业服务、幼托、小学等公共建筑组成。

(3) 住宅组团　这是相对独立的居住群落，它相当于一个居民委员会的规模，其居住人口为0.1万～0.3万人，服务半径一般小于40 m。

二、居住区规划设计的内容

居住区规划分为控制性详细规划和修建性详细规划，控制性详细规划着重解决各类用地界限、建筑密度、建筑高度、容积率、道路红线位置、断面、控制点坐标和标高、工程管线走向、管径和用地范围等控制指标；修建性详细规划是根据建筑、绿化和空间要求布置平面图，进行道路、建筑、工程管线的规划设计，进行竖向设计和土石方工程设计、编制工程概算。修建性详细规划主要包括：居住建筑规划、公共建筑规划、道路规划和绿地规划。

（一）居住建筑规划

居住建筑是规划设计的主体，应该遵循日照充分、通风良好、安静整洁、庭院空间美满丰富的原则，合理确定居住建筑类型和居住建筑群体布置。居住建筑设计要执行国家规定的设计标准，既要考虑目前国家的经济水平，也要考虑今后城市发展、住宅商品化和人民生活水平提高的前景；根据城市的性质、特点、规模和发展前景来决定。在居住建筑造型中应合理地确定户型、户室比、住宅层数、住宅进深和开间、住宅长度的体型、住宅层高等基本因素。

1. 住宅建筑群体的平面布置形式

(1) 行列式　按一定的房屋朝向和间距成排布置，大部分是南北向重复排列，其优点是每户都有好的朝向，而且施工方便，但形成的空间较为单调。

(2) 周边式　沿街坊或院落周围布置，其优点是内部环境比较安静，土地利用率高，但其中部分住宅的通风和朝向均较差。

(3) 混合式　采取行列式和周边式相结合的方法进行布置，可以采纳上述两种形式之长，形成半敞开式的住宅院落。

(4) 自由式　结合地形、地貌、周围条件，不拘泥于某种固定形式，灵活布置以取得良好的日照通风效果。

2. 住宅的选型

在住宅的选型中，应研究确定以下一些内容：

(1) 住宅层数　要综合考虑土地价格、住宅造价、建设工程、人口密度、施工周期等因素，确定住宅层数比例。一般来说，低层造价较低、居住舒适，但占地面积大；多层造价也较低，施工方便，用地较低层节约；高层可以节约土地，但结构较复杂、含钢量高、施工机械化要求高、单方造价也较高，就目前一些城市的管理水平而言，居住高层还不太方便，所以较少选用，而一些大城市由于地价较高，故常常采用高层建筑。一般而言，较大的居住区应采取高低层结合、错落有致的方法来确定各类建筑的层数比例。

（2）进深和面宽　一般来说，如每户建筑面积不变，住宅进深大，则面宽小、外墙小，可以节约用地、节约投资，并减少经营性采暖费用；如住宅进深小则面宽大、采光好，但外墙多、用地大、造价高。在此，进深和面宽应有适度的比例。

（3）长度和体型　一幢住宅楼的长度大，可以减小山墙数量，并可以减少墙端头的部距，节约土地和投资。但长度过长就需要增加伸缩缝和防火墙，且对抗震也不利。因此住宅楼的长度要适当。住宅体型应以条式和塔式(或板式和点式)相结合，才能取得较好效果。

（4）层高　降低住宅层高可以降低造价，也可缩小阴影区范围。目前住宅净层高多取用 2.7～2.8 m，比较经济。

（5）户室比　为了满足不同人口组成的家庭对户型的需要，要合理确定不同户室比。

以上对住宅的选型，应在充分的市场调研的基础上来确定。

(二) 公共建筑规划

根据居住区级和小区级公共建筑定额指标的规定，确定建筑规模和项目内容。规划设计应满足适当集中、缩短服务半径、符合人流走向、不干扰住户的基本要求，拟定公共服务设施的分布和布置方式。按使用性质，公共建筑可分为以下 7 类。

（1）文化教育：中学、小学、托幼、文化站等。
（2）医疗卫生：医院、门诊所、卫生站等。
（3）商业饮食：百货商店、书店、药店、综合食品店、饭店等。
（4）公共服务：理发、浴室、洗染店、综合修理、服装加工等。
（5）文娱体育：电影院、青少年活动站、老年活动中心、运动场所等。
（6）行政经济：街道办事处、派出所、房管所、银行、邮电等。
（7）其他：煤气调压站(液化气站)、公共厕所等。

(三) 道路规划

1. 居住区道路的基本要求

居住区道路应分级明确，线型合理，出入口选址恰当。

居住区道路系统是居住的骨架，有分隔地块及联系不同功能用地的作用，对整个居住区的合理布局起决定性作用。居住区道路又是城市道路的延伸，为了确保居住区环境的安全、宁静，居住小区内道路不能四通八达，而是要"顺而不穿，通而不畅"。道路转折线型要缓和，不能有生硬的转弯。为确保小区的交通安全，小区内车辆必须限速。居住区与小区入口位置应符合人流的主导方向和小区的安全管理。居住区入口是城市空间与居住空间的界定，小区入口的空间景观设计要新颖优美。组团入口是居住区公共空间与半公共空间的分界，在出入口应有明显的标志，如门、门头等。组团入口处应设门房，并有专人管理。

小区道路线型有方格网型、曲折型、风车型、S 型、Y 型、弧型等。住宅的支路应做尽端式，使车辆不能任意穿行，使之真正成为半私有空间，有利于组团的安全管理。在地震多发区，要考虑居民地震灾害时的疏散，保证地震发生时的救护、救险、救火等车辆的出入。

居住区级道路红线宽不宜小于 20 m，它一般用以划分居住小区、大型公建或居住区公共绿地的用地规模；小区级道路路面宽度为 6～9 m，一般用以划分组团用地规模；组团道路路面宽度宜在 3～5 m；组团级道路向各栋住宅楼梯口的道路宽度宜在 2.5～3.0 m。

道路两侧建筑山墙之间的距离，考虑各种地下管线的布置，采暖地区不宜小于 10 m，非采暖地区不宜小于 8 m,最小不得小于消防间距,一般为 6 m。

小区内主要道路应有两个以上的出入口;居住区内主要道路至少有两个不同方向与外围道路相连。机动车道入口间距不小于 150 m,并征得当地交通管理部门的同意。

居住区内主要道路与城市道路相接处,应考虑通视条件,其交角不宜小于 75°;当居住区内道路坡度较大时,应设缓冲段与城市道路连接。

居住区公建中心,应专门考虑为残疾人设置的无障碍通道。轮椅车通道宽度不小于 2.5 m,纵坡不大于 2.5%。

居住区内尽端式道路不应长于 120 m,并在端头设大于 12 m×12 m 的回车场地。居住区内道路纵坡控制在 0.3%~0.5%。

居住区道路边缘至建筑物、构筑物的最小距离应符合表 4-1 规定。居住区道路设计与施工,小区管线综合设计与施工必须同时进行,避免不必要的返工。

表 4-1　　　　　　　道路边缘至建筑物、构筑物最小距离　　　　　　　单位:m

与建、构筑物关系		居住区道路	小区路	组团路及宅间小路
建筑物面向道路	无出入口	(高层)5	3	2
		(多层)3	3	2
	有出入口	—	5	2.5
建筑物山墙面向道路		(高层)4	2	1.5
		(多层)2	2	1.5
围墙面向道路		1.5	1.5	1.5

2. 重视居住区道路的空间质量

居住区内的道路是环境设计的重要组成部分,是人们进入居住区的第一印象,因此它不仅是从一处至另一处的交通通道,还应是一条充满情趣的视觉走廊。因此对道路的线型设计、道路的用料,特别是组团路的质感、图案、颜色,以及道路两侧建筑空间的处理、绿地、小品的布置,都要精心考虑统筹安排,采用彩色漏空的植草地砖可改善混凝土呆板的缺点。小区道路不宜做成等宽的一条,而应是很自然的、流动的空间走廊。时而收狭,两侧是爬满青藤的围墙;时而放宽,或是生气盎然、安静宜人的绿地,或是在开阔处布置一些小品,诸如石桌、石椅、曲廊小亭,绿树围绕、浓荫依依,旁边建有别具风格的小卖部,供应一些点心、饮料之类,为居民提供人际交往和户外活动的场所,使人感到方便、温馨、真正给人以自己家园感受。

小区内围墙用料有砖、钢筋混凝土、艺术砌块、金属杆(网)、竹、木、绿篱等。围墙形式、高度应有变化,并以漏空处理,使内外通透借景,以改善道路的视觉效果。

(四) 绿地规划

居住区的绿化对创造舒适、安静、卫生、美观的居住环境起着十分重要的作用。其组成如下:

(1) 公共绿地,包括居住区公园、小区小园林、林荫道、小块公共绿地等。

(2) 公共建筑绿地,指公共建筑、医院、影剧院、中小学等所属的绿地。

(3) 住宅庭院绿地。

(4) 道路绿化,指道路两侧或一侧的行道树木、绿化用地等。

居住区绿化用地是居住区用地的重要组成部分,绿地率是衡量居住区生态质量、环境质量的重要指标。公共绿地、宅旁绿地、公共建筑所属绿地和道路绿地等4类绿地面积之和占居住区用地总面积的比例为绿地率。

居住区内公共绿地的总指标,应根据居住区三级规模分别达到:组团级人均绿地面积不少于 0.5 m²;小区级人均绿地面积(包括组团级绿地在内)不少于 1.0 m²;居住区级人均绿地面积(包括组团、小区级绿地在内)不少于 1.5 m²。旧区改造酌情降低,但不得低于相应指标的 70%。

居住区公园设置内容有:花木草坪、花坛水面、凉亭、雕塑、小卖部、茶座、老幼设施、停车场及铺装地面等。公园内布局要功能划分明确。最小规模为 1 hm²。

小区级的游园设置内容有:花木草坪、花坛水面、儿童设施、铺装地面等。最小规模为 0.4 hm²。

组团级绿地设置内容有:花木草坪、桌椅、简易儿童设施等,布局要灵活简洁。最小规模为 0.04 hm²。

游园、绿地至少有一边与相应级别的道路相临,以方便居民进出,其绿化面积(含水面)不宜小于 70%。为便于居民休憩、散步和交往,游园、绿地宜采用敞开式,或以绿篱或通透式院墙、栏杆分隔,以起到内外通透、相互借景的效果。

组团绿地的设施应满足有不少于 1/3 的绿地面积在标准建筑日照阴影范围之外,并便于设置儿童游戏设施和便于成人游憩活动。其中院落式组团绿地的设置还应满足表 4-2 中各项要求。

表 4-2　　　　　　　　　　院落式组团绿地设置规定

封闭型绿地		开敞型绿地	
南侧多层楼	南侧高层楼	南侧多层楼	南侧高层楼
$L \geq 1.5 L_2$	$L \geq 1.5 L_2$	$L \geq 1.5 L_2$	$L \geq 1.5 L_2$
$L \geq 30$ m	$L \geq 50$ m	$L \geq 30$ m	$L \geq 50$ m
$S_1 \geq 800$ m²	$S_1 \geq 1\,800$ m²	$S_1 \geq 500$ m²	$S_1 \geq 1\,200$ m²
$S_2 \geq 1\,000$ m²	$S_2 \geq 2\,000$ m²	$S_2 \geq 600$ m²	$S_2 \geq 1\,400$ m²

注:L——南北楼正面间距(m);L_2——当地住宅的标准日照间距(m);S_1——北侧为多层楼的组团绿地面积(m²);S_2——北侧为高层楼的组团绿地面积(m²)。

在绿化布置时,为有利于树木的生长、保护地下管线,乔木一般需距离建筑外墙 5~8 m,距离地下管线 2 m;灌木一般保证 1.5 m 的间距。

(五)建筑设计

建筑设计要遵守国家的有关规范、规程、规定标准,从实际情况出发,合理确定设计技术条件。对主体工程,主要设备要做到安全、适用、可靠、先进。建筑设计一般分初步设计和施工图设计两个阶段。居住建筑设计的内容包括:

(1)住宅建筑设计的平、立、剖面设计。

(2)住宅结构设计。

(3)住宅建筑装修和室内设备的设计。

(4)住宅设计的工程概算和预算。

三、居住区的各类技术经济指标

(一)居住区用地控制指标

高层、小高层住宅应节约用地,高层住宅覆盖率小,有宽敞的室外空间和绿化用地,在城市中心地段,土地十分紧张,地价昂贵,选择高层或小高层比较可行。但在一般地段,建造高层住宅必须谨慎,应就开发地段的市场需求、成本和售价,进行可行性论证。居住区用地控制指标应参照我国建筑气候区划图的划分执行,见图4-1。具体指标见表4-3。

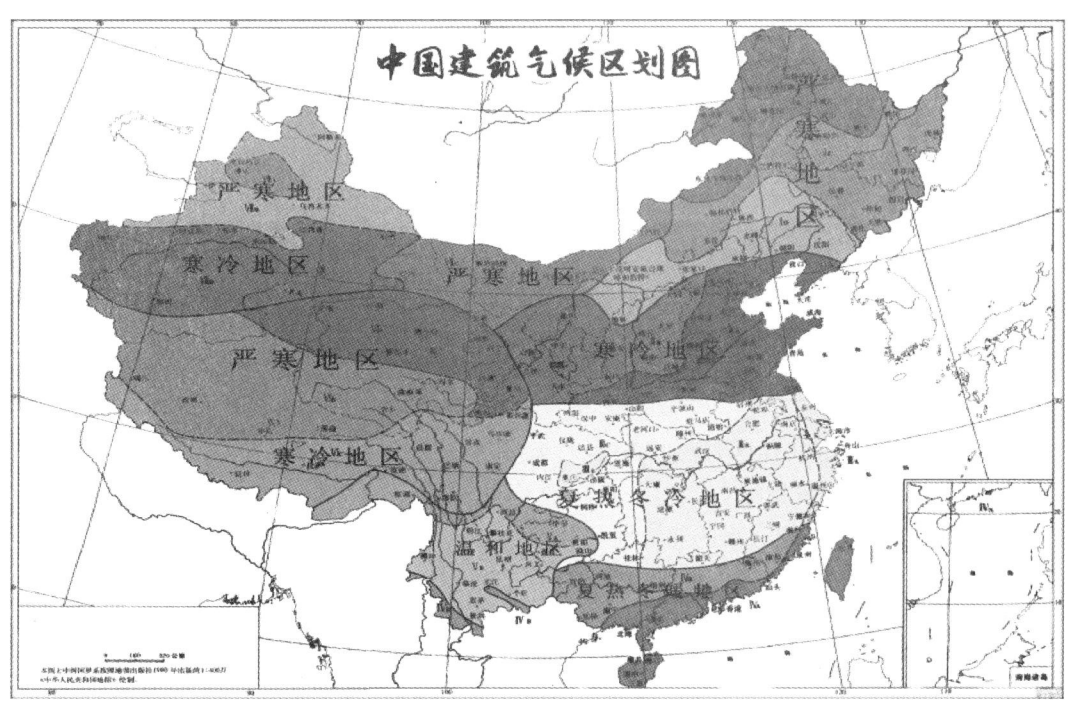

图4-1 中国建筑气候区划图

表4-3 居住区用地控制指标表 单位:m²/人

居住规模	层数	建筑气候区划(见图4-1)		
		Ⅰ、Ⅱ、Ⅵ、Ⅶ	Ⅲ、Ⅴ	Ⅳ
居住区	低层	33～47	30～43	28～40
	多层	20～28	19～27	18～25
	多层、高层	17～26	17～26	17～26
小区	低层	30～43	28～40	26～37
	多层	20～28	19～26	18～25
	中高层	17～24	15～22	14～20
	高层	10～15	10～15	10～15
组团	低层	25～35	23～32	21～30
	多层	16～23	15～20	14～20
	中高层	14～20	13～18	12～16
	高层	8～11	8～11	8～11

注:本表各项指标按每户3.2人计算。

(二) 居住区用地平衡

影响居民区用地构成的因素很多,因此 4 类用地的上下限相差很大,主要根据城市的规模、经济水平和用地现状以及住宅区的人口规模、住宅的平均层数决定。北方纬度高、日照间距大些,住宅用地比重或人均用地要多一些。控制绿化用地指标是居住区生态、环境质量的关键,规划行政主管部门的控制比较严格。住宅用地比例高,住宅建筑面积就多,一般情况下能安排到 60%~65% 已很不容易。节约公建用地的方法是将公建化零为整,紧凑合理地向空中发展。如某新村,将大型超市、文化娱乐、影剧院综合为一体,效果很好。在居住区内部道路布置要进行多方案比较,同时尽可能使小区、组团用地呈正方形,线形简捷,道路用地最省。居住区用地平衡见表 4-4。

表 4-4 居住区用地平衡表

规模等级		居住区	小 区	组 团
居住区用地		100%	100%	100%
1	住宅用地	50%~60%	55%~65%	70%~80%
2	公建用地	15%~25%	12%~22%	6%~12%
3	道路用地	10%~18%	9%~17%	7%~15%
4	公共绿地	7.5%~18%	5%~15%	3%~6%

(三) 居住区(及非居住区)规划方案的技术经济指标

1. 居住区技术经济指标

为了评价居住区规划方案的经济性和合理性,经常采用以下一些技术经济指标作为衡量的标准。

(1) 居住区总用地(hm^2),其中包括居住建筑用地、公共建筑用地、道路用地、绿化用地。

(2) 居民每人占地($m^2/人$),其中包括人均居住建筑用地、公共建筑用地、道路用地、绿化用地。

(3) 居住区总建筑面积(m^2),其中包括居住建筑面积、公共建筑面积。

(4) 总户数、总人口、平均每户人口(口/户)。

(5) 平均每户居住建筑面积(m^2)。

(6) 居住建筑密度,指居住建筑对居住建筑用地的覆盖率。即:

$$居住建筑密度 = \frac{居住建筑基底面积}{居住建筑用地面积}(\%)$$

(7) 居住面积密度,即:

$$居住面积密度 = \frac{居住建筑面积}{居住建筑用地面积}(m^2/hm^2)$$

(8) 容积率(居住建筑面积密度),即:

$$容积率 = \frac{居住(区)建筑面积}{居住(区)用地面积}(m^2/hm^2)$$

(9) 人口毛密度,指居住总人口和总用地之比:

$$人口毛密度 = \frac{总人口}{总用地}(人/hm^2)$$

(10) 人口净密度,指居住总人口与居住建筑用地面积之比:

$$人口净密度 = \frac{总人口}{居住建筑用地面积}(人/hm^2)$$

(11) 住宅平均层数,指住宅总建筑面积与住宅基底总面积之比:

$$住宅平均层数 = \frac{住宅建筑总面积}{住宅基底总面积}$$

(12) 高层比例,一般七层以上为高层住宅,即高层住宅占总建筑面积的比例:

$$高层比例 = \frac{高层建筑面积}{居住区总建筑面积}(\%)$$

(13) 住宅间距(m)。
(14) 居住区平均造价,即:

$$平均造价 = \frac{总造价}{居住区总建筑面积}(元/m^2)$$

(15) 停车位个数,指在规划用地范围内设置的地面和地下停车位的个数。
(16) 建设周期,是指自工程开工至全部工程完工之间的持续时间。

2. 非居住区技术经济指标

非居住区开发项目指酒店、写字楼、商业零售中心等开发项目,为评价其规划设计方案的经济性和合理性,经常采用以下技术经济指标作为衡量的标准。

(1) 建筑容积率,指项目规划建设用地范围内全部建筑面积与规划建设用地面积之比,附属建筑物计算在内,但应注明不计算面积的附属建筑物除外。
(2) 总建筑面积,指各层建筑面积的总和。
(3) 地上建筑面积,指地上各层建筑面积的总和。
(4) 建筑密度,即建筑覆盖率,指项目用地范围内所有建筑物的基底面积之和与规划建设用地面积之比。
(5) 规划建设用地面积,指项目用地规划红线范围内的土地面积。
(6) 建筑高度,指城市规划建设管理部门规定的建筑物檐口高度上限。
(7) 绿化比率,指规划建设用地范围内绿地面积与规划建设用地面积之比。
(8) 停车位个数,指在规划用地范围内设置的地面和地下停车位个数。
(9) 有效面积系数,指建筑物内可出租(使用)面积与总建筑面积之比。
(10) 开发项目总造价、平均造价和开发建设周期。

第三节 基础设施建设

居住区的基础设施不仅是整个城市基础设施的一个组成部分,同时也是居住区开发建设的基础工程。房地产开发公司要真正把基础设施当作"基础"来对待,切实抓好基础设施工作。

一、城市基础设施的内容和特点

城市基础设施在不同的历史时期有不同的内容,它随着社会生产力和社会生活需要的发展而日益扩大和充实。

(一)城市基础设施的内容

(1) 能源系统 这是城市的动力系统,包括供电、供热、供气(煤气、天然气、液化石油气)等设施。

(2) 给水、排水系统 包括取水工程、输水工程、净水工程、配水管网(上水道)、排水管网(下水道)、污水处理、排污工程等。

(3) 道路交通系统 这是城市存在和发展的大动脉,包括城市内部交通设施和城市对外交通设施两部分。城市内部交通设施有道路设施、电汽车、出租车、地铁、轻轨、公共货运汽车、货物流通及交通管理等设施;城市对外交通有航空、铁路、公路、水运、管道运输等设施。

(4) 邮电、通讯系统 这是信息交流的物质载体,是衡量城市现代化程度的一个重要标志,包括邮政、电讯和电脑网络等设施。

(5) 环境系统 包括园林绿化、环境卫生、垃圾处理、环境保护等设施。

(6) 安全系统 它是城市抵御自然灾害和某些人为灾害的系统,包括防火、防洪、防地面沉降、防风、防震以及人防备战等设施。

(7) 土地平整工程 城市基础设施也被称作"市政公用设施"或"七通一平",前者是城市建设归口管理采用的说法,这包括城市供水、排水、燃气、集中供热、道路桥梁、公共交通、防洪七项主要内容。后者是建设新居住区搞好配套设施时采用的术语,"七通"是指通道路、通自来水、通电信、通排水、通燃气、通热力、通电力;"一平"即平整场地,按照竖向规划进行土方工程。

(二)城市基础设施的特点

(1) 服务的公共性 城市基础设施的服务对象没有选择,它是为整个城市提供服务,既为生产服务,也为城市服务,既供工业,又供民用。

(2) 效益的综合性 城市基础设施提供的使用价值主要在于通过提高社会效益和环境效益,为城市生产和人民生活创造经济效益。其投资效果表现为直接效益小,间接效益大,综合效益高,如燃气、电力和集中供热的发展,能大大改善城市的大气质量,否则会严重污染城市环境。

(3) 运转的系统性 城市基础设施是由多部门组成的有机综合体,是城市大系统中的一个子系统。在城市基础设施内部,一方面各项设施根据其自身的特点,在城市地域范围内扩展、延伸,形成了相对独立的分支系统,不可分割。另一方面,各类、各项设施之间和每项设施的内部,不同程度地存在着相互依赖、相互制约、互为因果的关系,需要相互协调、相互补充、平衡发展,形成合理的结构和比例关系。

(4) 建设的超前性 城市基础设施项目,建设规模较大,施工周期较长,因此,城市基础设施必须有一个超前量,在计划安排上,与城市其他设施在形成能力的时间上保持同步。如居住区开发建设,在居民迁入住宅的同时,应做到水、电、气、热、道路以及公共交通线路的全部到位。

(5) 经营的垄断性 在一定时期内,为维持城市基础设施产品和服务需要的相对稳定,有必要保持城市基础设施在经营上的垄断性。例如,不能重复建设污水处理厂,不能让许多公共汽车公司为同一条路线服务等。政府必须以法律形式,明确规定经营管理者的权利和义务,其中包括赋予垄断权。

二、居住区基础设施建设

1. 居住区基础设施建设的主要环节

居住区基础设施建设具有土方挖填量大、施工层次分明、隐蔽工程多、配套性强的特点,所以应统一综合开发,否则,不但浪费严重,而且后患无穷。根据实践经验,在基础设施建设中,要抓好以下主要环节。

(1) 总体 居住区基础设施是城市基础设施的组成部分,一定要服从城市总体规划的统一布局和管理,决不能与城市总体规划相抵触、相脱节;基础设施的建设工程要与城市基础设施相衔接,不能超过城市主干工作的总负荷,要严格控制水耗、能耗,不能超载城市的总体承载能力,使居住区内部的自我循环服从城市的总体循环。

(2) 综合设计 居住区基础设施的建设工作项目很多,是一项系统工程,应统一规划、综合设计。要认真调查居住区内部和周围基础设施的现状,根据居住区的需要,合理确定道路布置、管道线路的埋设和定向,准确测算交通运输和电、气、热、水的用量及排污量的需求,及早提出设计方案,作为建设的总依据。

(3) 统筹施工 根据统一规划的设计方案,按先地下后地上、先深层后浅层的施工顺序统筹安排,制定施工计划,组织市政、公用、电业、电讯等部门的施工单位,有计划地进入施工现场,分批施工建设,按期完成。

(4) 全面配套 居住区基础设施配套要齐全,应该"通"、"平"的项目应一次建成,坚决防止出现配套不全,建设步调不一致,重复施工、重复破坏、重复投资的情况,避免浪费,提高建设效益。

(5) 讲究效益 提高基础设施资金使用效益,尽量减小使用上的盲目与浪费,首先要保持居住区基础设施与固定资产投资及其内部结构的合理比例,既要满足当前需要,又要考虑到未来的发展。其次,在时间上要坚持基础设施超前建设,在空间上坚持先地下后地上,按基建程序办事,再次,要处处精打细算,力求少花钱多办事。同时,要加强对基础设施投资概预算的审查。

(6) 组织协调 居住区基础设施建设涉及面广、专业多,因此,多须加强协调,使各部门之间,规划与设计之间,综合与专业以及各专业之间的关系协调好,确保各项建设管理工作的分工及密切配合。

2. 基础设施与住宅建设的比例关系

基础设施与住宅建设是相互联系、彼此制约、密切结合的,它们之间既存在空间的关系,又存在数量比例关系。

(1) 实物量比例关系 实物量比例关系是指每平方米住宅建筑面积需要提供的水、电、热、气等相应配套设施的具体数量。其指标为每平方米住宅建筑面积需基础设施的实物量,即每平方米建筑需自来水(L/d)、排放污水(L/d)、燃气(m^3/d)、集中供热(J/h)、电(W/h)等的量。计算公式为:

$$每平方米住宅建筑面积基础设施实物量 = \frac{基础设施实物量}{住宅建筑面积}$$

(2) 价值量比例关系 该比例关系通常用基础设施投资与住宅建设投资的比例和每平

方米住宅建筑面积基础设施投资量来表示。

住宅建筑标准、居住区规模以及城市基础设施的发展水平,决定着居住区配套基础设施项目的标准。这一标准的设置,应该从实际需要和可能的条件出发,坚持科学性和合理性的统一。

3. 管线工程布置

居住区的管线工程一般包括给水、排水、燃气、供热、供电等,这些管线的布置与楼层、道路和绿化等关系密切,应互相配合,同时必须符合城市总体规划的要求。

(1) 给水　居住区内的给水网有树枝状和环状两种布置方式。采取哪种方式取决于地形、地质、建筑和道路的规划布置等因素。水管的直径常采用 $\phi 25$,$\phi 32$,$\phi 40$,$\phi 50$,$\phi 100$ 和 $\phi 150$ mm 等数种规格,管径的大小取决于水的需要量。水管的埋设深度根据管径的大小、管材的强度、外部载荷、气压等因素确定。

(2) 排水　居住区内的排水主要是雨水和生活污水的排放。排水系统有分流制与合流制两种,雨水和污水分别由两套管线汇集排放的称为分流制,合在一个管网排设的称合流制。采用何种方式取决于城市排水规划的要求及原有的排水方式等。新建的排水系统一般多采用分流制,管网的布置一般采用树枝状管网。由于排水一般是靠重力自流的,故须有一定的坡度。

(3) 供电　居住区内用电的电压一般是 220 V,故必须将城市送来的高压电通过变电所变为低压电。配电线路的布置方式有架空和地下电缆两种,目前一般采用地下埋线方式建设。

(4) 燃气　城市燃气靠气压通过管道输送,液化石油气用气瓶供应用户。居住区内采用中、低二级系统,将燃气通过调压站将中压调至低压,然后供应各户使用。燃气管网布置有树枝状和环状两种,一般两种方式同时采用。燃气管线可架空或埋设地下,因燃气有毒和有爆炸危险,故宜采用地下埋设,并与其他管线保持一定距离,以保证安全和施工方便。

(5) 集中供热　集中供热有两种方式,即热电厂供热和区域锅炉房供热。居住区内供热管道一般为地下铺设,根据不同的情况可采用通行地沟、半通行地沟、不能通行地沟或无沟铺设。管网布置要考虑用户使用特点,如公共建筑需要白天供热,而住宅主要是晚上供热。

4. 管线综合

为了解决各单项管线工程之间的平面、空间、建设时间的先后以及施工维修等方面的矛盾。对各单项管线工程的规划设计进行综合安排是十分必要的。其基本要求是:

(1) 尽量使管线线路短捷,以节约投资,但应注意避免片面缩短长度而任意穿越、切割可用之地。

(2) 应尽量将管线埋设在道路红线内,也要避免过分集中在交通频繁的城市干道下面,以免施工检修时,开挖路面,影响交通。

(3) 地下管线的排列次序一般从建筑物外排起,最近的是电力或电信管线、燃气管,然后依次为热力管、给水、雨水及污水管等。在道路下面布置管线时,首先应该考虑在人行道和非机动车道下面,其次将检修数少的一些管线布置在车行道下面。自道路红线向道路中心线方向平行布置各种管线的次序,要根据管线的性质,确定埋入深度。一般次序(由浅入深)是电信电缆、热力、电力电缆、燃气、给水、雨水和污水管道。

(4) 应尽量减少管线转弯和交叉,避免平行重叠,并尽可能与房屋、道路平行或垂直。

(5) 当管线布置发生矛盾时,一般采取尚未修建的让建成的管线,临时的让永久性的管线,小管线让大管线,压力管让重力自流管,可弯曲的让不易弯曲的管线。

(6) 应充分利用原有管线,基础施工的临时管线尽可能与永久性管线相结合,同时还要考虑为今后建设的管线预留用地。

(7) 管线工程要与人防地下工程相结合。

(8) 架空线(尽量少用)应不影响交通运输,避免与绿化种植发生矛盾,同时还需要考虑环境美观。

第四节 建筑工程基础知识

一、建筑构造与结构

(一) 建筑物的用途和分类

建筑物按照使用性质(即用途),通常分为生产性建筑,即工业建筑、农业建筑等;非生产性建筑,即民用建筑。这里主要介绍有关民用建筑方面的相关知识。

1. 按建筑物的用途分类

民用建筑根据建筑物的使用功能,可分为居住建筑和公共建筑两大类。

1) 居住建筑

居住建筑是供人们生活起居用的建筑物,它们有住宅、公寓、宿舍等。

2) 公共建筑

公共建筑是供人们进行各项社会活动的建筑物,公共建筑按使用功能的特点,可分为以下一些建筑类型:

(1) 生活服务性建筑 如食堂、菜场、浴室、理发店等。

(2) 文教建筑 如学校、图书馆、学生实验室等。

(3) 托幼建筑 如托儿所、幼儿园等。

(4) 科研建筑 如研究所、科学实验楼等。

(5) 医疗建筑 如医院门诊所、疗养院、急救中心等。

(6) 商业建筑 如商店、商场、贸易市场、饭店、餐厅,以及相关设施。

(7) 体育建筑 如体育馆(场)、游泳馆(池)等服务于体育运动的房屋建筑。

(8) 文娱建筑 如剧院、会堂、城市图书馆、博物馆、文化馆、展览馆等。

(9) 交通、邮电建筑 如火车站、汽车站、航空港、水上客运站、邮政大楼、电报、电话局等用于交通、邮政、电讯的建筑。

(10) 其他建筑 即除了上述9类建筑类型以外的非生产性建筑。例如,园林建筑、纪念性建筑、加油站、煤气站、消防站等设施。

2. 按建筑物的结构类型和材料分类

(1) 砖木结构建筑 主要是用砖石和木材建筑并由砖石和木骨架共同承重的建筑物,其结构构造可以由木结构(梁和柱)承重,砖石砌筑成围护墙。也可以采用砖墙、砖柱承重的木屋架结构,例如,古代及近代建筑、1949年以前建造的城镇民居,20世纪50至60年代的民用房屋和简易房屋。

(2) 砖混结构建筑 主要有砖、石和钢筋混凝土等作为承重材料的建筑物。其构造是采用砖墙、砖柱为竖向构件来承受竖向荷载,钢筋混凝土做楼板、大梁、过梁、屋架等横向构件,搁置在墙、柱上,承受并传递上部传下来的荷载。这种结构的房屋造价较低,是我国目前建造量较大的房屋建筑。但是,这种房屋的抗震性能较差,开间和进深的尺寸都受一定的限制,其层高也受到限制。所以这种类型的房屋正逐步被钢筋混凝土结构的房屋所替代。

(3) 钢筋混凝土结构建筑　该类结构的承重构件如梁、板、柱、墙(剪力墙)、屋架等承重构件都是由钢筋和混凝土两大材料构成的。其维护结构如外墙、隔墙等由轻质砖或其他砌体组成。它的特点是,结构的适应性强,抗震性能好,耐用年限长。从多层到高层,甚至超高层建筑都可以采用此类结构形式。是目前我国房地产开发中采用最多的建筑结构类型。钢筋混凝土结构房屋的结构形式主要有:框架结构、剪力墙结构、筒体结构、框架剪力墙结构、框架筒体结构和筒中筒等多种结构形式。

(4) 钢结构建筑　主要的承重构件都是由钢材作为承重材料的建筑物称为钢结构建筑,其建筑成本较高,多用于超高层建筑和有大跨度要求的建筑物,如体育馆、大剧院、大跨度的工业厂房等。

3. 按建筑物的层数分类

(1) 低层建筑　一般是指 1～3 层的房屋。多为住宅、别墅、幼儿园、中小学、小型的办公楼以及工业厂房等。

(2) 多层建筑　一般是指 4～7 层的房屋,多为居民住宅楼、普通办公楼等。

(3) 高层建筑　目前国际上通行的做法是将高层建筑划分为 4 类,各类的主要特征为:第 1 类为小高层,层数 8～16 层,房屋的高度在 25～50 m 之间,其结构形式一般为钢筋混凝土框架结构;第 2 类为中高层,层数在 17～25 层,最高达 75 m;第 3 类为高高层,层数 26～40 层,最高达 100 m 高;第 4 类为超高层,层数在 40 层以上,高度超过 100 m。目前世界上建成的超高建筑的高度已超过了 600 m,其中由美国 Gensler 建筑设计事务设计完成的主体建筑结构高度为 580 m,总高度 632 m 的上海中心就是一个典型的标志性超高层建筑。

(二) 建筑设计的基本要求

1. 满足建筑功能的要求

建筑物首先应该满足人们的某种需求,即具有一定的功能。因此,为人们的生产和生活活动创造良好的环境,是建筑设计的首要任务。例如,目前住宅的设计中,首先应考虑人们睡眠和厨、浴、厕的需要,还要有良好的通风和采光;其次,应合理安排活动空间、交通空间;然后才能考虑到室内设备和装饰材料的应用。

2. 采用合理的技术措施

正确选用建筑材料,根据建筑空间组合的特点,选择合理的结构、施工方案,使房屋坚固耐久、建筑方便。近年来,我国设计建造的一些覆盖面积较大的体育馆,由于屋顶采用钢架、网架空间结构和整体提升的施工方法,既节省了建筑物的用钢量,也缩短了施工期限。

3. 具有良好的经济效果

建造房屋是一个复杂的物质生产过程,需要大量的人力、物力和资金,在房屋的设计和建造中,要因地制宜、就地取材、尽量做到节省劳动力,节约建筑材料和资金。设计和建造房屋要有周密的计划和核算,重视客观经济规律,讲究经济效果。房屋设计的使用要求和技术措施,要和相应的造价、建筑标准统一起来。

4. 对建筑物美观的要求

建筑物是社会的物质和文化财富,它在满足使用要求的同时,还需要考虑人们对建筑物的美观方面的要求。建筑设计要努力创造具有我国时代精神的建筑空间组合与建筑形象。

一个建筑物的外形、装饰和色彩总是在表达某种思想,向人们传递着某种精神享受,例如,香港中银大厦,其钻石般的装饰外表和挺拔、向上的建筑造型,在周围高层建筑中格外醒目,充分体现了中国银行优良的品质和事业不断发展的形象。

5. 符合总体规划要求

单体建筑是总体规划中的组成部分,单体建筑应符合总体规划提出的要求。建筑物的设计,还要充分考虑和周围环境的关系,包括原有建筑的状况,道路的走向,基地面积大小以及绿化等方面和拟建建筑物的关系。

(三) 建筑设计的主要内容

一栋建筑物的主要设计内容有:建筑平面设计、建筑立面设计、建筑剖面设计以及建筑物的结构设计和基础设计。平、立、剖面设计综合在一起,就能够表达一栋三维空间的建筑整体。

1. 建筑平面设计

用以满足建筑的使用功能的平面要求,包括设计建筑物的内部使用空间和交通联系空间的设计,是建筑平面设计的一个重要内容。

使用空间是指各类建筑物中的使用房间和辅助房间。使用房间包括住宅中的客厅、卧室,商场中的营业厅,剧院中的观众厅等;辅助房间包括住宅中的厨房、浴室、卫生间等,以及整栋建筑物的各种电气、水暖用房等。

交通联系空间是指建筑物中各个房间之间、楼层之间和房间内外联系通行的面积,即各类建筑物中的走廊、门厅、过厅、楼梯、坡道,以及电梯和自动扶梯所占的面积。

建筑平面设计的另一个重要内容是通过建筑功能分析形成建筑物的平面组合,常见的组合方式有:

(1) 走廊式组合 是以走廊的一侧或两侧布置房间的组合方式,房间的相互联系和房间的内外联系主要通过走廊。走廊式组合能使各个房间不被穿越,较好地满足各个房间单独使用的要求,如办公大楼、学校、旅馆、宿舍楼等建筑类型中用于工作、学习或生活等房间的组合。

(2) 套间式组合 房间之间直接穿通的组合方式。套间式的特点是房间之间的联系最为简捷,把房屋的交通联系面积和房间的使用面积结合起来。如展览馆、车站、浴室等建筑类型中主要采用套间式组合。此外,对于活动人数较少,使用面积要求紧凑、联系简捷的住宅,在厨房、起居室、卧室之间也常采用套间式布置。

(3) 大厅式组合 大厅式组合是在人流集中、厅内具有一定活动特点并需要较大空间时形成的组合方式。这种组合方式常以一个面积较大、活动人数较多、有一定视听等使用功能的大厅为主,辅以其他的辅助房间。例如剧院、会场、体育馆等建筑类型的平面组合。大厅式组合中,交通路线组织问题比较突出,应使人流通道通畅安全、导向明确。同时合理选择覆盖和维护大厅的结构布置方式也极为重要。

2. 建筑剖面设计

建筑剖面设计主要分析建筑物各部分应有的高度,建筑物层数、建筑空间的组合和利用,以及建筑结构、构造关系等。它和房屋的使用、造价和节约用地等有密切关系,也反映了建筑标准的一个方面。其中一些问题需要平、剖面结合在一起研究,才能具体确定下来。例如平面中房间的分层安排、各层面积大小和剖面中房屋层数的通盘考虑,大厅式平面中不同高度房间竖向组合的平剖面关系,以及垂直交通联系的楼梯间中,层高和进深尺寸的确定等。

3. 建筑体型和立面设计

建筑体型和立面设计是建筑师充分发挥其想象力和创造力的地方,也是开发商显示所开发项目的品质、思想的重要方面。不同形象的建筑物在人们心目中总会有不同的价值,因此,开发商非常重视对建筑物的外形设计,总是想方设法地通过对建筑物的外形立面设计来显示与其他建筑物的不同之处,从而达到树立自己项目良好形象的目的。建筑物的外部形象并不等于房间内部空间组合的直接表现,建筑体型和立面设计,必须符合建筑造型和立面构图方面的规律性。如均衡、韵律、对比、统一等等,把适用、经济、美观有机地结合起来。

(四) 建筑识图

建筑工程施工图是建筑设计和建筑施工中使用的"工程语言",因此,要想真正了解建筑物本身的构造、特点和适用范围,就必须能读懂建筑施工图。一套完整的建筑施工图包括建筑总平面图、建筑施工图、结构施工图、暖通及空调施工图、给排水施工图(通常暖通空调、给排水作为一套图纸)、电气施工图等。各工种的施工图又分为基本图和详图两部分。

1. 建筑制图的基本规定

为了统一建筑工程图样的画法,提高制图效率,便于工程建设和技术交流,国家计委颁布了有关建筑制图的国家标准。从事建筑专业的工程技术人员,都应该熟悉制图标准中的各项内容,这里主要介绍《房屋建筑制图统一标准》(KGBJ1—86)的部分内容。

(1) 图纸幅面规定 幅面内应有标题栏和会签栏。幅面规格分别为 0,1,2,3,4 号,共 5 种,其尺寸大小见表 4-5。

表 4-5 图纸幅面规格 单位:mm

幅面代号	0	1	2	3	4
$B \times L$	841×1 189	594×841	420×594	297×420	210×297
C	10	10	10	5	5
A	25	25	25	25	25
A_i	A_0	A_1	A_2	A_3	A_4

(2) 图标和会签栏 常用图标格式及内容,如表 4-6 所示,括号中为示例。其中,工程名称指某建设项目的名称;项目指建设项目中的具体工程;图名常用以表明本张图的主要内容;设计号是设计部门对该工程的编号;图别表明本图所属工种和实际阶段;图号是指图纸的编号。

表 4-6 图 标

设计单位全称(同济大学建筑设计研究院)		工程名称	(瑞虹新城)
		项目	(主楼项目)
审定		设计号	(03-12)
校核		图别	(建施)
设计	图 名 (首层平面图或结构扩初说明)	图号	(10)
制图		日期	(03.10)

会签栏是各工种负责人签字的表格,其格式与内容见表 4-7。

表 4-7　　　　　　　　　　　　　　　会签栏

工程名称	姓名	签字

（3）比例尺的选用　一套完整的施工图，既有总图也有细部大样详图，选用一种比例尺显然不合适。这就要根据图纸的具体内容选择恰当的比例尺。常用的比例尺如表 4-8 所示。建筑和设备工种图纸注明比例尺。一个图形一般只采用一种比例尺。结构施工图一般不注比例尺，允许一个图形使用两种比例尺。结构施工图在施工中以所注尺寸为准。

表 4-8　　　　　　　　　　　　　　图纸常用比例尺

图名	常用比例
总平面图	1∶500，1∶1 000，1∶2 000
基本图	1∶50，1∶100，1∶200，1∶300
详图	1∶1，1∶2，1∶5，1∶10，1∶20，1∶25，1∶50

（4）轴线　施工图中的轴线是施工中定位、放线的重要依据。凡承重墙、柱子、大梁或屋架等主要承重构件的位置必须划上轴线并编上轴线号。凡需要确定位置的建筑局部或构件都应注明与附近轴线的尺寸关系。

轴线用点划线表示，端部划圆圈，圆圈内注明编号。水平方向用阿拉伯数字从左至右编号，垂直方向用英文字母由下而上编号。

（5）尺寸及单位　尺寸由数字及单位组成，例如 100 mm。根据"国标"规定，总图以 m 为单位，其余均以 mm 为单位。为了图纸简明，按此规定画图，尺寸的数字后面可不写单位。

（6）标高　建筑物部分的高度用标高控制。表示符号"▽"。下面横线为某处高度的界限，在符号的横线上注明标高数字。总平面图的室外地坪标高用符号"▼"表示。标高的单位用 m 记，按"国标"规定，标高数字准确到 mm，即注到小数点后面第 3 位。

标高分绝对标高和相对标高两种。我国青岛附近的黄海平均海平面定为绝对标高的零点，其他各地以其为基准所定标高称为绝对标高。这也是一般所说的"海拔标高"，但为简明起见，工程图纸一般都用相对标高。即把室内首层地面的绝对标高定为相对标高的零点，以"±0.000"表示，读作"正负零零"。高于它的为正值，一般不注"＋"号；低于它的负值，必须注"－"号。

相对标高与绝对标高的关系，一般在工程总说明及基础图中加以说明，例如，±0.000＝42.500，即室内地面标高±0.000 相当于绝对标高 42.500。这样在施工时，就可以根据当地水准点（绝对标高）测定该建筑物首层的标高。

（7）索引号　索引号的用途是索引，便于查找相互有关的图纸内容。索引号的表示方法是把图中所需要另画详图的部位编上索引号，索引号中的内容有两个，一是详图编号；二是详图所在的图纸的编号，再把详图编注上详图号，这样就可以根据对应关系，查找详图。

（8）识图　应注意以下几个问题：①要看懂图必须记住常用的图例符号；②看图时要注意从粗到细、从大到小，先看总说明和基本施工图，然后再深入看详图；③一套施工图是由各工种的许多张图纸组成，各图纸之间是相互配合，紧密联系的，因此要相互对照，综合看图。

2. 建筑施工图

建筑施工图是根据正投影原理绘制出来的,用立面图及屋顶平面图表示建筑物的外部,用总平面图表示建筑物的位置,用平面图及剖面图表示其内部,用大样图表示其细部作法的一套图纸。

(1) 建筑总平面图　用来说明建筑物所在具体位置和其周围环境关系的平面图,即总平面图。一般在图上标出拟建建筑物和其周围已建建筑物的外形、层数和它们的相对位置关系,标出建筑物周围的地形、道路(包括拟建和已建的道路)、水源、电源等,还要绘制指北针和表示该城市主要风向的"风向玫瑰图"等。

(2) 建筑平面图　是全套建筑工程施工图纸中具有重要引导作用的图纸,它不仅反映了建筑的使用空间、装修等情况,而且是其他各工种图纸设计的基础,还是室内外装修设计的重要依据,它的主要内容有:①表示建筑的平面形状,水平方向(出口、入口、走廊、楼梯、房间、阳台等)的布置和组合关系;②用尺寸线和轴线表明建筑物的长宽及各部分的位置;表明建筑物的竖向承重结构形式;表明各楼层的地面标高;表明门窗编号、门的开启方向;表明剖面图的剖切位置及编号,详图索引等;综合反映工艺、水暖、电气等对土建的要求;表明装修的做法,其中用图无法表示时可以用文字说明加以补充。

(3) 建筑立面图　立面图主要表示建筑物的外观形状,是做外部装修的主要依据,其主要内容有:①表明建筑的外形及其细部,如门窗、雨罩、檐口、阳台、台阶、雨水管等;②用标高表示出建筑物的总高度、各楼层高度以及门窗洞口等细部高度;③表明外墙装修所用的材料、色彩及风格,出入口处的做法及其装修等;④标注立面详图索引号。

(4) 建筑剖面图　剖面图主要用以简要表示建筑物的内部结构形式、空间关系。主要内容有:①表示建筑物各部位的高度如室内外地坪标高,各层楼面的建筑标高、窗台高度、楼梯踏步等;②剖面图中需要详细说明之处须用详图索引,标明详图索引号;③简要表示房屋的主要构造形式,如各楼层、屋面层的梁板柱的相互关系,对于框架结构还应表明隔墙身或梁的相互关系等。

3. 结构施工图

结构施工图主要表明建筑结构的专业设计内容,同时反映建筑、给排水、暖通、电气等专业对结构的要求,是指导结构施工,编制预算、施工组织设计和施工进度计划的依据。结构施工图通常包括基础平面图及剖面图、楼盖结构布置图、屋盖结构布置图及必要的详图,同时还包括楼梯图和结构构件图或表(如框架结构的梁柱表)。

4. 给排水施工图

给排水施工图一般分为室内给排水和室外给排水两部分。室内部分表示一栋建筑物的给水和排水工程。其施工图的组成主要包括给排水平面图、系统轴测图和节点图。室外部分则表示一个区域的给排水管网,其施工图主要包括平面图、纵断面图及节点详图等。

5. 采暖施工图

采暖施工图一般也分为室内和室外两部分。室内部分表示一栋建筑物的采暖工程,其施工图的组成主要包括采暖平面图、系统轴测图和节点详图。室外部分则表示一个区域的采暖管网,其施工图的组成包括总平面图、管道横剖面图、管道纵剖面图和节点详图等。

6. 通风施工图

在通风单项工程项目中,如设置数个通风系统时,应该进行系统编号:送风系统用

S-1,2,……;排风系统用 P-1,2,……;空调系统用 K-1,2,……;制冷系统用 L-1,2,……等。通风施工图的组成主要包括通风系统布置图、系统轴测图及节点详图等。其中布置图又包括剖面图和平面图。

7. 电气施工图

电气施工图主要有系统图和接线原理图。根据不同的系统又可以分为电气动力系统图、照明系统图、空调供电与控制系统图、消防供电及控制信号系统图、电话系统图、广播系统图、电气自备电源系统图、防雷系统图、闭路电视及共享天线系统图、建筑物监测信号系统图等。各系统一般根据建筑物的建造标准按各个系统单独成图或按强电、弱电等归类绘图,通常用平面图配合大样图来表示。

（五）建筑构造

1. 建筑物的基本构造和设计时须考虑的因素

房屋建筑一般由基础、墙、柱、梁、板、屋架、门窗、屋面(包括隔热、保温和防水层)、楼梯、阳台、雨篷、楼地面等部分组成。此外,因为生产、生活的需要,对建筑物还要安装给排水系统、供电系统、采暖和空调系统,某些建筑物还有电梯和煤气管道系统。

建筑构造应考虑各种影响使用的因素,采取相应措施保证房屋安全。通常要考虑的对建筑安全有影响的主要因素有三个方面。

（1）建筑的受力因素　当建筑物的整个主体结构在承受容许的外力后,能够保持稳定,没有不正常的变形和裂缝,能使人们安全使用。在结构上将这些作用在建筑物上的力称为荷载。荷载分为永久荷载（恒载）、可变荷载（活载）和偶然荷载。永久荷载是指房屋本身的自重,及地基给房屋的土反力或土压力;可变荷载是指在房屋使用中人群的活动、家具、设备、物资、风压力、雪荷载;偶然荷载是指由于一些偶然性现象导致的建筑物荷载,如地震区常有这种荷载。

（2）自然界的影响　建筑是建造在大自然环境中的,它必然受到日晒、雨淋、冰冻、地下水、热胀、冷缩等影响,因此在设计和建造时要考虑温度伸缩、地基压缩下沉、材料收缩等因素的影响。可采取结构、构造措施,以及保温、隔热、防水、防温变形的措施,避免由于这些影响而引起房屋的破坏,以保证房屋的正常使用。

（3）各种人为因素的影响　在人们从事生产、生活、工作、学习时,也会产生对建筑安全的影响。如机械振动、化学腐蚀、装修拆改、火灾及可能发生的爆炸和冲击等。为了防止这些有害的影响,建筑设计和施工时要在相应部位采取防振、防腐、防爆的构造措施,并对不合理的装修拆改严格限制。

综上所述,建筑构造在设计和施工中,都应设法防止这些不利因素的影响。如在受力上,设计和施工必须保证工程质量;在自然和人为影响上,设计中必须采取相应的措施,施工必须按图施工,保证施工质量;进行装饰时,防止乱拆乱改。物业管理单位必须对相关人员进行相关知识的宣传,对使用单位或人员,要提高对这方面知识的认识,防患于未然。

2. 房屋的建筑等级

房屋建筑等级是考虑建筑物价值的一个重要的依据。房屋建筑根据建筑物类别、重要性、使用年限、耐火等级等划分为不同的等级。

（1）建筑物的耐久性（年限）等级　建筑物的耐久性等级,是根据建筑物适应要求规定的耐久性年限,见表 4-9。

表 4-9　　　　　　　　　　　建筑物的耐久性等级

建筑物等级	建筑物性质	耐久性年限(年)
1	具有历史性、纪念性、代表性的重要建筑物(如纪念馆、博物馆、国家会堂等)	>100
2	重要的公共建筑(如一级行政机关办公楼、大城市火车站、国际宾馆、大体育馆、大剧院以及居住建筑)	50~100
3	重要的公共建筑和居住建筑(如医院、高等院校以及主要工业厂房等)	40~50
4	普通的建筑物(如文教、交通、居住建筑以及工业厂房等)	15~40
5	简易建筑和使用年限在 5 年以下的临时建筑	<15

由建筑物的耐久年限划分为 5 个等级,为此要求在设计和建造时,对基础主体结构(墙、柱、梁、板、屋架)、屋面构造、围护结构(包括外墙、门、窗、屋顶)等,以及防水、防腐、抗冻性所用建筑材料或所采用的防护措施,应与要求的耐久性年限相适应,并在建筑物正常使用期间,定期检查和采取防护维修措施,以确保耐久性年限的要求。

(2) 建筑物的耐火等级　建筑物的耐火等级分为 4 级,见表 4-10。

表 4-10　　　　　　　　　　建筑物的耐火等级

构件名称	燃烧性能和耐火极限(h)			
	一级	二级	三级	四级
承重墙和楼梯间的墙	非燃烧体 3.00	非燃烧体 2.50	非燃烧体 2.50	难燃烧体 0.50
支承多层的柱	非燃烧体 3.00	非燃烧体 2.50	非燃烧体 2.50	难燃烧体 0.50
支承单层的柱	非燃烧体 2.25	难燃烧体 2.00	难燃烧体 2.00	燃烧体
梁	非燃烧体 2.00	非燃烧体 1.50	非燃烧体 1.00	难燃烧体 0.50
楼板	非燃烧体 1.50	非燃烧体 1.00	非燃烧体 0.50	难燃烧体 0.25
吊顶(包括吊顶搁栅)	非燃烧体 0.25	非燃烧体 0.25	非燃烧体 0.15	燃烧体
屋顶的承重构件	非燃烧体 1.50	非燃烧体 0.50	燃烧体	燃烧体
疏散楼梯	非燃烧体 1.50	非燃烧体 1.00	非燃烧体 1.00	燃烧体
框架填充墙	非燃烧体 1.00	非燃烧体 0.50	非燃烧体 0.50	难燃烧体 0.25
隔墙	非燃烧体 1.00	非燃烧体 0.50	非燃烧体 0.50	难燃烧体 0.25
防火墙	非燃烧体 4.00	非燃烧体 4.00	非燃烧体 4.00	非燃烧体 4.00

注:以木柱承重且以非燃烧材料作为墙体的建筑物,其耐火等级按四级考虑

(3) 建筑物的重要性等级　共分 5 个等级,见表 4-11。

表 4-11　　建筑物的重要性等级

等级	适用范围	建筑类别举例
特等	具有重大纪念性、历史性、国际性和国家级的各类建筑	国家级建筑:如国宾馆、国家大剧院、大会堂、纪念堂、国家美术馆、博物馆、图书馆、国家级科研中心、体育、医疗建筑等。国际性建筑:如重点国际教科文建筑、重点国际性旅游贸易建筑、重点国际福利卫生建筑、大型国际航空港等
甲等	高级居住建筑和公共建筑	高级住宅:高级科研人员单身宿舍;高级旅馆;部、委、市、自治区级重点文娱集会建筑,博览建筑,体育建筑;外事托幼建筑、医疗建筑、交通邮电类建筑、商业类建筑等
乙等	中级居住建筑和公共建筑	中级住宅:中级单身宿舍;高等院校与科研单位和科教建筑;省、市、自治区级一般文娱集会建筑、博览建筑、体育建筑、福利卫生类建筑、交通邮电类建筑、商业类建筑及其他公共类建筑等
丙等	一般居住建筑和公共建筑	一般住宅:单身宿舍、学生宿舍;一般旅馆、行政企业事业单位办公楼、中小学教学建筑、文娱集会建筑;一般博览、体育建筑、县级福利卫生建筑、交通邮电建筑;一般商业及其他公共建筑等
丁等	低标准的居住建筑和公共建筑	防火等级为四级的各类建筑,包括:住宅建筑、宿舍建筑、旅馆建筑、办公楼建筑科教建筑、福利卫生建筑、商业建筑及其他公共类建筑等

3. 建筑物的常用基础形式

按基础的构造特点不同,基础可分为 5 种基本类型。

(1) 条形基础　指呈连续的长条形基础。条形基础根据其受力特点又可分为柔性基础和刚性基础。刚性基础一般由浆砌片石、砖混凝土建造而成,通常用作房屋层数不多、地基土质较均匀且承载力较高的情况下的墙下条形基础;柔性基础一般指钢筋混凝土条形基础,用作刚性基础不适宜的墙下条形基础或钢筋混凝土柱下条形基础。

(2) 独立基础　独立基础是指基础呈独立的柱墩形式,是钢筋混凝土框架结构柱下基础的主要形式之一。

(3) 筏板基础　筏板基础就是一块支承着许多柱子或墙的钢筋混凝土板。板常常直接建造在岩层或土层上,也可支承在桩上。一块整板把所有的单独基础连在一起,不仅使地基土的单位面积压力减小,也使整个地基的承载能力增大,所以筏板基础适应于地基土承载力较低的情况。筏板基础还有利于调整地基土的不均匀沉降,或用来跨过溶洞,用筏板基础作为地下室或坑槽的底扳,有利于防水、防潮。

对于开间不大的多层砖混建筑,或柱距均匀且柱荷载不大时,筏板基础为一块等厚度的钢筋混凝土平板。对较大的柱荷载,或柱距较大时,为增大筏板基础的刚度,可沿柱轴线做增厚的肋梁,成为梁板式基础。这种梁板式基础适用于高层建筑的框架结构的房屋。

(4) 箱形基础　主要是指由底板、顶板、侧板和一定数量内隔墙构成的整体刚度较好的钢筋混凝土箱形结构。它能将上部结构荷载较均匀地传至地基的刚性构件。箱形基础与筏板基础的区别在于内隔墙的数量。当内隔墙的数量不足以构成一个刚度较好的整体基础时,尽管局部设有内隔墙,也只能看作是支撑许多柱子或整个上部结构的钢筋混凝土底板,亦即看作是筏板基础。箱形基础由于其刚度大、整体性好、底面积较大,所以既能将上部结构的荷载较均匀地传到地基,又能适应地基的局部软硬不均,有效地调整基底的压力。箱形基础是在挖除其深度范围内的土层而建造的,实际上减少了基底的自重压力,使基底土承受的净压力大为减少;同时也减少了建筑物的沉降以及不均匀沉降,因而能建造比其他基础形式更高的建筑物。对于地基承载力较低的软弱地基,箱形基础尤为合适。箱形基础对于抵抗地震荷载的作用极为有利,国内外地震灾害调查表明,凡是有箱形基础的建筑物,一般破坏和受伤害的情况比无箱形基础的建筑物轻。即使上部结构在地震中遭受破坏,也没有发现箱形基础破坏的现象。在地下水位较高的地段建造高层建筑,由于箱形基础底板为一块整板,因此有利于采取各种防水措施,施工方便,防水效果好。

(5)桩基础　当建筑场地的上部土层较弱、承载力较低,不适宜采用在天然地基上作浅基础时宜采用桩基础。桩基础由设置于土中的桩和承接上部结构的承台组成。承台设置于桩顶,把各单桩联成整体,并把建筑物的荷载均匀地传递给各根桩,再由桩端传给深处坚硬的土层,或通过桩表面与其周围土的摩擦力传给地基。前者称为端承桩,后者称为摩擦桩。

4. 墙体的构造

(1)墙体的类型及其划分　墙体的类型由于划分方法的不同有很多种类:①按墙体在房屋中的位置不同,可划分为内墙、外墙和山墙;②按墙体在房屋中的方位不同,可划分为纵墙、横墙;③按墙体的受力情况不同,可划分为承重墙、非承重墙;④按墙体所用材料划分,可分为砖墙、石块墙、小型砌块墙、钢筋混凝土墙。

(2)砖墙的厚度　砖墙的基本尺寸包括砖墙的厚度、高度。其中砖墙的厚度依其承受的重力、稳定性、保温、隔热、隔声、防火等要求分为多种标准尺寸。见表4-12。

表4-12　　　　　　　　　　墙厚名称及尺寸　　　　　　　　　　单位:mm

墙厚名称	实际尺寸	墙厚名称	实际尺寸
半砖墙(12墙)	115	一砖半墙(37墙)	365
3/4砖墙(18墙)	178	二砖墙(49墙)	490
一砖墙(24墙)	240	二砖半墙(62墙)	615

5. 钢筋混凝土柱、梁、板的构造

柱是独立支撑结构的竖向构件,它在房屋中承担、传递梁和板这两种构件传来的荷载。

梁是跨过空间的横向构件。它在房屋中承担其上的板传来的荷载,再传到支承它的柱上。

板是直接承担其上面的平面荷载的平面构件。它支承在梁上或直接支承在柱上,把所受的荷载再传给梁或柱子。

柱、梁和板,可以选用木材、钢材,也可以选用钢筋混凝土材料制成。钢筋混凝土柱、梁和板可以预制,也可以在工地现制,装配式的工业厂房,一般都采用预制好的构件安装成骨架。而民用建筑中砖混结构的房屋,其楼板往往用预制的多孔板;框架结构或梁板柱结构则往往是现场浇制而成。

6. 屋顶的构造

屋顶是房屋上部的构造部分,由屋面、屋顶承重结构层、保温隔热层和顶棚组成。常见的屋顶类型与划分见表4-13。

表 4-13　　　　　　　　　　　常见的屋顶类型及构造

屋顶名称		构造及说明
坡屋顶 （屋面坡度大于 10%）	双坡顶 四坡顶 歇山顶	主要由承重部分和屋面部分组成。承重部分包括屋架、梁架、檩条等。屋面部分包括屋面板、防水层、挂瓦条以及屋面覆盖层等
平屋顶（屋面坡度在 2%～5%）		主要由结构层和防水层组成，其他如隔热、保温、隔音、隔气等根据需要而设。其结构层常为钢筋混凝土，防水层有柔性防水（卷材防水）和刚性防水两种
曲面形屋顶		常用于体育、展览、工业及其他特殊建筑中

对于平屋顶的防水层由所采用的材料的构造不同分为柔性防水层和刚性防水层。柔性防水层目前多采用沥青卷材，它具有造价适中、施工方便、翻修简单的优点，在过去的砖混结构建筑物中大量采用，但它有易老化、龟裂、寿命不长的缺点，一般经过 3～5 年就须进行修补，10 年应进行翻新。但近几年卷材防水的替代产品正不断出现并应用。

刚性防水层是利用细石混凝土加钢筋网做成的屋面，具有施工方法简便、耐久性强的优点，但是存在自重大、施工技术要求高、容易产生细小裂缝而渗漏的缺点。目前多采用"分大为小，以小拼大，刚柔结合，以柔补刚"的原则，特大面积屋面分成若干方格，格缝填充防水油膏，并采用架空隔热层以达到抵抗变形、提高防水层效果和延长使用寿命的目的。

7. 楼梯的类型与构造

一般楼梯是由楼梯段、休息平台和栏杆扶手所组成。楼梯按其结构形式的不同分为板式楼梯、梁式楼梯和悬挑楼梯；按施工方法的不同划分为现浇钢筋混凝土楼梯和预制装配式钢筋混凝土楼梯；按其位置的不同分为室内楼梯和室外楼梯；按使用性质的不同分为室内主要楼梯和辅助楼梯，室外安全楼梯和防火楼梯；按使用材料的不同分为钢筋混凝土楼梯、木楼梯和钢梯等。

8. 房屋门窗的类型

窗在建筑物中的主要作用是采光、分隔、围护等。窗户由窗框、窗扇、玻璃、五金等组成。按其制作所用材料的不同分为木窗、钢窗、铝合金窗、塑钢窗等；按其开启的方式划分为平开窗、推拉窗、悬窗（中、下、上悬窗）、固定窗；按其所处位置划分为侧窗和天窗。

门在建筑物中的作用主要是分隔、交通、通风、安全围护、隔声和隔热等。门按其制作所使用材料划分为木门、钢门、铝合金门、塑钢门；按其开启方式划分为：平开门、推拉门、弹簧门、转门、折叠门、卷帘门、上翻门和升降门等；按其功能划分为防火门、安全门和防盗门等；按其所处位置划分为围墙门、入户门、内门（房间门、厨房门、卫生间门）等。

二、建筑设备

建筑设备主要包括给排水、采暖、通风、空调、电气及智能化楼宇设备。

（一）建筑给水设备

1. 给水系统及其分类

给水系统的任务是供应不同类型建筑物的用水，满足其对水量、水质、水压和水温的要求。按供水用途，给水系统基本上可以分为生活、生产、消防等 3 种。其选用需视建筑性质，对水量、水质、水压和水温的要求等具体情况,通过经济技术比较之后设置生活、生产、消防等3种独立的给水系统,也可设置2种或3种联合的给水系统。

给水的供水方式根据建筑物的性质、高度、用水设备情况、配水管网的水压以及消防要求等因素来决定。基本供水方式可分为下列4种。

(1) 直接供水　当室外配水管网的压力、水量能终日满足室内供水的需要时,可采用此种简单、经济而又安全的方式。

(2) 水箱供水　当配水管网的压力,在一天之内有定期的高低变化时,可设置屋顶水箱,水压高时箱内蓄水,水压低时箱中放出存水,补充供水不足,这样可以利用城市配水管网中压力波动,使水箱存水或放水来满足建筑物的供水要求。

(3) 水泵水箱供水　当室外配水管网中的水压经常或周期性低于室内所需要的水压,且用水量较大时,可采用水泵提高供水压力,水箱的容积可以减少,水泵与水箱连锁自动控制水泵停开,以节省能源。

(4) 分区分压供水　在多层和高层建筑中,室外配水管网的水压仅能供下面几层,而不能供上面楼层的用水。为了充分利用外网的压力,宜将给水系统分成上下两个供水区,下区由外网压力直接供水,上区用水泵加压后与水箱联合供水。若消防给水系统与生产或生活供水系统合并使用时,消防水泵需能满足上下两区消防用水量的要求。

2. 给水管道的布置和材料

给水管道的布置要根据房屋的性质、建筑与结构的要求及给水设备设置情况而定。总的要求是管线力求简短、经济,便于安装维修。在大型建筑物中,给水干管上可设置多条立管,要求供水安全性较高者,干管布置成环行管网,并根据要求采用下行上给式或上行下给式干管。支管的布置应注意与其他设备之间的关系,如管线过长,通过房间多,则可设置立管,缩短支管,减少与其他管线之间的矛盾。

给水管道的敷设,在一般民用与工业建筑中多为明装,管线沿墙、墙角、梁或地板上及天花板下等处敷设,其优点是安装、检修方便。对于美观及卫生条件要求较高的建筑物如宾馆、别墅或医院等,宜采用暗装。暗装是将供水管道设置于墙槽内、吊顶内、管井或管沟内,但考虑维修方便,管道穿过基础墙、地板处时应预留孔洞,尽量避免穿越梁柱。给水管道的材料常用焊接钢管、镀锌钢管或无缝钢管。其中焊接钢管用于非生活用水或一般工业给水管道;镀锌钢管用于生活饮用水或对水质有一定要求的工业用水管道;无缝钢管用于工作压力可达 1.6 MPa 以上的高压水管。室外埋地且管径大于 $\phi 50$ mm 的给水管,采用给水铸铁管,它具有耐腐蚀、价格低的优点。目前对房地产开发项目的用水管道有更高的要求,应按各地标准执行。

给水管道的配件包括配水使用的各种水龙头;控制调节作用的球阀、止回阀、浮球阀、冲洗阀、减压阀、安全阀、排气阀等。此外,还有水表、压力表、真空表、温度表等测量装置。管道的装配必须选用连接部件,如弯头、三通、四通、异径管、活接头、管箍、管塞、补芯等零件。

3. 给水系统的升压设备

城市给水系统常采用低压制,一般只能供六层以下用水,建筑楼层较高时,为满足用水要求,须设置升压设备。它可用水泵与水箱供水、气压给水、变频调速供水装置。

(1) 水泵与水箱　离心式水泵一般设于底层或地下室大泵房内,建筑物用水量大时,为保证配水管网正常工作,水泵不能直接从配水管网抽水,必须设置贮水池,水泵由池中抽水并采用自动控制,将水提升至屋顶水箱内。屋顶水箱常用钢板焊接制成圆形或方形。

(2) 气压给水装置 在大型建筑物中,为保证顶层供水水压要求,减少结构荷载,在底层设置气压水罐,将水及空气密封于压力水罐内,利用空气压力把罐内存水送到给水系统中。但这种装置的缺点是水压变化大、效率低、能耗较多、供水安全性不如屋顶水箱可靠。

(3) 变频调速供水设备 变频调速供水设备可节省动力电消耗,不需设屋顶水箱,又能保证供水要求。它由电机、水泵、传感器、控制器及变频调速器等组成,是目前推广应用的一种设备。

4. 消防给水系统

在一般建筑物中,根据要求可设置消防与生活相结合的联合给水系统。对于高层建筑或消防要求高的建筑,根据消防规范应设置独立的消防给水系统。

(1) 消火栓系统 是最基本的消防给水系统,在多层或高层建筑物中已广泛使用。消火栓箱安装在建筑物中经常有人通过、明显和使用方便之处。消火栓箱中装有消防龙头、水龙带、水枪等器材。

(2) 自动喷洒系统 在火灾危险性较大、燃烧较快、无人看管或防火要求较高的建筑物中,需装设自动喷洒消防给水系统。该系统的作用是当火灾发生时,能自动喷水扑灭火灾,同时又能自动报警。它由洒水喷头、供水管网、贮水箱、控制信号阀及烟感、温感等各式探测报警器等部分组成。

5. 热水供应系统

热水供应系统按竖向分区,为保证供水效果,建筑物内多设置机械循环集中热水供应系统,热水的加热器和水泵均集中于地下的设备间。若建筑高度较高,分区数量较多,为防止加热器负担过大压力,可将各分区的加热器和循环水泵设在该区的设备层中,分别供应本区热水。

在电力供应充足或有煤气供应时,可设置电热水器或煤气热水器的局部供应热水系统,此时只需要由冷水管道供水,省去一套集中热水系统,且使用也比较灵活方便。

6. 分质供水系统

由于在人们日常生活用水中,饮用水仅占很少部分。为了提高饮水品质,有的居住小区还有分质供水系统。即用两套系统供水,其中一套是提供高质量、净化后的直接饮用水。

(二) 建筑排水设备

1. 排水系统的分类与组成

建筑排水系统按其排放的性质可分为生活污水、生产废水、雨水等3类排水系统,也可以根据污水的性质和城市排水制度的状况,将性质相近的生活与生产废水合流。当性质相差较大时,不能采用合流制。

排水系统力求简短,安装正确牢固,不渗不漏,使管道运行正常,它通常由下列部分组成:

(1) 卫生器具 洗脸盆、洗手盆、洗涤盆、洗衣盆、洗菜盆、浴盆、污水盆、拖布池、大便器、小便池、卫生盆及地漏等。

(2) 排水管道 包括横支管、立管、排出管、通气管及其连接部件。

2. 污水的抽升与处理设备

当排水不能以重力流排至室外排水管中时,必须设置局部污水抽升设备来排除内部污废水。抽升设备的选用应根据污废水的性质、污水量、排水情况(经常性或间断性)、抽升高度以及建筑物的要求等决定。常用的抽升设备有污水泵、潜水泵、喷射泵、手摇泵及气压输水器等。

在有污水处理厂的城市中,生活或有害的工业污废水需先经过局部处理才能排放,污水的局部处理方式有以下几种:

(1) 化粪池　化粪池是用钢筋混凝土或砖石砌筑成的矩形地下构筑物。其主要功能是去除污水中含有的油脂,以免堵塞排水管道。

(2) 中水道　中水道是为降低市政建设中给排水工程的投资,改善环境卫生,缓和城市供水紧张而采用废水处理后回用的技术措施。废水处理后回用的水不能饮用,只能供冲洗厕所、汽车或消防用水。设置中水道系统,要按规定配套建设中水设施,如净化池、消毒池、水处理设备等。

(三) 建筑采暖设备

在冬季比较寒冷的地区,人们为了进行正常的工作和生活,需维持室内一定的环境温度,而房间的维护结构不断地向室外散失热量,在风压作用下通过门窗缝隙渗入室内的冷空气也会消耗室内的热量,降低房间的温度。采暖的任务是通过采暖设备不断地向房间供给相应的热量,以补偿房间内的热耗失量,维持室内一定的环境温度。

1. 常用的采暖方式

(1) 集中采暖　有热源(锅炉产生的热水或蒸汽作为热媒)经输热管道送到采暖房间的散热器中,放出热量后,经回水管道流回的热源重新加热,循环使用。

(2) 局部采暖　将热源和散热设备合并成一个整体,分散设置在各个采暖房间。如火炉、火坑、空气电加热器等。

(3) 区域供热　大规模的集中供热系统是由一个或多个大型热源产生的热水或蒸汽,通过区域供热管网,供给一个地区以至整个城市的建筑物采暖和生活、生产用热。如大型区域锅炉房或热电厂供热系统。

2. 采暖系统的类型

(1) 热水采暖系统　包括循环热水采暖供应系统(靠供水与回水的容重差所形成的压力使水循环)和机械循环热水采暖系统(水循环靠水泵运转产生的压力)。该系统一般由锅炉、输热管道、散热器、循环水泵及膨胀水箱等组成。常用的低温热水采暖系统中的供水温度为95℃,回水温度一般为70℃。

(2) 蒸汽采暖系统　该系统以蒸汽锅炉产生的饱和水蒸气作为热媒,经管道进入散热器内,将饱和水蒸气的汽化潜热散发到房间周围的空气中,水蒸气冷凝成同温度的饱和水,凝结水再经管道及凝结水泵返回锅炉重新受热。蒸汽采暖系统按蒸汽压力的不同,有低压蒸汽系统(供气压力低于或等于70 kPa)与高压蒸汽系统(供气压力大于70 kPa)。对于间歇性的采暖建筑(如影剧院、俱乐部)蒸汽采暖有较高的实用价值。

3. 高层建筑热水采暖系统

高层建筑的热水采暖系统,由于下层散热器只能承受一定的静水压力,这就限制了采暖系统的应用高度,使得系统须沿垂直方向分区,工程中常用分层式采暖系统和单双管混合式系统。具体分区高度需按建筑物总高度和所选用的散热器的工作压力,以及系统的形式综合考虑确定。此外,还应结合给水系统与空调系统的分区情况,一并考虑楼层中间设备层的问题。

(四) 建筑通风与空调

在人们生产和生活的室内空间,需要维持一定的空气环境,通风与空气调节就是创造这种空气的一种手段。

1. 通风系统及其分类

为了维持室内合适的空气环境湿度与温度,排出其中的余热余温、有害气体、水蒸气和灰尘,同时送入一定质量的新鲜空气,满足人体卫生或生产车间工艺的要求,就需要设置一套送、排风或除、排毒通风系统。

通风的任务是将室内的污浊空气排出。并将经过处理的新鲜空气送入。通风系统按动力分类为:自然通风和机械通风;按作用范围分类为:全面通风和局部通风;按特征分类为:进气式通风和排气式通风。在实际工程中,各种通风方式常常是联合使用的,根据卫生和技术要求,建筑物和生产工艺特点以及经济、适用等具体情况而定。

2. 空调系统及其分类

为了使室内的空气温度、相对湿度、气流速度、洁净度等参数保持在一定的范围内的技术,称为空气调节。它是建筑通风的发展和继续,对送入室内的空气进行过滤、加热或冷却、干燥或加湿等各种处理,使空气环境满足不同的使用要求,这种对空气处理的通风必须采用一定的设备和技术措施。

空气调节工程一般有空气处理设备(如制冷机、冷却塔、水泵、风机、空气冷却器、加热器、加湿器、过滤器、空调器、消声器)和空气输送管道以及空气分配装置的各种风口和散流器,还有调节阀门、防火阀等附件。根据需要可组成不同形式的系统。

(1) 按空气处理的设置情况分类　空调系统可以分为集中式系统(空气处理设备大都设置在集中的空调机房内、空气经处理后,由风道送入各房间)、分布式系统(将冷、热源和空气处理与输送设备整个组装的空调机组,按需要直接放置在空调房内或附近的房间内,每台机组只供一个或几个小房间,或者一个大房间内放置几台机组)、半集中式系统(集中处理部分或全部风量,然后送往各个房间或各区进行再处理。如用集中处理后的新风送入各房间,与分散设置在房间内的冷、热风机盘系统进行空气调节,或者采用分区机组空调系统)。

(2) 按负担室内负荷所用的介质分类　空调系统可分为全空气系统(房间的全部冷、热负荷均由集中处理后的空气来负担的空调系统)、全水系统(房间负荷全部由集中供应的冷、热水负担,如风机盘管系统)、空气—水系统(房间的负荷由集中处理的空气负担一部分,其余负荷由水作为介质,在送入房间时,对空气进行再处理,如诱导器空调系统或带新风的风机盘系统)和冷剂系统(房间冷、热负荷由制冷系统的直接蒸发器和空调器组合在一起的小型机组负担,直接蒸发机组按冷凝器的冷却方式不同,可以分为风冷式或水冷式;按安装组合情况可以分为窗式、柜式和分体式)。

(3) 按集中式空调系统处理的空气来源划分　包括封闭式系统(需要处理的空气全部来自空调房间本身,无室外新风补充,适用于战时人防工程或少有人进出的仓库)、直流式系统(需要处理的空气全部来自室外新风,适用于不允许采用室内回风的系统,如放射性实验室等)和混合式系统(封闭式和直流式系统的组合,为大多数工业与民用建筑使用)。

(五) 建筑电气设备

1. 室内低压配电与配线方式

室内配电用的电压,最普通为 200 V/380 V 三相四线制、50 Hz 交流电压。220 V 单相负载用于电灯照明或其他家用电器设备,380 V 三相负载多用于有电动机的设备。

对于低压电源直接进户的供电网路,它是由配电柜、配电箱干线和支线等部分组成。一般把电能从配电柜(盘)送到各个配电箱(盘)的线路称为干线;而由配电箱各种分出接至各个灯具(或其他负载)的线路,称为支线。由总配电箱到各个分配电箱的边接线,通常有平放式、树干式和混合式 3 种。

2. 导线选择的一般原则

导线的选择是供配电系统设计中一项重要的内容。它包括导线型号与导线截面的选择。导线型号的选择,是根据使用的环境、敷设方式和供货的情况而定。导线截面的选择是根据机械强度、通过导线电流的大小、电压损失等确定的。

3. 配电箱、开关、电表及光源的选择

配电箱是接受和分配电能的装置。配电箱按用途可以分为照明和动力配电箱;按安装形式可分为明装(挂在墙上或柱上)、暗装和落地柜式;按制造方式可分为工厂的定型产品和由施工单位或工厂根据使用要求另行设计加工的非定型配电箱。用电量小的建筑物可只设一个配电箱;用电量较大的可在每层设分配电箱,在首层设总配电箱。对于用电量大的建筑物,根据各种用途可设置数量较多的各种类型的配电箱。

电开关包括刀开关和自动空气开关。前者适用于小电流配电系统中,可作为一般电灯、电器等回路的开关来接通或切断电路,此种开关有双极和三极两种;后者主要用来接通或切断负荷电流,因此又称为电压断路器,开关系统中一般设有熔断器,主要用来保持电气设备免受过负荷电流和短路电流的损害。

电表用来计算用户的用电量,并根据用电量来计算应缴电费数额。交流电度表可分为单相和三相两种。选用电表时要求额定电流大于最大负荷电流,并适当留有余地,考虑今后发展的可能。

光源是指能将电能转换为光能的灯泡、灯管等。光源的选择是根据照度和光色的要求、室内环境及建筑特点等因素而决定的。目前应用广泛的光源是 LED 灯、白炽灯和荧光灯具。此外还有高压水银荧光灯、碘钨灯、高压钠灯等。

4. 建筑防雷与接地、接零保护

雷电是大气中的自然放电现象,它可能引起建筑物或设备的严重破坏并危及人的生命。因此,要采取适当的措施,保持建筑物不受雷击,保护设备和人员安全。建筑物的防雷装置一般由接闪器(避雷针、避雷带或网)、引下线及接地线 3 个基本部分组成。

在电气设备运行中,由于绝缘损坏使该设备的外壳带电,当人员接触带电的设备外壳时,会带来人身危害。为此,应采取保护措施,主要有两种方式:对变压器中性点不接地的运行方式,是将这些设备的外壳接地,称为接地保护;对变压器中性点直接接地的运行方式,是将设备的金属外壳与中性点引来的零线相连接,称为接零保护。

(六) 住宅小区智能化系统

1. 住宅小区智能化的含义

所谓住宅小区智能化就是利用 4C(即计算机、通讯与网络、自控、IC 卡)技术,通过有效的传输网络,将多元信息服务与管理、物业管理与安防、住宅智能化系统集成,为住宅小区的服务与管理提供高技术的智能化手段,以期实现快捷高效的服务与管理,提供安全舒适的家居环境。

2. 住宅小区智能化应用系统的基本配置

(1) **信息通讯系统**　利用小区智能化系统中心平台为住户提供包括电信通讯、电子商务、公共信息、家电远程控制等服务,满足住户语言通信及视频服务需求。

(2) **防范系统**　通过高新技术设备对住宅小区提供安全监护和急救服务。

(3) **建筑设备监控系统**　利用计算机对建筑设备进行实时监控,保证建筑设备的安全运行和节能降耗。

(4) **物业管理系统**　运用计算机物业管理信息系统,对小区建筑的各个系统进行管理和维护,及时处理日常维修、管理事务和实现远程抄表。

3. 住宅小区智能化系统等级

建设部住宅产业化促进中心在1999年12月10日颁发的《全国住宅小区智能化系统示范工程建设要点与技术导则(试行稿)》中为使不同类型、不同居住对象、不同建设标准的住宅小区,合理配置智能化系统建设。要求示范工程按其功能要求、技术含量、经济合理性等因素综合考虑,划分为:一星级(普及型)、二星级(提高型)、三星级(超前型)3种类型。

一星级

(1) **安全防范子系统**　①出入口管理及周界防越报警;②闭路电视监控;③对讲与防盗门控;④住户报警;⑤巡更管理。

(2) **信息管理子系统**　①对安全防范系统实行监控;②远程抄收与管理或IC卡;③车辆出入与停车管理;④供电设备、公共照明、电梯、供水等主要设备监控管理;⑤紧急广播与背景音乐系统;⑥物业管理计算机系统。

(3) **信息网络子系统**　①为实现上述功能科学合理布线;②每户不少于两对电话线和两个有线电视插座;③建立有线电视网。

二星级

二星级除应具备一星级的全部功能之外,同时在安全防范子系统和信息管理子系统的建设方面,其功能及技术水平应有较大提升。信息传输信道应采用高速宽带数据网作为主干网。物业管理计算机系统应配置局部网络,并可供住户联网使用。

三星级

三星级应具备二星级的全部功能。其中信息传输信道应采用宽带光纤用户接入网作为主干网,实现交互式数字视频业务。三星级住宅小区智能化系统建设在可能条件下,应实施现代集成建造系统(HI-CIMS)技术,并把物业管理智能化系统建设纳入整个住宅小区建设中,作为HI-CIMS工程中的一个子系统。同时,HI-CIMS系统要考虑物业公司对其智能化系统管理的运行模式,使其实现先进性、可扩展性和科学管理。

三、工程造价

(一) 建设工程项目的划分

(1) **建设项目**　建设项目也称建设单位。它是指在一个场地或几个场地上,按照一个总体设计进行施工、并受总概(预)算控制的各个工程项目的总和。建设项目可由一个或几个工程项目构成。建设项目在经济上实行独立核算,具有独立的组织形式。如一个住宅小区、一个工厂、矿井、学校或一条铁路等。

(2) 工程项目　工程项目也称单项工程,是建设项目的组成部分。它是指具有独立的设计文件和相应的综合概(预)算书,竣工后能独立发挥生产能力或使用效益的工程。如高等院校的综合教学楼等。

(3) 单位工程　单位工程是工程项目的组成部分。它是指具有独立设计的施工图和相应的概(预)算书,能够单独施工,但竣工后不能独立形成生产能力或发挥使用效益的工程。如土建工程,电气安装工程,工业管道工程,暖卫工程,通风工程等。

(4) 分部工程　分部工程是单位工程的组成部分。它是按照单位工程的不同部位、不同施工方法或不同材料和设备种类,从单位工程中划分出来的中间产品。如土石方工程、楼地面工程等。

(5) 分项工程　分项工程是分部工程的组成部分。它是指通过简单施工过程就能生产出来并可利用某种计量单位计算的最基本的中间产品,它是按照不同施工方法或材料规格,从分部工程中进一步细分出来的。

(二) 工程造价的定义和特性

1. 工程造价的定义

工程造价是指建设工程的建造价格。它有两种含义,一是指建设一项工程的预期开支或实际开支的全部固定资产投资费用;二是指工程价格,即为建成一项工程、预期在土地市场、技术和设备市场、劳务市场以及工程承包市场等交易活动中所形成的建筑安装工程价格或建设项目总价格。通常又把工程造价的第二种含义称为工程承发包价格。

工程造价的第一种含义是从投资者(业主)的角度来定义的,第二种含义是从承包商的角度来定义的。

2. 工程造价的特点

(1) 工程造价的大额性　指工程项目的造价一般都非常昂贵,少则几百万元,多则数亿元以上。

(2) 工程造价的个别性、差异性　指任何一项工程都有其特定的用途、功能和规模。

(3) 工程造价的动态性　指任何一项工程在从投资决策到竣工交付使用的时期内,存在着影响工程造价的许多动态因素。

(4) 工程造价的层次性　指任何建设项目造价由多个层次的工程造价构成。如建设项目造价由多个单项工程造价构成,而一个单项工程造价又由多个单位工程造价构成等。

(5) 工程造价的兼容性　指造价构成因素的广泛性和复杂性。

3. 工程造价的职能

工程造价的职能除具备一般商品的价格职能外,还有以下职能:

(1) 预测职能　指由于工程造价的大额性、多变性,无论是业主还是承包商都要对拟建工程进行预先的造价测算。

(2) 控制职能　指业主用预测的工程造价对项目投资进行控制,承包商用预测的工程造价对工程成本进行控制。

(3) 评价职能　指工程造价是评价项目各项投资合理性和投资效益优劣的主要依据之一。

(4) 调控职能　指政府运用工程造价作为经济杠杆,对工程建设中的物耗、建设规模和投资方向等进行调控和管理。

4. 工程造价的作用

工程造价是项目决策的依据;是项目筹集建设资金的依据;是项目合理利益分配和调节产业结构的手段;是制定投资计划和控制投资的有效工具;是评价投资效果的重要指标。

(三) 工程造价的计价特征

工程造价的特点决定了工程造价的计价特征。

(1) 单件性计价　产品的差别性决定了每项工程都必须单独计算造价。

(2) 多次性计价　由于建设工程周期长、规模大、造价高、分阶段施工的特点,相应地也要在不同阶段多次性计价。通过逐步深化、细化的计价来最终接近实际造价。其具体过程如下:

- 投资估算　在项目建议书和可行性研究阶段估算出建设项目的投资额。
- 概算造价　在初步设计阶段,根据初步设计图纸,通过编制工程概算预先测算和确定的工程造价。
- 预算造价　在施工图设计阶段,根据施工图纸编制预算文件,预先测算和确定工程造价。
- 合同价　指在工程招投标阶段签订总承包合同、建筑安装工程承包合同、设备和材料采购合同,以及技术咨询合同所确定的工程价格。
- 结算价　指在合同实施阶段,在工程结算时按合同调价范围和调价方法,对实际发生的工程量增减、设备和材料价差等进行调整后计算和确定的价格。
- 实际造价　指竣工决算阶段,通过为建设单位编制竣工决算,最终确定的实际工程造价。

(3) 组合性计价　指工程造价的计算是分部组合而成,这一特征与建设项目的组合性有关。

(4) 计价方法的多样性　为适应多次性计价有不相同的计价依据,以及对造价的不同精确程度的要求,计价方法有多样性特征。如:计算和确定概、预算造价有单价法和实物法。

(5) 计价依据的复杂性　由于影响造价的因素较多,计价的依据复杂、种类繁多。

(四) 工程造价的构成

工程造价的构成在许多著作中有不同的表述,但其内容基本相同。这里我们特意与第三章中的相关内容以不同的方法进行表述(不进行详细计算),读者可进行相互比较。

建设项目总投资包含固定资产投资(即工程造价)和流动资产投资两部分。固定资产投资(即工程造价)由设备及工器具购置费用、建筑安装工程费用、工程建设其他费用、预备费、建设期贷款利息、固定资产投资方向调节税构成。

1. 设备及工器具购置费用的构成及计算

(1) 设备购置费　是指为建设项目购置或自制的达到固定资产标准的各种国产或进口设备的购置费用。

$$设备购置费 = 设备原价 + 设备运杂费$$

(2) 工具、器具购置费用　是指新建或扩建项目初步设计规定的,为保证初期正常生产必须购置的没有达到固定资产标准的设备、仪器、工卡模具、器具、生产家具和备品备件等的购置费用。一般以设备购置费为计算基数。

$$\text{工具、器具及生产家具购置费} = \text{设备购置费} \times \text{定额费率}$$

2. 建筑安装工程费用构成

建筑安装工程费由直接工程费、间接工程费、利润和税金组成。

（1）直接工程费　直接工程费包括直接费、其他直接费和现场经费。其中直接费是指在工程施工过程中直接耗费的，有助于工程实体形成的各种费用。它包括人工费、材料费和施工机械使用费；其他直接费是指除了直接费之外的，在施工过程中直接发生的其他费用，如冬、雨季施工增加费、夜间施工增加费、材料二次搬运费等费用；现场经费是指为施工准备、组织生产和管理所需的费用，包括临时设施费和现场管理费。

（2）间接费　间接费是指虽不直接在施工过程中发生但却与工程实体形成有关的，施工企业为组织生产和进行经营管理、生产服务所必须的各项费用。包括企业管理费、财务费和其他费用。

$$\text{土建工程间接费} = \text{直接工程费} \times \text{间接费率}$$
$$\text{安装工程间接费} = \text{人工费} \times \text{间接费率}$$

（3）利润　建筑安装工程费用中的利润主要是指计划利润。计划利润是指按规定应计入建筑安装工程造价的利润。它是按相应的计费基础乘以计划利润率确定。

$$\text{土建工程计划利润} = (\text{直接工程费} + \text{间接费}) \times \text{计划利润率}$$
$$\text{安装工程计划利润} = \text{人工费} \times \text{计划利润率}$$

依据不同投资来源或工程类别，计划利润率实施差别利润率。

（4）税金　是指国家税法规定的应计入建筑安装工程费用的营业税、城乡维护建设税及教育费附加。

3. 工程建设其他费用构成

工程建设其他费是指从工程筹建开始到竣工验收交付使用为止的整个建设期内，除建筑安装工程费和设备及工器具购置费用以外的，为保证工程建设顺利完成交付使用后能正常发挥效用的各项费用。包括土地使用费、与工程建设有关的其他费用，与未来企业生产经营有关的其他费用。

4. 预备费

按我国现行规定，预备费包括基本预备费和涨价预备费两部分。基本预备费是指在初步设计及概算内难以预料的工程费用，基本预备费按设备及工器具购置费、建安工程费和工程建设其他费用3项之和为计费基础，乘以基本预备费率进行计算。涨价预备费是指建设项目在建设期间内由于价格等变化引起工程造价变化的预测预留费用。涨价预备费测算一般是根据国家规定的投资综合价格指数，按估算平分价格水平的投资额为基数，采用复利方法计算。

5. 建设期贷款利息

指包括向国内银行和其他非银行金融机构贷款、出口信贷、外国政府贷款、国际商业银行贷款，以及在境内外发行债券等在建设期内所产生的应偿还贷款利息。建设期内贷款利息实行复利方法计算。

6. 固定资产投资方向调节税

国家为控制投资规模、引导投资方向、调整投资结构,加强重点建设,促进国民经济持续稳定协调发展,对我国境内进行固定资产投资的单位和个人(不含中外合资经营企业、中外合作经营企业和外商独资企业)征收固定资产投资方向调节税。以固定资产投资项目实际完成投资额为计税依据,其税率根据国家产业政策和项目经济规模实行差别税率。

(五) 建设工程概、预算

1. 建设工程概、预算文件的分类

建设工程的概、预算主要是按设计阶段的不同加以区分的。我国有关制度规定,无论大中小型项目,在报请初步设计和扩大初步设计审批时,必须附有设计概算;而在施工图设计完成后,应编制施工图预算。编制概、预算的目的主要是用作筹措和控制建设工程费用的依据。

(1) 建设项目总概算书 建设项目总概算书是确定某个建设项目从筹建到竣工验收所需全部建设费用的总文件,它由该建设项目各工程项目的综合概算书,以及其他工程费用概算书汇编综合而成。

(2) 工程项目综合概(预)算书 工程项目概(预)算书是确定某个单项工程全部建设费用的文件,它由该工程项目内各单位工程概(预)算书汇编而成。若某个建设项目只有一个工程项目,则与该工程项目有关的其他工程费用的概(预)算,也应列入该工程项目的综合概(预)算书中。此时该工程项目的综合概(预)算书,实际上就是建设项目的总概(预)算书。

(3) 单位工程概(预)算书 单位工程概(预)算书是确定某个单位工程建设费用的文件。如土建工程、电气照明工程、设备及安装工程等单位工程的概(预)算书。单位工程概(预)算书根据设计图纸、概算定额(指标)、预算定额、间接费率、利润率以及国家有关规定等编制而成,是建设工程概(预)算编制中最基本的内容。

(4) 其他工程费用概(预)算书 其他工程费用概(预)算书是确定除建筑工程、设备及安装工程之外,与整个建设工程有关的费用的文件。

2. 建筑工程概算的编制

(1) 单位工程概算的编制 单位工程概算是在初步设计或扩大初步设计达到一定深度后,要求确定有一定精度的工程造价时编制的。单位工程概算一般采用扩大单价法(概算定额编制法)进行编制,并以此作为控制该单位工程施工图预算的依据。

下面介绍采用概算定额编制土建工程概算的主要步骤和方法:①根据图纸、概算定额及工程量计算规则计算工程量;②根据工程量和概算定额的基价计算直接费;③计算间接费、利润和税金;④将直接费、间接费、利润和税金相加得出土建工程概算价值;⑤将概算价值除以建筑面积得出相应的技术经济指标;⑥对主要材料用量进行分析,一般土建工程只计算钢材(钢筋和型材)、水泥和木材。

需注意的是,由于扩大初步设计对某些细节问题并未作全面考虑,因而有些分项工程的工程量无法计算。如散水、台阶、厕所蹲台、垃圾道、铁门等零星工程项目,以及钢筋混凝土构件的布置等,在扩大初步设计阶段一般均无详图。因此在编制概算时,一般按主要分项工程定额直接费总和的5%~8%估算零星工程费用;而钢筋分项工程的工程量,则可根据各类构件的体积按含钢量进行估算。

(2) 单项工程综合概算的编制 单项工程综合概算是根据单项工程内各单位工程概算

(土建工程、设备及安装工程概算等)和工器具购置费汇总而成的。

单项工程综合概算的内容,一般包括:①编制说明。编制说明的内容有工程概况、编制依据、编制方法、主要设备和材料的数量,以及对有关问题的说明;②综合概算表。综合概算表的项目组成为建筑工程概算,设备及安装工程概算。

费用组成为建筑工程费用,安装工程费用,设备购置费用,工器具及生产家具购置费用。当工程不编制总概算时,综合概预算中应列入其他工程费用概算和预备费。综合概算表按国家规定的统一格式进行编制。

(3) 建设项目总概算的编制　建设项目总概算是根据该项目所包括的各单项工程的综合概算,与该项目有关的其他工程费用,以及预备费等3部分编制而成的。建设项目总概算的内容,一般包括编制说明和总概算表。

- 编制说明　编制说明的主要内容包括:工程概况(说明建设项目的建造规模、建设地点、建设条件、建造期限等主要情况,明确总概算中包括和不包括的工程项目和费用);编制依据(说明编制概算文件的根据,如所用定额、取费标准、承包合同、价格依据以及费用指标等);投资构成分析(说明各项投资及其占总投资的比例);投资项目的性质分析(说明各种性质的单项工程投资总和及其占总投资的比例);主要材料和设备的数量,以及其他有关问题的说明。

- 建设项目总概算表　总概算表主要由工程项目费用(包括主要项目、辅助项目、公共设施项目及生活福利和文化教育等工程项目的费用)和其他工程费用两大部分组成。在两部分合计之后,列出预备费用项目,再在总概算表的末尾列出回收金额项目。根据以上所列的项目费用,即可得出该建设项目的总概算费用。

3. 建筑工程施工图预算的编制

建筑工程施工图预算是确定单位工程及单项工程造价的技术经济文件。它是在施工图设计完成后,根据施工图纸,预算定额,取费标准和材料价格等进行编制的。它的估算精度高于设计概算,是指导工程施工和控制工程成本的重要依据,也是工程招标标底编制的基础。

(1) 施工图预算的编制依据　包括施工图、施工说明书及有关标准图;现行预算定额和地区单位估价表;取费标准(计算其他直接费、间接费、利润、税金等)及有关动态调价文件;施工组织设计或施工方案;工程承包合同或招标文件;材料的最新市场价格。

(2) 施工图预算的编制步骤　收集资料、做好编制准备;熟悉施工图纸;熟悉施工组织设计或施工方案;熟悉现行定额和单位估价表;计算工程量;套用定额的预算单价,计算直接费;计算其他费用、利润及税金,编制预算书;编写编制说明;制作封面、装订、签章。

(3) 单位工程预算价格的确定　将分部工程直接费汇总,可求出单位工程项目直接费。再以此直接费为基础,按以下程序即可得出单位工程预算造价。

计算单位定额直接费:

$$单位定额直接费 = 单位项目直接费 + 人工费调整 + 机械费调整$$

计算其他直接费:

$$单位工程其他直接费 = 单位工程定额直接费 \times 其他直接费费率$$

式中,其他直接费费率与工程地点、工程类别以及承接工程的企业级别有关。

计算现场经费：

$$单位工程预算现场经费 = 单位工程直接费 \times 现场经费率$$

式中，现场经费率按地方工程造价管理部门的规定。

计算单位工程预算直接费：

$$单位工程预算直接费 = 单位工程定额直接费 + 其他直接费 + 现场经费$$

计算单位工程间接费：

$$单位工程预算间接费 = 单位工程预算直接费 \times 间接费率$$

式中，间接费率的取值与工程类别、企业性质有关。

计算单位工程计划利润：

$$单位工程计划利润 = (单位工程预算直接费 + 单位工程预算间接费) \times 计划利润率$$

式中，计划利润率与工程类别、企业性质有关。

计算单位工程含税造价：

$$单位工程含税造价 = (单位工程直接费 + 间接费 + 计划利润 + 价差)$$
$$\times (1 + 税率) + 产品构件增值税$$

式中，税率依据当地政府和国家有关规定计取。

(4) 单项工程预算价格的确定　单项工程的预算价格是根据该单项工程内各单位工程的预算价格和工器具购置费汇总得出的。若该单项工程是某个建设项中的唯一项目，则该单项工程的预算价格还应包括与其有关的其他工程费用。

以上只对工程造价的一些基础内容作简要的说明，详细的理论与操作过程可参阅"工程造价"类教科书。

复习思考题

1. 阅读 2008 年 1 月 1 日起施行的《中华人民共和国城乡规划法》和 2011 年 1 月 1 日起施行的《上海市城乡规划条例》。
2. 简述城市规划的概念。
3. 了解与房地产有关的城市规划的内容和图纸及文件。
4. 城市规划实施管理主要有哪两部分内容？
5. 居住区的用地和工程构成有哪些？
6. 居住区规划设计的内容主要有哪些？
7. 掌握居住区规划方案的各类技术经济指标。
8. 城市基础设施的主要内容是什么？
9. 按照建筑物的结构类型和材料种类，可以把建筑物分为几类？
10. 建筑设计的基本要求是什么？
11. 一套完整的施工图一般由哪些图纸组成？
12. 建筑物总平面图、平面图、立面图、剖面图的概念是什么？

13. 简述建筑物常用的 5 种基本基础类型。
14. 工程造价的特点主要有哪些?
15. 工程造价的计价特征包括哪些内容?
16. 建设项目的划分种类有哪些?
17. 建筑安装工程费用的主要构成内容是什么?

第五章　房地产开发的建设过程管理

房地产开发商首先萌发投资意向,然后进行市场调研和可行性研究,最终决定是否投资。当项目可行性研究报告结果满足开发商盈利要求时,开发商则将决定进行投资。如前所述,开发商可以通过协议、招标、拍卖、挂牌等四种形式获得土地使用权,并进行前期工作。此后,开发商就进入了房地产开发项目的建设过程。开发商在这一阶段的主要目的,就是要在投资预算范围内,按时完成开发项目的建筑安装工程,使项目按时投入使用。

按照工作的时间顺序和工作内容的不同,可以把房地产开发的建设过程分为4个阶段,即项目建设准备阶段、招标投标(落实承发包)阶段、施工(监理)阶段和市政公建配套阶段等。

第一节　住宅建设项目的建管管理

住宅建设项目的建管管理是指在住宅建设项目施工前,由政府建筑业管理部门对住宅建设项目自报建开始到施工许可证发放为止的全过程管理。

一、住宅建设项目建管管理工作的基本流程

(一) 住宅建设项目建管管理工作流程的基本概念

住宅建设项目建管管理工作流程是从住宅建设项目报建开始至施工许可申报整个过程的各项工作,它是住宅建设项目前期工作的一项主要工作。由于住宅建设项目关系到居住者的安全及广大业主的切身利益,所以,政府建设主管部门将对整个住宅建设项目的前期准备过程实施全面的管理。

(二) 住宅建设项目建管管理的工作流程图

住宅建设项目建管管理的工作流程全国各省市均有不同。根据上海市的有关规定,上海市范围内的住宅建设项目建管管理的工作流程可由图5-1表示。在图5-1的各个工作流程中,政府部门采用"电子身份证"的形式来进行管理,即采用工程项目IC卡对整个住宅建设项目建管管理的工作流程中关键的节点进行管理。

(三) 工程项目IC卡制度

1. 工程项目IC卡制度的概念

IC卡是一种运用计算机操作的智能卡,IC卡制度是上海深化建筑市场管理改革的一项重要措施。上海的工程项目IC卡划分为:工程项目IC卡,建筑企业IC卡(含勘察、设计、施工、监理、发包代理、工程造价咨询企业),个人执业IC卡。

2. 工程项目IC卡制度的操作过程

上海工程项目IC卡于1998年8月1日试行,由建设单位在办理工程报建手续的同时申领,由报建管理单位负责制卡,并按设计的程序要求写入报建资料的有关数据,然后将卡发给建设单位。

目前IC卡已设置了10多个节点(其每一个节点的位置见图5-1框图中打＊号的节

点),每一节点为一个区域,由每个节点的管理单位实施分区域管理,设置区域独立密码,其他区域有读数据的权利而无修改及更新数据的权利。根据项目IC卡制度的规定,在操作过程中应严格按照各节点的先后顺序办理手续,每办完一个节点,均要由该节点的管理单位在卡上输入"Y"表示通过,以进入下一道管理节点。如在下一个节点上读卡显示为"XX",则说明前一节点的工作尚未完成,需要补做。只有完成前一个节点的工作,方能实施下一步的工作。

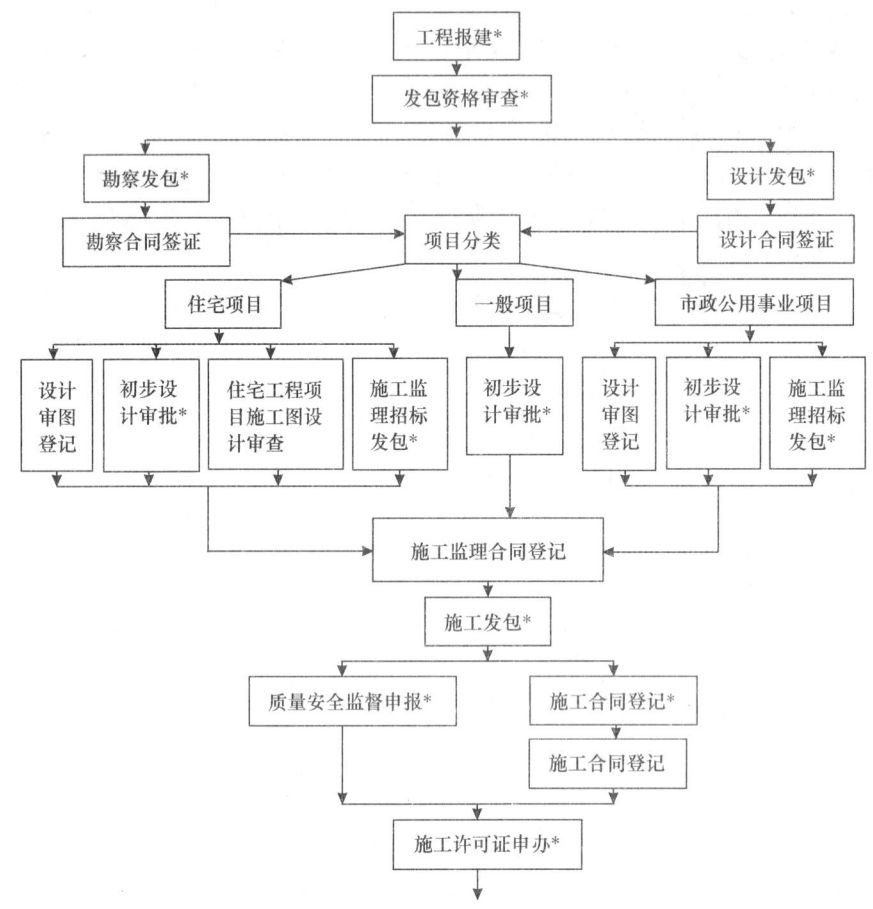

图 5-1 住宅建设项目建管管理的工作流程

3. 工程项目 IC 卡制度的作用

工程项目实施 IC 卡制度,有利于形成建设市场的闭合管理,有利于实现建设工程项目信息共享,有利于办事手续的简化,同时使建设项目有了"电子身份证"。

二、住宅建设项目建管管理中的主要工作

(一)住宅建设项目工程报建

1. 住宅建设项目工程报建的目的

实施住宅建设项目工程报建制度是一项有利于政府部门掌握建设规模,加强建筑市场宏观调控,建立良好市场管理秩序的有效举措。

2. 住宅建设项目工程报建的范围

凡在上海市进行建设的住宅建设项目,总投资在 100 万元以上(含 100 万元)的,住宅建设项目的建设单位应当在住宅建设项目工程立项文件批准后 30 天内,且在住宅建设项目工程勘察、设计发包前向政府报建部门办理报建手续。

3. 住宅建设项目工程报建的管理部门

上海市城乡建设和交通委员会(以下简称市建交委)是上海市建设工程项目报建管理的政府主管机关,市建设工程交易管理中心是具体组织实施和管理的职能部门。各区(县)建设工程项目报建,由区(县)人民政府建设主管部门负责,具体由区(县)建设工程交易分中心实施。

4. 住宅建设项目工程报建的管理权限

各区(县)建设工程交易分中心负责本区域内总投资在 1 500 万元以下(含 1 500 万元)的住宅建设项目和总投资在 500 万美元以下(含 500 万美元)的非限制性中外合资的工程项目的报建管理。

市建设工程交易管理中心负责全市建设工程总投资在 1 500 万元以上的住宅建设项目和总投资在 500 万美元以上的非限制性中外合资的工程项目的报建管理。

5. 住宅建设项目工程报建的内容

住宅建设项目工程报建的内容有:工程名称、建设地点、总投资、总面积、当年投资额、资金来源、工程规模、预计开工和竣工日期等。

6. 住宅建设项目工程报建的程序

住宅建设项目的建设单位向报建管理部门领取"上海市建设工程报建表"和"上海市建设工程报建信息卡"。

住宅建设项目的建设单位填妥上述表格后携带建设工程立项批准文件原件和复印件、企业营业执照及有关证明文件的原件和复印件,报送市建设工程交易中心或各区(县)建设工程交易分中心审核。凡符合要求的住宅建设项目,市交易中心或分中心将当场予以办理手续,并发给项目 IC 卡。

7. 罚则

凡按规定应报建而未报建的住宅建设项目,政府招标管理部门不予受理招标业务;设计单位、施工单位不予承接该项目业务;工程质量监督部门对工程质量不予认定。

(二) 住宅建设项目工程发包资格审查

住宅建设项目工程发包资格审查应在进行住宅建设项目工程报建的同时进行,实施住宅建设项目工程发包资格审查的政府管理机构、管理范围、管理权限均与住宅建设项目报建相同。

1. 住宅建设项目工程发包资格审查的内容

住宅建设项目工程发包单位应核查下列条件:①是否有法人资格或系依法成立的组织;②是否有与建设工程相适应的资金;③是否有与建设工程相适应的人员。

根据有关规定,如果没有与建设工程相适应的人员,住宅建设项目工程的发包单位不得自行发包,必须委托有资质的发包代理机构代理发包。发包单位自行发包应配备人员条件,见表 5-1。

表 5-1 发包单位自行发包应配备人员条件

投资总额(见右)		大于 6 000 万元	2 000~6 000 万元	1 000~2 000 万元
在职专业技术职称人员总数	高级工程师	2 人	1 人	1 人
	高级经济师	1 人	—	—
	经济师、工程师	6 人	4 人	2 人
	其他专业人员	3 人	5 人	5 人
审查设计、审核概(预)算能力		较强	具有	有一定
工程主要负责人参加过工程的总投资额		6 000 万元以上	2 000 万元以上	1 000 万元以上

注：工程技术负责人由在职的高级工程师担任

2. 住宅建设项目工程发包资格审查的程序

住宅建设单位首先向发包资格审查机构领取并填写"上海市建设单位工程专业技术人员和管理人员核定申报表"，然后携带表格及表内人员的技术职称证书原件和复印件、银行出具的建设资金落实证明送上海市建设工程交易管理中心或分中心审核。交易中心应在 10 天内签发"核定意见书"，如不予审定，住宅建设单位应委托有资质的建设工程发包代理单位代理发包。

（三）勘察招标发包

建设工程勘察实行招标对于促进勘察技术进步，提高勘察质量、缩短勘察周期，提高投资效益均有十分积极的意义。

1. 勘察招标的管理部门

上海市的建设工程勘察招标由上海市建设工程交易管理中心勘察分中心进行管理。上海市的所有勘察项目都必须在勘察中心内进行交易。

2. 勘察招标的管理范围

凡属本市设计招标范围的建设工程项目（总投资额在 500 万元以上的居住小区、高层住宅、公共建筑及其他民用建设工程和新建、扩建、技术改造的工业、市政工程等项目），其工程勘察任务必须进行勘察招标。

（四）设计招标发包

建设工程设计实行招标对于促进设计技术进步、提高设计质量、缩短设计周期和提高投资效益等均有十分积极的意义。

1. 设计招标的管理部门

上海市的建设工程设计招标由上海市建设工程招标投标管理办公室进行管理。

2. 设计招标的管理范围

总投资额在 500 万元以上（含 500 万元）的居住小区、高层住宅、公共建筑及其他民用建筑工程；总投资额在 100 万元以上（含 100 万元）的市区广场、主要道路两旁和重要风景区的新建、改建、扩建的建筑物；总投资额在 1 000 万元以上（含 1 000 万元）的新建、扩建、技术改造的工业、市政工程等项目。

（五）勘察设计合同签证

实行工程勘察设计合同的签证管理，是一项明确签订勘察设计合同双方责任，保护合同当事人合法权益；客观、准确记录各勘察设计单位经营业绩，提供动态管理、综合考评的依据；及时掌握勘察设计市场状况，加强市场管理，规范市场行为的有力行政措施。

上海市勘察设计市场管理办公室负责上海市勘察设计合同的签证工作。勘察设计单位应在勘察设计合同签订后30天内，将所签订的勘察设计合同送上海市勘察设计市场管理办公室审查。

（六）住宅建设项目初步设计审批

住宅建设项目初步设计审批是一项国家规定的，旨在促进设计进步、提高投资效益、提高建筑物使用功能和城市环境水平的政府行政管理制度。

1. 建设项目初步设计的审批机关

上海市建设项目初步设计审批，实行分级管理，市建交委、区（县）建交委（建设局）和市行业主管委、办、局是建设项目初步设计的审批机关。

2. 建设单位送审初步设计时应提交的文件资料

（1）工程建设项目可行性研究报告的批准文件（复印件）。

（2）规划部门签发的规划设计要求及设计方案审核意见。

（3）设计单位提供的全套初步设计文件（应加盖市建交委统一颁发的出图专用章）。

（4）批租地块的"土地使用权有偿出让合同"复印件。

（5）相关土地批准文件。

住宅建设项目初步设计审批时，审批机关应组织住宅、环保、绿化等相关部门评审，并以住宅部门为主。虽说建设单位在编制建设项目初步设计时已根据规划的要求进行编制，但在审批时，有关部门可能根据整个小区周围环境及国家的有关规定进行调整。例如：当周边小区都已建成，而审批的住宅项目为该小区最后一个项目时，有关部门将视小区的整体需要对方案进行修改。例如，原来没有的学校或其他项目可能根据需要而增加；再如，当需要原架空线入地或围墙透绿或"四新"技术的采用等均可能对原有的建设项目初步设计进行调整。

初步设计审批合格，将由相应负责部门批复，一经批准，不得任意修改。如需作较大修改，则须重新报原审批机关批准。

（七）住宅工程项目施工图设计审查

住宅工程项目施工图设计审查是为了加强住宅工程项目设计质量的监督和管理，保护国家和人民财产安全，保证建设工程设计质量而实施的管理措施。

1. 住宅工程项目施工图设计审查单位

住宅工程项目施工图设计审查单位是具有设计审图资质的审图公司。

2. 住宅工程项目施工图设计送审的单位

住宅工程项目施工图设计的送审单位是承担住宅工程项目施工图设计的设计单位。

3. 住宅工程项目施工图设计审查的内容

审图公司对住宅工程项目施工图设计的审查主要在以下五个方面：

（1）是否符合有关的法律、法规和现行的技术、标准规定的要求。

（2）提供审查的设计文件是否齐全和符合程序。

（3）是否按照经批准的初步设计文件进行施工图设计，施工图设计文件是否达到规定的设计深度标准要求。

（4）基础处理是否妥当，基础最终沉降计算值、偏心距计算值、倾斜率计算值是否符合本市有关规定。

（5）上部结构设计是否安全等。

（八）施工监理招标发包

实行建设工程施工监理招标发包，是为了加强本市建设市场管理，提高建设工程质量，规范建设单位与监理单位行为，维护双方合法权益的一项重要措施。

1. 施工监理招标的范围

根据国家的有关规定，实施施工监理招标的范围为：国家和本市重大建设工程、大型或中型公益事业工程、住宅工程、利用外国政府或者国际金融组织赠款或贷款的工程等。

2. 施工监理招标的管理部门

上海市建设工程交易管理中心监理分中心负责本市范围内上述工程的施工监理交易活动的管理。

（九）施工监理合同登记

实行施工监理合同登记是加强本市建设市场管理、规范监理交易行为和维护交易双方合法权益的一项重要措施。

（1）施工监理合同登记的范围　凡监理公司所承接的所有施工监理项目。

（2）施工监理合同登记的管理部门　上海市建设工程交易管理中心监理分中心负责承办施工监理合同的登记手续。

（3）施工监理合同登记需提交的材料　建设项目IC卡（仅限应当通过招标方式选择监理单位的项目），监理企业IC卡、交易席位证、建筑总平面图一张（复印件），标准施工监理合同本及复印件等。

（4）进行施工监理合同登记的单位　施工监理合同登记应由住宅建设单位和施工单位共同前往办理。

（十）住宅建设项目施工招标发包

住宅建设项目实行施工招标，是为了适应社会主义市场经济体制需要，营造公平竞争、规范运行的市场秩序，从而达到控制建设工期、确保工程质量和提高投资效益的目的。

1. 住宅建设项目施工招标投标的管理部门

住宅建设项目施工招标投标的管理部门是上海市建设工程招标投标管理办公室及各区（县）的建设工程招标投标管理办公室。

2. 住宅建设项目施工招标投标的范围

凡在本市进行建设的，总投资额在50万元（含50万元）的住宅建设项目均属于实行施工招标投标的范围。

3. 住宅建设项目施工招标投标的管理权限

市建设工程招标投标管理办公室负责全市建设工程总投资在3 000万元及以上的生产性建设工程项目，总投资在1 500万元及以上的非生产性建设工程项目的施工招标投标管理；

区（县）招标投标管理办公室负责本区域内总投资在3 000万元以下的生产性建设工程项目，总投资在1 500万元以下的非生产性建设工程项目的施工招标投标管理。

4. 专业分包管理

凡本市地域内建设工程的土方、石方、桩基、玻璃幕墙、金属结构等专业承包或分包的交易都必须进入相应的交易市场公开交易。

(十一) 住宅建设项目质量、安全监督申报

政府对住宅建设项目实行的质量和安全的监督,是我国为了明确建设工程参与各方的质量、安全责任,保证工程质量,以及贯彻"预防为主"方针,保护施工人员人身安全而实施的一项基本的行政管理制度。

1. 住宅建设项目质量、安全监督的范围

本市范围内除个人建造自住房屋外的房屋建筑、土木工程、工程设备安装、管道敷设等新建、改建、扩建的建设工程。

2. 住宅建设项目质量、安全监督的管理部门

由市建设工程质量监督总站及各区(县)质监站负责。

3. 满足报监需要的材料

报监的材料可分为基本材料和特殊工程附加材料。

(1) 报监的基本材料　报监的基本材料有:①建设工程项目批准文件;②建设单位与监理单位、勘察单位、设计单位、施工单位签订的建设工程合同;③监理单位、勘察单位、设计单位的资质等级和经营范围的有关证明文件;④施工单位的施工许可证和经营手册;⑤有关建设工程质量保证条件的资料;⑥有关概预算资料;⑦与建设工程质量核验监督有关的其他文件和资料。

(2) 特殊工程附加材料　由上海市工程建设标准化办公室审核并加盖审核章的住宅施工图纸。

4. 报监程序

建设单位应在建设工程开工前30天内(申领施工许可证前),根据管理权限到相应的监督站领取"上海市建设工程质量监督申报表"(按单位工程或单项工程填写,一式三份)、"上海市建设工程质量监督书"(以单位工程填写,一式三份)、"上海市建设工程安全受理登记表"(一式三份),同时办理建设工程质量、安全监督申报手续。建设单位填妥上述表格后,附报监所需资料报送监督站审核。监督站应在收到资料后15天内作出决定。

申报的工程中含有人防工程的,建设单位应将其中人防工程部分向上海市民防建设工程质量监督站办理民防工程质量核验监督的申报。

(十二) 住宅建设项目施工合同登记

实行住宅建设项目施工合同登记,对于规范建筑市场行为、明确承发包双方权利和义务、维护交易双方合法权益,具有十分重要的意义。

1. 施工合同登记的管理部门

施工合同登记在市建设工程交易中心或市交易中心派出分中心或区(县)分中心内进行。

2. 施工合同登记的范围

施工合同登记的范围与工程报建范围相同。

3. 进行施工合同登记的单位

由住宅建设项目的建设单位办理。

(十三) 施工许可申办

住宅建设项目具备施工条件后,建设单位应申领建设工程施工许可证。

1. 施工许可申办的管理部门

市建设工程交易中心或市建设工程交易中心派出分中心或区（县）分中心为施工许可申办的管理部门。

2. 施工许可申办的管理范围

凡在本市行政区域内新建、改建和扩建的建设工程施工前，建设单位应当办理建设工程施工许可证手续。施工许可证应放在施工现场，随时备查。

3. 施工许可申办的管理权限

与工程报建相同。

4. 施工许可申办程序

建设工程具备施工条件后，建设单位应根据工程的管理范围到市建设工程交易中心或区（县）分中心领取"上海市建设工程施工许可证申请表"。建设单位填妥相关表格后，随带下列资料申领建设工程施工许可证：①建设工程规划许可证；②资金入账凭证；③通水、通电、通路以及场地平整等有关证明；④建设工程承发包合同副本和廉洁协议；⑤监理合同（应当实行监理的工程）；⑥建设工程质量和安全监督申报材料；⑦项目施工登记卡（中标单位）；⑧勘察、设计、施工中标（交易成交）通知书；⑨住宅新开工审核通知单；⑩"住宅建设项目配套建设条件审核申请表"审核意见通知单等。

根据规定，未领取建设工程施工许可证的住宅建设项目，不得进行施工。

第二节 住宅建设项目招标投标管理

《中华人民共和国招标投标法》的颁布实施标志着我国建设工程的招标投标进入了法制化、规范化的轨道，在建设项目的承发包过程中采用招标投标的形式，对于强化建设项目实施过程中的廉政建设、体现公开、公平、公正的原则、提高建设项目产品的质量、缩短建设项目实施的工期、降低建设项目投资的成本具有重要的意义。

一、住宅建设项目招投标

住宅建设项目招投标是住宅建设项目发包的一项重要方式，它可分为勘察招标、设计招标、监理招标和施工招标。

（一）住宅建设项目勘察、设计、监理招标

住宅建设项目勘察、设计、监理招标是根据国家有关规定所实施的一种勘察、设计、监理发包方式。这里仅就勘察、设计、监理招标应注意的问题进行叙述。

1. 住宅建设项目勘察、设计、监理招标的条件

（1）实行勘察招标的住宅建设项目 应具备以下条件：具有经过有权审批的机关批准的设计任务书；具有规划建筑管理部门同意的建设用地范围许可文件（或建设工程立项文件）；有符合要求的地形图。

（2）实行设计招标的住宅建设项目 应具备以下条件：具有经过有权审批的机关批准的项目建议书或设计任务书；具有规划建筑管理部门划定的工程建设地点、平面位置和用地红线图；有符合要求的市区（1：500）或郊区（1：1 000）地形图、建设场地的水文地质初勘资料或有价值的建设场地附近水文地质详勘资料、原料、水电、通讯、市政道路等方面的基础资料。

(3) 实行监理招标的住宅建设项目　应具备以下条件：完成施工图设计，符合政府对监理的要求。

2. 住宅建设项目勘察、设计、监理招标的特点

住宅建设项目勘察、设计、监理招标有一个共同的特点，就是在一般情况下，各投标者的报价基本相似，因为国家对勘察、设计、监理的收费都有明确的指导价。因此，招标单位在评标时，不应将商务标作为主要的评分标准，而应以技术标作为评标时的依据。

在设计招标时，有时采用设计竞赛的方式，要求投标的设计单位先作出一个设计方案，由设计评标专家进行评审，有时设计中标的单位并不一定是方案竞赛的最优者，而可能是综合理解能力最佳的设计单位。有时，设计招标单位亦可要求中标的设计单位采用未中标的设计单位的某些设计思想，并由中标的设计单位向那些提供设计思想的未中标的设计单位支付费用。

在监理招标时，招标单位或监理评标专家应着重对监理单位提交的监理大纲进行认真的审核，同时为保证监理质量，可以在评标过程中，对监理单位所提出的总监理工程师进行面试答辩，以考察其综合协调能力和专业技术能力。

（二）建筑施工承发包和建筑施工招标投标

建筑施工阶段是整个建设项目实施的关键阶段，它以形成有形的建筑产品实体为主要标志。在建筑施工阶段，大量的建设资金被集中花费，在建设项目的实施中，占全部建设周期中的相当长的时间在这个阶段被利用，而这阶段所形成的作为百年大计的建筑产品的质量又将直接影响到建设项目使用的全过程。因此，如何进行有效的投资、质量和进度控制，把握住投资和质量、投资和进度以及质量和进度之间的关系，是建筑施工阶段亟待解决的问题。参照国际惯例，严格按照建设程序办事，实施建筑施工承发包的招标投标制度，既是为了适应社会主义市场经济体制需要，使建设单位和施工企业进入建筑市场进行公平交易、平等竞争，也是目前对建筑施工过程中的投资、质量和进度进行有效的控制，协调施工中的投资和质量、投资和进度以及质量和进度之间的关系的行之有效的措施。协调施工中的招标投标的主要依据有《中华人民共和国建筑法》、《中华人民共和国招标投标法》等法律。此外各地还有着自己的地方法规，如上海市的《上海市建筑市场管理条例》、《上海市工程建设施工招标投标管理办法》、《上海市建设工程承发包管理办法》、《上海市建设工程施工招标投标管理暂行办法》等。

1. 建筑施工承发包和建筑施工招标投标的关系

建筑施工承发包和建筑施工招投标的关系，可由图5-2建筑施工承发包工作程序图表示。

由图5-2可知，建筑施工招标投标是建筑施工承发包形式的一种，是一种具有竞争性的承发包的方式。

2. 施工发包的条件

施工发包除了发包人应具备规定的条件之外，施工项目本身也应具备以下的条件：

（1）施工的初步设计方案已获批准　施工是建设项目形成实体的关键所在，为确保施工的质量、满足业主的需求，在施工发包时，设计单位所提交的施工项目的初步设计，必须已经通过有关部门审批。

（2）已列入国家或地方的年度建设计划　施工工程只有列入国家或地方的年度建设计

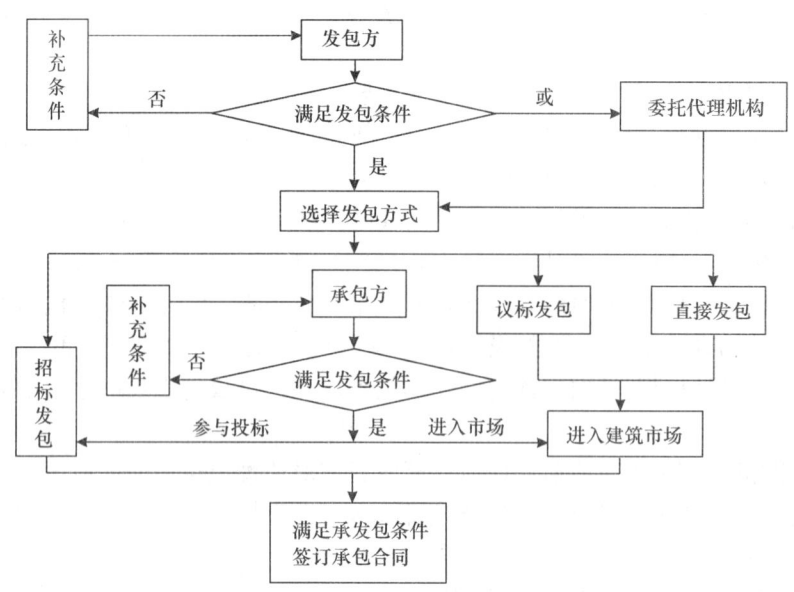

图 5-2 建筑施工承发包工作程序图

划才能发包,如果发包工程没有列入国家或地方的年度建设计划,则属于无计划施工,将受到政府有关部门的处罚。

(3) 工程施工所需的施工图纸及相应的技术资料已齐备 俗话说"不打无准备之战",同样,施工也需要事先准备好施工图纸和其他相关的技术资料,这不但是工程施工程序上的需要,而且也是顺利实施施工工程的保证。

当住宅项目住宅的发包人及施工项目分别具备了上述的发包条件后,发包人就可自行选择合适的发包方式,并独立地进行发包。如果不具备相应的发包条件,则需补充条件或委托有资质的发包代理单位代理施工发包。

3. 施工发包方式

选择合适的施工发包方式,不但受国家或地方的有关规定的限制,更主要的是有助于提高施工项目的质量、缩短施工项目的工期、降低施工项目的成本。根据现行的做法,施工发包的方式主要有招标发包。

招标发包是国际上广泛采用的分派建筑工程业务的主要交易方式,是业主(建设单位)对自愿参加某一特定工程项目的承包者进行审查、评比和选定的过程,它是一种具有相当竞争性的发包方式。根据发布招标信息形式的不同,招标发包又可以分为公开招标和邀请招标两种。

(1) 公开招标 所谓公开招标是指招标单位通过公众媒介、报刊、信息网络及在建设工程交易中心发布招标公告或信息,邀请不特定的法人或其他组织投标所进行的招标,它是一种无限制的竞争方式。公开招标的特点是:招标信息公开发布、投标单位数量不限、投标竞争机会均等。

根据上海市的有关规定,在上海市范围内进行公开招标必须做到"六个公开",即:公开发布招标信息、公开发布投标报名的条件、公开接受投标报名、公开选定投标单位、公开评标的办法与程序和公开招标结果。

公开招标有着很强的竞争性并能最大限度地体现施工发包的"公开、公平、公正",其主要优点在于投标不受限制,对于发包人而言有着较大的选择余地,有利于降低造价、提高质量、缩短工期;对于承包方而言,则是一种平等竞争的理想方式。但公开招标也存在着一定的缺点,如招标的周期较长,工作量较大,投入资金较多,还有可能出现故意压低投标报价的承包商以低价挤掉对报价严肃认真而报价较高的承包商等。所以并非要求所有的施工项目都采用公开招标的形式,一般情况下,只有国家投资的或国有资产占主体的企业投资的施工项目才要求采用公开招标的形式。

根据上海市的规定,下列工程的施工必须实行公开招标发包:政府投资(包括政府直接参股和政府提供保证使用国外贷款进行转贷的投资)的,国有企业投资的,事业单位投资的,国有资产控股企业投资的,基础设施、公用事业等关系到社会公共利益、公共安全的工程,以及上海市政府规定的其他建设工程。

(2) 邀请招标　邀请招标是一种由业主向其认为能够胜任其发包工程的承包商发出招标邀请,由承包商应邀前来进行投标的行为,是一种有限竞争性招标。

邀请招标的特点是:投标单位数量有限(至少3家),且为业主自主选择。邀请招标的优点在于可以保证承包商有此项工作经验,信誉可靠,有能力完成该工程项目;其不足之处是竞争相对减弱,有可能漏掉一些在技术上、报价上有竞争力的优秀企业。由于邀请招标形式简单,易于操作,而且资金和时间的耗用较少,所以除国家规定必须采用公开招标方式外,招标发包的施工项目一般都采用邀请招标的形式。

4. 施工承包

1) 施工承包的基本概念

施工承包是指具有资质证书或者承接业务许可证的建筑施工单位在规定的业务范围内承包建设工程施工的过程。

2) 施工承包的条件

作为一个合格的承包方,在参与投标承包施工工程时应具备国家或政府主管部门所规定的相应条件,其中必要条件为:

(1) 具有从事建筑施工活动的营业许可证及相应的资质等级(该资质等级由建设部或地方人民政府建设主管部门审定授予)。

(2) 根据属地管理的原则,跨省、市、自治区作业的建筑施工单位在进行施工承包时,应先向工程所在地的建设行政主管部门申请登记手续,取得当地施工许可证。

(3) 外国及我国港、澳、台地区的施工企业在内地进行施工承包时,首先应根据国家的有关法律、法规办理有关手续,而后向工程所在地的建设行政主管部门申请登记手续,经批准后方可从事建设施工承包活动。

二、施工招投标程序

(一) 施工招标程序

施工招标程序(以施工公开招标为例)如图5-3所示。

施工公开招标工作程序可分为三个阶段(准备阶段、招标阶段、评标阶段)13个步骤。

1. 准备阶段

施工招标准备阶段,共分三个步骤。

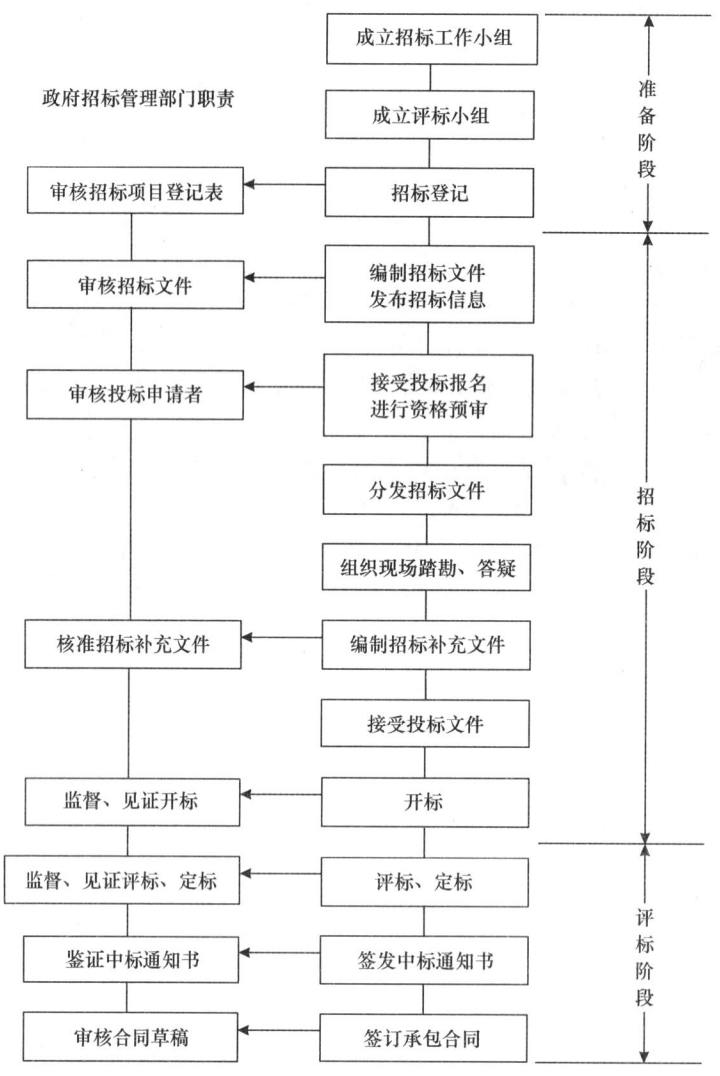

图 5-3 施工招标程序(以施工公开招标为例)

(1) 成立招标工作小组　作为发包方的招标单位应当在实施招标前成立招标工作小组,以组织实施整个招标工作。招标工作小组除应有项目投资者代表或项目法人法定代表人或其委托代理人参加,有与施工工程规模相适应的技术、预算、财务等管理人员参加外,还应具备对投标单位进行评审的能力。不具备上述条件的招标单位,应根据《中华人民共和国招标投标法》的规定,委托有相应资质的发包代理单位代理招标工作。

(2) 成立评标小组　评标小组由招标单位依法组建,其成员由招标人的代表和技术、经济等方面的专家(这些专家均应来自当地政府招标投标单位管理部门的专家库)组成,成员人数为5人以上的单数,其中技术、经济等方面的专家不得少于成员总数的2/3。根据上海市的有关规定,采用公开招标的评标小组,其成员则100%应由技术、经济等方面的专家组成。

(3) 招标登记　招标单位在具备施工条件后,应立即按施工工程管理权限到有管辖权的招标投标管理办公室(以下简称招标办)领取相关表格。在填妥相关表格后,随附满足施工招标条件所需提供的资料报送到招标办审核。

审核后全部满足要求的,即由招标办同意办理登记手续,施工工程招标进入下一阶段。

2. 招标阶段

施工招标阶段可分六个步骤。根据《中华人民共和国招标投标法》的规定,依法必须进行招标的项目,自招标文件开始发出之日起至投标文件截止之日止,最短不得少于20天。

(1) 编制招标文件、发布招标信息　招标文件是整个招标过程中的纲领性文件,用以指导整个招投标活动,所以要求编写规范。通常,招标单位在确定招标方式后,即可自行编制或委托招标代理单位编制招标文件,并将招标文件送交招标办审核。招标文件是投标单位编制标书的主要依据,一般包括工程综合说明、设计图纸和技术说明书、工程量清单和单价表、投标须知、合同主要条件等。

招标单位应根据经核准的招标文件,通过报刊、交易中心等发布招标信息,也可以利用信息网络来发布有关招标信息,如上海市招标办公室以 http://www.construction.online.sh.cn 的网址发布上海市范围内的公开招标信息。通常,发布招标信息必须在接受投标报名前5个工作日前进行。

(2) 接受投标申请,进行资格预审　招标单位应在规定的时间内,公开接受投标单位的投标报名,并可从资质等级、人员配备、车辆设备、施工业绩、财务状况等方面对投标者进行资格预审。但根据《中华人民共和国招标投标法》的规定,招标人不得以不合理的条件限制或者排斥潜在的投标者。此外,只有通过资格预审的投标者才能办理投标手续。

(3) 分发招标文件,办理投标手续　招标单位应通知经资格预审合格的投标单位,按规定的时间、地点购买招标文件,办理投标手续。

(4) 组织现场踏勘和召开答疑会　招标单位在分发招标文件后的3~4天内,要统一组织投标单位到施工工程所在地进行现场踏勘。踏勘后,招标单位要及时组织召开招标文件答疑会,由投标单位提出关于招标文件中的疑问,招标单位负责逐一解答。

(5) 编制招标补充文件　答疑会后,招标单位应将会上对各疑问所作的答复形成会议纪要,并整理成招标补充文件,报招标办核准后,分发各投标单位,连同原招标文件作为编制投标文件的依据。

(6) 接受投标文件　招标单位应根据招标文件的规定,按照约定的时间、地点接受投标单位送交的投标文件,并在接受投标文件的截止之日开标。

3. 评标阶段

施工评标阶段共分4个步骤,通常该阶段为7~30天。

(1) 开标　开标由招标人主持,所有招标单位参加,招标办的管理人员到场监督、见证。开标时,由投标人或者其推选的代表检查投标文件的密封情况,也可由招标人委托的公证机关检查并公证。经确认无误后,由工作人员当众启封,宣读投标人名称、投标价格和投标文件的其他主要内容。整个开标过程应当记录,并存档备查。

(2) 评标、定标　评标由评标小组负责,其过程必须保密,不得外泄。通常采用的评标方法有:"百分制打分法"、"两阶段评标法"和"低价中标法"等。评标小组根据送交招标办审核批准的评标办法,在所有的投标者中,评选出一个最适合本施工工程的承包商,作为中标单位,报招标办审核。

(3) **签发中标通知书** 招标办在收到招标单位填妥的中标通知书后,应及时签证,作为中标结果的凭证。同时,招标单位应将中标通知书及未中标通知书同时发送中标单位和未中标单位。

(4) **签订承发包合同** 招标单位在发出中标通知书之后的30天内与中标单位签订施工工程承包合同,并将合同副本同时报政府主管部门备案。

(二)"无标底招标,有标底评标"的实施方法

根据上海市建设工程招标投标管理办公室的推荐,上海市在施工评标中试行"无标底招标,有标底评标"的评标办法,其做法如下。

1. 公开择优选择施工投标单位

假设招标单位根据有关条件,择优选择了6家符合其各方面要求的施工投标单位,分别设定为 A_1,A_2,A_3,A_4,A_5 和 A_6。

2. 公布建设工程项目的参考工程造价

建设单位如自己有能力,可以根据市场的情况和自己的期望或要求,编制该项目的参考工程造价;如自己没能力,可以选择一家信得过、且符合资质要求的咨询中介单位,委托代理编制参考工程造价,因为中介单位编制的参考工程造价要公布于众,这也是对其能力的一种考核,和对其的一种压力。然后,把编制的参考工程造价及时地向各个参加竞争的施工招标单位公布(一般公布在招标文件里)。设定该项目编制的参考工程造价为 b。

3. 施工投标单位自主报价

参加竞争的各个施工企业,根据自己的经营情况、市场行情和实力情况,以及企业自身发展的策略,在投标文件中自主报价,设定6家报价的单位:A_1 企业的报价为 a_1,A_2 企业的报价为 a_2,…,A_6 企业的报价为 a_6。将各投标单位的投标报价,按照从高到低的顺序排列假定为:

$$a_3 > a_4 > a_6 > a_1 > a_2 > a_5$$

根据招标文件里的竞争规则:试行去掉一个最高的报价和去掉一个最低的报价(这样竞争规则可以预防因投标单位不诚信的行为,而发生故意抬高报价和压低报价,或者意想不到的偏差情况),计算试行定区间的算术平均值。在试行舍去最高报价 a_3 和最低报价 a_5 以后,还留下4家 a_4,a_6,a_1 和 a_2 的报价,由此计算4家报价算术平均值,设定为 $\bar{a}_试$:

$$\bar{a}_试 = \frac{a_4 + a_6 + a_1 + a_2}{4}$$

接着判别 a_3 和 a_5 是否在正式计算平均值时舍去。规定:有效区间的系数在 $+2\%$ ~ -6% 间。那么不舍去的有效区间在 $(1+2\%)\bar{a}_试$ ~ $(1-6\%)\bar{a}_试$ 范围里。如果 $a_3 > (1+2\%)\bar{a}_试$,那么,决定 a_3 舍去;如果 $a_5 > (1-6\%)\bar{a}_试$,决定 a_5 不舍去。

4. 计算正式确定后的算术平均值

在舍去最高报价 a_3 和不舍去最低报价 a_5 以后,还剩下5家 a_4,a_6,a_1,a_2,a_5 的报价。由此计算5家报价的算术平均值,设定为 $\bar{a}_试$,则:

$$\bar{a}_试 = \frac{a_4 + a_6 + a_1 + a_2 + a_5}{5}$$

5. 随机抽取报价算术平均值的权数

在一般情况下,规定报价算术平均值的权数范围在 0.60～0.70 这 11 个数之间(也可自己选,但应在招标文件的评标办法中写明)。由评标小组的组长在这 11 个数码签中当场抽取。假如抽取的数码签为 0.65,那么报价算术平均值的权数是 0.65,而参考工程造价的权数就是 0.35 了。

6. 计算加权平均工程造价

设定加权平均工程造价为 c,则 $c = 0.65 \times \bar{a}_{试} + 0.35 \times b$。

7. 随机抽取加权平均工程造价的下浮率

根据招标文件中评标办法的规定,假定规定的下浮率范围在 1%～3% 之间(也可自己选)。由评标小组的组长在 1.0%,1.1%,1.2%,…,3.0% 的数码签中当场抽取。假如抽取的数码签为 2.3%,那么下浮率就是 2.3%。设定期望工程造价为 d,则 $d = (1-2.3\%) \times c = 0.977c$,即为在"无标底招标,有标底评标"中的评标标底。

8. 给各个施工投标单位的报价打分

根据招标文件中评标办法的规定,假如规定的商务标的满分为 60 分,报价偏离标底,上浮 1%,扣 2 分;下浮 1%,扣 1 分。据此给各投标单位打分。即:$\left(\dfrac{a_n}{d}-1\right)$ 若为正值,选用 $60-\left(\dfrac{a_n}{d}-1\right)\times 2$ 公式计算;若为负值,选用 $60+\left(\dfrac{a_n}{d}-1\right)\times 1$ 公式计算。

假定期望工程造价 d 处在 A_1 单位报价 a_1 和 A_2 单位报价 a_2 之间,那么,报价是 a_1 和 a_2 的投标单位是最有可能得到相对高分的,换言之,也是最有可能中标的投标单位。从某种意义上说,这也是实现合理低价中标的一种形式。

(三) 施工投标

1. 施工投标程序

投标是整个招标活动中的关键一环,它是承包单位以投标报价的方式争取承包施工项目的经济活动。在建筑经济由计划转向市场经济的今日,建筑施工企业要生存和发展就必须进入市场,以竞争占领市场,而投标就是建筑市场竞争最普遍、最常见的行之有效的方法。施工投标的工作程序如图 5-4 所示。

2. 施工投标工作内容

(1) 成立投标小组,获取招标信息 由于建筑施工市场的激烈竞争,要承包工程就必须参加投标已成为不争的事实。要提高投标工作的质量,建筑施工企业常设一个投标小组是必需的。一个良好的投标小组应由三类专业人员组成:经营管理人员、专业技术人员、商务金融人员。投标小组的主要职责就是获取招标信息、进行投标决策及开展投标活动。

信息是投标的前提,建筑施工企业应加强信息管理工作,多种渠道地广泛收集各种情报信息,对建设项目实施跟踪,及时获悉招标投标管理部门发布的公开招标公告,并对信息进行定性、定量分析,以选择合适的投标目标。

(2) 进行投标决策 由于投标活动具有强烈的竞争性和高风险性的特点,因此,在投标过程中进行慎重的投标决策是必须的。投标决策包括:投不投标、投何种标、采用何种策略和技巧等。建筑施工企业进行投标决策的根据主要有:企业的装备、技术优势、招标项目的

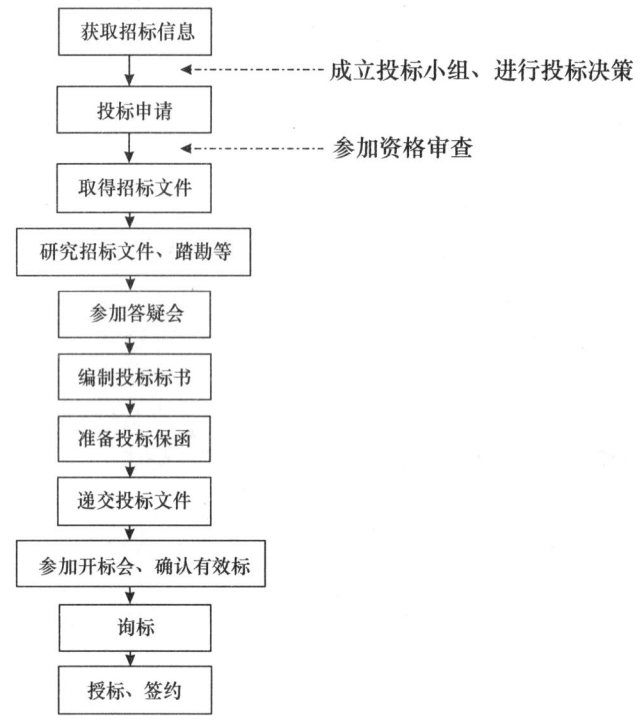

图 5-4 施工投标的工作程序

知名度、企业的经营策略、企业的经营现状、项目的风险预测及中标可能受到的影响分析等。在下列情况下,建筑施工企业应考虑放弃投标,如:招标项目超越企业经营范围,自身资质等级不够,各方面都不如已知竞争对手,目前任务饱满而招标项目为难度较大的工程,与招标单位或招标单位确定的监理单位曾有纠纷等。

(3)投标申请 确定投标目标后,投标单位应根据招标单位的要求,在规定的时间内向招标单位提出投标申请,并提交所需的证明文件,力争通过招标单位的资格审查。

(4)取得招标文件 当投标单位通过招标单位的资格审查后,应根据招标单位的通知要求,去指定地点购买招标文件,并领取相关的资料。

(5)研究招标文件 招标文件是整个投标活动的指导性文件,投标单位必须仔细阅读,认真研究,以响应招标文件的要求。

(6)现场踏勘 现场踏勘是对施工项目进行的实地查勘,它不但是投标单位的权利而且也是投标单位的义务。投标单位现场考察的内容主要有:所投标段的性质及相关标段的情况,项目所在地的自然地理条件、工程经济条件、社会法律条件、风俗习惯条件等。

(7)参加答疑会 答疑会是由招标单位或发包代理单位组织,就招标文件及现场状况,针对投标单位提出的疑问进行解答的一次重要会议。投标单位应充分重视这次会议,因为这次会议不但是一个解答疑问的会议,而且是一个重要的获取信息的机会,投标单位在弄清招标文件中的问题的同时,可进一步明确招标单位的意图和要求,以便及时调整投标策略。

(8)编制投标书 投标书是投标工作的主要成果,一般编制的投标书应包括以下内容:

标书综合说明,有报价的工程量表,技术保证措施,进度计划,施工方案及选用的主要设备,开、竣工日期及总工期,招标文件规定的合同条件等。

(9) 递交投标文件　编制好的投标文件应加以密封,并按照投标须知的要求,按时送达或邮寄(以邮戳日期为准)到规定地点。在投标截止日期前,投标单位若有补充或修改内容,密封后送达规定地点,同样具有效力,且修改部分以补充内容为准。

(10) 投标保函(保证金)　投标保函是银行出具的一张信用凭证,其作用是保证投标单位在中标后与招标单位签定合同。一般情况下投标保函的金额为投标报价的1%～2%,最高不得超过投标报价的20%。若投标单位在中标后不与招标单位签定合同,该保证金将被没收;当招标单位在确定中标单位后不与中标单位签定合同时,该保证金将由招标单位双倍返回。

(11) 参加开标会　开标会是整个投标活动的重要一环,投标单位负责人应准时参加。如果在开标时,投标单位无人到场,则视为该投标无效。

(12) 询标　询标又称澄清,是招标单位或发包代理单位对有效标作详细询问的重要活动。投标单位应对投标书中不详尽的内容作详细解释,作出询标回函,加盖公章后报送招标单位。询标回函与投标标书具有同等法律效力。

(13) 授标签约　投标单位中标后,应在规定的时间内(招标法规定30天内),以招标文件、招标书、中标通知书为基础,签订施工合同。

(四) 投标应注意的几个问题

投标活动是一个系统工程,每一个环节都要认真对待,要做到:加强信息管理,把握投标机会;研究投标决策,化解市场风险;解读投标须知,防止废标产生;编好投标文件,造价技术并重。

同时要注意防止导致废标原因的产生,因为投标标书列为废标,一切努力将前功尽弃。通常废标产生的原因有:投标文件没密封、标书无印鉴、格式不对、超时送达等。

第三节　房地产开发工程的监理

百年大计,质量第一。建设单位无不希望自己的投资获得最大的效益,建造出质量优、资金省的建筑。这就要求建设单位在施工单位进行施工建设的过程中,通过恰当的方式和途径,对工程质量、工程进度、工程造价、工程设计、竣工验收等重要环节实施必要的管理和监督。由于多数建设单位并不擅长工程建设的组织管理和技术监督,因此,建筑工程监理制度便应运而生,竣工验收作为质量控制的最后一环也显得更加重要和突出。

一、工程监理概述

建筑工程的监理制度在国际上已有较长的发展历史,西方发达国家已经形成了一套完整的工程监理制度,可以说,建筑工程监理已成为建筑领域中的一项国际惯例。我国工程监理制度起步较晚,1988年才开始试行,但发展较快。到1996年底,全国绝大多数地方和行业已在不少的建设项目中不同程度地实施了建设工程监理制度。并且实践已经证明,实施建设工程的监理制度,不仅有利于保证工程质量,节约工程投资,合理控制工期,而且还有利于帮助和支持施工单位采用新技术、新工艺,对于方便施工、文明施工、安全施工、节省劳力、降低成本等方面都有好处。因此,建设工程监理制度的广泛实行,是大势所趋。

(一) 工程监理的基本含义

建筑工程监理,是指由具有法定资质条件的工程监理单位,根据建设单位的委托,依照法律、行政法规及有关的技术标准、设计文件和建筑工程承包合同,在施工质量、建设工期和建设资金使用等方面,代表建设单位对工程施工实施专门的监督活动,以求用最少的人力、物力、财力和时间获得符合质量要求的产品。

(二) 监理工作的主体及其职能

从监理工作的主体来看,大致可分为政府监理和社会监理两类。在各自的主体里,还分为不同的层次,不同的层次有不同的职责。

1. 政府监理

政府监理是指各级人民政府建设行政主管部门和国务院工业、交通部门对工程建设实施阶段建设行为实施的监理,以及对社会监理单位监督管理。政府监理的主要内容包括:制定并监督实施监理法规以及相关的建设法规,审批建设监理单位资质,归口管理所辖区域的建设监理工作。对工程建设项目实施直接监理,如建设项目是否符合国家经济发展总体要求,是否符合环境保护要求等。

政府监理的主要机构是建设部和省、自治区、直辖市建设主管部门设置的专门的建设监理管理机构。市(地、州、盟)县的建设主管部门根据需要设置或指定的相应机构,统一管理建设监理工作。国务院工业、交通部门根据需要设置或指定相应的机构,指导本部门建设监理工作。

各级政府监理部门职责各不相同。建设部的监理职责是:起草或制定建设监理法规,并组织实施;审批全国性、多专业、跨省承担监理业务的监理单位的资质;制定社会监理单位和监理工程师的资质标准及审批管理办法,负责监理工程师资质考试、颁发证书并监督实施;参与大型工程项目建设的竣工验收;检查督促工程建设重大事故的处理;指导和管理全国工程建设监理工作。

省、自治区、直辖市建设行政主管部门的监理职责是:审批本地区大中型建设项目的开工报告、竣工验收、检查工程建设重大事故处理;审批全省性监理单位资质;指导和管理本地区工程建设监理工作。

2. 社会监理

社会监理是指社会监理单位受建设单位的委托,对工程建设实施阶段建设行为实施的监理。社会监理单位可以是专门从事监理业务的工程建设监理公司或事务所,也可以是兼承建设监理业务的工程设计、科学研究、工程建设咨询单位等。

社会监理的内容非常广泛,从投资决策咨询的建设项目前期准备阶段,到工程保修阶段,贯穿整个工程的全过程。

这里需要指出的是,具体的建筑工程监理对建筑工程的监督,与政府有关部门依照国家有关规定对建筑工程进行的质量监督,二者在监督依据、监督性质以及与建设单位和承包单位的关系等方面,都不相同,不能相互替代。工程监理单位对工程项目实施的监督的依据,是建设单位的授权,以社会中介组织作为公证身份进行监督,工程监理单位与建设单位和工程承包单位之间是平等的民事主体之间的关系,没有行政处罚的权力。而政府主管部门监督的依据是法律、法规,属于强制性行政监督管理,与建设单位和工程承包单位属于行政管理与被管理的关系,政府主管部门有行政处罚权。

(三) 我国建设工程监理的制度化建设

我国试行工程监理制度,是从改革以来利用外资建设的项目和外贷项目开始的。过去我国的工程建设活动基本上是由建设单位自己组织管理的。建设单位不仅负责组织设计施工,申请材料设备,还直接承担工程建设的监督和管理工作,而一批批筹建人员,往往并不具备相关的专业知识,也不熟悉工程项目的管理业务,因此在管理过程中往往起不到应有的作用,无法真正保证投资的效益和工程质量。当筹建人员刚刚熟悉了工程项目的管理业务,工程也竣工了。而新的建设单位投资新的项目建设起用新的筹建人员,又得从头学起。如此周而复始,低水平的重复,严重地阻碍了我国建设管理水平的提高。1988年,国家为了加强对工程建设的行业管理,在总结过去经验的基础上,在新组建的国家建设部中设立了建设监理司,使工程建设监理工作从无到有,为工程监理的制度化、规范化奠定了组织基础。十多年来,工程监理制度在我国有了很大发展,先后颁布一些有关工程监理的法规文件,对建筑监理的规范化、制度化,起到了积极的推动作用。

我国的建设工程监理体系由3个层次构成:第一个层次是建设法律,是由全国人民代表大会及其常务委员会制定的有关建设方面的法律,其他层次的建设监理法规应根据这些法律制定,不能与之相悖;第二个层次是建设监理行政法规,由国务院发布的建设监理方面的行政法规;第三层次是部门建设规章和地方建设监理法规、规章,目前,我国建设监理立法工作主要是在这个层次上展开。1988年7月,建设部印发了《关于开展建设监理工作的通知》。《通知》指出:争取用5年或稍多一点的时间,把我国建设监理工作的方针、政策法规和相应的监理组织建立起来,并形成体系。我国第一个建设监理的法规文件的颁布是在1989年7月,建设部连续颁发了5个有关建设监理文件。从1996年起,我国建设监理工作开始进入全面推行阶段,各地方、各部门的监理法规进一步健全和完善,新开工的大中型工程都逐步实行建设工程监理,监理队伍也得到发展和壮大。

(四) 工程监理的总任务

结合我国的具体国情,工程监理有四项主要任务,即建设项目的三大目标控制和合同管理。三大目标是费用控制目标、总工期目标和质量目标。通过对这三大目标在项目实施过程中的动态控制,及时跟踪纠偏,有利于达到预期目的。

二、工程监理工作的程序

工程监理的程序可概括为以下四道:

1. 取得监理任务

这是实施工程监理工作的前提条件。过去按照我国的有关管理体制,取得监理任务的方式有四种:一是建设单位点名委托;二是竞标择优委托;三是商议委托;四是建设单位自行监理。目前多采用竞标(招投标)方式择优委托,以体现公开、公证和公平的原则。

2. 签订监理合同

工程监理作为一种制度,受国家有关法规、政策的保护和制约。以合同的形式约定委托方与受托方的权利和义务,能使责权利有机地统一,更有效地发挥工程监理的作用。

3. 制定监理规划

工程监理也是一个系统的工作,应该有步骤有目的、相互分工协作进行。工程监理规划的制定,有利于理顺这些关系,更好地调动各方面的积极因素。规划的内容主要包括:编制项目组织机构方案,明确参加项目施工单位,制定工作职能分工表;明确参加单位的任务、责任和权限;编制工作条例,定期组织工作例会;确定进行投资、进度、质量控制方案;确定合同管理方法与组织协调工作等等。

4. 进行监理总结

经验的不断总结和积累,是工作更上一层楼的重要基础。在每一次工程监理工作结束后,要及时进行监理总结,进行信息反馈工作,为下一次进行监理工作提供经验教训。

三、监理工作的内容与方法

从监理工作的主要服务对象来看,监理工作的内容大体可以分为工程投资监理、工程进度监理、工程质量监理、工程成本(造价)监理等具体内容与方法。

(一)工程投资监理

工程投资监理是对工程的投资可能性、投资量、投资分配形式和方案等作具体的研究、考证和管理。工程投资监理贯穿着工程全过程。在工程未决策前,对工程投资可行性进行考查和验证,选择效益好的投资项目,避免造成严重的投资决策失误;在项目实施过程中,投资控制能在限定的投资估算额的前提下,少花钱,办好事,多发挥生产能力或效益;同时有利于减少各种资源的消耗,达到建设任务与资金供应平衡、建设任务与物资和人力平衡、资金与资源平衡。

1. 投资监理的内容

按工程项目的不同阶段,投资监理的内容可分为:

(1)投资决策阶段的投资监理　在工程项目投资决策阶段,即编制项目建议书阶段,应把项目建设纳入长远规划和年度计划通盘考虑,审批项目建议书、可行性研究和设计任务书,为最终投资决策奠定基础。

(2)设计阶段的投资监理　在设计阶段,进行设计监理的建设项目,监理单位应在初步设计阶段提出设计要求,组织设计招标或设计竞赛,评选设计方案,选择勘察设计单位并签订委托设计合同,审查初步设计和初步设计概算;在施工图设计阶段,同样要在施工图进行中间审查,控制设计标准及主要设计参数,审查施工图预算,参加图纸会审等。

(3)施工招标阶段的投资监理　在施工招标阶段,监理单位通过编制与审查标底、编制与审核招标文件、提出决标意见、协助建设单位签订发包合同、审查分包单位的选择等进行投资监理。

(4)施工阶段的投资监理　在施工阶段,监理单位通过审核设计变更与协商、核批索赔文件、签发工程付款凭证、审查工程结算、审查主要建筑材料与设备订货、掌握工作进度与工程款发放、对投资计划与实际费用支出进行比较等进行投资监理。

2. 投资监理的措施

(1)组织措施　包括落实投资监理人员;明确监理人员的任务分工和管理职能分工;确定投资监理的工作流程。

(2)经济措施　包括编制投资规划和详细计划;编制资金的使用控制计划;投资的动态控制,即通过计划值与实际值的比较,提出控制报表与付款审核。

(3)技术措施　包括挖掘节约投资的潜力,开展技术经济比较论证等。

(4) 合同措施　包括确定合同的结构,审核合同中有关投资的参数,参与合同谈判,处理合同执行过程中的变更与索赔。

3. 投资监理的方法

对项目的投资监理,应该运用具体的技术经济方法,针对不同的技术方案进行经济分析,选择合理的技术方案。其基本程序是:建立技术方案—分析各技术方案的优缺点—建立各种技术方案的数学模型—对技术方案作综合评价。适用于投资监理的主要技术经济分析方法有下列5种。

(1) 方案比较法　这是一种简便而适用的方法,主要是对比分析各种方案的技术经济指标或综合指标,从中选择指标最优的方案。利用这种方法,各对比方案要满足下述四个条件。

第一,满足需要的可比。即对比的方案必须满足相同的需要,它们的产量、质量品种指标具有可比性。

第二,消耗费用可比。各个方案的消耗费用必须从整个国民经济观点和综合的观点出发,考虑它的全部消耗费用。

第三,价格指标上可比。即都利用同一时期的比价水平,或都计算利息等。

第四,时间上可比。生产、消耗、资金占用时间的迟早,对企业和国民经济的作用不尽相同。故在对比时,要消除时间上的矛盾,采用相等的计算期。

(2) 盈亏分析法(量本利法)　这种方法适用于分析技术方案的生产规模与盈利关系,可用来进行经济预测和决策。

(3) 回归分析法　即研究经济、技术指标间的因果关系的方法,可以用来对技术方案进行决策。

(4) 决策树法　决策树法是一种树状图,可用来对不同技术方案进行概率性分析,从而求出期望值,以便进行优选决策的方法。

(5) 价值分析法　价值分析法是以最低寿命周期费用,可靠地实现必要的功能,着重于产品作业的功能分析的有组织活动,最适用于对设计方案进行分析和优选。

(二) 建设工程进度监理

工程建设进度监理是指对工程建设项目的各建设阶段的工作顺序和持续时间进行规划、实施、检查、协调及信息反馈等一系列活动的总称。建设项目进度监理的总目标是通过监理单位的咨询和监督活动,确保如期完成工程。

1. 建设工程进度监理的内容

工程项目进度监理包括:对工程项目建设总周期目标进行具体的论证和分析,编制工程项目总进度计划,编制阶段详细进度计划,监督阶段详细进度计划的执行,施工现场的调研与分析。

(1) 工程项目总周期的论证与分析　通盘考虑整个工程项目,全面规划,指导施工单位有计划地运用人力、财力、物力和时间、空间、技术、设备,按委托方对工程项目的工期要求,确定经济合理的实施方案。这种论证与分析反映在文字上,就是施工组织设计。

以住宅小区编制施工组织设计为例,其主要内容有:施工项目一览表——按区域系统形成,排列整齐,并分别计算其工程量;施工进度网络计划——按项目排列施工顺序,按时间安排项目的开竣工日期;施工总平面布置——绘制住宅工程、配套工程、附属工程(如各种管线)、施工现场及大型临时设施的平面布置图和示意图。监理单位以此为总目标,要求参加建设施工的各单位分别作出单幢工程施工组织设计,分部分项工程组织设计。这样,按施工组织设计的要求,范围从大到小,项目由多到少,安排由粗到细,工期由长到短,层层落实,环环相扣,构成一个施工现场组织网络体系,从而保证现场各项工作的有计划进行。

(2) 工程项目总进度计划的编制　工程项目总进度计划是包括设计、采购、施工等有关工作在内的综合进度计划,其考核指标是以投资完成额(工作量)来衡量。就是将各项工程完成量按照预算折合成以货币形式表示的投资额(即以货币作为统一的计量单位)相加,其总和与原预算比较,总进度完成如何。总进度计划的控制应根据项目施工组织设计的要求,首先将所有的单项工程按顺序排列,并确定其相互制约关系,然后计算出每一单项工程所需的工时数,从而计算出其所需工期和整个工程所需工期。在此基础上再结合工程具体情况和定额工期,与委托方签订工程施工总工期。如委托方达不到合同工期的要求,则要想方设法采取有力措施(如增加工作班组、改进运输途径、调整施工办法等),力争做到不拖工期,也不增加费用。

(3) 阶段详细进度计划的编制　阶段详细进度计划以工程开、竣工时间为中心进行编制。内容包括房屋的开工、施工、竣工交付使用,市政公用工程及配套项目的开工,商业服务网点的开业,公共交通线路的开通,道路修建、现场清理,路灯及电话的安装,植树绿化,基层政权的建立和管理等计划等。整个工程的开、竣工日期应与合同期相符合。

在计划的实施过程中要求监理(管理)方对现场情况进行调查分析,及时发现和解决问题。例如:目前多数开发公司对现场的管理采用召开定期调度会的办法。调度会一般由业主或委托监理单位召开,参加单位一般包括规划设计单位、施工单位、建设单位、房管部门、市政公用部门等。会议内容主要是检查计划执行情况,研究解决工程项目建设中遇到的问题(包括措施、期限、落实等),以平衡、协调各方面的关系,保证计划的完成。

(4) 进度计划的监督　进度计划的监督主要工作包括:①注意设计图纸进度对施工进度的影响,了解设计进度情况及预计完成日期对施工进度的影响。②设备材料采购的进度情况。包括各项设备是否按计划完成,计划运到现场日期,检查验收办法及检测手段的落实。③各种预制构、配件的预订及加工日期,具体到货日期及到货情况。④施工进度情况。及时了解各单项工程的完成情况,实际动工日期和完成日期。⑤监理控制。及时发现实际与计划的偏离现象,并采取有效措施补救,以确保计划的完成。

2. 工程进度监理的方法

管理进度采用横道图和网络图法,现简单介绍如下。

(1) 横道图法　横道图具有直观、易懂、绘制简便等优点,因此,迄今应用了80多年,国外还在继续使用,我国各行业在进度管理中仍较普遍地采用。通过图示简明地显示出各项作业的开始与结束时间、已完成的情况(图5-5)。

图5-5中,空白横道表示完成某项工作的计划时间,黑色横道表示完成某项工作所花费的实际时间。从图中可知,A工序已按计划要求时间完成;B工序已完成大约85%,虽然B的生产是按计划时间开始的,但在第四周后中断了半周又继续生产;C工序第一部分按计划完成,但工作开始时间推迟了1周,C的第二部分已完成了60%,反映生产速度是很快的。

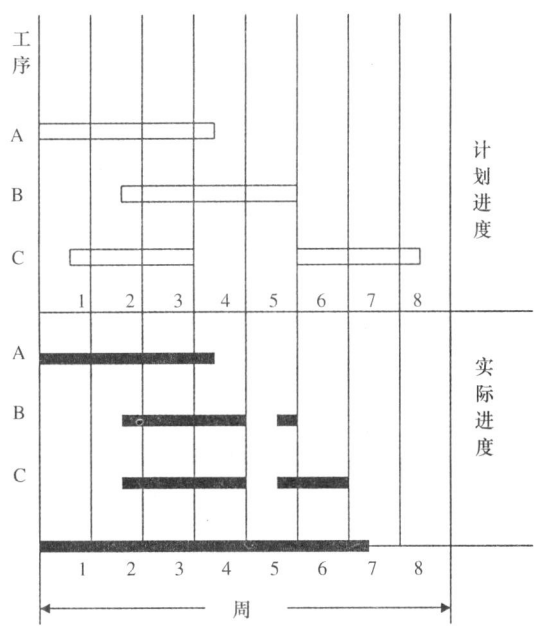

图 5-5 进度管理横道图

横道图的缺点是从图中看不出各项工程之间的相互依赖和制约的关系，看不出一个工作提前或错后对整个计划有无影响和影响的程度，看不出哪些是关键性工作。

（2）网络图法 网络图法是 20 世纪 50 年代末出现的管理方法，这种方法的基理是首先应用网络形式来表达计划中各项工作的先后顺序和相互关系；其次通过计算找出计划中的关键工作和关键线路，在计划执行过程中进行有效的控制和监督，保证合理地使用人力、物力、财力完成目标任务。

利用网络图管理进度，首先要求编制出紧急线路网络图一览表，并将各项工作内容如挖土、垫层、基础、结构、装修等所需工作日，即最早开始日期、最早完成日期、最迟开始日期、最迟完成日期、自由时差、独立时差、总时差等指标计算出来，按其作业顺序，凡机动时间合计为零的关键线路上的作业，应安排高级管理人员进行管理，搞好协作，保证如期完成。凡机动时间合计在工程工期 10% 以内的作业，中层管理人员应作为重点管理，对整个项目及各项工作时差的数量界限，包括自由时差、总时差、独立时差等都应使各级管理者有准确的了解，做到心中有数。

（三）建设工程质量监理

工程质量监理是指建设工程在准备和实施过程中，监理单位通过对市场调查、设计、采购物资、加工订货、施工、试验和检验、安装和试运转、竣工验收、用后服务等一系列环节中的作业技术活动的检查和督促，使建设工程在性能、寿命、安全性、可靠性和经济性等方面都达到一定的标准的活动。质量监理贯穿工程建设的始终，是整个建设工程的重要组织部分。

完成质量监理的重点应在设计和施工阶段对各种技术的有效控制和加工订货的监督。一般可分为三个环节：一是对影响质量的各种技术和活动要求制定计划和程序，即确立监理计划与标准；二是要按计划和程序进行实施，并在实施过程中进行连续检验和评定；三是对不符合计划和程序的情况进行处置，并及时采取纠正措施等。抓住这三个环节，才能圆满地完成质量监理任务。

1. 建设工程质量监理的作用

建设工程质量监理的作用主要体现在三个方面：

（1）促进设计单位和施工单位的质量控制活动，保证工程质量 受建设单位的委托，监理单位参与工程设计的监督，有利于促进设计单位按用户的要求，把好设计质量关。监理单位作为中间方熟知使用单位和建设单位的要求，掌握设计标准和规范要求，可以及时传达用户信息，使产品设计的符合性和适用性得以提高。而对施工单位的技术规范、操作规程、施工方案的有效控制，可以及时地完善施工过程中的质量体系，最终使质量得以保证。

（2）优化设计单位和施工单位的质量环境 保证工程质量，主要靠设计单位和施工单位内部建立完善的质量管理体系，保证质量管理体系的正常运行。而监理单位、供应单位、分包单位、外协单位等，则构成了质量管理体系的合同环境，没有这些单位的质量监督与保证，设计单位和施工单位的质量保证就不易实现。因此，监理单位对这些单位的监理，优化了设计、施工单位的外在质量环境，使质量监理工作更全面。

（3）促进建设单位对质量的控制 监理单位对设计施工等单位进行检查和督促，对建设单位，同样也存在着监督作用。如果由监理单位进行监理，则可以督促建设单位遵守质量责任制度和奖罚制度，慎重决策，认真对待每一个建设环节，严把质量关。

2. 建设工程质量监理的依据

不同的工程阶段质量具有不同的质量监理依据，具体情况如下：

1）设计阶段质量监理的依据

（1）国家和政府有关质量监理方面的规定 为了保证设计质量，国家和各级政府颁发了大量的有关规定，如在设计单位推行全面质量管理的规定和考核办法，关于勘察设计单位资格证的规定，关于优秀设计奖评选的有关规定，设计文件和编制和审批办法等等，都是设计质量监理的依据。

（2）勘察设计的规定 包括有关勘察设计的各种标准、规范、规程、定额和手册等。

（3）已批准的设计任务书及可行性研究报告 设计任务书是在进行了可行性研究及经济评价后提出来的，是设计监理的总纲，必须遵守。

（4）施工单位的意见和反馈 在设计及设计交底、图纸会审中施工单位提出的意见及施工中对质量的反馈信息。

2）施工阶段质量监理的依据

（1）有关的标准、规范、规程和规定 技术标准和规范有国家标准、行业标准和企业标准。它是建立、维护正常的生产秩序和工作秩序的准则，是设备、材料和工程质量的尺度，是专业化协作的依据。施工方面进行质量监理的依据主要是工程施工及验收规范，质量检验评定标准，原材料、半成品的技术检验和验收标准等。

技术规程是为执行技术标准和保证施工有秩序进行而制定的职工统一行动的规则，如施工技术规程、操作规程、设备维护和检修规程以及安全技术规程等。各种技术规程与质量密切相关。

各种有关质量方面的规定，是有关主管部门根据需要发布的带有指导性的文件，它对于标准规范的实施，对于改变实践中存在的许多问题，都具有指令性、及时性、科学性的特点。质量监理工作对这些法定的有关标准、技术规范、技术规程和各项规定，都必须了解、执行，严格遵守。

应当指出的是,建设监理制度是按照国际惯例建立起来的,特别适用于大型工程、外资工程及对外承包工程,因此进行质量监理还必须注意国际标准和国内标准。一般说来,国际标准要比国内标准要求高,故国内标准要向国际标准看齐,逐渐采用国际标准。

(2) 设计文件 "按图施工"是约定俗成的事。但是作为监理单位和施工单位,在进行质量监理时,必须进行图纸审查,及时发现其中存在的问题或矛盾之处,及时协商,提请设计单位修改。没有变更的设计是不存在的。不注意研究设计图纸的正确性的监理单位和施工单位是不能保证质量的。因此要把图纸会审与协商变更形成制度,写进合同,以保证设计的完善和实施的正确性。可以说,监理单位对设计的监理不但体现在设计之时,也体现在施工之中。

(3) 监理合同和承包合同 监理合同中有建设单位和监理单位有关质量监理的权利和义务条款,承包合同中有建设单位和施工单位有关质量监理的权利和义务条款,各方都必须履行在合同中的承诺。尤其是监理单位,既要履行监理合同的条款,又要监督建设单位、设计单位和施工单位履行质量监理条款。因此监理单位要熟悉这些条款,当发生纠纷时,及时采取协商、仲裁等手段予以解决。

(4) 施工方案 施工方案是施工单位进行施工准备和指导现场施工的规划性文件的基本部分,其内容突出了技术方法的选择和保证质量措施的设计。实行监理的工程,施工方案在监理单位审核后才能定案。它是施工单位进行质量控制和监理单位进行质量控制的共同依据。

(5) 施工技术资料管理的规定 为了统一工程施工技术资料的管理,加强企业的基础业务建设,提高管理水平,确保工程质量,有关地区和行业均根据国家颁发的施工验收规范,结合实际情况颁发了施工技术资料管理的规定。该规定对单位工程竣工时应具备的技术资料及资料的取得方式、管理办法、使用的表格等,都有明确的要求,施工单位在进行质量监理时,必须遵守。

3. 建设工程质量监理的内容

工程质量监理从内容上看主要包括以下三个方面:

(1) 对原材料的监理 对项目工程使用的每种原材料,都要审查其生产厂家的有关数据资料,并通过试验决定能否在该工程上使用。施工单位不得使用未经监理部门批准的任何一种原材料。

(2) 对混凝土浇灌的试验监理 工程的任何部门浇灌混凝土都要由监理单位和施工单位双方共同测试,根据规范严格检查。未经监理单位认可,施工单位不得自行浇灌混凝土,否则要炸掉,并且不付工程款。

(3) 对施工程序的监理 在工程建设中,承建单位的每一项施工活动,都要事先上报监理方取得认可。在施工过程中监理方按施工方报告逐项检查,不合格的即下令停工,直至修改合格后方准继续施工。全部施工活动完毕,监理方还要进行严格检查。

严格的监理制度,能保证工程的质量。当前,我国的基本国情是市场体系发育还不完善,许多构件、设备、材料及其他物资的质量不过关,施工队伍素质较差。在这种情况下,建设单位在保证工程质量中处于重要地位,尤其是各地开发公司,负责材料、设备、构件等的采购供应,在发包过程中负责选择设计、施工队伍。这要求开发公司按国家规定严格把关,通过招标方式择优选择设计和施工队伍,并按合同规定严格履行双方的权利和义务。

(四) 建设工程成本(造价)监理

建设工程成本(造价)监理是确保工程投资与资源充分利用,实现工程合同计划的重要保证;是防止预算超概算,决算超预算的重要手段;也是工程项目争取最大经济效益的重要管理措施。由此可见,工程成本(造价)监理对企业的经济效益尤为重要。

1. 建设工程成本(造价)监理的任务和控制方法

在项目建设实施过程中,工程成本(造价)监理的任务是按预算成本阶段、分部位地进行成本控制,不使其一个部位或一个项目超出预算规定,否则就要进行比较分析,找出原因。

工程成本(造价)监理与传统管理方法的重要区别是:传统管理是一次拨款,竣工后决算,对工程的预控工作难以落实,往往是亏盈既成事实;而工程成本(造价)监理则正好弥补了传统管理的缺陷,实行工程建设过程的预先控制,发现问题及时分析处理,并采取补救措施。

2. 施工阶段的成本(造价)监理

施工阶段的成本(造价)监理要求做到以下两点:

(1) 把好按进度拨款关,即要从审查每个工程和分部分项工程的清单、单价入手,按进度拟定拨款计划。

(2) 及时掌握和记录相关情况,如修改设计所引起的工程量、工程项目的增减情况,并保留项目变更的原始记录和审批手续。如遇不可预计的情况时(如地质条件变化、恶劣气候影响、材料供应拖延和价格调整等),更应进行详细记录,以便区分责任和原因进行处理(如赔偿、索赔等)。

3. 招标承包工程的成本(造价)监理

招标承包工程的成本(造价)监理要求做到以下四点:

(1) 详细分析中标者的标书和报价,根据合同预算,组织双方签订合同,并以此作为工程结算的依据。

(2) 工程开工后,要逐月进行成本分析,具体核算实际成本与计划价格、投标报价、合同预算、施工预算之间的各分部分项工程及各阶段差别,进行比较和盈亏分析。如果发现问题,应及时采取有力措施,确保施工过程中的实际成本始终在计划价格幅度之内,直至工程竣工结算。

(3) 逐步建立检查制度和程序,进行定量工作,制定切实可行的措施(负责人、执行人等),从而保证计划的实施和目标的实现。

(4) 根据工期计算工程造价的监理程序,应先根据建设单位提出的工期计算造价,编制2~3个不同工期的进度计划方案,详细计算每个方案的造价,然后求得最低造价的工期即为最优工期。

(五) 建设工程合同监理

建设工程合同监理的主要任务是对各方合同的实施执行情况和问题进行了解和处理。合同的订立,使合同的各方在经济法规的约束下,各自履行一定的责任,达到各自的经济目的。签订合同的原则是"守约、保质、营利、重义",为了实现合同规定的目标,对合同的监理是十分必要的。

1. 合同监理的内容

合同监理的内容主要是监督承发包双方的责任履行情况,确保合同的完整履行。这里

将一般情况下承发包方的责任明确如下:

1) 发包方的责任

包括:

(1) 办理正式工程和临时设施范围内的土地征收、租用,申请施工许可执照和占用土地、爆破以及临时铁道专用线接岔等的许可证。

(2) 确定建筑物(或构筑物)、道路、线路、上下水道的定位标桩、水准点和坐标控制点。

(3) 开工前接通施工现场水源、电源和运输道路,拆迁现场内地上、地下障碍物(也可委托承包方承担)。

(4) 按双方协定的分工范围和要求,供应材料和设备。

(5) 向经办银行提交拨款所需文件,按时办理拨款和结算。

(6) 组织有关单位对施工图等技术资料进行审定,按照合同规定的时间、数量交给承包方。

(7) 派驻工地代表,对工程进度、质量进行监督,检查隐蔽工程,办理中间交工工程验收手续,负责签证,解决应由发包方解决的问题以及其他事宜。

(8) 负责组织设计单位、施工单位共同审定施工组织设计、工程价款和竣工结算,负责组织工程竣工验收。

2) 承包方的责任

包括:

(1) 施工现场的平整,施工界区以内的用水、用电、道路和临时设施的施工。

(2) 编制施工组织设计(或施工方案),做好各种施工准备工作。

(3) 按双方商定的分工范围,做好材料和设备的采购、供应和管理。

(4) 及时向发包方提出开工通知书、施工进度计划表、施工平面布置图、隐蔽工程验收通知、竣工验收报告,提供月份施工作业计划、月份施工统计报表、工程事故报告以及提出应由发包方供应的材料、设备的供应计划。

(5) 严格按照施工图与说明书进行施工,确保工程质量,按合同规定的时间如期完工和交付。

(6) 已完工程的房屋、构筑物和安装的设备,在交工前应负责保管,并清理好场地。

(7) 按照有关规定提出竣工验收技术资料,办理竣工结算,参加竣工验收。

(8) 在工程规定的保修期内,对属于承包方责任的工程质量问题,负责无偿修理。

监理单位要随时注意承发包方的职责履行情况,并及时督促检查,力争达到100%的合同履约率。

2. 合同执行中的监理方式

合同执行中的监理方式必须采用书面形式。一般应预先口头通知或协商,重大问题还应会议讨论,并作会议纪要。这主要是由于在合同执行过程中,监理方与合同方的交往活动属于民事法律行为,通过书面形式可以保证合同监理的严肃性。监理单位在合同执行过程中多借助如下所述书面形式。

(1) 信件　这是监理中最郑重的形式。要求信件内容必须清楚,文字表达准确,合乎法律语言规范。同时,信件要编号,注明日期,通过法定当事人,认真执行。

(2) 指示　现行的工地指示,就是监理单位的现场人员根据工程需要,通知承包(施工)单位的一种形式。增加或改变工作的内容,施工程序安排和向施工单位提供图纸、资料以及费用的处理意见等,都可采用这种形式。对"指示"应进行编号,并由常驻工地监理工程师签字。

(3) 现场通知书　这主要适用于小的变更,只需驻地工程师过目即可。但若涉及工程费用的变化,则应补发工地指示。

(4) 工地批准书　这主要对于施工单位使用的材料、施工方法和工序质量的批准书。

四、建设监理单位的资质及管理

(一) 建设监理单位的资质

建设监理是集经济、技术、法律手段于一体的综合管理行为,只有经过严格的专业资质审查的单位方能承担此项任务。建设监理单位的资质,是指从事监理业务的单位应具备的人员素质、资金数量、专业技能、管理水平及管理业绩等。

1. 建设监理单位的等级和资质条件

建设监理的资质,依据《工程建设监理单位资质管理试行办法》的规定,分为甲、乙、丙三级。

1) 甲级建设监理单位应具备的资质条件

包括:

(1) 单位负责人,应由取得监理工程师资格证书的在职高级工程师、高级建筑师、高级经济师担任;技术负责人,应由取得监理工程师资格证书的在职高级工程师、高级建筑师担任。

(2) 人员的专业结构中,取得监理工程师资格证书的工程技术与管理人员不少于50人,且人员专业配套,其中高级工程师或高级建筑师不少于10人,高级经济师不少于3人。

(3) 注册资金不少于100万元。

(4) 一般应当监理过五个一等一般工业与民用建设项目或者两个一等工业、交通建设项目。

2) 乙级建设监理单位应具备的资质条件

包括:

(1) 单位负责人,应由取得监理工程师资格证书的在职高级工程师、高级建筑师、高级经济师担任;技术负责人,应由取得监理工程师资格证书的在职高级工程师、高级建筑师担任。

(2) 人员的专业结构中,取得监理工程师资格证书的工程技术与管理人员不少于30人,且人员专业配套,其中高级工程师和高级建筑师不少于5人,高级经济师不少于2人。

(3) 注册资金不少于50万元。

(4) 应当监理过5个二等一般工业与民用建设项目或两个二等工业、交通建设项目。

3) 丙级建设监理单位应具备的资质条件

包括:

(1) 单位负责人,应由取得监理工程师资格证书的在职高级工程师、高级建筑师、高级经济师担任;技术负责人,应由取得监理工程师资格证书的在职高级工程师、高级建筑师担任。

(2) 人员的专业结构中,取得监理工程师资格证书的工程技术与管理人员不少于10人,且人员专业配套,其中高级工程师和高级建筑师不少于2人,高级经济师不少于

1人。

（3）注册资金不少于10万元。

（4）应当监理过五个三等一般工业与民用建设项目或两个三等工业、交通建设项目。

2. 建设监理单位的监理范围

不同等级的监理单位其业务范围是不同的。根据现行规定，甲级建设监理单位可跨地区、跨部门监理一、二、三等工程，乙级建设监理单位只能监理本地区、本部门二、三等的工程，丙级建设监理单位只能监理本地区、本部门三等的工程，已取得证书但尚未定级的建设监理单位，只能在原资质审批部门核定的监理范围内从事监理工作。

（二）建设监理单位的资质管理

1. 建设监理单位资质管理的主要内容

建设监理单位资质管理的内容具体包括如下六个方面：①建设监理单位设立时的资质审查；②建设监理单位资质等级的例行核定（每3年核定一次）；③建设监理单位定级时的资质审批；④建设监理单位升级时的资质审批；⑤建设监理单位资质变更与终止业务时的审查、批准；⑥建设监理单位承接和实施监理过程中的有关资质管理工作。

2. 建设监理单位资质管理的分工

国务院建设行政主管部门（国家建设部）归口管理全国的建设监理单位资质。其主要职责是：负责监理单位设立的资质审批、负责设立中外合营和中外合作建设监理单位的资质审批、负责全国甲级建设监理单位的定级审批、负责全国甲级建设监理单位资质的例行核定和制定全国甲级建设监理单位"升级资质证书"和"资质等级证书"等。

省、自治区、直辖市人民政府建设行政主管部门负责本行政区域地方建设监理单位的资质管理。其主要职责是：负责本行政区域地方建设监理单位设立的资质审批，负责本行政区域地方乙、丙级建设监理单位设立的资质变更与终止的审查、批准等。

国务院各工业、交通等部门负责本部门直属建设监理单位的资质管理。其主要职责是：分别负责本部门直属建设监理单位设立的资质审批，负责本部门直属乙、丙级建设监理单位资质变更与终止的审查、批准，负责本部门直属乙、丙级建设监理单位资质等级的例行核定。

第四节　住宅配套建设管理

建设现代化城市住宅区，不仅仅是建设住宅楼，还必须配套建设居民日常生活所需要的各类商业、教育、文化等设施，水、电、燃气和雨、污水管网系统，道路交通设施，以及绿地、环卫设施等，才能满足人们的居住生活、学习、休闲、出行等方面的需要。因此，住宅配套建设对住宅建设持续、健康发展具有举足轻重的影响。

一、住宅区市政、公用配套设施的内容和设置

（一）住宅区市政、公用配套设施的内容和设置

1. 住宅区市政、公用配套设施分类

住宅区市政、公用配套设施分类如图5-6所示。

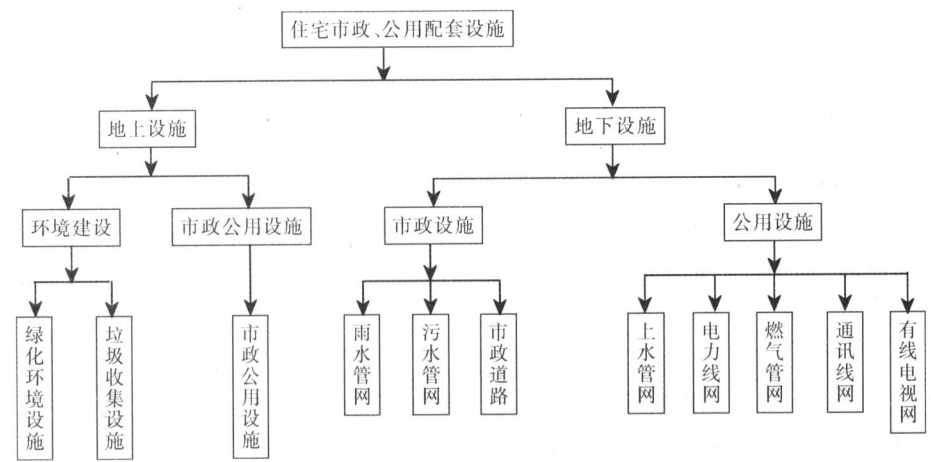

图 5-6 住宅区市政、公用配套设施分类

2. 住宅区市政、公用配套构成及用量标准

住宅区的市政、公用配套由雨水、污水系统（管网及站点），市政道路系统，给水系统，电力系统，燃气系统，通讯、智能化系统，电视广播等七大系统构成。

1) 城市给水系统的构成及用量标准

城市给水系统是城市基础设施的重要组成部分，城市给水系统的发展水平是城市现代化程度的重要标志，也是城市可持续发展的重要保障。城市给水系统的构成如下：

取水工程，包括选择水源和取水地点，建造适宜的取水构筑物，其主要任务是保证城市取得足够水量和质量良好的原水；净水工程，建造给水处理构筑物，对天然水质进行处理，满足生活饮用水水质标准或工业生产用水水质标准要求；输配水工程，将足够的水量输送和分配到各用水地点，并保证其水质及水压要求，规划敷排输水管道和配水管网并建造水塔或水库等调节构筑物。

城市给水管网系统由引水管道、水厂、水库、输水干管（$\phi 500$ mm 以上）、配水支管（$\phi 300$ mm 以下）及用户所组成，其管材主要采用铸铁管、钢管、预应力钢筋混凝土管等。管径自 $\phi 75$ mm～$\phi 2\,000$ mm 不等，通常采用埋地敷设方式。城市给水管按其功能作用可分为输水管、配水管。输水管采用 $\phi 500$ mm 以上的管径，配水管采用 $\phi 300$ mm 以下的管径。

给水需用量估算标准：上海地区生活用水目前以 230 L/(人·天)为 2000 年居民用水最大日用水标准，以 300～350 L/(人·天)作为 2020 年最大日用水标准。在核计新建工程的需水量时常采用下述标准：一般住宅 230 L/(人·天)；高级公寓 500 L/(人·天)；商业 25 L/m^2；办公 15 L/m^2；工业 20 L/m^2。

2) 城市燃气系统的组成及用量标准

城市燃气是由几种气体所组成的混合气体，其中有可燃气体与不可燃气体，可燃气体有碳氢化合物、氢和一氧化碳。燃气的种类很多，有天然气、煤制气、油制气、液化石油气等。

城市燃气系统由煤气厂经中压（或高压）输气管道及储气输配站和中压支管、调压站、低压配气管道及用户所组成，燃气管道的管材为铸铁管或钢管。通常管径为 75～1 200 mm，管道采用埋地方式。

城市天然气系统由天然气处理厂、首站、长输管线、门站、高压管网、天然气储配站、事故气源备用站、高中压调压器、中压管网,最后经过楼幢调压气或箱式调压器将天然气供应到户。天然气输配气管道为钢管。

燃气用量标准:5~6 m³/(户·天);地区配套公建需用煤气量以10%居民用气量估算。

3)城市电力系统的组成及用量标准

电力系统由电厂、输配电网络、用户所组成。其中电网是由线路和变电站组成,是电源和用户之间的联系纽带。

电力需要量一般可按居民 4 kW/户(要考虑同时系数)、办公 80 W/m²、宾馆 80~120 W/m²的标准估算。

4)通讯系统的组成及用量标准

通讯系统有本地电讯网和长途通讯网组成的民用电讯线路,三军战备网络和水运、铁路、电力等部门的专业通讯网络。通讯网络系统由一个或多个电话交换局所组织的中断线路、用户线路及收发信端的话机所构成,其线路是用以传输音频、高频或光频信号的。通讯线路分架空及埋设两种。埋设的又可分直埋电缆及电话导管内的铝、铅包电缆等多种。

通讯用量标准一般为:居民,1.2~1.5 主线/户;办公,60 m²/主线;商业,100 m²/主线。

5)市政工程系统

市政工程的作用是把居住区内的生活污水集中输送到适当地进行处理,达到排放要求后,再排放到水体中去;将雨水及时排除或减轻因积水造成的危害。市政工程是现代居住区不可缺少的一项重要设施。从不同的需要出发,可以从两个方面对市政工程进行分类。

(1)市政工程使用功能分类 可以将居住区市政工程分为污水管道、污水泵站、污水处理厂、雨水管网、雨水泵站、道路工程。

居住区生活污水是指生活过程中排放的粪便污水和洗涤污水。对生活污水的处理主要有4种方式:一是生活污水通过污水管道集中经污水泵站输入城市污水合流管,排入远离城市的大水体深处,采用自然净化的方法扩散稀释;二是生活污水通过污水管道集中、直接送入污水处理厂,经二级处理后排入自然水系。以上两种生活污水处理方式是比较经济、卫生、安全的方法,是现代居住区生活污水最主要的处理方式。第三种方式是将生活污水集中收纳于化粪池,经投放好氧菌、三道格栅过滤等简易处理,排入自然水系,沉淀污泥每隔半年左右由环卫车抽吸清运一次。这种方式简单、成本较低,但污染物去除率不高,较难稳定地达到排放标准。目前这种方式在现代城市居住区中已被禁止使用。第四种方式是生活污水基本不经处理,集纳于蓄粪池中,由环卫车定时抽吸清运别处处理。这种方式主要在旧城区使用,现已被限制使用。

目前居住区的雨水处理主要有两种方式:一种是排出法,即通过雨水管道集中,经雨水泵站排入河湖。这是目前包括中国在内的世界大多数城市居住区雨水处理的主要方式。另一种是收集循环利用法,即通过雨水管道于蓄水池,略加沉淀、过滤,经泵站输入送水管进入家庭作为二级冲洗用水。这种对雨水的收集循环利用方法,对于节约淡水资源,促进生态平衡具有重要意义,是现代居住区雨水处理的发展方向。这种方式只有少数发达国家城市住宅区中使用,目前在中国城市住宅区中还很少见到。

居住区道路主要满足居民日常生活方面的出行和清运垃圾、粪便、递送邮件等市政、公用、公共服务设施的货运车辆通行,以及救护、消防、搬家等车辆的通行。居住区道路一般可分为三级或四级：①宅前小路，主要供行人行走，一般宽为 2 m 左右。②居住生活单元级道路，一般以通行非机动车和人行为主，并满足救护、消防、运货及搬运家具等车辆通行要求，路面宽度一般为 4～6 m。③居住小区级道路，主要是将居住小区各部分联系起来，车行道宽度一般为 7 m。④居住区级道路，用以解决居住区的内外联系，车行道宽度一般需 9 m，红线宽度不小于 16 m。居住区级道路是各类管线地下敷设的主要场所，应力求先敷设好各类管线再做道路工程，避免重复开挖。

居住区内部道路主要为本居住区服务。为保证居住区内居民的安全和安宁，不应有过境交通车辆穿越居住区。同时，不宜有过多的车道出口通向城市交通干道，出口间距应不小于 150～200 m。道路走向要便于职工上下班。住宅与最近的公共交通站之间的距离不宜大于 500 m。道路设置应充分利用和结合地形，如尽可能结合自然分水线和汇水线，以利雨水排除。在南方多河地区，道路宜与河流平行或垂直布置，以减少桥梁和涵洞的投资。在丘陵地区则应注意减少土石方工程量，以节约投资。

(2) 市政工程按服务范围分类　可分为居住区内市政工程和居住区外大市政工程。

居住区内市政工程是指规划红线内污水管道、污水泵站、雨水管道、雨水泵站、道路等。居住区外大市政工程是指红线外的污水总管、污水处理厂、污水泵站、雨水管道、雨水泵站和城市干道等。

按照规划红线内外分类，便于划清市政工程投资费用承担责任，一般来说，红线内市政工程投资由住宅成本列支，而红线外大市政工程服务于生活和工业、商业、农业等各行各业，应由政府财政投资建设。

(3) 市政工程配置指标的确定　居住区的生活污水量一般可采取与生活用水量相同的定额确定。由于上海新建住宅都有室内供水、排水的卫生设备和沐浴设施，加上洗衣机相当普及，因此，每人每日平均污水排放量在 200～250 L。

雨水量一般可根据各地区历年来降雨强度、汇水面积、径流系数计算而得。

(二) 市政公用配套建设有关手续的办理

1. 上水部分

1) 申请供水专业配套的条件

(1) 必须持有自来水公司的"接水前期业务办理记录卡"，俗称用水征询，在项目规划设计阶段办理。办理用水征询所需的资料为：项目批文、书面征询报告、综合管线图、地形图和总平面图。

(2) "接水前期业务办理记录卡"的批复意见有 3 种：直接批复同意接水，此项目必须做供水技术方案，此项目必须做"小区工程可行性研究报告"（针对成规模小区的规划）。

(3) 办理正式申请用水的资料（在项目开工以后，预计住宅项目竣工前的 6～8 个月办理）：申请用水报告，接水前期业务办理记录卡，项目批文，消防给水批文，门牌号的批文，新型墙体材料协议书，住宅建设配套费凭证（或小区包干批文、免征证明），扩初设计中给排水、消防给水章节（复印件），市政管线图、地形图（1：500）各 2 份，住宅（小区）总平面图及给排水总平面图（1：500）各 2 份，各单体给排水施工图，蓄水池、泵房施工图。

2) 上水公司审批新建住宅供水排管工程

新建住宅供水排管工程是指小区街坊内排管、接水、装表工程，开发建设单位在具备小区红线以外有上水管线条件的基础上，方能实施小区街坊内上水配套。而小区红线以外市政道路上的上水排管工程，应提前按计划（上水公司的内部施工计划、市道路监察办公室的掘路计划、市规土局的市政设施建设计划等）实施。

3) 建设单位的配合要求

务必在住宅建设开工以前向上水公司办理用水征询手续。在给排水总平面图、各单位给排水施工图、蓄水池和泵房施工图出图以前，开发商要组织建筑设计单位与上水公司碰头商议、征询意见和优化设计方案，以免造成不必要的损失。务必在动拆迁以前向上水公司办理拆表手续。

2. 供电部分

1) 办理征询供电条件

凡属基建项目，在上报可行性报告前应向所在地区供电所（局）书面征询供电条件，作为上级部门审批基建项目的依据之一。供电所（局）在30天内书面予以答复初步意见，有效期限为一年，项目逾期尚未成立，必须重新办理征询。办理征询供电条件时，用户应提出书面申请，申请报告应列出户名、地址、联系人、联系电话、邮政编码，简要写明主要用电设备、特殊用电要求、预计用电容量、发展容量、预计用电时间等。用户还应提供立项意向有关文件（复印件）及地形图（1∶1 000）一式二份。

2) 办理住宅用电申请手续时应具备的资料（申请的条件）

建设项目批准后，用户应向供电所（局）营业室办理正式用电申请手续，填写"用户用电申请单"，并附上级部门批准项目的有关文件（复印件）及总体平面图一式二份（1∶500或1∶1 000），标明建设变电所的位置，地下综合管线图一式二份，对高层建筑及建筑群体的用户，要说明其用途、分布、性质（出售、出租及最小单元）。同时必须提供：申请报告（注明建筑面积及计划竣工日期）、上级批文（主要是市区计划、规划批文）、住宅配套费证明、公安门牌（公安局出具的证明并在地形图上标明也可）、地形图、总平面图、电气图、建筑图。

3) 办理街坊变电站建设申请手续时应具备的资料（申请的条件）

一份申请报告，两份总平面图并注明户名、地址，标明建筑面积。

3. 燃气部分

凡新建住宅的开发单位，如住宅周边有道路管网条件的（或已有燃气规划的）均可到燃气公司业务部门办理燃气申请。若暂无规划，亦可先委托申请做前期燃气规划。

4. 通讯部分

1) 通讯配套受理

由于通讯网络的管理、使用、维护具有整体性的特点，为了保护房产开发建设单位合法权益，及时服务于社会，在房屋交付使用之前应完成通讯配套工程。

2) 住宅通讯配套申请条件

凡在上海市新建住宅的开发单位，均可申请通讯配套，填写配套申请单，并提交：申请报告、上级主管部门项目批文，地形图、总平面图，以及已缴住宅建设配套费凭证或经市房管局批准的包干和免证凭证。

二、住宅区公共建筑配套建设

住宅区公共建筑配套设施是居住区建设的重要组成部分,一方面,公建配置的水平与居民的日常生活息息相关;另一方面,公建配置又受到居民生活水平、国民经济发展水平、社会文明程度的影响。它的发展和变化过程与社会、经济的变革密切相关,是社会与经济发展的一个重要缩影。公建设施建设需要投资,其配置必须按照实际需求进行设置,考虑社会经济效益。

(一) 住宅区公建定额指标的制定

1973 年上海市规划管理部门曾汇编了居住区公共建筑定额指标,提出 38 个项目;1979年又汇编了上海城市居住区规划设计若干规定,并分列居住区、小区配建项目共 76 项;1985年对 1979 年的规定进行了调整与修改,增加了集市管理、税收机构用房,并扩大了部分行政管理机构用房的面积,去掉了饲料收集站等,保留 72 项,另增补 10 项,共 82 项;1988 年 10月,上海市建委批复了《上海市居住区(含小区)公共建筑项目规模和指标》。1996 年上海市又组织制定了《城市居住区公共服务设施设置规定》。随着人民生活水平的进一步提高和消费结构的变化,2006 年上海市建设和交通委员会又颁布了《上海市城市居住区和居住区公共服务设施设置标准 DGJ08—55—2006》。历次修订的人均公建配套建筑面积、用地面积和配套公建总建筑面积占居住区总建筑面积的百分比、配套公建用地面积占居住区总用地百分比均有较大变化,说明上海市居住区的公建配套建设已经达到了一个较高的水平。

(二) 住宅区公建配套建设的内容和设置

1. 住宅区公建配套建设的内容

住宅区公建配套设施是指按规划要求配建用于为住宅建设基地服务的公共设施,主要包括:教育系统的中、小学,幼儿园,托儿所,交通系统的公交站点、邮政所等,建设系统的物业用房、管养段、煤气营业所、环卫分所(道班房)、公共厕所及小区公园前期征地,地区系统的街道办事处、派出所以及居委会,社区服务的托老所、活动中心等,商业委员会系统的街道级部分商业网点,小区及居住区级的商业用房、体育场(馆)、图书馆、敬老院、民政福利用房、文化娱乐中心等。

2. 住宅区公建配套建设的设置

新建城市居住区公建配套是按照千人指标进行配建和管理的。其中,商业服务网点由于市场化要求,其配置一般以市场需求为准绳,规划管理仅作面积指标上的低限要求。旧城区住宅改造项目或郊区城镇的居住区公共服务设施,由于人口增多,除教育设施和组团级公益设施作严格要求外,其他配置则利用已有设施,在总体上予以平衡。

居住区公建配套费用基本上都纳入住宅成本,但投资方式具体有两种:一种是开发商按规定交配套费,除经营性项目由开发商按规划要求直接投资建设外,其他公建项目由主管部门立项统一安排建造。二是开发商经批准不交配套费,所有公建项目都由开发商直接投资,包干建设。

居住区公共设施一般沿着居住区的主要交通流线两侧布置,无论是组团级、居住小区级或是居住区级,较多的布置于出入口附近。这样的布置与居民的出入线路相吻合,符合居住区公共设施布置的便民原则,同时也有利于充分发挥其效用。

居住区公建配套的使用者涉及政府机关和各有关职能部门,其中,街道办事处用房为无偿交给街道办事处使用,中小学、幼儿园、托儿所用房无偿交给教育局。商业网点用房以前是无偿交给商业委员会,市场化后,商业网点用房产权按照"谁投资、谁经营、谁收益"的原则,由投资人拥有,投资人可以自己经营商业网点,也可以转让他人开办商业。

伴随市场化产生的物业管理公司是自主经营、自负盈亏、自我发展、自我约束的经营实体,其物业管理用房的来源比较复杂。由以前房管所改制而形成的物业管理公司,其管理用房一般都是开发商无偿转交的,物业管理公司拥有产权。而市场经济发展后出现的真正意义上的物业管理用房一般遵从"谁投资、谁经营、谁受益"的原则,由物业管理公司自己投资修建或向开发商租赁,后者则没有物业管理用房的产权。

居委会和居民的日常生活密切相关,目前其用房仍实行开发商无偿转交的方式进行,居委会拥有使用权。

3. 居住区公共设施配置存在的问题及原因

1) 项目设置缺乏弹性,适用性差

该问题的表现之一是项目配置未充分考虑周边环境的影响。各个居住区所处的微观环境千差万别,不同的周边环境对居住区的影响也各不相同。地处老城区内的居住区,由于所处环境的配套设施比较齐全,周边服务设施相当便利,在配备公共设施时应当相对少一点。而有些居住小区,特别是在城郊新开发地区,在建设初期还是一片荒郊野地,没有任何服务设施,位于该区域内的居住小区,配套设施就应该齐全一些。

表现之二是一些项目需求出现分化。居民选择商品住房时,根据个人偏好和支付能力对住宅面积、户型、区位、环境、公共服务设施和价格等因素进行综合平衡,以追求居住效用最大化。由于居住环境具有不可分割的特征,使特定的居住区总是吸引特定的人群聚集。因此不同区位、不同价位的居住区其"居民需求"总是存在这样或那样的差异。如在上海,高档住宅区配置的公建项目中有游泳池、网球场等高级休闲设施,但这些设施如果放在其他住宅区,则很可能成为多余的、至少是不能充分利用的公建设施;如果高档居住区按中低档居住区的标准来设置项目,那么,高档居住区就会缺乏一些公建设施。显然,对于不同档次居住区的不同需求,不能用统一的配置标准。

表现之三是按人口均匀配置公建设施的方法显得不很适用。以学校(包括托、幼)为例,同样数量的居住人口对学校的需求并不相同。同时,民办教育进入教育领域使学校的分布发生了变化,教学质量高的民办学校会吸引众多择校就读的学生。已有居住小区开通了俗称"校巴"专线公共汽车,受到广泛欢迎。反过来,"校巴"的营运客观上提高了学校的可达性,一定程度上打破了学生就近入学的惯例。因此,公建配置需求均匀分布的原则受到了极大的冲击。原先按照人口均匀配置公建设施的方法需要根据实际情况的变化进行变通或者寻找新的公建配置的标准。

要求微观环境各不相同的居住区按同一种规定配套建设,这种做法对开发商而言,压抑了他们按照市场需求合理设置的积极性;从整个城市看,将导致在公共服务设施已经充足的地方重复设置,而在有些公共服务设置完全空白的地方又配建不足,没有实现资源的有效配置。

社会经济的高速发展,使居民对公建配置要求的变化速度也越来越快,这就要求不论在项目的设置上,还是定额标准都应具备一定的弹性,为今后的公建配套留有充分的发展空间。

2）配置标准老化

虽然建设部两次修改了居住区公建设施配置标准，上海也在此基础上编制了适合本地情况的版本，但仍然无法跟上实际变化速度及充分满足实际的需求。产生上述问题的根本原因在于大部分居住区公建设施已经逐渐走向市场，而起源于计划经济体制的居住区公建设施配置指导体系本身尚未完成相应的角色转换，还停留在计划经济的思维模式下。以居住区公建配置千人指标为例，在计算公建指标时，需按照开发面积除以人均面积得到规划人口，再以规划人口为依据，根据规定中的各公建项目的千人指标，确定需要公建用地面积及建筑面积。运用千人指标时，涉及到一个重要的数据就是人均面积及户均面积，随着经济的发展和时代的进步，人均及户均面积已经发生变化。过去户均面积是 60 m² 左右，而现在新开发的商品房户均面积一般有 90 m² 左右。这样，同样的建筑面积，住户的数量就减少了将近 1/3。以前人们喜欢几代同堂，一套房子里通常住着 5~6 人，但现在以三口之家居多，有些甚至是两口之家。户数减少了，人口总数也减少了，当然，按千人指标配置的公建也应相应变化，为此，需要重新对千人指标的构成进行调查，合理确定市场经济条件下户均面积的大小。还可按照户型确定不同户型的人均面积，在此基础上再确定居住区公建设施服务的居民数量，使千人指标反映的情况更加贴切实际。

（三）加强对居住区公建设施配套建设的管理

住宅建设主管部门应当对居住区公建配套设施建设实行全过程管理。在实施开发前，房地产开发商应根据住宅区的实际情况编制居住区配套设施建设的可行性报告，同住宅的建设计划同时报批；在承建时，配套设施的建设要配合住宅的建设；住宅报竣工同时，必须有相应的配套设施报竣工，并进行验收，验收的项目以指令性项目为主。对已入住的居住区，应建立公建配套设施的年检制度，主要考核公建设施满足居民生活的程度。

三、居住区绿化环境建设

居住区绿化环境建设是在居住区范围内，以植物群落为主的合理搭配，绿化栽植形式的科学组合，充分展现植物群体、绿化与建筑、小品、环境的协调和美好，以提高居住区整体价值。居住区绿化能充分发挥植物在防尘、遮阳、隔音、降温、防灾等方面的综合功能，达到改善住区小气候的目的，创造人与自然和谐共存，贴近自然的自然环境。

1. 实施居住区绿化建设的目的

设计和建设高品位的绿化景观、良好的绿化生态对于提升居住区档次，改善居住区生态环境具有重要的意义，有利于将居住区环境改建成为"景观优美，品种多样，色彩丰富，人与自然共存"的生态型花园居住区。

2. 总体要求

居住区是人居环境最直接的空间，应充分体现"以人为本"，以创造舒适、安全、健康、宁静、平衡的生态环境为目标。总体要求是：

（1）力求自然活泼的风格，创造景观各异、丰富多彩的人工植物群落。

（2）合理的地形设计。进行地形设计是为了丰富景观，为植物生长创造条件。什么地方应高，什么地方应低，要做到科学合理，要利用地形处理好地表排水，在绿化区域少设或不设地下管道,减少投资养护费用,这有利于天然水源的保护。

(3) 从居住的特定功能出发,做到因地制宜,绿化不应影响居室的通风、采光。住宅建筑周围绿地朝向不一,其光照、风力等存在差异,建筑前后的绿化地有宽有窄,在进行规划设计时都应区别对待,使之科学合理。

(4) 高层、小高层居住区的绿化规划设计还必须充分注意鸟瞰效果,满足住在高楼上的居民俯视欣赏园林构图的色彩美、艺术美,给人以赏心悦目的享受。

(5) 充分运用我国传统园林设计手法,利用建筑、树木、地形、水体、道路等元素,设置对景、障景、借景、框景等不同景观,有幽雅的、舒适的绿色植物空间,又使景区内具有丰富的层次感。

3. 配植建议

(1) 居住区的绿化建设应坚持以乔木为主的原则,同时考虑景观及秋冬光照的需要,应布置相应数量的落叶木。常绿乔木与落叶乔木比例不低于 1∶2,乔木与灌木比例原则为 1∶3～1∶6。

(2) 为了居住区绿化有丰富的色彩景观和氛围,应考虑布置色叶植物、花灌木、香源植物、多年生花卉。

(3) 居住区绿化设计和建设应注意植物多样性,原则上,小区绿地面积 3 000 m² 以下,植物不低于 40 种;小区绿地面积 3 000～10 000 m²,植物不低于 60 种;小区绿地面积 10 000～20 000 m²,植物不低于 80 种;小区绿地面积 20 000 m² 以上,植物不低于 100 种。

(4) 居住区是居民日常生活休息的场所,应选择和种植有益于身体健康的保健植物。

(5) 住区的绿化环境设计与建设应注意配植鸟嗜植物、蜜源植物,吸引自然界的生物朋友蜂蝶鸟等,达到人与自然的和谐共存。

(6) 为了减少污染,居住区的化肥使用应逐步减少直至取消,建议改用生物固氮的方式。配植植物时应有目的地选择能与自然界固氮微生物共生形成根瘤的植物。

(7) 绿化对于小区环境品位提升具有重要作用,绿化设计和建设应遵循美观、多彩的原则。

4. 配套建议

(1) 小区在进行基础设施和环境建设的同时,应因地制宜,尊重原有地形地貌,切实保护现有绿地及植物,特别是大规格的乔木。

(2) 种植工程前,应根据实际情况进行土壤改良工作,且覆土深度原则上不少于 1.5 m。

(3) 为了居住区的良好景观能透出院墙,与整个城市融为一体,建议在不影响安全和私密的前提下,采用透空围墙的做法。

(4) 为了提高居民"识绿"水平,普及绿化知识,新建居住区原则上都应设立植物名牌。

(5) 居住区的设计和建设应注意对城市的第六面——屋顶进行绿化美化,形成立体生态。

四、住宅建设配套费的缴付与使用

为了改善居住环境,方便人民生活,应开征住宅建设配套费。征收的住宅建设配套费,一部分用于住宅区配套的道路、雨污水系统、供水等市政公用基础设施项目的建设,另一部分用于教育、行政管理、社区服务等公共建筑项目的建设。

（一）住宅建设配套费的缴纳

1. 征收标准

征收标准各地不一，就上海市住宅建设配套费的征收标准到目前共有过 4 次修改，第一次在 1987 年 10 月确定为每平方米住宅建筑面积征收 95 元，1995 年 10 月改为 370 元/m²，1998 年 7 月改为 363.75 元/m²，2001 年 1 月改为 320 元/m²。

2. 住宅建设配套费交缴对象

征收配套费的范围为进行住宅建设(包括新建、扩建、改建、翻建、加层、单人宿舍建设等)的单位，均应缴纳住宅建设配套费。

根据有关规定，对符合免交配套费的住宅建设项目，由项目建设单位向房管局提出申请，经审核后，对符合条件的项目出具"免交住宅建设配套费的证明"。

3. 缴纳住宅建设配套费的时限规定

凡住宅项目建筑面积在 1 万平方米(含 1 万平方米)以下的，可分两次缴纳，第一次在申请建设工程规划许可证前缴纳 30%，余款在申请办理住宅配套工程手续前缴纳；超过 1 万平方米的住宅项目可分 3 次缴纳，第一次在建设工程规划许可证前缴纳 20%，第二次在主体结构封顶前缴纳 50%，余款在申请办理住宅配套工程手续前缴纳。

（二）住宅建设配套费的使用

1. 住宅建设配套费的使用范围

（1）市政公用部分的使用范围　除用于住宅建设基地范围内的城市道路、雨污水系统、供水、供气、公交站点、电话通讯等市政公用基础设施项目的建设外，还包括全部为住宅服务的污水厂的部分建设费用。新辟居住区街坊内市政公用设施的建设费用、旧区改造项目在地块红线内市政公用设施的建设费用，仍由建设单位承担，并按规定向各配套部门办理申请配套手续。

（2）公建配套费部分的使用范围　与配套费投资公建配套建设计划的申报内容一致。地段医院、文化馆、影剧场(院)、居住区中心商业用房、体育场(馆)、图书馆、民政福利用房、文化娱乐中心等不包括在住宅建设配套资配的范围之内，这些项目仍由各主管部门落实计划、资金，委托开发建设部门统一建造，或在符合规划条件下也可实行"谁投资、谁使用、谁受益"的原则，由住宅投资单位自行建设。各综合管理部门应加强行业管理，督促公建使用单位严格按规划用途使用。

2. 住宅建设配套费的返回

建设单位按规定缴纳了住宅建设配套费，有关部门依据合理投资比例安排投资计划之后，根据项目完成工作量、工程进度，向主管部门申请项目投资用款，并排出用款计划，在收到投资用款后的 10 个工作日内，及时将投资用款拨付给配套项目建设单位。

3. 配套费的使用办法

配套费的使用原则上实行"老标准老办法，新标准新办法"，即按原标准征收的项目以原标准返回，按新标准征收的以新标准返回。

五、住宅建设工程现场管理工作

住宅建设工程现场管理工作见图 5-7 所示。

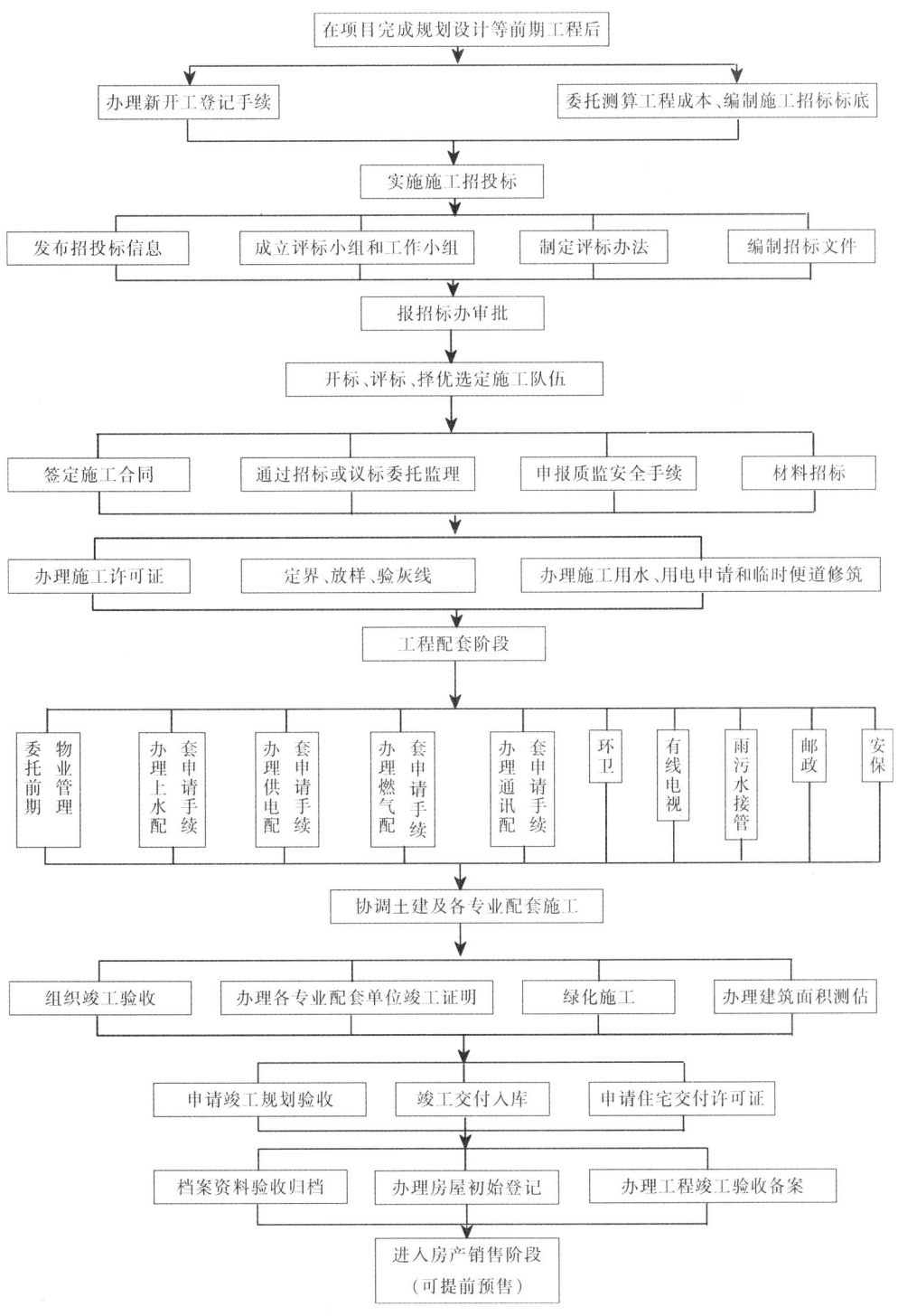

图 5-7 住宅建设工程现场管理工作流程

复习思考题

1. 试述住宅建设项目建管管理的概念。
2. 试述工程项目 IC 卡制度的作用。
3. 试述住宅建设工程报建的目的和范围。
4. 试述住宅建设工程发包应具备的条件。
5. 试述住宅建设项目初步设计的评审部门及其要求。
6. 试述施工招标的意义。
7. 试比较公开招标和邀请招标的优缺点。
8. 试述承包商参与施工承包的条件。
9. 什么叫工程监理?
10. 了解工程监理的程序、内容与方法。
11. 工程进度监理的方法有哪些?
12. 工程质量监理包括哪几方面的内容?
13. 施工阶段的成本(造价)监理应做到哪几点要求?
14. 合同执行中的监理方式有哪些?
15. 了解建设监理单位的资质要求。
16. 新建小区的市政、公用配套主要包括哪些内容?
17. 新建小区污水处理排放通常有哪几种方式?
18. 新建小区雨水处理排放通常有哪几种方式?
19. 市住宅区公建配套建设的内容有哪些?

第六章 住宅建设项目竣工备案和交付使用许可管理

竣工备案和交付使用许可是住宅从生产过程转入流通、消费过程的最后两道关口。由于在这两道关口中,要对住宅产品的工程质量、环境、配套等综合质量是否达到设计标准和使用要求进行把关,所以住宅项目经理必须熟悉掌握竣工备案和交付使用许可的基本业务。本章阐述住宅建设项目竣工备案、新建住宅交付使用许可和住宅交付时的"两书"提供等"三个制度"的管理理论和意义,并介绍这"三个制度"的内容、实行方法、程序和要求。

第一节 住宅工程竣工备案制度

一、建设工程质量管理方法的改革

建设工程项目是一种特殊产品,它的质量好坏都直接关系到社会的公众利益和公共安全,因此,历来成为政府、社会及相关的企、事业单位加强监督和管理的重点,只是因经济体制与投资、建设体制的不同,以及建设规模的大小等因素的影响,而采取了不同的监督和管理方法。在我国历史上,对建设工程质量监督、管理曾先后采取过3种不同的管理模式或方法。

1. 第一种模式

1984年以前,由参与工程项目建设各方自我控制的传统模式。这种模式与我国长期以来实行的计划经济体制有着直接的关系。在计划经济体制下,建设工程都是由国家投资,各政府部门都有隶属于自己的勘察、设计、施工队伍,由于各部门的建设工程项目规模相对较小,建设工程项目的实施大多数自行完成,基本上不存在建筑业或房地产的市场,因而建设工程质量管理实行的是以建设、勘察、设计、施工等各方面独立管理、自我控制、自我负责为主的管理模式,各级政府主管部门主要负责考核和检查建设工程项目的完成情况。

参与各方自我控制的建设工程质量管理模式的特点是适应了计划经济体制下建设工程质量管理的需要。工程项目是自己使用,与本部门的发展直接挂钩,经济责任十分明确,参与建设的各方一般都能努力地按要求将工程做好。但是,这种管理模式不能适应市场经济体制下建筑业和房地产市场发展的需要,例如:各部门自行组织对建设工程质量管理,使工程质量的技术标准和管理方法政出多门,矛盾较多,不利于提高建设工程整体质量水平;各部门都备有勘察、施工队伍,往往任务不饱满,现代化技术装备率低,劳动生产率低下,人力浪费较大;参与建设各方虽能自律,但往往标准不高、管理不严,容易造成工程隐患。

2. 第二种模式

1984~2000年,政府建立专门的工程质量监督机构,强化对工程项目建设过程的监督和管理的模式。20世纪80年代起,我国经济体制改革不断向建立社会主义市场经济体制的目标推进,基本建设投资体制、建设体制和管理体制等也相应进行了改革。政府从过去既是工程建设的投资者,又是建设项目的实施者、管理者,逐步转变职能,担当起管理者的角色。建设、勘察、设计和施工等单位逐步从政府的附属转变为市场的主体,工程技术咨询、建设监理等社会组织不断发展壮大,全国工程建设的规模急剧增大,所有这些都对建设工程质量管理的方法、组织形式和管理制度等提出了新的要求。原来的传统管理模式已很难适应市场经济体制下统一的建设市场管理的需要。1984年,国务院印发了《关于改革建筑业和基本建设管理体制若干问题的暂行规定》,明确要求各城市政府建立专门的工程质量监督检查。1987年,原国家城乡建设环境保护部和国家标准局联合下发《关于试行〈建筑工程质量监督条例〉的通知》,具体落实国务院的改革措施,提出一方面要依靠勘察、设计、施工、建材等企事业单位积极推行全面质量管理,搞好工程质量;另一方面必须强化政府对建筑工程质量的监督管理工作。1990年,建设部又制定了《建设工程质量监督管理规定》,进一步明确了政府实行建设工程质量监督管理的范围。

上海市人民政府根据国家法律、法规和部门规章,在1994年12月发布了88号令《上海市建设工程质量监督管理办法》,就如何进行施工过程中的监督管理和竣工核验作出了具体规定,要求建设工程竣工后,由建设单位会同施工单位向工程质量监督总站提出工程质量竣工核验,经核验合格的,发给"上海市建设工程质量核验证明书",方可验收与交付使用。这一阶段,强化政府对建设工程项目质量的监督、管理。由此可见,建立质量监督站和建设监理制度对促进我国建设工程质量水平的稳定提高,起到了积极的作用。

政府对建设工程质量监管、对竣工项目发合格证的管理模式的优点是:

(1) 较好地适应了在计划经济体制向市场经济体制的转轨和建设、勘察、设计、施工等单位从政府的附属向独立的法人地位和市场主体的转换过程中,加强工程质量监管的需要,为培育建筑业和房地产市场创造了条件。

(2) 统一了工程质量的技术标准、规范的制定和管理方法,有利于提高建设工程整体质量水平。

(3) 通过进行建设过程的监理、监督,加强了对隐蔽工程的管理,提高了建设工程质量的保证程度。

(4) 有效地防止了不合格的建设工程项目投入使用,为保护公众利益和公共安全起到了积极作用。

但是,这一管理模式同样存在着缺点,主要是:

(1) 由于在工程建设全过程中,政府的质量监督机构始终处于质量监管的主导地位,投资建设企业处于被动的被监管地位,不利于调动以投资建设企业为主抓好质量的责任心和积极性,容易使其产生对政府质监机构的依赖思想。

(2) 对工程建设全过程的直接监督检查,需要大量的人力和财力,随着建设工程规模的不断扩大,质量监检队伍力量难以完全适应需要,容易产生监管的空档。

(3) 发生工程质量问题,谁承担责任?是政府质监机构,还是投资建设单位?对此往往各执一词。

3. 第三种模式

2000年1月以来,实行建设工程竣工备案管理模式。2000年1月30日国务院颁发的第279号令《建设工程质量管理条例》明确规定了从事建设工程各有关方面承担的质量责任和义务。工程竣工后,由建设单位组织设计、施工、监理等有关单位进行竣工验收,验收合格方可交付使用,并应当自建设工程验收合格之日起15日内,将建设工程竣工验收报告同规划、公安消防和环保等部门出具的认可文件报建设行政主管部门备案。建设行政主管部门发现建设单位在竣工验收过程中有违反国家有关建设工程质量管理规定行为的,可责令停止使用,重新组织竣工验收。建设部于2000年4月发布了78号令《房屋建筑工程和市政基础设施工程竣工验收备案管理暂行办法》,具体落实了这一改革措施。上海市建委经反复酝酿,深入研究,于2000年12月颁发了《关于实行建设工程竣工验收备案制度的通知》,决定从2001年1月1日以后上海新开工的建设工程实行竣工备案制度。为进一步规范房屋建筑和市政基础设施工程的竣工验收,保证工程质量,2013年12月2日住房和城乡建设部关于印发《房屋建筑和市政基础设施工程竣工验收规定》的通知(171号)出台。至此,由政府质监机构对建设工程竣工直接发合格证的管理模式被由建设单位自己组织竣工验收报政府建设行政主管部门备案的管理模式所替代。

建设工程竣工备案管理的模式具有显著的特点:

(1) 建设单位既是投资者,又是工程质量的责任主体。建设过程中,勘察、设计、施工、监理等单位按合同约定对建设单位负责;工程竣工后,由建设单位组织各参与方进行竣工验收,确定合格与不合格,建设单位对工程质量负总责。

(2) 质量监督管理机构对工程建设过程的监督检查,从过去的实体性检查为主转变为程序性检查为主。

(3) 政府建设行政主管部门对工程建设质量由以往的事前把关为主,转变成事后发生质量问题的追索为主。

建设工程竣工备案管理模式与前两种管理模式相比,优点是:

(1) 确立了建设单位对工程质量负责的主体地位,从根本上唤醒了建设单位"百年大计,质量第一"的意识,调动了抓好工程质量的积极性。

(2) 理顺了建设工程参与各方在质量问题上的相互关系。建设工程质量由建设单位负总责,其他参与各方按合同约定负分责,防止了发生工程质量问题,找不到责任单位或者参与各方相互推诿的现象发生。

(3) 政府质量监督机构改变了过去既当"运动员",又当"裁判员",政企不分,职责不清的状况,有利于集中精力搞好对工程质量的监督。

(4) 有利于发挥工程质量监理、检测和技术咨询、评估等社会组织(第三方)的作用,更好地适应建立统一的建筑业市场和房地产市场的需求。

作为一种崭新的改革举措,对比前两种管理模式,其进步是显著的。但是,从实际操作层面所反映的情况来看,工程项目的购买者或使用者,仍然留有一丝的担忧:事后的追索,尽管保持着建设单位对质量问题负总责的强大压力,但如果某个建设单位质量意识淡薄,疏忽大意,其竣工交付使用的工程万一出了质量问题,造成了财产损失或生命危害,并不是靠追索都能挽回或补偿的。因此,如何进一步加强工程竣工验收交付前的监督和预防管理,以及实行工程质量保险,仍是工程竣工备案制度推行中应该研究解决的重要课题。

二、住宅工程竣工备案管理的特点

根据2013年12月2日住房和城乡建设部关于印发《房屋建筑和市政基础设施工程竣工验收规定》的通知(171号)的规定,住宅建设工程作为房屋建筑工程的一种,应当实行竣工验收备案制度。但是,由于住宅建设工程本身所固有的特性,使得住宅工程竣工备案管理又具有与其他建设工程竣工验收备案管理不同的特点。

1. 住宅建设工程竣工备案往往不能一次完成，需要分期分批地进行

与办公楼、商业楼或道路、桥梁等单幢或单个建设工程相比，显著不同点之一是，住宅工程往往由十几幢或几十幢住宅楼所组成，统一规划、设计，以组团、小区和居住区立项，在实施过程中，房地产开发企业往往是根据市场需求情况和企业自有资金或融资的多少，分期分批开发建设，分期分批销售和交付使用，不可能将组团、小区或居住区全部建成后再销售和交付使用。因此，对住宅建设工程竣工验收备案管理，应当从住宅组团、小区或居住区开发经营的实际需要出发，允许分期分批地进行住宅工程竣工验收备案。

2. 需要完成相应的配套设施，经审核许可后方能交付使用

住宅建设工程显著不同点之二是，住宅及其内配套工程完成后，并不能马上投入使用，需要同时完成组团级或小区级或居住区级的市政、公用和公共建筑设施配套后才能交付使用。而居住区的市政、公用和公共建筑设施配套是根据住宅交付使用的需要分期分批地建设的，这就要求对每批交付使用的住宅，按照居民入住以后基本生活条件是否具备的标准，对竣工住宅进行综合性的复核，只有满足居民入住后基本生活条件需要的住宅才许可交付使用。

由于住宅建设工程具有以上两个特点，因此，对负责备案管理的建设行政主管部门提出了采取不同于办公楼、商业楼等建设工程竣工验收备案的管理办法，主要是：

（1）允许分期分批地进行住宅工程竣工验收备案。

（2）除最后一批住宅工程竣工验收备案应当备齐资料文件外，对前几批竣工验收备案资料文件要求从简，仅以能反映本批备案的住宅工程质量情况为限。

三、住宅工程竣工备案制度的实施

根据住建部《房屋建筑和市政基础设施工程竣工验收规定》和上海市建交委《关于实行建设工程竣工验收备案制度的通知》、市建管办《上海市建设工程竣工备案实施细则》的要求，上海住宅工程竣工备案按照以下所述的规定实施。

（一）主管部门和验收条件

1. 主管部门

上海市建交委是本市建设工程竣工验收备案主管部门。上海市建筑业管理办公室负责本市建设工程竣工验收备案管理工作。各区、县建设行政主管部门负责本区、县立项工程的竣工验收备案管理工作。上海市建设工程质量监督总站和各区、县建设工程质量监督站，分别受市和区、县建设行政主管部门委托，具体实施建设工程竣工验收备案工作。

2. 竣工验收主体

由建设单位组织实施。

3. 竣工验收条件

（1）完成工程设计和合同约定的各项内容，达到竣工标准。

（2）施工单位完成对工程质量自检，并提出工程竣工报告。

（3）勘察、设计单位确认施工单位的工程质量达到设计要求，并提出工程质量检查报告。

（4）监理单位对工程质量完成检查并确定合格，提出工程质量评估报告。

（5）有完整的竣工档案资料（分期分批建设的住宅，除最后一批外，可暂不作要求）。

（6）建设单位已按合同约定支付工程款，附有证明。

(7) 施工单位与建设单位签订了工程质量保修书。
(8) 规划部门对工程是否符合规划设计要求进行了检查,出具认可文件(分期分批建设的住宅,除最后一批外,可暂不作要求)。
(9) 公安消防、环保等部门出具许可文件(分期分批建设的住宅,除最后一批外,可暂不作要求)。
(10) 要求整顿的质量问题全部整改完毕。

(二) 竣工验收程序和方法

1. 竣工验收程序

(1) 建设单位收到施工单位报告、勘察设计报告、监理单位报告,组织施工单位、勘察设计单位、监理单位及其他单位的专家组成验收组,制定验收方案。
(2) 在竣工验收 7 日前,向备案管理部门(质量监督站)申领建设工程竣工验收备案表、建设工程竣工验收报告,并书面通知质监站验收时间、验收地点、验收组名单。
(3) 备案管理部门(质量监督站)审查,符合要求者,发给"两表";不符合要求者,通知其整改,确定重新验收的时间。

2. 建设单位组织竣工验收方法

(1) 由参与各方汇报,介绍工程合同履约情况和标准,以及规范执行的情况。
(2) 验收组审阅档案资料。
(3) 验收组实地查验。
(4) 验收组形成验收意见,当意见不一致时,协商解决;否则由建设行政主管部门或质监站裁决。

3. 建设单位编写工程竣工验收报告

按照"建设工程竣工验收报告(样本)"逐项填写,并附下列文件:
(1) 施工许可证。
(2) 施工图设计文件审查意见。
(3) 施工、勘察、设计、监理单位提供的质量报告。
(4) 施工单位保修书;
(5) 规划部门认可文件(分期分批建设的住宅,除最后一批外,可暂不作要求)。
(6) 公安消防、环保等部门认可文件(分期分批建设的住宅,除最后一批外,可暂不作要求)。
(7) 有关工程质量检测和使用功能试验资料。
(8) 住宅质量保证书和住宅使用说明书。

4. 备案

自竣工验收合格之日起 15 日内,向备案部门(质量监督站)备案。备案时必须提交下列文件:①备案表;②竣工验收报告;③其他必须提交的文件。备案部门收到建设单位备案文件和质量监督报告后,在备案表上签署文件收讫。备案表一式二份,一份由建设单位保存,另一份由备案部门存档。

(三) 工程质量监督机构责任及法律责任

1. 工程质量监督机构责任

(1)对建设单位组织竣工验收实施监督:①竣工标准的掌握是否符合规定?②验收组织形式、程序、执行标准和验收内容是否正确?③工程质量和保证资料有无重大缺陷?④验收文件是否齐全？质量责任制档案是否建立？

（2）在建设单位竣工验收之日起5日内，提出（向备案部门）质量监督报告。

2. 法律责任

有下列行为，按国务院《建设工程质量管理条例》和建设部《房屋建筑工程和市政基础设施工程竣工验收备案管理暂行办法》处罚：

（1）发现建设单位在竣工验收过程中有违反有关规定的，在备案后15天内，备案部门可通知停止使用，重新组织验收。建设单位在未重新组织验收前，继续擅自交付使用的，责令停止使用，并处工程合同款2％～4％的罚款；造成居民损失的，由建设单位赔偿。

（2）建设单位验收后15日内未办理备案手续，责令限期改正，并处以20万～30万元罚款。

（3）采用虚假证明办理备案手续的，工程竣工验收无效，备案机关责令停止使用，重新组织竣工验收，处20万～50万元罚款；构成犯罪的，依法追究刑事责任。

（4）备案部门不办理备案手续的，责令改正，对直接责任人员给予行政处分。

第二节　住宅项目竣工交付使用许可制度

一、住宅项目竣工交付使用许可制度的基本涵义与作用

住宅项目竣工交付使用许可是住宅建设过程最后一道审批程序。随着住宅制度改革的深化，住宅商品化、供应社会化程度的提高，住宅项目竣工交付使用许可管理对于保护住宅消费者的利益、推进住宅建设水平的提高具有越来越重要的作用。

（一）住宅项目竣工交付使用许可制度的有关概念

1. 住宅项目竣工

住宅项目按照批准的规划设计图纸和文件的内容全部建成，达到入住居民使用的条件，经过竣工验收合格，称为住宅项目竣工。住宅项目包括了住宅建筑单体工程、相应的市政、公用、公建配套工程和环境工程。住宅项目中的一项或数项工程竣工是住宅单项工程竣工，只有按照规划设计图纸和文件规定的内容全部完成，满足了居住使用的要求，才称得上是住宅项目的竣工。住宅单项工程竣工，建设单位或各专业主管部门可以及时组织竣工验收，但还不能申办交付使用许可手续。只有住宅项目达到入住居民的使用条件，才可以申办交付使用许可手续。

2. 住宅工程竣工验收

住宅一项或数项工程已按照规划设计要求建成，在施工单位预先完成自检自验并认为符合正式验收条件的基础上，向建设单位办理正式验收并移交手续，建设单位组织设计、施工、工程监理等各有关方面对住宅项目技术资料和实物进行检查验收，称为住宅工程竣工验收。

3. 住宅项目竣工交付使用许可

住宅工程竣工验收合格后，相应的市政、公用、公建配套项目也已完成，达到入住居民的使用条件，建设单位就可向政府住宅建设主管部门提出交付使用许可审核申请，住宅建设管理部门在规定的期限内按照确定的标准进行综合检验。经审核符合交付使用条件的住宅，按幢颁发"住宅交付使用许可证"，称为住宅项目竣工交付使用许可。规模较小的住宅项目

是等住宅及相应的配套设施全部完成并验收后,一次性申请交付使用许可。规模较大的住宅项目,不必等整个建设内容全部完成再集中办理交付使用许可申请,如对一些分期分批建设的住宅项目,在其部分建成后,只要相应建设的配套设施能够达到入住居民生活正常使用的条件,就可以分期分批进行交付使用许可审核申请,以早日发挥投资效益。

（二）实行住宅项目竣工交付使用许可制度的历史背景

1. 实行住宅项目竣工交付使用许可是住宅建设供应商品化、社会化的产物

众所周知,我国住宅建设工程质量长期以来没有建立交付使用许可制度,只要通过质监机构的验收即可交付使用。这同我国以往实行的住宅分配实物化、建设供应单位化的住房制度有直接的关系。在旧的住房制度下,单位负责建设和无偿分配供应职工住宅。一方面职工单位会尽可能地把居住区建设得好一些,使职工住进去以后,生活方便一些,不会不负责任地少建或不建配套设施;另一方面,由于住房是无偿分配,低租金,维修全包,住户对住宅建设中的质量缺陷一般不过于计较。随着住宅制度的改革,我国逐步实行了住房商品化、供应社会化制度,居民的住房由开发商建设,实行商品化、社会化供应,购房者与开发商是等价交换关系。住宅开发商的目的同单位建房的目的已有根本的不同,前者是以获得利益最大化为主要目的的,后者是以解决职工住房困难为唯一目的的。在利益机制驱动下,往往会出现某些开发商忘记自己对消费者和社会的责任,有的甚至唯利是图。同时,从住房消费者一方来说,由于倾其所有的积蓄买房,必然会对住宅的使用功能、质量和居住环境的要求较严格。为此,政府就有必要采取交付使用许可的措施规范和制约开发商的行为,提高开发商的自律性,维护住房消费者的利益。

2. 实行住宅项目竣工交付使用许可是根治住宅配套建设滞后矛盾的需要

"八五"后两年,由于上海商品住宅开发量迅速增长,住宅建设管理体制相对弱小,住宅配套建设矛盾相当突出,据当时的上海市住宅发展局（现并入上海市房屋土地资源管理局,故以下均称"上海市房屋土地资源管理局"）于1995年6月给市政府的《关于对本市现有住宅基地配套建设情况调查的报告》反映,当时的上海住宅配套建设滞后问题主要有如下三个方面。

（1）规划调控不严　部分新征住宅基地处于市政、公用基础设施薄弱地区,且专业规划滞后。在15万亩新征基地中,没做专业规划的占36％,处于市政公用基础设施薄弱地区（指当时没有配套条件）占48％,规划上不允许建住宅或市政配套难以解决的有2～3万亩,但这类基地有些已开工建设了住宅。

（2）市政、公用设施配套建设滞后　有些基地污水根本没有条件纳入城市管网,但已竣工或在建了大批住宅,解决污水出路需要几十亿元投资,并需用3～4年时间;有些基地处于自来水低压区,建成的大量住宅中有相当数量采用施工用水,有的虽已接入管网,但由于水压低,居民时常意见较大;有些基地供电配套相当困难,解决供电问题需要大量投资;有些基地由于远离市区,一时难以辟通公交线路,搬迁至那里的居民出行问题在短时期内难以解决,居民反应强烈。

（3）公建设施配套比例逐年下降　有些开发商在经济利益的驱动下,往往先造经营性公建,后造公益性公建,不能解决居民子女入园、入托、入学问题和满足日常生活的需要。

住宅配套建设滞后问题已侵害到居民居住权益,居民信访大量上升,仅1994～1995年两年间,市政府信访办受理的住宅配套建设问题的信访量占全市信访量的第二位,仅次于动拆迁问题的信访量。住宅配套建设滞后引发出的矛盾与问题,使各级政府部门的领导、管理者,以及各有关方面认识到,住宅区的开发建设在很大程度上是社区建设,不仅有住宅楼本身,还必须有一系列满足居民日常生活起居、社交、学习等各种活动需要的市政、公用和公共服务设施的配套,特别是住宅纯属个人家庭使用,直接关系到广大居民居住权益的保护问题,影响面广量大,管理责任重。因此,对住宅工程的管理不能简单地套用对办公楼、商业楼、工厂等建设工程的管理方法,而必须从住宅区开发建设的实际出发,对所有竣工即将投放市场的住宅都用"是否符合入住居民基本使用条件"的标准来衡量,才能保证住房消费者的利益免受侵害。这一要求,在当时确已成为社会方方面面的一致呼声。

3. 实行住宅竣工交付使用许可是加强住宅建设全过程管理,适应快速增长的住宅建设发展的需要

1992~1995年,上海住宅建设竣工量平均每年递增33%;住宅开发企业由1991年底的100余家,递增到1995年底的2 000余家,平均每年递增近500家,到2003年底,住宅开发企业已超过4 000家;住宅建设年度施工面积、竣工量快速增长,基地面积迅速扩大。但住宅建设全过程管理不但没有加强,相反逐年削弱,大多数区缺乏一个负责住宅建设全过程管理的权威机构。同时,对住宅建设发展所面临的新情况,缺乏一整套与之相适应的管理办法和制度,不少住宅基地的开发建设呈现分散、无序、管理脱节的状况。

从当时的情况看,加强住宅建设全过程管理有很多工作要做,但从保护住房消费者的居住利益,消除影响社会稳定的因素上考虑,先设置住宅交付使用审核把关的措施,禁止不合格的住宅产品再流向社会,切断侵害居民居住权益、影响社会稳定的来源是最为急需和有效的。因此,市府法制办带领市建委和市房地局法制机构全力以赴,在各有关方面的配合下,仅用不到半年的时间,就研究制定并报经市政府同意颁布实施了《上海市新建住宅配套建设与交付使用管理办法》。

(三) 实行住宅项目竣工交付使用许可制度的重要作用

1. 有力地阻止了不符合要求的住宅投入使用,维护了居民切身利益和社会稳定

上海市市和区、县两级住宅建设管理部门按照《上海市新建住宅配套建设与交付使用管理办法》规定的标准和程序,核发"住宅交付使用许可证"这一制度的实行收到了实际效果,既保证了购房者利益不受侵犯,又维护了社会的稳定。

2. 增强了房地产开发企业依法、依规划和依标准建设住宅的意识,有力地推动了住宅配套建设

住宅交付使用许可制度的实施,明明白白地告诉房地产开发企业和购房者,什么样的住宅可以交付使用。一方面促进了房地产开发企业依法投资经营,规范运作,增强社会责任意识;另一方面,使广大的购房者能够依据《上海市新建住宅配套建设与交付使用管理办法》(以下简称《交付使用管理办法》)维护自己的合法权益。从而,使住宅的开发建设供应方和需求消费方都有法可依,推动了住宅配套建设。

3. 有力地推进了住宅建设全过程管理

住宅交付使用制度要求竣工投入使用的住宅必须符合规定的标准,否则,就不能进行销售和交付。实际交付审核中,有些存在的问题通过整改是可以解决的,有些存在的问题,如规划选址不当,基地周围没有城市基础设施配套条件,这样先天不足的问题是一时难以解决的。为了避免社会资源的浪费和开发商的损失,必须加强住宅建设全过程的管理,在容易产生矛盾和问题的环节上,加强综合性的审核。为此,随着交付使用许可制度的实施,本市对住宅建设全过程管理相继出台了不少在全国来说颇有创意的管理措施,建立住宅项目申请选址前的配套条件审核制度、加强住宅建设管理部门在审核住宅项目扩大初步设计中的作用、建立基地代码管理制度等等。

二、新建住宅交付使用许可制度的主要内容

(一)《交付使用管理办法》实施的适用范围及主管和协调部门

1. 适用范围

1996年1月1日起,中央单位、地方单位、部队系统、外商独资或合资企业在上海市国有土地上投资新建、扩建、改建、翻建加层住宅均适用《交付使用管理办法》。

1996年1月1日以前建成的住宅,住宅建设单位必须按建设项目的管理权限,向市或区、县主管部门办理竣工日期的确认手续,核发"住宅建设竣工日期确认单"。

2. 主管部门和协管部门

新建住宅交付使用审核及发证的主管部门是市房管局和各区(县)房管局。

协同管理部门是各级计划、规划、市政、电力、环卫、环保、水务、工商、公安、财贸、邮电、教育、卫生、民政和园林等部门。

(二)住宅竣工交付使用申请的条件和管理原则

新建住宅工程竣工验收合格并备案后,已达到入住居民生活基本条件可以交付使用的,住宅建设单位应当向市或区(县)住宅建设管理部门提出交付使用许可审核的申请。这里提出了两个申请交付使用的前提条件:一是住宅工程项目包括的各个单体及相应的配套设施已经竣工,并经验收合格;二是已达到满足入住居民生活基本条件需要。

按照"谁开发,谁配套"的原则,新建住宅应当按照规划设计要求和住宅建设投资、施工、竣工配套计划,配建满足入住居民基本生活条件的市政、公用和公共建筑设施。新建住宅经审核合格,取得"住宅交付使用许可证"后,方可交付使用。

(三)新建住宅交付使用的申请文件和资料

办理新建住宅交付使用审核申请手续时应提交的文件和资料如下:

1. 反映住宅项目来源合法性的文件和资料

(1) 项目建设用地批准证书或土地批租合同、土地出让合同。
(2) 投资计划、施工计划、竣工配套计划的批准文件。
(3) 项目建设工程规划许可证及建筑工程项目表。

2. 反映住宅项目建设规划设计要求的资料

批准的住宅项目总平面图。

3. 反映住宅项目完成情况的文件和资料

(1) 供水、供电、供气、电话和有线电视配套合格证明,邮电通讯、环卫验收证明。
(2) 住宅项目(包括公建)建设工程质量验收合格备案表。
(3) 雨水、污水排放证明。
(4) 住宅配套费缴纳证明或包干批复文件。
(5) 规划验收合格证明。

4. 反映住宅能安全使用的资料

(1) 公安门牌编号和消防验收证明,高层电梯安全和消防验收证明。

(2) 房屋建筑面积测定表。

(四) 交付使用许可的要求

见表6-3中的条款。

(五) 审核时间的规定及限制措施

市或区、县房管局从受理新建住宅交付使用审核申请之日起,必须在30日内对新建住宅的配套设施建设进行审核,并提出审核意见。确认合格的,按幢颁发"新建住宅交付使用许可证"。

"新建住宅交付使用许可证"是住宅开发建设单位交付使用住宅项目的依据,有了该证,方可到房地产管理部门办理商品房注册登记、入户手续,居民才能入住。

(六) 有关行政处罚的规定

(1) 新建住宅符合交付使用要求,但未按规定向主管部门办理审核申请手续的,责令在15日内补办手续。逾期1个月不办,处以2000元罚款。逾期超过1个月,每增加1个月增加1000元罚款,但罚款最高不超过1万元。

(2) 新建住宅不符合交付使用要求,未配建市政、公用设施的,要在6个月内补报配套建设计划,并补建完成配套设施。已交付使用的,应停止交付使用。逾期未补建的,由市或区、县主管部门组织有关部门代为建设,住宅开发单位承担代建费用,并按代建费用的10%向住宅管理部门交纳管理费。同时可处以住宅建设配套费5%～10%的罚款,但最高罚款不超3万元。

在补建期间擅自交付使用的,按擅自交付使用的住宅面积处以罚款。擅自交付使用住宅面积在5 000 m^2以下的,处以1万元以下罚款;5 000～10 000 m^2的,处以1万元至2万元罚款;10 000 m^2以上的,处以2万～3万元罚款,但最高不超过3万元。

(3) 新建住宅不符合交付使用要求,少建和未建公共建筑设施的,应在6个月内补建完成。逾期未补建的,可征收相应建筑面积的住宅以安排公建设施。并可按缺建面积处以罚款。缺建面积在1 000 m^2以下的,可处以2万元以下的罚款,缺建面积在1 000 m^2以上的可处以2万～3万元的罚款,但最高不超过3万元。

无法补建或补建期间擅自交付使用的,处以配套费5%～10%的罚款,但最高不超过3万元。

(4) 情节严重的界定与处罚。以下3种情况属于擅自交付使用新建住宅情节严重:①交付使用新建住宅面积一次达10万 m^2以上(含10万 m^2);②违反交付使用要求3项以上(含3项);③重复违法。

处罚由房地产管理部门降低其房地产开发经营资质;对直接责任人员由其上级主管部门给予行政处分。

(七) 对住宅建设管理部门的责任规定

为确保依法行政,《交付使用管理办法》对住宅建设管理部门作了责任规定。如住宅建设管理部门未按规定对新建住宅交付使用实施监督管理,造成入住居民基本生活困难的,住宅建设管理部门要及时消除影响,造成直接经济损失的,还要依法赔偿。其所在单位或上级主管部门对直接责任人员要给予行政处分和经济追偿。

三、住宅竣工交付使用许可证的申办

一个住宅建设项目的经理所负责的住宅项目建设任务是否完成,是否达到规定的标准,应该以是否取得"新建住宅交付使用许可证"为标志。因此,申办"新建住宅交付使用许可证",对项目经理来说是一件极其重要的工作。

(一) 做到"三个熟悉"

住宅竣工交付使用许可审核是一项综合性审查,要做到熟悉《交付使用管理办法》规定的标准及需提供的文件资料的要求,熟悉申办程序,熟悉审核部门和联系渠道。其中大部分是程序性审查,实体性审查只是一小部分。其申办主要程序如下:

(1) 建设单位按要求提交备齐的文件和资料,提出住宅项目竣工交付使用审核申请。凡市批土地的住宅项目,向市房管局申请审核;区(县)批地的住宅项目,向区(县)房管局申请审核。

(2) 住宅建设管理部门经办人员审核提交的文件和资料是否齐全。

(3) 请建设单位填写交付使用申请表,申请表式样如表6-1所示。

表6-1　　　　　　　上海市新建住宅配套设施交付使用申请表

上海市新建住宅配套设施交付使用申请表					
沪住:					
单位情况	单位名称		项目情况	项目名称	
	法人代表			项目性质	
	上级主管部门			项目地址	
	联系人				
	联系地址			所在区(县)	
	联系电话				
住宅情况	规划可建面积	其中			
		层数	住宅面积(m^2)		公建面积(m^2)
		高层			
		多层			
	申请验收面积	层数	面积(m^2)		幢号
		高层			
		多层			
配套情况	分类	竣工面积(m^2)	配套情况	分类	竣工面积(m^2)
	商业网点			居委会	
	托儿所			中学	
	幼儿园			小学	
	一办三所			公交站点	

(4) 发出受理通知书,并与建设单位预约现场踏勘的时间。负责主审核的住宅建设管理部门收到建设单位提交的必备文件、资料和申请表后,应向建设单位发出"上海市新建住宅交付使用许可证申请审核受理通知书",受理通知书式样如表6-2所示。

表6-2　　　　上海市新建住宅"交付使用许可证"申请审核受理通知书

<h3 style="text-align:center;">上海市新建住宅"交付使用许可证"申请审核
受理通知书</h3>

　　　　　　　　　　　　　　　沪（　）住受（　）第　号

_____：

　　根据上海市人民政府第21号令第八条的规定，你单位负责建设的位于_____（路、镇、乡）_____（街坊、幢号）新建住宅有关申报资料业已齐备，按市政府第21号令第十条的规定，我部门将对上述申报资料及该基地配套建设情况进行全面核查。自即日起30天内对你单位的申报提出审核意见，并专函通知。

　　特此
通知

　　　　　　　　　　　　　　　　　　　　　　　　（盖章）
　　　　　　　　　　　　　　　　　　　　　　___年_月_日

签收人：_____ 日期：_____ 送达人：_____ 日期：_____

（本通知书一式二份，建设单位和受理单位各一份）

同时与建设单位约定现场踏勘的时间。踏勘人员一般情况下是3人，其中2人是主审核单位的审核人员，1人是辅助审核单位的审核人员，最少不得少于2人。审核人员必须严格按约定的时间持执法证到现场踏勘，不得无故推迟或缺席。建设单位对踏勘人员的工作应该提供方便，给予积极的配合。现场踏勘可能会产生两种情况：一种是住宅项目没有完全达到规定的交付使用要求的，由主审核部门向建设单位发出"限期整改通知书"。式样如表6-3所示。

表6-3　　上海市新建住宅"交付使用许可证"申请审核限期整改通知书

上海市新建住宅"交付使用许可证"申请审核
限期整改通知书

沪（　）住整（　）第　号

_____：

根据上海市人民政府1995(21)号令《上海市新建住宅配套建设与交付使用管理办法》第十一条规定的条款：

（一）住宅生活用水纳入城乡自来水管理网；使用地下水的，经过市水务管理部门审核批准。

（二）住宅用电根据电力部门的供电方案，纳入城市供电网络，不得使用临时施工用电和其他不符合要求的用电。

（三）住宅的雨、污水排放纳入永久性城乡雨、污水排放系统。确因客观条件所限，一时无法纳入的，应具有市主管部门审批同意的实施计划并经环保、水利部门同意后，可以在规定的期限内，采取临时性排放措施。

（四）住宅与外界交通干道之间有直达的道路相连。

（五）居住区及居住小区按照规划要求配建公交起点，开通公交线路。暂未建成的居住小区，与公交、地铁站点距离超过2km的，住宅开发建设单位应自行配备短途交通车辆通过公交、地铁、轻轨站点。

（六）住宅所在区域必须按照规划要求配建教育、医疗保健、环卫、邮电、商业服务、社区服务、行政管理等公共建筑设施。由于住宅项目建设周期影响暂未配建的，附近区域必须有可供过渡使用的公共建筑设施。

（七）住宅周边做到场地清洁、道路平整，与施工工地有明显有效的隔离设施。

你单位负责建设的_____地址：_____幢号：_____经组织审核，该工程项目不符合有关交付使用要求中的第__款。现根据市府95(21)号令第十四条规定，限你单位在___年___月___日之前对_____项目进行整改。

整改内容为：

1. _____
2. _____
3. _____
4. _____

整改结束后，须经我部门验收通过，方可继续办理"交付使用许可证"。

（盖章）

___年_月_日

签收人：_____日期：_____送达人：_____日期：_____

（本通知书一式二份，建设单位和受理单位各一份）

建设单位收到"限期整改通知书"后,应在规定的期限内完成整改项目,再与审核部门的人员约定现场踏勘时间,接受整改项目完成情况的检查。

另一种是住宅项目符合规定的标准,由审核部门经办人开具交付使用验收意见表。式样如表6-4所示。

表6-4　　　　　　　　上海市新建住宅交付使用验收意见表

上海市新建住宅交付使用验收意见表 沪住：									
基地名称			基地地址		区　　路	经办人意见	签名： 日期：	
建设单位(或牵头单位)及参建单位						^	^	
申请验收的住宅和公建项目						^	^	
住宅				公建			^	^	
幢号	面积(m²)	层数	验收情况		项目名称	面积(m²)	验收情况		^	^
^	^	^	合格	不合格	^	^	合格	不合格	^	^
									部门主管意见	签名： 日期：
									^	^
									^	^
									^	^
									^	^
									^	^
									主管局长意见	签名： 日期：
									^	^
									^	^
									^	^
									^	^
									^	^

（5）审核。现场踏勘后，经办人开具的交付使用验收意见表，交由审核部门负责人签署意见，如果不符合规范的标准，由审核部门发出整改通知书；如果符合标准的，交由主管局长签发，发出"新建住宅交付使用许可证"。

```
                                    No:X00-00000
              上海市新建住宅交付使用许可证
                  沪房管（  ）交付许（  ）第   号

          根据《上海市新建住宅交付使用许可规定》，经审核，本建设项
        目符合交付使用许可要求，准予交付。


          建设单位：_____
          项目名称：_____
          项目地址：_____
          发证面积：_____平方米


          发证机关：  上海市住房保障和房屋管理局   （盖章）
          发证日期：_____年_____月_____日

                      （此证存住宅建设单位）
```

归纳一下，申请办理"新建住宅交付使用许可证"审核程序流程图见图6-1。

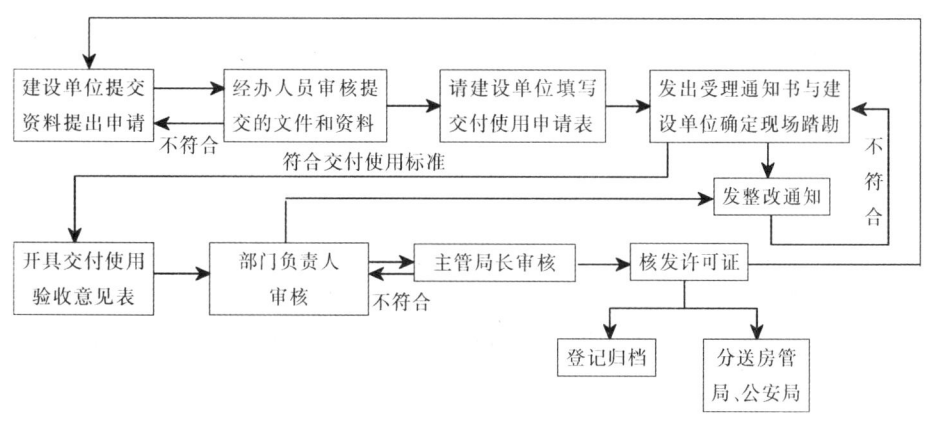

图6-1 办理《新建住宅交付使用许可证》审核程序流程

(二) 做好交付使用申请的准备工作

1. 合理划分分期分批建设项目,协调建设进度

做好住宅项目分期分批建设规模的合理划分和同一批竣工项目中各个单体和个体工程项目建设进度的协调衔接。

(1) 项目负责人合理确定分期分批建设规模的大小及其所应该包含的配套项目。同一批住宅项目所包括的配套设施应当全部完成,达到满足入住居民使用的基本要求,如果分期分批建设的规模过大,建设周期就会比较长,与缩短投资回收周期、降低建设成本、赚取尽可能大的利润的初衷相悖。如果分期分批建设的规模过小,有些居民生活必需的配套项目可能会难以包括,就难以达到满足入住居民生活需要的目的,这样势必难以通过交付使用许可的审核。因此,合理确定分建住宅项目的规模是十分重要的工作。

(2) 计划同一批竣工交付使用的各个单体和个体工程项目建设进度要协调、衔接好。要防止出现这样的情况:绝大部分项目都已完工,在等一个或少数几个个体工程项目完工,那是绝对不经济的。协调各单体和个体工程项目建设进度应采用抓关键线路的方法,在建设过程中要按照预定的交付使用日期要求(销售合同约定),经常分析各个单体和个体工程项目的建设进度,哪一项建设周期最长,就作为关键线路来协调推进,缩短其建设周期,从而保证同一批住宅项目的如期交付使用审核。

2. 做好交付使用审核需要提交的有关文件、资料的准备工作

按照"交付使用管理办法"规定,交付使用许可审核需要提供的文件、资料,如果到交付使用申请时才去归集,可能一下子难以找全。如果在建设过程中注意留存备用,到交付使用申请时,就会轻而易举地获得,会给申办工作带来很大方便。

(三) 做好住宅交付使用许可申办手续

1. 不要寄希望于降低标准获取"新建住宅交付使用许可证"

市和区(县)的住宅建设管理部门时常会碰到一些房地产开发企业在住宅项目未完全建好或文件、资料没有备齐的情况下,因合同约定的交房时间已到,就抱着"商量,请高抬贵手"的想法提出交付使用许可的申请,这种做法是难以达到目的的。按照《交付使用管理办法》规定,市政府所确定的住宅建设管理部门为住宅交付使用许可审核主管部门,既是授予权力,又是控制权力。凡符合交付使用标准的住宅,主管部门有权核发许可证;凡不符合交付使用标准的住宅,主管部门无权降低标准发放许可证。因为,在执行标准问题上,住宅主管部门没有自由裁量权。《交付使用管理办法》所规定的交付使用标准是以满足入住居民基本生活需要来设置的,应该说是最低的标准。如果住宅主管部门降低标准发许可证,就会牺牲购房者的利益来满足房地产开发企业的利益,这是住宅主管部门的失职,是违法行为,要承担相应的责任。当然,不完全排除个别的住宅项目在没有完全达到交付使用要求的情况下,靠"走后门"获得了交付使用许可证的情况存在,这反映了住宅建设主管部门的个别人执法不严,依法行政意识不强,没有承担起对购房者所负的把关责任。在这一方面,市的各级法制机构正在加大执法监督检查的力度。同时,加强执法培训教育,鼓励举报,采取"查、纠、培训、举报、处理"等方式,进一步净化市和区(县)住宅建设管理系统执法队伍,提高执法水平,切实为住房消费者把好交付使用验收关。相信随意降低交付使用标准发放许可证的情况会越来越少。

2. 不要制作假证明

申办住宅交付使用许可手续要求建设单位提供的文件、资料是住宅项目完成建设程序的真实反映,都应该是从规定的部门和渠道获得的,建设单位不能够制作假文件或假材料。建设过程中形成的真实的文件、资料,才能够反映住宅项目建设的过程情况,各有关专业管理部门都有备份,住宅项目也有实物完成情况相对照。如果没有获得文件、资料,而由自己作假,住宅建设管理部门不但到有关的专业管理部门一查就可知道,而且住宅项目现场也很容易看到没有相对应的实物完成情况。在前两年的交付使用审核中,已发现过做假证明的情况,不但要责令房地产开发企业写检查,而且还要通报批评。如果因此损害购房者利益的,房地产开发企业将承担全责,所以文件和资料不能作假。

(四) 要留出一定的办理交付使用许可申请手续的时间

1. 在签订住房预售合同时,交房时间的承诺要留有余地

市或区(县)的住宅建设管理部门时常遇到一些房地产开发企业今天把资料备齐送到,明天就要你发证,否则,就把延期交房的违约责任算在你身上。按照"交付使用管理办法"规定,交付使用审核周期从发出受理通知书起算是30日。只要不超出这一周期,住宅建设主管部门就没有失职。在一般情况下,住宅建设管理部门会尽量满足房地产开发企业的要求,能提前一天发证的,决不会拖延一小时。但是,往往同时申办交付使用许可手续的住宅项目很多,不可能都完全满足每个房地产开发企业期望的发证时间。因此,就需要各个房地产开发企业在订立预售合同时,留足办理交付使用手续的时间,既给自己带来主动,又方便主管部门工作正常进行。

2. 要积极配合审核

现场踏勘是交付使用审核最重要的一环,既有程序性内容的审查,又有实体性情况的审查,房地产开发企业不仅要提供方便,敞开所有地方让执法人员踏勘,而且要如实地介绍情况。当检查没有通过,有个别项目需要整改时,房地产开发企业应按要求在规定的期限内,积极组织整改,争取早日复查。当违反规定擅自交付使用,住宅建设主管部门到现场调查取证时,房地产开发企业也要实事求是地介绍情况,配合做好笔录。如果对处罚不服,可以通过行政复议或行政诉讼维护自己的权益。

(五) 运用《交付使用管理办法》维护自己的利益

《交付使用管理办法》要求贯彻权力和责任统一的原则。住宅建设管理部门在行使权力的同时,必须承担所赋予的责任,即保护房地产开发企业和消费者的权益。因此,房地产住宅开发企业遵守《交付使用管理办法》应该是积极主动的,并不是只有义务没有权利,只有服从没有保护。房地产开发企业也应当运用《交付使用管理办法》来保护自己的利益不受侵害。

1. 正确按规定的交付使用要求建设,依法抵制不合理的过分要求

《交付使用管理办法》规定的交付使用标准,住宅建设管理部门只有执行权,没有变更权。如果房地产开发企业遇有某个区(县)住宅管理部门增加要求,而自己又不能做到的,可以通过行政复议或行政诉讼维护自己利益。

2. 对政府有关主管部门行政不作为或滥用职权行为进行投诉

政府有关行政主管部门行政不作为主要有:①对符合条件的住宅项目申办交付使用手续拖延不办或故意刁难;②对擅自交付行为不作处理。

滥用职权主要有:①对交付使用的住宅项目附加《交付使用管理办法》规定以外的要求;②随意降低交付使用标准。

对上述违法行为,房地产开发企业可以通过行政诉讼、行政复议或向上级主管机关投诉的方法寻求支持,维护自己的合法权益。

第三节 住宅交付时的"两书"提供

住宅是家庭消费中最贵重的物品,无论是在住房福利制度下作为产品通过无偿分配进入家庭,还是在住房商品化制度下作为商品通过销售进入家庭,长期以来,既没有质量保证书,也没有使用说明书。直到1997年6月,上海市房屋土地资源管理局为了规范房地产开发企业行为,保护购房者利益,组织12家房地产开发企业在销售住房时向购房者提供"新建住宅质量保证书"和"住宅使用说明书"开始,"两书"制度在上海首先逐步确立起来。建设部总结上海试点经验,于1998年5月12日颁发了《关于印发〈商品住宅实行住宅质量保证书和住宅使用说明书制度的规定〉的通知》,在全国推行了"两书"制度。

一、"两书"制度的含义与特征

(一)"新建住宅质量保证书"的含义与特征

"新建住宅质量保证书"是房地产开发企业对销售的商品住宅建设质量以书面的形式承担质量责任的承诺。"新建住宅质量保护书"具有以下法律特征。

1. 开发企业是具有行为责任能力和资格的主体

承担质量责任的主体是经批准的有行为能力的开发企业,有法律规定的对自己生产的产品质量负责的责任、能力和资格。

所谓"行为能力"是指权利主体能够以自己的行为,依法行使权利和承担义务的能力。

所谓"法律规定的对产品质量负责的责任"是指《城市房地产开发经营管理条例》和《建设工程质量管理条例》规定的建设单位、勘察单位、设计单位、施工单位和工程监理单位依法对建设工程质量负责的要求。

所谓有负责的"能力"是指《城市房地产开发经营管理条例》规定的房地产开发企业,除应当符合有关法律、行政法规规定的企业设立条件外,还应当有规定的资金、专业人员,并依法进行工商登记和到房地产主管部门备案。

所谓有负责的"资格"是指按照建设部制定《房地产开发企业资质管理规定》所核定的房地产开发企业资质的等级,包括一级资质、二级资质、三级资质和四级资质。一级资质的房地产开发企业承担房地产项目的建设规模不受限制,可以在全国范围承揽房地产开发项目。二级资质及二级资质以下的房地产开发企业可以承担建筑面积20万 m^2 以下的开发建设项目,承担业务的具体范围由省、自治区、直辖市人民政府建设行政主管部门确定。

各资质等级企业应当在规定的业务范围内从事房地产开发经营业务,不得越级承担任务。企业超越资质等级从事房地产开发经营的,将受到处罚。

2. "新建住宅质量保证书"是具备法律效力的书面承诺

"新建住宅质量保证书"是建设单位依据法律、法规规定所作出的有关住宅建设质量的单方面书面承诺。

(1) 规定建设单位必须向购房者提交"新建住宅质量保证书"和"住宅使用说明书"的法规、规章和规范性文件主要有:国务院《城市房地产开发经营管理条例》,建设部2000年78号令《房屋建筑工程和市政基础设施工程竣工验收备案管理暂行办法》和1998年102号文《关于印发〈商品住宅实行住宅质量保证书和住宅使用说明书制度的规定〉的通知》,上海市建委1998年396号文《关于本市全面实行〈新建住宅质量保证书〉和〈新建住宅使用说明书〉制度的通知》。

(2) 建设单位作出的单方面的书面承诺,不用购房者回应,一经提交就生效。

(3) 由于"新建住宅质量保证书"是单方面的约定,可设置符合技术标准的前置条件:如不改动结构、合理装修、正常使用、保修时间等。

3. 承担保修责任

建设单位应当按"新建住宅质量保证书"作出的承诺,承担保修责任。

(二)"住宅使用说明书"的含义与特征

"住宅使用说明书"是房地产开发企业对建设的住宅结构、性能和各部位(部件)的类型、性能、标准等,以书面形式向购房者作出的使用说明和注意事项。"住宅使用说明书"具有以下特点:

(1) 编制和提交"住宅使用说明书"的主体是建设单位,不是设计、施工或物业管理公司。

(2) "住宅使用说明书"既是建设单位为方便住户安全使用住宅而编制提交的指导性文书,也是向住户发出的建设单位承担质量保证责任的前置条件的详细说明,是"住宅质量保证书"的配套性文件。

(3) 建设单位对"住宅使用说明书"的真实性、正确性和科学性负责。真实性是指介绍和说明的事项是实事求是、真实可靠,没有半点的虚假;正确性是指介绍和说明的事项中有关数字、功能、空间位置、走向等都是符合设计标准和规范的,没有一点差错;科学性是指介绍和说明的事项是有科学依据的,没有半点的随意性。

二、实行"两书"制度的意义

1. 实行"两书"制度适应了住宅分配货币化、供应商品化的需要

在过去实行住房无偿分配、低租金制度下,住宅的所有权为国家和企业所拥有,住房质量和使用维修问题都有国家和企业包下来解决,住户都是房客,不用担心也不太关心住房质量问题。可以说,那时的住户对住房工程质量的观念是淡漠的。随着住房制度改革深入,推行了住房分配货币化、供应商品化制度,住户的地位由房客变成了业主,住房质量问题和以后的使用维修都得由业主负责,质量意识大为增强,必然会要求购买的住房商品质量必须是合格的。住宅既然作为商品,生产商就有责任保证其商品的质量满足使用者的要求,因此,像市场上其他商品一样,住宅的销售也必须同时提交"住宅质量保证书"和"住宅使用说明书","两书"制度的推行较好地适应了这一需要,在一定程度上消除了购房者后顾之忧。通过"两书",使购房者碰到的住宅质量问题既可以直接向开发商追

究,也可以诉诸法律,并使住宅质量诉讼案件的处理有了书面依据,保障了购房者利益不受损害。

2. 实行"两书"制度,大大增强了建设单位对建造的住宅质量的责任感

首先,通过规定建设单位必须向购房者提交"住宅质量保证书",以法律的形式明确了建设单位对建造的住宅质量负有不可推卸的责任,唤醒了投资开发商的质量意识,促使他们自觉纠正过去经常发生的随意压缩工期、降低标准、使用劣质材料等违规行为,自觉地采取措施加强对住宅建设过程中涉及质量问题的各个环节的把关和管理,有力地遏制了住宅建设中粗制滥造、对住宅工程质量不负责任的现象发生。

其次,通过实行"新建住宅质量保证书",理顺了在住宅质量问题上建设单位与其他参与单位的关系,既调动了建设单位提高质量的积极性,也推动了其他参与单位加强住宅质量管理的工作。住宅质量的"三者"关系如图6-2所示。

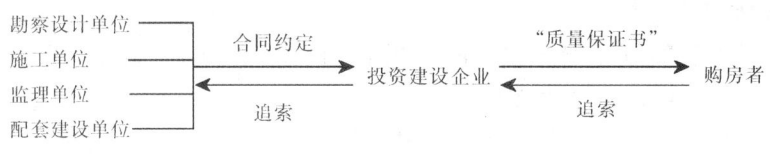

图6-2 住宅质量的"三者"关系

从图6-2可见,投资建设企业处在规划设计、施工等实际生产住宅的企业与实际使用住宅的住户中间,投资建设企业其质量意识的强弱和质量管理工作是否到位,在很大程度上决定了规划设计、施工等企业实际生产的住宅能否达到新建住房的质量要求。"住宅质量保证书"激活了投资建设企业提高质量的积极性和责任心,使他们把保证住宅建设质量的工作落到实处。

3. "住宅使用说明书"规范了购房者在使用住房时的行为

尤其是规范了使用者装修住房时的行为,明确了不合理装修和使用住房引起的住宅质量问题的责任由住户承担,保护了开发商的合法利益。

三、"新建住宅质量保证书"和"住宅使用说明书"的主要内容

1. "新建住宅质量保证书"的主要内容

"新建住宅质量保证书"按理应该由建设单位自己编制确定,但是由于我国市场经济体系还在逐渐建立和完善之中,市场信息的披露、运作的透明度以及市场主体的自我约束机制等方面还有很多缺陷,加上房地产开发企业的人员素质参差不齐,因此,政府主管部门有责任提供一个建设单位对购房者必须作出的最低或最基本的质量承诺的样本。早期规定"新建住宅质量保证书"内容的规范性文件有两个:一是建设部建房(1998年)102号文印发的《商品住宅实行住宅质量保证书和住宅使用说明书制度的规定》;二是市建委沪建建(98)第0396号文印发的"上海市新建住宅质量保证书基本内容"。实行了3年以后,上海市房屋土地资源管理局根据住宅建设发展的需要,于2001年6月对"新建住宅质量保证书"样本作了修改,如表6-5所示。

表6-5　　　　　　　　　　"新建住宅质量保证书"样本

**上海市新建住宅
质量保证书**

上海市房屋土地资源管理局
上海建设工程质量监督总站

上海市新建住宅质量保证书

本着对住户负责和对社会负责的原则,本公司对提供销售____路____弄号____室,建筑面积为____ m^2 的住宅,就其结构、部件、设施配套和维修等方面作出以下的质量保证和承诺:

一、符合上海市住宅建筑设计标准。

二、已按国家规定通过有关单位的竣工验收,并具有竣工验收合格的书面报告。

三、所属的楼栋具备《上海市新建住宅交付使用许可证》。

四、住宅自签约交付使用之日起,在正常使用情况下,住宅的保修期限为:

1. 住宅的地基基础工程和主体结构工程,为设计文件规定的该工程的合理使用年限;

2. 屋面防水工程、卫生间和外墙面防渗漏,为5年;

3. 门、窗安装密闭,不出现翘裂,为2年;

4. 墙面、顶棚抹灰层不脱落,为2年;

5. 电气管线、给排水管道、设备安装和装修工程,为2年。

因住户使用、装修不当或擅自改动结构、管线走向而造成的质量问题或其他用户的损失,不在本公司维修范围之内,由责任人承担相应的民事和经济责任。

五、住户入住后,属保修期内的有关住宅质量的投诉,本公司将及时实地查看,妥善处理。超过保修期的,由住户向物业管理公司报修。

六、经市有关专业检测机构鉴定,属主体结构质量不合格的,本公司允许住户退还或调换住宅并承担有关的鉴定费用。

七、住户如对本公司的答复或处理如有异议,凡有关住宅工程质量的,可根据《上海市建筑市场管理条例》,向该住宅所在地区的建设工程质量主管部门申请协调;凡有关住宅配套质量的,可根据上海市人民政府[1995]21号令《上海市新建住宅配套建设与交付使用管理办法》,向颁发该住宅"上海市新建住宅交付使用许可证"的住宅建设管理部门申请协调。住户亦可直接向人民法院提起诉讼。

八、本公司愿承诺的其他内容(见附件)。

九、本保证书作为该住宅销售合同的附件,是合同的有效文件,与合同具有同等法律效力。

保证单位(签章):
法人代表(签章):
日　　期:

公司地址:
联系人:
联系电话:　　　邮政编码:

```
            附  件
      _____
      (粘贴线和骑缝章加盖处)
```

2. "住宅使用说明书"的主要内容

"住宅使用说明书"的内容按理应该由建设单位自己编制确定,但由于这项工作对大多数开发企业来说是新的,要说明哪些事项不完全清楚,因此,上海市建委沪建建(98)第 0396 号文公布了"上海市新建住宅使用说明书基本内容",包括:

(1) 开发企业与住宅建设单位、设计单位、施工单位、监理单位的名称。

(2) 建筑结构类型,承重墙体平面布置说明。

(3) 自来水、雨污水、强弱电、燃气、热电、通讯等设施容量、配置、管线走向的说明。

(4) 有关设施安装预留位置的说明和安装注意事项。

(5) 门、窗类型,使用注意事项。

(6) 配电负荷说明。

(7) 装饰、装修注意事项。

(8) 其他需说明的问题。

(9) 住宅公用面积使用规定说明。

(10) 住宅外立面使用、底层天井使用、封阳台的说明。

(11) 小区公用设施使用、维护说明。

按照以上包括的内容要求,编制一份"住宅使用说明书"主要分六个部分,下面介绍的是"住宅使用说明书"的基本格式样本如表 6-6 所示。

表 6-6　　"住宅使用说明书"样本

上海市新建住宅使用说明书

（本说明书复印件无效）

目　录

- 小区概况
- 建筑物结构类型
- 住宅设施
- 小区配套设施
- 服务指南

附件
- 住宅承重结构平面布置示意图
- 有关管线走向示意图

尊敬的住户：

　　欢迎你成为_____住宅小区的住户，祝愿你在这里享受到安全、温馨和美好的家居生活。

　　为了使您能充分了解您所居住的住宅结构类型，正确使用各类配套设施，确保建筑结构、设施的使用安全，全面了解装饰、维修的注意事项，维护全体业主的共同利益，特编制本说明书。请您在开始使用本住宅及其配套设施之前，仔细阅读说明书的有关章节，并按照有关规定和要求进行装饰、维修和使用。

小区概况

1. 小区名称：_____
2. 建设单位：_____
3. 设计单位：_____
4. 施工单位：_____
5. 监理单位：_____
6. 勘察单位：_____
7. 售房(销售)单位：_____
8. 开工日期：　　年　　月　　日
　　竣工日期：　　年　　月　　日
9. 范围和规模
　　(1) 四至范围：
　　　　东(　　)，南(　　)，
　　　　西(　　)，北(　　)。
　　(2) 住宅总建筑面积：_____ m²。
10. 主要有以下公建配套：
　　_____。

建筑物结构类型
1. 住宅类型:□ 多层□ 小高层□ 高层
2. 结构体系:
 (1) 基础类型:□ 桩基础　　□ 条型基础
      □ 片筏基础　□ 箱型基础
 (2) 上部结构:□ 砖混结构　□ 框架结构
      □ 剪力墙结构 □ 其他
3. 建筑层高(　　)m。
4. 楼板厚度、楼面荷载设计值:
 (1) 厅:楼板厚度(　　)mm
   荷载(　　)kN/m²
 (2) 卧室:楼板厚度(　　)mm
   荷载(　　)kN/m²
 (3) 卫生间:楼板厚度(　　)mm
   荷载(　　)kN/m²
 (4) 厨房:楼板厚度(　　)mm
   荷载(　　)kN/m²
 (5) 阳台:楼板厚度(　　)mm
   荷载(　　)kN/m²
5. 住宅设计抗震烈度(　　)度数。

6. 建筑分隔系统:
 (1) 墙体:外墙材料(　　),内墙材料(　　)。
 (2) 屋顶:屋面板材料:(　　),保温材料:(　　),防水材料:(　　)。
 (3) 门:防盗门材质(　　),分户门材质(　　)
 (4) 窗:材料质(　　)系列(　　)玻璃(　　)mm
注意事项:
(1) 装修住宅过程中,应注意保护建筑物的墙、柱、梁等结构体系,防止危及住宅的承重、抗风、抗震及抗渗水能力,装修材料应分散堆放。
(2) 请不要在承重墙及公共分隔墙上做嵌入式装修;凿洞或拆除连接阳台门的墙体,扩大原有门窗或另开门窗;不要随意增加楼地面静荷载,在室内砌墙或超负荷吊顶。所有这些行为都会严重危害住宅的质量和使用寿命。
(3) 为了保证住宅外立面的美观和统一,请不要随意在院内、阳台、平台和屋顶等部位搭设各类违章设施。
(4) 在装修中若需要做分隔设施,应尽量采用轻质材料。不要任意刨、凿楼板或顶板。铺设地板或做吊顶时注意楼板的厚度,以防凿穿楼板。

住宅设施
1. 厨房设施:□ 灶台　□ 水斗　□ 预留排烟道　□ 预留排气孔
2. 卫生设施:□ 坐便器坑距(　　)mm;□ 浴缸地漏离墙距(　　)mm;□ 洗脸盆地漏离墙距(　　)mm。
3. 每户设施表:

名称	容量	用户外(管)线径	用户内(管)线径	备 注
自来水				供水方式:□水箱 □变频 □常压
电				供电方式:□架空 □地埋电缆
燃气				供气方式:□煤气 □液化气 □天然气
电话				□传统 □光缆 □宽带 □其他
有线电视				是否连接:□市有线电视 □宽带
雨水				
污水				□化粪池 □二级生化 □直接排放
对讲系统				□可视 □普通

注意事项:
(1) 厨房、卫生间装修应注意保护好排水管和地漏,地面铺设地砖时要做好防水层,不要损坏管道防水设施。安装排气扇应同时安装止回阀装置,不要轻易放弃排气烟道。
(2) 不要随意拆装进户水管、阀门和水表。户内装修中如需要重新安装水管,应征得有关部门的同意,按要求施工。如果墙上已标明管道的走向位置,装修时应注意不要在距管道上下、左右 10 cm 范围内钻孔、凿墙,以免损坏管道。
(3) 不要拆装各类排水管道系统,以免破坏管道系统的完整性;不要向各类下水道投入垃圾、杂物,以免堵塞管道。装修中对管道的检修位置要留有足够的空间,以便疏通管道。
(4) 为了保证用电安全,不得擅自更改原设计电路,如确需更改应征得有关部门同意后要求施工。当公共电路发生故障时,应及时通知有关部门检查维修,不要擅自触及配电设施。
(5) 为了确保用气安全,不要擅自拆装、移动燃气表及管道,更不要将燃气管封死在墙体内。
4. 室内智能化系统。

5. 安保系统:防盗门或楼宇对讲系统及设备的使用,请向物业管理部门咨询或索取使用说明书。

6. 消防系统:小区设有消防栓(　)只。

注意事项:

(1) 室内不要长期存放易燃易爆的物品,以免造成危害。

(2) 发生火灾时切勿惊慌,应立即拨通火警119,并及时关闭电、气源开关,尽力采取扑救措施或迅速离开住所。

7. 其他相关设施:

(1) 邮政通讯:

　　信报箱:□集中投放　□分散投放

　　电话端口:□一个　□两个

(2) 空调安装:

　　预留孔□有□无　冷凝集水管□有□无

(3) 相关设施:

小区配套设施

1. 小区道路:

　　主干道路幅(　)m,支路路幅(　)m。

2. 路灯:□照明路灯　□草坪路灯

3. 车库:

(1) 机动车停车方式:

　　□地面　□地下　□机械升降

(2) 非机动车停车方式:□地面　□地下

4. 垃圾收集方式:

　　□集中收集　□垃圾箱(房)收集

5. 污水处理方式:

　　□化粪池　□二级生化　□直接排放

6. 门卫室:(　)座

服务指南

1. 小区周边交通状况:

2. 教育设施名称:本住宅学区划块的中学、小学、幼托有_____

3. 社区服务设施:_____

　　公用事业费交款处:_____

　　医疗保健:_____

　　集贸市场:_____

4. 物业公司、居委会、派出所地址及电话:

　　物业公司:_____　电话:_____

　　居委会:_____　电话:_____

　　派出所:_____　电话:_____

5. 建设单位地址:_____　电话:_____

附 件
_____
(住宅承重结构平面布置示意图)

附 件
_____
(有关线路走向示意图)

四、执行"两书"制度应注意的问题

1. 要以规定的最基本的内容为基础

法规、规章和主管部门的规范性文件规定的"新建住宅质量保证书"和"住宅使用说明书"的内容,是最低要求或最基本的内容,各住宅开发建设企业编制的"两书",不应低于最低要求或少于最基本的内容。否则,由此引起的仲裁或诉讼,建设单位将得不到支持。

2. 要通过编制"两书"作为推销企业品牌的有力手段,主动积极地去实行

目前,尚有少数房地产开发企业执行"两书"制度还不太自觉,遇到检查时,拿出"两书"样本应付一下,检查过后就收起"两书",不主动向购房者发放,甚至在购房者讨要时也不给。这样的企业行为,其实是在砸企业信誉的牌子。主动向购房者提交"两书",是企业对自己生产的产品质量有信心的表示,会促进住宅商品的销售。因此,作为一个有责任心、有自信心、有前途的企业,应该十分自觉地执行"两书"制度,并且下功夫根据开发楼盘的特点,认真地编制好"两书",特别是其中的《住宅使用说明书》。楼盘较大,标准较高的,可以在样本说明书规定的基本内容的基础上,精心编制一本具有特色的说明书,这将对楼盘的销售起到意想不到的效果。

3. 注意"住宅质量保证书"保修期限的衔接

施工单位对建设单位的施工质量保修期限,根据建设部 2000 年第 80 号令公布的《房屋建筑工程质量保修办法》第七条规定,有一个最低期限,期限从工程竣工验收合格之日起计算。建设单位对住户的质量保修期限,根据现行法规文件规定也有一个最低期限,期限从开发企业将竣工验收的住宅交付用户使用之日起计算。两个期限在实行中往往是不一致的。

因此,建设单位在与施工单位签订保修合同时,对保修期限尽可能要求延长,以能涵盖建设单位对住户保修期限的要求。

4. 在向居民销售住宅时,必须提供"两书"

在销售场所,建设单位应将提交的"两书"放在较醒目的位置,供购房者查阅,发挥"两书"的广告作用。在签订合同时,应该主动给予购房者"两书",并有签收手续。住户对"两书"中的事项提出询问,应由知晓本楼盘"两书"实质性内容的人员或经过专门培训的销售人员作解释和说明,及时消除居民疑虑。

第四节　物业的交接与前期物业管理

物业管理服务是对传统的房屋管理全面改革的产物。住宅项目竣工后,项目开发单位将组织向社会选聘物业管理企业来管理物业。而在项目开始启动时,就有必要实施物业管理早期介入,以提高住宅项目的经济性。当住宅项目竣工并开始出售,就进入前期物业管理服务阶段。

一、物业管理早期介入

(一) 早期介入的含义

1. 物业管理服务

物业管理服务是物业管理企业接受业主、开发商和业主委员会委托,对已建成并经竣工验收投入使用的房屋建筑物及其相关的公共设施进行全面管理服务的经营活动。

这里要明确物业管理服务的内涵:物业管理服务是一种委托管理服务;物业管理服务要签订书面委托管理服务合同,依照合同进行管理服务;物业管理服务是对已竣工验收合格投入使用的物业进行管理服务;物业管理服务是一种有偿的管理服务经营活动。

2. 物业管理早期介入的概念

物业管理的早期介入是指在住宅项目开始设计时,拟由竣工验收后接管该物业的企业主要管理人员、工程人员、维修人员参与介入,或请有关的物业管理企业上述人员对规划设计、环境布局、市政配套、设备安装等方面,就质量和使用功能从物业管理角度提出意见和建议,为今后用好、管好物业打下基础。

这里要把早期介入与前期物业管理、业主委员会成立后的物业管理加以区分,如图 6-3 所示。

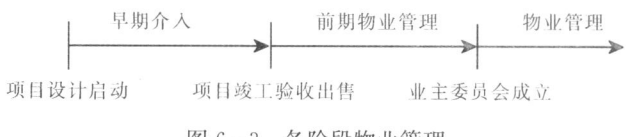

图 6-3　各阶段物业管理

住宅项目物业管理早期介入的要点:一是项目设计开始,聘请物业管理企业有关人员参与;二是项目实施开始,最迟于商品住宅预售前,开发单位必须选聘物业管理企业,请企业有关人员介入管理服务。

3. 早期介入方式

物业管理早期介入方式有两种：一种是口头委托物业管理企业派管理人员、工程技术员人员参加提建议；另一种是签订书面委托物业管理企业早期介入合同，或签订委托咨询合同。

（二）早期介入内容

1. 设计阶段

规划设计是住宅项目建设的重要环节，物业管理的早期介入应从住宅项目的规划设计阶段开始。要保证住宅项目具有完备性和竞争力，开发商必须具有全过程管理的理念和行为。住宅建设既要十分重视房屋本身的工程质量，又要考虑整个物业小区或大厦的使用功能、小区的合理布局、建筑的造型、建筑材料的选用、室外的环境、居住的安全和舒适、生活的方便、环境优美等。一个住宅项目建设期往往只需几年时间，但其使用的时间却是几十年甚至是上百年。要有一个高起点的设计，就必须请熟悉物业管理的专业人员对规划设计方案发表意见，或由物业管理专业人员用专题咨询报告形式提交给开发商、设计单位，以便提升楼宇的品质。

（1）在小区规划布局上，征求物业管理专业人员意见，设计与小区规模相适应的公共活动中心，应综合考虑路网结构、公建与住宅布局、群体组合、绿地系统及空间环境等，构成一个相对独立的居住环境，合理安排公交站和停车库等，有利于组织人流、车流，并利于今后安全防范。

（2）在套型设计上，对套型内功能区，如卧室、厨房、卫生间、储藏室、阳台、阳光室等，要请物业管理公司人员反馈在以往的管理中业主们的意见和看法。例如：套型朝向、间距、层高、自然通风和采光，各套之间应采取的防水、隔声和便于检修的措施，阳台、阳光室净深及栏杆、栏板的净高问题，外墙管道的设置安全及美观等。

（3）公共部位如楼梯、电梯、走道、连廊、出入口、公用房等的布置，也应征询物业管理公司有关管理技术人员意见，怎样做到既符合设计规范，又使今后入住的业主感到方便安全。

2. 基础验收之前

加固地基方案、房屋内外高差、房屋预留沉降量等，请物业公司有关人员参与并注意保存资料。

3. 建筑结构封顶前

对封闭结构、管线方面、材料应用、隐蔽工程等，住宅项目部应随时请物业公司有关人员参与提出意见，并为他们提供资料。

物业管理公司在施工阶段介入的重点是，对物业施工质量进行跟踪和了解，配合开发企业和施工部门确保工程的质量。对施工中材料的检测和工程质量的监理活动，物业管理公司都应介入，派相关人员参加。

4. 设备安装

对水、电设备，如生活给水系统、消防系统、排水设备、燃气设备、供电设备、弱电设备、电梯设备等，物业管理公司工程部、维修部人员要深入现场，掌握设备资料，了解设备结构性能和注意事项等，随时做好记录，保存资料。

5. 竣工验收

要求物业管理企业参与旁听，倾听质量监督部门对工程质量验收的意见、建议和结论。

(三) 早期介入的作用

(1) 有利于住宅功能的完善，保证住宅性能完备性。

(2) 有利于物业管理企业掌握所管物业原始设计和施工情况，为今后管好物业打下基础。

(3) 有利于促进住宅物业的销售，保障其经济性。

物业管理的早期介入是一种全新的全过程管理的理念，有利于贯彻"物业质量第一性，管理服务第二性"的原则，同时又使得管理服务提早融入住宅商品性之中。目前许多开发商越来越重视在楼盘打造时，请物业管理公司早期介入。

二、竣工验收后物业交接

(一) 竣工验收后物业交接的概念和前提条件

1. 住宅项目物业交接的概念

住宅项目的物业交接是指开发单位在住宅经竣工验收并交付使用许可后进行选聘物业管理公司，并签订委托管理服务合同，将物业交给物业管理企业进行管理服务的活动。

2. 物业交接验收的前提条件

物业交接验收的前提条件是建筑施工正式完成，设施运行已经正常，竣工验收已经通过，取得新建住宅交付使用许可证，资料齐全并且准确无误。

(二) 组建物业管理公司的形式

1. 组建条件

(1) **公司名称预先审核** 公司的名称一般由四部分组成：公司所在地、具体名称、经营类别、企业种类等。其具体名称可考虑原行业的特点、所管物业名称特点、地理位置、企业发起人名字等。除称"物业管理公司"外，也有称"物业管理有限公司"、"物业发展公司"、"物业公司"等。根据公司登记管理有关规定，设立公司应当申请名称预先核准。公司名称是企业品牌的一部分，从开始起名的时候就要注意其合法性和效应，一般要求简明、响亮、有寓意、有创意。

(2) **公司住所** 《民法通则》规定，法人以它的主要办事机构所在地为住所。物业管理公司的主要办事机构所在地为物业管理公司的住所。物业管理公司设立条件中的住所用房可以是自有产权房或租赁用房。在租赁用房作为住所时，必须办理合法的租赁凭证，房屋租赁的期限一般必须在1年以上。

(3) **法定代表人** 物业管理公司作为企业法人，经国家授权审批机关或主管部门审批和登记注册后，企业主要负责人是企业的法定代表人。全民和集体企业的主要负责人是经有关主管机关审查同意，当企业申请登记经核准后，主要负责人取得了法定代表资格。

物业管理公司选好法定代表人对企业的经营管理有着至关重要的作用。俗话说"千军易得，一将难求"，就是说决策人物的重要性。物业管理公司法定代表人应在合法前提下，在企业章程规定的职责内行使职权履行义务：代表企业参加民事活动，对物业管理全面负责，并接受本公司全体成员监督，接受主管物业管理的政府部门的监督。

(4) **注册资本** 公司的人员、住所和注册资本是公司设立的三要素，其中注册资本是公司从事经营活动、享受和承担债权债务的物质基础。一般来说，注册资本的大小直接决定公司的负债能力和经营能力。物业管理公司，作为服务性企业，其注册资本不得少于10万元人民币。

（5）公司章程　公司章程是明确企业宗旨、性质、资金状况、业务范围、经营规模、经营方向和组织形式、组织机构，以及利益分配原则、债权债务处理方式、内部管理制度等规范性的书面文件。

（6）公司人员　根据规定，申请成立全民、集体、联营、私营、三资等企业，必须有与生产经营规模和业务相适应的从业人员，其中专职人员不得少于8人。物业管理公司一般应具有8名以上的专业技术管理人员，其中中级以上职称须达3人以上。

根据《公司法》设立物业管理有限责任公司规定，应当由2人以上50人以下股东共同出资；设立股份有限公司，除国有企业改建为股份有限公司外，应当有5个以上发起人，且其中须有过半数的发起人在中国境内有住所。国家授权投资的机构或部门，可以单独设立国有独资的有限责任公司。外国投资者包括外国的企业和其他经济组织或个人，可以独资设立外资性质的物业管理有限责任公司。

2. 设立登记

（1）三资物业管理企业的设立登记　三资物业管理企业在向工商行政管理部门申请登记之前，先要向工商行政部门申请名称登记，然后报对外经贸主管部门审查批准。审查机关一般在3个月内作出批准或不批准的决定。当三资物业管理企业接到对外经贸主管部门的批准书之后30日内，向工商行政管理部门申请营业登记。

营业登记的主要事项有：名称、住所、经营范围、投资总额、注册资本、企业类别、董事长、副董事长、总经理、副总经理、经营期限、分支机构等。在登记时应向工商行政管理部门提交下列文件、证件：①由董事长、副董事长签署的外商投资企业登记申请书；②合同章程以及审批机关的批准文件和批准证书；③项目建议书、可行性研究报告及其批准文件；④投资者合法的开业证明；⑤投资者的资信证明；⑥董事会名单以及董事会成员、总经理、副总经理的委派（任职）文件和上述中方人员的身份证明；⑦其他有关文件证件。

当三资物业管理企业取得营业执照后，将取得进入资质登记和资质备案阶段。

（2）内资物业管理企业的设立登记　内资全民所有制、集体所有制、联营、私营、股份制、股份合作制等物业管理企业，当具备前文所述的设立条件时，即可进行营业登记。登记的主要事项有：名称、地址、负责人、经营范围、经营方式、经济性质、隶属关系、资金数额等。

当登记核准取得营业执照后，进入资质登记和资质备案阶段。

3. 资质等级备案

根据上海市规定，资质备案与核发资等级证书同步进行。物业管理企业，一般要在取得营业执照30日内按规定申办资质备案。

外商独资、中外合资、中外合作的物业管理企业的资质备案和资质等级向市房管局申报，由市房管局审批。

内资物业管理企业资质备案和资质等级向注册地的区、县房管部门申报。

4. 物业管理企业的机构设置

（1）物业管理有限责任公司的组织机构　根据《公司法》，有限责任公司设立股东会、监事会和董事会。股东会是公司的权力机构，它决定公司的经营方针和投资计划，选举和更换董事，选举和更换由股东代表担任的监事，对发行公司债券等作出决议等。监事会由股东会选出的监事和公司职工民主选举产生的监事组成，是公司的监督机构。董事会是经营决策机构和业务执行机构,董事长为公司的法定代表人。有限责任公司经理,由董事会聘任或解聘。

(2) 物业管理股份有限公司的组织机构　股份有限公司和股份合作公司应订立章程,发起人、认股人举行创立大会,通过公司章程,选举董事会成员,选举监事会成员等。

(三) 住宅开发单位选聘物业管理企业的方式

房地产开发企业在出售住宅小区房屋前,应当选聘物业管理公司承担住宅小区的管理,并与其签订物业管理合同,住宅小区在物业管理公司负责管理前,由房地产开发企业负责管理。

受聘用的物业管理企业可以是:主营物业管理企业;兼营物业管理的企业,其经营物业管理的是该企业下属分公司或管理部。

开发商自己下设的物业管理部门,须考虑该管理部门是否具有企业法人资格的物业管理公司,同时必须依法进行工商登记。开发商不得与下属非企业法人部门签订委托服务合同。

开发单位可以通过协议与招标方式选聘物业管理企业。

所谓协议选聘物业管理企业,是指住宅开发单位直接邀请某些物业管理公司进行磋商,然后选定其中的一家并达成协议委托进行物业管理的选聘方式,这一方式在物业管理市场化程度不发达的情况下被广泛采用,其缺点是缺乏公开性和竞争性。

住宅开发单位组织招标活动选聘物业管理企业。首先,住宅开发单位必须组织招标领导小组及招标工作小组,领导和组织实施招标活动;其次,必须制定招标文件,招标文件包括:招标书,以及招标公告或招标邀请书,投标须知等,其中最重要的是招标书,招标书必须说明物业的概况、委托管理事项和要求,双方主要权利和义务等,有条件的开发单位应制定标底。住宅开发单位可决定用公开招标或邀请招标的方式邀请物业管理公司前来投标,公开招标必须发布招标公告,邀请招标必须发出投标邀请书。然后,住宅开发单位组织标前会议,组织查勘拟招标管理服务的楼宇,回答拟参加投标企业的各类问题;最后,必须组织评标委员会,组织评标活动。物业管理企业应在指定时间把密封的标书投入标箱,开发单位应组织由公司人员、物业管理方面专家及房地产行业主管部门相关专家领导等,组成评标委员会,在预定时间召开评标会,当众拆封各物业管理企业的投标书。可以先组织答辩,然后进行评标,评标结果转报开发单位,由开发单位定标,定标后,住宅开发单位必须发出中标通知书,由中标的物业管理企业在规定时间内前来签订委托管理服务合同。

(四) 开发单位与物业管理企业交接物业的内容和程序

1. 新建房屋接管验收的内容

(1) 新建房屋接管验收资料　建设单位应向物业管理企业提交相关资料,如以产权资料、竣工图纸为主的技术资料,包括总平面、建筑、结构、设备、附属工程、隐蔽管线的全套图纸等。

(2) 质量与使用功能的检验　包括对主体结构、楼宇的外立面、地面、水、电、燃气、消防设施及其他设备在使用功能和质量上进行目测、检测和实测。可用满负荷运载实验法、调试法、泼水法、灌水法、灌球法等方法进行物业使用功能验收。验收时,对水、电、燃气等各种表具读数要一式两份当场记录。

2. 原有房屋的接管验收内容

(1) 原有房屋的接管验收也应提交相关资料　如产权资料,包括房屋平面图、房屋分隔平面、房屋设施等技术资料。

（2）质量与使用功能的检验 以危险房屋鉴定标准和国家有关规定作检验依据；外观检查建筑物整体的变异状态；检查房屋结构、设备的完好与损坏程度；检查房屋使用情况（包括建筑年代、用途变迁、拆改扩建、专修和设备情况），评估房屋现有价值、建立资料档案。

3. 交接验收符合标准，7 日内签署验收合格证，并正式实施物业管理

交付验收时如发现一般性质量问题，甲、乙双方可达成协议，由开发单位给予补偿，委托物业管理接管单位负责保修。房屋接管交付使用后，在保修期内如发生重大质量问题，应由质量检验部门进行鉴定。如属建设质量问题，由开发建设单位负责；如属业主使用不当造成的质量问题，则由业主负责；如原管理不善造成的质量问题，则由物业管理单位负责处理。

三、前期物业管理服务

（一）前期物业管理的含义

前期物业管理是指住宅出售后至业主委员会成立前的物业管理，它是物业全过程管理的重要一环。

住宅开发单位在住宅开始出售后，必须做好以下工作：交付买受人"两书"，即"新建住宅质量保证书"、"住宅使用说明书"；制定住宅使用公约，选聘物业管理企业，签订前期物业管理服务合同，并报区（县）房管部门备案。与买受人签订转让合同时，把前期管理服务合同、住宅使用公约、住宅使用说明书作为转让合同的附件，让买受人认可。

一般情况下，符合下列条件之一，住宅开发单位就应会同所在区县房地产管理部门召开业主大会或业主代表大会，成立业主委员会：①公有住宅出售建筑面积达到30%以上；②新建商品住宅出售建筑面积达到50%以上；③住宅出售已满两年。在业主委员会成立前，房地产开发企业与物业管理公司签订的委托合同，称为前期物业管理服务合同；而在业主委员会成立后所签订的合同称为物业管理服务合同，前者签订合同的主体是开发商与物业管理公司，后者是业主委员会与物业管理公司。

（二）前期物业管理与物业管理早期介入的区别

"前期物业管理"与"物业管理早期介入"的区别主要有以下两点：

（1）早期介入的物业管理公司不一定与房地产开发企业确定物业管理的委托关系，可以咨询、顾问等服务形式提出建议和意见；而前期物业管理活动必须在与房地产开发企业确定了委托关系后方可进行，此时，物业管理公司已依约拥有该物业的管理服务权。

（2）早期介入的物业管理公司是从物业管理者的思维角度，从是否有利于日后物业管理服务等具体细节上提出改进意见或建议，是否接受提出的意见或建议进行改进，还有待开发商决定。早期介入能否进行，介入的时机、介入的程度均取决于开发商，因而物业管理的早期介入仅有辅助功能；而在前期物业管理中，物业管理公司被开发商全权委托，进行物业管理服务，承担相应民事法律责任。

（三）前期物业管理的主要内容

1. 管理机构的形式与人员的培训

（1）机构形式 物业管理机构的形式通常有两种，如图 6-4、图 6-5 所示。

图 6-4 这种形式往往用于管理规模较小、种类较少的公司；图 6-5 这种形式往往用于管理规模较大、种类较多的公司，由项目管理处全面负责本小区（大厦）管理服务。

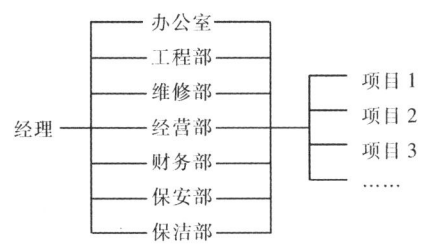
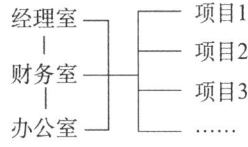

图6-4 物业管理机构的形式之一　　　　图6-5 物业管理机构的形式之二

（2）人员培训　人员培训包括上岗培训、技术岗位资格培训、知识讲座等。

2. 规章制度的制定

规章制度的制定内容如图6-6所示。

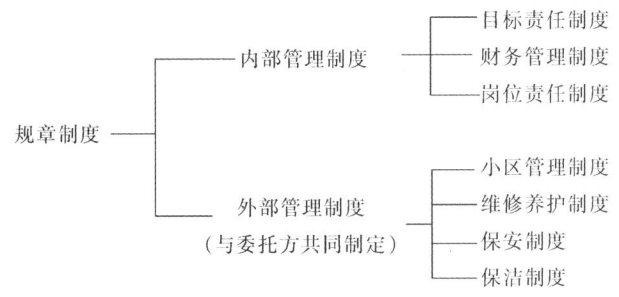

图6-6 规章制度的制定

3. 楼宇入住

楼宇入住的主要步骤，如图6-7所示。其中关键的是三步：①住房售出；②装修完工；③业主入住。物业管理企业应及时掌握情况，加强管理。

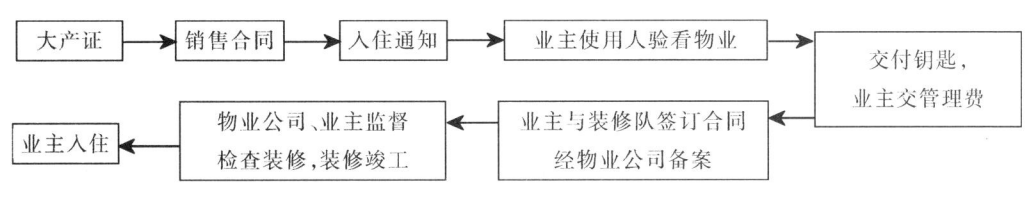

图6-7 楼宇入伙的主要步骤

4. 装修管理

（1）装修中的禁止行为　装修不得损坏房屋承重结构，破坏建筑物外墙原貌；不得擅自占用公共部位、移动或损坏公共设备和设施；不得排放有毒有害物质或造成噪声超标。

（2）业主与装修队伍签订合同　应将合同及下列资料提交物业公司备案：①装修队伍营业执照；②装修队人员暂住证、身份证（留复印件）；③同意备案后，由物业公司发放一定期限的小区出入证。

（3）装修管理内容　①书面告知装修注意事项；②定期上门检查；③对违章装修进行劝阻，督促改正；④对拒不改正的，报告有关行政部门处理。

住宅开发单位对装修管理应予以配合，在住宅出售时，不能为了促销，擅自承诺破墙开店、开门等损害物业的行为。

5. 档案资料管理

档案资料分为物业资料及业主和使用人资料。档案管理，要抓好收集、整理、归档、利用四个环节。住户入住时，应收集整理今后管理服务所需的业主的相关资料。

四、房地产产权、产籍管理

(一) 房地产产权、产籍管理的内涵

1. 房地产产权、产籍的概念

以房地产为标的的产权，统称为房地产产权。在房地产产权中，有房屋所有权，有从国有土地所有权分离出来的土地使用权，有以房地产为担保与债权并存的房地产抵押权等。

产籍是记载财产权属关系的各种簿册资料的总称。房地产产籍是记载房地产权属关系和历史情况的各种簿册资料。房地产产籍资料包括在房地产权属申请登记、调查、测绘、确权及发证上等过程中获得的各种图、档、卡、册及相关资料。这些档案资料集中反映了房地产的权属、坐落、位置、用地面积、房地权界、房屋建筑面积、结构、层数、建造时间、权源、用途、有无设定他项权利、是否受到限定等基本状况。

2. 房地产产权、产籍管理的内容

房地产产权管理是指国家通过县级以上地方人民政府设置的房地产行政管理机关及房地产产权、产籍管理职能机构，依据国家法律和政策，通过审核确认所辖区域范围内房地产权归属关系，实施保障房地产权利人合法权益的行为。从广义上讲，它还包括对确认房地产权属关系所必须依据的房地产档案、资料所进行的综合性管理，即产籍管理。房地产产权、产籍管理是房地产行政管理重要的基础性工作。

房地产产权、产籍管理中产权管理和产籍管理是密切联系，互为依存，互相促进的两项工作。产权管理是产籍管理的基础，没有产权调查、产权确定、产权登记，就不可能形成完整、准确的产籍资料。反之，产籍管理是产权管理的依据，是为产权管理服务的。

3. 房地产产权产籍管理的原则

(1) 房屋、土地权利主体一致原则 房地产是一个有机的不可分割的统一体。因此，除法律、法规另有规定外，房屋所有权和该房屋占用范围的土地使用权必须同属一个主体。

(2) 房地产产权产籍属地管理原则 房地产是坐落在一定的自然地域上的不可移动的资产。因此，房地产产权、产籍管理必须坚持属地管理原则，由各级房地产管理部门负责所辖区范围内的房地产产权、产籍管理工作，房地产权利人应当向房屋所在地的房地产登记机构办理产权登记。

(二) 房地产权属登记发证制度

《城市房地产管理法》规定"国家实行土地使用权和房屋所有权登记发证制度"。房地产权属登记发证制度是产权产籍管理的核心内容，通过对房地产审查确认产权、核发权属证书、办理权属转移变更等方式，可以调处产权纠纷，监督规范权利人行为，建立准确、完整的产籍档案资料，从而建立正常的产权管理秩序，保护权利人的合法权益。房地产权属登记分为总登记、初始登记、转移登记、变更登记、他项权利登记、注销登记六种。

1. 总登记

总登记也称静态登记，是指县级以上地方人民政府根据需要，在一定期限内对本行政区域内的房地产进行统一的权属登记。凡列入总登记范围的，无论权利人以往是否领取房地产权属证书、权属状况有无变化,均应在规定的期限内办理登记。进行总登记往往是因没有建立完整的产籍资料或原有产籍资料因故造成了散失、混乱,必须全面清理房地产产权,整理房地产产籍资料。

2. 初始登记

初始登记分为土地使用权的初始登记和房屋所有权的初始登记。

以出让、租赁等有偿方式取得国有土地使用权的,应当在土地使用权出让等合同规定的期限内申请土地使用权初始登记;以划拨方式取得国有土地使用权的,应当在县级以上人民政府批准用地文件后的规定时间内申请土地使用权初始登记。

新建非商品房屋的,应当自房屋竣工交付使用之日起的 30 日内申请房屋所有权的初始登记。新建商品房,房地产开发企业应当在房屋竣工验收后交付给买受人之前,办理新建商品房初始登记。

3. 转移登记

转移登记是指房地产权利主体因买卖、赠与等原因发生房地产权利转移而进行的登记。如在房地产买卖、交换、赠与、继承、划拨、分割、合并、判决、裁决等原因导致房地产权利转移时,当事人应申请房地产转移登记,并提交原房地产权属证书以及相关的合同、协议等证明文件。

4. 变更登记

房地产变更登记是指房地产权权利人名称变更或房屋现状发生变化等进行的登记。如房地产坐落的街道、门牌号或者房地产名称发生改变、房地产面积增加或者减少、房屋翻新等原因造成原房地产登记内容与房地产现状不相一致的,房地产权利人应当申请变更登记并提交原房地产权属证书以及相关证明文件。

5. 房地产其他权利登记

下列房地产权利的文件,当事人应当申请登记:①房地产抵押权设定、变更的合同;②房地产典权设定、变更的合同;③法律、法规规定应当登记的其他文件。

下列房地产权利的文件,当事人应当申请登记备案:①商品预售合同及其变更合同;②房地产租赁合同及其变更合同;③房屋维修、使用公约和物业管理文件;④当事人认为有必要登记备案而登记机构准予登记备案的文件。

当事人未办理上述文件登记的,不得对抗第三人。

6. 注销登记

注销登记是指因房屋灭失、土地使用年限届满、他项权利终止而进行的登记。房地产权利丧失时,原权利人应申请注销登记并提交原房屋权属证书、他项权利证书及相关的合同协议等证明文件。

(三) 产籍资料的业务管理

一般产籍资料的业务管理内容包括产籍资料的收集、整理、鉴定、保管、统计、利用六项工作,通常称为产籍资料工作的六个业务环节,也可将"检索"、"编研"从"利用"中分离出来,"异动管理"从"整理"中分离出来,称为九个业务环节。

(1) 收集　产籍资料的收集有很多渠道。通过房地产总登记,全面收集各种权属证书及有关证明材料;通过日常办理的转移变更登记、房地产交易业务,收集房地产转移、变更等方面的情况;通过与房地产管理部门的业务联系,收集房地产经营管理部门直管公房的增减变动情况;通过与城建、规划、拆迁、司法等有关部门建立的工作制度及经常的联系,收集有关产籍的文书、资料,及时掌握整个房地产增减变动的情况。

(2) 整理　收集的产籍资料,数量大,内容复杂,有的还很零乱,不便于保管和利用,需要分门别类系统化。产籍资料的整理工作是指将档案由零乱到系统的过程,是产籍资料工作的基础。

(3) 鉴定　随着时间的推移,产籍资料数量日益增多,有些资料失去保存的价值,需要对档案进行去粗取精的鉴别工作,这就形成了产籍资料的鉴定工作。

(4) 保管　由于自然和社会的因素都能使产籍资料遭到破坏,为了更长远的利用产籍资料,需要延长产籍资料的寿命,保证产籍资料的完整安全,这就形成了产籍资料的保管工作。

(5) 检索　产籍资料是按照一定办法整理和保管的,而利用产籍资料,则是有特定的目的和要求,需要编制检索工具,从各种途径揭示产籍资料的内容和成分,这就形成了产籍资料检索工作。

(6) 编研　为了保护产籍资料的原件和满足更多人利用产籍资料,需要对产籍史料进行编辑研究,这就形成了产籍资料的编研工作。

(7) 统计　为了科学管理产籍资料,需要了解产籍资料和产籍资料工作的情况,必须对产籍资料状况进行统计、分析和研究,这就形成了产籍的统计工作。

(8) 异动管理　为了动态管理产籍资料,产权转移变更后,必须对产籍进行异动整理和统计,建立与实际一致的档案,这就形成了产籍资料的异动管理工作。

(9) 利用　保存产籍资料的目的,是为各种工作提供使用便利,因此为满足利用者需要,采取各种形式和方法,向利用者介绍产籍资料馆库藏,这就形成了产籍资料利用工作。

产籍资料工作业务的九个环节,担负着不同的任务,相互制约,相互促进,是一个有机整体。从作用看,收集、整理、鉴定、保管、检索、编研、统计、异动管理等环节,实际上为利用工作创造条件,是基础工作。因此产籍资料业务管理的工作内容也可以划分为基础工作和利用工作两个方面。

为了充分发挥房地产产籍资料的作用,保障房地产权利人的合法权益,维护房地产市场秩序,在上海,规定了房地产登记册可以公开查阅。登记册主要载明以下内容:①房地产坐落;②土地使用权和房屋所有权初始登记、变更登记权利人的姓名或者名称;③土地使用权获得方式、土地使用权使用期限、土地面积;④土地规划使用性质;⑤房屋建筑面积;⑥房屋竣工日期;⑦房地产抵押权、典权、租赁权等其他权利的设定范围、设定日期以及抵押权所担保债权的范围;⑧房地产登记日期;⑨房地产权利限制状况等。

符合条件的有关单位和个人还可以查阅有关原始凭证。

登记资料的查阅人可以自行抄录登记信息,也可以委托登记机构复制有关登记资料。对复制的登记资料,登记机构应当加盖印鉴,对于无原始凭证或者登记册中无信息记载的,登记机构应当出具无登记记录的书面证明。

复习思考题

1. 比较建设工程质量管理"三种"模式的优缺点。
2. 住宅工程竣工备案管理有哪些特点?

3. 建设工程竣工验收包括哪些程序？
4. 实行住宅项目竣工交付使用许可制度有何重要意义？
5. 办理住宅竣工交付使用审核申请手续时应提交哪些文件和资料？
6. 试述住宅竣工交付使用许可证申办程序。
7. "新建住宅质量保证书"的法律特征有哪些？
8. "新建住宅使用说明书"有哪些特点？
9. 了解"新建住宅质量保证书"和"新建住宅使用说明书"的主要内容。
10. 物业管理的早期介入有哪些方式？搞好物业管理的早期介入有什么作用？
11. 了解组建成立物业管理有限责任公司的条件和程序。
12. 开发单位选聘物业管理企业有哪些方式？应注意哪些问题？
13. 了解开发单位与物业管理企业交接物业的内容和程序。
14. 前期物业管理的主要内容有哪些？
15. 什么是房地产产权产籍管理？
16. 房地产权属登记的种类有哪些？

第七章　房地产开发资金筹集与成本监控管理

　　成功地筹集资金可以使开发商"借鸡生蛋",取得更多的利润;相反,资金筹集的失误能使开发商蒙受更大的损失。一般来说,资金筹集必须注意资金筹集成本,同时必须注意资金筹集的风险及资金方案的可靠性。任何一个资金筹集方案,必须同时在币种、数量、期限、成本等方面满足房地产开发项目的需要。

第一节　开发资金流动的特征与资金筹集的基本原则

一、开发资金运动的过程及资金流动的特征

　　纵观房地产开发全过程,房地产开发资金随着房地产开发经营活动的进行而不断运动,并且在房地产开发过程中的不同阶段表现为不同的形式。在房地产开发的前期准备阶段,开发商以货币资金购入具备开发条件的土地,或先将货币资金用于完成"三通一平"等工作,等待合适时机开发。这样,货币资金就转化为储备资金。在房地产开发建设阶段,开发商一方面将购入的土地投入开发工程,储备资金转化为生产资金;另一方面,开发商将货币资金直接支付工程进度款及其他开发费用,这部分货币资金直接转化为生产资金。在预销售阶段,开发商可能通过预售部分房屋,在开发过程中收回部分投资,从而又使部分生产资金直接转化为货币资金;房屋交付后,生产资金转为成品资金,开发商通过销售继续收回投资,这样成品资金又转化为货币资金。所以,房地产开发资金在其运动过程中不断改变其形态,从货币资金开始,分别转化为储备资金、生产资金和成品资金,最后又回到货币资金形态。这样周而复始的循环,形成房地产资金的运动过程。

　　1. 资金占用量大

　　由于房地产开发需要耗用大量的土地资源、人力资源以及各种材料的设备等工业产品,而城市经济的发展、土地的稀缺性及市场需求的拉动又使这些资源和产品价格昂贵,使房地产开发需占用大量的资金,并进一步影响到房地产流通和消费领域,从而使房地产再生产和资金运动的各个环节都要大规模地占用资金。这种资金运用规模,如果仅仅是依赖于自有资金,不仅容易发生财务风险,甚至可能难以实现。如果其中某一环节有资金缺口,就会使资金运动受阻,影响再生产过程的顺利进行,房地产的价值和使用价值也难以实现。

　　2. 资金占用时间长,周转速度慢

　　由于房地产开发建设周期长,往往在半年、一年,甚至更长时间内,只有资金投入,没有资金回收。如采用出售方式,资金回收和周转速度相对较快。但前提必须是市场需求旺盛,产品适销对路,否则产品滞销,交易困难,同样会延长资金占用时间。若采用出租方式,由于必须以租金方式逐年、分期收回资金,所以资金占用量虽然可以逐渐减少,但全部收回资金时间相当长。

3. 资金运动受区域范围的影响

由于房地产区位的固定性,加上房地产的流通和消费有较强的地域性,从而使其资金运动受区域范围的显著影响,往往局限于某一城市或某一区域内。

房地产开发资金的上述特点,带来了房地产开发项目资金运用与资金来源之间的尖锐矛盾,主要表现在:①资金投入的一次性与资金积累的长期性的矛盾;②资金运用的集中性、大额性与资金来源的小额性、分散性的矛盾;③资金回收缓慢与再生产中资金投入的连续性的矛盾等。

这些矛盾最集中的表现为:由于房地产开发周期长、流动性差,资金运动过程中的各种资金状态转化的速度慢,使得房地产资金投入与回收在时间上、数量上极端地不平衡。因此,如何通过各种渠道有效地筹集资金,保证房地产开发资金投入与回收在时间上、数量上的协调平衡,从而保证资金的循环运动和开发项目建设的顺利进行,具有十分重要的意义。

二、开发资金筹集的基本原则

尽管企业的财务状况不相同,各项目的投资计划与工程建设进度也不尽相同,但房地产开发资金运动的特点决定了筹集房地产开发资金必须遵循以下基本原则:

(1)**安全性原则** 衡量安全性的指标主要是风险程度,一方面,筹集资金要考虑利率变动、汇率变动的风险,同时要考虑到影响企业财务状况和偿债能力的举债规模、偿债日期、利率高低等各种因素;另一方面,从筹集资金的目的看,筹集资金主要是为了更好地实现资金平衡,使开发项目顺利进行,并最终取得预期利润。因此,筹集资金应以不改变既定目标或以顺利实现既定目标(如进度目标、利润目标等)为原则。任何由于筹集资金而可能影响既定目标的因素都是不安全因素,筹集资金必须以筹资风险尽可能小为原则。

(2)**经济性原则** 由于房地产开发资金需求量极大,资金筹集的成本(包括有关费用),直接影响开发项目的效益及资金周转。因此,筹资成本必须尽可能低。一般来说,筹资成本不能高于开发项目可能的投资效益率。

(3)**可靠性原则** 主要是指资金来源的保证程度要高。从房地产资金运动的特征可以看出,在一定的时点保证一定数量的资金投入尤为重要。因此筹集资金的渠道、方式、时间、数量等必须是切实可靠的。

第二节 开发资金筹集的渠道和方案编制

一、开发资金的筹集渠道

由于房地产开发资金需求量特别大,房地产开发商的自有资金一般不可能完全满足需要,通过哪些渠道落实资金就成为房地产开发商必须解决的一个重要问题。随着我国房地产市场的逐步完善,房地产金融业的逐步发展,房地产开发资金的筹集渠道也越来越多。通常,房地产开发商的资金筹集渠道主要有:自有资金、银行贷款、发行债券及预收房款等形式,对股份制企业而言,发行股票也是有效的筹资方式。

(一) 自有资金的筹集

房地产开发商对任何房地产开发项目都必须投入相当量的自有资金,这是房地产开发的基本条件之一。通常,开发商可以筹集的自有资金包括现金和其他速动资产,及近期可收回的各种应收款。有时企业内部一些应计费用和应交税金,通过合理安排,也可应付临时的资金需求。

一般情况下,开发商不可能在银行存有大量的货币资金等待开发项目,货币资金只是自有资金筹集的一方面,速动资产的变现也是重要的资金来源之一。它包括企业持有的各种银行票据、股票、债券等(可以转让、抵押或贴现而获得货币资金),以及其他可以立即售出的建成楼宇等。至于各种应收款,包括已定合同的应收售楼款及其他应收款。

只要开发项目的预期收益高于企业自有资金的机会收益(如银行存款利息等)或速动资产变现损失(包括机会损失)等,开发商都可以根据自身的能力,适时投入自有资金。

(二) 银行贷款

任何房地产开发商要想求得发展,都离不开银行和其他金融机构的支持。而且由于"杠杆效应"的存在,任何开发商都不可能、也不愿意完全靠自有资金周转而不利用银行或其他金融机构的借贷资金。常用的银行贷款方式有:

1. 房地产开发企业流动资金贷款

房地产开发企业流动资金贷款是房地产金融机构对开发企业发放的生产性流动资金贷款,其贷款对象是在规定贷款范围内、具有法人地位、实行独立经济核算的从事房地产开发活动的企业。一般来说应具备以下贷款条件:①必须具有开发企业资格证书,必须持有工商营业执照;②必须在贷款银行开立账户,持有贷款证;③必须拥有一定量的自有资金;④必须具有开发计划,必须具有有关部门下达的年度投资计划和开发项目的有关批准文件;⑤必须具有健全的管理机构和财务管理制度;⑥必须具有还本付息的能力等。

另外,贷款银行对企业的实有资本、信誉、拟开发项目的成本和效益情况、开发商在建筑工程情况(是否超能力开发)等也将进行审核。

2. 考核房地产开发企业财务状况和还本付息能力的主要指标

1) 短期偿债能力指标

(1) 流动比率　这是衡量企业短期偿债能力的一个重要指标,计算公式为:

$$流动比率 = \frac{流动资产}{流动负债} \times 100\%$$

(2) 速动比率　这是衡量企业近期支付能力的一个指标,计算公式为:

$$速动比率 = \frac{速动资产}{流动负债} \times 100\%$$

(3) 现金比率　也称变现比率,这是衡量即期偿付能力的指标,计算公式为:

$$现金比率 = \frac{现金 + 短期证券}{流动负债} \times 100\%$$

2) 长期偿债能力指标

(1) 资产负债率　这是衡量企业利用债权人提供的资金进行经营活动的能力,并反映债权人发放贷款的安全程度的指标,计算公式为:

$$资产负债率 = \frac{负债总额}{资产总额} \times 100\%$$

(2) **产权比率** 这是衡量债权人投入的资金受所有者权益保障程度的指标,计算公式为:

$$产权比率 = \frac{负债总额}{所有者权益总额} \times 100\%$$

(3) **已获利息倍数** 这是衡量企业是否有充足的收益支付利息费用能力的指标,计算公式为:

$$已获利息倍数 = \frac{税前利润 + 利息费用}{利息费用}$$

3) 盈利能力指标

(1) **资产总额收益率** 这是衡量企业利用资产获取利润能力的指标,计算公式为:

$$资产总额收益率 = \frac{净利润}{平均资产总额} \times 100\%$$

其中,

$$平均资产总额 = \frac{资产总额年初数 + 资产总额年末数}{2}$$

(2) **所有者权益利益率** 这是衡量企业所有者权益获利能力的指标,计算公式为:

$$所有者权益利益率 = \frac{净利润}{平均所有者权益} \times 100\%$$

其中,

$$平均所有者权益 = \frac{所有者权益年初数 + 所有者权益年末数}{2}$$

此外,反映企业盈利水平的指标还有销售利润率、资本金利润率、销售毛利率等。

房地产开发企业流动资金贷款一般要经过贷款申请、贷款评估与贷款审核、核定贷款额度与期限、签订贷款合同和担保合同等过程,并办妥有关手续,最后由银行按贷款合同规定发放贷款。

3. 房地产开发项目贷款

房地产开发项目贷款是指房地产金融机构对具体房地产开发项目发放的生产性流动资金贷款。它的特点是贷款只能用于规定的开发项目,贷款对象是一些投资额大、建设周期长的开发项目,如大型住宅小区等,承担项目开发的房地产开发企业是开发项目贷款的债务承担者。

开发项目贷款,除必须符合房地产开发企业流动资金贷款条件外,还必须具备以下条件:

(1) 贷款项目必须列入当年的开发计划。
(2) 必须具备批准的设计文件,并经过银行的项目评估。
(3) 必须前期工作准备就绪,落实施工单位,具备开工条件。

与房地产开发企业流动资金贷款不同,开发项目贷款时,银行参与项目的选择,参与可行性研究工作,并进行项目评估,未经评估的项目一般不承诺贷款。银行参与项目扩初设计及概算的审查,并根据项目有关情况参与销售价格的评估。银行参与项目年度计划的安排,并根据计划执行情况,编制年度贷款计划,核定贷款额度。

房地产开发项目贷款程序与流动资金贷款程序基本相同。

4. 房地产抵押贷款

房地产抵押贷款是指借款人以借款人或第三人合法拥有的房地产以不转移占有的方式向银行提供按期履行债务的保证而取得的贷款。当借款人不履行债务时,银行有权依法处分作为抵押物的房地产并优先受偿。当处分抵押房地产后的资金不足以清偿债务时,银行有权继续向借款人追偿不足部分。

可以设定抵押权的房地产有:依法取得的土地使用权;依法取得的房屋所有权及相应的土地使用权;依法取得的房屋期权;依法可抵押的其他房地产等。

以划拨方式取得的土地使用权设定抵押权的,依法处分该房地产后,应当从处分所得的价款中缴纳相当于应缴纳的土地出让金的款额后,贷款银行方可优先受偿。

房地产抵押贷款的对象可以是符合条件、具有可抵押的房地产的法人,也可以是具有可抵押的房地产、并具有完全民事行为能力的自然人。

房地产抵押贷款的条件除一般贷款的基本条件外,最主要的就是拥有可抵押的房地产。房地产抵押是建立贷款关系的前提,也是取得贷款的条件。

房地产抵押贷款的程序与房地产开发企业流动资金贷款基本相同,不同之处在于:

(1) 房地产抵押贷款的额度由贷款银行根据借款人的资信程度、经营收益、申请借款金额和借款时间长短确定,但最高不超过抵押物现行作价的70%,并且抵押物的现行作价一般由具备专业资格条件的房地产评估机构评估确定。

(2) 抵押合同由借款人或抵押人与贷款银行双方共同签订,抵押合同是房地产抵押贷款合同不可分割的文件。

(3) 房地产抵押贷款合同、房地产抵押合同签订后,必须办理抵押登记手续,若按规定须公证的,贷款合同和抵押合同必须经过公证机关公证。

(三) 债券筹资

发行公司债券是房地产开发商的资金来源之一。与银行贷款一样,同属企业外来资金,但可使用时间较长。由于公司债券较政府债券风险大,因此其利率要高于政府债券利率。其发行主体为房地产股份有限公司、国有独资房地产公司和两个以上国有企业或者两个以上的国有投资主体设立的房地产有限责任公司。

1. 发行企业债券的一般条件

(1) 企业规模达到国家规定的要求。

(2) 企业财务会计制度符合国家规定。

(3) 具有偿债能力。

(4) 企业经济效益好,发行债券前连续3年盈利。

(5) 所筹集的资金用途符合国家产业政策。

(6) 债券利率不得高于国务院限定的水平。

(7) 国务院规定的其他条件。

对房地产企业而言,在此一般条件上,还有一系列的限制性规定。

2. 企业债券的发行程序

(1) 由公司权力机构作出决定 有限责任公司或股份有限公司发行债券由董事会制定

方案,股东大会或股东会作出决议;国有独资公司由国家授权投资的机构或国家授权部门作出决定。

(2) **报请国务院证券管理部门批准** 申请时应提交下列文件:①公司登记证明;②公司章程;③公司债券募集办法;④资产评估报告和验资报告。

(3) **公告债券募集办法** 在债券募集办法中一般还包括该公司债券经证券主管机关指定的评估机构评定的债券等级。

(4) **债券承销机构承销**。

(四) 股票筹资

对股份公司而言,发行股票是有效的筹资渠道之一,其发行主体限于房地产股份有限公司,包括已经成立的房地产股份有限公司和经批准拟成立的房地产股份有限公司。

1. 股票发行条件

设立房地产股份有限公司申请公开发行股票,应当符合设立股份有限公司申请公开发行股票的一般规定:①符合国家产业政策;②发行的普通股限于一种,同股同权;③发起人认购的股本数不低于总股本的规定比例;④向社会公众发行的部分不低于股本总额的规定比例;⑤证券委规定的其他条件。

2. 原有企业改组申请公开发行股票的,还应具备以下两个条件

(1) 发行前一年末,净资产在总资产中的比例不低于规定要求;无形资产在净资产中的比例不高于规定要求。

(2) 近3年连续盈利。增资扩股发行股票,除上述条件外,还应当具备以下条件:①前一次发行的股份已募足,并间隔一年以上;②最近3年连续盈利,并可向股东支付股利;③公司预期利润率可达同期银行存款利率;④证券委规定的其他条件。

(五) 其他筹资方式

1. 各类信托基金

各类信托基金除将部分资金用于购买可以确保其利息收入的政府债券等风险较小、收益水平相对较低的投资外,仍有愿望将基金的一部分用于有一定风险性、但收益相对较高,又有相对较高安全保证的房地产投资,作为其投资组合的一部分。开发商可以约定的利益向各类基金组织融资,也可以吸收其投资入股。尽管其利率水平相对高于银行贷款,但对资金需求量很大的房地产开发企业而言,仍不失为一条有效的筹资渠道。

2. 预收购房定金或购房款

在房地产开发进行到一定的程度,政府允许房地产企业预售房屋。预售房屋对于购房者来说,由于只需支付少量定金或部分房款,即可以享受未来一段时间的房地产增值收益;而对开发商来说,预售部分房屋既可以筹集到必要的建设资金,又可降低市场风险。适时、适价地预售部分房屋仍是必要的,尤其对自有资金实力不强的开发商来说,成功地组织预售是房地产开发成败的关键。

3. 寻找经济实力雄厚的承包商

一方面可以在资金临时短缺时,争取由承包商垫付部分费用(当然,这种方式应慎用),而将部分融资困难和风险分担给承包商。同时,延期支付工程款的利息通常不会超过银行贷款利率。另一方面,对于一些预期效益好的开发项目或具有投资价值的房地产,开发商可以吸引承包商投资参与房地产开发,承包商和开发商共担融资风险和市场风险。

此外，寻找有实力的合作伙伴合作，共同开发房地产项目也是一条有效的筹集资金的方式。

以上是房地产开发过程中，房地产开发商通常使用的资金筹集的渠道。一般情况下，在进行具体项目的开发建设时，上述各种渠道是综合运用的。例如，开发商将汇集到的自有资金用于支付地价款和各项前期费用，达到开工条件；在取得土地使用权后，将土地使用权抵押取得贷款，用于建筑物的建造。当达到预售条件后，收回部分售楼款或定金，再加上其他渠道筹集的资金，将楼宇开发完毕，交付使用。如果开发商拟将楼宇建成后以出租为主经营，则开发商重点要考虑长期融资，在投入使用后，以每年的租金收入逐年还本付息。由于以出租为主的开发项目投资回收期很长（一般要 10 年左右），只有实力很强又有银行或财团支持的大型房地产开发企业才愿做。

另外，需要说明的是，由于房地产开发资金的筹集一般必须以房地产开发企业——法人为主体进行，因而上面从企业角度介绍了开发资金筹集的各种渠道。而实际上，我们在进行开发项目的可行性研究、资金筹集方案的比较时，一般都是以具体项目为主体而展开的。对具体开发项目而言，其资金筹集渠道主要有：自有资金（项目资本金）、借入资金和预收定金或购房款等三种形式，项目资本金可能来自投资开发企业的自有资金，也可能来自投资开发企业通过发行债券、股票取得的资金或房地产开发项目贷款，也可能是来自共同投资开发企业的自有资金。因此，由于主体不同，资金筹集渠道是有区别的。当然，除自有资金外，其他渠道基本相同。

（六）对金融机构的选择

随着我国金融体制的改革，金融业务打破了过去几家银行垄断的局面，地方性银行和开办信贷业务的非银行金融机构、外资银行、中外合资银行纷纷涌现，这为开发商选择金融合作伙伴提供了较大的选择空间。在选择金融合作伙伴时，要考虑到以下因素：①最好选择国际交往信誉好、政府和公众都很信任的大型金融机构合作；②有良好的服务质量和办事效率；③收费合理，无论是存贷利息、佣金或手续费用等，均能给予优惠待遇；④便于资金调动和转移。

开发工程量大、营业额高而又有较好资信的开发商，也是众多金融机构争夺的主顾，开发商可利用金融机构之间的竞争来选择合作伙伴，根据金融机构的特点和性质建立相应的业务往来。

二、资金筹集方案的编制

一个好的资金筹集方案是成功地筹集资金的第一步。筹集资金很重要的就是取得贷款，但借款是有风险的。由于财务杠杆作用的存在，它可能会使投资者由于借款而增加盈利，也可能使投资者由于借款而蒙受更大的损失。另外，当借款到期而市场不旺时，企业可能不得不低价出售房地产或者由于筹资过多而利息负担过重等。因此，把握好资金筹集的时间、数量、成本等各个方面，编制一个切实可行的资金筹集方案非常重要。

（一）资金筹集方案的主要内容

一般来说，所筹集的资金必须在币种、数量、期限、成本 4 个方面满足房地产开发项目的需要。币种是指房地产项目开发所需资金的货币种类；数量是指房地产开发项目所需的资金总额和分期使用额；期限是指房地产开发项目所需资金从使用到偿还的时间；成本是指房地产开发项目所需承受的资金成本。

房地产开发项目资金筹集方案主要应包括以下内容：

(1) 资金筹集的币种和数额。

(2) 资金筹集的流量，即与房地产项目资金投入和资金偿还的需求相适应的不同时间内筹集资金和偿还资金数量。

(3) 资金来源、结构，即各个资金来源渠道筹集的资金所占的比重。

(4) 资金筹集的风险评价，即预测筹集资金的风险，提出降低风险的措施等。

(5) 资金成本，即估算为合理有效地筹集到所需要的资金将付出的各种费用。

(6) 资金筹集方式，即选择是企业自行直接筹资还是委托有关金融机构筹集资金。

(7) 资金筹集步骤，详细安排筹资工作各阶段的具体目标、任务、时间、地点和负责人等。

(二) 资金筹集方案编制过程

资金筹集方案的编制一般要经历以下 10 个阶段：

(1) 根据设计文件、进度计划等有关资料编制资金流动计划（包括资金投入计划和资金回收计划），确定不同时期资金需求数量和可能的占用时间，并根据可行性研究资料等计算开发项目所能承受的最高资金筹集成本。

(2) 分析不同资金流量对项目开发进度、效益的影响，确定资金筹集目标，进行资金筹集方案的总体设计。

(3) 调查资金筹集的渠道，确定适合本项目要求的资金筹集范围，以及各种资金渠道筹集资金的数量、条件、期限、成本和风险。

(4) 设定所筹集资金的币种、数量、期限、计算资金筹集费用。

(5) 研究、分析资金筹集的风险，提出降低风险的措施。

(6) 计算资金成本，包括资金筹集的全部费用。

(7) 确定资金筹集方式，如果是委托筹集资金，则应提出委托的代理机构。

(8) 提出资金筹集分阶段工作计划。

(9) 准备资金筹集方案文件，包括所需要的各种法律条文和政策文件。

(10) 形成正式的资金筹集方案。

不论企业采用何种资金筹集方式，都可以委托有资格的银行、证券公司或其他金融机构代为制定资金方案。

(三) 资金流动计划的编制

资金流动计划是编制资金筹集方案的基础，资金流动计划的准确程度如何，对资金筹集方案的可靠性有相当的决定性影响。

1. 资金投入计划

编制资金投入计划，主要是根据开发项目的进度计划，工程承包合同中的工程成本预算，施工组织设计中关于材料、设备和劳动力的投入时间、要求，以及付款方式来分项计算的。开发项目的资金投入大致包括以下一些方面：

(1) 土地费用（包括土地出让金、征地或拆迁安置费用等）。

(2) 前期费用（包括"三通一平"费用、勘察设计费用、可行性研究费用及有关执照、许可证申领过程中必须支付的保证金、城市基础设施配套费用和招投标费用等）。

(3) 建安工程费用(包括土建工程费用,水、电、燃气等安装费用及设备费用)。

(4) 室外配套工程费用(包括红线内水、电、燃气、电信、道路、绿化、变电房及环卫、照明设施费用等,以及必须承担的红线外的配套费用)。

(5) 管理费。

(6) 利息。

(7) 不可预见费。

(8) 税金。

将上述各项费用按工程进度计划计算出每月或每季度的预计投入,即为资金投入计划表(表7-1)。由于税金在收入实现时同时发生,故表7-1中未列,可以在编制收入计划时直接扣除。

表7-1　　　　　　　　　　资金投入计划表　　　　　　　　　单元:万元

费用＼时间(月份)	1	2	3	4	5	6	7	8	9	10	11	12	小计
土地费用													
前期费用													
建安工程费用													
室外配套工程费用													
管理费													
利息													
不可预见费													
合计													

2. 资金收入计划

编制资金收入计划,主要是根据楼宇租售计划,结合市场分析中预计的最可能的租金、售价水平等进行计算。必须注意的是,由于预期租金、售价的不确定性较大,而资金收入计划直接影响开发项目对资金筹集时间、数量的要求,因此,必须经过认真的市场调查,在对市场竞争情况、市场吸收能力进行认真细致分析的基础上,估计预算租金、售价水平及资金收入数量,否则资金流动计划的误差将很大。资金收入计划的时间间隔必须与资金投入计划一致。

资金收入的项目主要包括定金、售楼收入和租金收入,按不同的时间段分别计算,便得到资金收入计划表(表7-2)。

由于租、售行为常常延长到项目投入完成、交付使用后,故在建设期结束后可能继续有收入,可以将表7-2的时间延长到项目租、售结束,并在表7-3资金流动计划表中作相应调整。

3. 资金流动计划

将表7-1、表7-2综合,得到资金流动计划表(表7-3)。

表7-2　　　　　　　　　　　　　资金投入计划表　　　　　　　　　　　　　单元:万元

内　容＼时间(月份)	1	2	3	4	5	6	7	8	9	10	11	12	小计
预收定金													
销售收入													
租金收入													
合　计													

表7-3　　　　　　　　　　　　　资金流动计划表　　　　　　　　　　　　　单元:万元

内　容＼时间(月份)	1	2	3	4	5	6	7	8	9	10	11	12	小计
资金投入													
资金收入													
差　额													
累计资金投入													
累计资金收入													
累计差额													

表7-3中,资金投入与资金收入的差额与累计差额分别表示当期或累计期的扣除租、售收入后的实际投入的自有资金或借入资金的数量,这是判断必须筹集的资金数量、时间、期限等的主要依据。

(四) 按规定程序办理各类贷款手续

所有金融机构,包括国内和国外的金融机构,对于各类贷款均需要按一定的程度和手续办理。一般来说,开发商在决定进行某个开发项目之前,就应该考虑到开发建设资金的筹集渠道。除安排自有资金外,总是要先同几家银行或非银行金融机构接触,探询获得支持的可能性和贷款条件,一旦成功地获取了某个项目的开发权,应立即找许诺贷款并有优惠条件的金融机构商讨具体安排。

办理贷款手续前双方要明确以下一些重要问题:

(1) 借款人　借款人应是法人,应有法人注册文件,有董事会关于贷款的决议和对经办人的授权证书,有法人联系地址、电话、传真等。

(2) 贷款人　指贷款的银行或有权发放贷款的非银行金融机构。

(3) 贷款的性质和用途　指项目抵押贷款、透支贷款还是自由贷款等,贷款用于什么项目上或开发项目的哪一方面。

(4) 贷款金额　包括贷款货币种类及其金额。

(5) 贷款期限　指从贷款支取直至还清贷款的总期限,其中应有用款期、宽限期(还息不还本)和偿还期等。

(6) 安全保障　包括保函、抵押品、存款或债券抵押等方面的安排。

(7) 利率　主要是确定采用固定利率还是浮动利率,采用浮动利率时浮动的方法,例如按伦敦银行同业拆息附加(国际银行贷款),或按其他优惠利率附加,以及浮动时间的确定等

(例如每月或每季浮动1次)。

(8) 付息方式 确定按月还是按季付息或是半年付息1次,每次付息后下期利率计算方法等。

(9) 还本方式 确定按年、半年或3个月平均还本并付各期利息。如用固定利率,可规定连同本息用等分方法归还等,也可规定为分次按不同本金的百分比偿还。同时要约定未按期还本付息的惩罚方法,例如提高未还本部分的利率,强制还款等。

(10) 各种手续费用 确定各种收费标准,包括贷款安排费、法律文件手续费(如贷款合同文件准备费用、律师费等)、承诺费(对未按期提款部分应给银行资金筹集费用以适当补偿),以及其他额外费用等。要明确各项费用的取费方法和支付方法(例如安排费、律师费等在第一次支用贷款中首先扣除,承诺费在贷款总额中扣除等)。

(11) 提前还款的处理 明确是否允许提前还款,是否有处罚金等。

(12) 提款方式 了解关于提款凭证的规定,明确提款签字人的签名字模等。

(13) 金融机构的监督权利 这是金融机构单方面的权利规定,例如规定金融机构有权对贷款项目的进展随时检查,有权要求借款人向金融机构报送财务报表,及有权在某种条件下终止贷款等。

(14) 其他重要问题 例如贷款合同的生效问题等。

第三节 资金筹集的成本分析和风险分析

一、资金筹集的成本分析

(一) 资金成本的概念

房地产开发项目从各种渠道筹集的资金,不外乎来自于投资人或债权人两大途径。前者称之为自有资金,后者称之为借入资金。投资者将资金投入开发项目,其目的是为了取得一定的投资报酬,或者说投资报酬必须达到一定的期望水平;而债权人将资金借出去的目的是为了能获得一定的贷款利息。因此,作为资金使用人的具体开发项目,其资金不论来自于投资者还是来自于债权人都必须为此付出一定的代价,而决不可能无偿地使用这些资金。简而言之,资金成本就是为筹集与使用资金所付出的代价。

从理论上讲,资金成本是资金所有权与资金使用权相分离的产物。作为资金所有者,决不会将资金无偿地让渡给资金需求者使用,因为资金使用权的让渡意味着资金所有者失去了凭资金获取其他盈利的机会和条件。同样,作为资金使用者,也不能无偿地占用他人的资金,因为得到了资金的使用权,也就得到了使用资金获取利润的机会,这也要求资金的使用者将获取的利润与资金所有者共同分享。

总之,资金成本实质上是资金使用者支付资金所有者的报酬,或者说是资金使用者为取得资金使用权而付出的代价。由于资金投入性质不同,这一报酬的形式也有所区别。如果是吸收投资者投入资金,那么这一报酬的形式就是投资利润。如果是从债权人处借入资金,那么这一报酬形式就是借款利息。由于企业都希望以最小的资金成本获取所需的资金。因此,分析资金成本有助于筹资人选择筹资方案,确定筹资结构,以及最大限度地提高筹资的效益。

(二) 资金成本的内容

由前述可知,资金成本是资金使用者为取得使用资金而付出的代价,它由两部分组成,一部分是资金筹集费用,另一部分是资金使用成本。

1. 资金筹集费用

它是指在资金筹措过程中所花费的各项费用的总和。它包括银行借款的手续费、佣金、发行债券、股票所支付的各项代理发行费用等。资金筹集费用一般属一次性费用,它与筹集次数有关,因而通常将其作为所筹集资金的一项内容扣除。

另外,如果是境外投资房地产开发项目,还将发生调汇、转汇及有关手续费和佣金等。如果是房地产抵押贷款,还可能发生抵押评估费用等。这些都必须考虑计算在资金筹集费用之内。

2. 资金使用成本

它是指资金使用者支付给资金所有者的报酬,如支付股东的投资股利,支付给银行的利息及支付给其他债权人的各种利息费用等。资金使用成本一般与所筹集资金的总额及使用时间有关,通常具有经常、定期支付的特点,是资金成本的主要构成内容。

资金成本一般以相对数表示,因而也称资金成本率,通常以资金使用成本与实际资金使用额(所筹集的资金额扣除资金筹集费用)的比值来表示资金成本的大小。其一般的计算公式如下:

$$R_K = \frac{D}{K - F}$$

式中 R_K——资金成本率,以百分数表示;

D——资金使用成本;

K——所筹集的资金额;

F——资金筹集费用。

在此计算公式中,D 的性质由所筹集资金的性质确定。如果是从银行借入资金,或发行债券取得的资金,D 是指利息费用;如果是吸收投资人投入资金,则 D 表示预期的投资利润或股利。

另外,由于资金筹集方式不同,需计算不同形式的资金成本,包括个别资金成本、综合资金成本以及边际资金成本等,不同形式的资金成本,其计算方法亦不相同。

(三) 资金成本的计算

1. 个别资金成本的计算

通常将银行贷款和债券的资金成本称为债务成本或负债成本,而将发行股票和企业留存收益的资金成本称为权益成本,债务成本和权益成本的计算有较大的差别。

1) 债务成本的计算

一般而言,通过各种负债形式取得资金,如银行贷款、发行债券等具有如下特点:第一,资金成本的具体表现形式是利息,且利息率的高低事先确定,不受企业经营业绩的影响;第二,在债务生效期内,利息率一般固定不变,且利息应该按期支付;第三,利息费用是税前的扣除项目;第四,本金应按期偿还。

由前可知,利息费用是构成债务成本的主要内容。由于利息费用是税前的扣除项目,因而债务资金成本有两种计算方法,即税前债务成本和税后债务成本。

(1) 税前债务成本的计算

对于直接从银行取得贷款则其税前债务(资金)成本计算公式为:

$$税前债务(资金)成本 = \frac{年利息费用}{借款总额} = 年利率$$

对于通过发行债券方式取得资金或通过中介机构取得银行贷款,则必须支付发行手续费或中介费,这部分筹资费用减少了实际资金使用额,从而加大了资金成本。这种情况下,税前债务(资金)成本的计算公式为:

$$税前债务(资金)成本 = \frac{利息费用}{贷款总额 - 资金筹集费用} = \frac{年利率}{1 - 资金筹集费率}$$

必须注意的是,对于发行债券来说,上述方法计算债务(资金)成本忽略了货币的时间价值。特别是各年利息不相等时,上述公式就很难计算债务(资金)成本。另外,由于还本付息方式不同,计算公式也略有区别。实务中,可采用现金流量计算债券内部收益率,即债券的税前债务(资金)成本,具体由以下公式计算得出内部收益率 R_K。

$$(K - F) = \sum_{i=1}^{n} \frac{I_i}{(1 + R_K)^i} + \frac{P}{(1 + R_K)^n}$$

其中　$K - F$——实际筹集资金总量(现金收入),等式右边为未来各年现金流出的现值和;

　　　　I_i——各年利息支出;

　　　　P——本金。

(2) 税后债务成本的计算

当企业盈利时,税前列支利息费用有减免企业所得税的效应。因而,对企业来说,债务资金的实际成本是从利息费用中扣除由此少交的所得税以后的净额。

$$税后债务成本 = 税前债务成本 \times (1 - 所得税税率)$$

如果不发生资金筹集费用,则

$$税后债务成本 = \frac{利息费用}{贷款总额} \times (1 - 所得税税率) = 年利率 \times (1 - 所得税税率)$$

如果发生资金筹集费用,则

$$税后债务成本 = \frac{利息费用}{借款总额 - 资金筹集费用} \times (1 - 所得税税率)$$

$$= \frac{年利率}{1 - 资金筹集费率} \times (1 - 所得税税率)$$

当企业没有利润时,由于得不到减税的好处,因而税前债务成本就是实际资金成本。

2) 权益成本的计算

权益资金是企业的所有者投入企业的资金。根据它的不同形式,可分为优先股、普通股以及留存收益等。权益资金的成本包含两大内容,即投资者的预期投资报酬和资金筹集费用。由于除优先股外,投资报酬不是事先确定的,它完全由企业的经营效益所决定,因而权益成本的计算有很大的不确定性。另外,与债券的利息不同,权益资金报酬是税后支付的,没有减税效应。所以权益成本的计算有其自己的特点。

(1) 优先股资金成本的计算

优先股同时具有普通股和债券的双重性质,其特征表现为:投资报酬形式为股利形式,股利率固定,本金不需偿还。优先股的成本也包括两部分,即额定股利和资金筹集费用,其资金成本计算公式如下:

$$R_K = \frac{D}{K-F}$$

式中　D——优先股年股利;

其他符号含义不变。

由于优先股股利是税后支付的,很明显的,优先股的风险比债券大,因而通常优先股的资金成本高于债券的资金成本。

(2) 普通股资金成本的计算

普通股是构成股份公司原始资本和权益的主要部分,股利的分配是不确定的。从理论上分析,人们认为普通股的成本是普通股股东在一定的风险条件下所要求的最低投资报酬,在正常情况下,这种最低报酬表现为逐年增长的。普通股资金成本计算公式如下:

$$R_K = \frac{D}{K-F} + g$$

式中　g——预期的股利率增长率;

其他符号含义不变。

另外,除上述以股利为基础计算普通股的资金成本以外,还可以采用风险大小为基础计算普通股的成本。这种方法即"资本资产定价模型法"(Capital Asset Pricing Model),这里不作进一步介绍。

(3) 留存收益资金成本的计算

留存收益是企业税后净利润在扣除发放的股利后形成的。它包括提取的盈余公积和未分配利润,其所有权属于普通股股东。对于股东来说,如何处理留存收益有多种选择,它可以作为未来股利的发放,也可以作为本企业的扩大再生产的资金来源。但不论如何处理,都会使股东付出代价,因而,留存收益资金的使用也有成本。通常,人们将留存收益视同普通股东对企业的再投资,并参照普通股的方法计算资金成本。

2. 综合资金成本的计算

各种不同的资金具有不同的资金成本。一般来讲,一个企业几乎不可能采用单一的筹资方式,而是采用多种不同的筹资方式的组合,所以,要衡量一个企业的筹资成本,除分别计算不同来源资金的个别资金成本外,还必须计算全部资金的成本——综合资金成本。一般根据不同资金的资金成本及它们占全部资金的比重来确定,因而也称加权平均资金成本,其计算公式为:

$$\overline{R}_K = \sum_{i=1}^{n} R_{K_i} W_i$$

式中　$\overline{R}_K$——加权平均资金成本率或综合资金成本;

R_{K_i}——个别资金成本;

W_i——个别资金占全部资金的比重($\sum_{i=1}^{n} W_i = 1$);

n——资金来源种类。

由公式可知,综合资金成本取决于两大因素,个别资金成本和该资金占全部资金的比重,通常也称资金结构。确定资金结构有多种不同的计算方法,可以按资金的账面价值计算,也可以按市场价值计算,甚至可以利用资金的目标价值计算。以上各种计算方法各有利弊。通常,以现行市场价值为基础,并对未来市场的变化趋势作出合理的估计,从而确定资金的目标价值来计算确定资金结构。

3. 边际资金成本的计算

所谓"边际资金成本"是指企业追加筹措资金的成本。从严格意义上讲,边际资金成本可理解为:企业每新增1元资金所带来的资金成本,但由于这一定义的适用性较小,通常将"边际资金成本"理解为企业因追加筹资而带来的资金成本。

1) 计算边际资金成本应考虑的主要因素

(1) 个别资金成本的变动　我们在前面计算个别资金成本以及综合资金成本时,都假定这一资金成本是过去筹资的成本或目前使用的资金成本。但实际上随着时间与筹资数额的变化,个别资金成本也会发生相应的变化,因此必须考虑不同筹资范围的资金成本。

(2) 选择适当的筹资数额　由于筹资数额的大小直接导致不同的资金成本,因此选择投资适量的项目,对确保资金成本有重要意义。

(3) 关于如何确定资金结构问题　资金结构直接影响筹资数额的大小及投资方案的选择,并反过来影响筹资成本。

2) 追加筹资的成本不变时,边际资金成本的计算

当各项追加筹资的资金成本保持不变时,则新增资金的综合资金成本取决于资金结构的变化。当追加筹资仍保持原有的资金结构时,不管追加筹资数额发生多大变化,其综合资金成本保持不变,与原来的综合资金成本相同;如果新增资金改变了原有的资金结构,则综合资金成本就不同于原来的资金成本,应重新根据新的资金结构计算综合资金成本,计算方法仍然相同。

3) 追加筹资的资金成本随筹资规模的扩大而上升时,边际资金成本的计算

当追加筹资的资金成本随筹资规模发生变化时,可按下列步骤计算边际资金成本:

(1) 根据金融市场的资金供求情况,确定各类资金的成本分界点。所谓资金的成本分界点,就是指在资金成本发生变化前的最大筹资额。

(2) 确定目标资金结构,如前所述,追加筹资既可维持原有的资金结构,也可改变原有的资金结构,确定目标资金结构是计算边际资金成本的一个重要因素。

(3) 根据各类资金的成本分界点及目标资金结构计算筹资总额的成本分界点,同时列出相应的筹资范围。

(4) 计算边际资金成本,根据不同的筹资范围,分别计算每一范围内的边际资金成本。

边际资金成本是决定是否采用某一投资项目时必须考虑的一个重要因素。当投资者进行新的资金筹措和投放的决策时,可以用新资金的边际资金成本作为投资方案的贴现率,对

投资方案的现金流量进行贴现。只有计算出的净现值为正值时,才有理由采纳该投资方案。此外,还可以将边际资金成本与投资机会的内部收益率相比较,只有当投资机会的内部收益率高于边际资金成本时,投资方案方可采用。

二、资金筹集的风险分析

在一般财务管理活动中,未来的风险难以测定和计量。然而,风险是客观存在的,企业财务管理工作几乎都是在各种风险和不确定状态下进行的,资金筹集活动也不例外。

(一) 资金筹集的风险

1. 财务风险

通常,我们把由于企业采用各种方式筹集资金而产生的风险,尤其是企业负债筹资而面临的风险,称为财务风险,也称为筹资风险或破产风险。当企业由于资金不足或出于其他目的而运用一定的方法筹集资金后,有可能使企业取得更多的利润,也有可能使企业发生亏损。但无论如何,企业都必须按规定向债权人按期支付利息和偿还本金等,如果企业的经营收入不足以偿付负债利息和本金时,则可能使企业面临财务危机,严重的可能导致企业破产。

产生财务风险的主要原因是:

第一,筹资决策时缺乏可靠的信息。在大多数决策中,决策事项(如收入、价格、销路等)未来变化的各种情况在决策时是无法掌握的,或者说不能取得可靠的信息。这可能是根据现行的预测手段根本无法取得将来各种正确的信息,也可能在许多情况下,由于要取得这种正确的信息要花费极高的成本,而使决策者无法承受。因而,进行筹资决策时,往往只能根据历史资料或经验来判断,只是一种近似的估计,或多或少地带有主观性,从而使决策具有一定的风险性。

第二,筹资决策者不能控制事物未来发展的过程。决策事项未来发展的过程,直接受到未来客观经济环境的影响,如政府宏观经济政策的改变、市场景气与否、产业结构的调整、顾客需求的变化、市场价格和利息率的波动等。所有这一切都使筹资决策处于风险之中,而且这种风险与时间长短有关,未来收益的风险就明显大于近期收益的风险。

因此,由于上述原因的存在,在项目开发过程中,实际的现金流量就会与筹资决策时预期的现金流量发生偏差,从而使企业面临财务风险。

2. 财务杠杆作用

财务杠杆是指企业的全部负债与企业总资产的比例关系。财务杠杆的变化会对企业普通股收益产生影响,也就是财务杠杆作用。财务杠杆的作用程度,通常用财务杠杆系数(Degree of Financial Leverage,简称DFL)来衡量,它表示每股收益随着息前税前利润的变化而变化的幅度,或每股收益的变动率相当于息前税前利润变动率的倍数。用公式表示即:

$$DFL = \frac{每股收益变动的百分比}{息前税前利润变动的百分比} = \frac{\triangle EPS/EPS}{\triangle EBIT/EBIT}$$

式中 EPS——变动前的每股收益;

$EBIT$——变动前的息前税前利润。

由于企业负债利息和优先股股利在财务处理上的不同,两者财务杠杆作用的程度是不同的。

在没有优先股的情况下，$EPS = \dfrac{(EBIT-I)(1-T)}{N}$

其中　I——利息；

　　　T——所得税率；

　　　N——普通股数。

由于 I，T 固定不变，$\triangle EPS = \triangle EBIT \times (1-T)/N$，$\triangle EPS/EPS = \triangle EBIT/(EBIT-I)$，从而财务杠杆系数可如下表示：

$$DFL = \dfrac{EBIT}{EBIT-I}$$

在存在优先股的情况下，

$$EPS = \dfrac{(EBIT-I)(1-T)-PD}{N}$$

式中　PD——优先股股利；

　　　其他符号含义不变。

此时的财务杠杆系数是不相同的。

一般来说，当企业的全部资金的息前税前利润率高于同期负债成本率时，财务杠杆使企业在不增加权益资本投资的情况下，取得更多的利润，财务杠杆具有正效应；反之，则财务杠杆为负效应，并对企业所有者权益带来损失。对优先股而言，当企业全部股本税后利润率高于优先股股利率时，会对普通股权益产生财务杠杆收益；反之则对普通股权益产生相应的财务杠杆损失。由此可见，财务杠杆作用方向的不确定性使企业的普通股权益面临额外的财务风险。财务杠杆作用是筹集资金时必须考虑的一个重要因素。

3. 资金结构与财务风险

不同的资金结构使企业面临的财务风险存在差异。由财务杠杆作用可知，由于负债和优先股杠杆作用的不同，企业的财务风险是不同的。此外，长期负债与短期负债的财务风险也是不相同的。通常，短期负债的利息费用较长期负债要低，但使用短期负债比使用长期负债有更高的风险。主要表现在：第一，企业使用长期负债筹资，在既定负债时期内，其利息费用是固定的；但如以短期负债来取得长期的资金使用权，则可能由于利率的调整造成利息费用的不确定性。第二，企业利用长期负债筹资，可利用较长的经营期为偿还债务提供现金来源，虽有风险，但相对较小。如果企业以重复的短期负债来筹措长期资金，可能会因频繁的债务周转而产生一时无法偿还的情况，从而落入财务困境，甚至导致企业破产。

因此，在筹集房地产开发资金时，必须充分重视房地产开发项目投资量大、投资回收时间长，正好与短期负债还款期短的特征相反的特点，避免产生过度的财务风险。因此，自有资金严重缺乏、负债比例较高的企业更应避免以短期负债的连接来达到长期使用资金的做法，应根据企业的资产结构来确定企业的资金结构，选择合适的资金筹集方法。

（二）资金筹集风险的度量

由前述可知，由于房地产市场的不确定因素的存在，在同一筹资方案下，开发项目的预期收益可能有多种情况，再加上财务杠杆作用方向的不确定性，筹资可能使开发商取得更大的利润，也可能使开发商蒙受额外的损失，所以在市场变化不定和杠杆作用方向不确定的双重作用下,筹集资金存在很大的风险。通常我们以各种条件下项目可能的收益率与期望收益率的差异程度来衡量风险程度,常用的统计指标有期望收益率、标准差和变异系数。

1. 期望收益率(额)

期望收益率是指一定资金筹集方案下根据各种可能的收益率和不同概率计算出来的加权平均报酬率。如果以现金流入反映项目收益,则可计算其现金流入的期望收益额,也称期望值。期望收益率的计算公式为:

$$\overline{K} = \sum_{i=1}^{n} K_i \cdot P_i$$

式中　$\overline{K}$——期望收益率;

　　　K_i——第 i 种可能结果的收益率;

　　　P_i——第 i 种可能结果发生的概率;

　　　n——各种可能结果的总数。

2. 标准差

标准差是反映各种可能结果的收益率偏离期望收益率的综合差异,或称离散程度的指标。标准差一般用 R 表示,其计算公式如下:

$$R = \sqrt{\sum_{i=1}^{n}(K_i - \overline{K})^2 \cdot P_i}$$

标准差是以期望收益率为基准的概率加权平均离差,标准差越大,说明实际数值(实际收入或收益率)偏离期望值或期望收益率的可能性越大,风险也就越大;反之,说明实际收入或收益率偏离期望值或期望收益率的可能性越小,风险也就越小。

3. 变异系数

变异系数是标准差与期望收益率(或期望值)的比值。由于标准差的作用具有局限性,它只适用于相同的期望收益率(或期望值)的各种资金筹集方案进行比较,分析其风险的大小,而不能比较分析不同的期望收益率(或期望值)的各种资金筹集方案的风险大小,变异系数以相对数来表示离散程度即风险的大小更具有可比性。变异系数的计算公式如下:

$$Q = \frac{R}{\overline{K}} \times 100\%$$

式中　Q——变异系数。

必须注意的是,由于风险与收益的权衡永远是一个矛盾,而且往往可能收益越高,风险越大。因此,对于风险相对较高、收益也较高的房地产开发而言,并不是 Q 越小越好,比较风险(Q)的大小仍必须以达到一定的期望收益率为前提,否则开发商便不会有开发项目的积极性,这种资金筹资方案也就失去了现实性,自然也没有比较风险大小的必要。

考虑风险因素后,按风险调整的资金成本应包括无风险资金成本和风险资金成本两部分,其计算公式为:

$$C' = C + b \cdot Q$$

式中　C'——按风险调整的资金成本;

C——无风险资金成本；

b——风险报酬系数；

Q——风险程度，一般用变异系数表示。

(三) 资金筹集风险的控制

由前述分析可知，由于取得信息的不完全性及事物发展的不可控性，使得实际现金流量与预期现金流量的偏差较大而发生财务风险；而财务杠杆作用方向的不确定性则加剧了财务风险的作用程度。因此，控制财务风险，可以从以下方面考虑：

1. 针对企业自身财务状况，合理编制资金筹集方案，选择筹集资金的渠道

通常应注意以下4点：

（1）除资金回收较快且利润丰厚的项目以外，要注意适量地直接投入自有资金，当然，必须保证达到投入自有资金的最低限额。

（2）应视市场情况灵活选择支付固定利息或分割固定利润的筹资方式，对于风险较大的项目，自己又难以筹措到足够的资金时，寻找有实力的伙伴合作开发可以分散风险，共享利润。

（3）在政府许可的条件下，尽可能提前预售部分楼宇，是保证开发商利益、分散风险、筹措建设资金的有效办法，认真做好营销策划和销售组织工作是确保预售收入按计划实现的关键。

（4）应针对企业状况及项目开发的风险程度、资金回收情况选择合理的资金来源结构，避免短期资金的长期使用。

2. 加强债务管理，尽可能保持资金流动过程中的收支平衡

一般应遵循如下基本原则：

（1）债务与自有资本保持适当的比例，避免过度负债。

（2）债务的偿还日期分布尽可能均匀，避免集中在某一时期，并且债务中应保持一部分长期负债，以保证资金供给的相对稳定性。

（3）贷款利息尽可能均匀分布，减少现金支付的压力。

（4）如开发项目有外汇负债，应采用各种方法减少汇率变动风险。

（5）借款时应考虑赋税条件。

3. 采取各种措施，分散风险因素

除通过前述寻找合作伙伴、尽可能预售及合理安排债息偿还时间等以外，应尽可能分散在不相关的筹资渠道上筹集资金；应尽可能选择合理的币种、渠道组合使相关的风险因素相互抵消，等等。

此外，对于周期长的项目，应随着开发的不断进行，不断分析资金的投入与回收情况，及时调整资金筹集方案。

第四节　资金筹集方案的比较与开发成本控制

一、资金筹集方案的比较

资金筹集必须遵循的基本原则是安全性、经济性、可靠性，这也是选择比较资金筹集方案的三个基本原则。通常，我们可以按如下方法进行资金筹集方案的比较选择。

首先，列出方案比较的主要指标，即判断因素，一般可用安全性（风险程度）、经济性（资金成本率)、可靠性(资金在数量、时间上的可能落实程度)等指标,列出表 7-4 指标比较表。

表 7-4　　　　　　　　　　　指标比较表

指　标	方案 A	方案 B	方案 C
安全性	X_{11}	X_{21}	X_{31}
经济性	X_{12}	X_{22}	X_{32}
可靠性	X_{13}	X_{23}	X_{33}

表 7-4 中的安全性指标值可由计算各筹资方案的变异系数取得,经济性指标可以使用各筹资方案的综合资金成本率,可以对各方案可能的资金落实程度按一定方法估计打分取得可靠性指标。另外,根据项目情况或投资人的偏好,指标可作适当调整或增减。

其次,计算确定不同方案(方案 i)的判断因素的评价值 P_{ij},如表 7-5 所示。

表 7-5　　　　　　　　　　　指标评价值表

指　标	不同方案的指标评价值			指标评价值之和
	方案 A	方案 B	方案 C	
安全性	P_{11}	P_{21}	P_{31}	1.00
经济性	P_{12}	P_{22}	P_{32}	1.00
可靠性	P_{13}	P_{23}	P_{33}	1.00

对于变异系数、资金成本等一类指标,其指标值一般越低越好,可以用调和平均数公式计算评价值 P_{ij}:

$$P_{ij} = \frac{1}{\left(\sum_{i=1}^{n} \frac{1}{X_{ij}}\right) X_{ij}}$$

对于可靠性等指标,其指标标值一般越高越好,可以用加权平均数公式计算评价值 P_{ij}:

$$P_{ij} = \frac{X_{ij}}{\sum_{i=1}^{n} X_{ij}}$$

式中　X_{ij}——第 i 方案的指标值;
　　　P_{ij}——第 i 方案的指标评价值。

显然,$\sum_{i=1}^{n} P_{ij} = 1$

最后,按一定的方法确定各判断因素的权数,见表 7-6 所示,并以此计算各个资金筹集方案的总评价分 TP_i:

$$TP_i = \sum_{j=1}^{s} P_{ij} W_j$$

式中　TP_i——方案 i 的总评价分,且 $0 < TP_i < 1$;

W_j——第 j 个判断因素的权重，$\sum_{j=1}^{s} W_j = 1$；

s——判断因素的数量。

由于 $\sum_{i=1}^{n} P_{ij} = 1$，$\sum_{j=1}^{s} W_j = 1$，所以 $\sum_{i=1}^{n} TP_i = \sum_{i=1}^{n} \sum_{j=1}^{s} P_{ij} W_j = 1$

表 7-6　　　　　　　　　　　方案总评价分计算表

指　标	权　重	不同方案的指标评价分			评价分之和
		方案 A	方案 B	方案 C	
安全性	W_1	$P_{11} \cdot W_1$	$P_{21} \cdot W_1$	$P_{31} \cdot W_1$	
经济性	W_2	$P_{12} \cdot W_2$	$P_{22} \cdot W_2$	$P_{32} \cdot W_2$	
可靠性	W_3	$P_{13} \cdot W_3$	$P_{23} \cdot W_3$	$P_{33} \cdot W_3$	
评分合计	100%				1.00

一般而言，TP_i 值最高的方案为最优方案。

二、开发成本核算

（一）开发成本的构成

需要特别提醒的是，在房地产开发项目经济效益评价时，将各项成本与费用进行归并，以便于经济效益的评价。而这里根据现行财务制度与会计制度，进行房地产成本核算与细分，其本质与前面所述是一致的，请读者注意区分。根据财务会计制度，房地产开发成本包括直接费用和间接费用，而发生的销售费用、管理费用和财务费用不再计入成本，作为期间费用直接计入当期损益。相应地，企业设立"开发成本"账户和"开发间接费用"账户作为成本类账户，核算企业在土地、房屋、配套设施、代建工程等开发过程中发生的各项费用；设立"销售费用"、"管理费用"、"财务费用"等损益类账户，核算企业的期间费用。

1. 直接费用和间接费用

房地产开发成本（按会计中的要求）中的直接费用和间接费用包括：

（1）土地征收及拆迁补偿费　包括土地出让金或土地征收费、耕地占用税、劳动力安置费及有关地上、地下附着物、拆迁补偿的净支出，动迁安置用房支出等。

（2）前期工程费　包括规划、勘察、设计、可行性研究、测绘、"三通一平"及执照审批等支出。

（3）建筑安装工程费　包括企业以发包方式支付给承包单位的建筑安装工程费和以自营方式发生的建筑安装工程费。

（4）基础设施费　包括开发小区内道路、供水、供电、供气、排污、通讯、照明、环卫、绿化等工程发生的支出。

（5）配套设施费　包括不能有偿转让的开发小区内公共配套设施发生的支出。

（6）开发间接费用　指企业所属内部独立核算单位组织、管理开发项目所发生的各项间接费用，包括职工工资、福利费、修理费、办公费、水电费、劳动保护费、周转房摊销等。

如由公司直接组织、管理房地产开发项目，所发生的开发间接费用，列入管理费用，不设开发间接费用项目。

2. 期间费用

（1）销售费用　是指企业为产品销售而发生的各项费用。包括产品销售前的改装修复费、看护费、水电费，产品销售过程中发生的广告宣传费、展览费、代销手续费、销售服务费，以及为销售产品而专设的销售机构的职工工资、福利费、业务费等经常费用。

（2）财务费用　是指企业在房地产开发经营过程中，为进行资金筹集等理财活动而发生的各项费用，包括利息支出（减利息收入）、汇兑损失（减汇兑收益）以及相关的手续费、佣金等。

（3）管理费用　是指企业行政管理部门（总部）为组织和管理房地产开发经营活动而发生的各项费用。包括职工工资、福利费、工会经费、职工教育费、劳动保险费、待业保险费、房产税、车船使用税、印花税、土地使用税、技术开发费、无形资产摊销、递延资产摊销、业务招待费、坏账损失等各项费用。

（二）开发成本核算的原则和要求

1. 开发成本核算应遵循的原则

（1）合法性原则　计入成本的费用都必须符合有关的法律、法规和制度等，不合规定的费用不能计入成本。

（2）分期核算的原则　成本计算一般按月进行，同一个成本计算期内核算的收入、产量的起讫日期必须相一致，以保证当期成本的真实性。开发产品的生产周期较长，即使没有竣工交付使用，也要按月汇集生产费用，计算开发成本。

（3）实际成本计价原则　企业应当按照实际发生额核算成本和费用，不得以估算成本、计划成本代替实际成本。

（4）权责发生制原则　本期支付应由本地和以后各期负担的费用，应当按一定标准分配计入本期和以后各期；本期尚未支付、但应由本期负担的费用，应计入本期。只有这样，才能正确计算各期的成本和损益。

（5）成本核算的真实性和及时性原则　成本核算必须有根有据，做到真实、正确、完整和及时。成本核算中运用的大量数据资料，其来源必须真实可靠，一定要以审核无误、手续齐备的原始凭证为依据。

（6）成本核算的一致性和相关性原则　成本核算所采用的方法前后必须一致，使各期的成本资料有统一的口径、前后连贯一致、相互关联，具有可比性。

为保证开发成本核算的质量，企业必须重视和加强基础工作，必须建立和健全有关成本核算的原始记录和凭证，制定必要的耗用定额，建立和健全房屋、材料等的计量、验收、调拨等制度，制定必要的内部结算价格和结算方法等。加强基础工作是保证数据资料准确性的重要前提。企业成本核算的基础工作不健全、财产不清、计量不准确、原始记录不全，成本计算就很难达到真实反映各种耗费情况的目的。

2. 成本核算必须划清界限

（1）划清收益性支出、资本性支出、营业外支出的界限　收益性支出是指与当期收入相配比的费用支出。收益性支出全部列作当期的成本、费用，也称营业支出。资本性支出是指其效益在两个或两个以上会计年度的各项支出。资本性支出要由各受益期的营业收入分期负担，区分收益性支出和资本性支出是为了正确计算各期的损益，正确反映资产的价值和企业的经营情况。如果把收益性支出列作资本性支出，就会虚增固定资产而减少当期费用开支,多计当期盈利;反之,如果将资本性支出列作收益性支出就会减少固定资产而增加当期费用支出,少计当期盈利。营业外支出是指与企业生产经营无关的其他支出,如非常损失、处理固定资产损失等。这些支出与生产经营无关,不能作为企业的成本或费用。可见,区分不同性质的支出是企业正确计算开发成本的前提条件。

(2) 划清本期开发经营成本与下期开发经营成本的界限　企业应计入开发经营成本的费用,并不等于全部由当期的开发经营成本负担。有些费用虽然在本期支付,但受益期包括本期及以后一段时期,是应由本期和以后若干期内均衡承担的待摊费用;还有一些费用,虽是本期尚未支付,而应由本期负担的费用,按权责发生制的原则,应预提计入本期成本。

(3) 划清开发成本和期间费用的界限　房地产开发成本包括开发直接费用和开发间接费用。销售费用、财务费用和管理费用属期间费用,不计入开发成本。企业应按发生费用的性质,分别计入开发成本或当期损益。

(4) 划清不同核算对象的成本界限　企业应按不同的核算对象,归集各种费用。直接费用应直接计入核算对象的成本;间接费用应选择合理的分配方法,分摊计入各核算对象的成本。

(三) 开发成本、费用的核算

1. 成本核算对象的确定

房地产开发企业在开发经营过程中发生的各项支出,应当按成本核算对象进行归集。确定成本核算对象除应当根据有关财务管理办法和会计制度的要求外,应考虑满足成本计算的需要,以便于开发费用的归集,真实、准确、及时地反映开发成本。一般可按以下原则确定成本核算对象。

(1) 一般的房屋或土地开发项目,应当以每一独立编制设计概(预)算或每一独立的施工图预算所列的单项工程为一个成本核算对象;

(2) 对同一地点、结构类型相同的住宅群体(小区)开发项目,若开、竣工时间相近,又是同一施工单位施工的,可合并为一个成本核算对象;

(3) 规模较大、工期较长的房屋或土地开发项目,可根据实际情况按区域或部位划分为不同的成本核算对象。

成本核算对象应在开工之前确定,一经确定,不得随意更改,更不能相互混淆。

2. 开发成本的核算

房地产开发企业应当根据《房地产开发企业会计制度》的规定,设置"开发成本"账户。核算企业在土地、房屋、配套设施和待建工程的开发过程中所发生的各项费用。如果企业的开发项目是由企业内部独立核算单位直接组织、管理的,还应设置"开发间接费用"账户,核算发生的费用。

企业在土地、房屋、配套设施和待建工程的开发过程中所发生的土地征收及拆迁补偿费、前期工程费、基础设施费、建筑安装工程费、配套建设费和分配计入的开发间接费用等,均应在"开发成本"账户核算。上述费用发生时,如果能够分清成本核算对象,可直接计入有关成本项目;如果发生时不能分清成本核算对象,可按一定的分配标准,分配计入有关的成本核算对象的有关成本项目。

不同成本项目费用的分配,可根据费用的性质和企业的实际情况,采用不同的分配方法。

对于与商品房同步建设的配套设施,受益者为2个或3个以上成本核算对象的,在明确分配方法和分摊率后,按实际应分摊额分别计入各核算对象的成本。如果企业开发的受益商品房即将结转成本,而配套设施尚未建造完毕,根据权责发生制和收入与费用配比原则,及时结转竣工项目成本,对其应承担的配套建设费,可采取预提的方法进行处理。

企业内部独立核算单位为组织、管理开发项目而发生的各项间接费用,包括工资、福利费、折旧费、修理费、办公费、水电费、劳动保护费、周转房摊销等,均在"开发间接费用"账户核算。"开发间接费用"应按企业成本核算办法的规定,分配计入有关的成本核算对象,借记"开发成本"科目,贷记"开发间接费用"科目。

不属于开发间接费用范围的支出,即使是在内部独立核算的单位管理开发项目时发生的,也应列入"管理费用"账户,不在"开发间接费用"账户核算;期末,"开发间接费用"账户无余额。

期间费用包括销售费用、财务费用和管理费用,直接计入当期损益。会计处理时,借记"销售费用"、"财务费用"或"管理费用",贷记有关科目。此三项费用在期末全部转入"本年利润"账户,期末应无余额。

三、开发成本的控制

(一) 成本控制的意义

1. 成本控制的涵义

以开发成本的发生为基点,成本控制可分为事前控制、事中控制和事后控制。开发成本的事前控制是指在房地产开发项目正式实施前,对影响成本的各项经济活动进行事前规划、审核,确定目标成本,它是成本的前馈控制,主要是确定成本目标;成本的事前控制包括成本预测、成本决策和编制成本计划。开发成本的事中控制是指在项目实施、成本形成过程中,随时与目标成本对比,发现问题采取措施,予以纠正,以保证目标成本的实现,它是开发成本的过程控制,主要是单项成本的控制。开发成本的事后控制是指成本形成之后,对日常发生的成本差异及其原因进行分析,研究成本变动的原因,它是成本的后馈控制,主要是分析考核、总结经验。

成本控制有广义和狭义之分。广义的成本控制包括事前控制、事中控制和事后控制。狭义的成本控制仅指成本的事中控制,即过程控制。对房地产开发项目而言,由于其开发过程复杂,周期长,投资量大,投资风险及成本变动的可能性较大,因而广义的成本控制具有重要的意义。

2. 开发成本控制的基本原则

(1) **政策性原则**　要处理好质量和成本的关系;处理好国家利益、企业利益和消费者的利益的关系;要处理好当前利益和长远利益的关系,力求经济效益、社会效益和环境效益的统一。

(2) **全面性原则**　由于开发成本涉及企业的方方面面,成本控制要进行全员控制、全过程控制、全方位控制。

(3) **分级归口管理的原则**　开发成本目标,要层层分解、层层归口、层层落实,落实到各部门、各项目、各个环节甚至个人,形成一个成本控制系统。

(4) **权责利相结合的原则**　落实到各部门、各项目、个人的成本目标,必须与他们的责任大小、控制范围相一致,否则成本控制就不可能产生良好的效果。为充分调动每一个人的积极性,必须将成本控制的好坏与奖惩的轻重结合起来。

(5) 例外管理原则 例外管理原则是成本效益原则在成本控制中的体现。成本控制所产生的效益必须大于因进行成本控制而发生的耗费。成本控制应将精力集中在非正常的、金额非常大的例外事项上,集中在开发过程中的一些关键环节上,如设计阶段的成本控制、施工阶段的成本控制及财务费用的控制等。解决了这些问题,就等于解决了关键问题,目标成本的实现就有了可靠的保证。

3. 成本控制的基础工作

(1) 明确各级管理组织和各级人员的责任和权限 把成本、费用根据发生的部门、地点分解开来,落实到有关部门、项目或个人,并赋予他们相应的权利,由他们进行成本控制,同时根据控制情况的好坏予以一定的奖惩。开发成本的分级归口管理是对成本进行有效控制的必备基础之一。

(2) 根据实际情况,制定切实可行的开发成本控制目标 成本控制目标是成本控制的依据。成本控制目标必须订得切合实际,并随着项目开发过程的不断进行、情况的变化,及客观条件的变化不断修正。

(3) 做好成本费用的日常核算工作 做好日常核算工作可以为成本控制提供相关的信息,企业必须根据成本效益原则,建立一套完整的成本核算系统。

(4) 做好成本目标与实际发生情况的动态跟踪对比分析工作 这些工作能及时揭示成本变动的异常情况,为采取对策措施、调整成本目标等提供依据。

(二) 目标成本确定的依据

从开发成本的构成内容看,土地征收及拆迁补偿费在项目洽谈或项目落实后即可测算或确定;前期费用和基础设施费、配套设施费等在规划方案确定后可以根据有关规划方案、参数、使用功能等测算确定;建筑安装工程费用随着设计的深入、细化,才能逐步精确估算;而销售费用、财务费用、管理费用则必须根据预计的销售收入、项目总投资、规模及企业实际情况等进行估算。因此,在房地产开发的不同阶段,编制成本目标的依据不同,成本目标也不尽相同。

一般而言,编制成本目标的主要依据有:①开发项目可行性研究报告;②扩初设计及概算;③施工图设计及施工图预算;④有关的政策、法规及相应的收费标准;⑤其他有关资料。

通常,在房地产开发的各个阶段都编制成本目标作为下一阶段工作的成本控制目标,并逐步细化、优化,最后作为正式的目标成本,分解落实到有关部门和有关人员。同时,根据实际实施情况,对实际成本与目标成本进行动态对比分析,不断修正成本目标。因此,前面各个阶段的成本发生资料也是制定、修正目标成本的主要依据之一。

值得注意的是,由于房地产开发周期长、变动性大、个别性强、可比性差的特点,开发成本目标既没有理想的标准,也没有现行的标准,它只能是一种预期成本,因而在制定成本目标时,必须根据企业自身的资金实力、经营管理能力等实际情况,并充分考虑未来一段时期内各种可能的变化因素。这样方能恰如其分地反映企业各部门、各项目乃至个人的工作效率的高低、成本的节约或浪费,促进成本目标的实现。

(三) 开发成本控制的主要环节

房地产开发项目的成本控制贯穿于房地产开发的全过程。相对而言,前期阶段(尤其是设计阶段)和施工阶段的成本控制较为重要。同时,由于房地产开发投资大、周期长,也必须充分重视,财务费用和货币时间价值的表现,加强控制。

1. 前期阶段的成本控制

前期阶段的成本控制首先是设计阶段的成本控制。应随着设计的不断深化,根据设计内容进行建筑安装费用的跟踪测算,并与可行性研究时的成本目标进行比较,把建筑安装费用控制在目标成本之内。较有效的做法是:

第一,在对设计单位提出设计要求时,根据可行性研究报告确定的目标成本对设计单位提出成本限额设计的要求。只要确定的成本限额科学、合理,就可以作为初步设计的成本控制的有效依据。

第二,在设计过程中,及时对设计内容进行跟踪、对比测算,在确保工程安全可靠和使用功能的前提下,及时组织有关人员对工程结构形式、地基处理方案、建筑装修标准、原材料及设备的选用等方面进行挖潜、降本分析,努力挖掘设计潜力,探求节约成本的可能。

同时,由于土地征收及拆迁补偿费用中往往有相当部分为固定费用,精心做好用地方案,最大限度地发挥土地的开发价值也是节约、降本的有效途径。

2. 施工阶段的成本控制

建筑安装工程发包合同有总价合同、单价合同、成本加酬金合同等种类,其中以采用单价合同较多。合同价款以国家或地方统一规定的预算定额、材料预算定额和取费标准为依据。承包方根据发包方提供的工程范围和施工图纸作出报价。工程量按实际完成的数量进行结算。因此,在施工阶段的成本控制也尤为重要,施工阶段成本控制的主要工作有:

(1) 熟悉设计图纸和设计要求,对工程费用最易突破的部分和环节,制定成本控制重点。

(2) 工程变更、设计修改前进行技术经济合理性分析。

(3) 严格经费签证。

(4) 认真进行工程量复核,按时按量支付进度款,严把工程决算关。

(5) 定期、不定期进行工程费用超支分析,提出成本控制方案和措施等。

3. 强化现金流量管理、加强财务费用控制

加强现金流量管理有利于节约财务费用,提高企业的经济效益。主要应做好以下三点:

(1) 合理编制资金投入计划 根据项目开发的实际需要,适时、适量投入是节约使用资金的关键,编制资金投入计划应同时遵循不影响工程进度和节约使用资金两个原则;

(2) 做好销售资金回收工作 在不影响项目经济收益指标的前提下,做好销售资金回收工作,及时、足量地回收资金,并编制合理的资金回收计划,确保资金回收计划的实现;

(3) 合理利用资金 根据资金投入计划和资金回收计划,合理利用资金,减少资金闲置。

此外,从投资决策、经营决策的角度看,应考虑货币的时间价值,以"净现值"为标准,处理好售价与资金回收等关系,争取最佳投资效益。

复习思考题

1. 房地产开发资金运动具有哪些特征?
2. 房地产开发资金筹集的基本原则是什么?主要渠道有哪些?

3. 房地产开发资金筹集方案的主要内容有哪些？如何编制？
4. 什么是资金成本？它包括哪些内容？它有几种形式？分别如何计算？
5. 什么是筹资风险？如何度量、控制筹资风险？
6. 房地产开发成本的核算应遵循哪些原则？如何控制？

第八章 与房地产开发有关的其他管理

第一节 房地产开发项目管理

一、确定房地产开发项目的原则

1. 符合规划要求

确定房地产开发项目,应当符合土地利用总体规划、年度建设用地计划和城市规划、房地产开发年度计划的要求;按照国家有关规定需要经过计划主管部门批准的,还应当报计划主管部门批准,并纳入年度固定资产投资计划。

2. 与新旧区建设相结合

房地产开发项目,应当坚持旧区改建和新区建设相结合的原则,注意开发基础设施薄弱、交通拥挤、环境污染严重以及危旧房集中的区域,保护和改善城市生态环境,保护历史文化遗产。

3. 注意配套建设

房地产开发项目的开发建设应当统筹安排配套基础设施,并根据先地下、后地上的原则实施。

二、房地产项目实行资本金制度

国家规定,对各种经营性投资项目,包括国有单位的基本建设、技术改造、房地产开发项目和集体投资项目试行资本金制度,投资的项目必须首先落实资本金才能进行建设。

1. 项目资本金的概念

投资项目资本金,是指在投资项目总投资中,由投资者认购的出资额,对投资项目来说是非债务性资金,项目法人不承担这部分资金的任何利息和债务;投资者可按其出资的比例依法享有所有制权益,也可转让其出资,但不得以任何方式抽出。

2. 项目资本金的出资方式

项目投资资本金可以用货币出资,也可以用实物、工业产权、非专利技术、土地使用权出资,但必须经过有资格的资产评估机构依照法律、法规评估作价,不得高估或低估。以工业产权、非专利技术作价出资的比例不得超过投资项目资本金总额的20%,国家对采用高新技术成果有特别规定的除外。

3. 房地产项目资本金

《房地产开发经营管理条例》规定:"房地产开发项目应当建立资本金制度,资本金占项目总投资的比例不得低于20%。"这一比例受宏观经济调控而变化,2004年至2013年期间,该项比例在20%~35%之间变动。

房地产开发项目实行资本金制度,并规定房地产开发企业承揽项目必须有一定比例的资本金,可以有效地防止部分不规范的企业的不规范行为,减少楼盘"烂尾"等现象的发生。

三、对不按期开发的房地产项目的处理原则

《房地产开发经营管理条例》规定,房地产开发企业应当遵从土地使用权出让合同约定的动工期限,满1年未动工开发的,可以征收相当于土地使用权出让金20%以下的土地闲置费;满两年未动工开发的,可以无偿收回土地使用权。这样规定的目的是为了防止利用土地进行非法炒作,激励土地尽快投入使用,促进土地的合理利用。

这里所指的满1年未动工开发的起止日是土地的使用权出让合同生效之日算起至下年同年同月同日止。动工开发日期是指开发建设单位进行实质性投入的日期。动工开发,必须进行实质性投入,开工后必须不间断地进行基础设施、房屋建设。在有拆迁的地段进行拆迁、三通一平,即视为启动。一经启动,无特殊原因则不应当停工,如稍作启动即停工无期,不应算作开工。

以下3种情况造成的违约和土地闲置,不征收土地闲置费。

(1) 因不可抗拒力造成开工延期,不可抗拒力是指依靠人的能力不能抗拒的因素,如地震、洪涝等自然灾害。

(2) 因政府或者政府的有关部门的行为而不能如期开工的或中断建设1年以上的。

(3) 因动工开发必须的前期工作出现不可预见的情况而延期动工开发的,如发现地下文物、拆迁中发现不是开发商努力能解决的问题等。

四、对开发项目实行质量责任制度

1. 对其开发的房地产项目承担质量责任

房地产开发企业开发建设的房地产开发项目,应当符合有关法律、法规的规定和建筑工程质量、安全标准、建筑工程勘察、设计、施工的技术规范以及合同的约定。房地产开发企业应当对其开发建设的房地产开发项目的质量承担责任。勘察、设计、施工、监理等单位应当依照有关法律、法规的规定或者合同的约定,承担相应的责任。

要求房地产开发企业对其开发的房地产项目承担质量责任,是新形势下住宅质量的重大调整。房地产开发企业作为房地产项目建设和营销的主题,是整个活动的组织者。尽管在建设环节许多工作都由勘察、施工等单位承担,出现质量责任可能是由于勘察、施工或者材料供应商的责任,但开发商是组织者,其他所有参与部门都是开发商选择的,都和开发商发生合同关系,出现问题也理应由开发商与责任单位协调。此外,消费者是从开发商手里购房,就如同在商店购物,出现问题应由商店对消费者承担质量责任一样,购买的房屋出现质量责任,也应由开发企业承担对购房者的责任。

房地产开发企业开发建设的房地产项目,必须要经过工程建设环节,必须符合有关法律规定,符合工程勘察、设计、施工等方面的技术规范,符合工程质量、工程安全方面的有关规定和技术标准,这是对房地产开发项目在建设过程中的基本要求,同时还要严格遵守合同的约定。

2. 对质量不合格的房地产项目的处理方式

房屋主体结构质量涉及房地产开发企业、工程勘察、设计单位、施工单位、监理单位、材料供应部门等。房屋主体结构质量的好坏直接影响到房屋的合理使用和购房者的生命财产安全。房屋竣工后,必须验收合格后方可交付使用。商品房交付使用后,购买人认为主体结

构质量不合格的,可以向工程质量监督单位申请重新核验。经核验,确属主体结构质量不合格的,购买人有权退房,给购买人造成损失的,房地产开发企业应当依法承担赔偿责任,这样规定的目的主要是为了确保购买商品房的消费者的合法权益不受损害。

应当注意以下几个问题:

(1) 购房人在商品房交付使用之后发现质量问题,这里的交付使用之后,是指办理了交付使用手续之后,可以是房屋所有权证办理之前,也可以是房屋所有权证办理完备之后,只要在合理的使用年限内,属于主体结构的问题,都可以申请质量部门认定。确属主体结构质量问题的,均可申请退房。

(2) 房屋质量问题有很多种,一般性的质量问题主要通过质量保修解决,而不是退房。

(3) 必须向工程质量监督部门申请重新核验,以质量监督部门核验的结论为依据。这里的质量监督部门是指专门进行质量验收的质量监督站,其他单位的核验结果不能作为退房的依据。

(4) 对购房人造成的损失应当有合理的界定,只能包含直接损失,不能包含精神损失等间接性损失。

对于经工程质量监督部门申请核验,确属房屋主体结构质量不合格的,消费者有权要求退房,终止房屋买卖关系;也有权采取其他办法,如双方协商换房等,选择退房还是换房,权利在消费者。

五、项目手册制度

房地产开发企业应当将房地产开发项目建设过程上的主要事项记录在房地产开发项目手册中,并定期送房地产开发主管部门备案。

房地产开发项目实行项目手册制度是政府行业部门对房地产开发企业是否按照有关法律、法规规定,是否按照合同的约定进行开发建设而建立的一项动态管理制度。其目的主要是为了项目实施过程中对房地产开发企业的开发活动进行监控,保护消费者的合法权益。政府行业管理部门的监控主要包括对是否按申请预售许可证时承诺的时间表进行开发建设,预售款项是否按期投入,拆迁安置是否按要求进行,工程项目是否产生变化等内容。

《房地产开发项目手册》是一种制度性、常规性的监控措施。通过项目手册的实施,可以加强对房地产市场的监测,及时了解和掌握房地产开发项目的进展情况,督促开发企业按规划要求实施开发,按要求分期投入开发所需资金、进行配套建设、完成拆迁安置;对工程进度、质量、是否符合预售条件等进行审核,能有效地防止楼盘"烂尾"等现象的产生。

第二节 房地产开发企业的内部审计管理

房地产开发企业的内部审计是对房地产开发企业财务工作的监控管理,是对其他各部门资金收支状况、物资消耗使用状况、经营效益状况和财务制度执行状况进行独立检查、监督、审查的行为。内部审计的主体即审计执行人或部门是房地产开发企业内部专门的、临时设立的审计部门或上级主管财务部门。内部审计的客体就是被审计的财务和其他部门及其主要负责人。内部审计的委托人是房地产开发企业的上级主管单位或董事会、董事长、总经理。国有房地产开发企业的内部审计工作一般由行业、企业主管部门授权委托,外资房地产开发企业由国外所属上级主管企业授权,民营企业由业主授权,乡镇企业由乡镇政府或上属企业授权。国有企业根据中华人民共和国《审计法》进行,其他企业则参照《审计法》或根据企业有关规章制度进行。审计工作和结果都具有相对的独立性、权威性和公正性。

一、内部审计的职能和作用

1. 内部审计的职能

(1) 经济监督　内部审计首先是通过审计去检查和监察房地产开发企业会计、财务工作和各部门资金、物资、经营状况,发现、纠正问题,保证其经济活动在规定的范围内、在合法和符合企业规章制度规定的轨道上正常进行。

(2) 经济鉴证　内部审计在对所审计企业会计财务工作和各部门资金、物资、经营工作进行检查、验证后,以书面形式出具关于财务、物耗、经营状况是否真实、合法、合理的评价报告,给公众或上级机关以准确的鉴证结论,对被审计的房地产开发企业及其财务等部门予以公允的鉴定。

2. 内部审计的作用

发现、揭露并禁止房地产开发企业的违法违规行为以及企业财务工作和各部门经营工作中的舞弊行为,发现并改进工作中的不正确、不科学、不利企业发展的经营、管理现象。

以调查、评价、建议等方式促进房地产开发企业管理水平和经营效益的提高,加强各项规章制度的完善和履行,理顺企业内部各种利益关系,促进企业内部经营、管理等方面的秩序健康运行。

二、内部审计的主要任务和基本内容

1. 内部审计的主要任务

(1) 监督、检查企业执行国家法律法规政策和财经纪律情况,对非国有企业还应监督、检查企业执行所属上级企业、机关和董事会确立的规章制度的情况。

(2) 监测稽核企业执行城建综合开发长远计划、年度计划、城建开发投资计划情况和结果,监督检查企业上报获准的经营发展计划。

(3) 检查、评估企业内部自我控制、监督和防范体系运作情况。

(4) 检查、评估企业立项的可行性,设计的经济性,财务管理的严格性,会计记录的准确性、完全性,各部门资金、物资、经营的合法性、科学性、效益性。

(5) 核查稽核企业合作开发合同的经济执行情况,建设项目承包运作的经济执行情况。

(6) 其他监督、检查、评价、考核工作。

2. 内部审计的职责和权力

(1) 参与涉及审计工作的所有会计工作、经营决策、财务计划、融资等工作,参与各工程建设、技术、供应等具体职能部门关于资金、物资经营和成本控制工作。

(2) 参与审查企业预决算、重要经济合同和其他具有法律效力的经济文件,审查各种账目、账表、财务决算及其他有关经济资料。

(3) 审计和评价企业及其各有关部门的经营结果,论证立项、征地、设计、工程造价、材料选购、产品定价、营销策划、促销宣传、行销渠道和方式等经营决策的科学合理性,审计监督决策的执行情况,考核管理体制对经营的积极作用。

(4) 提出问题、建议纠正、终止错误,提出处理处罚意见等。

3. 内部审计的基本内容

房地产开发企业内部审计工作的基本内容是根据国家《审计法》和房地产企业内部审计规定,根据房地产开发企业开发、建设、经营、管理和财务工作的特殊性确定主要有:

(1) 审核企业开发项目的合理性,尤其是市场适应性和效益性。

(2) 审查企业开发计划的科学性、可行性,尤其是计划(长期、中期、季度)执行情况、计划的修正工作和处理措施等。

(3) 检查企业开发规划设计与城市总体规划的符合情况,各项技术指标与国家及当时当地政府有关规定是否一致,尤其注意审查它们与企业总体经营效益的利害关系。

(4) 审计、检查企业开发项目的征地、拆迁工作是否合法,是否符合既定标准,是否符合项目开发的总体经营目标,征地、拆迁投入与总体经营效益关系是否合理,动迁人口安排、房屋安置及其投入与有关政策和企业经营效益关系是否合理,等等。

(5) 审查企业选择施工单位是否遵循公证、公开、公平的工作程序,是否对施工企业进行资质审查和技术、管理、质量、工期等方面的能力、信誉进行调查审核。

(6) 审查企业及其开发项目的预决算,重点审查其投资合理情况、定价的科学合理性、合同履行情况、预算变更情况、工程决算等。

(7) 审查财务工作,重点审查执行财经纪律情况、各种财务活动、财务管理情况。各项资金及物资、人力、技术的使用管理情况等。

(8) 其他需要进行审计、检查的工作。

三、内部审计的程序

1. 审计准备阶段

(1) 确定审计对象,指接受审计的具体企业或部门。

(2) 组织审计队伍,内部审计一般由授权者直接组织。

(3) 审计初步调查,为制定审计项目计划而了解被审计方的业务性质、生产经营特点、组织人事机构、资金运作情况、物流主要方向及以往审计工作档案等。内部审计初步调查一般因审计人员对被审计方比较熟悉而从简。

(4) 制定审计方案,即进行审计工作的总体安排,但内部审计一般从简。

(5) 发出审计通知。

2. 审计实施阶段

(1) 根据审计计划进行深入调查,如索取、收集财务报表、账簿、合同及其他有关资料,听取被审计单位情况介绍。

(2) 调查了解企业内部管理的一般工作方式和主要领导人及相关人员的工作习惯,重点审查被审计单位制度执行情况、开发项目的经营管理情况、各项技术经济指标完成情况。

(3) 审核企业会计及有关经济业务的凭证、账簿、报表的真实情况,清查企业材料、物资、设备、技术购进、领用和存量等情况。

(4) 分析研究有关立项、征地、拆迁、设计、定价、宣传、促销、行销等工作的市场价值及其合理性,关注经营业务的重要性,业务复杂程度和发生频率,在进行实际测定后提出评估意见。

(5) 全面、准确地做好审计记录,检验审计证据。

3. 审计报告阶段

(1) 对审计对象作出书面评价和结论,介绍有关审计的内容、范围、方式、时间及其他有关情况。

(2) 对发现的问题提出评价、结论和处理意见。

(3) 形成审计报告。

由于房地产开发企业与其他工商企业相比具有较大的特殊性,也由于内部审计与国家(专业)机关审计、社会专门机构审计有所不同,因此,国有房地产开发企业内部审计参照国家有关法律法规进行。一般房地产开发企业的内部审计是根据上级所属企业、本企业董事会的要求以及本企业管理需要而进行。其程序虽然与国家机关依法审计程序基本相同,但具体的繁简程度则主要取决于单位内部管理层和管理工作的需要。有时内部审计属于根据国家法律法规和政策要求进行,有时根据上级主管企业相关管理制度或合资合作合同规定进行,有时则是因主要领导人更换或因企业内部意外变化临时决定进行,不同时间和不同原因进行的内部审计在具体工作程序上区别很大。

第三节 房地产税收管理

一、房地产税及其功能

1. 房地产税的含义

税收是国家依据法律规定,强制地对经济单位和个人无偿征收购的实物或货币,是国家凭借政治权力参与国民收入分配和再分配的一种手段。税收不仅具有分配的职能,是国家聚集资金的主要手段和国家政权的经济体现,而且还有调节经济运行的职能,是重要的经济杠杆。

赋税的种类很多,区分不同税种类别的主要标志是征税对象。征税对象按性质一般可划分为对收入额征税、对所得额征税和对财产的征税。其中财产税是指对纳税人所有的动产或不动产所征收的税,它是一个古老的税种,历史上最早的税收形式就是土地税和人头税。土地税是财产课税中的重要税种。随着社会经济的发展,财产范畴不断拓展而分化为不动产、动产,而房地产属于不动产,房地产税是以房地产为课税对象的财产税。人们根据财产税课征方式、课税对象、课征标准、课征时序、课征范围及税收负担等多种情况作了分类。目前国际上对此还未形成一个统一标准。经济合作与发展组织拟订的国际税收协定范本将财产税分为三类,即不动产所得税、财产收益税和财产净值税。房地产税的全部内涵包括在这三类之中。

2. 房地产税的功能

(1) 税源充足,收入稳定 房地产既是生产资料,又是生活资料,它涉及到各行各业及每户居民。可以认为,国民经济的不同部门、社会活动的各个主体都与房地产有着不同层次的联系。如房地产开发企业或开发商涉足到房地产开发、经营、管理、服务即房地产经济活动的全过程,而普通居民则与房地产交换、分配、消费有关。因此,以房地产为课税对象,则税源充足,而且税收亦很稳定,从长期趋势看,由于稀缺房地产具有良好的增值效应,税收也呈上升趋向。

（2）抑制投机，确保公平　由于房地产财产的有限性，尤其是土地的稀缺性，使得其权属为部分人较多拥有并炒作，从而使房地产市场呈现为局部投机市场，为投机行为创造了契机。这些投机者占有房地产待价而沽，却不予使用。通过房地产课税可以抑制这种投机行为，使更多人享有这一财富，从而创造平等竞争的市场环境，并可提高其使用效率，矫正社会的奢侈浪费之风。

（3）杠杆调节，发展经济　税收作为经济杠杆是国家实行宏观调控的重要工具，借以鼓励和限制某些产品的生产和消费。这对于激活房地产市场并推进房地产业的发展具有一定意义。

（4）平等负担，缩小差距　一般来讲，财产课税难以转嫁，尤其是对个人消费使用的财产，除对财产租赁行为课税以外，一般不与他人发生经济交易，很少有税负转嫁机会。因此，房地产价值的大小是房地产课税的主要依据，房地产课税加重的应是占有较大房地产价值者的负担，可相对减轻房地产价值较小或不占有房地产者的负担。这一定程度上也便于征收，从而缩小贫富差距，有效实现公平与效率的统一，推进社会协调发展。

3. 房地产税收的不足

房地产税收最大的不足就是有很大的额外负担，不符合纳税能力原则。因为它对房地产占有者抽取高税，而难以查实证券、黄金、珍贵古玩、货币等的拥有量，或者高价值房地产占有者少报、漏报，致使少量占有者受损。

二、房地产税收标准及企业税收负担

1. 房地产税收标准

一般确定税收标准有两个原则，即支付能力原则和受益原则。支付能力原则主张税负水平与支付能力相关的公平，有利于收入与财富的平均分配；而受益原则则主张税负水平与从政府或公共（社会）服务中得到的效用成比例的公平，有益于提高资源配置效率。其实两者不可偏废。当然在经济发展的不同阶段，应根据社会经济发展的客观要求而有所偏向。若着力提高资源配置效率，则应主要遵循受益原则，以提高经济运行效率；若实现社会公平，消除或缩小贫富差距，则应主要遵循支付能力原则。这两者并非绝对对立，一定程度上也是统一的。如重大工程建设可提高工程受益者的税负支付能力，尤其房地产业开发具有很强的外部性，从而受益者支付能力也随之增强。可见，两者之间有一种直接和间接、近期和远期的经济转换关系，因而，在房地产征税过程中应具体分析，合理选择。

2. 房地产企业税收负担

税收负担有宏观、微观之分。宏观税收负担是指从整个社会或国民经济总体的角度来分析税收负担；而微观税收负担则着眼于纳税人或负税人个体。从负税主体来看有企业和个人两种，房地产企业税收负担属微观税收负担，主要受房地产产业政策、经济体制的变化及房地税制、税负结构等因素影响。房地产企业税收负担水平分析指标主要有：企业所得负担率和企业综合负担率两种。

企业所得负担率就是指一定时期内房地产企业实际缴纳的所得税与企业所得（实现利润）的比率，该指标反映了房地产企业所得负担状况，其具体计算公式是：

$$房地产企业所得负担率 = \frac{房地产企业实际缴纳的所得税}{房地产企业所得（实现利润）} \times 100\%$$

在实际测算中,要注意两个问题:一是房地产企业实际缴纳的所得税,是指房地产企业实际缴纳的各种所得税,应包括在税利不分的情况下,国有企业的利润上缴,这样所得的指标值才有可比性和真实性。二是要区分真实负担和名义负担。所谓真实负担即按账面利润计算,就是以企业所得或实现利润为依据计算;所谓名义负担即按计税利润计算,就是以应税所得或应税利润计算。

企业所得税的计税依据是纳税人的应纳税所得额,纳税人每一纳税年度的收入,总额(包括营业外收入)减除成本、费用、国家允许在所得税前列支的税金和其他扣除项目,以及营业外支出后,其余额即为应纳税所得额,并实行统一税率,即所有企业税率均为33%(其中3%为地方税)。这一税率改变了以前按企业经济性质不同而采用不同税率这种不利于公平税负和企业发展的做法,也与国际上通行规定相衔接。目前国外对公司所得税的税率一般定在30%～40%。

房地产企业综合负担率是指一定时期内房地产企业实际缴纳的各种税收与企业利税总额的比率,反映企业税收负担状况,计算公式是:

$$房地产企业综合负担率 = \frac{房地产企业实际缴纳的各种税}{房地产企业利税总额} \times 100\%$$

在房地产企业综合负担率中,其缴纳的各种税收包括商品劳务税、收益所得税、财产行为税等。因此,这项指标比较完整地反映了房地产企业税收负担状况,但这里又涉及税负转嫁问题,若税负转嫁则不能视为企业负担。

第四节 我国现行房地产税

我国现行房地产税有房产税、城镇土地使用税、耕地占用税、土地增值税、契税,紧密相关的税有固定资产投资方向调节税、营业税、城市维护建设税、教育费附加、企业所得税、个人所得税、印花税等。

一、房产税

房产税是以房产为课税对象,向产权所有人征收的一种税。

1. 纳税人

凡是中国境内拥有房屋产权的单位和个人都是房产税的纳税人。产权属于全民所有的,以经营管理的单位和个人为纳税人;产权出典的,以承典人为纳税人;产权所有人、承典人均不在房产所在地的,或者产权未确定以及租典纠纷未解决的,以房产代管人或者使用者为纳税人。自2009年1月1日起,外商投资企业、外国企业和组织以及外籍个人,依照《房产税暂行条例》缴纳房产税。

2. 课税对象的征税范围

房产税的课税对象是房产,征税范围为城市、县城、建制镇和工矿区,不包括农村。

3. 课税依据

对于非出租的房产,以房产原值一次减除10%～30%后的余值为计税依据计算缴纳。具体减除幅度由省、自治区、直辖市人民政府确定。

对于出租的房产,以房产租金收入为计税依据。租金收入是房屋所有权人出租房产使用权所得的报酬,包括货币收入和实物收入。对以劳务或其他形式为报酬抵付房租收入的,应根据当地房产的租金水平,确定一个标准租金额从租计征。

4. 税率

房产税采用比例税率。按房产余值计征的,税率为 1.2%;按房产租金收入计征的,税率为 12%。

5. 纳税地点和纳税期限

(1) 纳税地点　房产税在房产所在地缴纳。房产不在同一地方的纳税人,应按房产的坐落地点分别向房产所在地的税务机关纳税。

(2) 纳税期限　房产税按年计征,分期缴纳,具体纳税期限由各个省、自治区、直辖市人民政府自行确定。

6. 减税、免税

对下述房产免征房产税:

1) 国家机关、人民团体、军队自用的房产,但是上述单位的出租房产以及非自身业务使用的生产、经营用房,不属于免税范围。

2) 由国家财政部门拨付事业经费的单位自用房产。

3) 宗教寺庙、公园名胜古迹自用的房产,但其附设的营业用房及出租的房产,不属于免税范围。

4) 个人所有非营业用房产。

5) 经财政部批准免税的其他房产。包括:

(1) 损坏不堪使用的居屋和危险房屋,经有关部门鉴定后,可免征房产税。

(2) 对企业因停产、撤销而闲置不用的房产,经省、自治区、直辖市税务机关批准可暂不征收房产税;如果这些房产转给其他征税单位使用或恢复生产时,应依照规定征税。

(3) 房产大修停用半年以上的,经纳税人申请,税务机关审核,在大修期间可免征房产税。

(4) 在基建工地为基建工地服务的各种工棚、材料棚、休息棚和办公室、食堂、茶炉房、汽车房等临时性房屋,在施工期间一律免征房产税。但是,工程结束后,施工企业将这种临时性房屋交还或估价转让给基建单位的,应从基建单位接收的次月起,依照规定征税。

(5) 企业办的各类学校、医院、托儿所、幼儿园自用的房,免征房产税。

(6) 中、小学校及高等学校用于教学及科研等本身业务的房产免征房产税,但学校兴办的校办工厂、校办企业、商店、招待所等的房产应按规定征收房产税。

7. 具备房屋功能的地下建筑的房产税政策

1) 凡在房产税征收范围内的具备房屋功能的地下建筑,包括与地上房屋相连的地下建筑以及完全建在地面以下的建筑、地下人防设施等,均应当依照有关规定征收房产税。上述具备房屋功能的地下建筑是指有屋面和维护结构,能够遮风避雨,可供人们在其中生产、经营、工作、学习、娱乐、居住或储藏物资的场所。

2) 自用的地下建筑,按以下方式计税:

(1) 工业用途房产,以房屋原价的 50%～60% 作为应税房产原值。

$$应纳房产税的税额 = 应税房产原值 \times [1-(10\% \sim 30\%)] \times 1.2\%$$

(2) 商业和其他用途房产,以房屋原价的 70%～80% 作为应税房产原值。

$$应纳房产税的税额 = 应税房产原值 \times [1-(10\% \sim 30\%)] \times 1.2\%$$

房屋原价折算为应税房产原值的具体比例,由各省、自治区、直辖市和计划单列市财政和地方税务部门在上述幅度内自行确定。

(3) 对于与地上房屋相连的地下建筑,如房屋的地下室、地下停车场、商场的地下部分等,应将地下部分与地上房屋视为一个整体,按照地上房屋建筑的有关规定计算征收房产税。

3) 出租的地下建筑,按照出租地上房屋建筑的有关规定计算征收房产税。

上述规定自 2006 年 1 月 1 日起执行,《财政部税务总局关于房产税若干具体问题的解释和暂行规定》([86]财税地字第 008 号)第 11 条同时废止。

二、城镇土地使用税

城镇土地使用税(以下简称土地使用税)是以城镇土地为课税对象,向拥有土地使用权的单位和个人征收的一种税。

1. 纳税人

土地使用税的纳税人是拥有土地使用权的单位和个人。拥有土地使用权的纳税人不在土地所在地的,由代管人或实际使用人缴纳,土地使用权未确定或权属纠纷未解决的,由实际使用人纳税;土地使用权共有的,由共有各方划分使用比例分别纳税。

2. 课税对象和征税范围

土地使用税在城市、县城、建制镇、工矿区征收,征税对象是上述范围内的土地和集体所有的土地。

但城市、县城、建制镇和工矿区中的不同地方,其自然条件和经济繁荣程度各不相同,情况非常复杂。因此,国家规定城市、县城、建制镇和工矿区的具体征税范围,由各省、自治区、直辖市人民政府确定。

3. 计税依据

土地使用税的计税依据是纳税人实际占用的土地面积。纳税人实际占用的土地面积,是指由省、自治区、直辖市人民政府确定的单位组织测定的土地面积。具体按下列办法执行:

(1) 凡由省、自治区、直辖市人民政府确定的单位组织测定土地面积的,以测定的土地面积为准。

(2) 未组织测定的,但纳税人持有政府部门核发的土地使用证书的,以证书确认的面积为准。

(3) 尚未核发土地使用证书的,由纳税人据实申报土地面积,待核发土地使用证书后再作调整。

4. 适用税额和应纳税额的计算

土地使用税是采用分类分级的幅度定额税率。每平方米的年幅度税额按城市大小分四个档次:①大城市 1.5～30 元;②中等城市 1.2～24 元;③小城市 0.9～18 元;④县城、建制镇、工矿区 0.6～12 元。

考虑到一些地区经济较为落后,需要适当降低税额以及一些经济发达地区需要适当提高税额的情况,但降低额不得超过最低税额的30%;经济发达地区可以适当提高税额,但必须报经财政部批准。

城镇土地使用税应纳税额的计算公式为:

$$年应纳税额 = 应税土地面积(m^2) \times 适用税率$$

5. 纳税地点和纳税期限

(1) 纳税地点　土地使用税由土地所在的税务机关征收。纳税人使用的土地不属于同一省(自治区、直辖市)管辖范围的,应由纳税人分别向土地所在地的税务机关缴纳;在同一省(自治区、直辖市)管辖范围内,纳税人跨地区使用的土地,其纳税地点由省、自治区、直辖市税务机关确定。

(2) 纳税期限　土地使用税按年计算,分期缴纳。各省、自治区、直辖市可结合当地情况,分别确定按月、季或半年等不同的期限缴纳。

6. 减税、免税

(1) 政策性免税　对下列土地免征土地使用税:①国家机关、人民团体、军队自用的土地;②由国家财政部门拨付事业经费的单位自用的土地;③宗教寺庙、公园名胜古迹自用的土地;④市政街道、广场、绿化地带等公共用地;⑤直接用于农、林、牧、渔业的生产用地;⑥经批准开山填海整治的土地和改造的废弃土地,从使用的月份起免缴土地使用税5～10年;⑦由财政部另行规定的能源、交通、水利等设施用地和其他用地。

(2) 由地方确定的免税　下列五项用地是否免税,由省、自治区、直辖市税务机关确定:①个人所有的居住房屋及院落用地;②房产管理部门在房租调整改革前经租的居民住房用地;③免税单位职工家属的宿舍用地;④民政部门举办的安置残疾人占一定比例的福利工厂用地;⑤集体和个人举办的学校、医院、托儿所、幼儿园用地。

(3) 困难性及临时性减免税　纳税人缴纳土地使用税确有困难需要定期减免的,由省、自治区、直辖市税务机关审批,但年减免税额达到或超过10万元的,要报经财政部、国家税务总局批准。

对遭受自然灾害需要减免税的企业和单位,省、自治区、直辖市税务机关可根据受害情况,给予临时性的减税或免税照顾,以支持生产,帮助企业和单位渡过难关。

三、耕地占用税

耕地占用税是对占用耕地从事非农业生产建设的单位和个人征收的一种税。

1. 纳税人

凡占用耕地建房或者从事其他非农业建设的单位和个人,都是耕地占用税的纳税人。所称单位包括国有企业、集体企业、私营企业、股份制企业、外商投资企业、外国企业以及其他企业和事业单位、社会团体、国家机关、部队以及其他单位;以上所称个人,包括个体工商户以及其他个人。

2. 课税对象和征税范围

耕地占用税的课税对象是占用耕地建房或者从事非农业建设的行为。应税行为必须同时具备以下两个条件:一是占用了耕地;二是建房或者从事非农业建设。建房包括建设建筑物和构筑物。耕地占用税征税范围为国家所有和集团所有的耕地。耕地是指用于种植农作物的土地,包括新开荒地、休闲地、轮歇地、草田轮作地;以种植农作物为主,间有零星果树、桑树或其他树木的土地。对农田水利设施占地不征收耕地占用税。

3. 税率和适用税额

耕地占用税实行定额税率,具体分4个档次:①以县为单位(下同),人均耕地在1亩以下(含1亩)的地区,每平方米为10~50元;②人均耕地在1~2亩(含2亩)的地区,每平方米为8~40元;③人均耕地在2~3亩(含3亩)的地区,每平方米为6~30元;④人均耕地在3亩以上的地区,每平方米为5~25元。

各地适用税额,由省、自治区、直辖市人民政府在规定税额范围内,根据本地区情况具体核定。

为了协调政策,避免毗邻地区征收税额过于悬殊、保证国家税收任务的完成,财政部对各省、自治区、直辖市分别核定了每平方米平均税额,如上海市9.0元。同时还规定,各省、自治区、直辖市应有差别地规定各县(市)郊区的适用税额,但各地平均数不得低于规定的平均税额。

4. 计税依据

耕地占用税以纳税人实际占用耕地面积为计税依据,按照规定税率一次性计算征收。耕地占用税实行据实征收原则,对于实际占用耕地超过批准占用耕地,以及未经批准而自行占用耕地的,经调查核实后,由财政部门按照实际占用耕地面积,依法征收耕地占用税,并由土地管理部门按有关规定处理。

5. 加成征税

根据有关规定,加成征税政策主要有以下两项:

(1) 经济特区、经济技术开发区和经济发达且人均耕地特别少的地区,适用税额可以适当提高,但是提高的部分最高不得超过条例第五条第三款规定的当地适用税额的50%。

(2) 占用基本农田的,适用税额应当在规定的当地适用税额的基础上提高50%。

6. 减税、免税

1) 减税范围

(1) 铁路线路、公路线路、飞机场跑道、停机坪、港口、航道占用耕地,按每平方米2元的税额征收耕地占用税。

根据实际需要,国务院财政、税务主管部门国务院有关部门并报国务院批准后,可以对前款规定的情形免征或者减征耕地占用税。

(2) 农村居民占用耕地新建住宅,按照当地适用税额减半征收耕地占用税。

(3) 农村烈士家属、残疾军人、鳏寡孤独以及革命老根据地、少数民族聚居区和边远贫困山区生活困难的农村居民,在规定用地标准以内新建住宅缴纳耕地占用税确有困难的,经所在地乡(镇)人民政府审核,报经县级人民政府批准后,可以免征或者减征耕地占用税。

2) 免税范围

(1) 军事设施占用耕地。

(2) 学校、幼儿园、养老院、医院占用耕地。

7. 纳税环节和纳税期限

耕地占用税由地方税务机关负责征收。土地管理部门在通知单位或者个人办理占用耕地手续时,应当同时通知耕地所在地同级地方税务机关。获准占用耕地的单位或者个人应当在收到土地管理部门的通知之日起 30 日内缴纳耕地占用税。土地管理部门凭耕地占用税完税凭证或者免税凭证和其他有关文件发放建设用地批准书。

四、土地增值税

土地增值税是对有偿转让国有土地使用权及地上建筑物和其他附着物的单位和个人征收的一种税。

1. 纳税人

凡有偿转让国有土地使用权、地上建筑物及其他附着物（以下简称转让房地产）并取得收入的单位和个人为土地增值税的纳税人。所称的单位是指各类企业单位、事业单位、国家机关和社会团体及其他组织。所称的个人包括个体经营者、外商投资企业、外国企业以及外国驻华机构，以及外国公民、华侨、港澳同胞等均在纳税人范围之内。

2. 征税范围

土地增值税的征税范围包括国有土地、地上建筑物及其他附着物。转让房地产是指转让国有土地使用权、地上建筑物和其他附着物产权的行为。不包括通过继承、赠与等方式无偿转让房地产的行为。

3. 课税对象和计税依据

土地增值税的课税对象是有偿转让房地产所取得的土地增值额。

土地增值税以纳税人有偿转让房地产所取得的土地增值额为计税依据，土地增值额为纳税人转让房地产所取得的收入减除规定扣除项目金额后的余额。纳税人转让房地产所取得的收入，包括转让房地产的全部价款及相关的经济利益。具体包括货币收入、实物收入和其他收入。

4. 税率和应纳税额的计算

土地增值税实行 4 级超额累进税率：

（1）增值额未超过扣除项目金额 50% 的部分，税率为 30%。
（2）增值额超过扣除项目金额 50%，未超过 100% 的部分，税率为 40%。
（3）增值额超过扣除项目金额 100%，未超过 200% 的部分，税率为 50%。
（4）增值额超过扣除项目金额 200% 以上部分，税率为 60%。

每级"增值额未超过扣除项目金额"的比例均包括本比例数。

为简化计算，应纳税额可按增值额乘以适用税率减去扣除项目金额乘以速算扣除系数的简便方法计算，速算公式如下：

土地增值额未超过扣除项目金额 50% 的

$$应纳税额 = 土地增值额 \times 30\%$$

土地增值额超过扣除项目金额 50%，未超过 100% 的

$$应纳税额 = 土地增值额 \times 40\% - 扣除项目 \times 5\%$$

土地增值额超过扣除项目金额 100%，未超过 200% 的

$$应纳税额 = 土地增值额 \times 50\% - 扣除项目 \times 15\%$$

土地增值额超过扣除项目金额 200% 的

应纳税额 ＝ 土地增值额 × 60％ － 扣除项目金额 × 35％

5. 扣除项目

土地增值税的扣除项目为：取得土地使用权时所支付的金额；土地开发成本、费用；建房及配套设施的成本、费用，或者旧房及建筑物的评估价格；与转让房地产有关的税金；财政部规定的其他扣除项目。

上述扣除项目的具体内容为：

（1）取得土地使用权所支付的金额，是指纳税人为取得土地使用权所支付的地价款和按国家统一规定交纳的有关费用。凡通过行政划拨方式无偿取得土地使用权的企业和单位，则以转让土地使用权时按规定补交的出让金及有关费用，作为取得土地使用权所支付的金额。

（2）开发土地和新建房及配套设施（以下简称房地产开发）的成本，是指纳税人在房地产开发项目实际发生的成本（以下简称房地产开发成本）。包括土地征收及拆迁补偿、前期工程费用、建筑安装工程费、基础设施费、公共配套设施费、开发间接费。

其中：①土地征收及拆迁补偿费，包括土地征收费、耕地占用税、劳动力安置费及有关地上、地下附着物拆迁补偿的净支出、安置拆迁用房支出等；②前期工程费，包括规划、设计、项目可行性研究、水文、地质、勘察、测绘、"三通一平"等支出；③建筑安装工程费，是指以发包方式支付给承包单位的建筑安装工程费和以自营方式发生的建筑安装工程费；④基础设施费，包括开发小区内道路、供水、供电、供气、排污、排洪、通讯、照明、环卫、绿化等工程发生的支出；⑤公共配套设施费，包括不能有偿转让的开发小区内公共配套设施发生的支出；⑥开发间接费用，是指直接组织、管理开发项目发生的费用，包括工资、职工福利费、折旧费、修建费、办公费、水电费、劳动保护费、周转房摊销等。

（3）开发土地和新建房及配套设施的费用（以下简称房地产开发费用），是指与房地产开发项目有关的销售费用、管理费用和财务费用。财务费用中的利息支出，凡能够按转让房地产项目计算分摊并提供金融机构证明的，允许据实扣除，但最高不能超过商业银行同类同期贷款利率计算的金额。其他房地产开发费用，按取得土地使用权所支付的金额和开发土地、新建房及配套设施的成本两项规定计算的金额之和的 5％ 以内计算扣除。凡不能按转让房地产项目计算分摊利息支出或不能提供金融机构证明的，房地产开发费用按取得土地使用权所支付的金额和开发土地和新建房及配套设施的成本两项规定计算的金额的 10％ 以内计算扣除。

上述计算扣除的具体比例，由省、自治区、直辖市人民政府规定。

（4）旧房及建筑物的评估价格是指在转让已使用的房屋及建筑物时，由政府批准设立的房地产估价机构评定的重置成本价乘以成新度折扣率后的价格。评估价格须经当地税务机关确认。

（5）与转让房地产有关的税金是指在转让房地产时已缴纳的营业税、城市维护建设税、印花税。因转让房地产交纳的教育附加也可视同税金予以扣除。

（6）对从事房地产开发的纳税人可按取得土地使用权所支付的金额和开发土地和新建房及配套设施的成本两项规定计算的金额之和，加计 20％ 的扣除。

另外，对纳税人成片受让土地使用权后，分期分批开发、分块转让的，其扣除项目金额的确定，可按转让土地使用权的面积占总面积的比例计算分摊；或按建筑面积计算分摊，也可按税务机关确认的其他方式计算分摊。

土地增值税以纳税人房地产成本核算的最基本的核算项目或核算对象为单位计算。

纳税人有下列情形之一者,按照房地产评估价格计算征收土地增值税:①隐瞒、虚报房地产价格的;②提供扣除项目金额不实的;③转让房地产的成交价格低于房地产评估价,又无正当理由的。

6. 减税、免税

下列情况免征土地增值税:①纳税人建造普通标准住宅出售,其土地增值额未超过扣除金额20%的;②因国家建设需要而被政府征收的房地产。

其中,普通标准住宅是指按所在地一般民用住宅标准建造的居住用房。普通标准住宅与其他住宅的具体划分界限由各省、自治区、直辖市人民政府规定。纳税人建造普通标准住宅出售,增值额未超过《中华人民共和国土地增值税实施细则》第七条(一)、(二)、(三)、(五)、(六)项扣除项目金额之和20%的,免征土地增值税;增值额超过扣除项目之和的20%的,应就其全部增值额按规定计税。因国家建设需要依法征收、收回的房地产,是指因城市实施规划、国家建设需要而被政府批准征收的房产或土地使用权。因城市实施规划、国家建设的需要搬迁,由纳税人自行转让原房地产的,免征土地增值税。

符合上述免税规定的单位和个人,须向房地产所在地税务机关提出免税申请,经税务机关审核后,免征土地增值税。

7. 征收管理

土地增值税的纳税人应于转让房地产合同签订之日起7日内,到房地产所在地的主管税务机关办理纳税申报,并向税务机关提交房屋及建筑物产权、土地使用权证书、土地转让、房地产买卖合同、房地产评估报告及其他与转让房地产有关的资料。纳税人因经常发生房地产转让而难以在每次转让后申报的,经税务机关审核同意后,可以定期进行纳税申报,具体期限由税务机关根据情况确定。

纳税人在项目全部竣工结算前转让房地产取得的收入,由于涉及成本确定或其他原因,而无法据实计算土地增值税的,可以预征土地增值税,待该项目全部竣工、办理结算后再进行清算,多退少补。具体办法由各省、自治区、直辖市地方税务局根据当地情况制定。

8. 《关于土地增值税若干问题的通知》的有关规定

(1) 关于纳税人建造普通标准住宅出售和居民个人转让普通住宅的征免税问题 "普通住宅"的认定,一律按各省、自治区、直辖市人民政府根据《国务院办公厅转发建设部等部门关于做好稳定住房价格工作意见的通知》(国办发[2005]26号)制定并对社会公布的"中小套型、中低价位普通住房"的标准执行。纳税人既建造普通住宅,又建造其他商品房的,应分别核算土地增值额。

(2) 关于转让旧房准予扣除项目的计算问题 纳税人转让旧房及建筑物,凡不能取得评估价格,但能提供购房发票的,经当地税务部门确认为取得土地使用权所支付的金额,或新建房及配套设施的成本、费用,可按发票所载金额并从购买年度起至转让年度止每年加计5%计算。对纳税人购房时缴纳的契税,凡能提供契税完税凭证的,准予作为"与转让房地产有关的税金"予以扣除,但不作为加计5%的基数。对于转让旧房及建筑物,既没有评估价格,又不能提供购房发票的,地方税务机关可以根据《中华人民共和国税收征收管理法》第

35 条的规定,实行核定征收。

（3）关于土地增值税的预征和清算问题　为进一步完善土地增值税预征办法,各地根据本地区房地产业增值水平和市场发展情况,区别普通住房、非普通住房和商用房等不同类型,科学合理地确定预征率,并适时调整。工程项目竣工结算后,应及时进行清算,多退少补。对未按预征规定期限预缴税款的,应根据《税收征管法》及其实施细则的有关规定,从限定的缴纳税款期限届满的次日起,加收滞纳金。对已竣工验收的房地产项目,凡转让的房地产的建筑面积占整个项目可售建筑面积的比例在85%以上的,税务机关可以要求纳税人按照转让房地产的收入与扣除项目金额配比的原则,对已转让的房地产进行土地增值税的清算。具体清算办法由各省、自治区、直辖市和计划单列市地方税务局规定。

（4）关于因城市实施规划、国家建设需要而搬迁,纳税人自行转让房地产的征免税问题　《中华人民共和国土地增值税暂行条例实施细则》第十一条第四款所称:因"城市实施规划"而搬迁,是指因旧城改造或因企业污染、扰民（指产生过量废气、废水、废渣和噪声,使城市居民生活受到一定危害）,而由政府或政府有关主管部门根据已审批通过的城市规划确定进行搬迁的情况;因"国家建设的需要"而搬迁,是指因实施国务院、省级人民政府、国务院有关部委批准的建设项目而进行搬迁的情况。

（5）关于以房地产进行投资或联营的征免税问题　对于以土地（房地产）作价入股进行投资或联营的,凡所投资、联营的企业从事房地产开发的,或者房地产开发企业以其建造的商品房进行投资和联营的,均不适用《财政部、国家税务总局关于土地增值税一些具体问题规定的通知》（财税字[1995]48号）第一条暂免征收土地增值税的规定:"对于以房地产进行投资、联营的,投资、联营的一方以土地（房地产）作价入股进行投资或作为联营条件,将房地产转让到所投资、联营的企业中时,暂免征收土地增值税。对投资、联营企业将上述房地产再转让的,应征收土地增值税。"

9. 其他规定

为了保证税收政策的连续性,体现国家对房地产开发的鼓励规定:

（1）1994年1月1日以前签订的房地产转让合同,不论其房地产在何时转让,均免征土地增值。

（2）1994年1月1日以前已签订房地产开发合同或已立项,并已按规定投入资金进行开发,其在1994年1月1日以后5年内首次转让房地产的,免征土地增值税。签定合同日期以有偿受让土地合同签订之日为准。

（3）对于个别由政府审批同意进行成片开发、周期较长的房地产项目,其房地产在上述5年免税期以后首次转让的,经所在地财政、税务部门审核,并报财政部、国家税务、总局核准,可以适当延长免税期限。在上述免税期限再次转让房地产以及不符合上述规定的房地产转让,如超过合同范围的房地产或变更合同的,均应按规定征收土地增值税。

根据《财政部、国家税务总局关于调整房地产交易环节税收政策的通知》（财税字[2008]137号）的规定,自2008年11月1日起,对个人销售住房暂免征收土地增值税。

五、契税

契税是在土地、房屋权属发生转移时,按当事人双方订立契约时对产权人征收的一种税。

1. 纳税人

在中华人民共和国境内转移土地、房屋权属,承受的单位和个人为纳税人。

转移土地、房屋权属是指下列行为:①国有土地使用权出让;②土地使用权转让,包括出售、赠与和交换;③房屋买卖;④房屋赠与;⑤房屋交换。

下列方式视同为转移土地、房屋权属,予以征税:①以土地、房屋权属作价投资、入股;②以土地、房屋权属抵债;③以获奖方式承受土地、房屋权属;④以预购方式或者预付集资建房款方式承受土地、房屋权属。

2. 课税对象

契税的征税对象是发生产权转移变动的土地、房屋。

3. 税率

契税的税率为3%~5%,各地适用税率由省、自治区、直辖市人民政府在前面规定的幅度内按照本地区的实际情况确定,并报财政部和国家税务总局备案。

4. 计税依据

契税的计税:国有土地使用权出让、土地使用权出售、房屋买卖,为成交价格;土地使用权赠与、房屋赠与,由征收机关参照土地使用权出售、房屋买卖的市场价格核定;土地使用权交换、房屋交换,为所交换的土地使用权、房屋的价格的差额。征收机关认为有必要时,也可以直接或委托房地产估价机构对房屋价值进行评估,以评估价格作为计税依据。

无论是否划分房产的价格和土地的价格,都以房地产交易契约价格总额为计税依据。土地使用权交换、房屋交换时,以所交换的土地使用权、房屋的价格的差额为计税依据。

5. 纳税人环节和纳税期限

契税的纳税环节是在纳税义务发生以后,办理契证或房屋产权证之前。按照《契税暂行条例》,由承受人自转移合同签定之日起10日后办理纳税申报手续,并在征收机关核定的期限内缴纳税款。

6. 减税、免税

有下列行为之一的减征或免征契税:

(1)国家机关、事业单位、社会团体、军事单位承受土地、房屋用于办公、教学、医疗、科研和军事设施的,免征。

(2)城镇职工,按规定第一次购买公有住房的,免征。

(3)因不可抗力灭失住房而重新购买住房的,免征。

(4)土地、房屋被县级以上人民政府征收、占用后,重新承受土地、房屋权属的,由省、自治区、直辖市人民政府决定是否减征或者免征。

(5)纳税人承受荒山、荒沟、荒滩、荒丘等土地使用权,用于农、林、牧、渔等产业生产的,免征。

(6)依照我国有关法律规定以及我国缔结或参加的双边和多边条约或协定的规定,应当予以免税的外国驻华大使馆、领事馆、联合国驻华机构及其外交代表、领事官员和其他外交人员承受土地、房屋权属的,经外交部确认,可以免征。

自2010年10月1日起,对个人购买普通住房且该住房属于家庭唯一住房的,减半征收契税;对于个人购买90平方米以下普通住房且该住房属于家庭唯一住房的,减按1%税率征收契税。

7. 其他有关具体规定

（1）对于《中华人民共和国继承法》规定的法定继承人（包括配偶、子女、父母、兄弟姐妹、祖父母、外祖父母）继承土地、房屋权属时，不征收契税；非法定继承人根据遗嘱承受死者生前的土地、房屋权属，属于赠与行为，应征收契税。

（2）婚姻关系存续期间，房屋、土地权属原归夫妻一方所有，变更为夫妻双方共有的，免征契税。

（3）拆迁居民因拆迁重新购置住房的，对购房成交价格中相当于拆迁补偿款的部分免征契税，成交价格超过拆迁补偿款的，对超过部分征收契税。

（4）企业改制重组过程中，同一投资主体内部所属企业之间土地、房屋权属的无偿划转，不征收契税。自然人与其个人独资企业、一人有限责任公司之间土地、房屋权属的无偿划转属于同一投资主体内部土地、房屋权属的无偿划转，可比照上述规定不征收契税。

六、相关税收

1. 固定资产投资方向调节税

固定资产投资方向调节税是对单位和个人用于固定资产投资的各种资金征收的一种税。在中国境内进行固定资产投资的单位和个人，为固定资产投资方向调节税的纳税人。

投资方向调节税以在我国境内所有用于固定资产投资的各种资金为课税对象。纳税人用各种资金进行固定资产投资，不论其投资来源渠道如何，都属于征税范围。

投资方向调节税根据国家产业政策和经济规模实行差别税率，具体适用税率为0、5%、10%、15%、30%等5个档次。"固定资产投资方向调节税税目税表"由国务院定期调整。对经济适用房，不论是房地产开发企业还是其他企事业单位的建设投资，一律按零税率项目对待。

投资方向调节税以固定资产投资项目实际完成的投资额为计税依据。

2. 营业税、城市维护建设税和教育费附加

营业税是对提供应税劳务、转让无形资产和销售不动产的单位和个人开征的一种税。城市维护建设税（以下简称"城建税"）是随增值税、消费税和营业税附征并专门用于城市维护建设的一种特别目的税。教育费附加是随增值税、消费税和营业税附征并专门用于教育的一种特别目的税。

销售不动产的营业税税率为5%。

城建税以缴纳增值税、消费税、营业税的单位和个人为纳税人。对外商投资企业的外国企业，暂不征城建税。

城建税在全国范围内征收，包括城市、县城、建制镇及其以外的地区。即只要缴纳增值税、消费税、营业税的地方，除税法另有规定者外，都属征收城建税的范围。

城建税实行的是地区差别税率，按照纳税人所在地的不同，税率分别规定为7%、5%、1%等3个档次。具体是：纳税人所在地在城市市区的，税率为7%；在县城、建制镇的，税率为5%；不在城市市区、县城、建制镇的，税率为1%。

所有纳税人除另规定外，其缴纳城建税的税率一律执行纳税人所在地的税率，在同一地区只能执行同一档次的税率，不能因企业隶属关系、企业规模和行业性质不同，而执行不同的税率。

但是,对下列两种情况,可不执行纳税人所在地的税率,而按所在地缴纳增值税、消费税、营业税(简称"三税")的适用税率缴纳城建税:一是受托方代征、代扣增值税、消费税、营业税的纳税人;二是流动经营无固定纳税地点的纳税人。

城建税以纳税人实际缴纳的"三税"税额为计税依据。"三税"税额仅指"三税"的正税,不包括税务机关对纳税人加收滞纳金和罚款等非税款项。

教育费附加的税率在城市一般为营业税的3%。

营业税、城市建设维护税和教育费附加通常也称作"两税一费"。

3. 企业所得税

(1) 纳税人　在中华人民共和国境内,企业和其他取得收入的组织(以下统称企业)为企业所得税的纳税人。

个人独资企业、合伙企业不适用《中华人民共和国企业所得税法》。企业分为居民企业和非居民企业。居民企业是指依法在中国境内成立,或者依照外国(地区)法律成立但实际管理机构在中国境内的企业。居民企业应当就其来源于中国境内、境外的所得缴纳企业所得税。非居民企业是指依照外国(地区)法律成立且实际管理机构不在中国境内,但在中国境内设立机构、场所的,或者在中国境内未设立机构、场所,但有来源于中国境内所得的企业。非居民企业在中国境内设立机构、场所的,应当就其所设机构、场所取得的来源于中国境内的所得,以及发生在中国境外但与其所设机构、场所有实际联系的所得,缴纳企业所得税。非居民企业在中国境内未设立机构、场所的,或者虽设立机构、场所但取得的所得与其所设机构、场所没有实际联系的,应当就其来源于中国境内的所得缴纳企业所得税。

(2) 税率　企业所得税的税率为25%。非居民企业在中国境内未设立机构、场所的,或者虽设立机构、场所但取得的所得与其所设机构、场所没有实际联系的,就其来源于中国境内的所得缴纳企业所得税的,适用税率为20%。

(3) 应纳税所得额　企业每一纳税年度的收入总额,减除不征税收入、免税收入、各项扣除以及允许弥补的以前年度亏损后的余额,为应纳税所得额。

企业以货币形式和非货币形式从各种来源取得的收入,为收入总额。包括:①销售货物收入;②提供劳务收入;③转让财产收入;④股息、红利等权益性投资收益;⑤利息收入;⑥租金收入;⑦特许权使用费收入;⑧接受捐赠收入;⑨其他收入。

企业实际发生的与取得收入有关的、合理的支出,包括成本、费用、税金、损失和其他支出,准予在计算应纳税所得额时扣除。

(4) 应纳税额　企业的应纳税所得额乘以适用税率,减除依照本法关于税收优惠的规定减免和抵免的税额后的余额,为应纳税额。

企业取得的下列所得已在境外缴纳的所得税税额,可以从其当期应纳税额中抵免,抵免限额为该项所得依照本法规定计算的应纳税额;超过抵免限额的部分,可以在以后五个年度内,用每年度抵免限额抵免当年应抵税额后的余额进行抵补:①居民企业来源于中国境外的应税所得;②非居民企业在中国境内设立机构、场所,取得发生在中国境外但与该机构、场所有实际联系的应税所得。

4. 个人所得税

1) 纳税人

个人所得税的纳税人为在中国境内有住所或者无住所而在境内居住满一年的,从中国境内和境外取得的所得的个人。在中国境内无住所又不居住或者无住所而在境内居住不满一年的个人,从中国境内取得的所得的,依照法律规定同样需缴纳个人所得税。

2) 税目

下列各项个人所得,应纳个人所得税:

(1) 工资、薪金所得。

(2) 个体工商户的生产、经营所得。

(3) 对企事业单位的承包经营、承租经营所得。

(4) 劳务报酬所得。

(5) 稿酬所得。

(6) 特许权使用费所得。

(7) 利息、股息、红利所得。

(8) 财产租赁所得。

(9) 财产转让所得。

(10) 偶然所得。

(11) 经国务院财政部门确定征税的其他所得。

3) 与房地产相关的个人所得税税率

财产租赁所得,财产转让所得,适用比例税率,税率为20%。

4) 与转让住房有关的征收个人所得税具体规定

《中华人民共和国个人所得税法》及其实施条例规定,个人转让住房,以其转让收入额减除财产原值和合理费用后的余额为应纳税所得额,按照"财产转让所得"项目缴纳个人所得税。之后,根据我国经济形势发展需要,《财政部国家税务总局建设部关于个人出售住房所得征收个人所得税有关问题的通知》(财税字[1999]278号)对个人转让住房的个人所得税应纳税所得额计算和换购住房的个人所得税有关问题做了具体规定。

目前,在征收个人转让住房的个人所得税中,各地又反映出一些需要进一步明确的问题。为完善制度,加强征管,国家税务总局2006年7月18日就有关问题通知如下:

(1) 对住房转让所得征收个人所得税时,以实际成交价格为转让收入。纳税人申报的住房成交价格明显低于市场价格且无正当理由的,征收机关依法有权根据有关信息核定其转让收入,但必须保证各税种计税价格一致。

(2) 对转让住房收入计算个人所得税应纳税所得额时,纳税人可凭原购房合同、发票等有效凭证,经税务机关审核后,允许从其转让收入中减除房屋原值、转让住房过程中缴纳的税金及有关合理费用。

① 房屋原值具体为:商品房为购置该房屋时实际支付的房价款及交纳的相关税费。自建住房为实际发生的建造费用及建造和取得产权时实际交纳的相关税费。经济适用房(含集资合作建房、安居工程住房)为原购房人实际支付的房价款及相关税费,以及按规定交纳的土地出让金。已购公有住房为原购公有住房标准面积按当地经济适用房价格计算的房价款,加上原购公有住房超标准面积实际支付的房价款以及按规定向财政部门(或原产权单位)交纳的所得收益及相关税费。已购公有住房是指城镇职工根据国家和县级(含县级)以上人民政府有关城镇住房制度改革政策规定,按照成本价(或标准价)购买的公有住房。经济适用房价格按县级(含县级)以上地方人民政府规定的标准确定。城镇拆迁安置住房:根

据《城市房屋拆迁管理条例》和《建设部关于印发〈城市房屋拆迁估价指导意见〉的通知》(建住房[2003]234号)等有关规定,其原值分别为:房屋拆迁取得货币补偿后购置房屋的,为购置该房屋实际支付的房价款及交纳的相关税费;房屋拆迁采取产权调换方式的,所调换房屋原值为《房屋拆迁补偿安置协议》注明的价款及交纳的相关税费;房屋拆迁采取产权调换方式,被拆迁人除取得所调换房屋,又取得部分货币补偿的,所调换房屋原值为《房屋拆迁补偿安置协议》注明的价款和交纳的相关税费,减去货币补偿后的余额;房屋拆迁采取产权调换方式,被拆迁人取得所调换房屋,又支付部分货币的,所调换房屋原值为《房屋拆迁补偿安置协议》注明的价款,加上所支付的货币及交纳的相关税费。

② 转让住房过程中缴纳的税金是指:纳税人在转让住房时实际缴纳的营业税、城市维护建设税、教育费附加、土地增值税、印花税等税金。

③ 合理费用是指:纳税人按照规定实际支付的住房装修费用、住房贷款利息、手续费、公证费等费用。支付的住房装修费用。纳税人能提供实际支付装修费用的税务统一发票,并且发票上所列付款人姓名与转让房屋产权人一致的,经税务机关审核,其转让的住房在转让前实际发生的装修费用,可在以下规定比例内扣除:已购公有住房、经济适用房:最高扣除限额为房屋原值的15%;商品房及其他住房:最高扣除限额为房屋原值的10%。纳税人原购房为装修房,即合同注明房价款中含有装修费(铺装了地板,装配了洁具、厨具等)的,不得再重复扣除装修费用。支付的住房贷款利息。纳税人出售以按揭贷款方式购置的住房的,其向贷款银行实际支付的住房贷款利息,凭贷款银行出具的有效证明据实扣除。

纳税人按照有关规定实际支付的手续费、公证费等,凭有关部门出具的有效证明据实扣除。

(3) 纳税人未提供完整、准确的房屋原值凭证,不能正确计算房屋原值和应纳税额的,税务机关可根据《中华人民共和国税收征收管理法》第35条的规定,对其实行核定征税,即按纳税人住房转让收入的一定比例核定应纳个人所得税额。具体比例由省级地方税务局或者省级地方税务局授权的地市级地方税务局根据纳税人出售住房的所处区域、地理位置、建造时间、房屋类型、住房平均价格水平等因素,在住房转让收入1‰~3‰的幅度内确定。

(4) 各级税务机关要严格执行《国家税务总局关于进一步加强房地产税收管理的通知》(国税发[2005]82号)和《国家税务总局关于实施房地产税收一体化管理若干具体问题的通知》(国税发[2005]156号)的规定。为方便出售住房的个人依法履行纳税义务,加强税收征管,主管税务机关要在房地产交易场所设置税收征收窗口,个人转让住房应缴纳的个人所得税,应与转让环节应缴纳的营业税、契税、土地增值税等税收一并办理;地方税务机关暂没有条件在房地产交易场所设置税收征收窗口的,应委托契税征收部门一并征收个人所得税等税收。

(5) 各级税务机关要认真落实有关住房转让个人所得税优惠政策。按照《财政部国家税务总局建设部关于个人出售住房所得征收个人所得税有关问题的通知》(财税字[1999]278号)的规定,对出售自有住房并拟在现住房出售1年内按市场价重新购房的纳税人,其出售现住房所缴纳的个人所得税,先以纳税保证金形式缴纳,再视其重新购房的金额与原住房销售额的关系,全部或部分退还纳税保证金;对个人转让自用5年以上,并且是家庭唯一生活用房取得的所得,免征个人所得税。要不折不扣地执行上述优惠政策,确保维护纳税人的合法权益。

受赠人取得赠与人无偿赠与的不动产后,再次转让该项不动产的,在缴纳个人所得税时，以财产转让收入减除受赠、转让住房过程中缴纳的税金及有关合理费用后的余额为应纳税所得额，按 20% 的适用税率计算缴纳个人所得税。在计征个人受赠不动产个人所得税时，不得核定征收，必须严格按照税法规定据实征收。

5. 印花税

印花税是对经济活动和经济交往中书立、领受的应税经济凭证所征收的一种税。

印花税的纳税人为在中国境内书立、领受税法规定应税凭证的单位和个人，包括国内各类企业、事业、机关、团体、部队及中外合资企业、中外合作企业、外商独资企业、外国公司和其他经济织织及其在华机构等单位和个人。

印花税的征收范围主要是经济活动中最普遍、最大量的各种商事和产权凭证，具体包括以下 5 项：①购销、加工承揽、建设工程勘察设计、建设安装工程承包、财产租赁、货物运输、仓储保管、借款、财产保险、技术等合同或者具有合同性质的凭证；②产权转移书据；③营业账簿；④权利、许可证照；⑤经财政部确定征税的其他凭证。

印花税的税率采用比例税率和定额税率两种。

对一些载有金额的凭证，如各类合同、资金账簿等，都采用比例税率。

税率共分 5 档：千分之一、万分之五、万分之三、万分之零点五、万分之零点三。

对一些无法计算金额的凭证，或者虽载有金额，但作为计税依据明显不合理的凭证，采用定额税率，每件缴纳一定数额的税款。

印花税计税依据根据应税凭证的种类，分别规定如下：①合同或具有合同性质的凭证，以凭证所载金额作为计税依据。具体包括购销金额、加工或承揽收入、收取费用、承包金额、租赁金额、运输费用、仓储保管费用、借款金额、保险费收入等项。②营业账簿中记载资金的账簿，以固定资产原值和自有流动资金总额作为计税依据。③不记载金额的营业执照，专利证、专利许可证照，以及企业的日记账簿和各种明细分类账簿等辅助性账簿，按凭证或账簿的件数纳税。

对下列情况免征印花税：①财产所有人将财产捐赠给政府、社会福利单位、学校所书立的书据，免征印花课税。②已纳印花税凭证的副本或抄本，免征印花税。③外国政府或者国际金融组织向我国政府及国家金融机构提供优惠贷款所立的合同，免征印花税。④有关部门根据国家政策需要发放的无息、贴息贷款合同，免征印花税。⑤经财政部批准免税的其他凭证。

6. 与房地产有关税费的优惠政策

为了深化住房制度改革，有效启动房地产市场，刺激住房消费，近几年国家对房地产的有关税费，特别是对住房消费的有关税费出台了一系列的优惠政策（这些政策曾经发生过而现在已终止，或现在还在执行，读者应注意新政策的变化），主要包括：

1) **鼓励个人买卖住房，调整了营业税、契税和土地增值税有关政策**

为减轻个人买卖普通住房的税费负担，从 1999 年 8 月 1 日起，对个人购买并居住超过一年的普通住房，销售时免征营业税，个人购买并居住不足一年的普通住房，销售时营业税按销售价减去购入价后的差额计征；个人自建自用住房，销售时免征营业税；个人购买自用普通住宅，暂减半征收契。

企业、行政事业单位按房改成本价、标准价出售住房的收入，暂免征收营业税。同时，居民个人拥有的普通住宅，在转让时暂免征收土地增值税。

2）鼓励换购，减轻个人出售住房所得税负担

个人出售自有住房取得的所得应按照"财产转让所得"项目征收个人所得税。个人出售自有住房的应纳税所得额，按下列原则确定：

（1）个人出售除已购公有住房以外的其他自有住房，其应纳税所得额按照个人所得税法的有关规定确定。

（2）个人出售已购公有住房，其应纳税所得额为个人出售已购公有住房销售价，减除住房面积标准的经济适用住房价款、原支付超过住房面积标准的房价款、向财政或原产权单位缴纳的所得收益以及税法规定的合理费用后的余额。

（3）职工以成本价（或标准价）出资的集资合作建房、安居工程住房、经济适用住房以及拆迁安置住房，按照已购公有住房确定应纳税所得额。

（4）对出售自有住房并拟在现住房出售后 1 年内按市场价重新购房的纳税人，其出售现住房所应缴纳的个人所得税，视其重新购房的价值可全部或部分予以免税，具体办法为：

- 个人出售现住房所应缴纳的个人所得税税款，应在办理产权过户手续前，以纳税保证金形式向当地主管税务机关缴纳。税务机关征收纳税保证金时，应向纳税人正式开具"中华人民共和国纳税保证金收据"，并纳入专户存储。
- 个人出售现住房后 1 年内重新购房的，按照购房金额大小，相应退还纳税保证金。购房金额大于或等于原住房销售额的（原住房为已购公有住房的，原住房销售额应扣除已按规定向财政或原产权单位缴纳的所得收益。下同），全部退还纳税保证金；购房金额小于原住房销售额的，按照购房金额占原住房销售额的比例退还纳税保证金，余额作为个人所得税缴入国库。
- 个人出售现住房后 1 年内未重新购房的，所缴纳的纳税保证金全部作为个人所得税缴入国库。
- 个人在申请退还纳税保证金时，应向主管税务机关提供合法、有效的售房、购房合同和主管税务机关要求提供的其他有关证明材料，经主管税务机关审核确认后方可办理纳税保证金退还手续。
- 跨行政区域售、购住房又符合退还纳税保证金条件的个人，应向纳税保证金缴纳地主管税务机关申请退还纳税保证金。

（5）对个人转让自用 5 年以上、并且是家庭唯一生活用房取得的所得，继续免征个人所得税。

同时，为了确保有关住房转让的个人所得税政策得到全面、正确的实施，要求各级房地产交易管理部门应与税务机关加强协作、配合，主管税务机关需要有关本地区房地产交易情况的，房地产交易管理部门应及时提供。

3）支持住房租赁市场发展，调整住房租赁市场税收

- 对按政府规定价格出租的公有住房和廉租住房，包括企业和自收自支事业单位向职工出租的单位自有住房；房管部门向居民出租的公有住房；落实私房政策中带户发还产权并以政府规定租金标准向居民出租的私有住房等，暂免征收房产税、营业税。
- 对个人按市场价格出租的居民住房，其应缴纳的营业税暂减按 3% 的税率征收，房产税暂减按 4% 的税率征收。
- 对个人出租房屋取得的所得暂减按 10% 的税率征收个人所得税。

4) 明确了已购公有住房和经济适用住房上市出售土地出让金和收益分配管理
- 已购公有住房和经济适用住房上市出售时,由购房者按规定缴纳土地出让金或相当于土地出让金的价款。缴纳标准按不低于所购买的已购公有住房或经济适用住房坐落位置的标定地价的10%确定。

购房者缴纳土地出让金或相当于土地出让金的价款后,按出让土地使用权的商品住宅办理产权登记。

- 职工个人上市出售已购公有住房取得的价款,扣除住房面积标准的经济适用住房价款和原支付超过住房面积标准的房价款以及有关税费后的净收益,按规定缴纳所得收益。其中,住房面积标准内的净收益按超额累进比例或一定比例缴纳;超过住房面积标准的净收益全额缴纳。

职工个人上市出售已购经济适用住房,原则上不再缴纳所得收益。

- 土地出让金按规定全额上交财政;相当于土地出让金的价款和所得收益,已购公有住房产权属行政机关的,全额上交财政;属事业单位的,50%上交财政,50%返还事业单位;属企业的,全额返还企业。
- 上交财政的相当于土地出让金的价款和所得收益,按已购公有住房原产权单位的财务隶属关系和财政体制,分别上交中央财政和地方财政,专项用于住房补贴;返还给企业和事业单位的相当于土地出让金的价款和所得收益,分别纳入企业和单位住房基金管理,专项用于住房补贴。
- 土地出让金及相当于土地出让金的价款和所得收益缴纳和返还的具体办法,由各地财政部门会同土地行政管理部门和房产行政主管部门制定。

七、有关房地产税收的优惠政策

1. 享受优惠政策的普通住房标准

《国务院办公厅转发建设部等部门关于做好稳定住房价格工作意见的通知》规定,享受优惠政策的住房应同时满足以下条件:

(1) 住宅小区建筑容积率在1.0以上。
(2) 单套建筑面积在120 m^2以下。
(3) 实际成交价格低于同级别土地上住房平均交易价格1.2倍以下。

各省、自治区、直辖市要根据实际情况,制定本地区享受优惠政策普通住房的具体标准。允许单套建筑面积和价格标准适当浮动,但向上浮动的比例不得超过上述标准的20%。

2. 个人购买销售住房税收优惠政策

1) 营业税

(1) 个人自建自用住房销售时,免征营业税。
(2) 企业、行政事业单位按房改成本价、标准价出售住房的收入,暂免征收营业税。
(3) 自2011年1月28日起,对个人购买住房不足5年转手交易的,统一按其销售收入全额征税;个人将购买超过5年(含5年)的非普通住房对外销售的,按照其销售收入减去购买房屋的价款后的差额征收营业税;个人将购买超过5年(含5年)的普通住房对外销售的,免征营业税。

2) 契税

从 2010 年 10 月 1 日起，对个人购买普通住房，且该住房属于家庭(成员范围包括购房人、配偶以及未成年子女，下同)唯一住房的，减半征收契税。对个人购买 90 平方米及以下普通住房，且该住房属于家庭唯一住房的，减按 1%税率征收契税。

3) 土地增值税

个人销售住房暂免征收土地增值税。

4) 印花税

个人销售或者购买住房暂免征收印花税。

3. 个人出售住房个人所得税

个人出售自有住房取得的所得应按照"财产转让所得"项目征收个人所得税。个人出售自有住房的应纳税所得额，按下列原则确定：

(1) 个人出售已购公有住房，其应纳税所得额为个人出售已购公有住房的销售价款，减除住房面积标准的经济适用住房价款、原支付超过住房面积标准的房价款、向财政或原产权单位缴纳的所得收益以及税法规定的合理费用后的余额。

(2) 职工以成本价(或标准价)出资的集资合作建房、安居工程住房、经济适用住房以及拆迁安置住房，按照已购公有住房确定应纳税所得额。

(3) 受赠人取得赠与人无偿赠与的住房后，再次转让的，在缴纳个人所得时，应纳税所得额为住房转让收入减除受赠、转让住房过程中缴纳的税金及有关合理费用后的余额。

(4) 对个人转让自用 5 年以上，并且是家庭唯一生活用房取得的所得，继续免征个人所得税。

同时，为确保有关住房转让的个人所得税政策得到全面、正确的实施，要求各级房地产交易管理部门加强与税务机关的协作、配合，主管税务机关需要有关本地区房地产交易情况的，房地产交易管理部门应及时提供。

4. 住房租赁税收优惠政策

2008 年 3 月 1 日起，房屋租赁市场税收按以下规定执行。

(1) 对个人出租住房取得的所得税按 10%的税率征收个人所得税。

(2) 对个人出租、承租住房签订的租赁合同，免征印花税。

(3) 对个人出租住房取得的收入，不区分用途，在 3%税率的基础上减半征收营业税，按 4%的税率征收房产税，免征城镇土地使用税。

(4) 对企事业单位、社会团体以及其他组织按市场价格向个人出租用于居住的住房取得的收入，减按 4%的税率征收房产税。

5. 廉租住房和经济适用住房的税收优惠政策

为支持廉租住房、经济适用住房建设，自 2007 年 8 月 1 日起：

(1) 对廉租住房经营管理单位按照政府规定价格、向规定保障对象出租廉租住房的租金收入，免征营业税、房产税。

(2) 对廉租住房、经济适用住房建设用地以及廉租住房经营管理单位按照政府规定价格、向规定保障对象出租的廉租住房用地，免征城镇土地使用税。

开发商在经济适用住房、商品住房项目中配套建造廉租住房，在商品住房项目中配套建造经济适用住房，如能提供政府部门出具的相关材料，可按廉租住房、经济适用住房建筑面积占总建筑面积的比例免征开发商应缴纳的城镇土地使用税。

（3）企事业单位、社会团体以及其他组织转让旧房作为廉租住房、经济适用住房房源且增值额未超过扣除项目金额20%的，免征土地增值税。

（4）对廉租住房、经济适用住房经营管理单位与廉租住房、经济适用住房相关的印花税以及廉租住房承租人、经济适用住房购买人涉及的印花税予以免征。

开发商在经济适用住房、商品住房项目中配套建造廉租住房，在商品住房项目中配套建造经济适用住房，如能提供政府部门出具的相关材料，可按廉租住房、经济适用住房建筑面积占总建筑面积的比例免征开发商应缴纳的印花税。

（5）对廉租住房经营管理单位购买住房作为廉租住房、经济适用住房经营管理单位回购经济适用住房继续作为经济适用住房房源的，免征契税。

（6）对个人购买经济适用住房，在法定税率基础上减半征收契税。

（7）对个人按《廉租住房保障办法》规定取得的廉租住房货币补贴，免征个人所得税；对于所在单位以廉租住房名义发放的不符合规定的补贴，应征个人所得税。

6. 公共租赁住房建设和运营的税收优惠政策

为支持公共租赁住房建设和运营，自2010年9月27日起执行下列税收优惠政策，执行期限暂定三年，政策到期后将根据公租房建设和运营情况对有关内容加以完善。

（1）对公租房建设用地及公租房建成后占地免征城镇土地使用税。在其他住房项目中配套建设公租房，依据政府部门出具的相关材料，可按公租房建筑面积占总建筑面积的比例免征建造、管理公租房涉及的城镇土地使用税。

（2）对公租房经营管理单位建造公租房涉及的印花税予以免征。在其他住房项目中配套建设公租房，依据政府部门出具的相关材料，可按公租房建筑面积占总建筑面积的比例免征建造、管理公租房涉及的印花税。

（3）对公租房经营管理单位购买住房作为公租房，免征契税、印花税；对公租房租赁双方签订租赁协议涉及的印花税予以免征。

（4）对企事业单位、社会团体以及其他组织转让旧房作为公租房房源，且增值额未超过扣除项目金额20%的，免征土地增值税。

（5）企事业单位、社会团体以及其他组织捐赠住房作为公租房，符合税收法律法规规定的，捐赠支出在年度利润总额12%以内的部分，准予在计算应纳税所得额时扣除。

（6）对经营公租房所取得的租金收入，免征营业税、房产税。公租房租金收入与其他住房经营收入应单独核算，未单独核算的，不得享受免征营业税、房产税优惠政策。

第五节 节税、避税、偷税与税务代理

一、基本概念

节税、避税、偷税都是企业减轻税负、追求利润最大化的手段，不过三者的成因有别。

节税是利用法律并不企图包括的方法来使纳税人降低赋税，即在法律规定许可的范围内，通过对经营、投资、理财活动的事先筹划和安排，尽可能地取得税收利益，因此具有合法性、筹划性和目的性，其成因在于纳税人的主观意识。

避税是指利用税法的不健全,减轻纳税义务,减少税收负担的行为。要将避税与节税明确划分有一定难度,其主要区别在于,节税是完全合法的,甚至是税收政策予以引导和鼓励的,而避税则是钻税法的空子,有悖于国家政府的税收政策导向。

偷税是指纳税人采取伪造、变造、隐匿、擅自销毁账簿、记账凭证,在账簿上多列支出或者不列、少列收入,或者进行虚假的纳税申报的手段,不缴或少缴应纳税款,其具有非法性和欺诈性。

在法律行为上,偷税是公然违反、践踏税法,与税法对抗的一种行为。它在形式上表明纳税人有意识地采取谎报和隐匿有关纳税情况和事实等非法手段,达到少缴或不缴税款的目的,其行为具有欺诈的性质。在纳税人因疏忽和过失而造成同样后果的情况下,尽管纳税人可能并非故意隐瞒,但其疏忽和过失本身也是法律不允许的。

节税和避税是在遵守税法、拥护税法的前提下,利用法律不及的缺陷或漏洞进行的税负减轻、少纳税的实践活动。尽管这种避税也是出自纳税人的主观意图,但它并不像偷税行为那样具有欺诈性质,在税法运用形式上是遵守税法的。

在法律后果上,偷税行为属于法律上明确禁止的行为,因而一旦被有关当局查明属实,纳税人就要为此承担相应的法律责任。在这方面,世界上各个国家的税法对隐瞒纳税事实的偷税行为都有处罚规定。根据偷税情节的轻重,有关当局可以对当事人作出行政、民事以及刑事等不同性质的处罚。所谓情节的轻重,一般取决于偷税行为造成的客观危害以及行为本身的恶劣程度。

二、避税与反避税

1. 避税策略

(1) 材料计算避税　材料价格由市场供求关系而定,因而企业购置的材料价格是会发生变化的。根据《企业会计准则》的有关规定,"各种存货发出时,企业可以根据实际情况,选择使用先进先出法、加权平均法、后移动平均法、个别计价法、后进先出法等方法确定其实际成本"。在价格上涨时,若依据后进先出法、加权平均法、先进先出法计算成本,则税负由轻到重。

(2) 利用征管漏洞避税　税收征管包括管理、检查、征收三个环节,其中可以利用一些税务人员素质低、对税收政策理解不透、地区间税务部门信息传递不畅等问题所引发的避税空隙、避实就虚、避重就轻、公然避税。

(3) 费用分摊法避税　通过费用在不同成本项目间分摊,以扩大或缩小企业成本,从而减少企业税负。

(4) 信托避税　即利用某一特别税收优惠区,通过在该区设置信托机构,让非优惠区的财产挂在优惠区信托机构下,从而利用区域性税收优惠避税。

此外,还有利用银行结算制度与增值税发票不一致,互相折让价格、租赁财产租金抵利息、让利销售等方式避税。在计算机软件买卖中,还可以以技术成果转让、技术咨询服务等方式避税,等等。

2. 反避税策略

制定详尽、系统的税收法规和条款,仅仅是国际反避税工作的第一步。若想使这些抽象的税收法规得以具体地执行和实施,还必须依靠健全、完善的税收征管制度和高效率的税务行政管理体系以及有较好素质的征管人员。高效完善的征管制度还在于税务部门与其他相关部门密切配合,从而可以依据快捷、完备的信息来开展反避税工作。

美国的税务征收管理,是以自行申报、自行依法计税为基础,税务当局主要进行抽样检查,对大公司则实行连续检查,并充分利用现代化技术与手段对国际、国内的偷漏税者施以重罚。同时,税务总局依据纳税申报表、情况报告表以及审计与调查作出"自愿依法水平"的研究,以评估纳税人依法纳税的程度。美国完善的征管体系及规范的税收征管程序对于我国反避税工作很有借鉴意义。

三、税务代理

税务代理是指税务代理人在法定的代理范围内,受纳税人、扣缴义务人的委托,代办税务事宜的各项行为的总称。在我国,税务代理人是指具有丰富的税收实务工作经验和较高的税收、会计专业理论知识以及法律基础知识,经国家税务总局及省、自治区、直辖市的国家税务局批准,从事税务代理的专门人员及其工作机构。税务代理的专门人员即为税务师,税务师必须加入税务代理机构才能开展税务代理业务,而且一个税务师只能加入一个税务代理机构。税务代理机构有两种:一是税务师事务所,二是指由国家或省级国家税务局批准成立的税务代理机构。

作为从事税务市场中介的代理行为,税务代理制度的建立和完善可以促使税务部门、税务代理机构、纳税人之间形成一种相互配合、相互制约的征管机制,从而减少税收征管阻力,降低税收成本,便于税务机关集中精力、强化征管,使税收征管工作步入规范化、科学化、法制化轨道。税务代理制度的建立不仅是深化税收征管制度改革的一项配套措施,也是市场经济发展的客观要求。从世界各国市场经济发展的过程来看,完善的市场经济结构不仅要有自我规范、自我发展的市场竞争机制,还要有高效、便利的市场服务体系。而税务代理作为一种中介服务,无疑将大大提高税务工作效率,一方面有效地保护了被代理人——纳税主体、缴税义务人的利益;另一方面又有利于加强税法宣传和信息反馈,为税务机关提供决策依据。

税务代理的主要内容有:办理税务登记、变更税务登记和注销税务登记,办理发票领购手续,办理纳税申报或扣缴税款报告,办理纳税款项和申请退税,制作涉税文书,审查纳税情况,建账建制、办理账务,开展税务咨询、受聘税务顾问,申请税务行政复议或税务行政诉讼以及国家税务,总局规定的其他业务。

复习思考题

1. 简述房地产开发项目资本金的主要内容。
2. 简述房地产开发项目质量责任的主要内容。
3. 房地产开发企业内部审计的基本内容和程序是什么?
4. 什么是税收?
5. 熟悉我国现行各项房地产税的内容。
6. 房地产税收中,哪些税采取比例税率?哪些税采用累进税率?哪些税采用定额税率?
7. 房地产税收的优惠政策有哪些?
8. 了解节税、避税、偷税与税务代理的概念。

附　件

附件 1

房地产(住宅)开发主要工作阶段流程图

（注：本教材结合实际项目总结了住宅房地产开发的主要工作阶段，并以流程图的形式表示，将有助于读者清晰地了解一个住宅房地产开发的全过程。）

——流程图见下页：

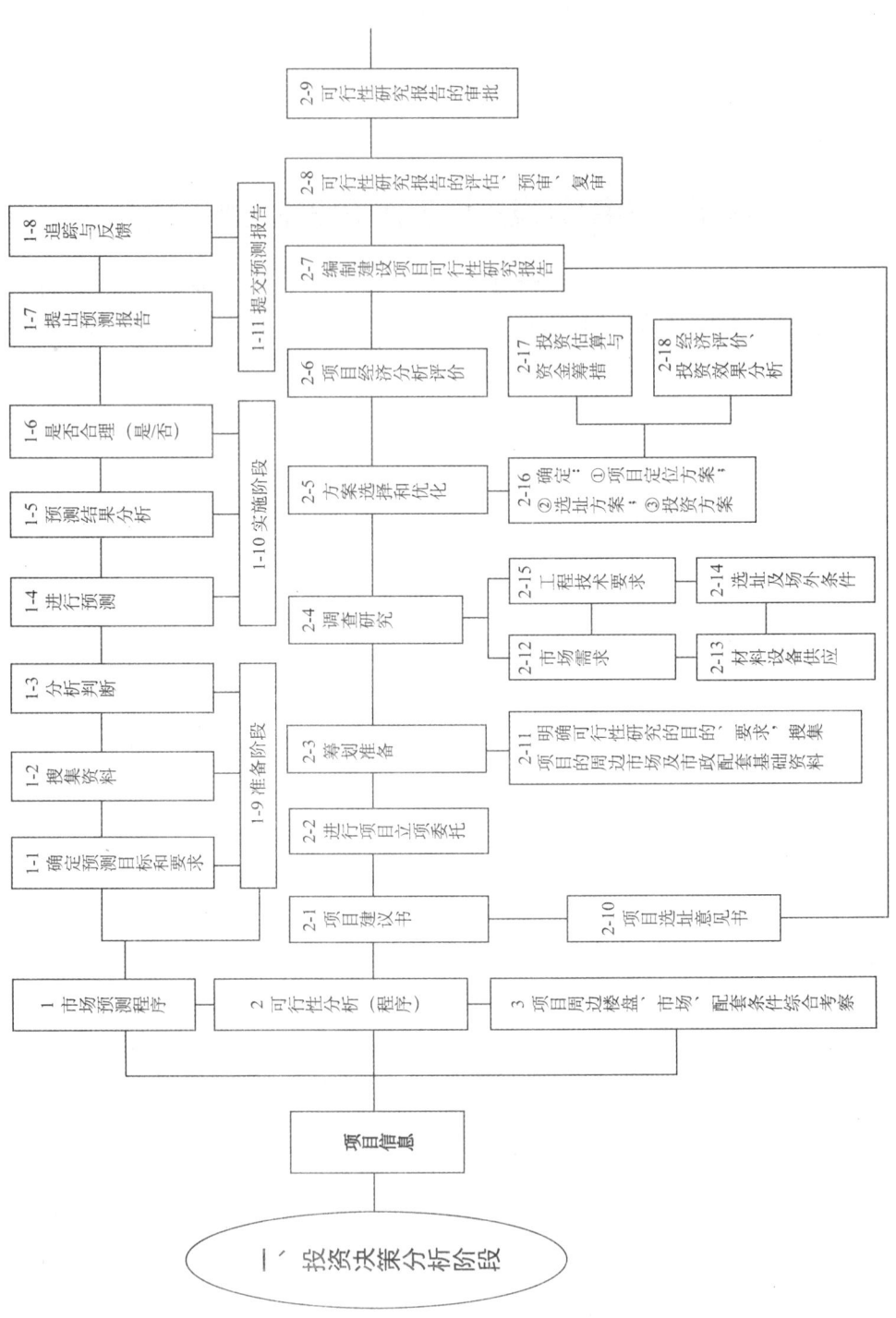

附图1-1 房地产(住宅)开发主要工作阶段流程图(一)

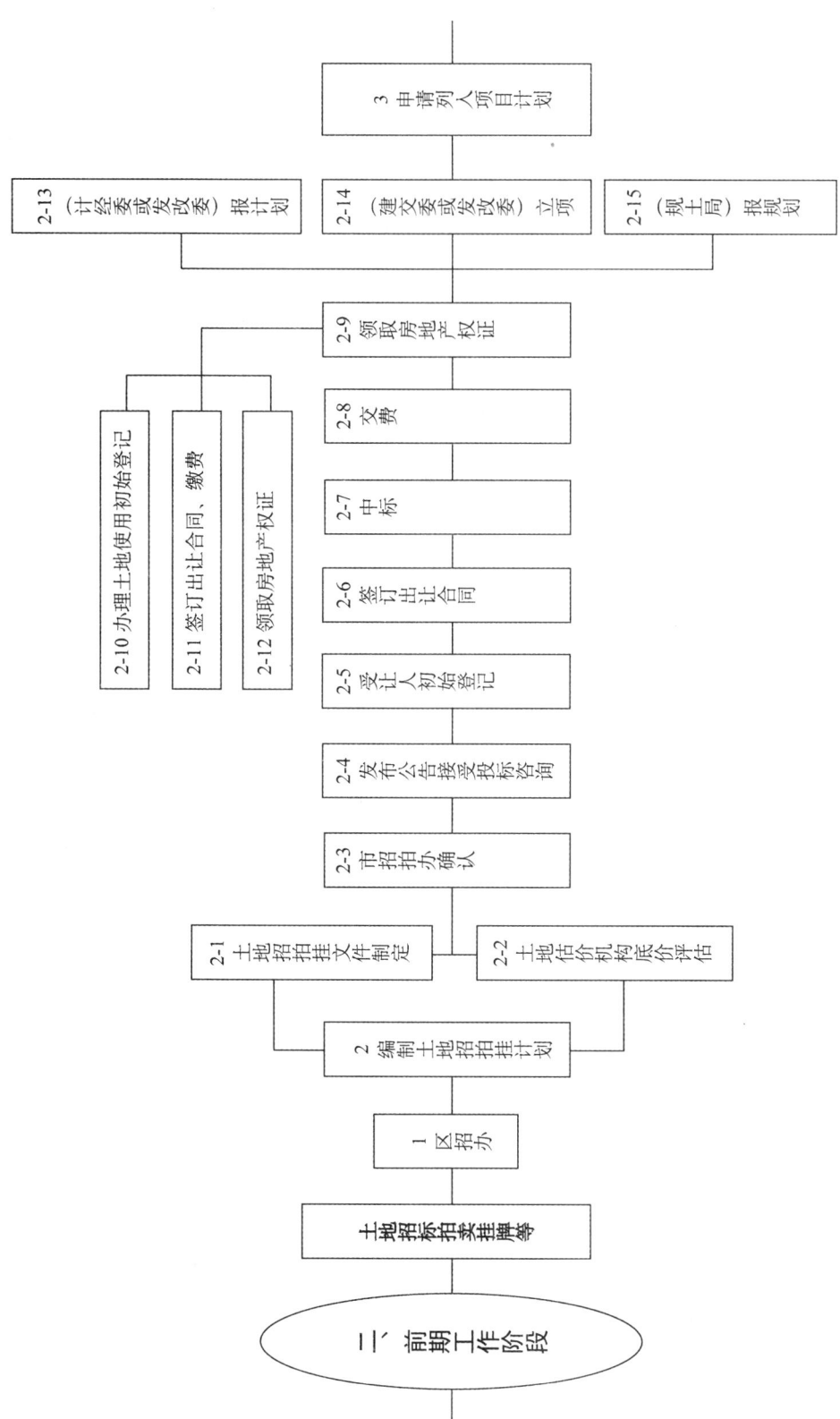

附图1-1 房地产(住宅)开发主要工作阶段流程图(二)

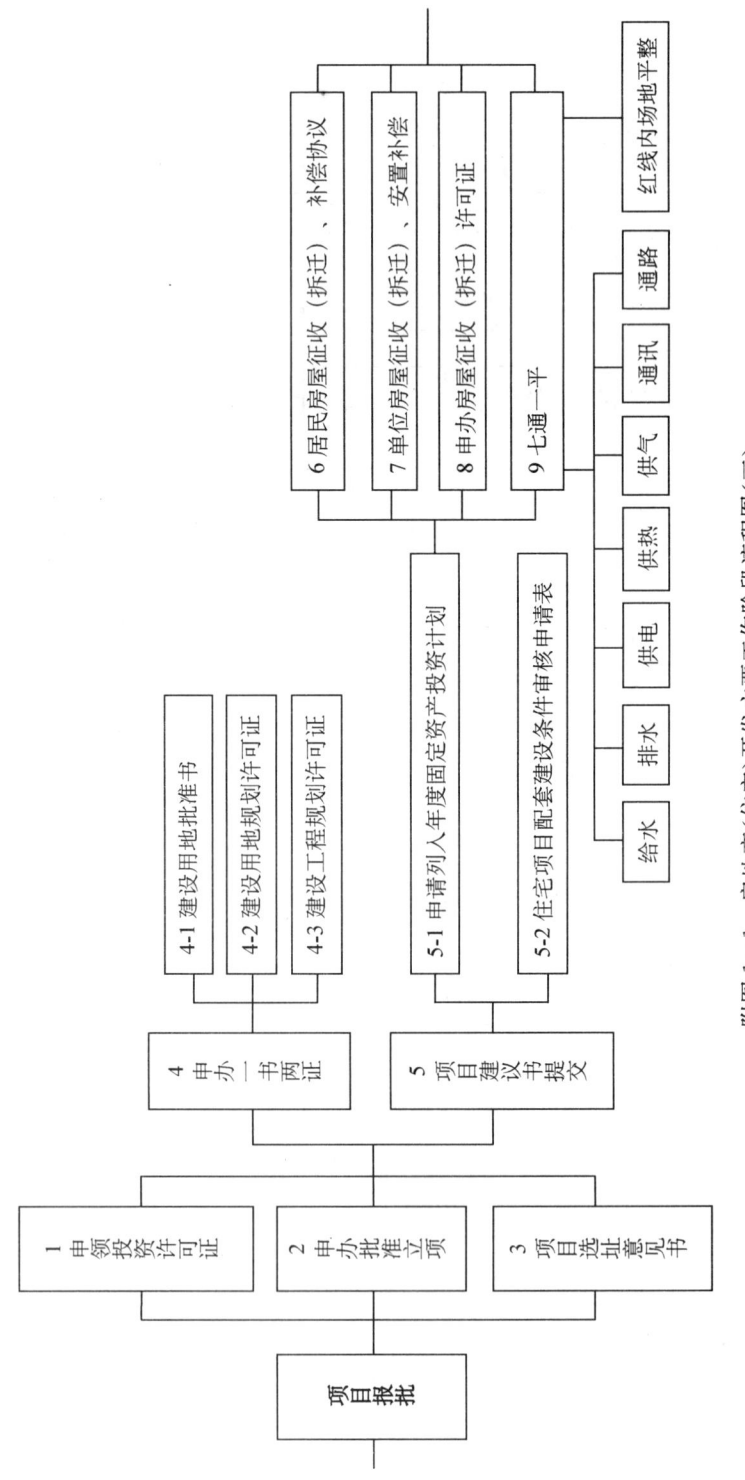

附图 1-1 房地产(住宅)开发主要工作阶段流程图(三)

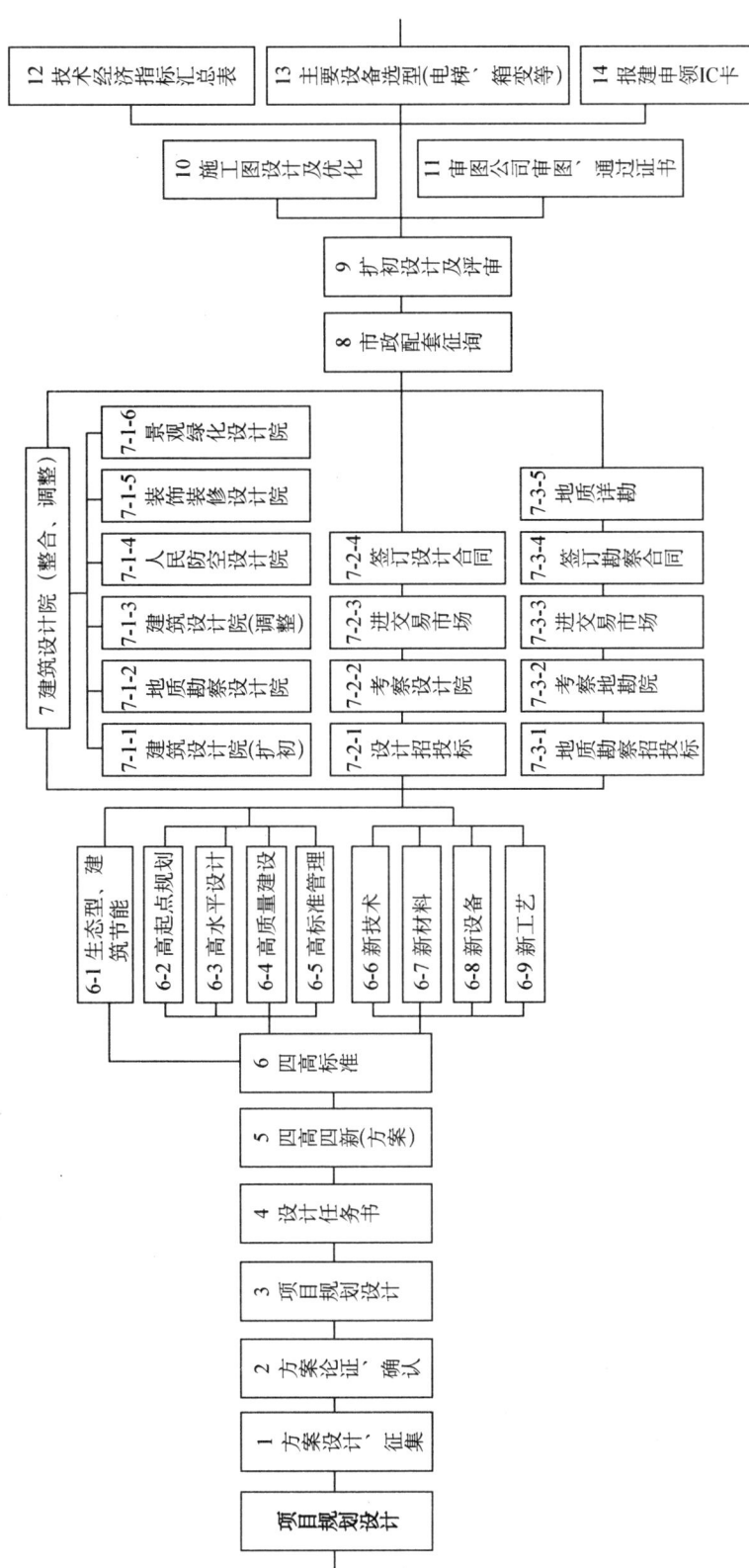

附图1-1 房地产（住宅）开发主要工作阶段流程图（四）

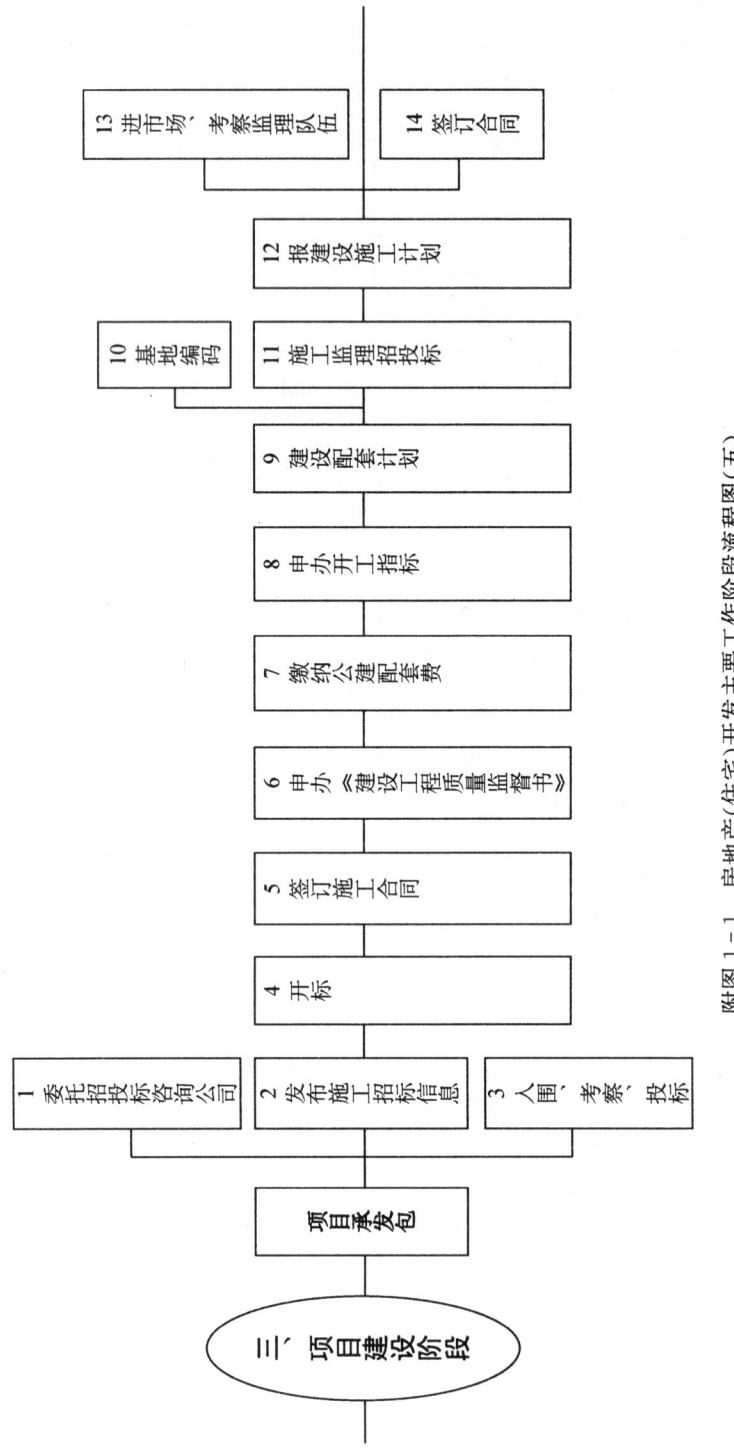

附图1-1 房地产(住宅)开发主要工作阶段流程图(五)

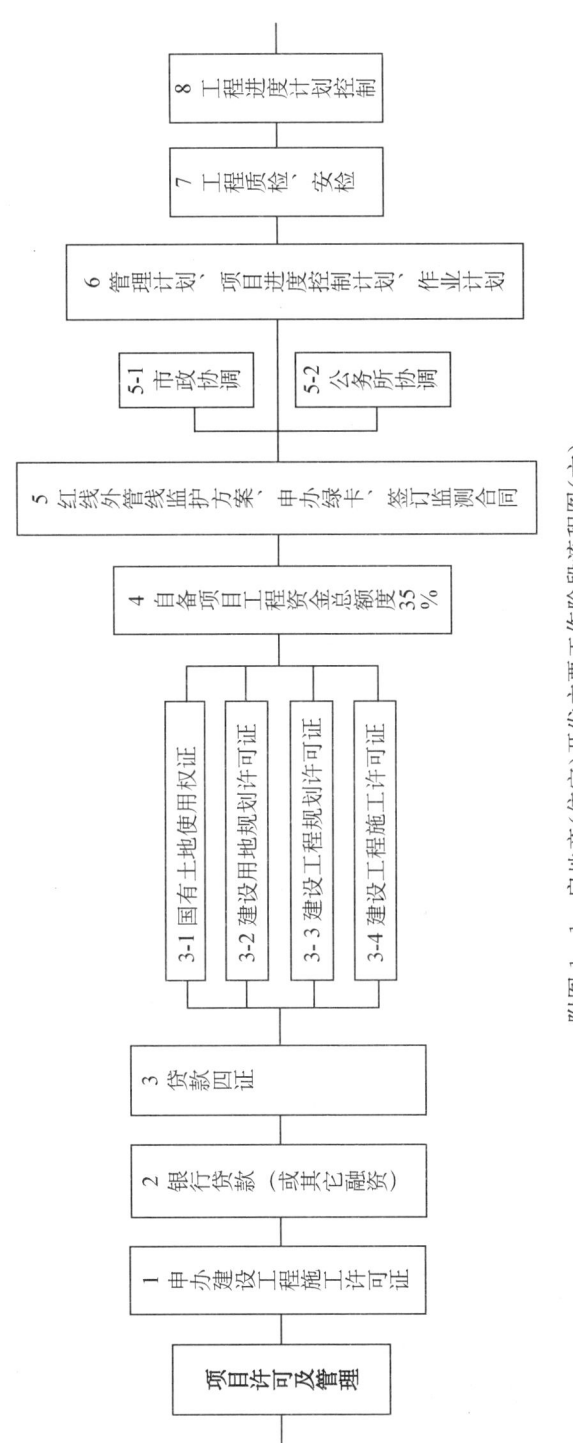

附图1-1 房地产（住宅）开发主要工作阶段流程图（六）

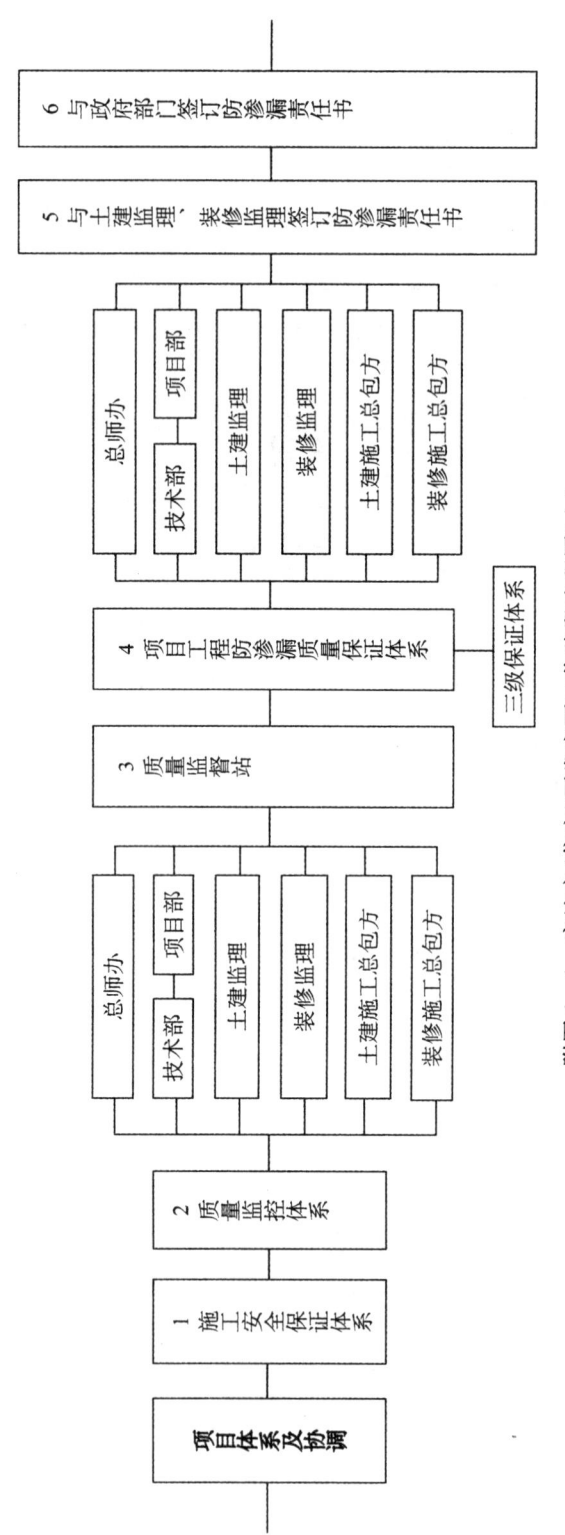

附图1-1 房地产(住宅)开发主要工作阶段流程图(七)

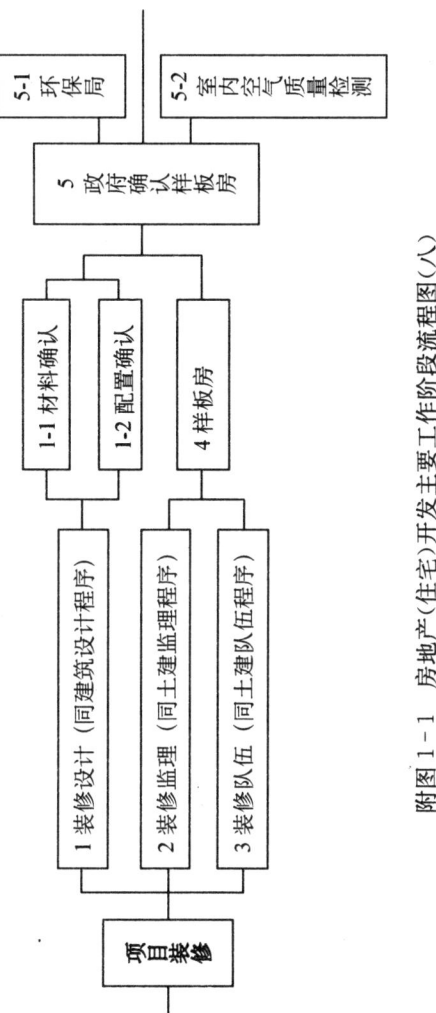

附图 1-1 房地产(住宅)开发主要工作阶段流程图(八)

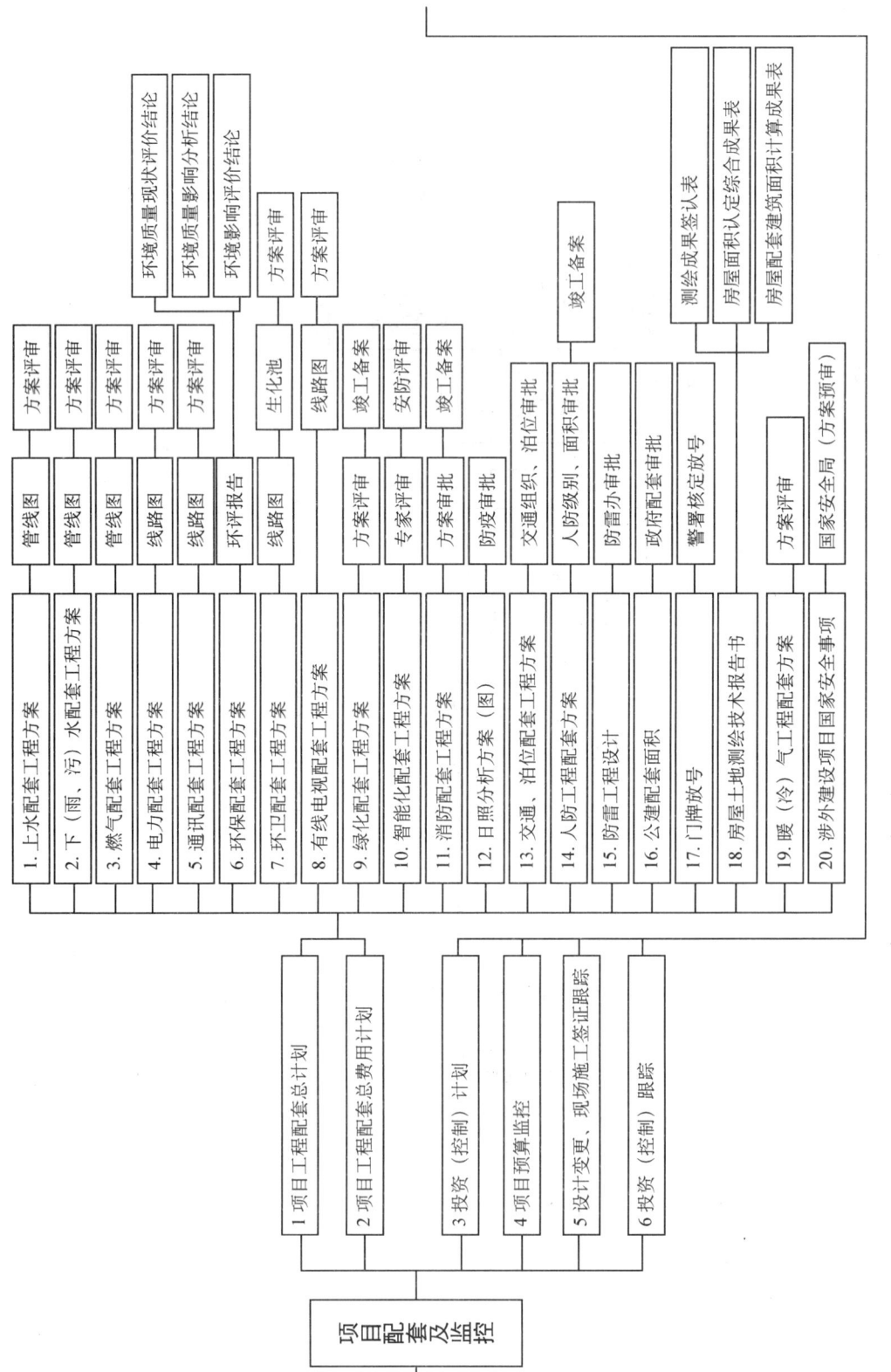

附图1-1 房地产(住宅)开发主要工作阶段流程图(九)

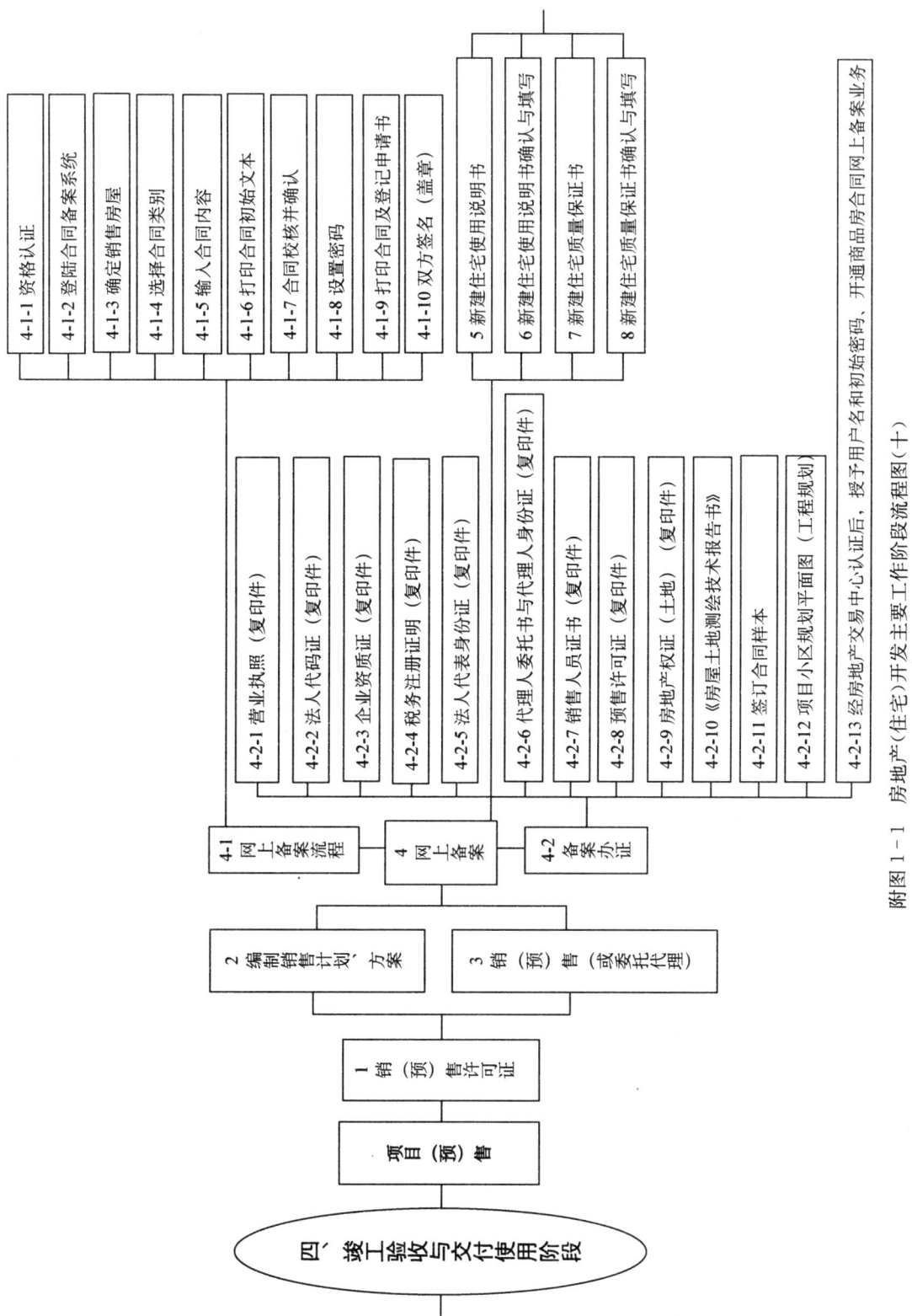

附图 1-1 房地产（住宅）开发主要工作阶段流程图（十）

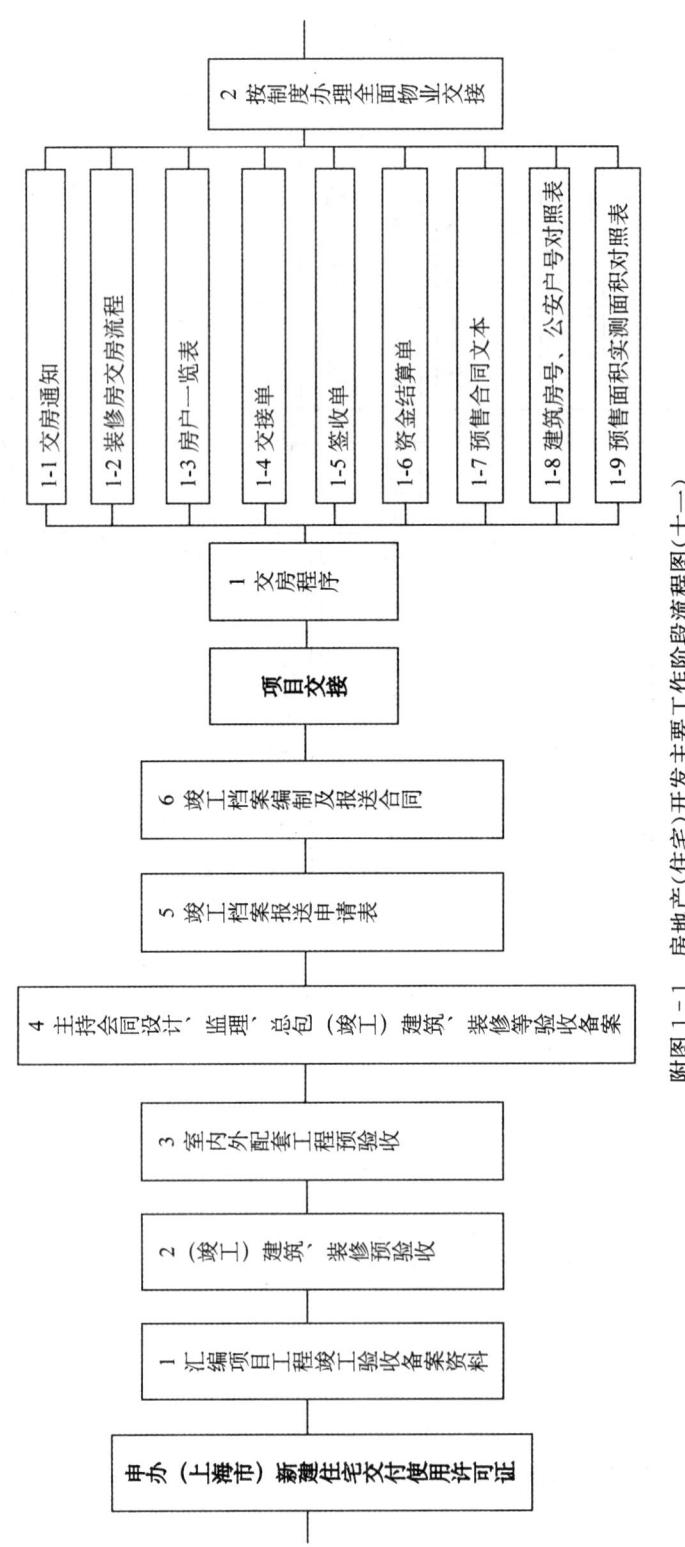

附图1-1 房地产(住宅)开发主要工作阶段流程图(十一)

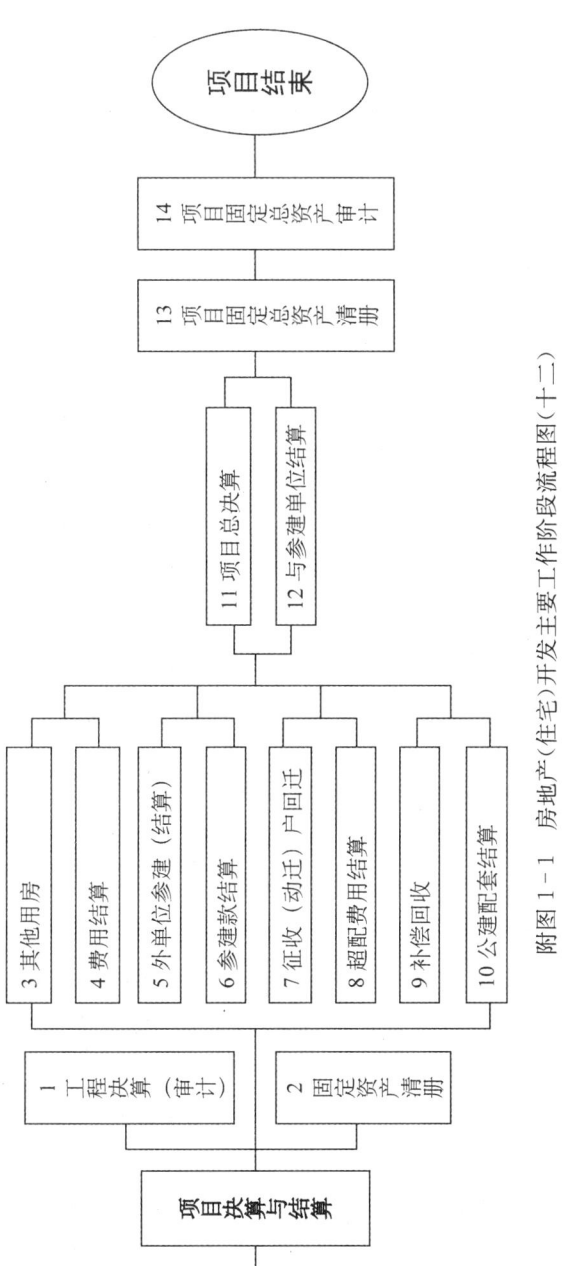

附图1-1 房地产(住宅)开发主要工作阶段流程图(十二)

附件2

××项目总体开发计划(盖章单位统计)表

(注:根据××项目的实际开发计划,按主要工作阶段、相关规费、涉及部门及盖章进行了整理,能使读者进一步了解一个房地产开发项目审批过程。)

序号	主要阶段	主要工作内容	主要工作涉及分项	相关规费费用	主要工作涉及部门及图章	备注
1	土地阶段	用地批准书	供地批文和出让合同		闵行区规土局	
			土地出让金全额付款凭证(出让土地)		开户银行收讫章	
			征地包干协议、拆迁许可证		镇政府及区土地储备中心	
		用地规划许可证	用地规划许可证		上海市闵行区规土局	
			定界图(区规划局测绘队)		上海市测绘院、闵行区规土局、闵行区水务局	
			定界报告		泓诚测绘院、闵行区房管局成果办	
			控规批复		上海市规土局	
			国有土地出让合同、土地批文		闵行区规土局、闵行区人民政府	
			立项备案表		闵行区发改委	
		办理土地证	契税缴纳证明	契税:土地出让金总额的3%	闵行区税务局	办理土地证前
			地籍图		闵行区房管局成果办	
			已付清土地出让金凭证		开户银行收讫章	
			土地证取得	土地登记费:2万元/宗	上海市住房保障和房屋管理局、上海市规划和国土资源管理局	领证前
2	立项阶段	项目立项备案	节能评估报告		专业单位编制盖章(需专家评审)	
			规划指标意见		闵行区规土局	
			自有资金证明		开户银行对账单	
			备案证明(含可行性研究报告)		闵行区发展和改革委员会	
3	环评批复	环评批复	环评报告		专业单位编制盖章(需专家评审)	
			环评批复完成		上海市闵行区环境保护局	

附 件

续 表

序号	主要阶段	主要工作内容	主要工作涉及分项	相关规费费用	主要工作涉及部门及图章	备注
4	报建阶段	项目报建	建设工程立项批准文件		闵行区发展和改革委员会	
			项目报建完成		上海市建筑业管理办公室	
5	设计、勘察招标阶段	工程项目勘察、设计招标（委托代理）	报建表、IC卡		上海市建筑业管理办公室	
			勘察、设计专家评标		上海市建筑业管理办公室	
			中标通知书		上海市建设工程招标投标管理办公室	
		工程项目勘察、设计合同备案			闵行区工程招标投标管理办公室	
6	水系调整	水系调整	水系调整报告		闵行区水务局指定单位编制盖章	
			水系调整批复		上海市水务局	
7	方案并联审批阶段	方案设计文本			设计院出图章	
		建交委交通科方案征询			上海市闵行区建交委交通科	
		教育局方案征询（如涉及教育用地）			上海市闵行区教育局	
		电力公司方案征询			上海市供电公司市南供电公司	
		自来水公司方案征询			上海浦东威立雅自来水有限公司	
		燃气公司方案征询			上海燃气浦东销售有限公司	
		镇规划办方案征询			上海市闵行区浦江镇规建所	
		民防办方案征询			上海市闵行区民防办公室	
		绿化市容局方案征询（绿化、环卫）			上海市闵行区绿化和市容管理局	
		卫生局方案征询	日照分析报告		上海市闵行区卫生局、报告由专业单位编制盖章	
		发改委方案征询			上海市闵行区发展和改革委员会	
		建筑节能办方案征询			上海市闵行区建筑节能办公室	
		房管局方案征询			上海市闵行区住房保障和房屋管理局	

续 表

序号	主要阶段	主要工作内容	主要工作涉及分项	相关规费费用	主要工作涉及部门及图章	备注
7	方案并联审批阶段	水务局方案征询(河道、排水)			上海市闵行区水务局	
		市、区交警方案征询			上海市公安局闵行分局、上海市交警总队	
		方案批复	方案并联评审会		上海市闵行区规划和土地管理局	
8	总体设计阶段	总体设计文本			设计院出图章	
		审图公司抽取	审图合同签订、备案	审图费:总建筑面积×5元/m²	闵行区审图中心办公室	参考价
		气象局征询意见			上海市闵行区气象局	
		建交委交通科征询意见			上海市闵行区建交委交通科	
		水务局征询意见(排水、河道)			上海市闵行区水务局	
		房管局征询意见			上海市闵行区住房保障和房屋管理局	
		绿化市容局征询意见(绿化、环卫)			上海市闵行区绿化和市容管理局	
		卫生局征询意见			上海市闵行区卫生局	
		规土局征询意见			上海市闵行区规划和土地管理局	
		民防办征询意见			上海市闵行区人民防空办公室	
		区、市交警总队征询意见	交通影响评价		上海市公安局交通警察总队	
		地震办征询意见	如超限,需要抗震超限评估报告		上海市闵行区地震办公室	
		抗震办征询意见			闵行区建设和交通委员会抗震办公室	
		节能办征询意见			上海市闵行区建筑节能办公室	
		深基坑安全性报告专家评审	区开挖深度大于4.5米,市开挖深度大于5米		上海市科技委评审中心	
		审图合格证			审图公司盖章	
		施工图审图证建筑节能备案			审图公司盖章	
		总体设计审查批复			闵行区建设和交通委员会	

续 表

序号	主要阶段	主要工作内容	主要工作涉及分项	相关规费费用	主要工作涉及部门及图章	备注
9	工程项目施工、监理招标	工程项目施工招投标			上海市建设工程招标投标管理办公室	
		工程项目监理招投标			上海市建设工程招标投标管理办公室	
		施工、监理合同签订、备案			闵行区工程招标投标管理办公室	
10	规划许可证阶段	规划许可证办理	地形图4份		闵行区规土局、闵行区水务局、上海市测绘院	
			民防建设工程核定单		上海市闵行区人民防空办公室	
			建筑施工图		闵行区规土局、审图公司	
			建设工程规划许可证取得		上海市闵行区规划和土地管理局	
11	工程报监阶段	民防报监	市民防办审图意见		上海市民防办审图章	
			委托检测协议		上海市民防办指定单位盖章	
			民防报监完成		上海市民防建设工程安全质量监督站	
		工程报监	综合人员保险		施工单位办理(指定保险公司盖章)	
			建筑垃圾渣土证明		上海市闵行区绿化和市容管理局	
			雷击风险评估报告	评估费:地上总建筑面积×0.5元/m²	上海市气象局	
			防雷审图意见		上海市闵行区气象局	
			防雷检测登记	防雷检测费:总建筑面积×0.96元/m²	上海市防雷中心	
			建筑一切险	一切险:施工中标通知书总额×5‰	指定保险公司盖章	开发商2‰,施工方3‰
			墙改基金	墙改基金:总建筑面积×10元/m²	闵行区墙体办	竣工验收合格返还
			工程报监办结单		上海市闵行区建设工程质量监督站	

续 表

序号	主要阶段	主要工作内容	主要工作涉及分项	相关规费费用	主要工作涉及部门及图章	备注
12	施工许可证阶段	施工许可证办理	工程资金证明		银行贷记凭证	
			散装水泥预付证明		闵行区散装水泥办公室（发改委下属）	
			房屋征收（动拆迁）完成证明		浦江镇动迁办	
			现场情况审核表		上海市闵行区建设工程质量监督站	
			建设工程规划许可证		上海市闵行区规划和土地管理局	
			配套费支付完成证明	配套费:住宅地上总建筑面积×430元/m²	闵行区房管局	
			施工许可证取得		上海市建筑业管理办公室	
13	预搭楼盘	预搭楼盘			上海市房管局信息中心	
14	交警施工图审图意见	交警施工图审图意见			上海市交警总队	
15	环保开工单	环保开工单			上海市闵行区环保局	
16	开工前配套准备	临时排水	周边管道保护协议		闵行区排水所	
			潜水协议		闵行区排水所指定单位、排水所盖章	
		临电申请	确认箱变位置		上海市电力公司市南供电局高压监测	
			外线上源确认	按实结算	上海市电力公司市南供电局高压监测	
		临电方案审批	设计图纸确认		上海市电力公司市南供电局设计所	
			临变合同		上海市电力公司市南供电局市场部	
		临电验收	高压监测（变配电）		上海市电力公司市南供电局高压监测	
		临水申请		按实结算	上海市浦东威立雅自来水有限公司市场部	
		临水方案审批			上海市浦东威立雅自来水有限公司市场部	
		管位确认			上海市浦东威立雅自来水有限公司管线所	
		临水施工计划			上海浦茂自来水有限公司	
		临水验收			上海市浦东威立雅自来水有限公司工程部	

续 表

序号	主要阶段	主要工作内容	主要工作涉及分项	相关规费费用	主要工作涉及部门及图章	备注
17	中期阶段	新开工登记(住宅建设计划)			上海市闵行区住房保障和房屋管理局	
		住宅配套竣工计划			上海市闵行区住房保障和房屋管理局	
		规划灰线测绘			规划测绘合作单位盖章	
		建筑验灰线			闵行区规土局规划检查大队	
		规划正负0.00测绘			规划测绘合作单位盖章	
		基础验收证明			闵行区质量监督站	
		规划主体结构封顶测绘			规划测绘合作单位盖章	
		地下车库防汛论证	防汛论证报告		上海市水务局指定单位盖章	
			专家评审意见		上海市水务局	
		绿化工程报监	绿化施工图评审		闵行区绿化和市容管理局林业科	
			绿化设计、施工合同备案		上海市园林质量监督站	
			工程报监		上海市园林质量监督站	
		电梯工程报监			上海市建筑建材业管理中心	
		技防评审			上海市公安局技防办	
		正式排水方案初审意见	正式排水方案		有资质单位编制盖章	
			市水务局批复		上海市水务局	
18	预售许可证阶段	主体结构验收证明			闵行区质量监督站	
		门牌号申请批复			上海市公安局户口专用章	
		预测面积报告		总建筑面积×1.36元/m²	上海泓诚测绘服务有限公司、上海市闵行区房管局成果办	
		物业管理单位招投标			闵行区房管局物业科、上海市房管局物业科	
		物业用房确认单			闵行区住房保障和房屋管理局、镇房管办	
		维修基金缴纳流转单			闵行区住房保障和房屋管理局维修基金管理中心	
		进度鉴证报告			上海泓诚测绘服务有限公司	

续 表

序号	主要阶段	主要工作内容	主要工作涉及分项	相关规费费用	主要工作涉及部门及图章	备注
18	预售许可证阶段	一房一价表			闵行区住房保障和房屋管理局管理科	
		网上备案认证收件收据（网上认证证明）			上海市房地产交易中心网上房地产受理专用章	
		配套费缴纳流转单			闵行区住房保障和房屋管理局综合配套管理科	
		物业流转单			闵行区住房保障和房屋管理局物业科	
		预售款监管协议			在建工程抵押贷款银行	
		预售方案审核			闵行区住房保障和房屋管理局管理科	
		预售许可证办理			闵行区住房保障和房屋管理局	
		网上开通			上海市房地产交易中心网上房地产受理专用章	
19	河道施工	河道施工	河道施工方案扩初审批		闵行区水务局	
			施工、监理招投标		闵行区水务局	
			施工、监理合同备案		闵行区水务局	
			河道施工报监		闵行区水利工程质监站	
			河道施工许可证		闵行区水务局	
			河道质量监督验收报告		闵行区水利工程质监站	
20	电力配套	正式用电规划方案征询			上海市电力公司市南供电局规划部	
		施工图审核（低压监测）			上海市电力公司市南供电局低压监测章	
		供电方案上报批复			上海市电力公司公章	
		开关站、三型站土建设计			上海市电力公司市南供电局设计所	
		电缆排管土建设计			上海市电力公司市南供电局设计所	
		开关站、三型站土建验收			上海市电力公司市南供电局工程部	
		电缆排管验收		红线外工程：根据周边情况而定	上海市电力公司市南供电局工程部	

续 表

序号	主要阶段	主要工作内容	主要工作涉及分项	相关规费费用	主要工作涉及部门及图章	备注
20	电力配套	供电施工计划			上海市电力公司市南供电局计划部	
		电缆工区施工计划			上海市电力公司市南供电局电缆工区计划部	
		变压器验收			上海市电力公司市南供电局工程部	
		电缆工区验收			上海市电力公司市南供电局电缆工区工程部	
		低压验收	用户站、低压配电站等		上海市电力公司市南供电局工程部	
		低压、配电、外线工程	开具送电单		上海市电力公司市南供电局工程部	
		用电交付使用			上海市电力公司市南供电局市场部	
		供电配套费用		配套费:总建筑面积×145元/m²;总建筑面积×165元/m²;按实结算,约300元/m²×总建筑面积	上海市电力公司市南供电局市场部	外环以外;外环以内;别墅项目
21	上水配套	供水前期征询意见			上海市浦东威立雅自来水有限公司市场部	
		用水规划方案			上海市浦东威立雅自来水有限公司市场部	
		泵房委托合同			上海市浦东威立雅自来水有限公司市场部	
		红线外排管分摊协议		外线贴费12~25元/m²	上海市浦东威立雅自来水有限公司市场部	
		上水设计图纸、设备确认			上海市浦东威立雅自来水有限公司设计部	
		浦茂计划科进场施工			上海浦茂自来水有限公司计划部	
		水表箱、水泵房验收			上海浦茂自来水有限公司工程部	
		上水排管验收			上海市浦东威立雅自来水有限公司大客户中心	
		水样采集、化验			上海市浦东威立雅自来水有限公司大客户中心	
		正式通水交付使用盖章			上海市浦东威立雅自来水有限公司市场部	

续 表

序号	主要阶段	主要工作内容	主要工作涉及分项	相关规费费用	主要工作涉及部门及图章	备注
21	上水配套	上水配套费用		红线内排管费：总建筑面积×17.5元/m²；漏损费：总建筑面积×4元/m²；泵房(消防、生活)不属于其范围；红线外排管费：总建筑面积×12元/m²；漏损费：总建筑面积×3.8元/m²	上海市浦东威立雅自来水有限公司	
22	燃气配套	燃气征询意见			上海浦东燃气销售有限公司总师室	
		燃气规划报告			上海浦东燃气销售有限公司规划部	
		燃气扩初意见			上海浦东燃气销售有限公司规划部	
		燃气审图意见			上海浦东燃气销售有限公司市场部	
		燃气配套合同			上海浦东燃气销售有限公司公章	
		燃气内管配套合同			上海浦东燃气销售有限公司市场部	
		燃气街坊排管设计			上海浦东燃气销售有限公司设计部	
		红线外燃气碰头费工程			上海浦东燃气销售有限公司市场部	
		燃气安排施工			上海浦东燃气销售有限公司工程部	
		燃气排管验收			上海浦东燃气销售有限公司管线所	
		燃气内管验收			上海浦东燃气销售有限公司工程部	
		燃气通气证明			上海浦东燃气销售有限公司市场部	
		燃气验收合格证明			上海浦东燃气销售有限公司市场部	
		燃气配套费用		红线内排管费：高层，24.5元/m²；别墅，按实结算，约35元/m²(按纯住宅面积)；红线外排管费：根据情况按实结算	上海浦东燃气销售有限公司公章	

续 表

序号	主要阶段	主要工作内容	主要工作涉及分项	相关规费费用	主要工作涉及部门及图章	备注
23	电信配套（电信、移动、联通三网合一）	电信征询意见			上海市电信局规划部	
		电信审图			上海市电信局市场部	
		电信配套协议			上海市电信局市场部	
		电信设计			上海市邮电设计院	
		电信管道验收	电信、联通、移动三方同时验收		电信、联通、移动公司工程部	
		开具电信线路开通证明	电信、联通、移动三方		电信、联通、移动公司工程部	
		开具电信配套交付使用合格证明			电信、联通、移动公司市场部、通管局	
		配套费用		小高层:12元/m²;多层:25元/m²;别墅:40元/m²（纯住宅面积）;红线外排管贴费按实结算	电信、联通、移动公司	
24	有线配套	有线征询意见			闵行区东方有线中心	
		有线审图			闵行区东方有线中心市场部	
		有线协议			闵行区东方有线中心市场部	
		有线设计			闵行区东方有线中心设计部	
		有线计划施工			闵行区东方有线中心工程部	
		有线管道验收			闵行区东方有线中心工程部、运维部	
		有线线路开通			闵行区东方有线中心运维部	
		有线配套交付使用证明			闵行区东方有线中心	
		有线配套费用		小高层:18元/m²;多层:20元/m²;联排:35元/m²;独栋:40元/m²（纯住宅面积）;公建、商业:20元/m²机顶盒费:住宅:套数×660元;商业,套数×330元;红线外排管贴费按实结算	闵行区东方有线中心	

续 表

序号	主要阶段	主要工作内容	主要工作涉及分项	相关规费费用	主要工作涉及部门及图章	备注
25	消防验收	正式通电			上海市电力公司市南供电局	
		正式通水			上海市浦东威立雅自来水有限公司	
		消防验收	消防检测报告		具有消防检测资质单位盖章	
			验收		闵行区消防支队	
26	民防验收	民防面积测绘			市民防质监站指定单位盖章	
		民防通风检测	民防通风检测报告		上海市民防建设工程质量监督检测中心	
		民防档案验收	民防档案委托编制协议		上海市民防工程档案室	
			民防档案预验单		上海市民防工程档案室	
			民防档案意见单		上海市民防工程档案室	
		民防质监报告			上海市民防建设工程质量监督站	
		民防竣工备案			闵行区民防办	
27	卫生验收	卫生验收	上水水质检测		具备检测资质的单位	
			验收		闵行区卫生监督所	
28	绿化验收	绿化验收备案	绿化质监监督报告		上海市园林质量监督站	
			绿化规划测绘报告		规划测绘合作单位盖章	
			验收备案		上海市园林质量监督站	
		绿化配套验收			上海市闵行区绿化和市容管理局	
29	综合验收（规划、档案、土地核验）	综合验收（规划、档案、土地核验）	规划竣工测绘报告		规划测绘合作单位盖章	
			车位验收		闵行区建交委交通科	
			档案验收意见单		闵行区规土局市建设档案管理中心	
			验收证明取得		闵行区规土局	
30	环保验收	环保验收	格栅井验收		闵行区排水管理所	
			雨污水纳管证明		上海市水务局、区排水所、区水务局盖章	
			截污纳管费	排污费：总建筑面积×5元/m²	浦江镇水务站	
			环保监测报告		闵行区环保监测指定单位	
			验收意见		闵行区环保局	

附 件

续 表

序号	主要阶段	主要工作内容	主要工作涉及分项	相关规费费用	主要工作涉及部门及图章	备注
31	防雷验收	防雷验收	防雷预验收		闵行区气象局防雷办	
			防雷检测报告		上海市防雷检测中心	
			验收意见		闵行区气象局防雷办	
32	竣工验收阶段	竣工验收备案	散装水泥结算	袋装水泥：3元/吨	闵行区散装水泥办公室	根据决算书核定
			墙体办核定		闵行区建交委墙改办	
			节能验收		闵行区建交委节能办	
			沉降观测协议		具备观测资质的单位	
			空气检测报告		具备观测资质的单位	
			质量分户验收		建设、施工、监理单位三方盖章	
			施工、监理合同注销		闵行区建设和交通委员会	
			综合保险人员注销		施工单位办理（指定保险公司盖章）	
			电梯技监验收		上海市技监局	
			电梯质监验收		闵行区质量监督站	
			质量监督报告		浦江镇质量监督所，闵行区质量监督站	
			竣工验收备案		闵行区建设和交通委员会	
33	交付使用阶段	交付使用许可证	实测面积	总建筑面积×1.36元/m²	闵行区房管局成果办、泓诚测绘	
			六大配套证明		水、电、燃气、电信、东方有线、区水务局	
			公建配套移交协议		上海市闵行区浦江镇社区事务管理服务中心	
			交警验收		上海市公安局交通警察总队	
			技防检测报告		上海市公安局技防办	
			技防验收		上海市公安局技防办	
			交付使用许可证取得		市、区住房保障和房屋管理局	
34	大产证办理	大产证办理	维修基金	维修基金：总建筑面积×1 295元/m²×7%；总建筑面积×1 295元/m²×5%	闵行区房管局维修基金管理办公室	有电梯；无电梯
			现房销售备案		闵行区房管局管理科	
			共有房、公益房产认定		闵行区房管局物业科	

续 表

序号	主要阶段	主要工作内容	主要工作涉及分项	相关规费费用	主要工作涉及部门及图章	备注
34	大产证办理	大产证办理	住宅物业保修金缴纳	物业保修金：工程总决算价格×3%	闵行区房管局物业科	10年返还
			抵押情况说明		在建工程抵押贷款银行	
			契税凭证	配套费契税：地上住宅面积×200元/m²×3%	闵行区税务局	
			大产证取得	房屋交易登记费：住宅套数×40元；大产证登记费：总住宅面积×3元/m²	闵行区房地产交易中心	
35	排水许可证	排水许可证	污水水质检测		上海市水务局指定单位盖章	
			排水许可证取得		上海市水务局	
36	其他事项	配套费返还	公建配套正式计划		闵行区房管局配套科	
			公建配套移交单		浦江镇镇政府、浦江镇社区办	
		垃圾清运协议		地上总建筑面积×18元/m²	浦江镇环卫所	
		通邮验收			闵行区邮政局	

附件3

房地产开发项目选址研究(学生大作业)及教师解读

(注:在实际教学中,要求学生分组完成一份"房地产开发项目选址研究"报告,下面是随机选取的学生完成的报告示例并尽量保持原样。在学生的报告中,虽然能看出一些"稚嫩"的语言表述和"浅显"的研究过程,甚至还存在一些逻辑上的问题,但教师应予以鼓励,并在课堂教学中加以解读,会得到不错的教学效果。)

——"房地产开发项目选址研究"报告的封面样式示例如下:

[封面]

同济大学工程管理专业课程大作业

济城雅苑房地产开发项目选址研究
(含教师解读)

课程名称:房地产开发与管理
专业、年级:工程管理2011级
小组成员:钱儒效 刘朗君
　　　　　倪佳佳 赖爱民
　　　　　陈丽君 于胜楠
指导教师:施建刚 教授

同济大学经济与管理学院
建设管理与房地产系
2013.12

"房地产开发项目选址研究"报告的目录及正文见下页:

目 录

1 项目概况 ··· 1
   1.1 开发公司概况 ··· 1
   1.2 项目定位 ··· 1
2 选址原则 ··· 1
   2.1 以城市总体规划为依据的原则 ··· 1
   2.2 考虑市政基础配套条件的原则 ··· 2
   2.3 考虑地质条件原则 ·· 2
   2.4 与立体轨道交通发展情况相适应的原则 ·· 2
   2.5 必须符合环境保护要求的原则 ··· 2
   2.6 考虑周边设施控制要求的原则 ··· 2
   2.7 考查周边社会人文环境的原则 ··· 3
   2.8 符合相关风水原则 ·· 3
   2.9 符合公司投资期望的原则 ··· 3
   2.10 "帕累托最优"原则 ·· 3
3 选址思路和方法 ·· 3
   3.1 选址思路 ··· 3
      3.1.1 项目定位 ··· 3
      3.1.2 项目区位分析指标 ·· 4
   3.2 选址方法 ··· 4
      3.2.1 灰色模糊评价模型 ·· 4
      3.2.2 加性加权法 ··· 6
4 宏观环境分析 ··· 6
   4.1 城市概述 ··· 6
   4.2 区域环境 ··· 7
      4.2.1 经济环境因素 ·· 7
      4.2.2 人口环境因素 ·· 7
      4.2.3 房地产市场的需求 ·· 8
      4.2.4 交通环境因素 ·· 8
      4.2.5 自然生态环境因素 ·· 8
5 地块及其周边环境分析 ·· 9
   5.1 各地块概况 ·· 9
   5.2 地块Ⅰ及其周边环境分析 ··· 9
      5.2.1 地块概况 ·· 9
      5.2.2 区位分析 ·· 10
      5.2.3 市政公共基础设施 ·· 10
   5.3 地块Ⅱ及其周边环境分析 ··· 10
      5.3.1 地块概况 ·· 10
      5.3.2 区位分析 ·· 10
      5.3.3 市政公共基础设施 ·· 11
   5.4 地块Ⅲ及其周边环境分析 ··· 12
      5.4.1 地块概况 ·· 12
      5.4.2 区位分析 ·· 12
      5.4.3 市政公共基础设施 ·· 13
6 地块比较分析 ··· 14
   6.1 灰色模糊评价模型法 ··· 14
      6.1.1 模型的适用性分析 ·· 14
      6.1.2 模型构建 ·· 14
      6.1.3 模糊综合决策 ·· 15
   6.2 加性加权法 ·· 15
7 项目选址结论与建议 ··· 16
参考资料 ·· 16
[教师解读] ·· 17

1 项目概况

1.1 开发公司概况

嘉庭房地产股份有限公司1984创立于中国深圳,具有房地产开发一级资质。从原先的小规模多元化经营成长为现今的房地产行业销售规模达到百亿元级的企业,嘉庭希望能成为基业长青的卓越企业。

嘉庭相信,住宅建筑是一种与各种形态的生命息息相关的形体。作为住宅的开发者,满怀敬重之心,为人们开发建设安全、安心的绿色住宅,并创造和谐、健康丰盛的阳光生活。"使建筑赋予生命,让生命赞美建筑"是嘉庭企业的核心理念,也是嘉庭坚持的产品核心价值观。嘉庭始终不懈地致力于为不同消费者提供展现自我、和谐共生的理想生活空间,保护环境、改善环境,促进人与自然的可持续发展。

1.2 项目定位

基于嘉庭致力于开发"健康"、"便捷"住宅的愿景,本项目将建造与周边环境相协调的生态小区——济城雅苑。项目主要的目标人群为中高收入的白领,为他们提供方便出行、工作,又能够享受大自然的住宅区,让其在忙碌的城市生活中能够得到一丝清爽的体验。

地理区位:上海市济舟区(自取名);客户群定位:中端收入人群,主要对应都市里的白领上班族;价格定位:14 000~18 000元/m²;产品定位:非普通住宅,能够提供便携的出行以及良好的生态环境。

2 选址原则

项目选址是房地产开发不可或缺的一个关键环节,其专业性和科学性不容置疑。在城市建设用地日趋紧张的今天,所有关键要素都具备的地块非常稀有,如何在项目选址时综合评测、平衡各要素,使房地产开发更注重理性而不失偏颇,就显得尤为重要。因此,在进行项目选址时,应严格遵守下列十项选址原则,才能开发出既使开发商获利最大化又能让顾客满意的住宅项目。

2.1 以城市总体规划为依据的原则

城市规划是一个城市根据其地理环境,人文条件,经济发展状况等客观条件所制定的适宜城市整体发展、协调,并对城市的空间布局、土地利用、基础设施建设等进行统筹安排的计划。一般可以分为城市总体规划和城市详细规划,其中总体规划对一定时期内城市性质、发展目标、土地利用、空间布局等都做了综合部署和安排,而详细规划则确定了规划地段的具体用地范围、建筑密度和高度等控制指标。

城市的总体规划是对城市各项地块的大小、用途所作的综合布置,它限定了各区域的分类、用途和规模。房地产开发的选址必须要符合政府对城市的总体规划要求,住宅项目的选址与政府所规定的限制要求相协调。所选地块是否能够符合政府部门的城市总体规划要求和宗旨,是影响项目可行与否的首要因素。另外,政府对于城市的总体规划揭示了各个地块的不同价值。

城市规划是城市发展的纲领,是城市各项建设包括房地产开发应遵循的原则和实施依据。城市规划对宏观、中观和微观等多层次的区位影响都有指导和控制作用,其中控制性详细规划决定了土地所处的具体位置和周边环境的容积率、建筑密度等各项开发的控制指标。而且各项开发工程的选址、定点,都不得妨碍城市的发展,危害城市的安全,污染和破坏城市环境,影响城市各项功能的协调。住宅项目的开发与建设必须要满足城市总体发展的要求,并与之相适应。

城市总体规划确定规划期内城市人口及各类用地规模,划定城市规划区范围对新建住宅区做出安排,住宅建设项目选址必须与之相协调。

因此,进行住宅建设项目选址时,必须以城区总体规划、区域总体规划为主要依据,并参考控制性以及修建性详细规划,充分考虑城区现有功能布局,从而选择与城区发展相协调的最优地块。

2.2 考虑市政基础设施配套条件的原则

市政公共基础设施配套的可行性问题是住宅建设项目必须考虑的重要内容之一。市政公用基础设施配套通常指供电,供水,供燃气,雨水和污水的排放,通讯网络及城市道路网络相连接的道路交通条件。部分市政基础设施比较薄弱的地区并不是十分适合进行住宅项目的开发,市政基础设施配套条件是房地产开发建设的重要的组成部分。因此,在项目选址的过程中,必须充分调查研究,周密了解所选地块周边大市政的网络情况,地块与之接近情况等,最后选择那些市政公用管线与大城市市政公用管线衔接方便的地段作为住宅项目的选址。

2.3 考虑地质条件原则

一个地区的水文地质条件是不可忽视的一个因素,对项目施工过程中的基础、支护等都有着重要的影响。因此,住宅项目选址必须考虑地质条件,选择适合住宅开发要求的城市地块。对于一个住宅开发项目来说,地质地形的情况与开发建设的施工难度、施工安全、风险成本等等有着很大的关联。

2.4 与立体轨道交通发展情况相适应的原则

随着人们日益增长的各类需求,出行是否便利成为人们选择住宅的重点因素之一,因此立体的轨道交通设置是否合理便捷成为选址的重点因素。

首先,住宅应有与工作、学习地点之间来往的便利交通;其次,住宅应有通往各休闲娱乐场所的轨道交通;第三,作为郊环线新城,住宅应有与市区连接的便捷交通枢纽。总而言之,住宅周边的交通应能够满足市民的日常生活需求,在选址时应充分考虑目标人群需求,选择有相适应轨道交通的地块开发。

住宅开发时,为了保证未来居民入住后出行的便捷性,必须考虑地块周边的交通条件。因此,在选址时要从地上地下交通、对内对外交通等方面进行度量,结合城市已有或规划中会有等情况综合进行选址的考察,在避免那些会受轨道交通工程规划影响的地块的同时,尽量选择交通条件较好的地块作为住宅选址。

2.5 必须符合环境保护要求的原则

住宅项目选址应考虑环境情况的原则,其中环境包括自然环境和人文环境。对于自然环境,住宅选址最好选择空气、水土无污染、无电磁辐射,地形地貌平整易布局、绿化程度较高的区域;而对于人文环境,住宅选址则应考虑到教育、文化中心等因素。此外,还应注重可持续发展,在开发的同时,注重环境的保护。

住宅项目选址应从可持续发展角度出发,考虑其周边的生态环境,要防止"三废"污染问题,尤其应避开重污染工业园区。在住宅项目选址时,必须了解和防止周边有关工业建设项目产生高温、尘毒、震动、放射线、电磁辐射、高频等工业污染的情况。

除此之外,住宅区应尽量选在绿化程度较高的地区,楼盘毗邻的一些公园等也能改善住宅环境,增强城市环保程度,提高居民生活质量。

2.6 考虑周边设施控制要求的原则

住宅项目选址还应考虑周边设施要求。一般而言,城市会有一些专业和非专业机构使用的无线电发讯台和收讯台,广播发射台,电视发射台及微波通道,根据国家有关规定,对其周围环境都有一定的控制和制约要求,特别是对其建筑高度有严格控制。此外,一般机场,气象台,铁路,

—2—

高压、高频设备的安装,高压线路的穿越等也会有一些特殊的要求。这些限制要求都会大大影响地块的利用性,影响开发效果。因此,必须在最初的选址环节就仔细考虑,避免这种情况的发生。另外,还应注意在选址时,尽可能避免一些文物保护区、历史遗产、寺庙等。其他还有园林绿地保护和古树名木保护等。

2.7 考查周边社会人文环境的原则

社会治安环境良好、入住安全放心已越来越成为小区社会环境的一项重要社会考量因素。同时,住宅区周边必须配套有一定基础服务设施,包括卫生医疗、银行、学校、购物中心等等。这些设施为居民的生活提供了基本的保障。文化体育娱乐区也是市民生活中不可或缺的一部分,能够提高居民生活层次水平和生活质量。

2.8 符合相关风水原则

风水学古称堪舆学,"堪"为天道,"舆"为地道,堪舆即是"法天地,象四时",强调宇宙、自然与人类的和谐统一。风水学属朴素唯物主义之范畴,乃是以世间万物作为世界观之基础,虽道理颇为玄幻,然去除其迷信成分,风水学中许多道理也的确可为现代科学所证实,故风水学在房地产开发中亦有极大的参考价值。

与选址有关的风水称为建地风水,风水学有一种说法:"先找善地,再盖吉宅",即建地是住宅第一重要的因素,是住宅风水最基本的条件,在进行房地产项目选址时需要考虑风水的相关问题(如:地宜矩形、前低后高、地势高拔、土壤坚实、依山傍水、忌形煞物、忌反弓路冲),已成为房地产业内人士的共识。

2.9 符合公司投资期望的原则

从投资收益的角度来说,投资一个房地产开发项目,是期望获得尽可能高的投资收益率。对地段热度进行考察,如果地段比较偏僻,那么投资成本比较少,同时可能在吸引未来住户时缺少营销氛围。而在开发比较成熟的地段,地块热度高,然而也必然导致投资成本高,并且与邻近住宅区竞争激烈。因此在选择地块时,偏向于选择区域成熟度适中,发展前景好,周边竞争对手较少的区域。

2.10 "帕累托最优"原则

所谓"帕累托最优",通俗的解释就是在资源配置过程中,使经济活动的各个方面,实现效益最大化。选址遵循帕累托最优有两个层次的含义:第一个层次是微观经济意义上的,即房地产开发企业获得大的经济效益;第二个层次是宏观经济意义上的,即社会获得最大的社会效益。房地产选址时要充分考虑与选址相关的宏观和微观所有因素的影响,在决策中达到帕累托最优。

3 选址思路和方法

3.1 选址思路

3.1.1 基本思路

房地产项目的选址是房地产投资的第一步,土地投资往往会持续影响整个楼盘后续的开发以及销售,因此房地产项目的选址对房地产投资来说具有重大的意义。

本次选址根据以下思路进行:首先进行宏观分析,研究项目所在地的城市概况以及区域环境研究,主要研究区域经济环境状况、人口环境状况、交通环境状况、自然生态环境状况以及房地产市场政策和需求。其次,分析定位符合市场需求以及公司开发能力的项目。在此基础上,根据项目选址原则以及项目区位分析指标对选取的地块进行分析,并选取适合的定性定量方法进行更具体的比较分析,最终得到最优地块,确定项目选址。

3.1.2 项目区位分析指标

本项目选址主要从以下四个方面对项目的区位指标进行分析。

自然状况：从自然环境来看要考虑多方面因素。首先是拟选址的占地面积，地形情况；其次需要考虑的是拟选址的气象条件、地质条件、水文条件等。这些是最基本最客观的条件。

交通及通信状况：地块的交通要素涉及交通路网状况，到火车站、汽车站、机场的距离，临街临路的形式等。无论是对住宅项目的选址还是工商业项目的选址地块周围的交通路线状况都尤为重要，因此拟选址的交通运输条件是否便利、公共交通的通达度和可利用度，通信的便利度都是必须要考虑的条件。

基础设施：即道路，给排水管线，燃气管线，集中供热管线，供电设施等。如果区域地段的基础设施尚未建设完成，那么这样的地块不仅在正常开发周期内收回投资是比较困难，而且后期隐患较多。因此在选址时必须仔细考虑拟选址所在的水、电、燃气等各项基础设施的情况，包括供应数量、质量、价格等现状及发展规划。其次还有商店的配置情况以及教卫文等设施情况，现下的房地产项目的宣传，除了自然环境的渲染，就是对人文环境的大力宣传，高校林立，商业便利，或是就近有一所重点中学，都可以对该处房产有扭转性的影响。

环境状况：场地周边的景观，如公园、广场、状况良好的自然风景，以及灾害发生的程度都是需要考虑在内的。

3.2 选址方法

3.2.1 灰色模糊评价模型

由于影响房地产开发项目选址的许多因素是定性的，其评价往往取决于评价者的知识、经验、认知能力和偏好，使评价不够准确和完整，故具有灰色性。灰色模糊评价方法，综合运用灰色系统理论和模糊数学相结合，可以使描述各因素的灰类程度的评价信息都发挥作用。对于本次的住宅项目选址，可在以下选址因素评价指标体系中选择部分作为评价指标。

首先邀请熟悉项目情况的专家对各因素的重要程度进行综合打分，确定各评价指标的权重，再对不同地块的相同因素进行综合评分，计算灰色关联系数，最后利用评价指标的权重向量和以灰色关联系数构成的模糊判断矩阵进行模糊综合评价。

1. 运用判断矩阵确定评价指标集矩阵

各指标权重和指标集矩阵通过邀请专家进行综合评分确定为 A，假设不同因素相互间的判断矩阵为 B，如：

$$A = \begin{bmatrix} \dfrac{a_1}{a_1} & \cdots & \dfrac{a_1}{a_n} \\ \vdots & \ddots & \vdots \\ \dfrac{a_n}{a_1} & \cdots & \dfrac{a_n}{a_n} \end{bmatrix}; B = \begin{bmatrix} b_1^* & \cdots & b_1^n \\ b_1^1 & \cdots & b_1^n \\ \vdots & \ddots & \vdots \\ b_m^1 & \cdots & b_m^n \end{bmatrix}$$

设 $A_{ij} = a_i/a_j$，则矩阵的元素 A_{ij} 有如下性质：$A_{ij} = 1$；$A_{ij} = 1/A_{ji}$，判断矩阵中元素 A_{ij} 的确定运用 1~9 标度法：同样重要取值为 1；稍微重要取值为 3；明显重要取值为 5；重要得多取值为 7；极端重要取值为 9；介于以上各种情况之间则分别取 2、4、6、8；两个目标反过来比较，则以上各种值的倒数通过计算和归一化处理，可以得出各指标因素的权重向量 $W = (w_1, \cdots, w_n)$。

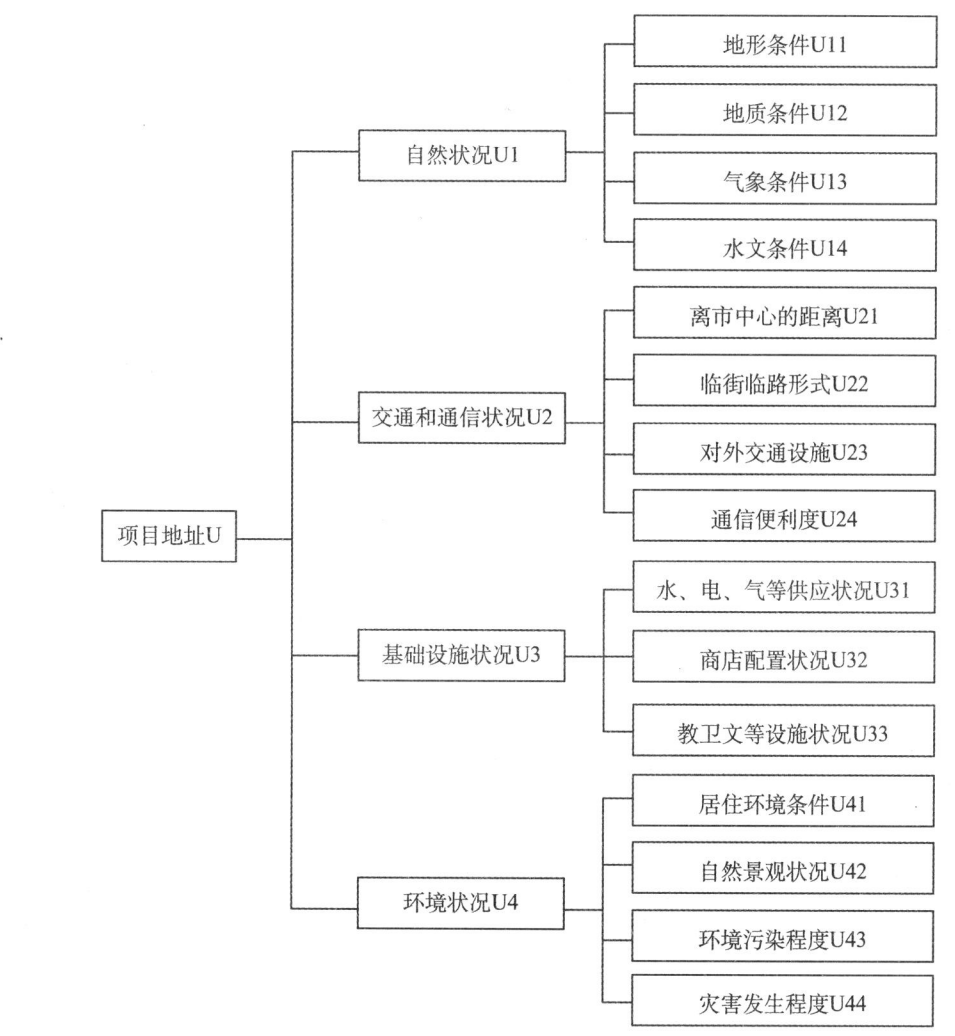

图 3-1 项目区位分析指标

对于各因素相对于不同地块的评判矩阵为 B，b_{ij} 表示为第 i 个地块中的第 j 个指标的原始值，其中 $b_j*(j=1,\cdots,n)$ 表示第 j 个指标的最优值：指标值若越大越好则取最大值，若越小越好则取最小值。

2. 指标值的规范化处理

将各指标值进行无量纲化和规范化处理，运用如下公式将 b_{ij} 无量纲化规范化后得 C_{ij}（第 i 个地块的第 j 个指标值）；将指标判断集矩阵 B 变为规范矩阵 C：

$$c_1^j = \frac{b_1^j - \min[b_1^j,\cdots,b_m^j]}{\max[b_1^j,\cdots,b_m^j] - \min[b_1^j,\cdots,b_m^j]}; \quad C = \begin{bmatrix} C_1^* & \cdots & C_n^* \\ C_1^1 & \cdots & C_1^1 \\ \vdots & \ddots & \vdots \\ C_m^1 & \cdots & C_m^n \end{bmatrix}$$

其中 $i = 1, \cdots, m$；$j = 1, \cdots, n$。

3. 灰色关联系数的计算及模糊关系矩阵的确定

将规范化矩阵中的 $[c_1^*, \cdots, c_n^*]$ 作为计算关联系数的参考指标，首先计算绝对差序列，令 $\Delta c_i^j = |c_i^j - c_j^*|$ $(i = 1, \cdots, m; j = 1, \cdots, n)$，计算不同方案的不同因素取值与参考值的关联系数 d_j^i：

$$d_j^i = \frac{\min[\Delta c_1^1, \cdots, \Delta c_1^n] + \alpha \max[\Delta c_1^1, \cdots, \Delta c_1^n]}{\Delta c_i^j + \alpha \max[\Delta c_1^1, \cdots, \Delta c_1^n]}; \alpha \in [0, 1]$$

运用上述公式对各因素相对参考因素的关联系数进行计算，可以得到模糊综合评价所需的模糊评价矩阵 D：

$$D = \begin{bmatrix} d_1^1 & \cdots & d_1^m \\ \vdots & \ddots & \vdots \\ d_n^1 & \cdots & d_n^m \end{bmatrix}; i = 1, \cdots, m; j = 1, \cdots, n$$

4. 模糊综合评价

为了综合考虑所有指标的贡献，选用普通矩阵乘法来进行模糊合成运算，综合评价模型 $E = W \times D$，即：

$$E = [w_1, \cdots, w_n] \times \begin{bmatrix} d_1^1 & \cdots & d_1^m \\ \vdots & \ddots & \vdots \\ d_n^1 & \cdots & d_n^m \end{bmatrix} = [e_1, e_2, \cdots, e_m]$$

通过比较向量 E 的各个指标值的大小来评选最优选址决策方案。

3.2.2 加性加权法

加性加权法是一种较为简单易行的方法，在这种方法中，决策者根据每个目标的重要性程度，分别设定加权系数 $w_1, w_2, \cdots, w_n$，且他们满足 $w_i > 0 (i = 0, 1, 2, \cdots n,)$。指标的重要性越大，其对应得系数也越大。设定了指标的权系数之后，对每个地块求它的各个属性值的加权和，计算公式为：

$$v_i = w_1 z_{i1} + w_2 z_{i2} + \cdots + w_m z_m (i = 1, 2, \cdots, n)$$

式中 $z_{ij} (i = 1, 2, \cdots, n, j = 1, 2, \cdots, m)$ 是第 i 个的第 j 个属性值 y_{ij} 规范化后的值；v_i 反映了每一个地块的重要性，v_i 越大就越重要。y_{ij} 规范化的方法如下：

成本型评价指标的计算公式：

$$z_{ij} = (y_i^{\max} - y_{ij})/(y_i^{\max} - y_i^{\min})$$

效益型评价指标的计算公式：

$$z_{ij} = (y_{ij} - y_i^{\min})/(y_i^{\max} - y_i^{\min})$$

式中 $y_i^{\max} = \max_i y_{ij}$；$y_i^{\min} = \min_i y_{ij}$。

4 宏观环境分析

4.1 城市概述

上海是中国第一大城市，四大直辖市之一，上海将打造国际经济中心、国际金融中心、国际贸易中心和国际航运中心。上海位于我国大陆海岸线中部长江口，是长江三角洲冲积平原的一部分,土地面积 6 340.5 km²,占全国总面积的 0.06%,河湖众多,水网密布。

目前上海已形成由铁路、水路、公路、航空、管道等 5 种运输方式组成的,具有超大规模的综合交通运输网络。上海港是中国最大的枢纽港,共有 47 个客运站,长途班线 1 611 条,可抵达全国 14 个省市的 660 个地方。全市已形成了由地面道路、高架道路、越江隧道和大桥以及地铁、高架式轨道交通组成的立体型市内交通网络。

至 2012 年末,全市常住人口总数为 2 347.46 万人,全市平均人口密度高达每平方公里 3 702 人,是我国(不包括港、澳、台地区)平均人口密度(每平方公里 135 人)的 27.42 倍。

上海城市发展的战略定位已经明确为建设"四个中心",目标是要形成国际经济、金融、贸易、航运中心基本功能,形成走在全国前列的高新技术产业和战略性新兴产业体系。

4.2 区域环境

4.2.1 经济环境因素

济舟区作为上海最大的经济中心区,经济发展将上海推向另一个高点。其经济中的独特地位与经济发展的带动,整合功能一直长存,2012 年第一产业增长 4.9%,第三产业增长 6.3%,特别是第二产业在地区生产总值中的地位,增长达到 11.9%。

济舟区的第二产业很发达,所以带动上海的经济快速发展,全市农业生产稳步提升,工业经济快速发展,服务业集约发展趋势向好,投资规模不减,继续保持高位稳定增长,社会消费持续繁荣活跃,财政收入快速增长,城乡居民收入稳步增长,经济运行质量明显提高,综合经济实力进一步增强,经济呈现出"高位求进、加快发展"的良好态势。

4.2.2 人口环境因素

济舟区全区常住人口总数为 540 万人。全区总面积 1 286 km²。济舟区的区域划分:同心镇、同德镇、同安镇、同博镇、同城镇、同广镇、同复镇和同华镇。

济舟区 2012 年人口普查结果全区常住人口的地区分布如表 4-1 所示。

表 4-1 　　　　　　　　2012 年济舟区人口分布情况表

区域划分	人口(万人)	面积(km²)	人口密度(人/km²)
全区	540	1 286	4 200
同心镇	102	84	12 143
同德镇	98	103	9 515
同安镇	72	186	3 871
同博镇	33	105	3 143
同城镇	57	128	4 453
同广镇	54	178	3 034
同复镇	76	284	2 676
同华镇	48	218	2 202

由上表可知,济舟区城市人口分布较为均匀,这也是这个城区快速发展的基础。但是同心镇面积最小居住人口却是最多,可以看出同心镇应该最为发达,所以更多居民愿意居住于此。同心镇为济舟区的甲级地段,城市人口环境因素仍与城市发展地段有关。

4.2.3 房地产市场的需求

根据济舟区统计局统计,济舟区的城市化率达到67%,已经超过国家城市化率平均水平,进入快速发展期,而且还会持续增长。

济舟区现有城市人口540万人,每年2%的人购买房屋,2010年销售住宅商品房200多万平米,所以造成了我区对住宅市场的强劲需求;农村人口大量进入城市,城市居民居住需求是我区住宅市场的发展动力。

济舟区的经济发达吸引了很多外来人员的居住。在2002年统计中济舟区的人口为382万人,2012年540万人,以一个惊人的数据41.4%增长着,预计在2030年,济舟区的人口就将突破700万人,这就是房地产消费市场对房屋的大量需求,人口的大步向前也正好给房地产开发带来机会,应抓住这次机会,大力开发,吸引更多的潜在客户群与购买方。随着城镇化进程的推进,将会有大批农民成为城镇居民。若与之配套,放宽中小城镇的户籍政策,将在一定程度上会增大购房需求。无疑,城镇化进程会拉动内需,增加城市居民的可支配收入,其结果将为房地产发展注入动力。济舟区也必须跟上这个发展节奏。

4.2.4 交通环境因素

随着人们生活水平的提升,人们居住更加趋于享受型,然而济舟区就拥有这得天独厚的城市规划分布。济舟区拥有快捷便利的交通条件,地铁线路遍布整个城区,公共交通也十分方便,无论是人们外出出游都特别方便。

济舟区的交通线路畅通无阻,地铁线布局分化合理,几乎可以到达全市的每一个地区。全区已经开通3条地铁线,区内还有国道线路的通过,更加方便了区内与外界的联系。济舟区轨道交通也很便捷,轨道交通用地省,运能大,运行时间稳定,轨道交通采用了更高的技术标准和更严格的管理措施,比公路交通的安全性高得多,投资小,安全环保,节约能源,减少大气污染。乘客的运载能力超过普通公交车,噪音低于大卡车。整个济舟区有2个火车站,1个码头。已经建成2条国家级、45条市级文明样板路,74%干线公路和40%区县公路达到GBM标准。

各远郊地区政府把改善乘客候车条件作为"公交优先"发展战略的一项重要任务,同心镇制定关于优先发展公共交通的意见,设立优先发展公共交通专项资金,与交通投资公司联手对同复区的大型汽车站进行改造,同华镇投资300余万元,新建了大学城临时交通枢纽,同广镇投资500万元。这样完备的交通枢纽使得这个城市更加的秩序完美,也方便了周围的大学城。

表4-2　　　　　　　　　　交通情况一览表

交通设施	状况
地铁	全区已经开通3条地铁线,分布合理,交通便捷,几乎可以到达全市的每一个地区
火车站	2个火车站,分别为济舟南站和济舟北站
码头	1个码头,有大量的货物运输
公路	已经建成2条国家级、45条市级文明样板路,74%干线公路和40%区县公路达到GBM标准

4.2.5 自然生态环境因素

济舟区是一个傍水城区,整个城区都有美丽的水自然风光,在闲暇休憩的时候可以随时随地的享受这自然的美好风光。城区的15%都被绿色植被覆盖,这将为大气固氮带来很好的收益。虽然济舟区的绿色植被覆盖率没有达到20%,但是该区的水文条件可以弥补这一现象,同样可以帮助城市缓解大气污染与其他污染。

城市生态环境将是人类关注的重要问题。关注城市生态环境质量评价,明确城市生态环境质量现状,为城市规划的制定、城市的未来发展和城市生态环境管理提供了重要基础。生态环境是人类赖以生存的重要环境,只有城市的自然风景好,才能生活的更加幸福与健康。

5 地块及其周边环境分析

5.1 各地块概况

根据前文的选址思路,以下对地块Ⅰ、地块Ⅱ、地块Ⅲ的周边环境作详细分析。

图 5-1　济舟区用地概况图

图 5-2　地块Ⅰ现场实景

图 5-3　地块Ⅱ现场实景　　图 5-4　地块Ⅲ现场实景

5.2 地块Ⅰ及其周边环境分析

5.2.1 地块概况

表 5-1　　　　　　　　　　地块Ⅰ概况表

	地质状况	地形状况	地块面积(m²)	绿地覆盖率	地块价格(元/m²)
地块Ⅰ	淤泥质土	场地形状略不规整,有大片突起	240 000	30%	15 000

— 9 —

5.2.2 区位分析

住宅区位是指住宅的地理位置及社会经济位置的综合。住宅区的区位选择在整个房地产开发项目中处于举足轻重的地位,因为具有良好区位的住宅区不仅可以很大程度上为人们生活工作提供便利,还可以提高生活质量,区位优异的住宅区一直是人们心中的最佳选择。

中心商业区是人们购物、休闲、娱乐的首选之地,住宅区与中心商业区的距离可以直接反映出人们生活的便利程度。地块Ⅰ与城市中心距离较远,中间间隔有高尔夫球场和明珠景观楼,距商业中心约20分钟车程。

文化教育中心不仅可以为居民子女提供适宜的学习环境,获得良好的教育,更可以丰富人们的业余生活,提升人们的自我修养,对于整个住宅区的人文环境是一个必不可少的因素。地块Ⅰ东南面是一块文化娱乐公共设施用地,其中有高尔夫球场、羽毛球馆等各档次体育场馆,能够满足各类人群的需要。东面是教育科研用地,文化气息相对浓郁。

商务中心主要指的是用于人们办公的区域,住宅区与商务中心的距离直接决定了人们日常工作所需要的路程时间。缓冲人们生存压力的增大和对生活品质追求的提升,对就业岗位的要求也越来越高。这不仅仅反映在对岗位性质和收入的选择上,出行距离或时间,甚至交通拥挤程度都是人们考虑的主要因素。地块Ⅰ西北是工业用地,东北紧邻高新科技园区,正东是教育科研用地和商业中心,东南边是行政办公中心,可谓是城市各中心的交汇处,到达各就业中心的距离都比较适中。

5.2.3 市政公共基础设施

具有较为完善的通水、通电、通路、通讯、通排水、平整土地的"五通一平"设施。与医院距离较远,但是医疗条件与本区平均水平相当。东面紧邻教育科研中心,有丰富的教育资源。周边有免费开放的公园,也有高尔夫球场、羽毛球馆等各档次体育场馆,能够满足各类人群的需要。

地块Ⅰ紧邻交通枢纽区,步行即可到达,十分便利。可借助交通枢纽区的强大交通网络通往市内各处,但距离稍远。

地块Ⅰ东侧为城市公园,西北则毗邻黄渡江,东南侧为高尔夫球场,周边绿化条件不错。北面是工业园区,冬季的西北季风会把带有粉尘的污染空气吹往该地块,对项目的发展非常不利。

5.3 地块Ⅱ及其周边环境分析

5.3.1 地块概况

表5-2　　　　　　　　　　　地块Ⅱ概况

	地质状况	地形状况	地块面积(m²)	绿地覆盖率	地块价格(元/m²)
地块Ⅱ	黏性土,土地基本平整	四方平整,地势较周围低	250 000	20%	19 000

5.3.2 区位分析

此地块位于济舟区北部,与中心商业区的距离较近,交通路线简单方便,沿主干道直行的车程大约为十分钟左右。由于本地块地处市中心较近区域,在城市中心逐步扩展的整体发展趋势之下,未来会有很大的升值空间。本地块在地理位置上占有极大的优势,在房地产项目的进一步开发中可以给予重点考虑。

本地块南侧紧邻体育文化中心,此体育文化中心体育设施齐全,经常会举办大型体育赛事,也可作为小区居民日常进行体育锻炼的场所。虽与区图书馆的距离较远,但是便捷的交通条件可以在一定程度上弥补这种缺陷。距离区内的教学区域的距离较远,但交通便捷,驱车前往仅需半小时左右,所以对于居民子女未来的教育是一大优势。

本地块东临济舟区人民医院,南接体育文化中心,西对高新科技园区,与部分轻工业基地有直通的交通干线。本地块周边的商业状况良好,同时与其他商务中心距离适中,居民外出工作路程时间约为半小时左右。在现阶段的居民区开发中比较,处于中上等水平。

5.3.3 市政公共基础设施

具有较为完善的通水、通电、通路、通讯、通排水、平整土地的"五通一平"设施。本地块临近城市主要医疗卫生区,内部设有医疗设施齐备的济舟区人民医院和周边附属的门诊科室,可以为小区居民的身体健康带来一定保障,总体来说医疗卫生环境优异。

本地块与城市主要教育功能分区的距离较远,但是未来在城市扩建过程中地块所属的功能区内部或周边势必会建设小型教育区解决部分居民子女的教育问题。同时虽然与教育区距离较远,但是有直达的公交线路和地铁线路,同丙路与嘉二路专线可以为两个区域的连通提供极大的便利。

与本地块隔街相对的即为区体育文化中心,平时不仅可以丰富居民的业余生活,为居民进行身体锻炼提供场所,更可以在此经常观看各种大型赛事。同时周边设有专业的健身中心,可以为居民提供专业化的体能训练指导等,整体而言,文体娱乐环境较佳。

从本地块所处地理位置推断,未来人口密度势必加大,在人口密集的地方,进行集体化的行政管理比较容易。由于此地块周边没有设置统一的行政办公用地,为了适应未来的发展规划,在住宅区开发的时候,开发商应该考虑在住宅区内部开设管理中心,以便及时处理区域内部的各种突发状况。

全区有4条南北走向的主干路和6条东西走向的主干路,同时各功能分区之间也有十分方便的道路联通。

本地块东临中央大道,南沿嘉四路,西至同丙路,北侧有11号地铁经过,具体如下图所示。

图5-5 南侧嘉四路

图5-6 东侧中央大道

图5-7 西侧同丙路

图5-8 北侧轨道交通

城市对外交通是指城市与其他城市之间的交通,以及城市地域范围内的城区与周围城镇、乡村的交通,以城市为基点,与外部进行联系的各类交通总称。对外交通是城市形成、存在和发展的重要条件之一,也是构成城市的一种主要物质要素。

本地块所在的济舟区周围对外交通比较便捷,四周主要由嘉松北路、曹安公路、李庄环路、昌吉东路从东南西北四个方向环绕。具体来说,市区北部已建成的现代化高速铁路,有效提升了整个中心区域经济运输能力;东西两侧以及南部完善的公路系统对整个交通系统的合理融合起到补充作用;同时城市内部分别有多条河道不仅是人们休闲娱乐的场所,更大大分担了整个城区的交通运输压力,沟通了市区周边的各条主干道,使城市的交通联系更加紧密。

本地块所处位置临近北侧的嘉松公路,成为小区内居民主要的外出方式。地块西侧有天然形成的河流,增加了出行方式的多样化。

在对地块的生态环境进行分析的时候,我们主要考察周边的绿化情况、自然环境以及是否存在环境污染问题等,力求做到为住宅区居民提高最优质的居住环境和最舒适的生态氛围。

自然环境主要是指住宅区所处的生态环境和区域内部的绿化程度,良好的绿化可以使入住居民放松身心,大大提高生活质量。

由于本地块接近区中心,无大片的绿化地,部分绿地面积较小且质量不高,但是西侧临河在一定程度上弥补了这一缺憾,在未来的住宅区开发建设中可以以河为基础,扩展出一块可供居民休闲的区域内部小型公园,可以作为日后推广中的一大卖点。

随着城市化进程的推进,济舟区逐渐划分出多个功能分区,各分区之间相互协调、共同发展,促进了地区经济的持续有效增长。集成化的工业园区的选址与建设一直是人们在思考的问题,工业带来的环境污染问题也成为人们关注的热点。住宅区周边是否分布着重污染的工业企业很大程度上决定了住宅区未来的发展状况。

本地块的周边由于与区中心距离较近,人口密集,产生较多城市污染,有一定程度上的空气污染问题,但是处于适宜居住的水平。繁华的商业区虽然方便了居民的生活,但是同时还带来了噪声污染、光污染、粉尘废气等诸多污染问题,这一因素在接下来的评估筛选中应该给予一定重视。西侧为高新开发区,没有产生污染的企业,对居民生活不构成影响。

5.4 地块Ⅲ及其周边环境分析

5.4.1 地块概况

表5-3　　　　　　　　　　　地块Ⅲ概况

	地质状况	地形状况	地块面积(m²)	绿地覆盖率	地块价格(元/m²)
地块Ⅲ	淤泥质土	地形面积较大,地面较为平整	270 000	30%	17 000

5.4.2 区位分析

在本城区中,商业中心地处城区区域中心,因此,与商业中心的距离反映的是地块在城区中的区位,以及与能满足居民各类生活需要的城区商业中心的距离。与区域中心的并非越近越好,近了会有各种噪声污染,远了又会有交通不便利等诸多弊端,因此,地块与区域中心的距离应该在合适的范围内。

地块Ⅲ下方有一生态公园,距离较为适中,既有轨道交通3号线和1号线可以直达,又有生态公园阻挡掉商业中心部分人流和噪声,为住宅提供舒适、安逸的居住环境。

一个城区的文化和体育中心,主要包括城区有关文化、艺术或是体育活动的建筑群体。一个城区文化中心的好坏,直接影响一个城区居民整体的文化水平、精神面貌和生活质量。

图 5-9 地块Ⅲ实地考察图

地块Ⅲ南面为生态公园,北面为高层住宅,周边没有文化体育建筑,居住区居民周边文化体育活动场所欠缺。然而,该地块有轨道交通1号线可以直达文化娱乐中心、同济大学、高新产业园区,或是有3号线可以直达体育场,交通便利,无需换乘,因此地块Ⅲ与体育文化中心距离适中。

城区中的居民,除了在生活娱乐需求外,最重要的便是办公就业,一个城区的就业平衡对于城区经济的良性发展具有十分重要的影响。城区提供的各种就业岗位,应该与城区居住人口情况和性质相匹配,包括年龄、性别、文化、地位、行业等诸多相关方面。伴随着社会竞争的日益增加,人们对就业岗位的需求和要求也日益增加,因此,住宅地块与办公就业中心的距离应控制在适当范围内,并有便利、可直达的交通设施。

5.4.3 市政公共基础设施

具有较为完善的通水、通电、通路、通讯、通排水、平整土地的"五通一平"设施。地块Ⅲ与我区唯一具有三级甲等资质的同济大学附属攀峰医院可有地铁或东西高架联通。与商业中心也仅有3公里路程。此外,地块Ⅲ的区级卫生站医疗配备情况及医疗水准也能满足住户的基本需求。

地块Ⅲ有地铁3号线直接通往城区的教育区,并且在该商业区中也有几所非常出名的中学。其中考入我区最好的同济大学的学生有200多名,吸引了不少家庭搬迁至此。而地块Ⅲ到我区大学城的交通也非常便捷,因此教育资源充足。

地块Ⅲ周边有山有水有绿地,看似没有文娱设施,但是出色的交通网络弥补了这一缺点。CBD、健身、影院还有学校开放的操场都是这里方圆5公里内可以找到的文娱场所。另外,免费开放的生态公园更是附近住户最愿意前往的休闲场所。

城市拥有已建成并投入运营的轨道交通,共3条线路,分为南北向、东西向和贯穿整个城市中心城区的环线。除轨道交通外,该城市有较发达的公交系统,满足居民出行的需要。

为了贯彻我区经济发展战略,缩小近郊与城市中心、住宅区与大学城、工业区与省道高速之间的空间距离,区政府将在未来几年着力于构建更加完善的交通网络。地铁方面,将成立专家小组进行研究并商讨进一步建设的方案。道路方面,将建设绕城高速,将农业园区、近郊绿地与黄渡江码头连接起来。

地块Ⅲ在既有的地铁1号线之外,将扩展与周边近郊地理上的临近优势。同时,地块Ⅲ临近1号线东端和3号线东南段,出行便捷、快速,是居住的良好场所。生态公园、电影院、购物广场、健身中心、高尔夫场等我区人气旺盛的文体娱乐中心;攀峰医院、嘉实医院等市级医院;嘉定明珠、黄渡江观光隧道等著名旅游景点;同济大学、长雅中学、大同小学等重点学校;以及黄渡江码头、西郊机场、黄渡客运站等重要交通枢纽等都在地块Ⅲ的交通辐射网范围之内。无论是公共交通还是私车出行都非常方便。

城市西北部有大片交通枢纽区,其中包括铁路(火车、动车、高铁)、汽车等众多交通系统,方便城市居民出行前往其他城市。另外,城市周边有高速公路与其他周边城市相连。

地块Ⅲ距离城市交通枢纽区较远,但有轨道交通1号线和3号线可以直达,前往仍然较为便利。另外,在该地块北侧的农业园区北段西面有高速公路连通周边城市,与高架闸口有一定的距离,但驱车前往仍十分便利,并且不会有高架带来的噪声污染。

生态系统是生物群落与其环境之间在能量流动和物质循环过程中形成的一个统一的有机整体,由生命物质和非生命物质构成的。现今,绿色环保、低碳生活已然成为当今社会密切关注的话题之一。新世纪住宅发展,必须以提高居住环境质量为核心,结合市场需求,按照交通便捷、环境优雅、配套齐全的要求规划建设住宅区。在政府规划方面,由于本区现有绿地覆盖率在2012年最新统计排名中位置靠后,所以为了城市均衡可持续发展,政府应大力倡导生态城市、绿色生活。

绿化对于住宅小区的开发具有较高的重要性,拥有较高绿化覆盖率的地块,能够更好地发挥小区功能,创造一个舒适、美观、休闲、有益于身心健康、充满活力的居住环境。地块Ⅲ南侧为城市大型生态公园,西南则毗邻黄渡江,南侧为大片绿地,北面有大片农业园区,拥有极高的绿地覆盖率,环境恬静优雅。另外在西边有一码头,可以乘船游湖,生态环境极佳。地块Ⅲ绿化环境得天独厚,自然环境优雅、风景宜人、空气清新。

随着人们对身体健康的日益重视,环境污染问题成为了当前人们时常关心和谈论的话题之一,呼唤绿色生活显得尤为重要。在考虑住宅选址的时候,也应将环境污染问题加以考虑。地块Ⅲ南侧依傍于城市大型生态公园,另外还有潺潺湖水流过,环境幽雅,空气清新,山水环抱,人杰地灵,没有任何的环境污染,在绿化方面是住宅的最佳选择。

6 地块比较分析

6.1 灰色模糊评价模型法

6.1.1 模型的适用性分析

房地产项目选址方案中,往往存在着模糊性和灰色性共存的情况,即一个具有模糊因素的方案不具备完全充分的信息,或者一个信息不完全的方案中存在着一些模糊因素。本文选取的灰色模糊综合评价是利用模糊数学的一些概念并借助灰色系统理论对方案进行优选,考虑各评价指标间的关联对方案的整体影响,从而更好地反映出各方案之间的优劣程度。

6.1.2 模型构建

1. 确定主要评价因素

在本方法中主要从以下十个方面进行分析比较:地质状况、地形状况、与商业中心距离、与文教中心距离、与商务中心距离、市内交通、对外交通、自然环境、环境污染、水电气等供应状况。

2. 计算评价因素权重和确定评价矩阵

权重指标确定的合理与否对评价结果和评价质量起着极为重要的作用。根据专家的评分,得出各个因素的综合权重向量是:

$$W = [3/56, 1/56, 9/56, 5/56, 7/56, 9/56, 7/56, 7/56, 5/56, 3/56]$$

其中污染程度是逆向型指标,而其他指标是正向型指标,因此将污染程度指标的最小值作为最优参考值,其余的指标值取其最大值为最优参考值,由各地块的评价指标因素的得分得出如下评判矩阵:

$$B = \begin{bmatrix} 8 & 9 & 9 & 9 & 9 & 9 & 8 & 9 & 1 & 9 \\ 6 & 8 & 5 & 9 & 7 & 6 & 8 & 7 & 5 & 7 \\ 8 & 8 & 8 & 8 & 9 & 7 & 7 & 7 & 2 & 9 \\ 7 & 9 & 9 & 7 & 8 & 9 & 8 & 9 & 1 & 8 \end{bmatrix}$$

3. 评判矩阵规范化、计算模糊评价矩阵

由规范化公式可将矩阵 B 转化成矩阵 C：

$$C = \begin{bmatrix} 1 & 1 & 1 & 1 & 1 & 1 & 1 & 1 & 0 & 1 \\ 0 & 0 & 0 & 1 & 0 & 0 & 1 & 0 & 1 & 0 \\ 1 & 0 & 3/4 & 1/2 & 1 & 1/3 & 0 & 0 & 1/4 & 1 \\ 1/2 & 1 & 1 & 0 & 1/2 & 1 & 1 & 1 & 0 & 1/2 \end{bmatrix}$$

得到规范化矩阵之后进行绝对列查的计算，计算结果如表 6-1 所示。

表 6-1　　　　　　　　　模糊评价矩阵计算结果

K	1	2	3	4	5	6	7	8	9	10	min ΔC^k	max ΔC^k
ΔC_1^k	1	1	1	0	1	1	0	1	1	1	0	1
ΔC_2^k	0	1	1/4	1/2	0	2/3	1	1	1/4	0	0	1
ΔC_3^k	1/2	0	0	1	1/2	0	0	0	0	1/2	0	1

依据这些绝对序列差数值计算各因素指标值与参考值的关联系数，区分辨系数 $\alpha = 0.5$。得出模糊评价矩阵 D：

$$D = \begin{bmatrix} 1/3 & 1 & 1/2 \\ 1/3 & 1/3 & 1 \\ 1/3 & 2/3 & 1 \\ 1 & 1/2 & 1/3 \\ 1/3 & 1 & 1/2 \\ 1/3 & 3/7 & 1 \\ 1 & 1/3 & 1 \\ 1/3 & 1/3 & 1 \\ 1/3 & 2/3 & 1 \\ 1/3 & 1 & 1/2 \end{bmatrix}$$

6.1.3　模糊综合决策

根据前面的计算得出的矩阵 W 和 D，运用矩阵相乘进行模糊综合决策，可以进行决策评价，$E = W \times D$，计算得出：

$$E = W \times D = [0.476, 0.584, 0.824]$$

将不同地块的得分别进行排序，地块Ⅰ＜地块Ⅱ＜地块Ⅲ，因此依据十个评价指标综合分析三个不同地块得出的情况是：最满意的是Ⅲ地块，其次是Ⅱ地块，最不满意的是Ⅰ地块

6.2　加性加权法

利用前述的加性加权法对三地块进行评价计算，评分见表 6-2：

表6-2　　　　　　　　　　地块Ⅰ、Ⅱ、Ⅲ评分表

要素	权重	地块Ⅰ	地块Ⅱ	地块Ⅲ
地理位置	0.22	9	8	8
面积	0.08	8	8	8
形状	0.08	7	8	9
地质地貌	0.02	6	8	9
交通	0.15	9	8	8
与商业中心的距离	0.08	7	8	9
与文化和体育中心的距离	0.06	8	10	7
与办公就业中心的距离	0.06	8	9	7
周边绿化	0.06	9	7	10
未来发展潜力	0.05	8	8	9
噪声污染	0.07	6	10	10
大气污染	0.07	6	7	10
总计	1	7.95	8.19	8.51

由此可得,地块Ⅲ的评分最高,其次是地块Ⅱ,最不满意的是地块Ⅰ。

7　项目选址结论与建议

围绕选址原则,定性定量地提出选址思路与方法,通过结合房地产行业的宏观环境,比较分析所供地块的周边环境与自身优劣,得出最终的结论:地块Ⅲ是最适合本次大型生态住宅开发的地块,建议选择地块Ⅲ进行开发。

参考资料

[1] 施建刚.房地产开发与管理[M].2版.上海:同济大学出版社,2007.

[2] 何芳.城市土地经济与利用[M].2版.上海:同济大学出版社,2009.

[3] 刘茜茜等.房地产区位价值影响因素分析[J].沈阳:沈阳建筑大学学报(社会科学版),2011.7.

[4] 张巍.住宅项目选址决策模型[J].重庆大学学报(自然科学版),2007.8.

[5] 杨文源.基于灰色模糊评价的商业地产选址决策[J].价值工程,2010.10.

[6] 李德华.城市规划原理[M].3版.北京:中国建筑工业出版社,2001.6.

[7] 马建堂.中国统计年鉴(2012)[M].中国统计出版社,2013.

[8] 上海市2012年统计年鉴编写组.上海市2012年统计年鉴[M],中国统计出版社,2013.7.

[9] 林莹.我国住宅房地产项目开发的区位选择研究[D].暨南大学.2008.

[10] 华润置地松江泗泾古楼路2号地块项目定位报告[R].同策咨询.2009.

[11] Joseph R S, James D L R, Neil C G. Corporate real estate site selection: a community-specific information framework [J]. Journal of Real Estate Research. 2001.

[12] Pyhrr S A, Cooper J R. Real estate investment: Strategy, analysis, decisions [M]. Warren, Gorham & Lamont. 1982.

[13] Shannon Lloyd, PhD, Anne Landfield, Brian Glazebrook. Integrating LCA into Green Building Design: Building Design & Construction [J]. 2005.11.

[教师解读]

  该份《房地产开发项目选址研究》大作业(以下简称:报告)较好地将课堂教学中所学的理论和方法应用于实际(模拟)项目选址,报告紧紧围绕项目选址的主要内容:"选址原则、选址思路和方法、宏观环境分析、地块及其周边环境分析、地块比较分析、项目选址结论与建议"进行分析研究并得出结论,对培养和提高学生独立思考问题、进而解决问题的能力具有现实意义。报告较好地将定性与定量分析相结合,行文较规范,数据较详实,具有一定的逻辑性。报告反映出该组同学具有良好的理论基础和相关专业知识,很好的团队协助精神。报告基本符合教学和实践的要求,同时,也存在一些问题,主要有:

  报告中的一些地理位置、周边环境的描述不够具体;作为整篇报告的阐述者,其身份应明以第三方视角为宜,故报告中不宜时而称"济舟区",时而又称"我区";有些表述比较含混,如"济舟区轨道交通也很便捷,轨道交通用地省,运能大,运行时间稳定,轨道交通采用了更高的技术标准和更严格的管理措施,比公路交通的安全性高得多,投资小,安全环保,节约能源,减少大气污染"。应明确说明采用了什么标准、什么措施? 还有,"各远郊地区政府把改善乘客候车条件作为'公交优先'发展战略的一项重要任务,……",这里的"各远郊地区政府"指哪一级政府? 是指"济舟区"周边的平级政府,还是指"济舟区"下属的各级政府? "济舟区"本身又是哪一级建制? 省市级还是地区级?

  此外,在报告的"图3-1项目区位分析指标"中提出了十五项分析指标,而在"6.1.2模型构建"中提到"在本方法中主要从以下十个方面进行分析比较"、在"6.1.3模糊综合决策"中提到"依据十个评价指标综合分析三个不同地块",进而在"表6-2地块Ⅰ、Ⅱ、Ⅲ评分表"中却列出了十二个评价要素,上述分别提到的十五项分析指标、十个方面、十个评价指标、十二个评价要素,令人莫衷一是,不知以哪个为准? 不知这些指标要素之间关系是什么? 也不知指标和要素是一回事还是互不相干的?

  最后,"7项目选址结论与建议"的内容过于简单,尤其是建议部分几乎未很好提出实质性建议。

  此外,再提几点建议,供同学们在今后完成同类作业时参考:

  1. 作为房地产开发项目选址研究的模拟报告,所选择的区域范围不宜过大,应选与该项目开发关系密切的适当区域;区域范围过大,其报告中的论证和结论性描述,可能会令人产生与实际项目相关性差、大而空的感觉。

  2. 报告中对于有关资料文献的引用,应根据对文献的精神要义和原则、标准的理解,结合该项目的具体实际进行分析阐述,不宜整段照搬照抄原文,不仅是"引"更要注重于"用",并应注明引文出处。

  3. 在整篇报告的表述中,措辞用语应平实、客观、准确、严谨,尽可能少用或不用华丽辞藻和笼统模糊的形容词。

  4. 报告中涉及的专业术语、名词概念以及参考资料的著录等,均应按有关标准和专业规范要求,准确使用且前后统一。尤其是计算公式、计量符号均应明确说明其含义及适用范围。

  综上所述,作为课程大作业,不可能要求学生完成的报告尽善尽美。希望老师的点评,能帮助该组同学认真思考,并做进一步修改、完善。

附件 4

房地产开发项目可行性研究实习指导书

(注:为使学生将所学理论应用于实践,编写了《房地产开发项目可行性研究实习指导书》,通过本专业大三暑期小学期的实习,对"房地产开发项目可行性研究"进行全程实践,同时要求每个实习小组独立完成一份可行性研究报告。该项实践内容是培养学生研究和实践能力及提升小组团队协作精神的有效方法。)

——《房地产开发项目可行性研究实习指导书》的封面及目录样式如下:

[封面]

房地产开发项目可行性研究

实习指导书

同济大学经济与管理学院
建设管理与房地产系
2014年5月

[目录]

目 录

一、本实习拟解决的主要问题 ……… 1

二、国内外相关现状述评 ……… 1

三、实习的主要内容 ……… 2

四、实习的路径和方法 ……… 2

五、解决问题的思路和主要观点 ……… 3

六、相关财务评价算例 ……… 3

七、已收集的部分资料 ……… 5

八、可行性研究报告撰写 ……… 5

九、可行性研究报告的校读与编辑 … 11

《房地产开发项目可行性研究实习指导书》的正文见下页:

房地产开发项目可行性研究实习指导书

一、本实习拟解决的主要问题

"房地产开发项目可行性研究"是"房地产开发与管理"课程中重中之重的内容,也是实践性很强的教学环节。在以往的教学中,学生除理论教学外,虽有授课教师将实际项目在课堂上讲解,但未能在有限的课时里让学生充分加以实践,并完成一份"房地产开发项目可行性研究报告"。而这个过程对学生将来的工作是至关重要的,并将对就业产生重要影响。为此,本实习从教改出发,将"房地产开发项目可行性研究"进行全程实践。

本实习从房地产开发项目的过程和房地产项目前期决策要素入手,根据市场需求和经济发展规划、地区规划和行业发展规划的要求,对与项目有关的社会、经济、工程技术、市场、资源等各方面问题进行全面、深入的技术经济分析、比较和论证;对项目的经济、社会和环境效益进行科学的预测和评价;判断项目在技术上是否可行,经济上是否合理的科学方法。

随着近几年房产项目的大量开发,土地资源日趋紧缺,房产开发商之间的竞争也趋白热化。谁能做好项目的前期策划工作,拿到合理价位的土地,把握市场发展脉搏,谁就能获得利润、就能生存。所以,希望学生能够通过本实习的实践,掌握房地产开发项目可行性研究的全过程运作。相信该实习对提升学生的实践操作能力、专业知识的进一步感悟认识以及为今后的就业产生积极的影响。

二、国内外相关现状述评

1. 国内房地产开发项目可行性研究教改现状

房地产开发项目可行性研究是房地产开发投资决策阶段的重要内容,国内高校相关专业一般偏向于理论教学,对此实践环节由于受限于教学时数和教师自身的实务经历,往往不够重视,对学生的进一步发展带来负面影响。阎小燕(1999)在《房地产投资可行性研究中的区位分析》中,认为高校在教学时,要让学生参与"可研"的实践,使学生体会"区位分析是房地产投资可行性分析中至关重要的因素,并且建议房地产开发商在投资时要选择变现能力强的地块进行投资;要总览全局选择地段,从整个城市布局、城市规划的角度来考虑地块投资的利弊;在进行投资地段分析时,可以根据上风口发展理论、高走理论、近水发展理论和沿边发展理论来进行"。陈传钊(1997)在《房地产项目可行性研究中信息系统的应用探讨》中,认为学生应掌握可行性研究的实践应用,他强调"在进行房地产项目可行性研究时需要运用很多的信息数据,而其中很多数据的可变性和不确定性强,为了提高可行性分析的准确性和科学性,建议采用计算机等高科技手段,并且提出了可行性分析计算机软件程序的设计思路"。梁爽(2001)在《房地产投资可行性分析中的成本及投资估算》中,专门要求学生通过实践,"分析房地产开发成本的构成,并提出房地产投资成本的估算原理和方法"。张先玲(2001)在《论加强房地产项目可行性分析特殊性的研究》中,从可行性分析的一般性问题和房地产项目可行性分析的特殊性视角,阐述了房地产项目开发的不确定性,要求学生通过认知实践,"科学性分析、合理预测、及时采取措施积极应对是规避房地产开发风险的有效方法"。

虽然这些学者进行了理论方面的研究尝试,但都未能在各自的高校中对学生在这一环节加以实践推广,致使我国的房地产开发项目可行性研究的实践教学还处在起步阶段。

2. 国外房地产开发项目可行性研究教改现状

国外一些专家和学者要求学生通过具体的实践环节,分别从房地产的区位选择、投资资金筹措、投资成本和收益、投资风险不确定性等方面阐述和论证房地产项目投资的可行性,并作为教学计划不可或缺的环节。W. Behrens 和 P. M. Hawranek(2003)认为,可行性研究是房地产投资决策的重要依据,是投资分析中的重要环节,可行性研究是一个繁杂的系统工程,因此可行性研究是一个反复优化过程。大学相关专业要通过实践完成一份可行性研究报告。Gaglon E. Greer 和 Micher D. Farred(1993)认为,学生对房地产风险的意识淡漠,必须通过相应的实习,提高"在房地产可行性研究中要对风险有足够的认识,以免出现决策失误"的能力。此外联合国工业发展组织(UNIDO)、国际复兴开发银行等世界性组织,以及经济合作与发展组织(OECD)、亚洲开发银行等区域性经济组织,分别编写了包括房地产项目在内的投资项目可行性研究教材。要求"知名大学的学生必须加强实践操作",经过几十年的发展,可行性研究的理论与实践在国外已经比较成熟。

三、实习的主要内容

通过本专业大三小学期1周的实习,了解目前我国房地产开发项目可行性研究的指导性文件和理论。房地产开发项目的可行性研究主要有三个方面的内容:一是项目的必要性;二是开发项目在受各种外部条件所制约时实施的可能性;三是项目的技术、经济分析。按国际惯例,房地产开发项目可行性研究可分为三个阶段:机会研究、初步可行性研究、详细可行性研究,而最终将归结为详细可行性研究。为此,本实习主要研究详细可行性研究。一份正式的可行性研究报告应包括封面、摘要、目录、正文、附表和附图6个部分,其核心为正文。对于一般的房地产开发项目可行性研究报告的正文,通常包括的具体内容有:项目总说明、项目概况、投资环境研究、市场研究、项目地理环境和附近地区竞争性发展项目、规划方案及建设条件、建设方式与进度安排、投资估算及资金筹措、项目评价基础数据的预测和选定、项目经济效益评价、不确定性分析和结论与建议等方面。其中市场研究、经济效益评价和不确定性分析是可行性研究报告中重中之重的部分。该项实习内容是培养小组团队协作精神的有效方法。

四、实习的路径和方法

将学生的实践环节渗透于该教改项目中,在教师的指导下,使学生通过1周的实践,小组独立完成一份房地产开发项目可行性研究报告(开学前三周内上交)。具体要求:明确实习目的,房地产开发项目可行性研究是理论与实践高度结合的知识点,通过实习,熟悉完成报告的全过程及掌握报告中的重点内容,将理论知识运用于实践活动,并通过实践活动提高分析问题与解决问题的能力。了解考核内容和方式,要求态度认真、过程真实、报告格式规范、方法正确、参数合理、结果准确、语言表达清晰、装订整齐。具体工作内容和时间安排见表4-1。

表4-1　　　　　　　　工作内容和时间安排

序号	工作内容	时间安排
1	讲解可行性研究的内容及如何完成一份可行性研究报告、布置实习内容及要求、分组(6人左右一组)及具体分工	第一天上午
2	市场调研、资料收集与整理	第一天下午~第三天上午
3	市场研究、财务评价(重要)、不确定性分析的要点讲解	第三天下午
4	可行性研究报告撰写(初步框架)	第四天~第五天上午
5	小组(代表)上台交流(初步方案),每组讲解20分钟,师生讨论、交流10分钟。教师总结	第五天下午
6	上交一份规范、完整的"××××房地产开发项目可行性研究"报告(统一用蓝封面装订)	开学前三周内上交(纸质版和电子版)

五、解决问题的思路和主要观点

项目的可行性研究工作是一项细致的长期市场调研和技术分析工作,做好这项工作要求学生在理论指导上抓住三个结合:微观经济分析与宏观经济分析相结合;定量分析与定性分析相结合;动态分析与静态分析相结合。在调研分析工作中抓住三个核心,实现理论指导与实践调研的统一:市场调研与市场定位;技术分析和经济效益分析;不确定性分析。具体要求:首先,通过分析房地产市场状况,对房地产市场与发展前景进行定性分析和判断;其次,通过项目的(SWOT)分析,对项目进行定位;然后,对房地产价格进行定量预测;最后,通过项目的财务分析和不确定性分析,对项目进行定量研究和判断。

六、相关财务评价算例

通过实习,学生应掌握指导教师对房地产开发项目可行性研究相关财务评价算例的编程方法与计算过程讲解和演示的内容,并要求学生在实际完成的可行性研究报告中加以应用和体现。具体算例见"案例计算"文件夹(课间提供),教师将在实习课中进行讲解和演示。房地产开发项目可行性研究相关评价系统见图6-1;房地产开发项目可行性研究相关财务评价算例的编程方法与计算示意图见图6-2。

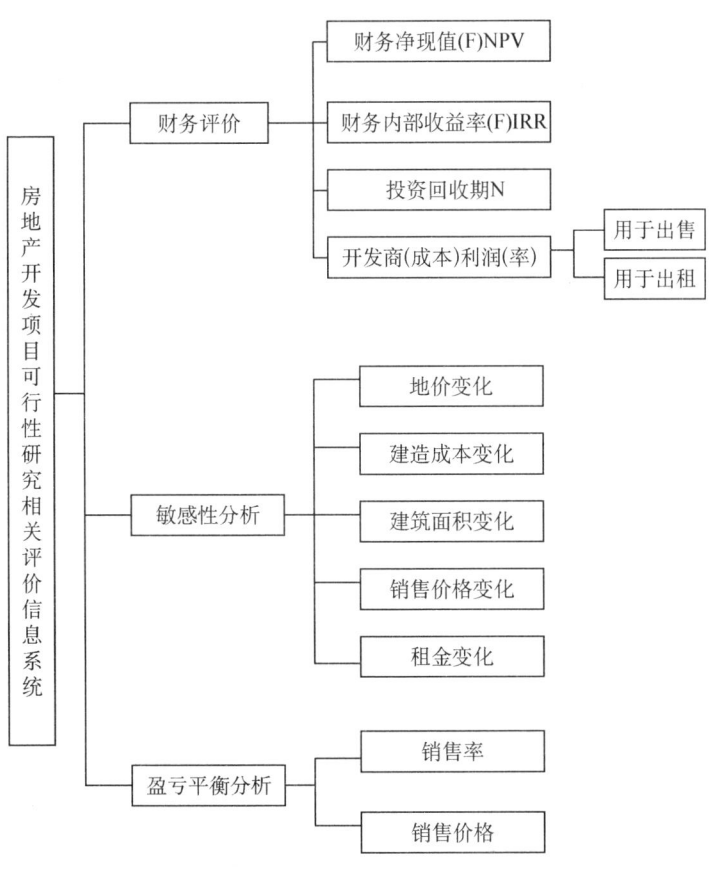

图6-1 房地产开发项目可行性研究相关评价系统

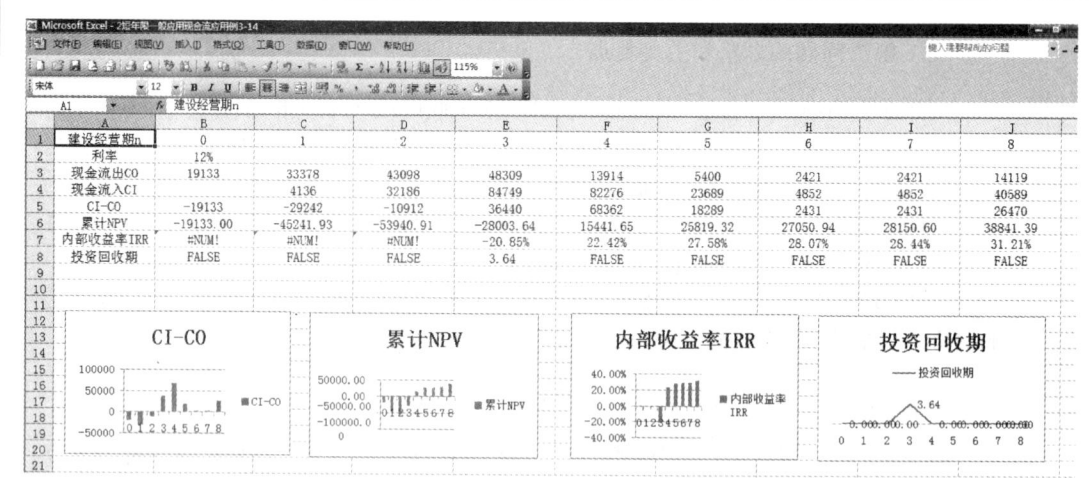

图 6-2　房地产开发项目财务评价编程方法与计算示意图(一)

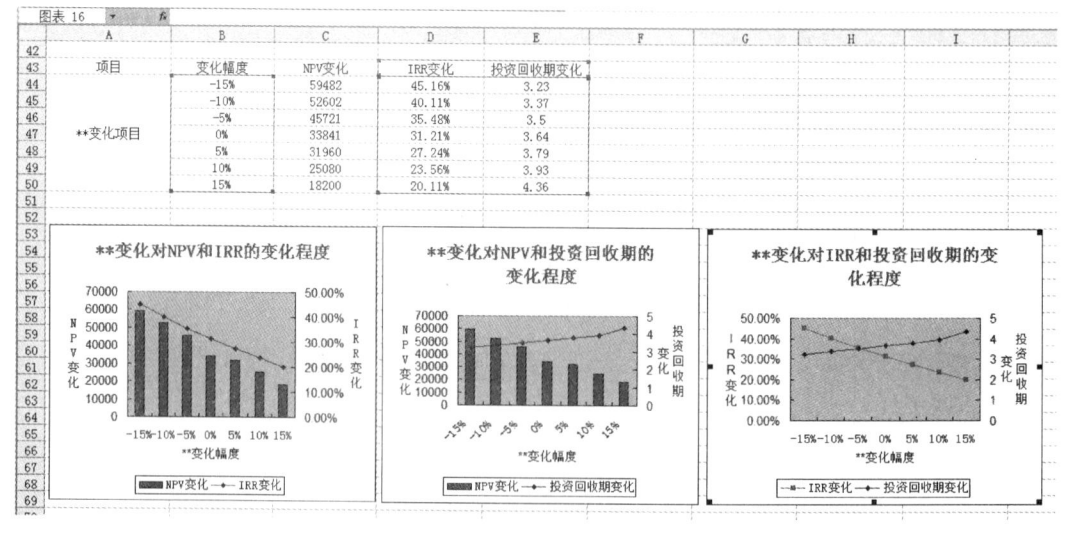

图 6-2　房地产开发项目财务评价编程方法与计算示意图(二)

图 6-2　房地产开发项目财务评价编程方法与计算示意图(三)

七、已收集的部分资料

成果名称	作者或负责人	成果形式	发表刊物或出版社	时间
《房地产开发与管理》"十一五"国家级规划教材	施建刚	教材	同济大学出版社	2008.7
上汽集团长风11号地块开发项目策划	施建刚	研究报告	上海汽车工业开发发展公司委托课题	2008.4
上海耀江城项目可行性研究	施建刚	研究报告	上海耀达房地产开发有限公司委托课题	2005.12
古北新区"13-3地块"综合项目可行性研究报告（及项目建议书）	施建刚	研究报告	上海元申置业有限公司委托课题	2004.2
安亭旧区三街坊地块项目研究	何芳、施建刚	研究报告	陆家嘴集团上海张杨商业建设联合发展有限公司委托课题	2004.3
房地产专业方向教学团队的模式构建与实践	施建刚、何芳、钱瑛瑛、唐代中	论文	中国教育导刊	2010.8
房地产专业课程教改设计和实践	施建刚、钱瑛瑛	论文	土木建筑教育改革理论与实践(武汉理工大学出版社)	2010.12
房地产开发与管理卓越课程改革与实践	施建刚	论文	教改论文集(同济大学出版社)	2011.4
漕河泾桃浦科技智慧城开发研究	施建刚、楼江	研究报告	上海临港经济发展(集团)有限公司	2012.11
房地产开发项目可行性研究教改实践	施建刚	论文	中国教育导刊	2013.8

八、可行性研究报告撰写

（参考如下示范格式，也可参考本教材"附件5：上海×××房地产开发项目可行性研究报告"的内容。说明：本实习拟以同济大学嘉定校区（或四平路校区）为"净地"，进行住宅开发项目的可行性研究，小组也可另选其他了解的建设地块进行实践。容积率可选1～1.5之间，其他规划指标在相关规定的合理范围内选取。）

——"实习报告"的封面、扉页、背页、目录样式示例如下：

[封面]

同济大学工程管理专业实习报告

×××房地产开发项目可行性研究

课程名称：房地产项目可行性研究实习
专业、年级：工程管理＃＃级
小组成员：张　三　李小龙　吴　冰
　　　　　王理想　钱　华　黄小燕
　　　　　孙李旺　张敏华
指导教师：施建刚　教授

同济大学经济与管理学院
建设管理与房地产系
20＃＃.＃＃

[扉页]

×××房地产开发项目可行性研究

建设单位
＊＊＊＊房地产开发有限公司
报告编制单位
同济大学经济与管理学院建设管理与房地产系
＊＊＊＊咨询有限公司
20＃＃.＃＃

[背页]

摘　要

（说明：摘要应用简洁的语言，介绍被评价项目所处地区的市场情况、项目本身的情况和特点、评价的结论。摘要的读者对象是没有时间看详细报告但又对项目的决策起决定性作用的人，所以摘要的文字要字斟句酌，言必达意，绝对不能有废词冗句，字数以800～1500字为宜。）

[目录]

目　录

（说明：一般情况下，可行性研究报告较长，所以要有目录及对应内容的页码，以使读者能方便地了解可行性研究报告所包括的具体内容，以及前后关系，使之能根据自己的兴趣快速地找到其所要阅读的部分。）

1　项目总说明(宋体小三号加粗)…………
　1.1　＃＃＃＃＃＃＃＃＃(宋体四号加粗)…………
　　1.1.1　＃＃＃＃＃＃＃＃＃＃(宋体小四号加粗)……
　　1.1.2　＃＃＃＃＃＃＃＃＃＃＃＃＃
　1.2　＃＃＃＃＃＃＃＃＃＃＃＃＃＃＃ …………
　　1.2.1　＃＃＃＃＃＃＃＃＃＃ …………
　　1.2.2　＃＃＃＃＃＃＃＃＃＃＃＃＃＃＃＃＃ …………
　……

2　项目概况………………………………
　……

11　不确定性分析………………………
12　结论与建议…………………………
参考资料(宋体小三加粗)…………………
附表和附图………………………………

正文是可行性研究报告的核心内容,按照报告正文中应包含的内容,现将写作要点介绍如下:

1. 项目总说明

在项目总说明中,应着重就项目背景、项目主办者或参与者、项目评价的目的、项目评价报告编制的依据及有关说明等向读者予以介绍。

2. 项目概况

在这一部分内容中,应重点介绍项目的合作方式和性质、项目所处的地址、项目拟建规模和标准、项目所需市政配套设施的情况及获得市政建设条件的可能性、项目建成后的服务对象。

3. 投资环境研究

主要包括当地总体社会经济情况、城市基础设施状况、土地使用制度、当地政府的金融和税收等方面的政策、政府鼓励投资的领域等。

4. 市场研究

按照所评价项目的特点,分别就当地与所评价项目相关的土地市场、居住物业市场、写字楼物业市场、零售商业物业市场、酒店市场、工业物业市场等进行分析研究。市场研究的关键是占有大量的第一手市场信息资料,通过列举市场交易实例,令读者信服你对市场价格、供求关系、发展趋势等方面的理解。

5. 项目地理环境和附近地区竞争性发展项目

这一部分主要应就项目所处的地理环境(邻里关系)、项目用地的现状(熟地还是生地、需要哪些前期土地开发工作)和项目附近地区近期开工建设或筹备过程中的竞争性发展项目。竞争性发展项目的介绍十分重要,它能帮助开发商做到知己知彼,正确地为自己所开发的项目进行市场定位。

6. 规划方案及建设条件

主要介绍开发项目的规划建设方案和建设过程中市政建设条件(水、电、路等)是否满足工程建设的需要。在介绍规划建设方案的过程中,可行性研究报告撰写者最好能根据所掌握的市场情况,就项目的规模、项目拟发展的档次、建筑物的规划设计技术指标、建筑物的装修标准和功能面积分配等提出建议。

7. 建设方式及进度安排

项目的建设方式是指建设工程的发包方式,发包方式的差异往往会带来工程质量、工期、成本等方面的差异,因此这里有必要就建设工程的承发包方式提出建议。这一部分中还应就建设进度安排、物料供应(主要建筑材料的需要量)做出估计或估算,以便为投资估算作好准备。

8. 投资估算及资金筹措

这一部分的主要任务是就项目的总投资进行估算,并按项目进度安排情况做出投资分年度使用计划和资金筹措计划,项目总投资的估算,应包括项目投资概况、估算依据、估算范围和估算结果,一般投资估算结果汇总中应包括土地费用、前期工程费用(含专业费用)、房屋开发费用、开发间接费、管理费、销售费用、财务费用和不可预见费。投资分年度使用计划实际是项目财务评价过程中有关现金流入的主要部分,应该分别就开发建设投资(又称固定资产投资)和建设投资利息分别列出。资金筹措计划主要是就项目投资的资金来源进行分析,一般包括自有资金(股本金)、贷款和预售收入三个部分(当然,还有其他资金筹措方式)。应该特别指出的是,当资金来源中包括预售收入时,还要和后面的销售收入计划配合考虑。

9. 项目评价基础数据的预测和选定

这一部分通常包括销售收入测算、成本和税金、利润分配三个部分。要测算销售收入，首先要根据项目设计情况确定按功能分类的可销售或出租面积的数量；再依据市场研究结果，确定项目各部分功能面积的租金或售价水平；然后再根据工程建设进度安排和开发商的市场销售策略，确定项目分期或分年度的销售或出租面积及收款计划；最后汇总出分年度的销售收入。成本和税金部分，一是要对项目的开发建设成本、流动资金、销售费用和投入运营后的经营成本进行估算；二是对项目需要交纳的税费种类及其征收方式和时间、税率等做出说明，以便为后面的现金流分析提供基础数据。利润分配主要反映项目的获利能力和可分配利润的数量，属于项目盈利性分析的一种。

10. 项目经济效益评价

这是项目评价报告中最关键的部分，在这里，要充分利用前述各部分的分析研究结果，对项目的经济可行性进行分析。这部分的内容一般包括现金流量分析、资金来源与运用表（财务平衡表）与贷款偿还分析。现金流量分析，要从全投资和自有资金（股本金）两个方面对反映项目经济效益的财务内部收益率、财务净现值和投资回收期进行分析测算。资金来源与运用表集中体现了项目自身资金收支平衡的能力，是财务评价的重要依据。贷款偿还分析主要是就项目的贷款还本付息情况做出估算，用以反映项目在何时开始，从哪项收入中偿还贷款本息，以及所需的时间长度，以帮助开发商安排融资计划。

11. 不确定性分析

一般包括盈亏平衡分析、敏感性分析和风险分析（概率分析）。不确定性分析的目的，是就项目面临的主要风险因素如建造成本、售价、租金水平、开发周期、贷款利率、可建设建筑面积等因素的变化对项目经济效果评价主要技术经济指标如财务内部收益率、财务净现值和投资回收期等的影响程度进行定量研究；对当地政治、经济、社会条件可能变化的影响进行定性分析，进一步可用模糊数学方法从定性转化为定量分析。

其中，盈亏平衡分析主要是求取项目的盈亏平衡点，以说明项目的安全程度；敏感性分析则要说明影响项目经济效益的主要风险因素为总开发成本（建造成本）、售价、开发建设周期和贷款利率在一定幅度内的变化时，对全投资和自有资金投资的经济评价指标的影响情况，敏感性分析一般分单因素敏感分析和多因素敏感分析，敏感性分析的关键是找出对项目影响最大的敏感性因素和最可能、最乐观、最悲观的几种情况，以便项目实施过程中的操作人员及时采取对策并进行有效的控制；风险分析（概率分析）目前在我国应用尚不十分普遍，因为风险（概率）分析所需要依据的大量市场基础数据目前还很难收集，但精确的风险（概率）分析在西方发达国家的应用日渐流行，因为风险（概率）分析能通过模拟市场可能发生的情况，就项目获利的数量及其概率分布、最可能获取的收益及其可能性大小给出定量的分析结果。

12. 结论与建议

可行性研究的结论主要是说明项目的经济效益评价结果，是否表明项目具有较理想的财务内部收益率（是否达到了同类项目的社会平均收益率标准），是否有较强的贷款偿还和自身平衡能力，较强的抗风险能力，项目是否可行。

根据项目综合评价，提出项目可行或不可行的理由，对于不可行的项目，要提出不可行的主要问题及处理意见，对于可行的项目，应指出存在的问题及改进建议。

以上12点是可行性研究报告正文的内容，其中市场研究、项目经济效益评价和不确定性分析是可行性研究报告中的重中之重的部分。

— 8 —

正文格式

1 项目总说明(换章时另起页)

项目总说明项目总说明项目总说明项目总说明项目总说明项目总说明项目总说明。

1.1 项目总说明

项目总说明项目总说明项目总说明项目总说明项目总说明项目总说明项目总说明。

1.1.1 项目总说明

项目总说明项目总说明项目总说明项目总说明项目总说明项目总说明项目总说明。

1.1.2 项目总说明

项目总说明项目总说明项目总说明项目总说明项目总说明项目总说明项目总说明。

注意:第一章的起始表号为表1-1,起始图号为图1-1,以下连续标号;第二章的起始表号为表2-1,起始图号为图2-1,以下连续标号。表题列于表的上方,图题列于图的下方,表题和图题均居中。示例如下:

表1-1　　　　　　　　　不同房屋需求量概率年损益值

损益值 \ 需求量 \ 行动方案	需求量高 P1=70%	需求量低 P2=30%	E(A1)
大面积开发(A1)	2 000	−400	
小面积开发(A2)	900	600	

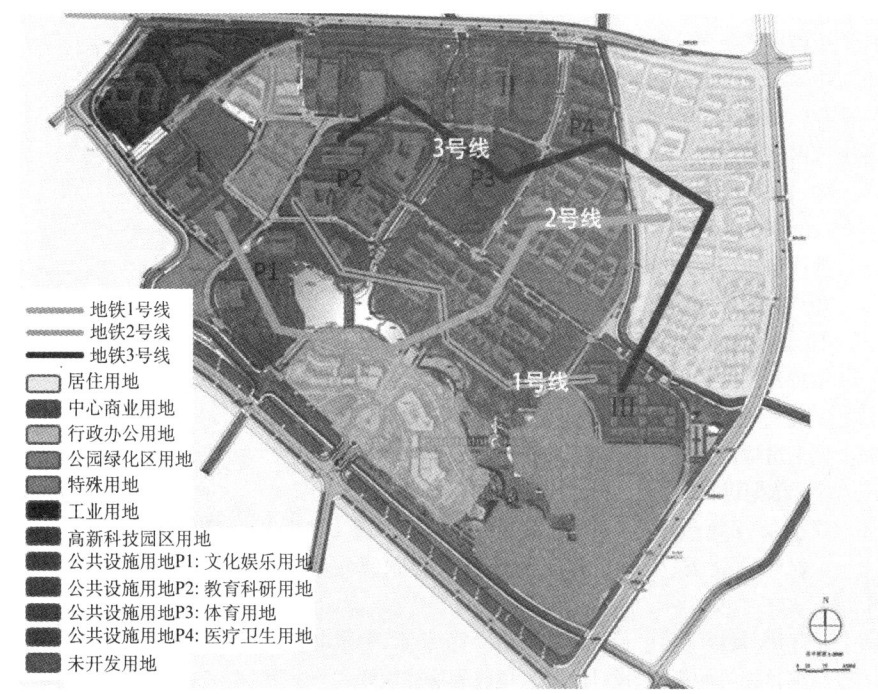

图1-1　济舟区用地概况图

—9—

参考资料

(近10年中文文献10篇以上,英文文献3篇以上。学生完成报告后,参考资料的写作格式应参照《文后参考文献著录规则(中华人民共和国国家标准GB/T 7714—2005)》的要求执行。)

(一)主要参考文献

[1] 施建刚.房地产开发与管理[M].3版.上海:同济大学出版社,2014.8.

[2] 周剑云等.广州海珠桥南广场地区旧城改造规划设计与公众参与[J].南方建筑,2008.(4).

[3] 尹伯成,边华才.房地产投资学[M].上海:复旦大学出版社,2002.

[4] [美]盖伦·E·格里尔,迈克尔·D·法雷尔.房地产投资决策分析[M].上海:上海人民出版社,1997.

[5] Pagliari Joseph. L. The Handbook of Real Estate Portfolio Management[M]. RICHARD D. IRWIN,INC. 1995.

[6] 刘洪玉.房地产开发经营与管理[M].北京:中国建筑工业出版社,2013.5.

[7] 俞明轩,丰雷.房地产投资分析[M].北京:中国人民大学出版社,2002.

[8] 于守法.投资项目可行性研究指南[M].北京:中国电力出版社,2002.

[9] 于守法.投资项目可行性研究方法与案例应用手册[M].北京:地震出版社,2002.

[10] 徐大图.工程造价的确定与控制[M].北京:中国计划出版社,2001.

[11] 建设部.房地产开发项目经济评价方法[M].北京:中国计划出版社,2000.10.

[12] 上海市建交委.上海市建筑和装饰工程预算定额(2010).沪建交〔2010〕757号,2010.8.

[13] [美]威廉姆.B.布鲁格曼,杰夫瑞.D.费雪.房地产金融与投资[M].李秉祥,译.沈阳:东北财经大学出版社,2000.

(二)房地产相关网站

[1] 中国建设网 http://www.cce.net.cn/

[2] 中国住宅与房地产信息网 http://www.realestate.gov.cn/

[3] 中国房地产信息网 http://www.realestate.cei.gov.cn/

[4] 中国房地产报 http://www.zgfdcb.com/

[5] 中国不动产网 http://www.chinarealpark.com/

[6] 中国房地产联合网 http://www.china-realestate.com/

[7] 安家网 http://www.anjia.com/

[8] 搜狐房地产频道 http://realestate.sohu.com/

[9] 焦点房地产 http://house.focus.com.cn/

[10] 21cn-房产 http://house.21cn.com/

[11] 中华人民共和国住房和城乡建设部 http://www.mohurd.gov.cn/

[12] 中国人居环境网 http://www.chinachs.org.cn/

[13] 网上房地产 http://www.fangdi.com.cn/

(三)评价依据资料

[1] 建设部.房地产开发项目经济评价方法[M].北京:中国计划出版社,2000.10.

[2] 上海市建交委.上海市建筑和装饰工程预算定额(2010).沪建交〔2010〕757号,2010.8.

[3] 于守法.投资项目可行性研究指南[M].北京:中国电力出版社,2002.

[4] 与项目相关的规划、设计、建设、税收等法律法规

[5] 中华人民共和国企业法人营业执照(副本)

[6] 委托方提供的项目开发有关资料

[7] 其他相关资料

附表和附图

九、可行性研究报告的校读与编辑

从各组自己所写的文字中找出问题并不是一件很容易的事。人们在与别人的对话中通常能确信自己已经正确地表达出了自己的观点,但因文字表达给读者留有推敲的时间,也就容易发现问题。因此,撰写者有必要先一字一句地读一下评价报告的草稿,若有疑问,就要考虑读者看后会怎么想。仔细校读以后,还可以自问一下:报告是否表达了自己所想要表达的全部内容?

编辑报告要消除无意义、不必要的词,难懂的短语或技术术语是否能令读者理解,并确认是否已经按醒目的要求划分好段落。还要检查句子长度和并列结构的使用是否正确,如果所有的句子都比较长,就需找出单调、冗长的复合句,并将其分成两个或更多的句子。题目之间、段落之间的过渡也要自然。

最后还要提出一些问题,例如,报告是否说得太多?提出的问题都回答了吗?回答得是否充分?是否始终观点明确?是否希望业内人士阅读报告?这些问题都能很好地解决并做到心中有数,相信,所提交的报告已达到较高的水准了。

附件5

上海×××房地产开发项目可行性研究报告

（注：本可行性研究报告的封面、摘要、目录、附表和附图由于篇幅和保密原因而省略。将正文内容叙述如下，以便学生更全面了解其写作要领。该报告完成时间为2006年6月。）

一、项目总说明

1 项目背景

为积极支持上海城市建设，促进闸北区的经济发展，把握新一轮上海房地产发展的商机，上海××房地产开发有限公司通过转让的方式取得不夜城地区原××广场地块。

通过审慎的市场研究，上海××房地产开发有限公司拟在该地块建设综合性的物业，包括甲级写字楼、五星级酒店、公寓式酒店及部分商业裙房。

本项目是闸北不夜城地区的标志性建设工程。项目的开发建设有助于提高不夜城地区的整体形象和竞争能力，为闸北区"十一五"期间经济发展注入新的动力。

2 发展商情况

项目发展商：上海××房地产开发有限公司

开发资质：　二级

法定代表人：×××

注册资金：　××××万元（人民币）

地址：　　　上海市闸北区×××路×××号

企业类型：　有限责任公司（国内合资）

注册号：　　沪房地资（闸北）第×××号

3 项目评价目的

本报告对上海××房地产开发有限公司"××城"项目的可行性进行评价。其主要评价目的如下。

（1）通过投资环境研究分析，把握宏观市场环境。

（2）通过市场研究分析，确定项目的市场定位。

（3）通过对该项目投资开发总价值、投资成本费用、资金筹划计划、销售收入、经营成本、税金等基础数据的预测和选定，利用利润率、净现值、内部收益率、投资回收期等经济指标对项目进行盈利能力分析及评价。

（4）通过对项目现金流量、资金来源与运用对项目进行贷款偿还能力分析，评价项目的资金安全度。

（5）通过对项目的敏感性分析、盈亏平衡分析、风险分析，对项目进行不确定性分析。

（6）为委托方进行项目决策、开发、经营和管理提供参考。

（7）为政府进行项目审批提供参考和依据。

4 项目评价依据

（1）中华人民共和国建设部发布《房地产开发项目经济评价方法》

（2）定额标准：《上海市建筑和装饰工程预算定额》（2000）

（3）《投资项目可行性研究指南》，北京：中国电力出版社，2004

（4）与项目相关的规划、设计、建设、税收等法律法规

（5）中华人民共和国企业法人营业执照（副本）

（6）委托方提供的项目开发有关资料

5 建设必要性

从社会效益角度分析，本项目的建设符合不夜城地区的控制性规划和详细规划。本项目作为闸北区的标志性建筑，将提高不夜城地区在全上海的能级水平，还将增加当地的税收收入与就业岗位。另外，本项目能契合上海市乃至长三角对甲级办公楼、五星级酒店、公寓式酒店及商业用房的需求，并且在2010年世博会期间能够为来自全球的游客提供优质服务，具有良好的社会效益。

从经济效益角度分析，在一定的时期内上海市乃至长三角对高质量的办公楼、公寓式酒店及商业用房存在旺盛的需求，本项目的开发建设拥有良好的市场机会。本项目较高的盈利空间，有利于企业的利润创造及资本金积累，具有良好的经济效益。因此不论是社会效益分析或企业经济效益分析，本项目的建设有着充分的必要性。

二、项目概况与基地分析

1 项目获得

本项目原为上海××广场××有限公司的在建工程，因不能偿还××××银行贷款被上海市第×中级人民法院判决强制拍卖。由上海××房地产有限公司于2002年×月×日通过上海××××拍卖有限公司拍得，成交价2.2亿元，总价2.31亿元。

2003年9月17日，经上海市发展计划委员会批准，闸北区发展计划委员会同意××广场项目投资主体由上海××广场××有限公司调整为上海××房地产有限公司，2004年×月×日上海市规划管理局规定了本项目的规划指标。

2 项目区位

本项目位于上海市闸北区不夜城区域，×××路以南、××路以西、××路以北、××路以东（图2-1略）。

闸北区是上海中心城区之一。东临虹口，西伴普陀，南与静安、黄浦相连，北与宝山相接。苏州河在闸北区南部逶迤而过，临水长度达4.75公里。闸北区域面积29.21平方公里，常住人口79.8万。闸北区未来发展将以不夜城为中心，以苏州河和彭越浦（水线全长13公里）以及共和新路（干线全程约9公里）为城市发展轴，形成"一个中心、两条发展带、三个综合片区、四大产业基地、五片特色区域、六个居住社区"的新型城区结构框架。

本项目所在的不夜城区域是闸北区城市发展的中心，且与苏州河发展轴、共和新路发展轴相切，规划范围南起苏州河，东临南北高架、大统路，北至中兴路，西至苏州河（包括铁路上海站地区）。规划总面积1.42平方公里，建筑总量280万平方米，总投资250亿元人民币。不夜城规划定位为上海城市交通枢纽、上海市级商业商务中心、上海现代信息港分港，将建成多功能、综合性、外向型、全天候，集金融、贸易、咨询、娱乐、办公、购物、餐饮、居家于一体的城市公共活动中心。

本项目距上海火车站和上海市长途汽车客运总站约0.5公里，距"中华第一街"南京路1.8公里，距上海市中心人民广场2公里。

3 交通道路

闸北区交通便捷，路网完备。在对外交通方面，南部有居上海旅客发送量之首的上海火车站，每日到发客车80多次；北部有全国最大的铁路货运站北郊火车站，年运输量200多万吨。在市内交通方面，闸北公路网呈鱼刺状，总长度达150多公里，且公路、铁路、地铁、轻轨、高架"五线相汇"，形成了地铁1号线与3号线、内环高架与南北高架两大"十字骨架"。目前正在规划建设的地铁M4、M8号线、中环路等将进一步增强闸北的交通资源优势（图2-2）。

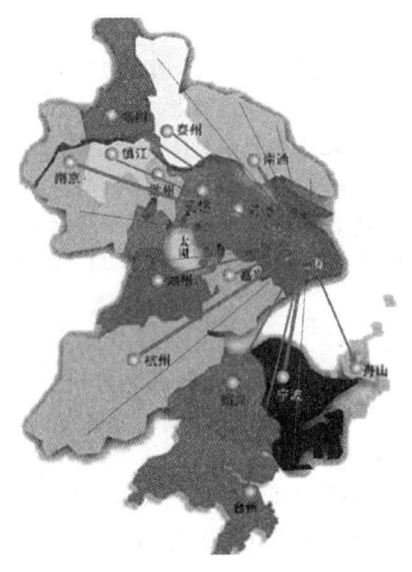

图 2-2 不夜城地区长途客运网络

市内公交方面,不夜城地区汇聚了近 60 条公交线路,其中大部分是始发公交。发达的公共交通体系,极大地增强了不夜城地区的辐射能力,也给不夜城地区的交通(人流车流)带来了较强的疏解压力。

另有十多个长途汽车客运站(按照规划将整合到上海市长途汽车总站),客运量占全市长途客运量的 60%以上。长途客运线路除了覆盖长江三角洲主要城市外,还远至北京及安徽、河南、山东、江西、湖南、福建等地的省会城市(表 2-1)。

表 2-1　　　　　　　　不夜城区域交通情况一览表

铁路交通	铁路上海站
轨道交通	轨道交通三号线上海站,地铁一号线上海站,地铁一号线汉中路站
长途客运	太平洋客运服务部,沪铁长途客运,芷新长途客运,交运高速客运
始发公交	64、95、104、835、839、机场专线、113、114、115、117、722、723、744、隧道三线、502、109、508、515、517、516、524、573、584、592、801、912、927、928、929、930、941、942、302、305、306、308、310、315、324、322、隧宵线、申川线、远通线、南新线、申方线、沪唐线
途经公交	13、15、312、319、41、58、63、69、78、203、213、216、223、234、710、741、768、518、508、510、520、525、531、547、551、553、563

4　周边环境

4.1　绿化环境　闸北区绿化覆盖率达 17.3%,园林绿地面积 448 万平方米。不夜城地区通过不夜城绿地等公共绿地的建设,也初步形成了"点""线""面"相结合的绿化体系,绿化覆盖率约 10%(图 2-3)。

"点"主要是各项目内部的零星绿化;

"线"主要是沿苏州河北岸与恒丰路等主要道路旁的绿化带;

"面"是集中建设的大型公共绿地。包括大统路绿地、天目公园、火车站南广场绿地、不夜城广场绿地等。

图 2-3 不夜城地区绿化分布图

4.2 景观环境 本项目北临火车站南广场,是在南广场所能看到的最抢眼的建筑。但是本项目的景观环境一般,北部是主要的交通干线,人流和车流比较杂乱;东部有嘉里不夜城,与不夜城绿地有一定的距离;南面尚未完全拆迁与开发,主要是不成片的私房;西面有长安大厦和一幢高层住宅楼遮挡,面向苏州河的景观角度较小。但是,如果本项目高度有保证,则在 25 层以上景观有所改善。

本项目周边环境(图 2-4),最接近的绿地是音乐广场。

图 2-4 本项目周边环境

4.3 基础设施 详见"五、建设内容与市政配套"。

4.4 停车场地 不夜城区域与上海市中心其他地区一样,存在严重的停车位不足的问题。部分楼宇为了解决停车问题,引入了机械化的停车设施(图 2-5),提高车位的利用效率。本项目如果定位为高档物业,必须大力开发地下空间,提供足够的停车位。

4.5 餐饮娱乐 本项目周边有不少较大型的酒楼,包括全聚德、楼外楼、江南村等。而且周边也有较多的快餐店。但是项目周边缺乏高档饮食氛围和饮食文化。主要表现在:一是咖啡厅、酒吧少,调查发现只有

图 2-5 不夜城地区的机械化停车设施

星巴克在嘉里不夜城开有一家连锁店。二是项目周边聚集了大量低档餐饮店,主要是从私房改造而来,环境较差(但是已经被列入政府近期拆迁范围)。三是快餐店虽然比较多,但是可选择的口味很少,面积也不大,主要面向周边写字楼上班族的午餐需求(图 2-6,表 2-2)。

图 2-6 本项目周边不同档次的餐饮店

表 2-2　　　　　　　　　不夜城地区主要餐饮企业

大型餐饮企业	上海杭州楼外楼不夜城店:天目西路 511 号,杭帮菜 上海不夜城全聚德烤鸭店:天目西路 547 号,烤鸭 绍兴咸亨酒店清苑分号:南星路 40 号 沙龙餐厅:天目西路 218 号,日式料理 上海江南村酒家:长安大厦西侧,杭帮菜
其他中餐店	红鱼盆大酒楼、席家花园酒家、曼谷花雨、云村酒楼、湘味酒楼、洛鼎海鲜酒楼
其他快餐店	肯德基(2)、麦当劳(2)、大娘水饺、永和豆浆、上也堂、蓝与白、新亚大包、新亚快餐
咖啡厅酒吧	星巴克咖啡

注:括号内数字为营业网点数,没有注明的网点数为 1 个。

4.6 **金融网点** 不夜城区域作为上海城市副中心之一,已经具备了比较完善的金融服务网络。我国主要的商业银行在本区域设有营业网点,其中中国工商银行的网点数多达 8 个,为本区域的工商业发展提供便捷的服务(表 2-3)。

表 2-3 不夜城区域金融机构一览表

银 行	中国工商银行(8),交通银行(2),招商银行,华夏银行,中国农业银行,中国银行,中国建设银行,上海银行,中国光大银行,福建兴业银行,上海浦东发展银行,中国民生银行
证 券	申银万国证券有限公司,海通证券有限公司,东方证券有限公司
保 险	中国人民保险公司,中国人寿保险,中国平安保险公司
信 托	浙江省国际信托投资公司

注:括号内数字为营业网点数,没有注明的网点数为 1 个。

5 规划指标

用地范围:东至××路,西至××路,南至××路,北至×××路和××大厦用地边线。

用地面积:总用地 26 515 平方米,其中规划用地面积为 24 830 平方米。

用地性质:商业、办公用地。

容积率:不大于 5.5,并必须满足日照等有关规划要求。

三、市场环境分析

1 宏观层面

1.1 **宏观调控政策** 自 2003 年 6 月 5 日中国人民银行发出《中国人民银行关于进一步加强房地产信贷业务管理的通知》(即 121 号文)以来,我国正式开始对房地产业进行宏观调控。调控政策涉及土地管理、房地产管理、房地产税费、房地产金融、城市建设开发、物业管理、住房改革、价格管理等八个方面,基本上达到了宏观调控的目的。但是,一系列的调控措施,对房地产开发商带来了严峻的考验。

在所有的调控政策中,房地产税费和房地产金融对本项目的影响是最直接、最明显的。《国务院关于调整部分行业固定资产投资项目资本金比例的通知》(2004 年 4 月 26 日)将房地产开发企业自有资金的比例从 20% 提高到 35%,极大地提高了开发商的门槛。

2004 年 9 月 2 日,银监会发布《商业银行房地产风险管理指引》(以下简称《指引》)。对于房地产开发贷款,《指引》对项目审批、开发企业资质、贷款担保、资金使用等各方面做出了规定。

2004 年 10 月 29 日,央行上调存贷款基准利率,一年期贷款基准利率上调 0.27 个百分点。2005 年 3 月 17 日起,人民银行调整商业银行自营性个人住房贷款利率,5 年期以上个人住房贷款利率下限为贷款基准利率 6.12% 的 0.9 倍(即 5.51%),比原来的优惠利率 5.31% 高出 0.20 个百分点。2006 年 4 月 28 日央行再次上调金融机构贷款基准利率。金融机构一年期贷款基准利率上调 0.27 个百分点,由现行的 5.58% 提高到 5.85%。其他各档次贷款利率也相应调整,存款利率保持不变。

2006 年 3 月 6 日,国家税务总局下发了《国家税务总局关于房地产开发业务征收企业所得税问题的通知》,自 2006 年 1 月 1 日起执行,旨在加强和规范房地产开发企业的企业所得税征收管理。该政策的出台将提高房地产企业的资本运作成本,并且促进房地产开发企业寻求新的资本运作方式和融资渠道。

2006 年 5 月 17 日,"国六条"出台;5 月 29 日,国务院办公厅发布《关于调整住房供应结构稳定住房价格的意见》,要求严格房地产开发信贷条件、有区别地适度调整住房消费信贷政策。宏观政策环境趋于紧张。

1.2 **货币供应与外资** 2006 年一季度,全国固定资产投资同比增长 27.7%,GDP 增长率达到 10.3%。同期商业银行新增贷款余额 1.26 万亿元,超过全年计划信贷规模的 50%。经济过热势头明显,抑制投资过热和由此产生的产能过剩,已成为宏观调控的重点。在此背景下,预计在2006～2007年,银根将趋于紧缩(图3-1)。

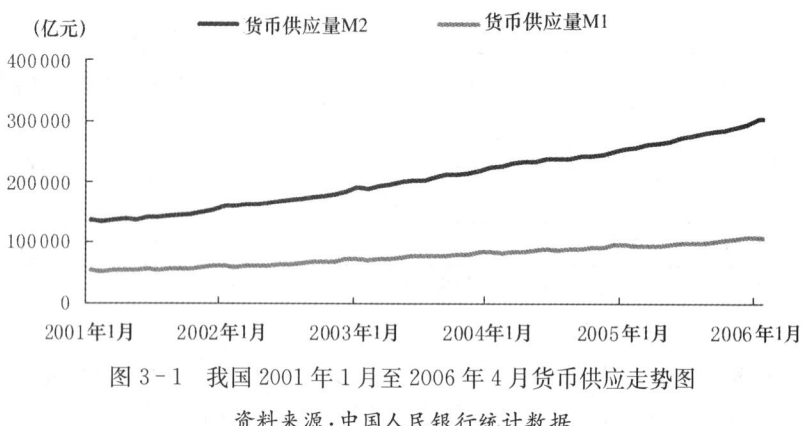

图3-1 我国2001年1月至2006年4月货币供应走势图

资料来源:中国人民银行统计数据

另一方面,人民币汇率逐步小幅升高加大了国外人民币升值预期,国外资金进入国内的规模扩大。如麦格理2005年在国内的总投资超过了40亿元。2006年3月,美国Gateway Capital收购了瑞安集团翠湖天地御苑一栋住宅楼,香港协和集团收购了盛捷高级服务公寓,Cargill集团在南汇购入了24栋别墅。预计2005年及未来两三年进入中国的外资至少达到15亿美元以上。其收购的项目将主要集中在市中心黄金区域,收购的物业集中在中心区域的商业物业、甲级写字楼。

1.3 GDP与产业结构 20世纪90年代以来,上海以建设"四个中心"为目标,国民经济快速发展。1992年以来,上海经济已连续14年保持两位数增长。2005年,实现上海市生产总值9 143.95亿元,按可比价格计算,比上年增长11.1%(图3-2)。

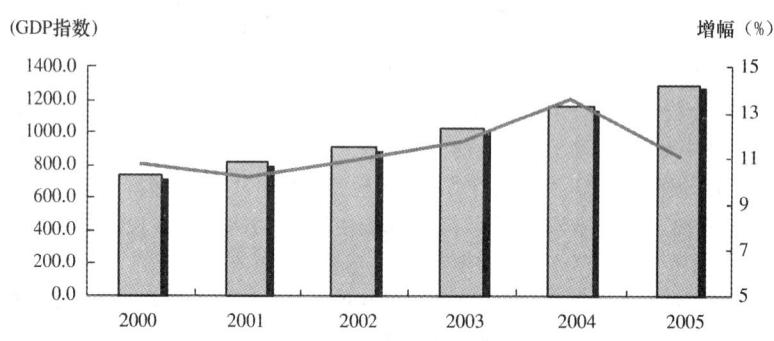

图3-2 2000—2005年上海GDP指数及其增幅(以1978年为100)

同时,上海市经济结构进一步优化,第三产业所占比重不断上升。1995年第三产业占全市GDP的比例为40%,2005年已经超过了50%。2005年,上海市提出了发展现代服务业的新战略,并列入了"十一五"规划纲要,提出中心城区要进一步吸引国内外各类服务机构,完善高端服务功能,以现代服务业集聚区为突破口,提升服务业的规模与能级。因此上海市第三产业面临难得的发展机遇(图3-3)。

1.4 旅游与会展业 上海是全国乃至世界重要的旅游目的地和集散地。2005年入境旅游人数达到571.35万人次,比上年增长16.1%;接待国内旅游者9 011.94万人次,比上年增长6%。

2000年来上海市旅游业快速发展,旅游业增加值指数从2000年的134.0点增加到2005年的313.6点,年均增幅高达22%。2005年上海实现旅游产业增加值584.26亿元,占全市GDP的比重为6.2%,实

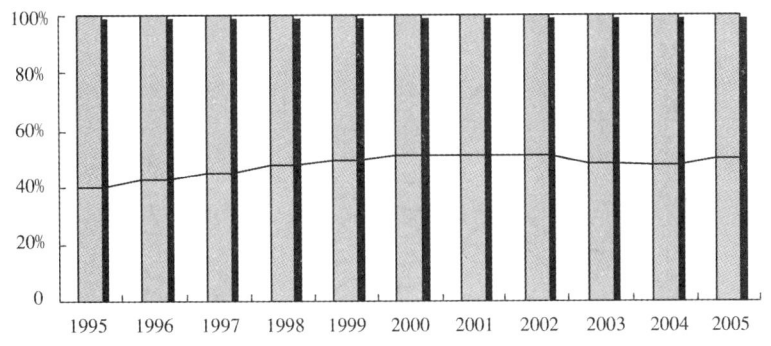

图 3-3 1995—2005 年上海第三产业占 GDP 比例

现旅游总收入 1 604.26 亿元(图 3-4)。

上海是全国最大的会展中心城市之一,各类展会在规模、质量、专业化、国际化水平上不断提高。德国汉诺威展览公司、意大利米兰展览公司、德国法兰克福展览公司等十多家世界展览业巨头均已在上海设立了分支机构。

据上海会展行业协会统计,2005 年在上海举办的国际展览项目达到 276 个,项目数量虽然较上年减少了 2.8%,但总展出面积达到 376 万平方米,比 2004 年增长了 22.8%。其中 2005 年 1～6 月份国际来华展览 82 个,总展出面积 112 万平方米,总展出摊位 5.6 万

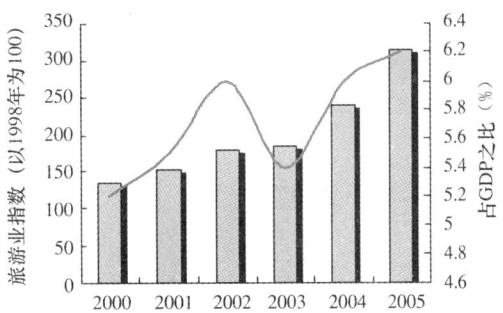

图 3-4 2000—2005 年上海市旅游业发展情况

个,总参观人数 1 784 385 人(其中境外参观人数 81 486 人),与之相关的论坛 285 场,推介会 69 个。

上海也举办了大量全球性经济会议与行业会议。近年来,世界港口大会、APEC 会议、上海工博会、国际商会年会、环太平洋论坛年会、亚太法官会议、国际引航员大会等高层次国际性会议先后召开,提升了上海在会议方面的国际地位。

1.5 酒店业发展周期 从国际上来看,全球酒店业业绩自 2000 年以来进入下降通道,2003 年因为 SARS 进入谷底,目前酒店业逐渐开始恢复。国际上著名的几大酒店投资商,包括 Hilton Hotels Corp.(HLT)、Starwood Hotels & Resorts (HOT)、Orient Express Hotels Ltd.(OEH)、Host Marriott Corp.(HMT)、Fairmont Hotels & Resorts (FHR)等,投资资金回报率回升到 6%～7%(图 3-5)。

从全国范围来看,酒店平均入住率和营业利润总额逐步走高。虽然 SARS 也对我国酒店业产生了严重冲击,但 2004 年开始迅速恢复,入住率已经接近 65% 的水平(图 3-6)。

上海酒店市场与全国市场一样,在 1998～2000 年陷入低谷,但自 2001 年 APEC 会议以来逐步复苏。虽然 2003 年酒店入住率跌至 61%,但 2004 年强劲反弹,旺季时高星级酒店出现了"一房难求"的景象。

但是 2004 年上海市星级酒店由于酒店客房供应增加、竞争加剧,入住率再次下降,其中星级宾馆下降 3.4%。但由于客房价格上升、实际住宿人数增加,上海市宾馆酒店业总利润保持增长,估计增长率在 10% 左右,利润总额达到 25 亿元,并没有改变上海市酒店宾馆业的发展趋势(图 3-7)。

1.6 房地产供给与需求 2005 年,国家加大了对房地产业的宏观调控力度,自新"国八条"发布以来,全国房地产业进入了一个新的阶段。上海的房地产市场自 2005 年 5 月份开始出现了转折点。

总体来看,目前住宅市场已经出现供过于求的局面。2005 年 5 月以来,上海市房地产开发投资减少、成交量大幅萎缩,成交价格保持平稳。但 2006 年由于配套商品房成交比例增大,以及积压需求的释放导致楼市成交量上升,市场放出回暖信号刺激了部分开发商提高楼盘售价。2006 年 1～4 月全市每天成交量

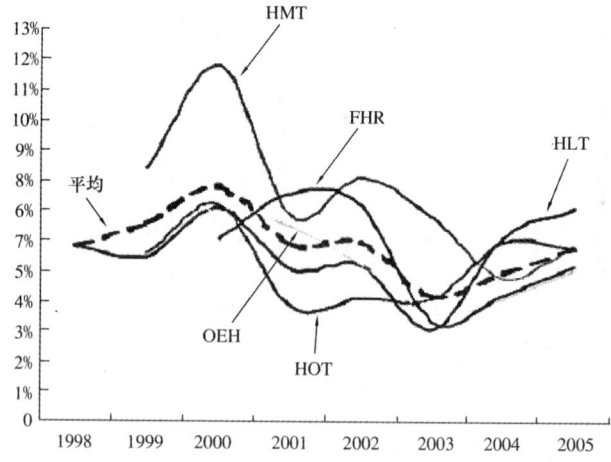

图 3-5 1998—2005 年国际酒店投资额的投资资金回报率

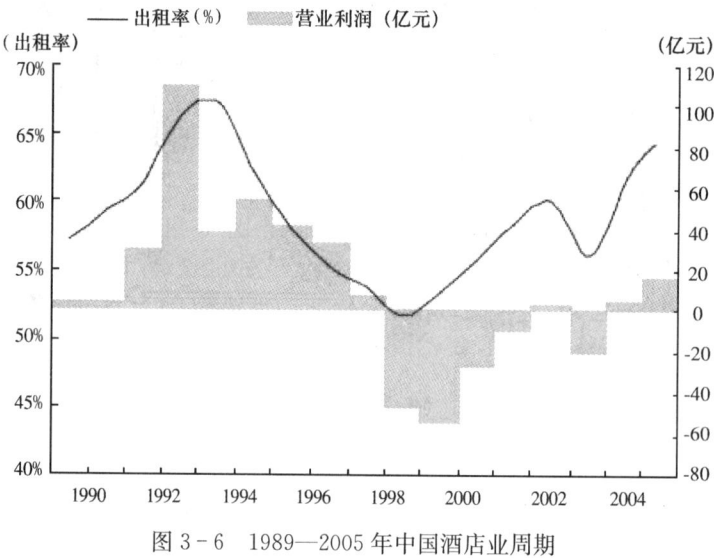

图 3-6 1989—2005 年中国酒店业周期

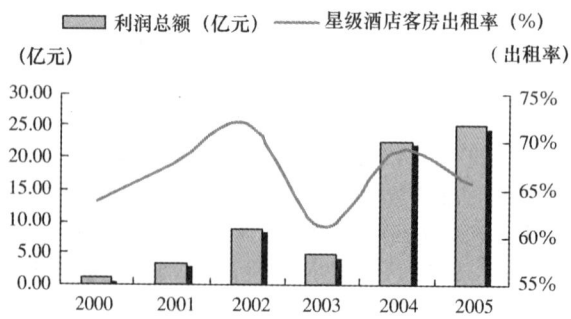

图 3-7 2000—2005 年上海市酒店业发展周期

维持在400~600套区间,3月,住宅成交量为179.80万平方米,成交均价8 289元/平方米,环比上升8.86%。

甲级写字楼依然供不应求,商业物业面临巨大的供应压力。如图3-8所示,上海商办施工面积从2004年开始放量达到3 000万平方米,增幅接近50%。这些在建项目将集中在2006~2007年推向市场,对市场形成了冲击(图3-8)。

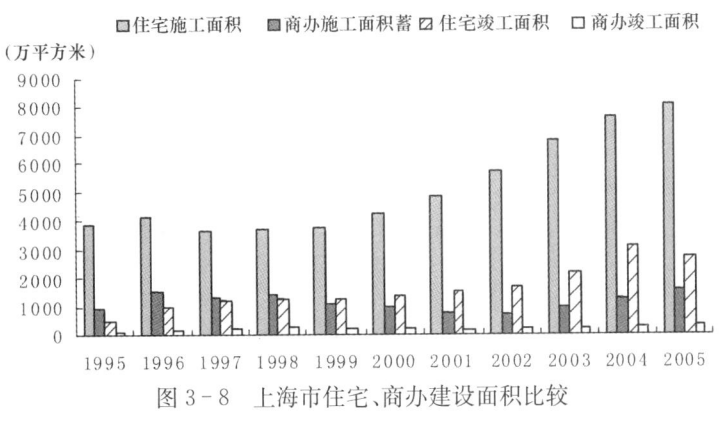

图3-8 上海市住宅、商办建设面积比较

资料来源:根据上海统计局网站有关数据整理得到

从成交价格来看,上海市各类商品房的价格在2005年6月出现拐点,7月价格下挫较大。7月中房上海综合指数下跌了40点,中房上海住宅指数下跌了41点,直到2006年4月,才摆脱了下跌趋势而略有上涨,小升3点。但写字楼市场逆市却一路稳定上扬,中房上海办公楼指数在2005年6月上涨了17点,在2005年10月小幅下挫后继续上涨(图3-9)。

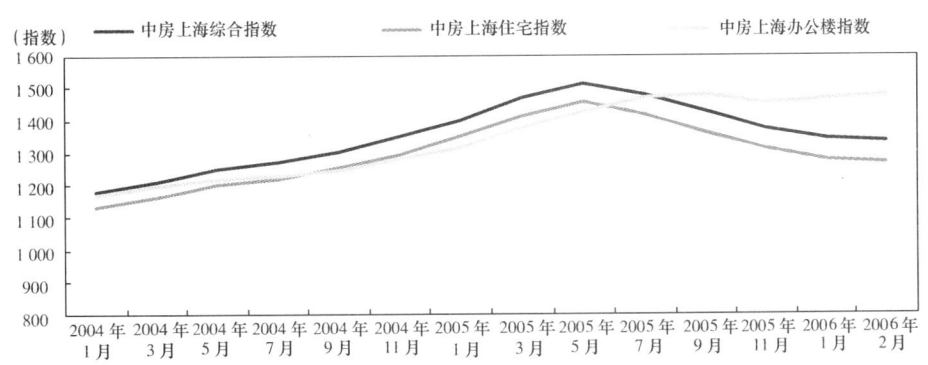

图3-9 上海中房指数走势图(2004.1-2006.2)

综上所述,近期由于经济发展迅猛、住宅市场不景气,上海写字楼物业供不应求,价格与租金继续上升;而商业物业由于潜在的供应增幅过快,风险因素正在增加,3年后的市场走势不容乐观。

2 板块层面

徐家汇地区、五角场地区、闸北不夜城地区都规划为上海市的市级商业副中心,但在过去的十五年中发展态势各不相同。随着上海市商业的发展,三个板块的竞争正日趋激烈。而一个项目能否成功,与其所在的板块发展情况息息相关。因此,我们选择这三个板块进行重点分析,以更清晰地掌握本项目的市场环境。

2.1 徐家汇板块

1) 规划定位

徐家汇是上海市最大的商业副中心,也是发展最迅速、成熟的副中心。根据规划,徐家汇地区将实施新的跨越式发展战略,建成世界级城市副中心。包括影城、体育城、新兴商贸城、生物医学城、建材城、科教城以及历史风貌观光区的七大主题概念区域已被纳入未来徐家汇及周边地区的发展重点。

2) 历史分析

1992年,徐家汇商城一期建设开始实施。1994年,市政府确定发展"四街"(南京路、淮海路、四川北路、东方路)、"四城"(徐家汇商城、东方商城、豫园商城、不夜城商城),徐家汇商城列为"四城"之一。90年代末,徐家汇已建成为上海城市副中心、商业中心、商务副中心和公共活动中心(四个中心)。纵观徐家汇的发展史,其主要成功因素如下。

(1) 徐家汇优良的区位条件。徐家汇紧邻上海市的使馆区,且距离虹桥机场只有20公里,地理位置得天独厚。

(2) 较好的市场定位。二期建设的美罗大厦、港汇广场等甲级写字楼为徐家汇确立了高档商务中心的基调,并依托上海日益壮大的外资经济,吸引了大量跨国企业如微软公司、美孚石油、联合利华、奥林巴斯、健伍、美能达、雅马哈等大企业的入驻。

(3) 科技文化繁荣。自晚清以来,徐汇区境内就建立了许多学校、文化机构和科研单位。浓厚的文化气氛为徐家汇的现代化高速发展提供了强大的动力。而且在旧区改造时候,通过科学规划很好地继承了城市历史文化。

(4) 成功的经营管理。上海徐家汇商城集团在徐家汇的发展过程中充分发挥了投资者、建设者、经营者、协调者的作用。徐家汇在外部的功能定位上区别于南京东路和淮海中路等商业中心;在内部定位上采用错位经营,着重于引导商家的商品错位、服务错位和业态错位,繁荣了徐家汇的商业。

2.2 五角场板块

1) 规划定位

五角场与徐家汇都定位为上海市城市副中心,目前的规划方案分为三个片区,分别是南区(以商业、办公服务业和宾馆业为主)、北区(商办区、生态生活区)、中区(大学城中央社区),初步形成五角场具有购物、休闲、娱乐、旅游、商务等综合功能的市级副中心基本构架。

2) 历史分析

五角场所在的杨浦区原来是上海的传统工业区。由于历史的原因其发展速度落后于徐汇、黄浦等区。但是随着上海新一轮的城市发展,五角场板块的发展极具潜力,原因如下:

(1) 人力资源相当丰富。杨浦区内聚集了十多所高校,教育的高度发展,加上上海科教兴市的战略以及杨浦区"知识杨浦"的战略定位,必将为杨浦和上海的发展提供智力支持。

(2) 市政工程建设如火如荼。黄浦江两岸综合开发世纪工程的启动、大连路隧道的通车以及北外滩开发、翔殷路隧道工程、崇明岛越江工程、8号线、10号线等一系列市政工程的建设开工,必将提高杨浦整体区位优势。

(3) "三区联动"的发展模式。即大学校区、社区、科技园区的融合与联动发展。大学校区为社区和园区提供智力支持;科技园区为校区和社区人员创业及就业提供场所,是经济发展的一个增长极;社区主要为校区和园区提供公共服务。通过三区联动,增强了五角场的整体功能和能级。

2.3 不夜城板块

1) 规划定位

按照"不夜城"在闸北区经济发展、城市建设和社会事业发展中的龙头地位与辐射作用,该区经过"十五"期间的升级改造,已成为上海北部主要公共活动中心和现代交通商务区。

不夜城板块按功能分为两大部分,以铁路为界,南广场为市级商业中心;北广场为商务、旅游服务中心。

2) 历史分析

不夜城板块有着优越的地理位置,与黄浦区仅一河之隔,通过南北高架,能迅速进入市中心各个区。不夜城很早就和徐家汇等板块列为上海八大商务商贸中心之一,但是过去十年,其发展的速度却落后于徐家汇等其他市级商业中心,其原因主要如下:

(1) 闸北是上海传统工业基地。其城市环境和其他配套相对较差,目前闸北仍有许多私房和棚户区,导致旧城改造的动拆迁困难。闸北区内环以外主要是工业区,由于"退二进三"时内环以外的工厂拆迁较容易,因此发展比内环快。

(2) 闸北是上海的交通枢纽。其人流巨大且结构复杂,这在客观上给人以散乱的不好印象。

3) 发展前景

(1) 不夜城地区定位为上海现代交通商务区核心区,已成为上海市"十一五"时期重点发展的十二大现代服务业聚集区之一,是上海市发展现代服务业战略的重要组成部分。

(2) 闸北区"十一五"规划指出,天目西路以南的不夜城地区将通过旧区改造、改善环境,加快闲置地块建设和功能调整,配置中高档商务、时尚百货、星级宾馆、特色餐饮、娱乐服务等,营造高品质、中价位的市场特色,成为汇集国内外品牌的商业商务中心。

2.4 板块比较

徐家汇和不夜城同时被定位为上海的市级商业副中心,但是过去十年的发展带来了巨大的差距。目前,徐家汇新一轮的发展正在展开,如果不夜城再不快速发展,则差距将更大。五角场所在的杨浦区和闸北区过去一样是工业区,但是随着五角场副中心的建设,在不久的将来,必将再现一个繁荣的"徐家汇"。如果,不夜城再不快速发展,那么又将被超越。一个已经成熟,一个潜力巨大,不夜城的重造和振兴面临着严峻的挑战。时间上必须和五角场的发展赛跑,空间上也必须和徐家汇和五角场竞争人气。在竞争过程中,徐家汇和五角场的成功模式,无疑是值得不夜城仔细研究和认真借鉴的。

徐家汇板块的成功是抓住了机遇,充分发挥了自身的优势,运用错位定位和共同繁荣的发展模式;五角场的核心竞争力是丰富的人力资源和三区联动发展的模式;而不夜城通过分析自身的优势,找准了自身的定位,那就是全力打造上海现代交通商务区核心区的战略构想,发挥交通枢纽、功能绿地、苏州河水系等独特优势。

随着一号线北延段的开通、M8线年底的通车为不夜城区域的经济发展注入了新的活力;北广场50亿元的巨大改造,必将彻底改变闸北的不良印象,使得南北广场相映生辉,相互聚集。

此外,苏州河北岸的改造将让不夜城拥有独一无二的苏州河水系优势。所有这些自身的优势和机遇都将让不夜城的发展在未来几年有一个飞跃。

本项目位于闸北不夜城的核心位置,从上海经济发展角度看,本项目的建设为闸北的经济繁荣承担了重要的角色。所以从经济发展、形象等方面看,本项目应是闸北不夜城的一个地标性建筑。

3 项目层面

3.1 写字楼市场

(1) 供应量 上海市自从浦东开发以来,外向经济迅猛发展,写字楼需求逐年上升。1997年,上海市写字楼竣工量达170.7万平方米。但是由于东南亚金融危机爆发,写字楼空置率居高不下,租金下跌,出现了大量烂尾楼。2002年写字楼竣工量55万平方米,写字楼价格还是较低,与住宅市场的火爆形成鲜明对比。此后写字楼供应量稳步上升,2004年达到73万平方米,价格迅速攀升,空置率进一步下降(图3-10)。

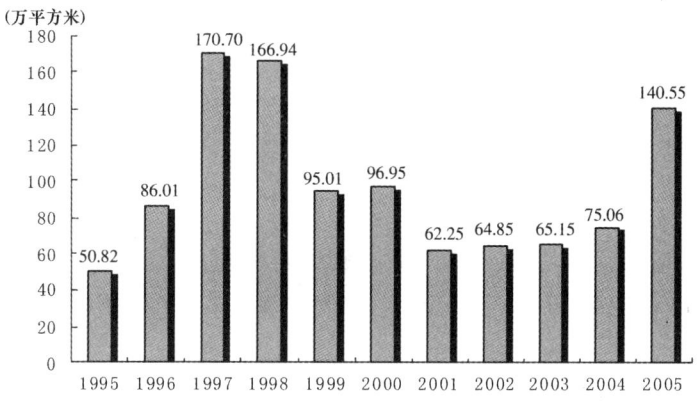

图3-10 1995年以来上海市写字楼供应量

资料来源:上海市统计局统计年鉴(2005)、网上房地产

据统计,上海市 2005 年写字楼供应量约为 140 万平方米,其中甲级写字楼 48 万平方米。根据前 4 年上海市写字楼的施工面积、新开工量、竣工量、土地供应量等数据,估计 2008 年写字楼供应量约为 120 万平方米,其中甲级写字楼约 70 万平方米(表 3-1、表 3-2)。

表 3-1　　　　　　　　　2005—2008 年上海市写字楼供应量预测

年份	2006 年	2007 年	2008 年
供应量（万平方米）	96.24	99.76	120.00

表 3-2　　　　　　　　　2005—2008 年上海市甲级写字楼供应量预测

年份	2006 年	2007 年	2008 年
供应量（万平方米）	24.10	24.00	70.00

(2) 需求量　目前上海写字楼的保有量 1 036.67 万平方米,上海在未来的 5 年内,每年新增的写字楼吸纳量约有 50 万平米(图 3-11)。新增需求主要来自以下几方面:

一是上海外向型经济产生的需求。随着加入 WTO 的进程而加速,2004 年上海进出口总额已达 1 600.26 亿美元,出口的增幅超过 50%。上海今年合同吸引外资总额 116.91 亿美元(累计 861.28 亿美元),进一步促进了上海市经济的增长。

二是随着上海市"大力发展现代服务业"战略设想的实施,保险、金融、服务业等第三产业形成巨大需求。上海市第三产业 GDP 稳步增长,带动了写字楼市场的繁荣。

三是上海的"总部经济"战略产生的需求。跨国公司地区总部、外资投资性公司、外资研发中心等"总部经济"项目,已被明确为明年上海吸引外资的新重点。到 2005 年底,跨国公司在上海的地区总部将达到 130 家左右。到 2007 年,上海将累计引进 150 家跨国公司地区总部、180 家研发机构、140 家投资性公司,到时,上海的写字楼租赁市场将更为活跃。

四是严禁居改非政策的出台,使不少企业从住宅楼里搬出来,刺激了乙级写字楼的需求,该政策的市场影响还在继续。

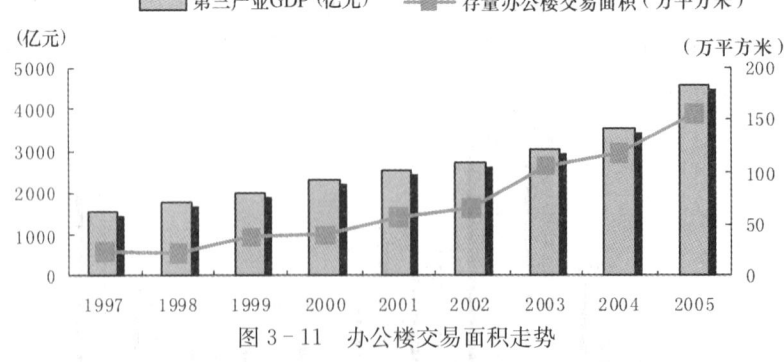

图 3-11　办公楼交易面积走势

资料来源:根据上海市统计局统计年鉴(2005)、国家统计局有关数据整理得到

(3) 交易量与交易价格　上海市存量写字楼交易日趋活跃,2003 年成交面积 105 万平方米,增长了 60%;2004 年达到 117 万平方米,增长了 11.4%。2005 年交易量约为 104.75 万平方米,略有下降。

上海市写字楼租金保持了 60 个月的上扬态势。2006 年 4 月份,上证写字楼指数为 3 164 点,较之 3 月

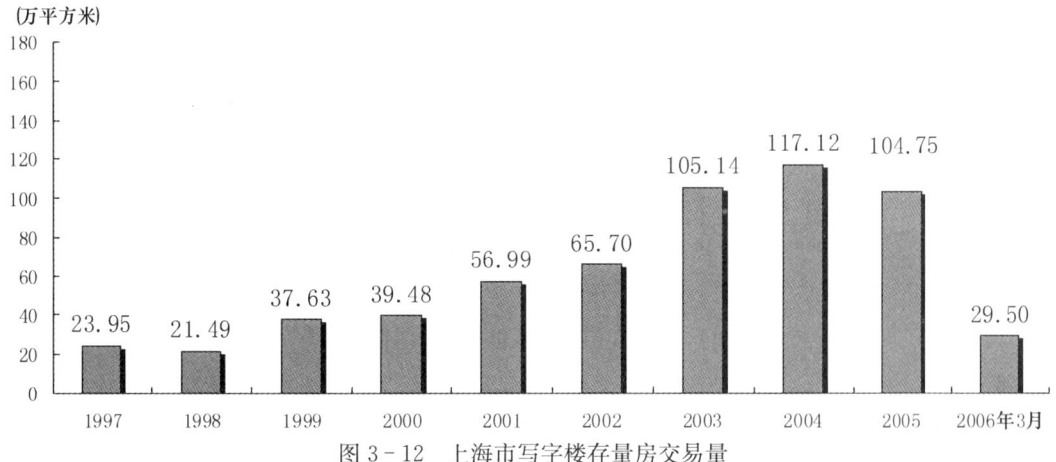

图 3-12　上海市写字楼存量房交易量

资料来源：上海市统计局统计年鉴(2005)、网上房地产

份增长了 158 点，增幅为 5.26%。甲级写字楼平均租金上涨 2.9%，达到每平方米每月 37.66 美元，而乙级写字楼平均租金上涨 3.9%，达到每平方米每月 20.10 美元。预计 2010 年上海写字楼平均租金可能达到 1.5 美元/(平方米·天)(图 3-13)。

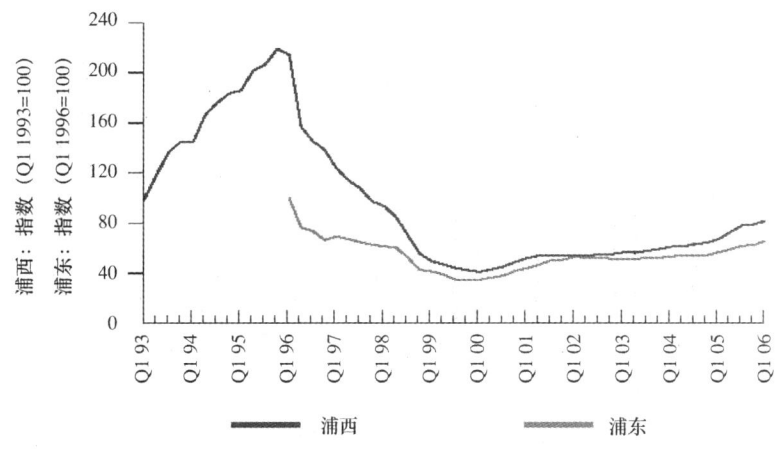

图 3-13　上海市写字楼租金指数

同时，写字楼价格 2004 年以来快速攀升。特别是甲级写字楼，2004 年达到 3 150 美元/平方米，2005 年上海市甲级写字楼市场月度平均销售价格走势相对平稳，全年价格在 21 000～25 000 元/平方米之间振荡上升。2006 年预计会升到 3 500 美元/平方米。在销售价格迅速上升的同时，由于租金价格持续上涨，租金回报率基本上维持在 7.60% 的水平(图 3-14)。

上海市写字楼主要分布在浦东、卢湾、长宁、静安、黄浦和徐汇地区，本项目所在的闸北区写字楼相对较少。而不夜城板块是闸北区经济发展、城市建设和社会事业发展中的龙头。由于未来几年市场需求将继续保持极其旺盛的态势，闸北的第三产业保持高速发展，在不夜城板块内打造一个写字楼地标，无疑是一个不容错过的机遇。

但是同时要注意的是，本项目写字楼将在 2008 年上市，正好遭遇写字楼市场集中放量，将面临一定的销售(租赁)压力和资金风险，但通过恰当的定位和营销，可以消化部分风险。

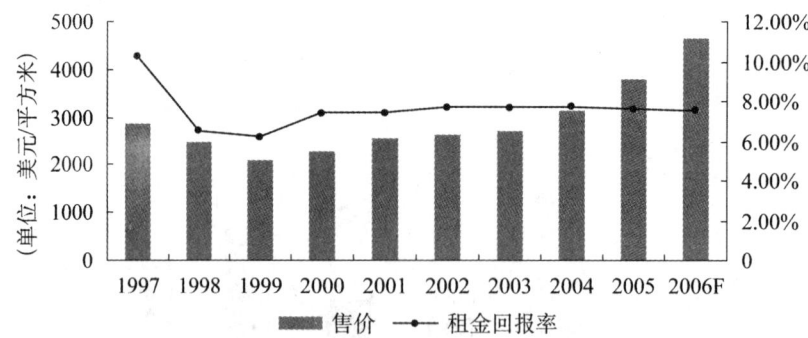

图 3-14 上海市写字楼售价与租金回报率走势

3.2 商业物业

1）供应量

图 3-15 是各主要年份的商业营业用房施工面积和竣工面积以及存量房的交易情况，从图上可以看出，过去的几年来施工面积和竣工面积在不断的增加。此外，前两年留存的总量约 50 万平方米的大型商铺需要继续招商。2005 年全市商业用房批准预售 231 万平方米，预售登记 181 万平方米。预计 2006~2008 年将有 560 万平方米的大型商业项目投入使用。

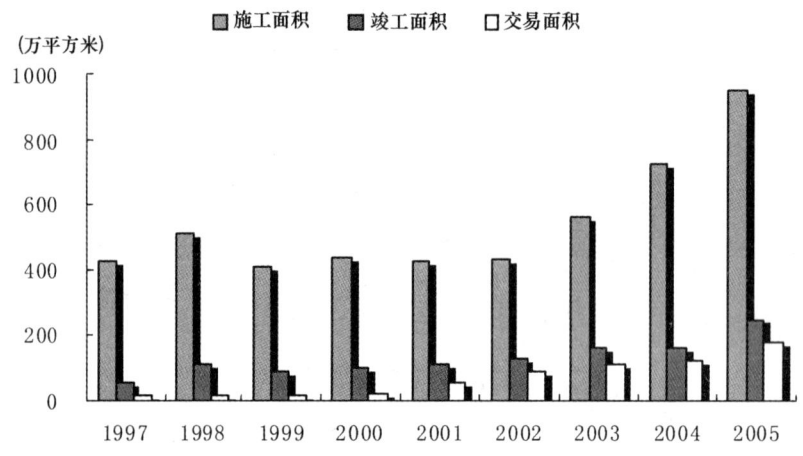

图 3-15 1997 年至 2005 年上海市商业营业用房建设与交易情况

2）需求量

从上图的存量商业营业用房交易情况看，需求量也呈增长趋势，未来几年需求还将进一步增加，预计在 2006~2010 年期间，商业项目的需求总量约 2 442 万平方米，年均需求量 488 万平米。这些需求主要来自于以下几个方面。

（1）2004 年 12 月 11 日商业零售业对外完全开放，外商纷纷进入中国，看好上海，增加了商铺的需求量。国外企业连锁发展，扩大规模抢占市场，客观上增加了商铺的租赁需求。

（2）部分国内企业学习国外商家的经营理念，将门店的经营与广告宣传结合起来，不计成本，挤入商业旺市开门设店，增加了需求的比重。

（3）旺市周边的支马路，凭借周边成熟商圈的优势，经过多年培育，开设特色专卖街的需求日益增加。

（4）上海轨道交通发展带动商业的繁荣和市民消费的便捷，这客观上将刺激轨道交通沿线商铺的需求。

（5）随着城市建设重心由市中心向郊区延伸，郊区商业项目开发如火如荼，客观上增加了有前瞻性的投资者的潜在需求。

3) 租金

2005年上海市各类商铺租金价格稳步上涨,其中市级商圈租金价格攀升速度较快,目前平均租金已经攀升到近40元/(平方米·天)左右,而且临近路段上的商铺,借其环境上的优势和特色专卖街的形成加大消费人群的集聚,个别商铺的租金价格飙升。居民消费圈内商铺租金本年也呈现出稳步增长的态势,一些成熟社区周边的商铺租金价格基本在5元/(平方米·天)。郊区商圈本年商铺租金基本与去年持平。

具体到闸北区的租金水平,参见表3-3。从表中可以看出,闸北区商业总体上低于上海市第二级水平,而略高于上海市的第三级水平。但是本项目所在的天目西路路段,租金水平是闸北区最高的,属于上海市副中心商业区的租金水平。

表3-3　　　　　　　　　　闸北区商铺租金水平(2005年第4季度)

路段名	面积(平方米)	租金[元/(平方米·天)]
临汾路 (三泉路—阳曲路)	20	4.5～5.5
	30	7～8
	50	4.8～5.5
	60	5.5～6.5
	90	3～4
	100	6.5～7
	1 000	4～5
天目西路 (大统路—恒丰路)	20	3.5～8.5
	55	4.8～18.5
	100	5～14
	600	4.5～5.2
大宁路 (广延路—万荣路)	30	2.8～4.2
	120	3～3.5
延长路 (平型关路—普善路)	50	3～3.5
	100	6～7

3.3　公寓式酒店

(1) 供应量　2003年上海市内环以内别墅与高档公寓竣工76.43万平方米,2004年则为86.32万平方米。由于内环以内别墅供应量很少,这部分房屋主要是高档公寓,特别是出租型的高档物业。虽然公寓式酒店的总面积和总套数没有精确的统计,但是截至2004年底市场存量约有4万套左右,总面积180万平方米左右。2004年内环线以内别墅与高档公寓施工面积323.71万平方米,因此,今后3年预计每年有90万平方米的供应量。

(2) 需求量　目前,仅在上海登记的留沪外籍工作人员已达3万人,尚未包括使用旅游签证和商务签证,以及在沪短期工作的外籍人士(这部分短期工作外籍人员约为5万～10万人)。随着上海市经济外向性不断增强,外籍工作人员将稳步增长。这部分人群是上海市公寓式酒店的主要租住者(图3-16)。

此外,国内驻沪企业、办事处、机构的工作人员也是公寓式酒店的主要消费者。第五次人口普查上海外来常住人口达到387.11万人,其中半年至一年的占21.55%,一年至四年的占39.30%。在来沪原因构成中,学习培训的7.67万人,因公出差的2.25万人,需要长期租住酒店或公寓式酒店(表3-4)。因此,不计从事经济活动的人群,保守估计外来流动人口中,约有10万套左右的市场需求量(酒店和公寓式酒店)。

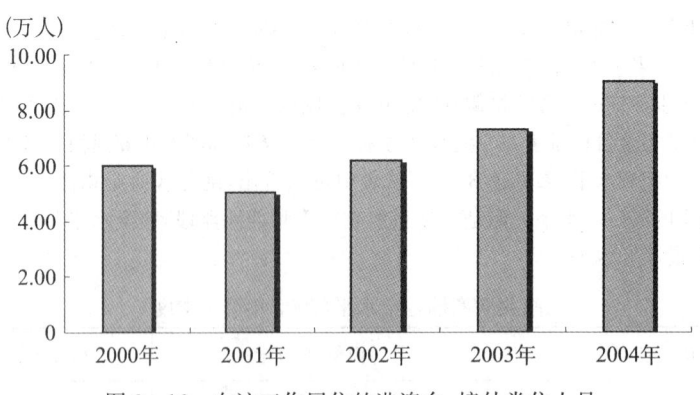

图 3-16　在沪工作居住的港澳台、境外常住人员

表 3-4　　　　　　　　第五次人口普查外来流动人口来沪原因

类型	从事经济活动	婚嫁	投亲靠友	学习培训	治病疗养	旅游购物	因公出差	其他
人数（万人）	284.28	10.38	68.28	7.67	1.28	1.15	2.25	11.82
比例(%)	73.44	2.68	17.64	1.98	0.33	0.30	0.58	3.05

(3) 租金　公寓式酒店依据租住客户不同分为3个档次,第一档次为服务于外资公司、跨国公司的高档公寓,租金比较高,如威斯汀、俊豪国际等,租金在3 000～4 000美元/月的水平;第二档次为服务于国内高级白领阶层的公寓,租金在1 000～2 000美元/月的水平;第三档次为销售型的、面向国内单身白领的中低档公寓,实质上是酒店管理式的住宅,具有地段好、面积小、总价低的特点,总价在35万～50万元区间(图3-17)。

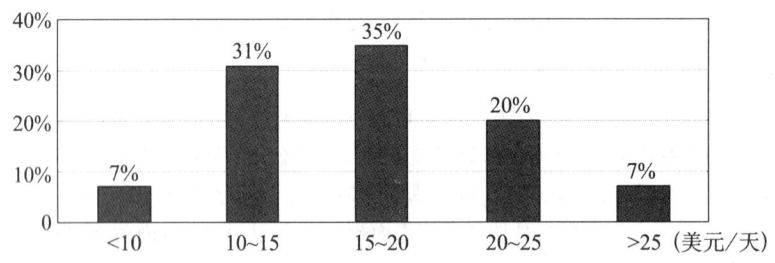

图 3-17　上海市公寓式酒店不同档次市场占有率

2006年第一季度上海市公寓式酒店平均租金在每月每平方米22.8美元,较2005年四季度上涨3.5%,投资回报率在10%～15%之间。租金指数走势参见图3-18。

3.4　五星级酒店

(1) 供应方面　截至2006年一季度,上海共有星级宾馆351家,各类社会旅馆3 500家,共有客房15万间(其中星级宾馆客房6万间),总床位数27万张。星级宾馆中,五星级25家、四星级41家、三星级131家、一、二星级154家。此外还有25家左右相当于四、五星级水平但尚未评星的饭店(图3-19)。

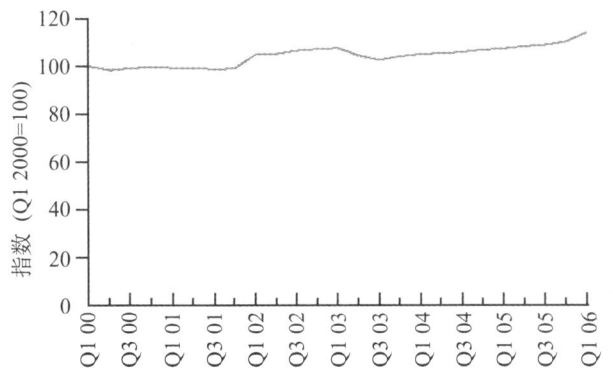

图 3-18 上海公寓式酒店租金指数走势图

上海市五星级酒店客房总数 1.1 万间,床位数 1.60 万张。上海市五星级酒店分布如图 3-20 所示。可以看出,上海市五星级酒店主要分布于四大区域:一是陆家嘴外滩区域,五星级酒店多达 6 家;其次是人民广场区域;三是静安寺淮海路之间的区域,这里一直以来是上海市高尚和高档的消费区,故五星级酒店也十分密集;四是紧邻虹桥机场、古北板块的虹桥区域。

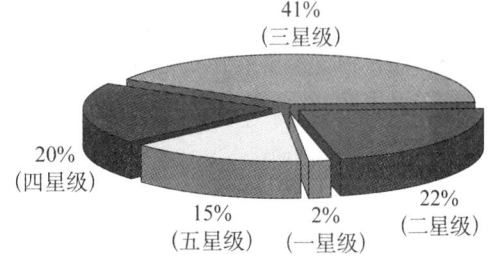

图 3-19 上海公寓式酒店租金指数走势图

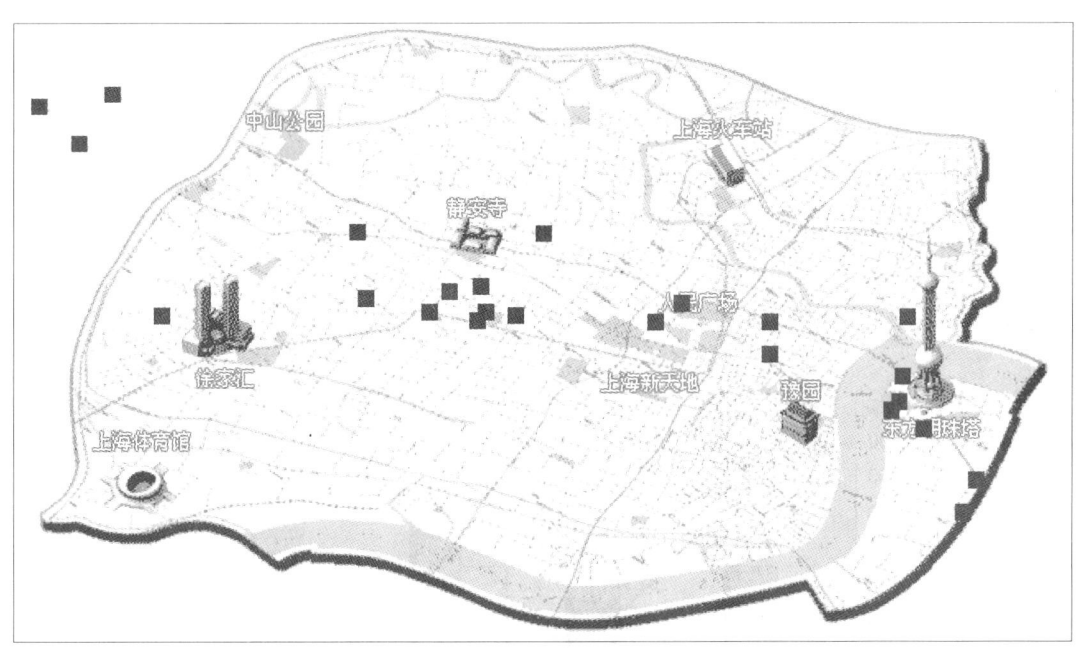

图 3-20 上海市五星级酒店分布情况

(2) 需求方面 2005 年上海共接待入境旅游者 571.35 万人次,占全国接待入境外国人数的 1/5。其中,在沪过夜的入境旅游者 444.54 万人次,同比增长 15.3%。此外,上海还接待了 9 011 万人次的国内旅游者,其中外地来沪旅游人数 6 700 万人次。如图 3-21 所示,上海市 2005 年宾馆业实际住宿人数估计达到 2 700 万人次,其中入境住宿 400 万人次。

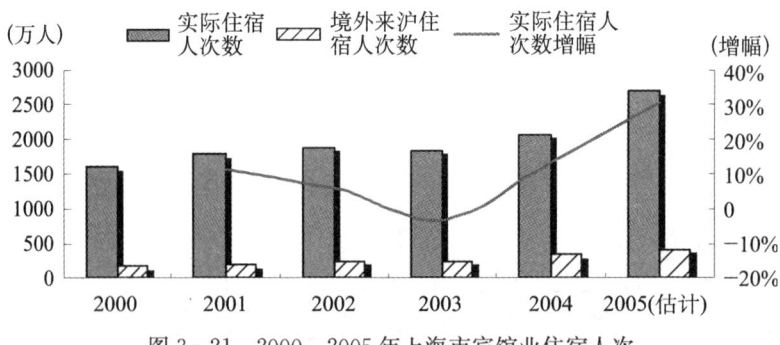

图 3-21 2000—2005 年上海市宾馆业住宿人次

(3) RevPAR 上海市的星级酒店档次越高、价格越高,入住率也越高,特别是五星级酒店,在 F1 赛车、上海国际艺术节等时期甚至"一房难求"。目前,上海市名义平均房价达到了 1 362 元/间,是四星级酒店价格的 2 倍,与香港基本持平,而远高于新加坡的价格。即使如此,2005 年五星级酒店入住率 72.3%,比四星级酒店高出近 4 个百分点(图 3-22)。

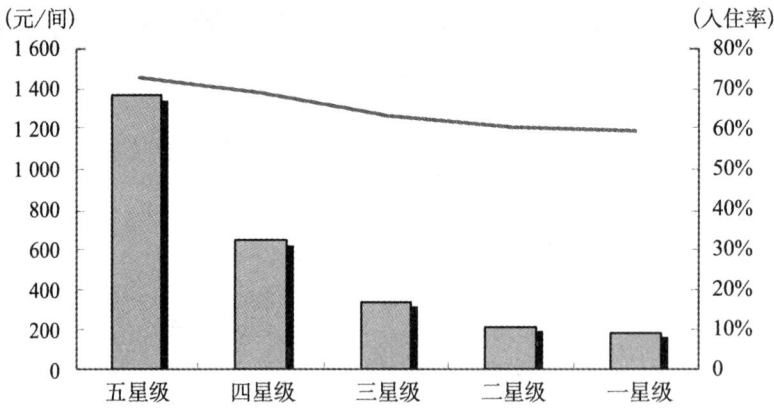

图 3-22 2005 年上海市星级酒店租金及入住率

上海 2005 年酒店名义平均房价较 2002 年上涨了 53%,RevPAR 较 2002 年上涨了 44%。与 1994 年酒店业景气繁荣相比,名义平均房价基本持平,RevPAR 上涨 20%左右(图 3-23)。

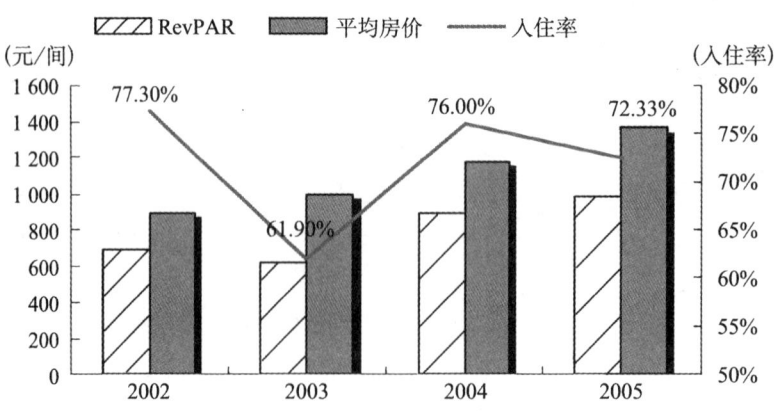

图 3-23 2002—2005 年上海市五星级酒店 RevPAR

附 件

四、项目定位

1 SWOT分析

1.1 优势(Strength)

(1) 优良的区位条件　不夜城南隔苏州河与人民广场相望,东临正在改建的苏州河商业文化中心,具备市级商业中心的血统。而不夜城北拥闸北、普陀、虹口、宝山(部分)的广大腹地,具有成为市级商业中心的潜力。

(2) 发达的交通体系　不夜城区域是上海市的陆大门,是上海市与长江三角洲乃至全国的主要交通枢纽,同时也是上海市内的主要换乘中心之一。不夜城的对外交通包括上海火车站和长途汽车总站,构筑了一个不同层次、不同范围、不同速度的立体交通网;对内交通包括地铁2号线、3号线及在建的8号线,以及覆盖全市的公交网络。高度的可达性为本项目的商业与写字楼开发奠定了基础。

(3) 项目规划不限高　本项目规划的报批最早在1993年,各项规划指标较高;2003年上海市规划局批复本项目的规划指标,没有对建筑高度提出限定条件。因此,本项目在建筑设计中有较大的发展空间,通过提高层高获得独特的竞争优势;并在建筑总高方面成为不夜城的标志性建筑。

(4) 完善的配套设施　不夜城区域的开发已经成熟,配套设施全备。有星级宾馆、涉外饭店等旅馆业单位90家,占全区旅馆业单位总数15.7%,宾馆客房2 800余间,大小会议室60余处。大小酒家餐厅60余家,餐饮年营业额约在5亿元左右。

金融网络密集,国内主要银行及部分证券、保险机构在本区域设有营业网点。

(5) 开发难度较低　本项目所在地块已于1993年立项后基本完成动拆迁和场地平整工作,目前尚需动迁户数为20户,基本已成为熟地。由于政府普遍以毛地而非熟地供应市场,对被拆迁者的保护力度不断加大,且被拆迁者的维权意识不断增强、对拆迁补偿的要求随着房地产市场的升温而升高,市内动拆迁的难度越来越高。目前市内待建项目普遍存在拆迁难的问题,导致开发周期长、开发成本高,应对市场变化风险的能力大为减弱。而本项目在这方面有明显的竞争优势。

(6) 存在市场空白点　不夜城板块存在两个市场空白点或薄弱点:一是高级写字楼不多,只有嘉里不夜城定位为高档,其他项目均是中档和中高档,在高端市场缺少竞争性;二是周边基本没有综合性餐饮场所,特别是较高档的场所。餐饮企业只有楼外楼、全聚德、亨咸、江南村等几家,而能提供休闲娱乐的酒吧、咖啡厅、西餐馆等则非常零散,本项目可以定位为不夜城的消费中心(Leisure Mali),高举消费大旗,成为不夜城的人气之王。

(7) 闸北区唯一的五星级酒店　本项目建成后将是闸北区唯一的五星级酒店,对高端市场形成独占优势。本项目将成为闸北区商务、会议、政府贵宾接待的首选。

本项目隔天目西路与四星级的长城假日酒店相对,隔长安路与准四星级的良安饭店相邻,加上周边物贸大厦、新梅华东大酒店等三星级酒店拱卫,周边酒店已经形成的消费圈得以共享,有利于本项目在较短的时间内达到较高的入住率。

1.2 劣势(Weakness)

(1) 临街状况不理想　本项目东至××路,西至××路,南至××路,北至×××路和××大厦用地边线。而××路是不夜城南北交通的主要干线,交通流量大;××路与××路较窄,×××路是上海市的东西主干道之一,是展示本项目特色的主要途径,但被××大厦遮去一半,临街面失去了其完整性。而不规则的用地形状不但对建筑设计形成了较大限制,而且不利于项目的交通组织,阻碍了部分人流的进入。

(2) 不夜城区域的形象不佳　不夜城地区虽然与徐家汇一起被列入上海市"四城四街",但由于历史原因,以及近十年来的发展道路差异,长期以来不夜城的形象与徐家汇截然相反,给人以低档、散乱的印象,因此大型跨国企业集团不愿选择不夜城作为办公地点,而全市消费者也不把不夜城作为购物的首选之地。而不夜城形象的提升,将不可能在短期实现。

(3) 周边环境较差　目前项目周边老式私房较多,许多私房底层改成商铺和快餐店,环境脏乱差。虽然闸北区政府制定了不夜城地区整治规划,加大了不夜城地区有关项目的动拆迁力度,但是由于动拆迁难度很大,进展较缓,在短期内项目周边环境难以改善。此外,长安大厦与本项目之间安插了一幢住宅楼,外立面十分杂乱,不利于本项目形象的塑造。因此,本项目在外部布局、内部分割方面,都需要精心设计和安排,将外部环境的不利影响减到最低。

(4) 高档配套设施不足　不夜城虽然定位于上海市的副中心、闸北区的CBD,但是写字楼及商铺的档次都不高,也缺乏高级别的休闲娱乐设施。

(5) 交通性人流过大　本区域的人流量可以分为交通性人流和消费性人流两种。不夜城区域是上海市市内换乘的交通枢纽,也是上海市与国内其他省市交通的主要吞吐中心。目前,上海火车站旅客流量每天达50万人次,其中南广场进出流量占70%左右。加上长途汽车站的人口,轻轨、地铁、公交换乘的人口,南广场日人流量达到近50万人次。在这些人群中,80%～90%是交通性人流,导致本项目周边人口素质参差不齐、交通状况混乱,并因而降低了本项目的品位和档次。

目前不夜城区域的消费性人流可以分为三部分:一是在本地区上班的上班族;二是交通性人群中部分需要消费的人群;三是特意到本地区购物的人群。但是,总体来看本区域消费性人流的规模不大。

因此,本项目成功的关键之一,是隔离不能产生收益的交通性人群,吸引和引导消费性人群,为项目营造一个较好的消费环境。

1.3　机会(Opportunity)

(1) 不夜城区域的崛起　不夜城区域作为上海市的市级商业副中心,一直以来发展比较滞后。但是,在闸北区的发展规划中,不夜城的发展将会提速。一方面,上海市长途汽车总站将于今年投入运营,结束不夜城区域长途汽车分散布局的历史,减少其交通的繁杂性;另一方面,多个房地产开发项目开始拆迁筹建,包括(嘉里不夜城二期)等,将进一步繁荣不夜城区域的市场。

(2) 闸北区政府的支持　本项目一直以来是闸北区政府的重点支持项目,以建成闸北区的标志性建筑,这是十分重要的资源。政府的支持将有助于本项目特色(建筑方面以及经营方面)的展现,且有利于本项目在拆迁和建造中减少潜在的风险,从而提高项目的盈利预期。

(3) 苏州河北岸的改造　苏州河北岸(浙江路至乌镇路)历史上曾是上海金融、仓储重镇,汇集了一批如四行仓库、光二仓库以及工业品市场等颇具代表性的欧式仓库建筑群,见证了上海金融仓储业发展的早期阶段。规划中这里将保留传统建筑,并形成集商务中心、高级水景住宅、文化中心等功能为一体的上海顶级休闲娱乐区域。

因此,苏州河北岸的再开发将整体提升苏州河以北的地位,结束苏州河以北没有顶级商业文化中心的历史。而本项目所在的不夜城商圈与苏州河北岸项目相距不足2公里,将通过苏州河北岸项目与南京东路商圈乃至"外滩源"取得呼应,与上海市中心取得更紧密的联系(图4-1)。

(4) 长途汽车总站的建成　位于火车站北广场的上海市长途汽车总站目前已经竣工并投入使用,不夜城地区散落的三家长途汽车站将全部迁入总站。在1～2年内,本项目周边的交通性人流将大幅减少,非交通性人流得以显化,从而有利于本区域消费者质量与购买力的提高,也有利于本区域形象与品位的提高。

(5) 长三角地区加速融合　长江三角洲两省一市16个城市,目前已经建立了市长联席会议制度,人才、教育、信息、交通、文化、金融各个部门都加快了融合的步伐,实现了一卡通、培训等的互认互用。在长三角体系中,上海成了无可争议的龙头,是信息、交通、咨询、贸易等现代服务业的主要提供者。长三角的融合为本项目争取江浙客户提供了广阔的天地(表4-1)。

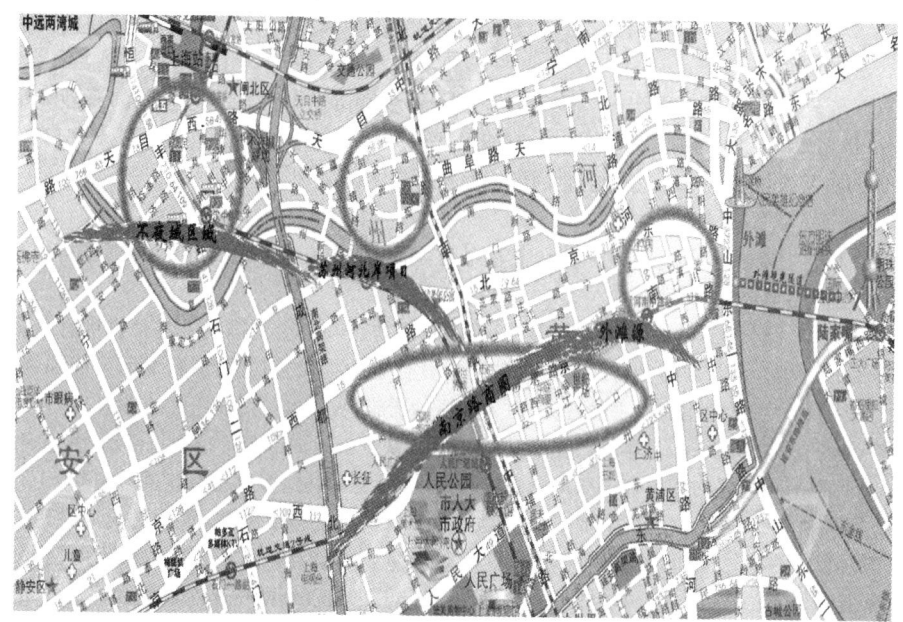

图 4-1　不夜城区域与苏州河北岸项目及外滩源、南京路商圈的关系

表 4-1　　2004 年上海、长三角地区和浙江、江苏部分城市居民家庭年均总收入

地区	长三角地区	浙江省 7 城市	江苏省 8 城市	上海
金额(元)	14 363	15 967	12 642	18 502
增幅(%)	13.9	12.8	15.2	13.0

(6) 世博会的机遇　2010 年上海世博会,据估计将引来国内外 7 000 万人的旅游者,日均 40 万～60 万人次。这些国内外游客的集中涌入,将对上海市的酒店市场形成巨大压力,从而带来大量市场机会。

(7) 全球著名酒店品牌的涌入　欣欣向荣的中国经济发展,使得国外酒店巨头纷纷涌入中国市场。目前万豪、香格里拉、希尔顿等酒店均已登陆中国,并大力开拓增加新的门店。这使本项目能容易地获得国外五星级酒店的品牌和管理。

1.4　威胁(Threat)

(1) 五角场板块的崛起　五角场板块依托中环路建设的契机,进行了规模宏大的更新改造,其定位也日益明确为高级商务商业区、科技文化区。五角场在几年内有大量的写字楼、店铺投入市场,并具有价格水平低、升值潜力大的特点,市场日益看好其发展潜力。

(2) 周边区域的竞争　苏州河商业文化中心定位为苏州河北岸顶级商业、住宅、休闲娱乐区,在项目规划阶段已经进行了充分的宣传造势,国内外对该项目翘首以待,将较容易地聚集起较旺的人气。该项目与本项目距离仅有 2 公里,对本项目的商业部分将构成极大的威胁。

南京路沿线一直以来是市内以及外省市消费者休闲购物的首选之地,中档高档的商业项目星罗棋布,具有强大的磁力。本项目的商圈与南京路商圈基本重叠,处于竞争劣势。因此,本项目必须具有独特的业态组合和定位,才有对抗南京路商圈的反磁力。

(3) 板块内其他项目的竞争　本项目在不夜城板块内具有独特的业态组合、独到的建筑设计,较高端的定位与其他写字楼区分开来,消费主义的商业抓住了市场空白点,而公寓式酒店与写字楼、商业部分相互补充,融为一体,具有独特的竞争优势。本项目主要的竞争者是嘉里不夜城一期及在建的二期,特别是二期与本项目定位相似,体量达到 15 万平方米,投入市场时间相近,必然与本项目产生直接的竞争冲突。

但是二者不是纯粹的竞争关系,同时也是一种共同促进的共赢关系。因此,本项目在板块内有竞争,但竞争不强。

(4) 五星级酒店的竞争日趋激烈　目前上海市五星级酒店尚不存在客源方面的激烈竞争。但是,2007~2009年上海市五星级酒店供应有加速趋势,虽然因为2010年的世博会而需求旺盛,但是2010年之后国内外旅游者将大幅减少,五星级酒店之间的正面竞争在所难免。

2　客户定位

(1) 写字楼　主要客户是江浙中小企业(工业为主),他们需要在上海设立办事处,或销售中心,或区域总部,以开拓上海乃至全球的市场。

各种行业协会、商会也是本项目的期望客户,因为行业协会与商会与国内外各种机构有紧密地联系,能提高本项目的地位。而行业协会与商会的入驻能为其他企业提供密切的支持,从而可以加强本项目对中小企业的吸引力。可以运用各种手段,包括租金优惠的措施,吸引这类行业组织的进入。

其他咨询机构和中介机构,是本项目生态群落里不可缺少的组成部分。特别是营销、贸易、法律、金融机构,其本身可以从项目内的其他客户获得可观的收益,同时也对其他客户起到客观的支撑作用。

(2) 公寓式酒店　商旅人士,尤其是长三角地区的商旅人士,他们不需要航空交通,出行主要采取自驾汽车或搭乘长途汽车、火车的方式,而不夜城区域是最重要的节点。本项目区位条件的便捷性对他们有强大的吸引力。当然,这部分人群包括了在本项目工作的来自江浙的中小企业主和他们的员工。

白领阶层,他们依托发达的公共交通,特别是地铁通勤,不夜城将是他们不错的选择之一。而本项目中档的公寓式酒店,迎合了他们的购买能力。

外籍人士,尤其是在嘉里不夜城工作的外籍管理者,可能成为本项目固定的而且是最忠实的租客,当然,前提是本项目的确具备齐全休闲娱乐设施,能为他们提供全方位的贴心服务。

(3) 商业　商业部分只租不售,其租户是来自各个地区的。但购物的消费者群体,需要我们预先预测和设定。消费者主要包括本项目以及周边项目的办公人员,他们在工作之余或是午餐时候会是这里的常客;周边酒店客户,他们主要在晚上进入本项目消费;周边住宅区的住户,他们的需求具有多元化的特点;进入太平洋百货购物的消费者,本项目应成为他们购物的第二站。

(4) 酒店　作为五星级酒店,主要客户只可能是国际入境旅游者和商务人士,以及国内的高级政要、商界精英。但是本项目距离机场并没有快捷的交通,周边环境条件也并不乐观,对于吸引国外入境人士会有一定的难度。当然,如果本项目引入了国际知名的酒店管理公司和品牌,能借用其全球网络,并利用人民广场、南京路的客流,还是能有所作为的。

本项目紧邻的上海火车站、上海长途汽车站人流量大,但是高质量的客户不多,对本项目的客户开拓没有太大的助益。

但是闸北区作为上海的交通中心,能方便地接入沪宁高速公路、沪嘉高速公路,江苏地区的车流能方便地引入,因此本项目对江苏地区的政经界人士有较大的吸引力。

此外,闸北区"十一五"规划的实施,为闸北区商务环境的改善提供了保证。对于闸北区乃至上海市北部各区的公司,本项目将是其商务、会议、接待的首选。

3　产品定位

产品定位:定位高端,兼顾中档。

本项目是闸北区的标志性项目,也是不夜城地区的地标,其定位必须走高端路线。但是,我们也必须考虑不夜城目前的聚集能力和辐射能力,不能不顾市场的承受能力。因此,本项目定位高端,还必须兼顾中档,二者合理搭配,形成一个错落有致的商业生态群落(表4-2)。

表 4-2　　　　　　　　　　本项目公寓、写字楼、商业的定位

	中低档	中高档	高档
办公		▓▓▓	
商业		▓▓▓	
公寓式酒店			▓▓▓
酒店		▓▓▓	

注：☐ 主要定位　　▓▓▓ 次要定位

本项目组合了写字楼、公寓式酒店、商业、酒店四种业态,四种业态之间本就具有内在的联系,如果各业态能相互协调、相互支撑,则将形成一种类似生态群落的系统结构,不但与系统环境保持动态的输入输出关系,而且在系统内部还能循环代谢,具有自稳定、自生长的功能。这是商业房地产的理想目标,也是本项目的长期追求。本项目可选择的产品类型如表 4-3。

表 4-3　　　　　　　　　　　　　产品可选类型

类型	定位	特点	目标客户
普通办公楼	甲级写字楼	办公商务组合,重点突出商务特点,成为江浙私营企业或中小企业在沪驻地和联络办公中心、贸易产品展示中心、新闻发布中心	工业企业、运输交通企业、江浙民营企业、个人办公、咨询公司
Loft	中档个人办公中心	时尚,开放,现代	艺术类,文化类,设计类,IT类,咨询类新型个体公司,或个人设计公司
SOHO	中档偏上	以酒店式管理,平均单套面积 50 平方米左右,可以作为公寓式酒店的概念经营	投资客,中高级年轻白领,SOHO办公、外地驻沪公司员工生活区
产权式酒店	3 星级以上	火车站附近,交通便利	投资客
公寓式酒店	中高档	商业中心,交通便利	外地企业,白领,投资客
五星级酒店	高档	闸北乃至苏州河北的唯一	商务人士
商业步行街、购物中心	10 000～30 000 平方米建筑面积的地区购物中心,服务人口 10 万～30 万人	以江南商业文化为主题,突出与商务配套的办公休闲购物中心及生活娱乐中心,利用靠近苏州河地缘优势,做足水乡的水文化,建议设置关于水的特色地标	不夜城区域白领及其他商务人士;周边小区住户;北部乃至江浙的消费者
品牌店	高档	吸引国际高档品牌入驻	少体量的商铺,仅为本项目高档客户提供服务

从中我们得到一个组合矩阵如表 4-4。

表 4-4　　　　　　　　　　　产品业态组合矩阵

	办公	公寓	商业	类似案例
第一类	普通办公	SOHO	商业(百货店)	嘉里不夜城
第二类	Loft	公寓式酒店	商业(步行街,超市)	海上海
第三类	办公	公寓式酒店	商业(休闲和餐饮)	北京财富中心
第四类	办公	公寓式酒店 五星级酒店	商业(品牌店)	—

基于以下考虑：
- 五星级酒店作为标志性项目，提升不夜城区域档次，闸北区"十一五"的快速发展也为五星级酒店提供了丰富客源；
- 五星级酒店成为写字楼的大配套之一，而写字楼也成为五星级酒店客源之一；
- 五星级酒店与公寓式酒店差异化定位，但共享商业、餐饮、娱乐设施，形成了协同效应；
- 高档品牌专卖店客户来源于办公楼、酒店及公寓，同时品牌专卖店也提高了酒店、办公楼的品位。

我们建议选择第四类产品组合，可以最大限度地实现三者的联动，形成一个内部生态网络。但是同时由于 Loft 的新颖和时尚，可以从写字楼中辟出部分用作 Loft 工作室。

4 价格定位

4.1 板块内价格比较　不夜城板块内楼盘星罗棋布，通过摸底调查，选取了一些有代表性的楼盘，获得了其销售价格等资料。不夜城区域商铺除太平洋百货和名品商厦外，定位普遍为低端。办公楼的定位，除嘉里不夜城外，其他的都是乙级，嘉里不夜城也只是甲级偏下而已。公寓式酒店中，一部分是烂尾楼改装而来，价格不高，租售情况一般。总体而言，闸北区的商办物业价格处于上海市的中等水平（表4-5）。

表4-5　　　　　　　　　　不夜城区域房价、租金抽样情况

类型	均价	代表楼盘	价格
商铺	2.23万元/平方米	名品商厦	3.80万元/平方米
办公	1.97万元/平方米	嘉里不夜城	2.33万元/平方米
公寓式酒店	1.39万元/平方米	一天厦	1.20万元/平方米
酒店	450元/(间·天)	长城假日酒店	678元/(间·天)

4.2 本项目价格定位

(1) 价格走势判断　根据前述分析，上海市写字楼物业的供应量将在2008年达到历史性的高点，甲级写字楼将会有70万平方米的供应量。而租金方面，2005～2007年将一路走高，达到1.2美元/平方米的水平。但是在2008年，由于供应量的快速放大，虽然已有项目因为租约关系其高租金可能得以保持，但将拉低新增写字楼的租金水平（表4-6）。

在商业方面，供应量将稳步上扬，其租金在近期也有15%左右的增幅。但是由于商业的特殊性，即商业对区位、业态、管理、营销、品牌等的特殊依赖，不同商业物业的租金差别很大，其价格走势具有各异性。

2003年是公寓式酒店的黄金时期，此后公寓式酒店的供应量减少，但是新增楼盘的品位和品质得到提高，租金和售价也在稳步提升。估计随着上海市国内外短期居住人口的增加，2008年上海市公寓式酒店的售价在2万元/平方米左右。

考虑到上海市五星级酒店住宿需求的持续增长，以及酒店供给的加速趋势，预计2007年上海市五星级酒店的入住率达到高峰，2008年，因为北京奥运会将分流大量客源（同时也会间接引致部分客源），入住率走低；2010年，由于世博会的召开，酒店入住率将达到高峰而超过80%；此后，上海五星级酒店将进入下降通道。

与此相对应，上海市五星级酒店的日租金将于2007年起保持稳定，直到2010年才会有较大幅度的提价，可能达到1 700元/(间·天)。可以预见，上海市五星级酒店的 RevPAR 将在2007年达到高峰，而在2008～2009年走低，2010年迎来黄金周期。当然，长期而言，RevPAR和实际GDP是保持同步增长的，依托于上海市国际化的发展路径，剔除竞争因素，上海市的五星级酒店将长期向好（图4-2）。

表 4-6　　　　　　　　　办公、商业、公寓式酒店租金预测

类别	2006年平均租金	年涨幅	2009年租金预测	2009年后走势分析
办公楼	0.92美元/(平方米·天)	9.0%	1.16	走平,甚至略有下滑
商业	12元/(平方米·天)	8.0%	14.88	稳中略降
公寓式酒店	0.80美元/(平方米·天)	8.0%*	1.0	稳中略升
五星级酒店	1 362元/(间·天)	5%以下*	1 400	走高,然后略有下降

注:带 * 数据为经验数据

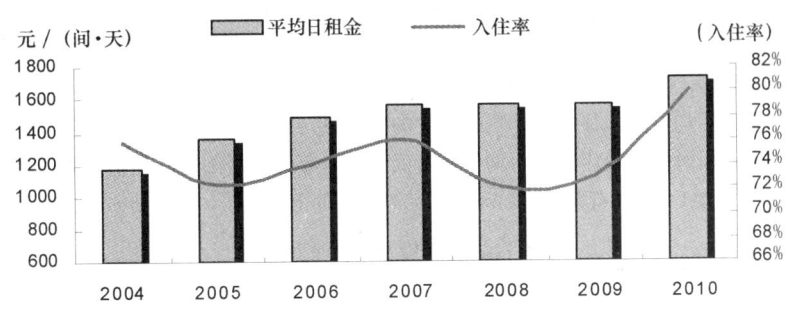

图 4-2　上海市五星级酒店租金与出租率预测

（2）**价格定位**　2008年后办公楼的市场供求情况可能不是很乐观,价格将走平甚至略有下跌。本项目采取独特的客户定位和相应的营销措施,应该能达到90%的出租率。在租金方面,目前全市甲级写字楼平均租金0.92元/(平方米·天),2005年以来涨幅达到10%。本项目采取保守定价策略,按目前租金0.70美元/(平方米·天)、年涨幅按5.0%计算,2009年为0.80美元/(平方米·天),售价2.3万元/平方米。

商业物业的租金目前不夜城区域平均在10元/(平方米·天)左右,2004年以来上海市商业物业涨幅达到15%,但是不夜城区域年均增幅约为7.60%。鉴于不夜城区域高档商业的缺乏,以及本项目的高档定位,则2009年本项目商铺租金平均为11.68元/(平方米·天)左右。

目前全市高档公寓式酒店租金趋于平稳,约为0.80美元/(平方米·天),近年租金年均增幅8%左右。本项目定位于中高档公寓,按目前0.50美元/(平方米·天)、年均增幅8%计算,则2009年租金为0.68美元/(平方米·天),售价约为1.8万元/平方米(表4-7)。

表 4-7　　　　　　　　　　本项目稳定经营期租金预测

类别	租金	出租率	租金回报率	单价
办公楼	0.80美元/(平方米·天)	90%	9%	23 000元/平方米
商业	11.68元/(平方米·天)	90%	12.5%	30 000元/平方米
公寓式酒店	0.68美元/(平方米·天)	80%	8.5%	18 000元/平方米

注:人民币美元汇率按8.00:1.00计算

酒店方面,尽管不夜城区域的星级酒店普遍折扣比较大,但是本项目作为闸北区的标志性项目和象征性项目,与地块内甲级写字楼、公寓式酒店及高档品牌店相结合,必须定位为不夜城地区的顶级消费中心。因此,本项目的酒店房价将参照上海市五星级酒店的平均房价制定,即定位于普通五星级酒店而非超五星

级酒店。但是考虑到客源拓展的需要,也将对部分订房网络提供较优惠的折扣,参考标准如表4-8。

表4-8　　　　　　　　　上海市部分普通五星级酒店租金情况

酒店	房型	定价元/(间·天)	折后价元/(间·天)
上海锦沧文华大酒店	豪华房(双人)	1 725	1 287
上海新亚汤臣洲际大酒店	高级房	2 673	1 351
上海新锦江大酒店	豪华房	1 518	988
上海瑞金宾馆	豪华房(双人)	1 320	990
上海波特曼丽嘉酒店	豪华房(中宾)	3 436	1 288

2005年,上海市五星级酒店平均房价每天1 362元/间,且预计在将来的一定时期内保持平稳。本项目定价略低于均价,项目试运营期间,标准间定价每天1 488元,折后定价为每天888元/间,其他类型的客房如行政套房、总统套房等实行按等级差别定价,综合平均价格约每天960元/间。2010年,由于上海世博会召开的影响,酒店折后均价及入住率预计均有一定的提升,达到每天1 080元/间和75%。自2011年起,酒店进入正常经营期,届时尽管酒店的折后均价仍略低于上海市五星级酒店平均值,但入住率大致与平均值相当,分别预计为每天1 080元/间和75%。房价走势预测如下:

表4-9　　　　　　　　　本项目酒店定价及入住率预估

	2008年	2009年	2010年	2011年	2012年
标准间定价元/(间·天)	1 488	1 488	1 688	1 688	1 688
折后均价元/(间·天)	960	960	1 080	1 080	1 080
入住率	40%	55%	75%	75%	75%

5　竞争者分析

5.1　写字楼

(1) 甲级写字楼的情况　长期以来上海市的写字楼档次越高,租金越高,空置率越低。甲级写字楼的供应量2002年以来维持在30万平方米左右,2005年突增到将近60万平方米,增幅近100%。但是,近几年甲级写字楼的净吸纳量也迅猛增长,迅速消耗了原来的空置面积。目前,甲级写字楼的空置率已经降低到了10%以下。

2005年上海共有5座甲级写字楼对外出租,供应量达到42.32万平方米。其中,已经对外出租的有浦东花旗集团大厦11.8万平方米、浦东汇亚7万平方米、徐汇嘉华中心6.2万平方米和黄浦都市总部大厦

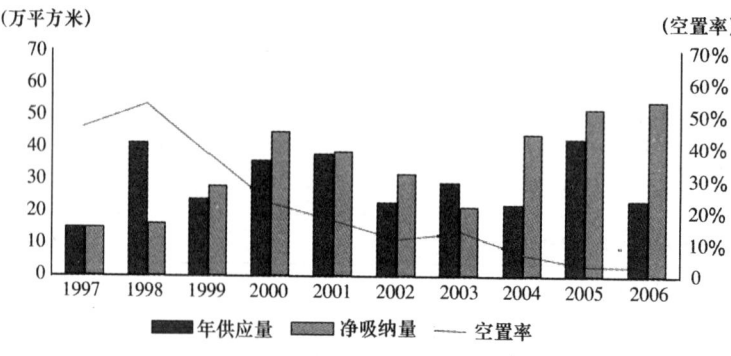

图4-3　上海市甲级写字楼供应量、吸纳量与空置率

4.92万平方米。港汇双子塔办公楼开始对外预租,体量为6.7万平方米。

(2) 典型案例 上海市部分甲级写字楼概况见表4-10。

表4-10 上海市部分甲级写字楼概况

项目	面积(平方米)	入驻率(%)	物业管理费[美元/(平方米·月)]	租金水平[美元/(平方米·天)]
恒隆广场	90 000	98	3.80	1.25
中信泰富广场	65 000	98	3.80	1.20
上海商城	22 500	98	3.90	1.30
上海嘉里中心	38 000	90	3.80	1.20
招商局大厦	36 000	95	3.00	0.70
中欣大厦	55 000	98	3.90	0.95

5.2 商业

(1) 本项目周边的几个商业中心 大宁现代服务业集聚区:东起共和新路,西邻彭越浦河、运城路,南接大宁路,北至灵石路。

定位:依托大宁地区便捷的交通区位优势和良好的生态环境,以创意高端产业基地为基础,集聚国内外科技研发、创意设计、专业服务、信息服务等知名品牌企业,形成现代购物中心、商务楼宇、星级宾馆及相关娱乐休闲、生活配套等综合功能较为集中,商务、生态和人文环境相协调的现代服务业集聚区。

长寿路商住第一街:东连闸北区,西至长宁区,南邻静安,地理位置优越。距离市中心和铁路上海站都不超过10分钟的车程。

长寿路的商业氛围相当浓厚。早年曾是闻名沪上的商业一条街,最为著名的是第四百货商店。2000年又新建规模较大的集购物、休闲、娱乐于一体的亚新生活广场,成为该地区住户购物休闲的主要场所。另一方面,南华火锅、新南华海鲜城、新沈记酒店、知味馆、舟山河信海鲜、海帝海鲜城、舒鑫饭店、杭帮菜、南杰大酒店、肯德基、麦当劳等中外餐饮名店的入驻,又使长寿路成为上海罕见的特色餐饮街区。

发展模式:商住互动。长寿路住宅开发引入的全新居住结构及高消费人流,为第二轮商业地产开发和经营聚集了巨大的人气。在第二轮的商务区建设中,长寿路定位在全国范围内积极引进大中型企业,包括小型企业的总部或营销中心,引进民营科技企业总部,引进各省市自治区的地市县驻沪联络处、工作处、引进各类社会中介机构。几年的发展使得目前长寿路沿线成为目前沪上著名的商住楼聚集区。

苏州河北岸现代服务业集聚带:南起苏州河,北至天潼路—曲阜路,东到河南北路,西至苏州河、长寿路,总用地面积约75万平方米。其中乌镇路-浙江北路是现代服务功能核心区段,用地面积约20万平方米。

定位:体现苏州河历史风貌保护区丰富文化内涵,以高端商务、滨河商业、文化休闲功能为主,形成苏州河北岸历史与地域特征鲜明、功能互补、配套齐全的现代服务业集聚带。

不夜城商圈:位于上海闸北区含上海铁路新客站在内的1.42平方公里地区,规划为上海城市交通枢纽、上海市级商业、商务中心、上海现代信息港分港,将建成多功能、综合性、外向型、全天候的城市公共活动中心,集金融、贸易、咨询、娱乐、办公、购物、餐饮、居家于一体。主要商业建筑有天目广场、嘉里不夜城、太平洋商厦、新亚广场、不夜城商厦、不夜城广场、环龙商场、名品商厦。

定位:以交通产生的人流、物流、信息流、资金流为基础,构建以现代交通服务业为核心,中小企业商务服务为重点,旅游综合服务为特色的现代服务业集聚带。

(2) 竞争分析 不夜城商圈附近的这几个商圈将给其带来激烈的竞争。因此如何定位已成为其能否发展的重要因素。从上面几个商圈的分析中可以看出,各自的定位都不相同。大宁以创意高端产业基地和绿色生态为基础;苏州河北岸改造以文化功能和滨河风貌为特色;长寿路以商住互动和特色餐饮为亮点。不夜城以交通功能和旅游功能为发展重心。通过采取不同的定位,发挥了各自商圈的优势,吸引了各自的人流。

(3) 合作分析　由于各商圈各自功能的互补,在一定程度上又不会造成人气的过度分流。从全上海乃至长三角来看,这种功能上的互补必将吸引众多的企业、投资者和消费者。这种错位竞争有利于不夜城区域的整体水平的提高。

5.3 公寓式酒店

(1) 类型与分布　上海市的公寓式酒店主要分为两种类型,一种是租赁式的酒店式服务公寓,只租不售,开发商长期投资或者整盘出租;第二种是产权式的公寓式酒店,采取售后返租的方式,由统一的管理公司进行经营操作。

上海市的公寓式酒店主要集中在市中心商业区,包括：南京路周边区域;淮海路沿线;徐家汇及周边区域;陆家嘴区域;虹桥区域。不夜城区域的公寓式酒店主要有一天下大厦、感性达利两个楼盘,目前出租率为70%～80%。

(2) 典型案例　上海市部分高级公寓式酒店概况见表4-11。

表4-11　　　　　　　　上海市部分高级公寓式酒店概况

名称	物业管理公司	租金(美元/月)	房型	租住人群	出租率(%)
威斯汀公寓	威斯汀酒店和度假村集团	5 000	2房	欧美人士	90
雅诗阁	雅诗阁国际管理	4 000～5 400	2房	外企商务人士	80～90
碧云钻石酒店公寓	碧云钻石酒店公寓	1 980	2房	外籍商务人士	80
西郊酒店公寓	上海东湖集团公司	3 500	2房	外籍商务人士	90
徐汇盛捷服务公寓	雅诗阁国际管理	2 400～3 000	2房	外籍商务人士	90
上海盛捷高级服务公寓	雅诗阁国际管理	3 000～4 100	2房	外籍商务人士	90～93

5.4 五星级酒店

1999年开始,上海市加强了对酒店市场的宏观调控,停止审批酒店用地。2003年SARS过后,酒店房价与入住率看涨,上海市酒店用地解冻,宣布欢迎境内外投资者参与上海酒店业的投资、建设和管理,大量酒店项目上马。2004年仅陆家嘴地区就规划再建10家星级酒店,加上已有的24家星级酒店,未来在28平方公里的陆家嘴金融贸易区内,平均每平方公里就有一家以上星级酒店。目前小陆家嘴地区香格里拉酒店二期已经完工,使香格里拉以1 000间客房的规模成为中国最大的五星级酒店;滨江大道银城东路处的新天哈瓦那大酒店也正在建设之中。

上海市中高端酒店市场的供应,2004年有9家新酒店投入营运,新增客房2 065间(其中五星级酒店在2004年增加4家,客房总数增加1 500间);2005年新增12家,客房3 313间;2006年,预计新开业酒店至少有16家,客房约5 129间(表4-12)。

表4-12　　　　　　　　上海市2006年新增中高档酒店一览

酒店	客房数(间)	酒店	客房数(间)
五星上将酒店	223	世茂艾美国际广场酒店	776
北外滩世茂凯悦酒店	618	证大丽笙酒店	361
吉臣酒店(吉林大厦)	300	洋洋显达度假酒店	302
千禧海鸥大酒店	307	龙之梦商城宾馆	700
复旦皇冠假日国际会议中心	309	复旦太平洋金融学院国际交流中心	186
东郊宾馆	180	金水湾大酒店	157
龙之梦丽品酒店	311	淮海国际酒店	167
璞邸精品酒店	52	临港豪生大酒店	180

从酒店 2~3 年的建设周期看,供给开始大量增加应该在 2007 年开始,在 2009 年达到高峰。据不完全统计,上海目前至少有 60 个在建拟建高星级酒店项目将在 2007 年及其后两年完工,其客房总量按 2006 年平均每家 320 间计算约为 19 200 间,包括上海皇家美丽殿酒店(779 间)、浦东 W 酒店(400 间)和浦东丽嘉酒店(320 间),以及筹备中的阳光集团在宛平南路毗邻世博会的凯宾斯基酒店,规划中的太平桥区域 107、108 地块的两幢酒店等。

五、建设内容与市政配套

1 项目建设内容

1.1 建筑设计

(1) 本项目由国际著名的美国 Gensler 公司进行建筑设计,建筑风格简约、明快、新颖,具有现代气息风格,力求打造闸北地标建筑。

(2) 项目设计符合国家制定的设计规范、规定、规程,同时应符合上海市相关的设计规范和规定。

(3) 本项目立面设计简洁新颖,通过幕墙材质与石材的对比,凸显其体量感,使立面简洁、现代、雅致、大气,在众多同类建筑中一枝独秀。

(4) 本项目将保证人流与车流有机的分离并且舒畅,全方位地解决办公人流和商业人流的相对独立。地下车库也力图扩容,尽量满足现今汽车日益增多的趋势,同时也增加了不夜城地区的停车位数量。

1.2 建筑结构设计

(1) 本项目为一类高层建筑,地下三层,地上#1 写字楼按 48 层设计,高 200 米,为闸北区第一高楼。#2 五星级酒店按 25 层设计,#3 公寓式酒店按 13 层设计。

(2) 本项目建筑功能定位为写字楼、五星级酒店、公寓式酒店及商业用房:#1 楼为甲级写字楼,#2 楼为五星级酒店,#3 楼为公寓式酒店,写字楼及公寓式酒店的裙房为商业用房。

(3) 裙房屋面设置室外休闲、绿地。

(4) 地下空间:地下一层为商场及各种配套设施用房,地下二、三层为人防设施和地下停车场所。

1.3 暖通设计

(1) 本工程为五星级酒店、甲级写字楼、高档商场及公寓式酒店,设备材料应选用价格合理的高档品牌产品。

(2) 本项目暖通设计保证新风供应和所有空间的通风要求,防止空气交叉污染,必要时设置独立的新风供应系统和排风系统。新风口、排风口的布置要与建筑设计密切配合。

(3) 商业裙楼拟采用热泵型中央空调,使系统简化并避免冷却塔对建筑立面的不利影响,热泵冷水机组可置于裙房屋面不影响屋顶花园布置之处。末端系统尽量细分并能单独控制和温度调节,使系统具有可调整的灵活性,以便适应将来商业用房分隔和布局的变化。

(4) 写字楼、酒店及公寓式酒店拟采用中央空调。

1.4 给排水

(1) 给水系统的设计应避免水质由于水箱和管路而产生二次污染。

(2) 本项目室内采用污、废水分流排水系统。雨水排入城市雨水管,生活污水在排出前,厨房含油废水经 5 小时隔油处理,客房污水经 1 小时消毒处理,汽车库冲洗废水经隔油处理,最终进入城市污水管网。

(3) 写字楼、酒店及公寓式酒店拟采用同层排水系统,以免对下面房间布置的不利影响和管道检修的干扰。

(4) 热水供应拟采用统一供应的中央电热水器。

(5) 净水供应拟采用统一供应的净水装置。

1.5 强电设计

(1) 本项目属于超高层建筑,根据国家标准属一级负荷,并有特别重要负荷。项目要求有两个独立电源供电,并设柴油发电机组1台作应急电源。

(2) 二路供电电源由供电部门区域变电站以电缆引入,电压为35 kV,经楼内电力用户站降压后分配电力。

(3) 在地下室一、二层的空间内设一总变电所,内设35千伏高压配电间、6千伏配电间,低压配电间及35/6千伏、6/0.4千伏变电所。柴油发电机组功率为1 500 kW。

(4) 照明方式:地下室设置应急照明,常用照明(部分自带蓄电切换装置)及应急指示灯;楼内用户照明采用普通照明方式;公共部位除设置常用照明(总回路开关设置光感装置)外,还需设置应急照明及应急指示灯。消防楼梯处设置常用照明及应急照明。

(5) 建筑物采用TN-S联合接地,接地电阻≤1 Ω,且大楼钢结构主筋相互连接成环,外立面金属门、窗均与接地可靠连接;卫生间设置等电位箱。

(6) 防雷系统:本项目为二类防雷建筑物,屋面设避雷带,屋顶两根主柱上设消雷器。利用结构柱头外侧主钢筋作引下线,桩基作接地极。在距地30米以上每层利用结构圈梁钢筋与金属构件联结,以防侧向雷击。

(7) 消防系统参照商务楼消防规定,在地下车库、商业区域、办公区域、公寓式酒店区域建立报警(烟感、温感)及联动(包括紧急广播)系统;喷淋系统同时设置消防栓及其他防火设备。

(8) 航空安全保障:本项目为超高层建筑,在整个建筑物的高度方向及周边,每隔约45米设置航空障碍灯。

1.6 弱电设计

(1) 无线巡更管理系统　保证保安人员按时、按顺序地对巡逻点进行巡视,通过人防技防相结合的方式,增强管理力度。巡更点设置在闭路电视监控系统的死角、地下车库、重要设施场所、主要通道处。

(2) 闭路电视监控系统
- 摄像机位置:各电梯轿厢,地下车库出入口,地下车库内部,地下车库进入单体楼地下室电梯厅处,办公底层大堂,消防安保中心门口,室外停车场,商场内部,自动扶梯处。
- 监控中心与消防中心统一考虑。
- 系统集中供电。

(3) 车库管理系统
- 车库采用IC卡,自动控制闸臂;IC卡感应距离需为3米左右,保证车主基本不停车即可控制道闸的升降,同时控制机具有IC卡识别发射装置及道闸有防砸车功能。
- 地下车库考虑设置临时车辆收费站,集中收费(系统收发IC卡、报表打印、收费考虑在物业中心),管理计算机具有外线接口,网络扩展性强,同时软件具有权限措施,防止非法修改;对于临时车辆进出,外来车辆收费站设置在车辆的出口处,并通过出入口的监控实现车牌比对。
- 系统出入口控制机具有BA接口,中文电子显示屏及对讲话机;能自动计算进入地下车库的数量,以判断是否饱和和剩余车位(主要指临时车辆车位),并有中文信息显示(车库按总量的30%车位供外来车辆停车)。
- 地面停车通过人工管理;车辆出口的门卫间内设置打印设备(或临时卡)来管理访客车及收费。
- 外来车辆采用接触式ID卡。
- 对于进出车辆,出入口门卫室可根据车辆进入时拍摄的牌照及IC(ID)卡信息,时间等情况,进行车辆牌照比对,根据电脑自动计算车辆停留时间及停车费用进行收费及安全管理。

(4) 门禁
- 各单元门口设置门禁(对此已包含在可视对讲系统)。
- 地下车库进入电梯厅设置门禁。

(5) 酒店、公寓式酒店家庭智能化系统
- 公寓式酒店室内设家庭智能箱,除能集中对电信、宽带、有线电视进行集中分配的功能外,还内设 HUB 接口及微型电话交换机集成电路板(带留言及自动转拨通知业主的秘书功能),彻底实现办公家庭化功能。同时室内预留网络摄像探头接口,使住户在世界任何地方任何时候都能通过网络看到家中的情况。

(6) 机电设备监控系统(监测与控制相结合)
◇ 给排水系统监测
- 各楼宇屋顶水箱高、低水位自动报警监控。
- 地下室集水坑高低水位监控。
- 给水系统地下水池高、低水位监控。
- 净化水水箱高、低水位监控。
- 生活水泵运行及故障监控。
- 排水泵故障监控。
- 净化水装置运行及故障监控。
- 消防泵的运行状态监控。

◇ 送排风系统
- 楼宇地下室排风机故障监测。
- 地下车库排风兼排烟风机故障监测。
- 地下车库新风机运行监测。
- 商场空调设备监控。

◇ 其他设备
- 车辆出入口进出口管理机运行故障信号监控。
- 屋顶航空障碍灯故障监测。
- 泛光照明监控。
- 电梯运行状态及故障检测。

(7) 楼宇信息通信
- 电话通信系统(配套工程之一)。
- 数据传输系统(FTTB+LAN;该系统通过在内部建立高速局域网与公共网进行宽带连接,为住户进行数据传输,Internet 连接、物业对内对外信息发布和提供其他数据传输等应用服务)。

(8) 有线电视双向宽带信息传输系统(配套工程之一)

(9) 移动通信和寻呼通信系统
- 实现地下停车库及电话轿厢内通信无盲区。

(10) 大楼内部无线对讲系统
- 采用先进蜂窝通信技术,实现大楼内(包括地下车库)物业管理的对讲通行无阻,且降低运行成本。

(11) 电子公告
- 设置等离子(电子公告)屏若干。
- 与大楼物业管理信息系统联网。
- 信息内容:物业管理通知、天气预报、服务信息及有偿广告服务等。

(12) 公寓式酒店物业信息平台及一卡通
- 为物业管理公司在安全防范、设备运行、信息服务等方面进行综合管理,充分发挥各子系统的智能化功效;建立一卡通系统可以将门禁、消费、停车管理,物业收费等集中于一张卡。

（13）写字楼无线局域网系统
- 建立无线局域网并覆盖整个写字楼区域内（包括公寓式酒店区域及高级酒吧等休闲区域），使商务人员能自由地通过因特网进行商务活动等。

（14）弱电防雷系统
- 在安保机房集中电源进线端安装西门子电源防雷器 1 个，防止雷电流窜入机房监控系统。室外摄像机的视频信号均串联安装 KOAX E2/MF 同轴信号防雷器（BNC 头），防止雷电流窜入监控系统和摄像机。在每个网络信息化智能终端的井道内楼层分线箱安装 ISDN/LL 信号防雷器（RJ45 头），使窜入的雷电流被 ISDN/LL 吸收掉，保护家庭网络信息化智能终端的安全。在各楼层可视对讲解码器箱进线端安装（或考虑将弱电避雷器安装在家庭智能化箱内）

（15）大楼综合布线系统
- 拟将弱电系统的信号传输依托在大楼的宽带干线上，将已经是数字信号的监控及其他模拟信号（需模转数处理）最终通过宽带光纤进行信号传送。

2　市政配套

2.1　通信　目前本地区电话号线由不夜城电话局提供，不夜城电话局装机容量为 6 万门（1994 年 8 月开工，1998 年竣工）。所安装的程控交换、光纤通信、数据传递、卫星通信、互联网络等设备以及与之配套的电源空调、测量等，均是国内最先进的设备。

2.2　供电　本区域现有 1999 年竣工投入营运的设计装机容量 84 万千伏安，已配置 54 万千伏安 220 千伏变电站，不仅能满足不夜城地区电力需求，还能供应周边地区。

2.3　上水　根据有关技术指标，本项目规划最高日用水量约 2 500 立方米。区域供水单位为上海市自来水市北有限公司杨树浦水厂，其最大日供水能力为 148 万立方米能够满足本项目的需求。

2.4　下水　本区域属已建的天目西路雨水排水系统泄水范围。在周边的恒丰路、裕通路下已埋有 DN2200 等型号雨水干管，能够满足本项目的下水需要。

2.5　供气　本项目今后将使用天然气，根据有关技术指标，预计规划最高日天然气用气量 5 000 立方米。届时需要结合道路工程，在相关道路下埋设 DN300 燃气管，新敷设燃气管应能适应传输天然气要求。

3　消防

本工程消防给水按超高层设计，设有室外消火栓给水系统、自动喷水灭火系统、柴油发电机房水喷雾灭火系统及变配电间气体灭火系统。

大楼按火灾自动报警系统的保护对象分级为一级。大楼消防设备均按二路供电，末端自切配出。底层设消防控制室，主楼及裙房各电梯厅设区域报警器。在商场、客房、机房、走道、楼梯、大于 5 平方米的卫生间设置感烟探测器，在厨房、锅炉房、车库设感温探测器。消防控制室、消防泵房、变电所等房间设应急照明。

本项目设置联动系统，在火灾时，对消防泵、排烟风机进行控制，并发出疏散指令，关闭非消防电力设备，迫降电梯到底层或避难层。

4　节能

变电所设置在接近负荷中心处，并选用国家颁布的节能型设备，如风机、水泵、变压器，以降低能耗。
照明尽可能采用节能高效的灯具。
空调冷却水循环使用。利用避难层的有利条件，将给水分级提升以减少能量浪费。本项目商场卫生间热水就地加热供应。
采用先进的楼宇自动化管理 BAS 系统，以达到节能的效果。

六、建设方式与进度安排

1　公司组织

上海××房地产开发有限公司为本项目的发展商，注册资金为××××万元人民币。项目开发公司实行总公司领导下的总经理负责制,总经理由总公司任命。项目开发公司下设经营管理机构,包括工程部、市场营销部、财务部、行政部等机构,负责合作公司的日常经营管理工作。

2 物料供应

项目开发所需大部分物资与设备均从中国国内市场选购、租赁。由于项目的高档次、高质量要求,部分机电设备、装饰材料等在资金允许的情况下需要从国外进口。

3 工程招投标

本项目计划采用邀请招标形式进行施工总承包,电梯、空调、幕墙、内装修等分包工程由总包方进行招标。

4 施工组织

4.1 前期工作

(1) 项目开发筹、融资 至 2006 年 5 月底完成。
(2) 初步设计和施工图设计 至 2006 年 6 月底完成。
(3) 各种批文的报批工作 至 2006 年 6 月底完成。
(4) 工程招标 于 2006 年 7 月完成。

4.2 施工阶段

(1) 施工准备 2006 年 7 月初～2006 年 8 月初。
(2) 桩基工程 2006 年 8 月初～2006 年 12 月初。
(3) 土方工程 2006 年 12 月初～2007 年 3 月初。
(4) 地下结构工程 2007 年 1 月初～2007 年 4 月初。
(5) 主体工程
　　♯1 楼　　2007 年 10 月初～2008 年 10 月初。
　　♯2 楼　　2007 年 4 月初～2007 年 10 月初。
　　♯3 楼及裙房　2007 年 4 月初～2007 年 10 月初。
(6) 安装与装修工程
　　♯1 楼　　2007 年 10 月初～2009 年 5 月初。
　　♯2 楼　　2007 年 8 月初～2008 年 10 月初。
　　♯3 楼及裙房　2007 年 10 月初～2008 年 10 月初。
(7) 室外总体
　　♯1 楼　　2008 年 6 月初～2009 年 5 月初。
　　♯2 楼　　2008 年 3 月初～2008 年 10 月初。
　　♯3 楼及裙房　2008 年 3 月初～2008 年 10 月初。

4.3 竣工准备与验收备案

　　♯1 楼　　2009 年 5 月初～2009 年 6 月初。
　　♯2 楼　　2008 年 10 月初～2008 年 11 月初。
　　♯3 楼及裙房　2008 年 10 月初～2008 年 11 月初。

4.4 投入使用

　　♯1 楼　　2009 年 6 月初～2009 年 7 月初。
　　♯2 楼　　2008 年 11 月初～2008 年 12 月初。
　　♯3 楼及裙房　2008 年 11 月初～2008 年 12 月初。

5 进度计划

本项目拟建设成为集甲级写字楼、五星级酒店、公寓式酒店、商场于一体的综合性、地标性大楼,将于 2006 年 7 月完成项目前期的各项准备工作并进入正式施工阶段,预计的项目建设周期为 3 年(2006 年 7 月至 2009 年 7 月)。项目进度计划见"附图 1:项目开发进度横道图"(略)。

七、投资估算与资金筹措

1 投资估算

本投资估算根据项目目前实际投资额,并考虑少量的不可预见费。

本项目建设投资估算的范围为总建筑面积 182 900 平方米,其中地上面积 135 900 平方米,地下面积 47 000 平方米,项目占地面积为 24 830 平方米。项目建设投资估算为 166 964 万元:包括土地征用及拆迁补偿费 62 600 万元。具体估算数据详见附表 1:投资估算表(略),附表 6:总成本费用估算表(略)。

2 估算数据

2.1 建设投资估算

1) 土地费用

本项目土地费用包括土地征用费、拆迁补偿费、安置动迁用房支出、土地出让金补偿费用以及其他费用,总费用计 62 600 万元。

2) 前期工程及专业费用

前期工程及专业费用包括项目的可行性研究、规划、勘察、设计、监理、造价咨询(标底编制、决算审核等)等相关专业人员的费用,一般为建筑成本的 5%~8% 左右,视工程的大小及难易程度确定,工程越大比例越低,工程难度越大,比例越高。根据本项目的实际情况,我们将前期工程及专业费用定为建筑安装费用的 5%。根据上述规定,本项目前期工程及专业费用 3 917 万元。

3) 建筑安装费用

建筑安装费用通常也称工程造价。它是指列入商品房施工图预(决)算的房屋建筑安装工程费用。一般包括房屋基础工程、房屋主体工程、室内水电安装、通讯等工程费用和房屋附属工程费用。根据上述规定,本项目建安费用 78 341 万元。

4) 设施配套费

(1) 大市政配套费 包括城市基础设施配套费、城市公用消防设施配套费、防空地下室易地建设费等。根据本案实际情况,城市建设配套费每平方米定额 320 元。本项目大市政配套费总额为 4 349 万元。

(2) 小市政配套费

● 酒店、公寓式酒店

绿化建设费:按上海行业标准并参考本项目的实际情况,以建筑面积 15 元/平方米计收。

供电配套费:按上海行业标准以建筑面积 160 元/平方米计收。

供水配套费:按上海行业标准以建筑面积 17.50 元/平方米计收。

燃气配套费:按上海行业标准以建筑面积 21 元/平方米计收。

弱电配套费:按上海行业标准以建筑面积 22 元/平方米计收。其中电话初装费 5 元/平方米,有线电视费 12.5 元/平方米。

环卫配套费:按上海行业标准以建筑面积 4.50 元/平方米计收。

室外总体配套费:按上海行业标准以建筑面积 50~60 元/平方米计收,在此取 60 元/平方米。

其他配套费:按上海行业标准并参考本项目的实际情况,在此取 45 元/平方米。

该项费用总计 360 元/平方米。

酒店、公寓式酒店的小市政配套费用总计为:2 084 万元。

● 写字楼:按上海行业标准及一般经验,以建筑面积 200 元/平方米计收。涉外写字楼的设施配套费:1 520 万元。

● 商业用房:按上海行业标准及一般经验,以建筑面积 200 元/平方米计收。商业用房的设施配套费:116 万元。

综上,本项目设施配套费总计:8 069 万元。

5）管理费用

管理费用指开发商为组织和管理房地产开发经济活动以及房地产开发提供各种服务而发生的费用。主要包括管理人员工资及附加费、办公费用、差旅费、固定资产使用费、业务招待费等。一般为建筑费用、前期专业费和土地费用之和的 2%～5%，根据开发项目的规模、复杂程度、开发周期的长短等综合确定。

参照国家计委、建设部有关标准，我们将管理费定为以住宅建筑及设备安装费、前期工程及专业费和土地费用之和为基数的 2%。

根据规定，本项目管理费用约为 2 897 万元。

6）财务费用

财务费用为全部贷款的利息及融资手续费。利息计息额为全部贷款额，融资手续费取利息的 10%，计息期按照资金投入情况、时间和开发周期确定，利率应参照同期银行的贷款利率确定。

根据本案的实际情况，我们将该项目的开发周期平均设为 3 年（均为施工期）。本项目财务费用为 6 552 万元。

7）销售费用

按惯例：取销售总额的 2%～5%。我们在此取 2%。本项目销售费用约 3 579 万元。

8）不可预见费

不可预见费是指在施工过程中因自然灾害、人工、材料、设备、工程量等的变化而增加的费用。在计算建造成本时，不可预见费一般为建安工程费、前期工程及专业费、设施配套费、土地费用之和的 3%～5%。

参照国家计委、建设部有关标准，我们将管理费定为以住宅建筑及设备安装费、前期工程及专业费和土地费用、设施配套费之和为基数的 3%。

根据上述设定，本项目不可预见费用为 4 588 万元。

2.2　经营成本估算

（1）客房部、餐饮部成本　根据可比五星级酒店项目收益/成本比例，结合本项目的运营期定价可以得出客房部、餐饮部年成本共计 6 143 万元。

（2）物业及维护费　本项目经营期年物业及维护费为 2 063 万元。

（3）能源费　本项目经营期年能源费为 135 万元。

（4）保险费　本项目经营期年保险费费为 387 万元。

（5）管理费用　本项目经营期年管理费用为 2 063 万元。

（6）营销费　本项目经营期年营销费为 774 万元。

（7）固定资产折旧、摊销　参照企业固定资产折旧年限有关规定，以及项目法人目前实际财务处理情况，建筑物部分投资按 50 年、装潢、设备按 12 年确定折旧年限，按直接法提取年折旧，残值率取 5%。土地费用按 50 年摊销。具体数值参见"附表 3：固定资产折旧与摊销估算表"（略）。

（8）房产税　按本项目出租经营收入的 12% 计收。

（9）经营税金及附加　按照本项目经营期收入的 5.55% 计收。

本项目详细经营成本计算参见"附表 6：总成本费用估算表"（略）。

3　项目资金筹措

本项目投资的资金来源有：房地产开发公司自有资金和自筹资金占总投资的 45%，约为 75 000 万元；申请银行贷款 96 464 万元。具体资金筹措及使用详见附表 4：项目投资计划与资金筹措表（略）。

八、经济效益分析

1　分析依据及说明

本财务分析根据国家现行财税制度以及项目经营计划，计算期为 12 年，其中项目建设期为 3 年。

2 经营方案

根据市场分析和对本项目的功能定位,1#写字楼用于出售。五星级酒店、高档商场、公寓式酒店拟长期持有、经营以获取长期投资收益并改善总公司的经营结构。

其中,2#五星级酒店、3#公寓式酒店及裙房部分将于2008年底投入试运营,2009年试运营一年,2010年正式投入运营。1#写字楼预计在2009年销售45%左右,2010年销售剩余55%。

2.1 项目销售收入
根据上文对市场的详细分析,写字楼平均销售价格为23 000元/平方米,公寓式酒店的平均租金为0.68美元/(平方米·天),本项目租售时的价格定位见表8-1。

表8-1 租售价格表

类别	租金/房价	出租率	租金回报率	折合售价	拟定单价
办公楼	0.80美元/(平方米·天)	90%	9.0%	2 875美元/平方米	23 000元/平方米
商业	11.88元/(平方米·天)	90%	12.5%	3 750美元/平方米	30 000元/平方米
公寓式酒店	0.68美元/(平方米·天)	80%	8.5%	2 250美元/平方米	18 000元/平方米
酒店	1 080元/(房·天)	75%			

2.2 项目运营收入

(1) 公寓式酒店出租收入 写字楼出租面积为1.59万平方米(预计正常经营年份的出租率为80%),根据市场分析,结合项目所在地理位置和自身特点,租金暂按0.68美元/(平方米·天)考虑,再加上其他的服务型项目收费(主要包括餐饮、娱乐等),年收入共为3 238万元。

(2) 五星级酒店经营收入 本项目酒店部分共包括500间客房及相应的辅助服务设施,折后均价为1 080元/间/天,入住率为75%。再加上餐饮等其他收入,年经营收入共为25 785万元。

(3) 商业设施出租收入 本项目商业设施出租面积为5 800平方米,根据市场分析,结合项目所在地理位置和自身特点,商业设施日租金暂按11.88元/平方米考虑,年租金收入为2 195万元。

(4) 车库出租收入 本项目车位出租个数为627个,根据市场分析,结合项目所在地理位置和自身特点,车位月租金暂按1 200元/个考虑,年租金收入为767万元。

综上计算,本项目正常年经营收入共为31 986万元。详见"附表2:经营收入预测表"(略)。

3 项目税费

- 营业税及其附加5.55%(《中华人民共和国营业税暂行条例》的土地使用权转让、销售不动产和租赁税目)。
- 企业所得税率33%(《中华人民共和国企业所得税暂行条例》及其《实施细则》)。
- 盈余公积金按10%提取,公益金按5%提取。

4 盈利能力评价

经测算,项目全部投资财务内部收益率为12.1%,按8%的折现率测算的财务净现值为32 595万元,静态投资回收期为8.4年(含建设期);项目自有资金财务内部收益率为15.0%,按8%的折现率测算的财务净现值为43 630万元。项目在财务上是可行的。

详见"附表8:财务现金流量表(全部投资)"(略)、"附表9:财务现金流量表(自有资金)"(略)。

5 清偿能力评价

本项目拟向申请银行长期贷款96 464万元,项目法人将用销售回笼资金、经营收益还款,预计贷款偿还期为4年(从第一笔贷款之日起计),项目偿债能力良好。

详见"附表5:借款还本付息估算表"(略)。

九、不确定性分析

1 敏感性分析

1.1 价格变化的敏感性分析 由于销售率的变动和价格变动对于项目经济效益影响是一致的,这里仅作销售价格的敏感度分析。

现设定销售价格在-15%～15%范围内变动,则项目全部投资内部收益率在9.3%～14.8%之间变动、净现值在10 444万～54 746万元之间变动;项目自有资金内部收益率在13.1%～16.8%之间变动、净现值在30 757万～56 505万元之间变动。

销售价格敏感性分析具体数据见表9-1、图9-1、图9-2。

表9-1　　　　　　　　　　　销售价格敏感性分析表

项目	变动幅度	全部投资		自有资金	
		内部收益率	净现值(I=8%)(万元)	内部收益率	净现值(I=8%)(万元)
销售价格变动	-15%	9.3	10 444	13.1	30 757
	-10%	10.2	17 828	13.7	35 048
	-5%	11.1	25 212	14.4	39 340
	0	12.1	32 595	15.0	43 630
	5%	13.0	39 979	15.6	47 922
	10%	13.9	47 363	16.2	52 214
	15%	14.8	54 746	16.8	56 505

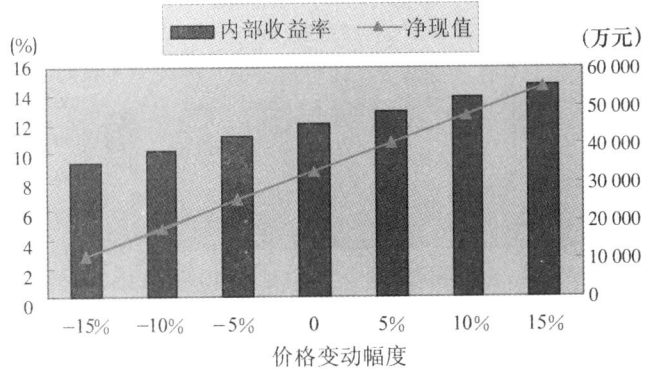

图9-1　销售价格敏感性分析图(全部投资)

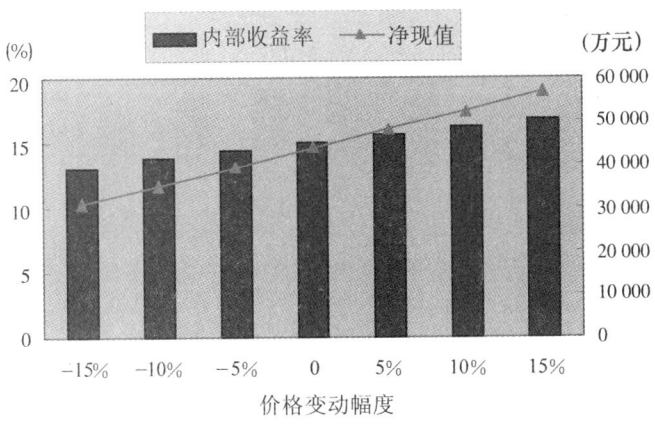

图9-2　销售价格敏感性分析图(自有资金)

1.2 建设总成本变动的敏感性分析　现设定建设总成本在-15%～15%范围内变动：

项目全部投资内部收益率在9.8%～14.5%之间变动、净现值在15 372万～49 040万元之间变动；项目自有资金内部收益率在12.3%～15.9%之间变动、净现值在26 628万～50 858万元之间变动。

建设总成本敏感性分析具体数据见表9-2、图9-3、图9-4。

表9-2　　　　　　　　　　　建设总成本敏感性分析表

项目	变动幅度	全部投资		自有资金	
		内部收益率	净现值($I=8\%$)（万元）	内部收益率	净现值($I=8\%$)（万元）
建设总成本变动	-15%	14.5	49 040	15.9	50 858
	-10%	13.8	44 225	15.7	48 057
	-5%	12.9	38 410	15.4	45 844
	0	12.1	32 595	15.0	43 630
	5%	11.3	26 722	13.9	37 090
	10%	10.5	20 925	13.1	31 422
	15%	9.8	15 372	12.3	26 628

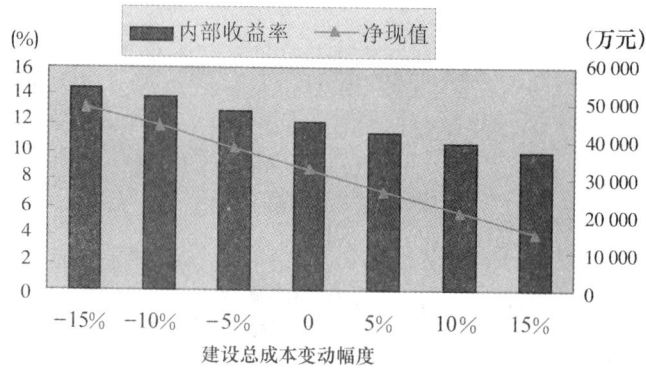

图9-3　建设总成本敏感性分析图（全部投资）

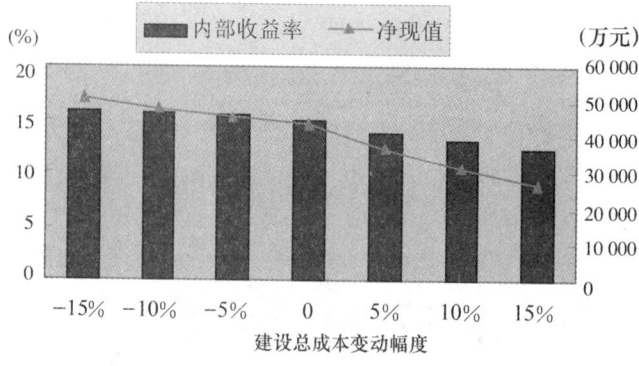

图9-4　建设总成本敏感性分析图（自有资金）

从上面的敏感性分析可以看出，全部投资的净现值和内部收益率受销售价格、建设成本变化的影响较大（较敏感）；自有资金的净现值和内部收益率受销售价格变化与建设成本变化的影响相对不敏感。而对整个项目而言,即使遇到房地产市场波动较大,楼盘竞争激烈等不利因素,本项目的开发仍然有较高的盈利能力(见图9-5、图9-6、图9-7、图9-8)。

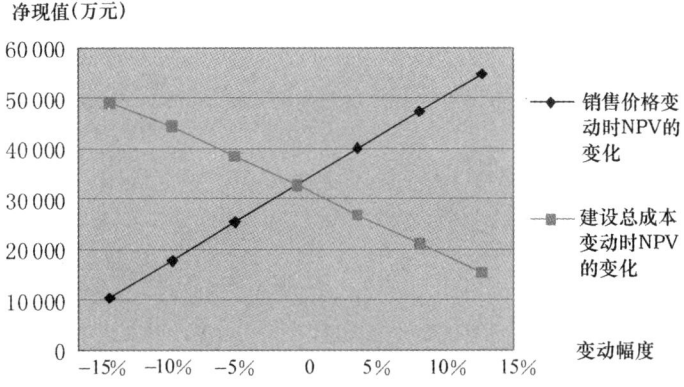

图9-5 项目敏感性分析(全部投资净现值)

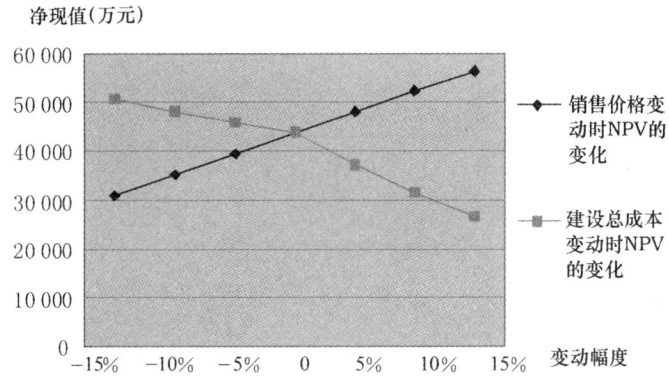

图9-6 项目敏感性分析(自有资金净现值)

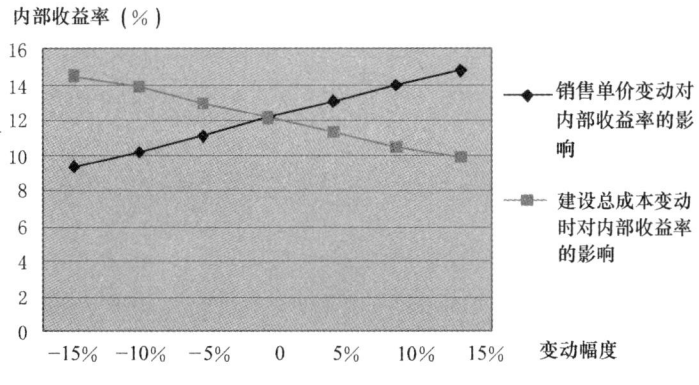

图9-7 项目敏感性分析(全部投资内部收益率)

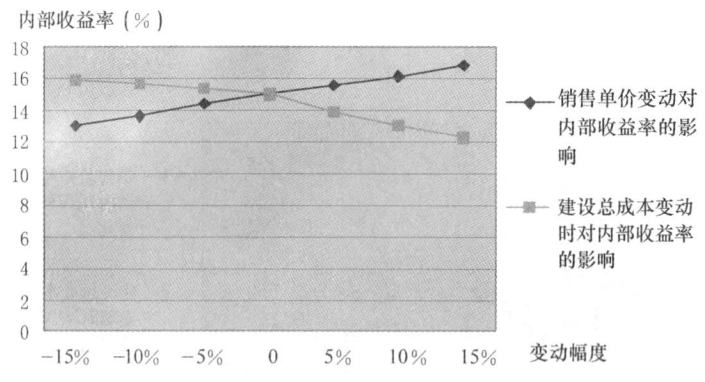

图 9-8 项目敏感性分析(自有资金内部收益率)

2 项目的盈亏平衡分析

现以销售率(出租率)为变量,对本项目进行盈亏平衡分析,具体测算数据见表 9-3 和图 9-9。

表 9-3　　　　　　　　盈亏平衡分析

销售(出租)率	70%	80%	90%	100%
FNPV($I=8\%$)	−11 707	3 061	17 828	32 595
盈亏平衡点	77.9%			

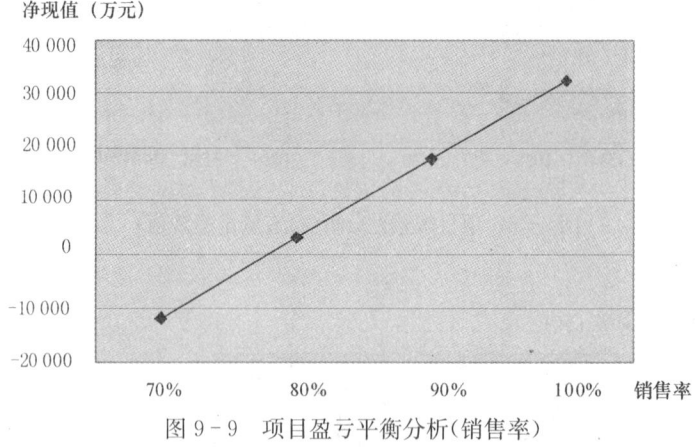

图 9-9 项目盈亏平衡分析(销售率)

由上述分析,我们可以知道,当销售率为 77.9%时(假定价格不变),项目处于盈亏平衡点,此时刚好能够收回成本。

从上面的敏感性分析,我们可以得出结论,项目的净现值和内部收益率受市场的影响并不是很大,即使遇到房地产市场波动较大,楼盘竞争激烈等不利因素也不会对其决策产生多大的影响。

3 风险分析

3.1 项目整体潜在风险

(1)金融风险　总体而言,我国乃至全球都处于加息周期之中。银行利率的提高,将导致本项目的开发经营成本提高,预期利润率下降。此外,人民币升值导致出口型企业的经营业绩下降,则长三角的出口型企业的承租能力下降,使本项目租售难度增大,甚至在今后一段时期内出现较多客户退租,使空置率上升。

（2）供求风险　由于此前的宏观调控主要针对的是住宅市场,很多开发商将资金转移,投入在商业地产的开发上,同时由于上海2010年世博会客观上推动上海的商办类地产开发高潮。未来5年商铺、酒店与写字楼物业供给都将大幅放量。从长期来看上海吸纳量较大,但是大量项目短期内集中推出,必将导致供大于求,引起空置率升高,租金下降。

（3）政策风险　由于政府宏观调控在住宅市场取得了一定成绩,大量资金进入商业和办公物业市场。目前商务部已经注意到商业房地产的过热倾向,因此不能排除政府部门对商业和办公房地产宏观调控的可能性。

3.2　写字楼潜在风险

（1）周期风险　房地产市场存在周期波动和景气循环现象,目前写字楼市场正处于上升通道,但是由于供应量的急剧扩大,可能将于2008年前后进入调整期。此时恰逢本项目入市,由于市场环境的变化导致目前的定位和定价出现偏差。这是本项目面临的最大风险。

（2）区位多极化风险　未来新建写字楼,将出现区位多极化特点。随着城市改造的不断深入,中心城区土地范围供应紧张。CBD的开发必将外移,目前以五角场城市副中心、长风现代聚集区、真如城市副中心等区域将会成为新的CBD,这些区域也将成为甲级写字楼的供应区。由于这些区域租金相对较低,可能导致部分承租能力差的企业退租,提高空置率。

（3）产品类型多元化风险　本项目仍然是传统的甲级写字楼产品。传统的甲级、乙级以及商住两用楼可能依然是多数企业的首选,但是随着"总部经济"的崛起,中外环的低密度生态型的单体办公楼可能占领市场制高点,造成本项目目标客户群的部分外流。

3.3　商业潜在风险

我们对未来商业的走势看好,但是值得注意的是,我们对商业物业的未来价格判断是基于目前的全市的商业发展形势、区域的发展潜力和宏观环境的利好来总体评定的。但这并不说明,未来市场没有风险,相反,我们认为基于以下几点,商业市场有一定风险。

（1）经营风险　商业经营需要极高的市场驾驭能力,任何微小的细节都可能导致项目失败。特别是本项目周边商业氛围不浓,区位条件较差,对商业经营是个巨大的挑战。另外,商业部门对宏观经济变动、市场变化十分敏感,而高端的定位将导致经营调整比较困难。经营风险是商业部分的最大风险。

（2）区位风险　基于商业经营的特殊性,本项目商业部分的成功依赖于不夜城地区的兴旺繁荣。而目前不夜城区域的形象较差,是本项目区位条件的短板。尽管地方政府有宏大的改造计划,但是达到规划目标还须假以时日,市场环境还需要悉心培育。

3.4　酒店、公寓式酒店潜在风险

（1）经营管理风险　酒店、公寓式酒店部分定位为高端,与此相适应需要优良的、集中统一的管理。一般而言优秀的酒店管理公司如万豪、雅高、喜达屋等集团会有专业的管理团队及相对稳定的客源。因此,本项目的成功对酒店管理公司有较强的依赖性。

（2）某些不可抗力风险　酒店、公寓式酒店的服务人群主要是短期商务旅行或者"候鸟型"人群,客房本身不是其第一居所。如果遇有特殊不可抗力,如流行病、水灾等,将导致客户流失,空置率上升。2003年,SARS对上海市酒店、公寓式酒店市场就造成了严重冲击。

4　风险的多方案规避

一般而言,系统性的风险是不可避免的,个别风险应当通过本项目前期的科学规划、后期的科学管理来加以规避。我们在前期的产品策划、价格定位、财务分析中已经充分考虑了风险的因素。

（1）写字楼和商业部分采取灵活的面积分割,以适应不同企业不同面积的需要以及同一个企业不同时期的面积需要。

（2）在服务上做到以人为本,以客户价值为中心,提高本项目的核心竞争力。特别是对核心客户、重点客户加强公共关系管理,提供有针对性的全面服务。

（3）根据不同类型物业的特点,采取合理的租售比例。经营方式方面可以创新,采取租售并举、合作经

营、利润提成等各种方式,降低经营风险。

(4) 融资渠道创新。通过多渠道多方式融资,避免房地产金融市场变化带来的损失。

(5) 立足于长三角地区而不是局限于上海市场,针对长三角客户制定完善的营销方案,高屋建瓴、抢占市场。

(6) 灵活根据市场状况确定项目经营方案,通过调整项目各业态的租/售结构来改善项目财务状况。

十、社会及环境效益分析

1 社会效益分析

本项目将与闸北不夜城板块的开发建设同步进行,且作为规划中的闸北第一高楼,将建设成为闸北区的新地标。本项目的建成将极大地推动不夜城地区的开发建设,提升区域地位,获得巨大的社会效益,其主要表现在:

(1) 提升不夜城地区等级 ××城的建成,使得不夜城商圈从此有了自己的地标性建筑,充分体现了不夜城商圈致力于打造上海又一个现代商务服务中心的特征和品味。它的聚集效应将吸引上海的部分办公楼市场和商业市场向不夜城地区转移,配合该地区的升级改造最终将使不夜城商圈成为辐射该区域影响全上海的地区级城市副中心之一。

(2) 改善地区环境 本项目拥有办公、酒店、商业、公寓式酒店四种业态组合,充分发挥各业态互动的高尚社区。这种社区环境能直接改善目前该地段杂乱的周边环境,提高绿化率。

(3) 促进地区商务与文化交流 ××城的文化气息体现了它的魅力所在,文化气氛浓、品位高会促进商务的兴盛,商务发展也会促进文化的进一步繁荣。本项目会从优质产品的层面,上升到文化内涵的层面,以文化提升项目的魅力,带动商圈范围内商务与文化的进一步交流。

(4) 增加当地税收收入 本项目的成功开发将给政府带来极大的税收收益,项目财务数据表明,当基准利率取 8% 时,所得税前项目净现值 86 153 万元,所得税后项目净现值 32 595 万元。由此可见,本项目可以为政府带来 53 558 万元的税收现值收益。

(5) 促进地区旅游的发展 本项目靠近城市交通枢纽的优越地理位置,使得××城承担起一部分旅游的特色功能。项目建成后,所拥有的高档公寓、五星级酒店、商务中心、商业街、休闲娱乐中心、顶层景观设施等等都能为游人提供顶级的服务。这将很容易吸引刚到上海的游客的兴趣,使商务、旅游相互支撑,得到良性发展。

(6) 提升周边地价 ××城项目开发运营的成功将提升周边地区的地价水平,使周边物业保值增值,带动周边房地产市的繁荣。

综上所述:本项目建成后将为闸北区增添一处集高品质酒店、办公、公寓式酒店、商业用房于一体的商务办公及服务场所,本项目的建设有利于改善闸北区城市形象并促进商业发展,对繁荣地区经济、完善区域商务环境有着积极作用,社会效益巨大。

2 环境效益分析

2.1 施工中的环保

- 现场施工中,需要使用大量建筑材料,在装卸、堆放、拌和过程中会产生大量粉尘,故建材的堆放及混凝土拌和应定点、定位,并采取防尘措施,设置挡风板。施工期间尽量选用烟气量较少的内燃机械和车辆,减少尾气污染,施工道路经常保持清洁、湿润,以减少汽车轮胎与路面接触而引起的扬尘污染,同时车辆应限速行驶。
- 施工中做到无高噪声及爆炸声,打桩不在夜深人静时进行,吊装设备噪声满足环保要求。
- 地块周围树立高于 3 米的简易屏障,或在使用机械设备旁树立屏障,减少施工机械的噪声影响。
- 混凝土拌和等高噪声作业及施工车的进出口,尽可能远离居民住宅,施工车场地尽量平整,减少颠簸声,以减少施工噪声对居民生活的影响。

- 环保措施与工程进度做到"三同时"。
- 施工中不产生超标准的空气污染。
- 建筑垃圾及时清理、文明施工。

2.2 使用中的环保

- 室内卫生间采用污、废水分流系统,排水系统均设置专用通气立管。污水经化粪池处理后与废水一并排入城市污水管网。
- 废水处置产生的恶臭废气,采取活性炭过滤处理。
- 室外采用雨、污水分流排水系统,雨水排入城市雨水管。
- 设备专人管理,加强保养与维修,保证其良好运行状态和效率。
- 进出基地的车辆限制行驶路线及速度,禁鸣喇叭。
- 建筑垃圾由清洁车搬运到城市指定堆放点。

十一、结论与建议

1 可行性研究结论

通过上述综合分析可知,本项目具有巨大的经济、社会和环境效益,并能保证资金链的平衡,同时具有较强的抗风险能力。表明本项目在经济、社会、环境等方面均是可行的,其可行性研究结论概括如下:

(1) 本项目由国际著名的美国 Gensler 公司进行建筑设计,建筑风格简约、明快、新颖,具有现代气息风格,将成为闸北新的地标建筑。

(2) 本项目的建成将极大地推动不夜城地区的开发建设,提升区域的商务办公服务环境,对繁荣地区经济、改善闸北区城市形象和促进商业发展有着积极作用,社会效益巨大。

(3) 项目的实施将促进当地就业,为当地居民提供相关就业岗位。

(4) 该项目总投资为 166 964 万元,全投资财务内部收益率(税后)达 12.1%,投资回收期(税后)8.4年。该工程项目在经济上是可行的,并具有较高的抗风险能力。

(5) 从经济、社会、环境等各方面综合分析,该项目具有可行性。

2 项目建议

(1) 加强前期准备工作,保证如期开工。

(2) 强化本项目商场、酒店、写字楼和公寓式酒店与不夜城地区发展规划的结合,使得项目建设与不夜城开发联动,提高本项目及区域的综合竞争力。

(3) 保证项目的品质,建设闸北新地标,作出经典作品。

(4) 销售对本项目至关重要,因此应该加强项目的营销环节的工作。另外,还可以通过调整项目各业态的租/售结构来改善项目财务状况。

(5) 利用本项目(上海××城)的建设提高发展商的知名度,树立发展商在高端物业的品牌形象。

参考文献

[1] 毛佳梁. 住宅建设项目管理实务教程(上、下)[M]. 上海:上海社会科学院出版社,2002.
[2] 刘洪玉. 房地产开发经营与管理[M]. 北京:中国建筑工业出版社,2013.
[3] 沈建忠,张小宏. 房地产基本制度与政策[M]. 北京:中国建筑工业出版社,2013.
[4] 陈德强. 资金营运论——房地产企业发展资金研究[M]. 上海:立信会计出版社,2000.
[5] 俞明轩,丰雷. 房地产投资分析[M]. 北京:中国人民大学出版社,2002.
[6] 罗龙昌. 房地产经营管理[M]. 广州:暨南大学出版社,1997.
[7] 阮来民. 现代管理学[M]. 上海:上海教育出版社,2002.
[8] 施建刚. 房地产概论[M]. 上海:百家出版社,1994.
[9] 濮励杰,彭补拙,周峰. 房地产开发与经营[M]. 南京:南京大学出版社,2001.
[10] 尹伯成,边华才. 房地产投资学[M]. 上海:复旦大学出版社,2002.
[11] 马洪波,丁玥. 房地产销售代表培训教程[M]. 北京:中信出版社,2002.
[12] 谭峻. 房地产产权产籍管理[M]. 北京:中国人民大学出版社,2002.
[13] 于守法. 投资项目可行性研究指南[M]. 北京:中国电力出版社,2002.
[14] 于守法. 投资项目可行性研究方法与案例应用手册[M]. 北京:地震出版社,2002.
[15] 徐大图. 工程造价的确定与控制[M]. 北京:中国计划出版社,2001.
[16] 建设部. 房地产开发项目经济评价方法[M]. 北京:中国计划出版社,2000.
[17] 上海市建交委. 上海市建筑和装饰工程预算定额(2010). 沪建交〔2010〕757号,2010.
[18] 刘正山. 房地产投资分析[M]. 沈阳:东北财经大学出版社,2000.
[19] 吴志强,李德华. 城市规划原理[M]. 北京:中国建筑工业出版社,2010.
[20] 龙胜平,方奕,徐钢. 房地产金融与投资[M]. 上海:上海人民出版社,2005.
[21] [美]詹姆斯·范霍恩,约翰·互霍维奇. 现代企业财务管理[M]. 郭浩,徐卫林,译. 北京:经济科学出版社,1998.
[22] [美]托马斯·S·贝特曼. 管理学[M]. 王雪莉,译. 北京:北京大学出版社,香港:香港科文出版有限公司,2001.
[23] [美]盖伦·E·格里尔,迈克尔·D·法雷尔. 房地产投资决策分析[M]. 龙胜平,译. 上海:上海人民出版社,1997.
[24] [美]威廉姆·B·布鲁格曼,杰夫瑞·D·费雪. 房地产金融与投资[M]. 李秉祥,译. 沈阳:东北财经大学出版社,2000.
[25] Pagliari Joseph L. The Handbook of Real Estate Portfolio Management [M]. Chicago:RICHARD D. IRWIN,INC,1995.
[26] Asian Real Estate Society. International Real Estate Review [J]. *Hongkong:Winter*,2006,9(1).
[27] 张巍. 住宅项目选址决策模型[J]. 重庆大学学报(自然科学版),2007(8).

[28] Joseph RS, James DLR, Neil CG. Corporate real estate site selection: a community-specific information framework [J]. *Journal of Real Estate Research*, 2001.
[29] 刘昕,王英伟.房地产开发选址的合理性分析[J].农业与技术,2013(2).
[30] 黄一真.中国房地产风水大全[M].海口:南海出版公司,2010.
[31] 段进.城市空间发展论[M].南京:江苏科学技术出版社,2006.
[32] 刘晓君.工程经济学[M].北京:中国建筑工业出版社,2008.
[33] 余易.风水与住宅[M].北京:中国建材工业出版社,2005.